Eryan A. Garner

致胜文书

100个有说服力的庭审诉讼写作技巧

（第三版）

[美] 布莱恩·A.加纳 著
沈剑 译

THE WINNING BRIEF

100 Tips for Persuasive Briefing in Trial and Appellate Courts

Third Edition

法律出版社
LAW PRESS·CHINA
北京

著作权合同登记号
图字：01-2021-7160

纪念 Mariellen Griffin Garner

1931—1994

“说服性文风需要两种品质:清晰和简单。两者缺一,就无法服人。”

——Demetrius of Phalerum, *On Style* 250, §221 (ca. 300b. c.; T. A. Moxon trans., 1943).

“如果能够通过更好的方法去沟通,那么律师将获得比对手更多的优势,这是他应得的。”

——Samuel Johnson, as quoted in 5 James Boswell, *The Life of Samuel Johnson, LL. D.* 11 (1791; Henry Morley ed., 1891).

“如果把聪明的律师的所有失误都说出来,学生会得出这样的结论:实践使我们变得不完美;这种艺术更多的是使人的能力变得麻木,而不是变得敏捷。没有人比那些犯错最少的人更清楚自己的错误。有一件事是确定的:诉讼技巧永远不会被完全掌握;我们能做的最多的就是学会一点,忘却更多。”

——Richard Harris, *Hints on Advocacy* 312 (17th ed. 1937).

“书面承诺是不可逆转的。如果它不能说服或劝说读者,就没有机会转移阵地。你可以自行发挥,但不能背信承诺。”

——Edward N. Teall, *Putting Words to Work* 146 (1940).

“你的诉状应该是一个担负三个任务的书面主张:赢下你的案子;尽可能地帮助法官减少作出判决所需的烦琐工作;以及提高你作为律师的声望。”

——Mortimer Levitan, “Effective Brief Writing”, in *Lawyer's Encyclopedia* 995, 995 (1963).

“有很多好诉状并不能赢下案子,当然也有差诉状(包括一些很差的诉状)也能赢下案子。但是,一份未能致胜的诉状,无论它多么接近完美,都不是一份有效的诉状……它没有说服法院……”

——Frederick B. Wiener, *Briefing and Arguing Federal Appeals* 125 (rev. ed. 1967).

译 者 序

在佛罗里达、加利福尼亚、得克萨斯和我国香港等地的20多年的法学生涯中，有3本书我一直带着，它们分别是：《法律写作小札》（*The Little Book on Legal Writing*）、《朴实无华的法律写作》（*Legal Writing in Plain English*）和《现代法律应用辞典》（*A Dictionary of Modern Legal Usage*）。后两本书的作者就是本书的著者，布莱恩·A.加纳；我是他的忠实粉丝。

加纳先生的作品尤为令人称道的地方，是对法学院的莘莘学子和刚入行的“菜鸟”律师的谆谆教导和循循善诱；然而，本书的题材和受众有所不同。在美国的法律语境下，“brief”可以泛指书状，但更多专指上诉状。因此，本书的阅读和使用方式应稍微有别于一般的入门指南。换言之，书中介绍的上百条技巧，不用一一熟稔于胸，更需要融会贯通；这多少有点像金庸笔下张三丰点拨张无忌的太极心法。比如，书中大量介绍了论点、论据、论证的布局、推进和立论的技巧，但并非要求读者按图索骥，而是要掌控如何有效地表述自己的观点并令人信服地接受。毕竟，法律写作的本质是一门说服的艺术。

此外，本书的点睛之笔是在技巧99中介绍的“模拟法庭”。加纳先生甚至自己调侃说，即便本书一无是处，至少该条技巧物有所值。我十分认同；因为法律作者没有文学作家那样恣意潇洒的奢侈。法律文书是有特定目的的应用文，能为其目标读者接受，远重于聊以自鸣得意。“模拟法庭”或者焦点小组能最大限度帮助作者检验自己作业的功效，并有针对性地订正。

也许会有非议，认为本书所述的技巧囿于欧美的普通法体系，于我国法律系统未必有用。他山之石，可以为错；抛开审判庭适用的陪审团制度，美国的上诉程序跟我国的制度相似，多为文牍笔辩，这同样也是国际仲裁实践中的主要讼争手段。这也是为什么我建议读者阅读本书时，要轻其形而重其神。

最后，祝大家开卷有益！

三版前言

"每一个因律师的粗心或无能而致败诉的正当诉讼,都会将败诉方变成一个捣乱分子。"

——Hon. Andrew A. Bruce, *The American Judge* 156 (Richard T. Ely ed., 1924).

说服是一项通过有意识或无意识努力的复杂事情。这本书解释了你如何能最有效地达成你想要的效果。它采用了一种新鲜的方式:一系列的技巧加上丰富的示例。

说服法官并树立完全可靠且专业的形象,是一件需要很多努力的事,比许多人意识到的要多得多。你也许会失败,但千万不要让失败源自缺乏修辞技巧,永远不要。

不要让二流表现所带来的下意识效果,使阅读诉状者将你置之度外——如果你不是一流高手,这种情况很可能发生。一份诉状的各方面都很重要,无论是基本概念、语气语调、语法结构、遣词造句、标点符号,还是页面布局。不用理会其他律师对这些东西的轻视;他们会受此拖累,而你会成为佼佼者。

在第三版中,我合并了一些内容,为九个全新的技巧腾出了空间:

技巧 1　了解你的读者

技巧 9　留出时间以全面核对案例和文献的引证

技巧 16　若大前提为法官熟知,采用简略三段论,将议题表述为事实前提

技巧 61　知道如何使用括号和省略号

技巧 72　直面对手的论点;可能的话,碾压之

技巧 78　知道何时大写法院,并掌握司法术语的其他细微差别

技巧 87　无论何时,务必使文书本身完全可被理解;切忌假设法官刚看过对方文书

技巧 93　以精明的头脑和对细节的关注来讨论法律权威

技巧 94 合理安排关于法条或合同的解释：文本、结构、目的和历史

这些新内容包含了一些有用的建议，有助于完善诉状撰写者需要了解的内容。尤其像讨论法条解释和合同解释的技巧 94。美国检察长办公室开发的技能应该在整个律师行业中得到更为广泛的应用。这里提供的大量实例可以让更多的从业者从容掌握这个技能。

本版的另一个特点是在每个技巧的最后，加入了总结性的清单，提炼总结此前提及的各个要点，并提出进一步的改进意见。

当然，在整本书中都有改进的解释和升级的示例，涵盖了所有类型的法律实践工作。这些丰富的材料一开始可能会让人望而生畏，但请记住，任何高效且丰富的诉状所涵盖的技能，都必须被分解成独立的子技能，你才能从中获得真正的提高。在本书中，就像在其他出版物中那样，那些子技能被精确索引，你可以在两到五分钟内读到任何一个技巧。试着让自己养成一个习惯：每天一个提示，持续 100 天。你会发现逐渐积累的知识和技能会越来越多地展现在你今后所写的每个动议或诉状中。你将运用所学到的东西，适应它、转化它，并使之成为你自己的东西。很快你就会觉得需要从头再来一遍，以完全掌握或整合先前努力中未能全部领会的想法，甚至是你曾经使用过但不知为何已经遗忘的想法。写作就是这样。

也许这本书最被误解的特点是每章之前的“名言警句”。为什么会有这样的内容？为了帮助解决争议；为了让你在与同事争论文风问题时，有压倒性的权威资源。事实上，如果你接受本书中的建议，会面临不少阻力。你看，我在本书中加入技巧的标准是，根据几十年的经验，我相信有相当比例的律所律师（如一半以上）在这一点上都犯了错。当然，单独执业的律师也可以从本书中获益，但必须承认我的写作对象是律所律师。我设想本书的读者会对一个使用过时文风的同事这么说：“你这么做的依据是什么？我这里有 5 ~7 个不同的权威意见有相反的建议。”我进一步设想，你的同事除了有一些半生不熟的错误写作习惯，不会有任何权威资源的支持。我希望你能赢得这些争论。

关于“名言警句”的另一件事。我花了生命中 18 个月的时间来收集它们。我没有得到研究助手的帮助，我也不会委托他人完成这样一项重要的任务——找到匹配任何特定观点的最睿智的引语。熟悉我其他作品的读者应该不会感到惊讶，因为我创作的第一步就是把现有的文献看尽学透；在写作和修辞领域，这是一项“西西弗斯”般的艰难任务。当然，劳普鲁斯

(LawProse)图书馆很有帮助,该图书馆目前有36,000册图书,其中6500册涉及写作和修辞。我们拥有本书中引用语句的所有书籍,并使用了它们。除广泛阅读和仔细研究这种“古典”方式外,这些精选且简短的名言警句不可能以任何其他方式汇集起来。

有的技巧配以众多的名言警句,如技巧12或技巧59,这是因为我可以想象到这些技巧会在律师办公室中引发不小的争论。每一个技巧匹配的名言警句,都涉及了海量的选择:被我排除了的名言警句远远多于我所收录的。

关于使用这本书的最后一点。把它看成是100个教程。大多数篇章用不了5分钟就能阅读完。如果你每次都读上几个技巧,你就会真正了解这本书。然后,随着你在律师行业的资历越来越深,你就可以指导你的晚辈。当你修改他们的文书草稿时,可以在页边空白处标出“致胜文书技巧58”或“致胜文书技巧63”。作为导师,你会节省不少时间,因为每一个技巧标注都会指引你的晚辈到相关主题的章节中。

如果诉状撰写者都能认真对待自己的写作技能,比如,像一流的音乐家那样每天练习数小时以获得精湛的技艺,可以想象到法官读到的动议和诉状的质量会多么高。进一步来说,司法的质量将大大提高。但缺点是,你会发现越来越难保持相对于律师同事的优势了。

但这种情况不会很快发生。相反,如果你能完成本书的学习,你的律师同事可能会发现他们越来越难追上你的水平。

——布莱恩·A.加纳

得克萨斯州,达拉斯市

2013年10月

二版前言

在法律上，写作的质量很重要。好的写作可以赢下旗鼓相当的案子，而差的写作可以输掉十拿九稳的案子。对一些人来说，这个概念是不证自明的；但对另一些人而言，充其量是懵懵懂懂。

是什么造成了这些明显不同的看法？归根结底，分歧的关键在于特定律师对语言如何塑造个人思想的理解程度不同。语言根植于我们感知世界的方式。因此，律师或法官不可能只关注一个案件的“实情”，而不受表述案情语言的影响。

当你写一份诉状时，你隐含的承诺是，会给法官提供充分的理由，以使他按你的要求作出判决。成功地说服法官作出对你的客户有利的判决，这才是最重要的。诉状作者往往自怨自艾，抱怨司法读者和他们的种种缺点——阅读不够仔细，不给你足够的篇幅，把研究任务交给法官助理，等等。但是，优秀的诉讼律师将这些抱怨转化为掌握作家与读者关系的挑战。一个客观的观察者可能会因为你所面临的巨大挑战而在某种程度上给予同情；但他同样也可能会同情你的读者。

除非你明白为什么要同情读诉状的人，否则你不可能写出好的诉状。想想法官的阅读生活吧：无穷无尽的纸张在法官眼前流过，没有太多时间去研究每个案件的细节，直到纸张的流动停滞不前，纸张堆叠起来，成为火灾隐患。那么这些堆叠起来的纸张都包括了什么呢？在每份文件的开头和结尾堆砌着很多死记硬背的陈词滥调；大量枯燥无味的内容；由于作者不能或不愿总结，致使重点要义散没文中而变得模糊不清。有时候，阅读诉状的是法官助理，而非法官本人。这并不重要。不管读者是谁，有一点是肯定的：乏味的诉状写作是非常糟糕的，它缓慢、沉闷、抽象、离题。

想到糟糕的诉状可能会输掉占尽优势的案子，这让人警醒。但这肯定会经常发生。第五巡回法院的托马斯·M. 里夫利（Thomas M. Reavley）法官令人信服地引用了一个案例，由于糟糕的诉状，案子几乎被误判。

这是一起针对联邦政府的过失致死案件，涉及一名因退伍军人管理局医生的疏忽而被误诊的患者。医生告诉他患有疝气，但除非他先减肥，否则不能进行手术。实际上，患者的结肠里有一个肿瘤，不久就破裂了。患者接受了紧急手术并活了下来，但手术中的输血使他感染了艾滋病毒，导致患者最终死于艾滋病。

在审判中，死者的家人获得了 70 万美元的赔偿。退伍军人管理局提出上诉，并提交了被里夫利法官称为"28 页含糊其词的诉状"。其中，政府的律师在真正的问题上藏头缩尾，并提出各种不相关的主张。原告律师以一份 32 页的诉状作为回应，却未能直击要害，反而被模糊的事实摘要和不相关的法律观点弄得一团糟。

双方的诉状都没有完成自己该做的事情：让上诉法院的注意力集中在议题上。而这在里夫利法官看来是"一个非常简单的案子"：

> 赔偿判决获得了证据的明确支持。但是，你不会从阅读诉状中了解这一点。而将此案列入简易审判日程的上诉法官写了一份意见书，推翻了该判决。幸运的是简易审判庭的下一任法官决定对该案展开口头辩论。我参加了口头辩论的审判。口头辩论并没有比诉状提供更多的信息。好在我阅读了审判记录，看到了对赔偿判决的充分支持，从而支持了原判。这是一个很好的例子，反映了我们提到的问题，但我向你保证，这样的故事并不鲜见。[1]

如果不是简易审判庭的细心法官，加上里夫利法官本人，原告将损失 70 万美元。

像这样的故事在全国各地的上诉法院上演着。当原告最终胜诉时，原告的律师会互相炫耀他们的诉状是多么精彩。当被告最终获胜时，被告律师也会这样做。但许多案件的真相是双方的诉状都很差，尽管律师不太愿意承认。只不过，案子总会有赢方。

当然，你不能说卓越的诉状就一定会胜出。案情本身的是非曲直肯定与胜诉有一定的关系。但据统计，一份好的诉状会提高你的胜算。它将帮助你突出己方的优势，还可以通过"减少法官的绞尽脑汁"来取悦他们。

所有这些都可以有条不紊地进行。本书试图描绘出这条道路。

这本书以及为其开发的法律进修教育（CLE）课程有三个成因。第一，我不断地观察到，在一般的写作教学中，即使是最常用的技巧也往往只是

1 Remarks of Judge Thomas M. Reavley, Pepperdine Law School, April 1997.

偶然出现。它们是口头陈述的一部分,但在书面材料中却找不到。或者即使有,也不是以黑体字形式予以强调。正如一位写作教师所说:"一个人能从他人写作经验中获得帮助的方法并不隐晦,只不过它们是分散出现的。"[2]

第二,我始终对诉状写作的文献和实践感到不满。文献中很少将诉状作者特别关注的问题——说服法官——与更为广泛的修辞学领域联系起来。而很大比例的诉状是如此之差,以至于法官对它们感到非常失望:完全没有说服力。因此,我必须做点什么。

第三,我在圣路易(St. Louis)的朋友乔丹·彻里克(Jordan Cherrick)反复敦促我开发一个专门为诉状作者设计的 CLE 课程。诚然,我的"高级法律写作与编辑"课程长期以来一直涉及诉状写作,但它也同时涵盖信件、备忘录和报告。乔丹在 1995 年建议我用一整天的时间只讲授诉状写作。在他的启发下,我决定收集诉状作者最常用的 100 个技巧。

主要的困难不在于要达到 100 个技巧这个数量。正如我所猜测的那样,主要的困难是将清单缩小到 100 个技巧:我可以轻松列出 150 个。

请注意,我称它们为"技巧",有建议的意思。它们是指导方针,不是教条。尽管我非常中意这里的所有建议,但你肯定会遇到一些情况,最好不要理会这些建议。

并非所有的技巧都是一样的。有些是智力上的挑战(如技巧 7 和技巧 11),有些则相当容易接受(如技巧 31 和技巧 67)[技巧编号已经更新对应第三版]。诉状作者应该在具有挑战性的技巧上下功夫,同时消化相对容易的技巧。

1996 年 6 月,我们首次在全国范围内开展了 CLE 课程并在以下八个城市进行:芝加哥(Chicago)、达拉斯(Dallas)、休斯敦(Houston)、洛杉矶(Los Angeles)、纽约(New York)、旧金山(San Francisco)、西雅图(Seattle)和哥伦比亚特区华盛顿(Washington DC)。后来,我们扩展到:亚特兰大(Atlanta)、波士顿(Boston)、南卡罗来纳州查尔斯顿(Charleston SC)、西弗吉尼亚州查尔斯顿(Charleston WV)、克利夫兰(Cleveland)、哥伦布(Columbus)、底特律(Detroit)、堪萨斯城(Kansas City)、迈阿密(Miami)、明尼亚波利斯(Minneapolis)、纽瓦克(Newark)、新奥尔良(New Orleans)、费城(Philadelphia)、萨克拉门托(Sacramento)和圣地亚哥(San Diego)。该课程

2 Charles W. Ferguson, *Say It with Words* 5 (1959).

被证明是全国最受欢迎的 CLE 课程之一。

与其早期的版本一样，这个版本在很大程度上要归功于我在劳普鲁斯的同事的非凡技能和勤奋：泰格·杰克森（Tiger Jackson）、杰夫·纽曼（Jeff Newman）和戴维·W. 舒尔茨（David W. Schultz）。此外，本书还受到了另外两位劳普鲁斯同事的深刻影响，他们都是得克萨斯大学的英语教授：贝蒂·S. 弗劳尔斯（Betty S. Flowers）博士和约翰·R. 特林布尔（John R. Trimble）博士。弗劳尔斯为 Flowers 四步骤方式奠定了基础（技巧 2、技巧 6、技巧 8、技巧 10）；特林布尔作为编辑和教师的光环对我影响巨大：他的睿句不仅在各种技巧中被引用，他的开创性思想也漫布整书。我还感谢凯伦·马格努森（Karen Magnuson）在校对编辑方面给予的出色帮助。

最后，我不断地从各研讨会的参与者那里学习。我仍然在收集诉状写作的好例子，我由衷感谢那些寄来作品的参与者。所以，如果你试图遵循本书中的原则，即使你的对手可笑地嘲讽这些原则，也请寄给我更多的材料。

——布莱恩·A. 加纳

得克萨斯州，达拉斯市

2003 年 11 月

鸣　谢

本书第三版得益于对书中所有内容的彻底的重新考虑——从组织架构，到涵盖内容，再到素材资料。非常感谢众多人士为本书的创意和思路所作出的贡献：

- 感谢数以百计的律师，他们在使用本书后，给我寄来了他们的诉状及解释性的评论；
- 感谢我就律师说服力问题正式采访过的 180 余名州和联邦法官，包括美国联邦最高法院的 9 名大法官；
- 感谢我在另外两本书中的合作者安东宁 · 斯卡利亚（Antonin Scalia）大法官，他在与我的合作和团队教学中，教会了我很多关于诉讼方面的知识；
- 感谢美国副检察长西奥多 · B. 奥尔森（Theodore B. Olson），他给了我在检察长办公室宣讲本书的机会，我也从检察长办公室的律师那里学到了很多东西，特别是关于如何列示题的知识；
- 感谢美国上诉律师协会，他们在 2012 年让我成为荣誉会员，从而使我接触到了此前无法结识的数十位技艺高超的律师；
- 感谢数百名劳普鲁斯的客户，他们委托我修改审判和上诉的诉状并培训他们的律师，从而使我能够不断完善本书中建议的实用性；
- 感谢约翰 · R. 特林布尔（John R. Trimble）先生——我亲爱的朋友和劳普鲁斯的创始人之一，他阅读并点评了本书的样本；
- 感谢我在劳普鲁斯的律师同事：负责本书的设计和编辑的杰夫 · 纽曼（Jeff Newman）、负责本书的编辑和索引的泰格 · 杰克森（Tiger Jackson）、负责管理本身项目并参与大量事实核查的贝基 · R. 麦克丹尼尔（Becky R. McDaniel）、负责对我增加的大部分新段落进行文字处理的希泽 · C. 海因斯（Heather C. Haines），以及在我修改本书时提供意见并参与讨论本书每个重要方面的卡洛琳 · H. C. 加纳（Karolyne H. C. Garner）；
- 感谢我在劳普鲁斯的律师助理莱登 · 麦克马斯 · 安德森（Ryden

McComas Anderson），他编辑了本书的整个文本；

- 感谢南卫理公会大学法学院的加纳（Garner）法律学者们：克里斯蒂娜·吉格里奥蒂（Christina Gigliotti）、莱恩·P. 格莱内（Ryan P. Graney）、巴里·A. 麦肯（Barry A. McCain）、查尔斯·S. 诺斯（Charles S. North）和彼得·R. 汤普森（Peter R. Thompson）；
- 感谢舒缪·格伯（Shmuel Gerber）和凯伦·马格努森（Karen Magnuson），他们以高超的技术和细致的态度对本书的文本进行了校对和编辑；
- 感谢牛津大学出版社的编辑卡斯柏·格拉斯沃（Casper Grathwohl）和戴蒙·祖夫（Damon Zucca），他们总揽了本书的制作和营销；
- 感谢所有在法学院校中使用这本书的教师，他们传播了这里所解释的思想并使之得到更多的流通。

我在知识和实践方面对诸多人士的亏欠是巨大和广泛的。

其中至少有一个甚至是富有渊源的。1969 年，当我只有 10 岁的时候，我的外祖父，退休的得克萨斯州最高法院大法官米德·F. 格里芬（Meade F. Griffin）（1894—1974），受雇于得克萨斯州总检察长克劳福德·马丁（Crawford Martin），帮助助理检察长撰写诉状。那一年，我不止一次听到外祖父抱怨说，大多数律师不知道如何写好诉状。一个想法在我青春期的脑海中埋下了种子。后来我发誓要追随外祖父的脚步从事法律事业。当我在外祖父去世 10 年后成为律师界的一员时，我发现一切都没有改变。在随后的 29 年里也没有什么变化。但这里真正的重点不是问题反复的常年性，或者超越州际的全国性；相反，如果没有外祖父的影响——尽管只是通过几句不经意的评论在我年轻时脑海中刻下的印象——我严重怀疑这本书的面世。这也是为什么我充满挚爱地以本书纪念外祖父的女儿。生活就是这么有意思。

——布莱恩·A. 加纳

目　　录

第一部分　序言

第二部分　行文明睿有序

第三部分　表意大处着眼

第四部分　段落自然展开

第五部分　词句生动简洁

第六部分 选词精准明确

第七部分 标点清晰有力

第八部分 精通构思布局

第九部分 规避常见误区

第十部分 善用说服奇谋

第十一部分 莫道文书致胜难，而今迈步从头越

第一部分

序　言

1

了解你的读者

名言警句

“普适的最佳风格不仅是形式上的东西，还必须考虑读者对所写内容的精神和场合的期待。它不仅是书与饱学之士，还是写给所有人的。它避免使用书本上的词汇，而只使用现代生活的标准词汇和表达方式。”

——L. A. Sherman, *Analytics of Literature* 327 (1893).

“起草判决书的法官可能会仔细研究你的诉状，而其他法官只会匆匆浏览。所以你的诉状必须吸引他们的注意力，并侵入他们的思维过程。”

——Harvey C. Couch, *Writing the Appellate Brief*, 17 Prac. Law. 27, 29 (1971).

“那些坐在法官席上的人……在理解力和成就力方面并非超人。如果你让他们超负荷承受无关的事实，或是含泪忍耐乏味反复的主张，只会令他们难以接受你真正的观点。你做的任何事情，若能使诉状更简短、更轻巧、更易读，将提高观点被接受的可能性。”

——Hon. Arno H. Denecke et al., *Notes on Appellate Brief Writing*, 51 Or. L. Rev. 351, 359 (1972).

“不相信读者智力的人是不可能像样地写作的。”

——William Strunk Jr. & E. B. White, *The Elements of Style*, 84 (3d ed. 1979).

“不要使用技术性语言或机构行话，也不要简单地用章节来指引大多数法规。你可能对税法或其他专业法熟悉到仅凭一个数字就知道对应的意思，但我不行。事实上，律师只用字母或数字来指引法规是令人恼火的，我通常会予以打断，并且问他在说什么。”

——Hon. Joe R. Greenhill, *Advocacy in the Texas Supreme Court*, Tex. B. J., June 1981, at 624, 628.

“写作时，你应该想象自己坐在最重要的读者面前。写文章就像你在跟那个读者谈话一样。这意味着你应该在写作中摆脱不必要的形式感。写作的目的是告知信息，而不是留下印象。”

——Michael Alley, *The Craft of Scientific Writing*, 40 (1987).

“当我开始一个写作项目时，我会尽可能地描绘出听众的具体情况……有时候我会给写作对象起个名字……当我着实卡在该说什么或怎么说的时候，我会停下来，大声说给想象中的听众。说第一遍，是为了理顺重点；说第二遍，是为了表达生动些。但我极少在没有特定的对象的情况下遣词造句。”

—Elizabeth Warren, *How I Write*, 4 Scribes J. Legal Writing 71, 76 (1993).

解释说明

有时法律作家会对我说，“你必须了解你的读者”。这句话是如此真实，以至于成为一个不言而喻的道理。然而，跟许多不言而喻的道理一样，它经常会被误解。也就是说，一些作家似乎认为个体读者之间的阅读特征有着巨大的差异；而事实上，他们彼此相像，就好比某个糟糕日子里的你和我。

我们该用什么样的概述词语，相对准确地描述法律文书的读者呢？有三个显著的特点：(1)他们非常忙，因此没有耐心；(2)他们希望在所读文书中发现一些有用的东西，但又很容易失望；(3)他们从专业角度出发，持怀疑态度，因此非常挑剔细节。之所以持怀疑态度，是因为他们接受的训练是对抗性思维，并且洞悉与之配套的辩论策略。之所以挑剔细节，是因为他们认为，对细节的精准把控能够反映其他方面的准确性。如果细节出了问题，就没有理由相信大方向会是正确的。

不管写作对象是你试图说服的法官，还是你为之服务的主管律师，他们最为重要的特征是无法摆脱的忙碌。这类读者焦头烂额，在太短的时间内有太多的事情要做。为他们写作的任务似乎毫无希望。其实，并非如此。你必须利用这个无法避免的现实，学会掌握作家与读者之间的关系。对法律文书读者的正确理解可以帮助你实现这一目标。

特征一：你的读者非常忙，因此没有耐心

在日常生活中，个人声望越高，可支配的时间越少。重要人物总是很忙，越是重要就越忙。这是不可避免的事实，大法官克拉伦斯·托马斯(Clarence Thomas)在全职从事诉状工作后深有体会。他在一次采访中对

我说:“过去我在写诉状时,总是认为除了我写的文书外,法官还有其他东西要读……大家都非常忙,我想确保法官能看到我写的东西。”[1]因此,他学会了简明扼要,而不是在纸页上尽可能地堆满文字。他说,如今作为一名法律文书的读者,他更喜欢阅读一份 20 页的诉状,而不是那种更为常见的 50 页的长篇累牍。

因此,简洁是你必须达成的目的之一。效率也一样:你必须开宗明义地概述你的信息,不浪费一字一音,即使后续需要写很多页以跟进。如果是一份 5 页纸的动议,就在第一段中明确表述关键的信息。如果是一份 25 页纸的上诉状,就在第一页上阐明精练出来的信息,摒弃不必要的含糊或抽象。其余的文字则作为备份和支撑。

以一份关于撤诉动议的回复为例。不考虑读者因素而浪费时间的版本可能会这样开头:“现有被告 A 公司,通过住所地位于佛罗里达州迈阿密市梅因大街 300 号 280 室的 X 律师事务所,作为其办案律师提交这份针对‘原告 B 公司关于被告 A 公司提出的撤诉动议之答复’的回复,并恭敬地向尊敬的法庭作出以下陈述。”最后一句措辞似乎很有礼貌,实际上整体而言颇为失礼;仿佛作者在叫嚷:“跳过这段!”

一个为读者着想的版本可以用一个简单的标题开头:“A 公司关于 B 公司针对撤诉动议之答复状的回复。”随即,快速跟进:“贯穿 B 公司主张的致命错误在于,我方明确提交给法庭的是普通管辖权问题,而对方却引用并依赖特殊管辖权案例。在澄清这个问题之前,A 公司必须简要地梳理一下事实”。

如果你真的了解你的读者,你会开门见山,而不是低效地兜兜转转。

特征二:你的读者心存希望,但又很容易失望

当法官拿起你所写的文书时,可能是怀着一份渴望,甚至是希望,它将显示出对观点的有力把控、对语言的熟练掌握以及对论证的严谨有序。但是,这份渴望非常容易破灭;些许细微的判断失误就会导致读者对你反感、失望。导致这种失望的主要原因包括:粗心大意(错别字、引证格式不当);含混不清(没有具体支持内容的空洞主张,没有真正理解问题就提出怀疑);滥竽充数(不区分重要性和偶发性,流水账般地塞入事实细节);以及不必要的重复。

1 13 *Scribes J. of Legal Writing* 101 -02(2010).

这里有一个令人清醒的事实：你无法藏拙。在文书的第一页，你就显示出了是否已经理解了你所写的内容；而你的读者也几乎同时开始掂你的“斤两”。这跟法学院教授的苏格拉底式教学方式不同——在实际操作中，根本不可能在法律文书中玩“藏球躲猫猫”。在法律实践中，你的读者完全知道这种“藏球躲猫猫”只是无能的体现。

特征三：你的读者持怀疑态度，因此非常挑剔细节

你的读者接受过系统的法律培训。如果你没有解决一个关键点，他们会注意到。他们很可能会看到你所忽略的东西，所以你必须在处理问题和研究方面全面彻底。你必须通过复杂的工作来达成一个简单、优雅的解决方案。

你的读者会立即开始在许多方面对你进行衡量。例如，如果你引用了一个案例，但却忘了在引文中写上审理法院或判决的年份；如果你没有标注一个精确的引证；如果你不知道如何处理省略号；如果你在案例名称中把 Inc. 放在 Co. 之后（或者更糟糕地拼写出了 company）；如果你不知道什么时候应该大写“法院”一词；或者你犯了其他错误。犯这些错误的可能性巨大，而你的读者一般会因此看低你：首先是个低级的作者，进而引申为是名无能的律师。

因此，在你的读者心中有很多事情同时发生。如果你是一个新手，对法律写作的追求细致感到不太适应，读者的大部分注意力将集中在你身上，而不是你要表达的信息上，甚至会考虑你还需要提高多少技能。如果你是有技巧的，你的读者的注意力将主要集中在你所表达的信息上，然后在读完全文后才开始欣赏和感叹你对材料的处理是多么的巧妙。

有人说，你最好的策略是模仿读者的写作风格。如果你为一个文学家写作，这招可能有用；事实上这样的情况较为罕见。但如果你是为法官写作，这样肯定不行。与作为一个作家相比，大家更擅长作为一个读者。同样，我们欣赏的伟大的演讲、音乐演奏会和芭蕾舞表演的水平，一定高于我们自己来演讲、演奏和舞蹈的水平。如果一个专业歌手认为我们“一定喜欢自己的演唱”而模仿我们的唱法，大多数人一定会忍俊不禁。

你的法律文书的读者是耐心不足、变幻无常和挑剔细节的，为他们写作与给你母亲写作完全不同。你的母亲可能会为你加油，自豪地笑，并要求你大声再读一遍。但你的法律文书读者既不是你的母亲，也不是心地善

良的小学三年级老师，更不是诲人不倦的高中语文老师。你的法律文书读者很可能是你曾经碰到过的最苛刻的人之一。

四个必要条件

所有文学作品都有一个模式，[2] 而法律文书也不例外，你必须做四件事：

（1）引起法官的注意。

（2）向法官保证，你所说的将有助于其有效地解决手头的问题。

（3）向法官生动地、令人难忘地展示你所要表达的观点，同时表现出一个完全合理和可靠的律师形象。

（4）让法官相信，把时间花在你的法律文书上是值得的。

如果你成功地做到这四点，几乎肯定会打赢官司，但是这四个必要条件还有很多方面需要关注（见技巧 2 至技巧 100）。

但最重要的是，要永远记住，你是在试图与你的读者建立联系。使用你掌握的所有技巧，与你的读者建立联系。记住诺曼·梅勒（Norman Mailer）的话："把你所有的手艺、专注、热情和真实的情感，毫无矫揉造作地带到写作中去，不要去看'文字警察'的脸色。写作时，就好像你的生活依存于尽可能清楚地说出你的感受，同时永远不要忽略所要描述的现象。"[3]

技巧 1 的要点总结

- 设想一下你的读者：一名没耐心、压力大、单刀直入、略显暴躁、疑心重重且务实的法官。
- 如果你想更好地了解所有的读者，先设法了解读者身份的自己。
- 写作时要像与你最重要的读者直接进行对话一样。
- 尽可能用简单的、非专业性的语言进行写作，且千万不要使用居高临下的语气。
- 完整而有效地阐述你的观点。简明扼要对你有利。

---

2 Walter S. Campbell, *Writing: Advice and Devices* 165 (1950).

3 Norman Mailer, *The Spooky Art: Some Thoughts on Writing* 80 (2003).

- 使你的文书页面整洁悦目。
- 不要以为读者跟你一样熟悉案件事实或适用法律；他们几乎肯定不会了解。
- 《蓝皮书》[1]和《红皮书》[2]常备在手，以免让错误削弱你的文字和可信度。
- 永远不要高估法官的知识；同样，永远不要低估法官的智力。

〔1〕 *The Bluebook: A Uniform System of Citation*.（《蓝皮书：一个统一的引文体系》）后文指《蓝皮书》时，不再重复。——编者注

〔2〕 *The Redbook: A Manual on Legal Style*.（《红皮书：法律风格手册》）后文指《红皮书》时，不再重复。——编者注

第二部分

行文明睿有序

2

拆分写作计划,按阶段逐步完成

名言警句

“先好好想,然后写,然后检查,然后修改;这样你就有希望做得相对完美。”

——Ben Jonson, *Timber, or Discoveries*(1641), in *Classics in Composition*, 43, 61(Donald E Hayden ed., 1969).

“即使是一个‘杰出’的律师也不可能在一个下午就写好一分诉状;如果是这样的话,其产品对客户和法院都是不值钱的。在撰写诉状之前,有必要充分规划攻防的确切路线。诉状应该主攻关键方向,伴以两到三个实质性的、辅助性的攻防要点。”

——Jean Appleman, *The Written Argument on Appeal*, 41 Notre Dame L. Rev. 40, 41(1965).

“一个人如何处理这种不知所措的感觉?这就像吃一头大象:你要一口一口地啃。坐下来,花几分钟时间把项目分成大小合理的单元。检查你的最后期限。如果是一个大项目的话,弄清楚你想在什么阶段完成多少工作。然后将这些阶段记录在日历上。”

——Karin Mack & Eric Skjei, *Overcoming Writing Blocks*, 57(1979).

“通过将写作中涉及的各种决定分解为不同的阶段以减少恐慌,使工作变得不那么可怕。它还使写作成为一种常规活动。不再需要有灵感的情绪,不再是只有在特别清醒和精力充沛的时候才可能写作。即使你很累,或者无精力进行创造性思考,也可以通过分阶段写作来完成。所有的专业作家在其职业生涯的早期都学会了这一点。写作可能只是你主业之外的副业;但学习专业作家分而治之的技巧仍然是一项宝贵的职业资产。”

——Christopher Turk & John Kirkman, *Effective Writing: Improving Scientific, Technical and Business Communication*, 43(2d ed 1989).

“在开始写作之前,要做两件事。首先,确保你有一个强有力的论题。有一个很好的方法来判断你是否做到这点，但这需要勇气；在记事本上写下‘我认为——’，然后完成这个句子……接着，手头要有一份具体细节和恰当的引语清单，并准备好使用它们。记住，如果你以一连串抽象的概括作为开场白，你的读者可能会不耐烦地啧啧嘀咕，然后把书合上。”

——John R. Trimble, *Writing with Style*, 27 (3d ed. 2011).

解释说明

大多数写作建议都集中在最终产品上，但我们不应该忽视作家创作的过程。因为重点在于过程决定了产品，尤其是在建筑设计领域。没有人可以告诉你用什么类型的笔，或者你在工作时该喝点什么。没人能够传授写作的物理状态，但在写作的精神方面可予指点。

在我们讨论这个问题之前，不妨先想一想法律作家常常是如何陷入困境的：

- 通过完全绕开创意阶段，造成法律文书不具备任何应有的想象力。
- 在完全理解文书的主题前就动笔，而且是充满激情地写作；然后将所作的草稿视为神圣不可侵犯的物品。
- 在文书的整体结构搭成之前就动笔，而且是字斟句酌地推敲行文，从而浪费宝贵的时间；文章结构的修改不可避免，当以后出现这样的变化时，早期的大量工作将不得不随之改变。
- 在整个文书写作过程中，受批判性强迫症影响，会不停地中断行文。

如何才能避免这些陷阱？你会发现，在写作时将要做的工作分解成若干部分来逐一完成会大有裨益。

Flowers 模式：狂人—建筑师—木匠—法官

任何作家在写作中都必须做四件事：构成想法，安排思路，进行表述，并对具体的表述予以批评改进。理想的写作步骤基本是按照这个顺序推进。

贝蒂・S. 弗劳尔斯（Betty S. Flowers）博士是美国得克萨斯大学的英语教授，她创设了一套系统的四步骤写作法。她的方法有助于减少写作中出现的问题，并将写作效率和写作效益最大化。

Flowers 四步骤写作法也被称为“狂人—建筑师—木匠—法官”模式。[1] 该模式将写作过程分为四个步骤,每一个步骤都基于一个“角色”,即我们众人皆有的某种个性。

“狂人”满脑子都是点子,疯狂地写作;他也许行文草率,但其大脑被激情和热切控制;如果处于文思如涌的状态,一小时也许能写满十页纸。[2] 通常,法律作家在这个阶段根本没有在真正地“写作”,而是做大量的笔记,记录下各种点子,以及解决问题的可能思路。

“狂人”的克星是“法官”——这是在整个四步骤模式中,自始至终需要驾驭得当的关键角色。许多法律作家都有一个失控的“法官”人格,这点在弗劳尔斯博士对“法官”的描述中易于识别:

> “法官”受过良好的教育,他一眼就能判断某个句子片段是个破句。他从你身后瞥一眼就能告诉你:“那是垃圾!”受迫于“法官”的权威,“狂人”失去了疯狂自信,开始萎靡不振。你知道法官是对的,毕竟他有语法老师的威严声调。但是,他挑剔的眼光却扼杀了所有的创造力。[3]

化解这场“狂人”和“法官”之间斗争的秘诀是:在写作结束之前,不让法官过早介入。否则,“法官”就会把“狂人”和他的创造力扼杀在摇篮里。

那么,其他几个步骤是怎么回事呢?

一旦“狂人”角色乱舞出各种点子,建筑师就会出来接手,把各种点子关联起来,并开始规划整个法律文书的构架。一开始,建筑师涉及的工作是非线性的,但它最终会以线性轮廓的形式出现。这意味着大纲最终将具备“开始—中间—结束”的三段体形式;就现在的大众而言,这个结构形式是理所当然的,但当年亚里士多德设计出这个表述架构的时候却需要伟大的洞察力。如果建筑师的工作令人满意,最终产生了一个线性的文书大纲,你就会知道整个文书是如何通过每个中间点,一步一步地构筑成形的。事实上,这个线性的文书大纲设计得越详细越好。

然后就是“木匠”出场了,他开始起草整个文书。在这个阶段,写作开始认真进行。因为你已经计划好了文书大纲,所以木匠的工作就轻松了不

1 Betty S. Flowers, *Madman, Architect, Carpenter, Judge: Roles and the Writing Process*, 44 Proceedings of the Conference of College Teachers of English 7 – 10 (1979).

2 Id., at 7.

3 Id.

少——或多或少像是一个填空作业。也许有的学者关于“木匠”的工作可能是最简单任务的说法有点夸张；但是，当建筑师规划的文书大纲详尽地摆在面前时，“木匠”的建筑过程的确是大大简化了。

已故作家查尔斯·艾伦·莱特（Charles Alan Wright）在《文学家》杂志上发表的一篇文章中，描述了自己的写作过程，用以支持上述观点：

> 对于我的这种非小说作品来说，首先必须对要写的任何主题有一个完整的把握。这一点可以认为是理所当然的，尽管相关的研究往往是漫长而乏味的。下一个阶段，也是对我来说最难的阶段，就是组织写作架构。直到脑子里清楚地知道我将如何组织要做的任何事情，我从不坐下来敲键盘（当然以前是老式打字机，后来是电子打字机，最近几年则是电脑）。[4]

这就是为什么，莱特先生在上述文章中谈道：写作其实挺容易，难就难在写作的准备阶段。

“木匠”阶段最重要的是下笔如风，不要边写边改，只是简单地根据“建筑师”架构的文书大纲填写细节。如果你停下来进行编辑，那么“法官”人格就会开始蠢蠢欲动，而这正是“木匠”避之不及的干扰。如果“木匠”在某个节点卡住了，那就跳过去，继续下一节；无须担心这里那里可能会留下一些将来要填的坑。

你也许会注意到，“木匠”亦具有一定的自由裁量权。比如，决定某个角落的完工外观，如何建造从一个房间到另一个房间的过道。换句话说，一些细小的建筑设计的细节是留给“木匠”发挥的。

一旦“木匠”完成了文书的草稿，“法官”人格的乐趣就开始了，他可以开始寻找改进草稿的方法。“法官”工作的乐趣涉及本书其余部分提及的许多事情：段落之间是否有过渡？是否在不应该使用被动语态的地方犯了语态错误，等等。法官还将检查许多本书中没有提到的问题：从标点符号的使用，到时态的转换，再到词语的优选。总之，“法官”是你的质量控制检查员。

四步骤模式这些角色中的每一个都需要在写作过程的某段时间，在你的脑海中占据优先的地位。如果你忽视了其中任何一个，都会对你的写作造成损失。

---

4 Charles Alan Wright, *How I Write*, 4 Scribes J. Legal Writing 87, 88 (1993).

两个疑虑的解答

但是，在繁忙的法律事务中，是否有可能在每个法律文书的写作中都完成这四个步骤？当然可以。即使只有一个小时来写法律文书，你也可以花 10 分钟当“狂人”，7 分钟当“建筑师”，20 分钟当“木匠”，10 分钟当“法官”。那么还剩余 10 来分钟的时间呢？好吧，你总需要在角色扮演中间休息一下嘛；既可以暂时离开项目放松一下，也可以将注意力从前一个角色转移到下一个角色。

同样，我们处理问题的方式不正是各不相同的吗？这不就是迈尔斯 - 布里格斯(Myers - Briggs)性格测试和其他人格测试给我们的启发吗？于是，弗劳尔斯在设计这个四步骤模式时就考虑到了这一点。每个人在大脑进行工作时都会有一个特定的舒适区域。Flowers 模式确保你可以从大脑的所有工作中获益，而不仅仅局限于你大脑的舒适区域。

Flowers 模式的优点

弗劳尔斯在她的文章中指出了四步骤模式的八个优点，这里用不同的文字复述如下：

1. 它容易记忆。

2. 它强调了写作过程的顺序性；如果你先从“狂人”阶段开始工作，而不是在花了几个小时字斟句酌之后重新回到点子阶段，可能会得到更好的结果。

3. 它强调反复修改的需要，并使每一稿都有各自的意义。

4. 它将写作任务分解成可管控的不同阶段，可以让你享受每个阶段的工作；也就是告诉你如何一步一步来，每次做一件事。

5. 它为你化解试图为权威人士写作时会经常出现的冲突。

6. 它提供了一种处理自我形象问题的方法，这些问题有时会干扰写作过程。也就是说，如果你把自己看作一个创造者，你可能会对“法官”角色的编辑和校对感到不耐烦，尽管会不耐烦，但这是每一篇文稿都需经历的；如果你认为自己是一个批评家，你可能会采取一个高度“压抑”的风格，文风显得干巴巴的、无音绕梁，尽管在语法这类技术层面无可挑剔。

7. 它为文稿修订提供了一种新的语言，这种新语言不会把编辑者完全推到“法官”的角色上。现在，编辑者可以看着一份法律文书说，“试着在这一部分更多扮演‘狂人’的角色”，而不是拿起红笔狂删一气。

8. 它澄清了写作中哪些内容是可以教授的。“狂人”角色是个人主观的，几乎完全是作者的私人领域；“法官”角色可以通过学习范文提高；但“建筑师”和“木匠”的角色是多数作者经验最少和训练最缺的，这时如果有一位好老师会帮助很大。

许多作者最需要的就是在写作过程中的帮助，对他们来说，弗劳尔斯的四步骤模式极具价值。

你会发现，如果用对了这个四步骤模式，你就能轻而易举地在写作过程中应用其他的写作建议（见技巧 3 至技巧 10）。

技巧 2 的要点总结

- 使用 Flowers 模式（狂人—建筑师—木匠—法官）来最大限度地提高你的写作效率和效力。
- 一旦确定了法律文书的提交日期，就从该日期倒推回来，为四个角色分配各自的阶段时间；要把每个角色阶段的拟定期限视为真正的最后期限。
- 在狂人—建筑师—木匠—法官这四个角色阶段中，在自己不擅长的那个角色阶段，要留出足够的时间来进行改善。
- 在各个角色阶段之间当然会有重叠，甚至返工，但要尽量保持精力集中，一次只专注于完成一个阶段的工作。
- 要对自己的每个观点进行强度测试，以“我坚信……”这样的陈述来搭构句式。

3

着手写作之前，让“狂人”放飞自我

名言警句

“通常情况下——也许并不总是这样，但大多数时候如此——写作的流程是这样的：收集材料—试图寻找一个好的方式—花一些时间在其他方面—突然有了一个好主意—进行计划和组织—写作—修改。整个过程中最神秘也是最吸引人的部分是你在写作手册中无法读到的：寻找一个好的方式，在你准备放弃寻找的时候，往往会不知从哪里突然冒出来一个点子，钻进你的脑袋。”

“我说这是个常见的经历，也许你不会相信。好吧，我就以文章和诗句为例，那是人类创造任何东西的思维方式——无论是诗人还是数学家，哲学家还是历史学家，科学家还是广告人。”

——Rudolf Flesch, *The Art of Readable Writing*, 55 (1949).

“律师必须允许自己有一定的时间酝酿想法。他应该在点子出现时记录下来，甚至加以发挥拓展，但注意不要就此起草完整的段落。随着对事实或法律的研究深入，越来越多的点子会涌现出来，而他的笔记也会随之增加，甚至相互重叠，但这时候只需要简单地整理材料就行。在整个思想酝酿过程完成之前，律师不应尝试动笔起草法律文书。”

——Jean Appleman, *The Written Argument on Appeal*, 41 Notre Dame L. Rev. 40, 41 (1965).

“关键是只有当你放弃对手头材料的有意识控制，才能继续更深层次的思考。放松对于这种深度料理是必要的。喝杯啤酒、散散步、坐公交、小憩或淋浴，这些都是人们不同的放松方式。”

——Peter Elbow, *Writing with Power*, 40 (1981).

“你的潜意识所作的写作比你想象的要多。你常常会花一整天的时间，试图从那些将你纠缠得无法自拔的语言丛林中挣扎出来。往往在第二天早上当你再次一头扎入时，会突然得到解决方案。当你酣睡时，你的‘作家头脑’却没有，作家永不停工。保持对身边事物的警醒，你所看到的和听到的很多东西会在你的潜意识中筛酿数天、数月甚至数年，就在你努力写作的潜意识需要它们的时候回来拜访。”

——William Zinsser, *On Writing Well*, 78 (7th ed. 2006).

解释说明

似乎很少有法律作者认为他们的工作本质上有创造性。他们通常认为，写好文章只是找到相关法律并将其写成文书。

事实上，每份法律文书都提供了发挥创造力的机会，因为富有想象力的方式可以最有效地传达观点。例子一采取了一个非常不同的、更有书卷气的方式。在 *Summa Corp. v. California ex rel. State Lands Commission*[1] 案中，路易·克莱伯（Louis Clainborne）在递交给美国最高法院的法律文书的导言摘要部分加入了两个深邃的文学类比，以表明加利福尼亚州最高法院采取的方法是徒劳的。对一个由博学法官组成的法庭来说，这肯定是令人愉悦的（他赢了官司）；即使对不完全知道文学类比出处的法官来说，他们也会受宠若惊，因为法律文书中如此提及暗示了对法官博学的赞赏。这里唯一的问题是：要够胆这样写，你的类比必须成立，必须能向充分了解其文学和历史背景的法官展示足够的深度和精辟。

在例子二中，得克萨斯州奥斯汀（Austin）市的麦克·哈奇尔（Mike Hatchell）的重审动议文书以一出剧本开场；其中，律师徒劳地尝试搞明白中级法院一个判决的法理。哈奇尔不仅说服了得克萨斯州最高法院重新受理了它早先拒绝的上诉，而且还成功地改变了下级法院的判决。[2]

当然，这并不是说你应该开始在法律文书中撰写小说风格的序幕。相反，你应该认真思考如何最好地表达自己的观点。你可以想到恰当的插图、类比、图表和其他手段。当你想到最好的表达方式时，别停下来，要更深入地发掘。

> 该法律文书以一个深邃的比喻开篇——仅适用于作者对读者的睿智有足够的信任。

例子一

导　言

凭借这个判决，加利福尼亚州最高法院似乎热情地拥抱了一个崭新的法律文艺复兴。在此过程中，现代"人文主义者"重新发现了古老的文本，并援引遥远的过去，将精神从一个更为传统的时代"枷锁"中解放出来。但我们并没有看到彼特拉克（Petrarch）[人文主义之父]在复活西塞罗（Cicero）[古罗马哲学家]时略显离经叛道，也没有看到在薄伽丘（Boccaccio）[文艺复兴时期的人文主义诗人]的吟诵中引述的从奥维德（Ovid）[古罗

1　466 U. S. 198 (1984).

2　See *Caller – Times Pub. Co. v. Triad Commc'ns, Inc.*, 826 S. W. 2d 576 (Tex. 1992).

马诗人]那里借来的不雅故事。在这里，几乎被遗忘的古代范本是查士丁尼(Justinian)皇帝[东罗马帝国的皇帝]和智者阿方索(Alfonso)[西班牙卡斯蒂亚国王]的法典，从约翰王[英格兰国王]那里夺来的《大宪章》，以及亨利·德·布拉克顿(Henry de Bracton)[英格兰法学家]的释法论文。[3]我们不免质疑，这种并非在文学或哲学，而仅在财产法层面的革命，即便打着回归往昔智慧的名义，是否同样值得称道？

现代立法机构以压倒一切的公共利益的名义行使其权力来限制私人财产的使用。这种政策方向上的改变要受到人们熟悉的宪法对追溯性立法的限制，如果违反了这些限制，就需要支付赔偿金。然而，本案呈现的情况正好相反。法院试图在未设地役权的地块上设置普遍的"公共信托"地役权，理由是"推测"土地的原始出让者有设置该地役权的意图；这个"推测"的依据竟然只是政府的意见和现行的政策，而无视自原始出让至今已有超过一个世纪在该地块上不存在地役权的事实。我们无法支持这种做法。

例子二

序　　幕

"好吧，这显然不适用于得克萨斯州……"

场景： Widgets & Surfboards/Plus, Inc.(WSP)公司的会议室。

WSP 公司是一家冲浪板等体育器材部件的制造商，其在得克萨斯州埃尔帕索(El Paso)和得克萨夫纳(Texarkana)设有小型工厂，占据着科帕斯·克里斯蒂(Corpus Christi)较大的市场份额。

角色： 公司首席执行官(总裁)、三名董事，以及公司法律顾问。

道具： 会议桌、《布莱克法律词典》、《韦氏英文字典》、一部电话、一张报纸，以及一大瓶泰诺止疼片。

总裁： 先生们，我有一个好消息和一个坏消息。坏消息是，本季度销售

3 See, e. g., Jan S. Stevens, *The Public Trust: A Sovereign's Ancient Prerogative Becomes the People's Environmental Right*, 14 U. C. Davis L. Rev. 195, 196 – 98 (1980), cited with apparent approval below. Pet. App. A1, A9 n. 8. See *also* Comment, *The Public Trust in Tidal Areas: A Sometime Submerged Traditional Doctrine*, 79 Yale L. J. 762, 763 – 68 (1970).

疲软，加上我们因为那个卡车司机的伤害官司需支付的保留金，本季度的利润为零；事实上，我们承受了将近10%的亏损。现在，我们必须做一些事情来扭转这一局面。

董事甲： 你有什么建议？

总裁： 好吧，我认为我们生产的部件的价格已经高到了极限，但如果我们把价格降低20%左右，应该能够增加销售量。同时，通过充分利用闲置设备的生产能力，可以减少产品的单件成本。这样也许可以永久性地提高我们的市场份额，从而可能在短时间内扭亏为盈。

董事乙： 很好，那就这么办！

法律顾问： 慢着，这样在法律层面可能有麻烦！

董事丙： 又来？

法律顾问： 是的。Corpus法庭最近判了一个解释《得克萨斯州反垄断法》的案子，就是*Caller－Times v. Triad*。这个判例指出：如果一个企业试图利用降低产品价格来增加其市场份额，也就是通过降价从其竞争对手那里抢走生意；一旦降价的百分比高于该企业的利润边际，就形成了“掠夺性定价”的证据。我们的竞争者可以状告我们，并诉请3倍的损失赔偿。

总裁： 开什么玩笑！

法律顾问： 这不是玩笑。你看，由于我们现在的利润边际为零，所以我们不能再降低价格。事实上，现在这种情况非常危险，我建议将所有产品的价格提高10%；因为根据现在的情况，如果我们面对亏损仍保持当前的价格，很可能被认定是事实上的削减价格，从而导致当前的定价违法。不夸张地说，甚至就在我们说话的时候，当前的定价已经沦为非法价格。

法院在该判例中也没有对产品线进行区分，当然似乎也没有什么区别。因此，即使我们的部件产品的价格远远超过了它们随着产量增加而降低的制造成本，我们仍然有被认定为掠夺性定价的风险。因为，该判例中关注的证据是企业的总体利润边际。

> 如果共同办案的律师打算在诉状中用10页的篇幅来写一出剧本，你是什么意见？如果一定要尝试这样的策略，必须不是一般厉害，是特别厉害。

董事丙： 但是你看，尽管我们可以在降低价格的同时仍然赚钱，但却不得不在需要降低价格的时候提高价格；那是经济自杀，简直是疯了。

董事乙： 等一下。看看今天的报纸，所有这些商家的广告：有七五折的，六六折的，半价的，这里甚至有个二五折的。你知道，Oriental 地毯公司一直都在打对折。我知道，也许除了 Oriental 地毯公司，其他商家都没有那样的利润边际。你是在告诉我他们都违法了吗？

法律顾问： 这么说吧。没有人可以说他们没有违法，因为你无法说清这些公司在减价销售时，他们的利润边际是多少。我敢打赌这些公司在打折销售时对他们的利润边际根本没有多少概念。在这种情况下，他们都面临官司风险。

董事甲： 让我把这个问题搞清楚！我可以理解为什么有人会说，我们不能把价格降低到故意在该产品上亏损，以击垮竞争对手来增加自己的市场份额。但利润边际与此有什么关系？它只是资产负债表上的操作：关于整体运营和记账交易的功能；也许是坏的投资，采用了非主流会计报表，等等此类。这些都与我们销售部件产品是否挣钱毫不相关。

老天爷！就像你们刚听到的，我们的盈利率，或者是亏损，竟然取决于那些跟生产、销售、盈利毫不相关的东西。这真是太疯狂了！

法律顾问： 我知道，但法律就是这样。

董事甲： 好吧。那我们到底应该如何计算那个利润边际？是今天的，上个月的，还是上个季度的？

天哪，在降低价格后，我们下个季度可能真的会有一定的利润；如果我们能够增加现金流，再刨去那些与生产无关的额外费用。难道我们要因为本季度没有赚钱而陷入困境？

法律顾问： 这是个好问题。这个 *Caller – Times* 案并没有说明适用何时的利润边际。该案的证词中没有确定是当前的利润边际，还是去年的利润边际，或者只是历史平均数据。正如我所说，该案中仅有几行相关的证词，只是提到利润边际。

董事乙： 那么，我们能不能根据其他理论来计算我们的利润边际？那个计算方式是固定不变的吗？我的意思是，*Corpus* 法庭是怎么说的？

法律顾问： 法庭只是查阅了《布莱克法律词典》中的相关定义，里面写道：

> 销售额减去所有费用后得出的单一数额。经常用来表述销售额减去所有经营费用后得出的比率。

董事甲： 他们用法律词典来定义经济概念？

法律顾问： 对啊！

总裁： 但我还是不明白，"所有运营费用"与一个产品的价格对应的盈利能力有什么关系？《布莱克法律词典》的定义与《得克萨斯州反垄断法》有关吗？法律词典中提到了它们之间的关联吗？

法律顾问： 没有。没有文字，没有案例，什么都没有。你根本无从得知他们在说些什么。

董事丙： 看，《韦氏英文字典》给出的定义是不同的：

> 勉强覆盖生产成本的最低限度的回报或奖励。

在我看来，这个定义里有我们讨论到的更多的东西：产品的生产成本。我们是用哪本字典的定义呢？

法律顾问： 甭问我。

总裁： 好吧，如果律师都不知道，我肯定也不知道。

法律顾问： 不要对我发火，那份愚蠢的判决书又不是我写的。

董事丙： 打电话给会计吧，也许他能帮上忙。

总裁： （拨电话给会计）查理（Charlie），我是 WSP 公司的麦克（Mack）。我们需要你帮个忙，会计师是怎么计算利润边际的？

画外音： 嗯，这不是一个会计术语。我们从不正式承认这种表述。对于不同的人，利润边际可能意味着任何东西。我可以给你一堆课本上的定义，但它们各不相同。

总裁： 哦，好吧。

画外音： 这一定是关于那个 *Caller – Times* 的案子吧。镇上每个人都在给我打电话问这件事。你看了今天的报纸了吗？所有在打折销售的公司都一身冷汗。没有人相信这个案子是真的。非常魔幻，是吧？

总裁： 是啊，不但魔幻，还极其恐怖。让人怀疑自己是生活在美国还是“阴阳魔界”（一部美国著名的科幻连续剧）。好吧，谢谢了。（挂断电话）

真是妙极了！律师没法告诉我们能做些什么；会计也没法告诉我们怎么去计算利润边际。*Caller – Times* 案的律师到底跟陪审团说了些什么？

法律顾问： 这是个有意思的问题。事实上，在那个案件中，原告并没有引用任何标准，只证明了“你意图以低价吸引竞争对手的客户”，即使这样的价格本身仍能创造利润。Caller – Times 公司提出应该适用第五巡回上诉法院曾经用过的标准，也就是确定定价是否低于“平均可变成本”。那是一个相对复杂的经济术语，但至少可以用标准的经济数据来进行计算。

然而实际上，法庭什么都没跟陪审团说。这个“利润边际”完全就是上诉庭自己发明的概念。

总裁： 好吧，你要告诉我的是，这个案子，你们律师怎么说来着，“维持原判”的基础是一些诉讼双方都没有说过用过的理论，法官从未告诉过任何人，而且陪审团也一头雾水？

法律顾问： 完全正确。

董事乙： 那样合法吗？

法律顾问： 好吧，这个案子就这么判下来了。现在，所有的“公平正义”与“合乎逻辑”都是另外一回事了。

总裁： 是否可以这么认为：知道我们今天的定价是否合法的唯一方法是让自己被人告？然后在几个月或几年后，陪审团告诉我们，他们没有任何规则可循？接着，陪审团的结论是通过查看法律词典来判定对错？最后，如何计算我们的利润边际，以及具体什么时候的利润边际，其实毫无区别？

法律顾问： 差不多就是那样。

董事丙： 那个 *Caller - Times* 案，是最终判决吗？

法律顾问： 这么说吧，至少在科帕斯·克里斯蒂就是最终判决了。我不知道在其他地区的上诉法庭会怎么说。

董事甲： 其他上诉法庭能做些什么？

法律顾问： 他们可能会采用不同的标准，或者适用不同的证据规则。

董事乙： 不会这样吧！你的意思是，如果我们的定价在科帕斯·克里斯蒂是非法的，但在同样的情况下，同样的价格水平在得克萨夫纳或埃尔帕索却没问题？

法律顾问： 的确如此。*Corpus* 法庭的判决只在当地有效。至少有14种不同的计算利润边际的标准。

事实上，可以肯定的是，有其他标准。我们的法律应该按照联邦法院的判决先例来解释，而联邦上诉法院曾经以各种标准来定义"掠夺性定价"，且采用的都是基于商品成本对应其价格的经济标准。

没有任何地方的案例使用"利润边际"来证明生产一个产品的成本。原因其实显而易见：我们的利润边际几乎无法解释我们生产和销售部件产品的成本。事实上，利润边际在这方面可能存在可怕的误导；毕竟，我们的部件产品还是很赚钱的。

董事丙： 我怕不是在做噩梦。我的意思是，难道最高法院不能理顺这件事吗？

法律顾问： 嗯，你们当然会这么想。专业的反垄断法律师对这个案子大为不满，认为这个判决极其荒诞可笑。上周在达拉斯（Dallas）有一个关于此案的演讲，指出即使是 *Corpus* 法庭采用了该案中提到的标准，该案推理和结果也是一团糨糊。

所以，每个人都认为这个案子将被推翻或被退回，因为它的判决基于错误的理论或其他因素。但坏消息是：最高法院回避了这个案子，它在9月6日拒绝受理本案的上诉。

总裁： 最高法院怎么说的？

法律顾问： 什么都没说。

董事甲： 那拒绝受理的根据是什么？

法律顾问： 嗯，你们能看到的就是，最高法院认为这个案子对得克萨斯州司法体系来说并不重要；这就是他们是否受理上诉案件的标准。

总裁： 你的意思是，根据这个适用于整个州的法律，陈述一个关于掠夺性定价的标准……告诉我们如何弄清楚自己今天是否违法而避开可能的官司……阻止在本州的不同地区适用不同的标准……使企业不至于因为采取相同的行为，而在本州的不同地区被拖上法庭……这一切都是因为没人知道到底哪个标准是对的？就因为是哪个标准不重要？

董事乙： 是啊，我本以为法律的意义在于有一个地方你可以去查看并知悉规则是什么，这样你就知道如何避开官司。所以我们可以遵守法律，避免那些诉讼费用。有什么比这点更重要？仅仅只为了盖棺定论？如果他们不愿意就这些问题发声，我们为什么还需要一个最高法院呢？

法律顾问： 好问题。这些都是困难的案例。模糊的经济概念和所有那些东西，它们真的是单调乏味。

总裁： 我不确定那可以解释任何事情。我的意思是，那是最高法院，对吗？
（一片死寂，所有人目光呆滞，总裁服用了泰诺止疼片）
谁还有什么好主意？

法律顾问： 嗯，我确实有几个。这就是之前麦克说的好消息。让我们尝试从糟糕的情况中竭尽所能。
我们刚刚了解到，我们那个在埃尔帕索占有绝大部分市场份额的主要竞争对手，因为去年向环保局支付了巨额罚款，加上动用了一些亏损结转，去年没有盈利。如今，他们在本季度对部件产品进行了 25% 的折扣销售。

此外，由于我们刚刚在那个讨债官司中得到了一大笔未结清的应收账目索赔，以及相当金额的孳息。这使我们至少在本季度的利润边际达到 45% 。

所以我说，我们可以在埃尔帕索以 40% 的折扣价格把部件产品卖给竞争对手的客户。这样的话，我们可能有一些亏损，但那么做显然是合法的，就像 *Caller – Times* 案中的情况。同时，我们给埃尔帕索的竞争对手发个函，指称他们的定价是“掠夺性”的。

那样会出现两种情况。要么，他们不得不遵从 *Corpus* 法庭的判例，重新抬高价格；于是我们应该能够迅速将他们赶出市场，然后再把价格恢复到超级盈利水平。要么，他们对我们的发函不予理会，这实际上可能是更好的结果；鉴于我们在埃尔帕索的业务微不足道，完全可以关闭那里的工厂，并起诉他们索赔 3 倍损失。

董事乙： 很好的思路！我们所要做的就是证明他们去年的利润边际，然后有比那个数值更大的降价折扣，以及他们希望我们离开当地市场的事实，对吗？

法律顾问： 对的！这是很容易的。接着，我们找个“正确”的陪审团。然后就是“关门，出招儿”。

董事乙： 嗯，这招听起来不很光彩，但在我看来，这就是法律。所谓法律面前，人人平等，彼此彼此。

董事甲： 是的，如果法律是那样操作的，我们没有理由不这么来玩这个游戏。

董事丙： 在我看来，这看来就像是另一种侵权理论。还有一件事：这其实是创造了一个反向垄断，等于是允许我们借此控制竞争对手的业务。

总裁： 有一件事让我很好奇。在这一切安排中，消费者永远是损失方。如果我们迫使竞争对手涨价，消费者就会支付竞争对手提升的定价；如果我们成功赶走了竞争对手，消费者将支付我们的更高定价。而且，由于大家都担心中 *Corpus* 案件的招，就不得不一直维持高价，那么消费者就永远深陷其中。要知道，我总是听人说，反垄断法应该通过促进竞争、降低价格来造福于公众！

法律顾问： 好吧，这显然不适用于得克萨斯州……

论点摘要

上述剧本并不是想象出来的，它已经在得克萨斯州各地的企业财务顾问和法律顾问的办公室里上演了。可悲的是，除了 *Corpus* 法庭的意见受到嘲笑和讥讽外（至今尚无任何学术上的支持者，只有批评者），最常见的反应是对司法体系的沮丧和失望。

为什么呢？因为法律顾问们真心希望能就产品定价向客户提供明智的建议以遵循《得克萨斯州反垄断法》，然而他们却无法依赖任何工具来完成这项工作。他们没有来自终审法院的明确标准，他们没有确定的证据规则，他们只有一个判例结果；而该结果在任何地方的反垄断法中都没有类同，它基于古怪而毫无价值的标准，无法自我调和，甚至是自相矛盾。

技巧3的要点总结

- 当你产生点子的时候，自由放飞你的思想；培养一种不甘精神贫乏的习惯。
- 想到什么就记录下来，不去追求过早形成完整的论点。
- 在这个阶段不要介意结构、承转或组织，更不用在意句子或段落的写作。
- 现在不要评估你的点子，或考虑如何进行表述；这些问题留到后面解决。
- 允许自己创造性地表达：可以勾画图表，绘制插图，或进行类比。
- 记住你的第一个关键词：丰富性。

- 专注思考如何才能最好地表达你的想法；如何才能最有效地让你的读者理解你的想法？
- 记住，在这个阶段，直到有所突破之前，你一定会感到沮丧；你的问题看起来似乎难以解释，无法解决，但相信突破终会到来。

4

动笔前列提纲，从非线性提纲起步

名言警句

非线性提纲

“如果预写阶段已经很彻底，通常会出现几乎没有重写的情况……”

——Gorham Munson, *The Writer's Word*, 157 (rev. ed. 1949).

“线性勾勒的唯一优点是它看起来很整洁，而这一优点也正是它的缺点。通过努力确保大纲的整洁，我们有效地切断了任何补充或插入的内容，以及任何新想法。毕竟，我们不想打乱我们整齐的大纲。当我们在思想的世界里按部就班地行动时，我们在假设已经完成了之前的想法的情况下，继续进行下一个概念。这种方法的谬误在于认为我们留下的概念已经被彻底思考过了，不需要再延伸……另一方面，分支法从中心开始，向外辐射，是一种组织材料的扩张性方法。就其本质而言，它允许你回溯你的步骤，以方便补充和事后思考。而事后的思考往往是最有价值的方面。”

——Henriette Anne Klauser, *Writing on Both Sides of the Brain*, 48 (1987).

线性提纲

“很少有人像建筑师那样写作，他首先勾勒出整体计划，然后设计每个细节。相反，大多数人的写作就像玩多米诺游戏一样，一半靠设计，一半凭运气，然后句子的顺序和连接也是如此。”

——Arthur Schopenhauer, “On Style” (1851), in *Theories of Style in Literature* 251, 269 (Lane Cooper ed., 1923) (translation modernized).

“作为未来创作指南的写作提纲，可以防止出现明显的思路和语法混乱，因为我们在正式开始整体写作之前，往往没有考虑清楚一些问题。”

——James William Johnson, *Logic and Rhetoric*, 20 (1962).

"如果提纲有问题，思路就有问题。因此，如果提纲草案不能解决问题，你的案件就需要进一步的、更清晰的分析，而你就必须再多花些功夫。如果需要的话，你必须全力以赴；如果最后期限允许的话，你可以暂时转向其他事情来厘清自己的思路。但要继续努力，直到提纲得以完善。直到那个时候，你才算准备好开始写作。"

——Frederick B. Wiener, *Briefing and Arguing Federal Appeals*, 201 (rev. ed. 1967).

"在写法律文书之前，必须仔细和彻底地进行组织。没有什么比一份散漫的、脱口而出的，未经任何修改就提交了的文件更糟糕的了。这样的法律文书难以理解，经常重复，往往自相冲突，一般总是毫无说服力。"

——Hon. Daniel M. Friedman, "Winning on Appeal," in *Appellate Practice Manual*, 129, 131 (Priscilla A. Schwab ed., 1992).

"我喜欢读能体现精心构建的提纲的法律文书。即使提纲本身被文字所掩盖，我也能感受到它的效果；以最精练的文字将要点环环相扣。正如我向严谨编制提纲的法官致敬一样，我也向法律文书的撰写者表示敬意。精心构建提纲的律师会在法律文书中体现秩序感，而法官在撰写判决书时也会关注这点。"

——Hon. Frank M. Coffin, *On Appeal: Courts, Lawyering, and Judging*, 119 (1994).

解释说明

提到提纲，大多数人都会想到罗马数字、大写字母，以及关于一个标题下至少要有三个副标题之类的老派规则。有些人着迷于提纲，但更多人讨厌这个想法。

即使你很擅长列提纲，如果过早地把自己圈定在一个线性结构中，你也会感到不自在。所谓从线性结构开始，就是一上手就弄出下面这样的东西。

Ⅰ. - - - - - - - - - - - - - - - - - -

A. - - - - - - - - - - - - - - - - -

B. - - - - - - - - - - - - - - - - -

Ⅱ. - - - - - - - - - - - - - - - - - -

A. - - - - - - - - - - - - - - - - -

B. - - - - - - - - - - - - - - - - -

C. - - - - - - - - - - - - - - - - -

Ⅲ. - - - - - - - - - - - - - - - - - -

Ⅳ. - - - - - - - - - - - - - - - - - -

如果真的这样开始，你就不可能看到在标题Ⅰ下是否应该有副标题C、D和E；它们最终可能成为标题Ⅴ、Ⅵ和Ⅶ。换句话说，随着你的“建筑师”角色开始工作，后面的想法可能需要跟之前的想法进行整合，而你并不想阻止这种可能性。

使用非线性提纲是改善这一过程的好方法。在这个过程中，我经常创造一个“旋鸟”构图。“旋鸟”是“狂人”和“建筑师”角色之间的合作所产生的思想回旋。这给了“狂人”一个拓展点子的机会，而“建筑师”则决定哪些点子构成翅膀，而哪些只是翅膀上的羽毛。

基本上，“旋鸟”提纲从你在页面中央画一个直径1英寸[1]左右的小圆圈开始。然后从这个圆圈上勾出四条柔和的弧线（这是“翅膀”），就像这样：

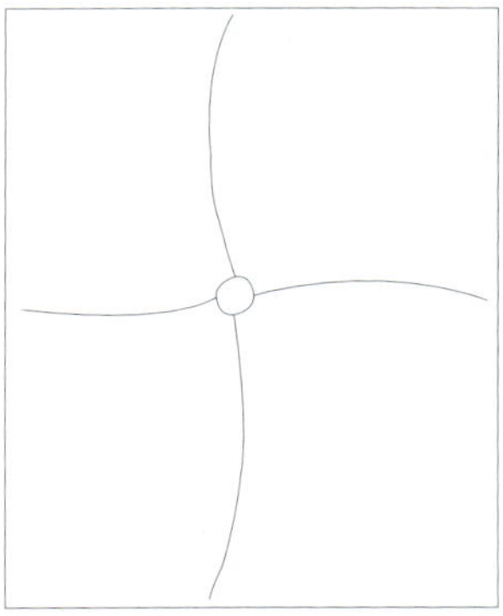

在圆圈的中间，为你的写作项目定一个速记名称[如“马丁（Martin）的《美国残疾人法》（ADA）诉状”]。想出一个要点，把它写在其中一个翅膀上。然后再想接下来的两到三个，把它们分别放在其他的翅膀上。然后，把你能想到的与这些要点有关的所有东西，写在翅膀上，充当“羽毛”。翻查文件材料以收集更多的想法；同时阅读相关的案例。尽量拓展思路以获取大量的点子；如果你发现了更多的要点，就直接在圆圈上添加更多的翅膀。

这个过程可能只需要10分钟，也可能需要几天时间。你是在进行头脑风暴，所以每当你认为自己已经完成了，就强迫自己再想出至少四个要点或相关的内容（那些你尚未记录下来的事情）。完成这一步后，强迫自己再增加两项。你需要大量的点子；不妨挑战自己的创造力。

[1] 1英寸=2.54厘米，后文不再赘述。——编者注

一旦你真正用尽了想象力,就休息一下,从几分钟到几天都可以,暂时转向其他事情。

现在,在让“狂人”开道把丰富的想法写下来之后,你需要让“建筑师”接管。虽然“狂人”仍将留在这里填补空白,但现在“建筑师”开始负责。仔细研究你的“旋鸟”提纲,看看哪一点会成为你的主导方向。然后开始把你的“旋鸟”提纲转换成一个看起来更传统的、有层次的提纲。想想什么顺序最适合表达主题,尤其是从一个陌生人的角度来看你的案子;你也许很快就能发现一个合理的顺序。“建筑师”会从“旋鸟”提纲记录的要点中进行选择,也许会抛弃一些点子,也许会把两个翅膀折叠成提纲的一部分,也许会把一个翅膀分成两个。关键在于,“建筑师”完全可以只在素材的安排上下功夫;在这个阶段,不再有真正的压力来开发素材。

虽然我一开始对这种编制提纲的方式持怀疑态度,事实上我在两年多的时间里拒绝尝试这种方式,但我现在几乎将它运用在每个写作项目中。我每年都会把它教给数以千计的律师,其中许多人都和我一样惊讶于它的巨大作用。以下是最常见的反馈:

- “我想到了之前可能会错过的事情。”
- “我看到了点子之间的相互关联。”
- “我发现了真正最重要的东西:一个可能被我埋没的点子或主题。”
- “我发现原来我对这个问题的了解比我以为的要多。”
- “这个项目看起来不难管理;看到所有的东西都有条不紊地在一页纸上,真是一种解脱。”
- “我对自己能在很短的时间内取得如此大的进展感到惊讶。”

下面是我在1996年为美国律师协会的模拟上诉庭辩撰写的,提交给联邦第十一巡回法庭的一份法律文书,它演示了提纲编制的步骤进程。这是一个《美国残疾人法》案件的原告诉状。我的客户马丁是一名公司律师,在被诊断出患有抑郁症后遭到解雇,医生建议他对工作时间和旅行加以限制。下面,你将看到这份诉状是如何成形的。

议题 1 的“旋鸟”（非线性）提纲：“狂人”的工作成果

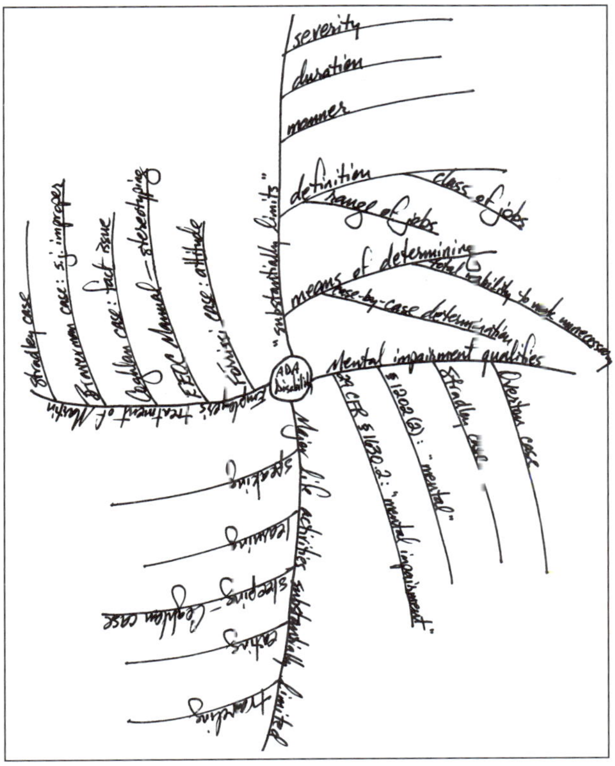

议题 1 的线性提纲：“建筑师”的工作成果

上诉状提纲

议题：

由于上司的严厉批评，严于律己的公司律师马丁患上了焦虑和抑郁的适应性障碍，并出现了失眠、注意力缺陷、行为混乱和食欲不振的症状。当从马丁的心理医生那里得知他在未来的不确定期限内不能旅行，每周工作不能超过 40 小时，也不能出庭后，马丁的雇主立即解雇了他。根据《美国残疾人法》（ADA），马丁的案子需要明确以下事实问题：（1）他是否遭受了严重限制一项或多项主要日常活动的损伤；（2）他是否应被视为承受了残疾损伤？

草案中的议题过长，但没有关系。在这个阶段，别对自己太苛责。

这个“句子提纲”是写好法律文书的关键步骤。像例文这样，它必须是完整的命题。

Ⅰ. 根据ADA，马丁患有残疾：遭受严重限制主要日常活动的损伤。

A. 符合残疾条件的精神损伤。〔§12101(2)：“精神”，29 CFR §1630.2：“精神损伤”；*Overton* 案；*Stradley* 案〕

B. 马丁的症状严重限制了其主要的日常活动。

(1)马丁的状况影响了几项主要的日常活动。〔睡眠、说话、学习、饮食、旅行、沟通；§1630.2(i)的清单是非穷举的〕

(2)马丁的状况严重限制了一项或多项日常活动。

(a)“严重限制”的一般含义。〔确认方法：个案分析；无须达到完全没有工作能力的程度〕

(b)表明马丁在主要日常活动方面受到严重限制的因素。〔29 CFR §1630.2(j)(1)〕

(c)确定一个人的工作能力是否受到严重限制的考量因素。

Ⅱ. 根据ADA，马丁应享有残疾人的待遇：遭受严重限制主要日常活动的损伤。

议题1的法律文书：“木匠”的工作成果

论点及法律依据

导　　言

《美国残疾人法》(ADA)的目的是“为消除对残疾人的歧视提供明确和全面的国家授权”。国会估计全美有4300万残疾人，这个数目还在增长。[1] ADA禁止雇主“歧视符合ADA条件的残疾人(法定残疾人)”。[2] 马丁根据ADA陈述了这样一个案情，他指称自己：(1)患有“残疾”；(2)符合法定残疾人的条件；(3)因为残疾而遭受就业歧视。[3]

国会意图将以1973年《康复法》为基准的相关判例普遍适用于ADA类

1 42 U.S.C. § 12101(a),(b)(1)(1990); see *Vande Zande v. Wisconsin Dep't of Admin.*, 44 F.3d 538, 541(7th Cir. 1995).

2 42 U.S.C. § 12112(a).

3 R-4; *Stradley v. Lafourche Commc'ns, Inc.*, 869 F. Supp. 442, 443 (E.D. La. 1994).

似案件。[4] ADA 关于残疾人就业的条款"只是将《康复法》下适用于联邦机构和联邦政府承包商的、诸如合理调整之类的责任义务，扩展到整个社会经济活动中"。[5]

正如本庭所承认的那样，国会之所以设立《康复法》，是要求联邦政府的承包商和受益人"承担为残疾人提供就业的费用，以作为他们接受联邦资助的交换条件"。[6] 国会的意图是让联邦政府承包商'积极雇用法定残疾人以提高其就业率"。[7] 那么，作为接受联邦资助的联邦政府承包商，Atlantic Coast 公司始终有这样的法律义务来提高法定残疾人的就业率。而该公司官员在得知马丁的残疾状况后，突然将其解雇，完全忽视了公司应当承担的义务。[8]

联邦法规和准则有助于解释 ADA，其中包括专为实施 ADA 第一章而发布的规定。[9]

议题 1：关于马丁精神损害的事实

马丁是 Atlantic Coast 公司的内部律师，一生成就超凡。但他患上了一种适应性病理障碍，经心理医生诊断，他有焦虑、抑郁、失眠及其他生理症状，心理医生认为他不宜旅行、每周工作量不宜超过 40 小时；也不宜出庭。当马丁把心理医生的意见告知公司后，立即遭到 Atlantic Coast 公司的解雇。这里首先存在一个关于事实的问题：根据 ADA 的规定，马丁遭受的精神损伤是否属于那种严重限制一项或多项主要日常活动的损伤？

---

4 *Hogue v. MQS Inspection, Inc.*, 875 F. Supp. 714, 720 (D. Colo. 1995); *EEOC v. AIC Sec. Investigation, Ltd.*, 820 F. Supp. 1060, 1064 (N. D. Ill. 1993); see *White v. York In'l Corp*, 45 F. 3d 357, 360 n. 5 (10th Cir. 1995); *Bolton v. Scrivner, Inc.*, 36 F. 3d 939, 942 (10th Cir. 1994) (noting that Rehabilitation Act caselaw defining disability is applicable to similar inquiry under the ADA) *Sarsycki v. United Parcel Serv.*, 862 F. Supp. 336, 341 n. 2 (W. D. Okla. 1994) (explaining that interpretations of the Rehabilitation Act are persuasive authority for ADA interpretations).

5 *Vande Zande*, 44 F. 3d at 542.

6 *Moore v. Sun Bank*, 923 F. 2d 1423, 1428 (11th Cir. 1991).

7 *Howard v. Uniroyal, Inc.*, 719 F. 2d 1552, 1553 (11th Cir. 1983); see *First Ala. Bank v. Donovan*, 692 F. 2d 714, 716 – 22 (11th Cir. 1982) (discussing the requirement of an affirmative – action program under § 503 of the Rehabilitation Act).

8 See 41 C. F. R. pt. 60 – 741. 1 (1995).

9 *Hogue*, 875 F. Supp. at 720; see *Bolton*, 36 F. 3d at 942.

议题 2:Atlantic Coast 公司的行为

Atlantic Coast 公司因为马丁心理医生的诊断而将其解雇。公司是否赋予了马丁应有的法定残疾人待遇?

根据 ADA 第 12102(2)条的规定,“残疾”一词是指原告:“(A)遭受的身体或精神损伤严重限制了其一项或多项主要日常活动;(B)有这类损伤的记录;(C)被视为遭受这类损伤。”[10]以往的判例记录表明,陪审团合理认定马丁符合上述(A)和(C)的条件,便可以成为马丁患有残疾的证据。马丁提供的证据可以支持陪审团作出那样的认定,因此本案在“残疾”要素上提出了一个有实际意义的事实问题。

Ⅰ. 根据 ADA,马丁患有残疾:遭受严重限制主要日常活动的损伤

A. 马丁的精神损伤符合法定残疾人条件

根据 ADA 第 12102(2)条第 1 项的规定,残疾包括“遭受的身体或精神损伤严重限制了一项或多项主要日常活动”。[11] 联邦劳工条例在“精神损伤”的定义中专门包括了情绪或精神疾病。[12] 因此,抑郁症和其他精神状况应被视为 ADA 涵盖的法定残疾。[13]

马丁被诊断出患有 DSM-Ⅳ(《精神疾病诊断与统计手册》1994 年第 4 版)第 309.28 节所述的“基于焦虑和抑郁的适应障碍症”。[14] 这一诊断与确认当事人是否患有残疾息息相关。[15]

尽管根据其定义,普通的适应障碍症状据说会在“压力源”消失后的六个月内“缓解”,但如果该病症被诊断为慢性,其症状可能持续超过六个月。[16] 根据皮卡德(Pickard)医生的证词,马丁需要在“未来不确定的时期”内进行适应性恢复;这一观点意味着马丁遭受的是长期或慢性残疾。[17]

---

10 42 U. S. C. § 12102(2).

11 Id.

12 29 C. F. R. § 1630.2 (1995).

13 See *Doe v. Region* 13 *Mental Health – Mental Retardation Comm'n*, 704 F. 2d 1402, 1408 (5th Cir. 1983); *Stradley*, 869 F. Supp. at 443.

14 See R – 2 ¶ 13.

15 See EEOC Compl. Man. (CCH) § 902.2(b), at 5307 n. 6.

16 R – 2 ¶ 14 (citing *DSM – IV* at 623 – 24).

17 R – 2 ¶ 14.

此外，皮卡德医生还作证说，马丁患有抑郁症，这是一种比适应障碍症更严重、更持久的精神疾病。[18] 联邦第七巡回法院曾经做过这样的解释，"'抑郁症'是一个容易令人误解的字面温和的术语，但它是一种造成患者极度衰弱的疾病"。[19]

当患者出现一次或多次严重的抑郁症发作后，就会形成"严重抑郁症"；其特点是持续至少两周，几乎每天都处于情绪低落状态，并伴有其他至少四种抑郁症症状。[20] 皮卡德医生的宣誓声明指出，马丁不止一次地出现了至少两周的情绪低落，几乎每天都有大部分时间处于抑郁状态。[21] 此外，皮卡德医生作证说，马丁的症状包括：(1)失眠，(2)食欲不振，(3)注意力难以集中，(4)易怒。[22] 这四个均是典型的抑郁症症状。[23]

最后皮卡德医生还作证说，他最初提供给病人的诊断尽可能地往轻症指述，因为考虑到给病人贴上慢性病的标签可能会加重病情。[24] 对于抑郁症患者来说这样的处理较为重要，因为病人在被贴上"慢性抑郁症"标签后往往会病情恶化。[25] 鉴于皮卡德医生关于马丁的状况可能会无限期地持续的证词，加上马丁关于自己症状的证词，这里至少存在一个事实问题：马丁是否患有 ADA 项下的法定残疾。[26]

B. 马丁的症状严重限制了日常活动

确定在主要日常活动方面是否受到严重限制因人而异，必须进行个案分析。[27] 有些损伤对某些人来说是致残性质的，但对另一些人来说不是；这取决于损伤的发展阶段、是否存在其他伤病等因素。[28] 由于致残性的调查是针对具体事实的，而且马丁提出了他的损伤和相关症状对他而言是具有致残性的；鉴于本案在致残性的问题上至少需要一定的事实审查，简易判决程序是不合适的。[29]

---

18 See R – 2 ¶¶ 14, 17, 18 – 19.

19 *Overton v. Reilly*, 977 F. 2d 1190, 1191 n. 1 (7th Cir. 1992) [citing William Styron, *Darkness Visible: A Memoir of Madness* (Random House 1990)].

20 R – 2 ¶ 19 (citing *DSM – IV* at 320).

21 See R – 2 ¶ 18.

22 R – 2 ¶ 19.

23 R – 2 ¶ 19 (citing *DSM – IV* at 320).

24 R – 2 ¶ 13.

25 R – 2 ¶ 8.

26 See R – 2 ¶ 14; R – 1 ¶¶ 20 – 23.

27 29C. F. R. app. § 1630. 2(j).

28 Id.

29 See *Fehr v. McLean Packaging Corp.*, 860 F. Supp. 198, 200 (E. D. Pa. 1994).

(1)马丁的几项主要日常活动都受到了影响

主要的日常活动具体包括学习和说话,马丁在这两方面都受到了病情的影响。[30] 注意力缺陷限制了他的学习能力。[31] 皮卡德医生建议马丁不要再做任何口头辩论,这表明他的语言表达能力至少受到了间接影响。[32]

思考、关注以及与他人交往沟通等心理和情感交流,也是重要的日常活动。[33] 马丁的注意力缺陷,可能会限制他思考和关注的能力。[34] 由于他的症状还包括易怒、暴躁以及相关冲动行为,这使马丁与他人交往沟通的能力也受到了限制。[35]

此外,ADA 第1630.2(i)条中列出的是非穷举清单。[36] 主要的日常活动包括一般人可以几乎无困难进行的任何活动。[37] 马丁的症状严重影响了他的睡眠、饮食、旅行和工作这四类日常活动。首先,皮卡德医生作证说,马丁的精神损伤导致他失眠。[38] 其次,马丁和皮卡德医生都提到,马丁的精神损伤也影响他的饮食;而饮食无疑是一项主要的日常活动。[39] 再次,皮卡德医生证实,马丁的精神损伤使他无法旅行,而这是正常人可以轻松做到的。[40] 最后,马丁的精神损伤可能会限制他的工作能力,而工作亦是明确列出的一项主要日常活动。[41]

(2)关于马丁的日常活动是否受到严重限制,存在事实问题

如果与普通人相比,某人在从事主要日常活动的方式和时长上受到很大限制,那么这个人的主要日常活动即为受到"严重限制"。[42] 本案的证据关注这么一个事实问题:马丁是否能以与普通人一样的方式和时长进行学习、思考、关注或与他人互动? 相关证据证明,马丁在饮食、睡觉和旅行等活动的

---

30 See 29 C. F. R. § 1630.2(i);see R-1 ¶¶ 20,23,24;R-2 ¶¶ 11,16,19.

31 R-1 ¶ 23;R-2 ¶¶ 16,19.

32 See R-2 ¶ 11.

33 EEOC Compl. Man. (CCH) § 902.3(b),at 5311.

34 See R-1 ¶ 23;R-2 ¶ 16.

35 See R-1 ¶ 20;R-2 ¶ 16.

36 EEOC Compl. Man. (CCH) § 902.3,at 5311;see 29 C. F. R. § 1630.2(i);*id*. app. § 1630.2(i) (noting that the list in § 1630.2(i) is not exhaustive).

37 29 C. F. R. app. § 1630.2(i).

38 See *Coghlan v. H. J. Heinz Co.*,851 F. Supp. 808,814 (N. D. Tex. 1994);R-2 ¶ 16.

39 See 29 C. F. R. app. § 1630.2(i);R-1 ¶ 22;R-2 ¶ 16.

40 R-2 ¶ 11.

41 29 C. F. R. app. § 1630.2(i).

42 29 C. F. R. § 1630.2(j)(1).

方式和时长上受到严重限制。[43]

就事实认定而言,是否存在严重限制取决于患者遭受的损伤是否严重和持久。[44] 马丁有严重的精神损伤,包括焦虑和抑郁;这种损伤不仅影响了他的工作,也影响了他的睡眠、饮食和其他的主要日常活动。[45] 平等就业机会委员会的《合规手册》中有这么一个例子:一名雇员因脑震荡而导致短期记忆力下降、注意力缺陷、学习领会能力困难,其状况被认为日常活动受到严重限制。[46] 根据马丁和皮卡德医生的证词,马丁患有类似的思维和学习障碍。[47]

此外,另一个事实问题是关于马丁的精神损伤是否会长期存在。皮卡德医生的证词是,马丁的康复需要无限期的调整,这表明其损伤是慢性的。[48] 皮卡德医生将马丁的情况诊断为基于焦虑和抑郁的适应障碍症。尽管这通常是一种暂时性的病症,但皮卡德医生也指出,他之所以给出这个并不严重的诊断结果是为了照顾马丁这样的病人的情绪,以免病情恶化。[49] 正如皮卡德医生在其证词中强调,在有机会进行进一步的观察后,他往往会认为有必要调整诊断结果。[50]

鉴于皮卡德医生不喜欢给病人贴上慢性精神障碍的标签,以免病情加重,他的证词提出了一个事实问题:马丁的病情是否会长期存在。[51] 然而,证明一个人的主要日常活动受到严重限制,并不要求其病情或症状是永久性的。《合规手册》第 902.4(d)条提供了一个因非永久性症状导致日常生活严重受限的例子。在那个例子中,一名员工因情绪紊乱住院十个月,然后在家休息两个月,辅以门诊治疗,同样被认为日常生活受到严重限制。[52]

工作能力受到严重限制,是指与普通人相比,从事专门工作(要求某类培训、知识、技术或能力的工作)或普通工作(无须专门培训、知识、技术或能

43 R-1 ¶¶ 20-22,24;R-2 ¶¶ 11,16.

44 See 29 C. F. R. § 1630.2(j)(2).

45 See *Weiler v. Household Fin. Corp.*,3 AD Cases (BNA) 1337,1339 (N. D. Ill. 1994) (finding that anxiety and depression substantially limited plaintiff's ability to work,eat,and sleep,and thereby met the ADA standard for a disability).

46 See EEOC Compl. Man. (CCH) § 902.4(d),at 5320.

47 R-1 ¶ 23;R-2 ¶ 16.

48 See R-2 ¶ 14.

49 R-2 ¶ 13.

50 R-2 ¶ 15.

51 See R-2 ¶ 8.

52 EEOC Compl. Man. (CCH) § 902.4(d),at 5319.

力的工作）的能力受到严重限制。[53] 本案的证据提出了一个事实问题：马丁是否失去了从事律师这项专门工作的资格？就他的精神损伤而言，从事任何法律职位可能都需要进行一定的调整，因为律师每周的工作量通常超过40小时，还需要长时间集中精力。

此外，马丁的精神损伤是否使他失去了从事普通工作的资格？这也是个事实问题：马丁是否能每周工作40小时，继续从事需要集中注意力、与他人互动和涉及旅行的工作。事实的认定需要根据相关证据，确认马丁从事某类专门工作或普通工作的能力是否受到严重限制。

Ⅱ. 马丁应享有残疾人的待遇：遭受严重限制主要日常活动的损伤

即便根据事实认定，马丁并非ADA规定的法定残疾人，Atlantic Coast公司的行为也证明公司认为他不但有残疾，而且严重限制了工作能力。[54] 波斯纳（Posner）法官最近在一份判决书中解释道：ADA的条款意识到有身体和精神损伤的人可能成为受害者，就像遭受种族歧视和其他歧视的受害者一样。波斯纳认为："许多这样的损伤事实上并不致残，却被认为是致残的。尽管有这类损伤的人客观上有能力和普通人一样工作，但却因其所受的损伤而找不到工作或被人避之不及。这跟普通人因为他们的肤色或其他一些与职业无关的特征而受到歧视是一样的。"[55]通过将有身体和精神损伤的人纳入受保护的群体，"国会确认，社会累积的对病残者的偏见和恐惧，与病残者承受的生理限制一样，也是对他们的一种伤害"。[56]

ADA的这部分条款关注雇主的行为及其动机，重点不在员工身上。[57] 正如本庭曾经确认的，当案情涉及动机和意图时，简易判决程序通常是不合适的。[58]

---

53 29 C. F. R. app. § 1630.2(j).

54 See *Braverman v. Penobscot Shoe Co.*, 859 F. Supp. 596, 603 (D. Me. 1994) (finding summary judgment improper because employer regarded plaintiff as disabled); *Coghlan*, 851 F. Supp. at 815 (finding that the differences in parties' stories created a fact issue as to "who regarded whom as having what").

55 *Vande Zande v. Wisconsin Dep't of Admin.*, 44 F. 3d 538, 541 (7th Cir. 1995).

56 *School Bd. of Nassau Cnty., Fla. v. Arline*, 480 U. S. 273, 284, (1987); see EEOC Compl. Man. (CCH) § 902.8(a), at 5325 (noting that this section of the ADA "is designed to protect against myths, fears, stereotypes, and other attitudinal barriers about disability").

57 See EEOC Compl. Man. (CCH) § 902.8(a), at 5325.

58 See *Batey v. Stone*, 24 F. 3d 1330, 1336 (11th Cir. 1994); *Hairston v. Gainesville Sun Pub. Co.*, 9 F. 3d 913, 919 (11th Cir. 1993) (noting that factual determinations concerning an employer's mental processes are generally unsuitable for disposition at the summary – judgment stage) (citing *United States Postal Serv. Bd. of Governors v. Aikens*, 460 U. S. 711, 716, (1983)).

当从皮卡德医生那里得知马丁患有抑郁症且容易出现暴躁的行为后,Atlantic Coast公司毫不迟疑地解雇了马丁。[59] 路易斯安那州的联邦法院最近在一个类似的案件中,驳回了雇主要求适用简易判决程序的请求,认定原告是否被视为有残疾是一个具有实质意义的事实性问题。[60] 在 *Stradley* 案中,原告和马丁一样,被诊断为患有混合情绪特征的适应障碍症;与 Atlantic Coast 公司一样,那个雇主很快得出结论,认为原告没有能力继续工作。*Stradley* 法庭认定,如果雇主"认为原告患有抑郁症或其他精神疾病,并且认为该病症严重限制了原告的主要日常活动,那么原告等同于患有 ADA 项下的法定残疾"。[61]

Atlantic Coast 公司只是假定马丁的残疾使他无法胜任其工作,公司的结论是如果不解雇马丁,他原来的岗位需要再增加一名律师。[62] 然后,需要在相同岗位增加额外律师的说法暴露了公司的态度,即认为马丁的残疾严重限制了其作为律师的工作能力。[63]

《合规手册》第902.8(f)条提供了一个被视为残疾员工而遭到歧视的例子。一家银行了解到一名员工有轻度的抑郁症临床诊断,并错误地认为该病症会妨碍这名员工为客户和公众提供良好服务。[64] 银行开除这名员工的标准是他不能很好地为公众服务,这个标准并不限于专门工作的某个独特方面,而是适用于普通工作。马丁同样患有抑郁症,Atlantic Coast 公司也同样认为马丁的症状会妨碍其从事律师工作,从而使他失去从事普通工作的资格。[65] 在这种情况下,至少存在一个实质性的事实问题:Atlantic Coast 公司解雇马丁是否因为公司错误地认为他患有的残疾严重限制了其工作能力?

---

59 R-1 ¶ 25.

60 *Stradley v. Lafourche Commc'ns, Inc.*, 869 F. Supp. 442, 443-44 (E. D. La. 1994).

61 Id. at 443.

62 R-1 ¶ 26.

63 See *Chandler v. City of Dallas*, 2 F. 3d 1385, 1392 (5th Cir. 1993) ("The statutory reference to a substantial limitation indicates... that an employer regards an employee as handicapped in his or her ability to work by finding the employee's impairment to foreclose generally the type of employment involved."); *Forrisi v. Bowen*, 794 F. 2d 931, 934 (4th Cir. 1986); *Stradley*, 869 F. Supp. at 444.

64 EEOC Compl. Man. (CCH) § 902.8(f), at 5330.

65 R-1 ¶ 26.

技巧 4 的要点总结

- 生成点子，制定一个“旋鸟”那样的非线性提纲；从基本的要点开始，然后逐步充实那些要点。
- 在头脑风暴的时候，尝试让各种点子涌入脑海，不断地思考，从不同的角度来寻找处理问题的方法。
- 在研究过程中，在纸上填满想法（注意不要按特定顺序），用你自己能够理解的短语把它们记录下来。
- 当你觉得已经耗尽了所有的想法，可以开始一种更为线性的思考方式：写下案件涉及的主要议题；这时要使用完整的句子，通过议题进行思考。
- 让“建筑师”专注于整合材料；充实内容的工作可以放在后面。
- 如果文章结构中有断档，可以把“狂人”请回来生成更多的点子；然后让“建筑师”决定如何安排新材料。

5

埋头笔耕前、理顺思路先、提纲挈领早

名言警句

"写作就像任何其他艺术一样,作品的整体概念对于读者的满足感起着重要作用。事实上可以说,除非作者知道自己的方向,否则很少有读者能跟得上。"

——Walter S. Campbell, *Writing Nonfiction*,58 –59 (new ed. 1961).

"对于坐下来准备动笔的律师,有一个最基本的告诫:在把案件考虑清楚并完成基础研究之前,千万不要开始写作。这并不意味着需要确认每一个引注或脚注,但必须包括查阅所有的重要案件,并且在必要时再次复阅,因为其中的法律渊源总能为进一步的研究提供线索。"

• • •

"在所有观点的次序和方向在脑海中明确定位之前,不要动笔。"

——Frederick B. Wiener, *Briefing and Arguing Federal Appeals*, 136 (rev. ed. 1967).

"问自己两个最重要的问题 一个是'我弄明白了吗?',另一个是'我能说明白吗?'除非这两个问题都有了肯定的答案,否则不要感到满足。"

——George Kennedy et al. , *The Writing Book*,36 (1984).

"撰写法律文书应从一份表述议题的草稿开始。"

——Robert J. Martineau, *Fundamentals of Modern Appellate Advocacy*, §7.30, at 142 (1985).

"这是个有用的动笔规则。在你准备写第一段之前,要了解所写的故事,即便无法了解整个故事,也要尽可能多地了解故事的原委。在你全情投入写第一句话,乃至第一个章节之前,要了解这个故事,并且尽可能地去了解整个故事。"

——John Irving, "Getting Started," in *Writers on Writing*, 98,98 (Robert Pack & Jay Parini eds. ,1991).

"上诉程序中,乃至在诉讼的诸多方面最重要的分析步骤,就是构建议题。"

——Bryan A. Garner, "The Language of Appellate Advocacy," in *Appellate Practice Manual*, 188, 189 (Priscilla A. Schwab ed. , 1992).

“很多写过不少东西的法律作者的最大弱点在于行文架构，因为文字组织是最微妙的。议题的论证是通过文字组织来完成的，而这恰恰是写作中最难传授的部分。很多学生在高中时没有学到这方面的精义。”

——Betty S. Flowers, “The Salt Interview: Betty Sue Flowers,” 2 *Salt J.*, Nov. – Dec. 1999, at 10, 17.

解释说明

这项技巧针对的是许多律师在撰写法律文书的过程中可能存在的最严重的一个错误。

诉讼律师似乎经常认为，他们在考虑诉状的核心内容之前，就已经“敲掉了一些前提性的东西”。接着他们如法炮制，继续“敲掉”第一部分，因为他们已经想到了其所涉及的内容。然后，除了最后一节或两节，还剩下什么？有了这样的开端，他们就会觉得好像草稿差不多已经完成了。

对这些作者来说，文章的议题是写到哪里算哪里的。

以这种方式撰写的诉状只是“述及”一个议题，而不会深入议题的核心。作者会认为已经涵盖了所有的内容，而事实上，一些关键环节很可能被遗漏。

如果你真的想写出好的诉状，你应该在研究阶段的早期就做大量的笔记（见技巧 6），但在你对议题有一个好的整体表述之前，你不应该执着于词句和段落。这才是正确的起点，而很多时候被误认为是终点。

为什么有时候一个议题会在撰写诉状的最后阶段出现？你可以看到，有人在诉状呈递期限的前一天晚上突发奇想。突然间，所有的东西都要重新开始，原因只是这个议题“终于”出现在作者的脑海中了。这是动笔过早的一个主要症状。

如果你发现动笔太早——也就是说，在你写了一段时间之后，文章议题才最终具体化，你就必须毫不留情地抛弃议题具体化之前的文字。不要因为你在这些词句段落上投入了时间而恋恋不舍。要下决心推倒重来。

那么，在写作过程中，议题的具体化究竟应该在何时发生？在“狂人”阶段？还是在“建筑师”阶段？虽然这个问题没有最终答案，但最好的做法是把问题写在要点提纲之前或之后。但是当你和合作律师一起工作时，未必总能做到这一点。你的同事可能在起草章节时尚不能从深层次来表述议题（见技巧 11 至技巧 16）。那样的话，现在还不算太晚：在做其他事情之前，先确定议题。如果你不这样做，写出来的东西很可能是杂乱无章、冗长繁复的。

这个问题有多普遍？我的猜测是，一半以上的诉状都有这个毛病。下面这个“反例”版本就是典型（相比之下，“范例”版本则是一位在开始认真写作之前就牢牢把握了议题的律师的作品）。

同一案子的反例与范例

反例：这是原告道宾斯（Dobbins）医疗中心根据《马里兰州行政程序注册法》第19.008(a)(1)(A)条对马里兰州卫生设施委员会（以下简称委员会）第12－476－853号命令提出的上诉，该命令批准了Acland医疗公司的全资子公司Charter Fenton公司为马里兰州巴尔的摩（Baltimore）市Fenton医院颁发需求证书。2012年12月10日，委员会接受了Charter Fenton公司的申请，并为其颁发了需求证书，以在巴尔的摩市建造、装备和运营一个拥有80张床位的精神疾病和成瘾性疾病的设施，面积为43,410平方英尺[1]。Charter Fenton公司最初提出60张精神疾病床位和20张成瘾性疾病床位，但后来根据修改申请的适用规则马里兰州行政法规[Md. Adm. Code § 19.165(b)(4)]将申请修改为64张精神疾病床位和16张成瘾性疾病床位。原告提交了一份意向通知书，希望成为Charter Fenton公司申请方的一员，该请求于2013年1月11日被委员会接受。被告帕里（Purley）医院集团公司也提交了类似的申请，亦被接受为Charter Fenton公司申请方的一员。

> 这个正统的开场白也是完全没有价值的。你无法知道作者到底代表了哪一方，更不知道问题究竟是什么。

范例：本案涉及马里兰州卫生设施委员会（以下简称委员会）对在巴尔的摩建造80张床位的新精神病院的三项申请作出了两个相互矛盾的决定。

独立听证官在听取了所有证据后认定该项目需要三家医院中的两家参与，并作出了相关建议。委员会以3∶0的票数接受了听证官的报告，但以2∶1的票数否决了听证官所建议的两家医院之一，认为“没有必要”。

事实调查结果和关键证据记录都不支持委员会这个不合逻辑的决定。委员会的行为自作主张地违反了自己的程序规则。这个决定如果不被驳回，将会阻止马里兰州的老年精神病患者获得新建医院或现有医院所提供的医疗服务。

> 只有一个成熟的思想家和律师才能写出这种另类的开场白。它兼顾了人的因素和真正的法律问题。

[1] 1平方英尺＝929.0304平方厘米。——编者注

技巧5的要点总结

- 当你完成基本研究后,花点时间通盘考虑整个案例。
- 尽早起草你的议题表述和要点提纲。扪心自问,法庭必须回答哪些问题才能给出对客户有利的处理结果。
- 无须担心要先完成议题陈述还是要点提纲,它们是互补的;从你成竹在胸的那个要点入手。
- 在把任何内容写进诉状之前,确保你对相关具体议题理解到位。
- 尝试三个议题,不要多也不能少。
- 在写序言、事实陈述或其他内容之前,完善你的议题陈述。

6

拟定纲要后，深研法律、做足笔记，并按重要程度安排要点

名言警句

组织

“你要寻求一种安排，使读者积极地阅读，并给人留下清晰而难忘的印象（紧紧抓住下划线的短语，因为它能扯紧您的精神肌肉）。”

——Gorham Munson, *The Written Word*, 109 (rev. ed. 1949)

“许多上诉状中的论点完全没有任何可识别的形式。它们倏然出现，蜿蜒前行，悄然消失。引用法庭意见中的一两句话，做一些附带评论，竖起一个普遍原则，提到一两个事实，再东引西摘一些，最后得出结论说下级审判法庭是错误的。法官读完这样一份诉状，也许会重读一遍以确保自己没有在读第一遍时打瞌睡，然后就会把它扔到一边，因为它毫无用处……当律师准备诉状中的论点时，应该在自己的头脑中认识到论点的本质是什么，然后以那种形式进行表述。”

——Hon. E. Barrett Prettyman, “Some Observations Concerning Appellate Advocacy” (1953), in *Classic Essays on Legal Advocacy*, 259, 266 – 67 (George Rossman ed., 2010).

“试着把你的想法按重要性递减的顺序排列。把最重要的想法作为正文的第一部分；接着是次重要的想法；继续下去，直到序列上最后的想法放在正文的末尾。这种安排似乎是额外的工作，但它使你有更好的机会把最重要的想法展示给读者；这才是你写作的目的。”

——Tyler G. Hicks, *Successful Technical Writing*, 92 (1959).

“在写作前组织思路是令人愉快和大有裨益的；在写作后才组织思路，则是浪费精力、令人恼火和效率低下的。写作计划不是第二、第三或第四步，它必须是首要工作。”

——H. J. Tichy, *Effective Writing for Engineers, Managers, and Scientists*, 9 (1966).

笔记

“假设你已经准备好所有的信息，可以进行汇总了。其中一些信息在你的脑海中，一些在你面前的图表或其他报告中，另一些在草稿纸上的简约笔记中。所要表达的想法对你来说已经很清晰了，但表达这些想法至少需要几页纸，或许更多。你已经和这些想法交织在一起，可以说是沉浸其中。你在思考，‘我到底该如何把这些想法的要点归纳在一个简短的开场段落或章节中？它们可不是那么简单的！’

你需要做的其实是自原始人类开始传递信息以来，几乎每个好作家都做过的事。将注意力从细节上移开，尝试抓住信息的核心。尽管知易行难，但无论所要传达的信息有多复杂，任何一个作者，只要其愿意，都能做到这一点。”

——David W. Ewing, *Writing for Results in Business, Government, and the Professions*, 56 (1974).

“始终用你自己的语言做笔记。”

——Jacques Barzun, *Simple & Direct*, 170 (1975).

“经验表明，你必须以统一的方式，在统一尺寸的纸张或卡片上做笔记。有些研究人员喜欢用笔记本，装订成册或活页；另一些人则喜欢用划线的或空白的索引卡（3英寸×5英寸，4英寸×6英寸，5英寸×8英寸），但主要材料只能用一种尺寸。那些使用笔记本的人，无论笔记本的大小，都是随手抄下事实或引文，并不区分主题。他们在一侧留出较大的空白，以便对应每条笔记写下一个关键词或短语作为索引，方便寻找和归类各条笔记。”

——Jacques Barzun & Henry F. Graff, *The Modern Researcher* 23 (6th ed. 2004).

解释说明

在研究期间，当你开始认真写作之前，要经历几个“狂人—建筑师”的循环。勾勒出你需要涵盖的要点，并在整个过程中补充这个清单。

狂人和建筑师紧密合作。而在研究过程中，你很可能会发现自己从一个角色转向另一个角色。这种合作往往以两个模式中的一个进行：研究模式或直觉模式。

大多数诉状的作者可能采用研究模式。也就是说，他们先做书籍研究，然后再写作。如果你以这种方式工作，那么每当阅读一个案例，你就应该创造性地考虑如何将其融入你的写作内容；同时，你应该将该案例与其他相关案例联系起来。当你对这些案例进行归纳汇总时，需要充分利用你的想象力和空间感。

不过，一些出色的诉状作者是以直觉模式进行工作的。他们通常从事法律工作多年，有丰富的整体经验。他们有能力不经事先研究，就可组织甚至草拟一份诉状；他们相信能够找到案例以支持他们的观点。如果你在这种模式下工作，就会先将诉状概念化，再进行写作，接着去寻找案例，然后根据案例中发现的情况来调整你对所持法律观点的表述。

现在说说关于案例研究的笔记。务必系统化自己的案例笔记方式：不要针对一个案子，而要适用于所有的案子。仅仅将案例打印出来并在上面进行标注是不够的，那样太被动。你需要写出下面这样的案例笔记：

在你起草动议或诉状时，需要给 3～4 个主要案例准备这样的案例笔记。注意要用自己的语言来完成笔记。

In re Banks，299 F.3d 296（4th Cir. 2002）（per Baldock，J.）.

事实： 根据第 13 章，Banks 申请了破产重组。他制订的重组计划应在破产法庭解除其债务之前，使其不可撤销的联邦担保学生贷款不再累积利息。该笔学生贷款的债主沙利美（Sallie Mae）（学生贷款市场协会）被告知该计划，并有机会参加相关听证会，但他并未参加听证会，也没有在法庭确认该计划之前提出异议。五年后，Banks 被解除了债务。然后，他得知学生贷款的利息一直在累积。破产法庭同意，尽管 Banks 要求不予支付利息不符合《破产法》的规定，但在其重组计划被法庭认可之前，沙利美有机会提出反对，但他放弃了机会。因此，破产法庭认为，沙利美的诉求发生在债务解除之后，鉴于既判力原则而不应予以受理。联邦地区法院推翻了这一判定，认为沙利美没有就重组计划获得足够的通知。

问题： 《破产法》及其相关规则要求债务人进行特别对抗性听证，以证明不免除其学生贷款的债务或利息会对其生活造成严重困难。Banks 并没有申请相关听证。破产法庭批准 Banks 的重组计划能否构成对抗沙利美诉请的既判力？

判决： 不。未经针对不可解除债务的特别听证，普通重组计划不得撤销不可解除债务。维持联邦地区法院的判决。

理由： 学生贷款的债权人必须得到关于试图解除该贷款本金或利息的具体通知，并应给予其机会在特别听证会上提出异议。

在你的案情摘要中，记下你可能会编织到书面辩护中的引文。

因为Banks没有要求举行特别听证会，所以沙利美从来不知道废除累积计息的规定。由于沙利美不受破产法庭所确认之重组计划的约束，既判力原则不适用。

判例语录：

联邦条例规定，学生贷款的债权人应将收到的偿付扣除应计利息后，用于本金余额，34 C. F. R. § 682. 404(f)。未支付的利息因此视为可以被资本化。第13章破产重组计划中关于不计利息的规定，实际上是对债权人有权获得的利息债权的解除。根据克里希（Kielisch）判例，这样的规定必须通过特别的对抗性听证：

> 允许债务人仅偿还贷款本金而无须支付贷款利息，将减少债务人必须偿还的债务总金额……等于是允许债务人间接地绕过了第523(a)(8)条的明确规定，从而使债务人得以在无须证明生活严重困难的情况下，被免除其学生贷款债务的利息。

In re Banks, 299 F. 3d 296, 300 (4th Cir. 2002) [quoting *In re Kielisch*, 258 F. 3d 315, 324 (4th Cir. 2001)].

破产法庭对重组计划的确认令通常被赋予决定性的效力。但是，如果它将导致《美国宪法第五修正案》所赋予的正当程序权利被剥夺，我们就不能遵从这样的庭令。*Piedmont Trust Bank v. Linkous*, 990 F. 2d 160, 162 (4th Cir. 1993)。如果《破产法》及其规则规定了命令生效需经必要的通知，根据宪法赋予的正当程序权利，当事人必须事前获得相关的通知，否则本应对其有约束力的庭令无效。*In re Banks*, 299 F. 3d 296, 302 (4th Cir. 2002).

许多律师从法学院的第一学期开始并没有经过这类的案例笔记训练。然而，这项技能值得你在日常工作中掌握：直到你养成这样的习惯，才算对案例法入门。在做这些案例笔记时，要确保在纸张或记事本的相同部位记录相似类别的信息，例例如是。

无论怎样，你最终都会找到一系列的案件，然后围绕议题进行安排组织。

比如,你有三个议题。那么,你的诉状正文应有三个部分。通常从最强论点到最弱论点(忘掉其他蹩脚的论点),然后多少会如下安排:

- 阐述议题表述中的法律前提(见技巧11)。
- 显示事实如何切入法律前提(见技巧12)。
- 应对反驳论点(见技巧7)。
- 用一个或一组额外的理由来完成临门一脚(见技巧97)。

这就是组织展开议题的基本方式。

最后一件事:你的研究既要有韧性又要有智慧。法官们经常抱怨说,双方的律师都没有找到决定性的法律依据。例如,克利夫兰(Cleveland)的地方法官 W. H. 小鲍曼(W. H. Baughman Jr.)写信给我,抱怨道:"经常令我感到惊讶和失望的是,律师提供不了靠谱的法律依据,尽管我相信相关的法律依据一定存在。我经常在庭辩中提问:'在美国法学史上,这个问题是第一次出现吗?'律师经常回复:'是的!'"哦,天哪,你可以看到这件事会走向什么方向。鲍曼法官继续说:"然后通过在 Westlaw 上的五分钟案例检索,我或是我的助手就会找到一个来自第六巡回法院或这个地区的案例,阐明了相关的判决理由。即便是那些享有盛名的律所,有时也无法提供有帮助的法律研究。"

两点建议。首先,不要把研究法律依据的工作单独委托给新入行的律师,尤其当他反馈说没有找到直接相关的法律依据。其次,如果法官提问相关的议题是否在美国的法学渊源中出现过,不要回答"从未出现",而是回复:"法官阁下,我们没有找到任何相关案例。"

技巧6的要点总结

- 为你将要引用的每个重要案例做一份案例笔记。
- 做大量的笔记,最好是用你自己的话。可以摘录引文,但要确保案例笔记中的大部分内容都是你自己的总结。
- 为你的笔记选择一个统一的系统。把它们记录在同一媒介中,如记事卡、笔记本或电脑文件。
- 反复阅读你的笔记,仔细琢磨你的议题和论点的核心本质。
- 从决策者的角度出发,将这些议题按重要次序进行排列。

7

辩证地组织观点，以有利观点开篇收尾，预期并反驳相左观点

名言警句

“一般来说，对反对意见的反驳应该在论述的中间部分，这样被反驳的论点就不会给人留下第一或最后的印象。论证的开头和结尾，就像一出戏一样，是最重要的部分。”

——Adams Sherman Hill, *The Principles of Rhetoric*, 385 (rev. ed. 1896).

“最好是假设听众或读者的立场与我们所主张的观点相反，因为在工作中考虑到可能出现的敌意批评，我们就会更小心地构建一个无可辩驳的论点，而不是在工作中盲目相信自己所说的一切会被轻易接受。”

——Frances M. Perry, *An Introductory Course in Argumentation*, 57 (1906).

“很多时候，尽管法官对议题的看法可能接近五五开，如55%对45%，但总的来说，他的最终决定必然取决于他心目中的那杆秤。上诉律师在处理势均力敌的案件时，最好记住这一点。如果在处理一个并非一边倒的议题时，应该指出不同取向的优点和缺点，然后指出一个适当的平衡尺度，这样会比强调自己的论点完美无缺更令人印象深刻。”

——Hon. E. Barrett Prettyman, *Some Observations Concerning Appellate Advocacy*, 39 Va. L. Rev. 285, 297 (1953).

“作者必须站在自己的立场上，并竭尽所能地坚持这个立场；但一味排除其他立场，并不能有效地做到这一点。读者需要确信，作者已经考虑了其他立场，并以充分的理由驳倒了它们……因此，好的作者必须采用辩论者的技巧，即知己知彼。因为单方面或者说单向的论证，指的是其目的，而非手段。”

——John E. Jordan, *Using Rhetoric*, 66 (1965).

“不要因为记录中的重要事实对你不利而予以回避。相反，要抢在你的对手之前

把它们说出来。这不仅表明你是诚实的，而且也会降低这些事实对你的伤害。"

——Hon. Mario Pittoni, *Brief Writing and Argumentation*, 31 (1967).

"一份好的诉状总是包括那些似乎与作者试图表达的观点相矛盾的证据。如果你确实在一个有争议的主题上写作，你必须考虑相反的证据和相反的意见。粗心或不诚实的作者会忽略相反的证据。他们误认为，提及反面的观点将会削弱自己的观点。但是，当你将不利于本方案情的东西故意遗漏掉，总是会被人发现的。"

——Richard Marius, *A Writer's Companion*, 29 –30 (1985).

"试着预测读者对自己立场的最大反对意见，并细致入微地加以解决……永远不要歪曲反对意见。凭空把对手抹成'坏人'或'呆子'，能轻易帮你输掉争论。要确保你对反对观点的解读不是扭曲的。"

——John M. Lannon, *The Writing Process*, 332 (1989).

"我乐意见到一个诉状作者面对法官，坦率地认识到己方最薄弱的环节，并加以应对。"

——Hon. Frank M. Coffin *On Appeal: Courts, Lawyering, and Judging*, 120 (1994).

"对于一个严肃的争议论点，要有一个系统的考虑，而不是简单地依赖利益递增结构。尽管你已经坚定地站在了正方的立场上，也必须给反方留有余地，否则就会显得你对论点并没有多加思索。当你论证己方观点时，越多地处理驳斥对方，就会让你看起来越成功……行文架构的基本原则是首先摆脱反对意见，然后站在自己的立场上收尾。"

——Sheridan Baker, *The Practical Stylist*, 29 –30 (8th ed. 1998).

"预测和面对特别具有破坏性的事实，并想办法化解它们。"

——Noah A. Messing, *The Art of Advocacy*, 18 (2013).

解释说明

一般来说，论证的第一部分应该为你的论证基础提供支持（见技巧6）。也就是说，在你开篇陈述了讨论议题（见技巧 11 至技巧 16）之后，在每个议题之下展开论证，以支持与该议题相辅相成的法律基础和事实基础。

然后是反驳。你必须对所有重要的反驳意见进行攻击。预测并化解法官对此可能提出的反对意见。应用辩证法是达成目的的最佳手段。辩证法就像一个游走时光的钟摆；简言之，它的形式是论点、反证、结论；对诉讼而言，是正方、反方、决定。

作为诉状作者，你可以利用辩证法来塑造论点。当然，结论或决定必须始终站在你这一边。在诉状的每个主要标题下（见技巧64），尝试以下面这种方式来组织你的论点：

［我们胜］ ［我们输］

法律基础

↓

事实基础

↓

结论 → 尽管可以这么主张……

这个论点不成立，因为…… → 法庭仍然可以这么认定……

但是这个结论站不住脚，

因为 以下两个原因：首先…… 其次……

↓

此外……

↓

最后……

将这张图烙在你的记忆中：它是一个好的论证的基本组织形式。

这种结构表明，你已经考虑了为什么结论可能是相反的；已经成功避开了反击。这种说服性策略的重要性怎么强调都不为过。

正如本篇名言警句的第一句所说，你应该在论证过程中解决反驳的意见，而不是在开始和结束的时候；然后，迅速将它们一一击倒。

在使用辩证法论证时，要确保别掉进三种陷阱。首先，避免在提供答案之前长篇大论地阐述对手的观点，你的反驳需要迅速而直接；从下面的“反例”中，你会看到这种“强调对方论点”的糟糕策略。其次，只对付不利观点中已经浮出水面的部分，避免让对方察觉到该观点的其他杀伤力。最后，必须公平对待对方的观点，而不要虚空打靶，曲解对方观点后施加攻击。

辩证架构的对照例子

反例：Ⅱ. 原告签订了有效力且可执行的仲裁协议

阿芒多（Armando）第一个实质性的论点是，他有权要求陪审团审判以确认他是否同意就其与汉密尔顿公园（Hamilton Park）的劳工纠纷进行仲裁，因为：（1）他声称自己没有意识到自己签署的U－4申请表中，在签署栏的上方有仲裁条款；（2）汉密尔顿公园没有指引他注意U－4申请表中的仲裁条款，对其构成了欺诈（Pb 18－45）。这种论点忽视了仲裁法以及合同法的基本原则，并且以往在几乎相同的情况下，这种论点被绝大多数法庭驳回。事实上在本月早些时候，新泽西地区法院的费舍（Fisher）法官明确驳回了阿芒多的论点：

> 你代表汉密尔顿公园：请注意，这段话的开头是带倾向性的，带有负面色彩的。它体现了阿芒多的观点。

> 记录中没有任何证据表明汉密尔顿公园试图诱使阿芒多在申请表上签字，从而以欺诈方式剥夺阿芒多在联邦法院的诉讼权利。在缺乏上述证据的情况下，法院不会抛弃合同法基本原则而认定合同无效。原告只是没有仔细阅读申请书。

Armando v. Hamilton Park Ins. Co., Civ. No. 11 －5232 （CSF）, slip op. at 3 （D. N. J. Apr. 28, 2012）（Ex. E）.

范例：Ⅱ. 法庭应强制执行仲裁，因为阿芒多签署了有效的可执行的仲裁协议

关于劳工纠纷的仲裁协议是完全可以执行的。尽管阿芒多辩称他有权就其是否同意与汉密尔顿公园进行仲裁的问题获得陪审团审判，但他忽略了仲裁法和合同法的基本原则。他的两个论点是：（1）自己没有意识到在签署的U－4申请表中的签署栏上方有仲裁条款；（2）汉密尔顿公园没有指引他注意U－4申请表中的仲裁条款，对其构成了欺诈（Pb 18－45）。像这样的论点在其他案件中从未成功过。而在与本案关联的联邦判例中，新泽西地区法院的费舍法官在本月早些时候驳回了阿芒多的这个论点：

> 这一改写，通过对阿芒多的论点进行证伪和驳斥，使自己的论点更有说服力。

> 记录中没有任何证据表明汉密尔顿公园试图诱使阿芒多在申请表上签字，从而以欺诈方式剥夺阿芒多在联邦法院的诉讼权利。在缺乏上述证据的情况下，法院不会抛弃合同法基本原则而认定合同无效。原告只是没有仔细阅读申请书。

Armando v. Hamilton Park Ins. Co., Civ. No. 11 －5232（CSF）, slip op. at 3 （D. N. J. Apr. 28, 2012）（Ex. E）.

法庭不应接受阿芒多的要求,扰乱既定的法律。

反例的论证架构	范例的论证架构
甲的论点是…… ↓ 甲没有认识到…… ↓ 汉密尔顿公园欺诈行为…… ↓ 甲的论点忽视了一些基本原则 ↓ 法官费舍驳回……	仲裁合同具有完全的法律效力 ↘尽管甲的论点…… ↙ 该论点忽视了…… ↘甲主张…… ↙ 这些主张始终不成立…… ↓ 法官费舍驳回…… ↓ 法庭应该遵循成例……

技巧7的要点总结

- 给人留下深刻的第一和最后印象,在诉状的中间部分驳斥反对意见。
- 预测可能的反对意见。行文的时候切记对手的立场,以构建最有力的论证。
- 阻止对方律师利用对你不利的事实;具体方法是你自己来处理这些事实,并给予适当的空间,以减少这些不利事实对己方的潜在伤害。
- 通过表述双方(或所有)的议题,来展现一种客观的姿态。但不要在对手的观点上花费太多时间。
- 明确推进自己的论点。在从句(虽然……)中淡化对方的观点,而在主句中强化己方的驳斥意见。
- 使用辩证中的论点、反证、结论的结构来塑造自己的论证,最后记得要有力地宣示己方立场。
- 必须提及和驳斥全部重要的反对论点,包括那些你认为可能会让读者牢记于心的。

8

文书草稿一气呵成，搁置冷却再行修改

名言警句

“当你找到你的想法时……尽可能以说话的方式把它记录下来；即快速地、不假思索地，根本不用停下来思考具体的表现形式。事后再修改，且只能是在事后。当想法正在动态生成时，中途停下来思考表达形式，就像在上坡的半道上放开了离合器，然后不得不挂抵挡重新开始。你永远无法恢复原来的动力。”

——David Lambuth et al., *The Golden Book on Writing*, 4 (1964).

“至于写作本身，你的目标是尽可能快地把你的想法记录在纸上。凭着良好的计划，第一稿就很容易完成。当你不必顾虑格式、语法和标点时，句子就会飞流直下。”

——Jerome H. Perlmutter, *A Practical Guide to Effective Writing*, 14 (1965).

“差劲的作者倾向于蔑视修改，错误地认为好的作者不需要修改。差劲的作者认为，文章、故事和诗歌应该以其完整和最终的形式涌现。在这些作者醒悟之前，他们对修改的态度充其量是半信半疑，甚至是不愿意改变他们写的任何一个字词。”

——H. J. Tichy, *Effective Writing for Engineers, Managers, and Scientists*, 10 (1966).

“慢工才能出细活，文学史上的所有证据均无法佐证这种假设。”

——F. W. Bateson, *Essays in Critical Dissent*, 186 (1972).

“作为一个作家，你必须做的是思考你想表达什么，然后让它自然流露。之后，你需要回过头去，做一些修改；但是就像足球比赛一样，如果一开始就有正确的构思，后面并不会难。”

——David W. Ewing, *Writing for Results in Business, Government, the Sciences, and the Professions*, 212 (2d ed. 1979).

“不要边写边修改，不要边写边评估，不要改变你刚写的内容，不要纠正你刚写的单词的拼写。这里有很多‘不要’；但边写边改的作家永远不会完成自己的作品。给自己一个机会，让自己变得更好，在纸上舒展，开拓，天马行空。”

——Judy Dalton, *The 29 Most Common Writing Mistakes and How to Avoid Them*, 16 – 17 (1985).

“要说服自己，你是在黏土而不是大理石中工作，是在纸上而不是在永恒的青铜上工作：让这第一句话随心所欲地‘愚蠢’下去。没有人会急着把草稿印刷出来；只需把它放下，然后写下一句。在你的作品完成后，你的整个第一段或第一页可能被改得面目全非；它是一种涅槃重生。”

——Jacques Barzun, “A Writer’s Discipline,” in *On Writing, Editing, and Publishing*, 8 (2d ed. 1986).

“通常情况下，如果我们已有确立的基本框架，那么相对于我们尚在努力厘清陈述顺序，第一份完整的草案写作就可以更快地开始，并且能更有信心、更加迅速地进行下去。”

——Christopher Turk & John Kirkman, *Effective Writing: Improving Scientific, Technical, and Business Communication* 39 (2d ed. 1989).

解释说明

从心理上讲，写作功能和编辑功能在很大程度上是分开的。这就是为什么在写作课程中，最擅长编辑的学生几乎从来不是最擅长写作的学生，反之亦然。

最成功的诉状作者会将“法官”角色跟“木匠”角色分开，后者需要不受阻碍地开展工作。“法官”是一个评论者，并非原作者。对于“木匠”来说，“法官”是令人讨厌的。任何一个有正常思辨力的人都应学会在“木匠”工作的时候别让“法官”插手。最好的对策是约束自己，一旦做好准备，尽快完成初稿（见技巧 4 至技巧 5）。

有一个霸道“法官”的作者会发现写作特别痛苦。他们是一个字、一个字地挤出草稿的：在前一个句子达成完美之前，不会继续写下一个新句子。

如果你愉快地接受，“法官”会有自己的时间来工作：无论现在写了些什么，将来都可以被彻底修改，现在的首要目标是在纸上写出草稿。那样，你就有可能让“木匠”心无旁骛地工作。

正如每个人都知道的那样，在草稿和编辑之间分隔的时间越多，你的“法官”就会工作得越出色。所谓“让稿子躺一会儿”，即便只有一刻钟的时间，也是完成从“木匠”到“法官”的角色转换。作为“法官”，你会以不同角色的不同眼光来审视自己的文字。

正如约翰·德莱顿（John Dryden）（1631—1700）曾经说过：“用愤怒来写作，但用冷静来修改。”[1]学会快速写作，不要停下来修改；为此，甚至不要花时间去挑选合适的词语。只需要在你的“建筑师”制定的大纲的基础上把展开的想法记录下来。这就是那些专业而高效的非小说作者的常用工作方式。

当你学会这样的写作方式时，文字本身就有了一种不同的性质。法律读者可能会在你的文字段落中感受到一种流畅，不会让人觉得阅读费力。

技巧8的要点总结

- 为自己的创作做好准备：确保自己一人独处，不受干扰。
- 把你的要点提纲作为地图，尽可能一气呵成地完成你的初稿。
- 像说话一样把文字写出来。
- 一开始不要过分担心格式问题，只需把文字落在纸面上。
- 不要允许“法官”阻碍“木匠”，即此时不要修改，不要改变表述；你现在的目标是搭建一个结构，以后再完善它。
- 完成草稿后，先搁一边，干点别的事，然后再回来修改。

1 John Dryden, *Sylvae: Or, the Second Part of Poetical Miscellanies* 13 (3d ed. 1702) (referring to the phlegmatic, or sluggish, actions of a painstaking editor).

9

留出时间以全面核对案例和文献的引证

名言警句

“检查每一个引文、引证和参考资料。检查每一个引文、引证和参考资料！检查每一个引文、引证和参考资料！”

——Frederick B. Wiener, *Briefing and Arguing Federal Appeals*, 202 (rev. ed. 1967).

“许多诉状作者没有尽快开始准备，以便在最后有足够的时间进行修改和重写，或是预留足够时间来检查引文和引证，编写目录和法律文献。以至于这些工作在诉状付印、提交给法庭之前无法及时完成。”

——Robert L. Stern et al., *Supreme Court Practice*, 655 (8th ed. 2002).

“没有什么能比发现律师因粗心大意而作出不准确的引述更能摧毁法庭对律师的信心了，无论这种错误是无心之过还是有意为之。如果可能的话，找一个助理、学徒或者同事来帮助检查引文、引证和参考文献的准确性。”

——Andrew Goodman, *Influencing the Judicial Mind—Effective Written Advocacy in Practice*, 63 (2006).

“你欠客户在法庭上的公平听证，任何不准确的东西（即使是在细节上）都是对你的客户不利的。”

——Bryan A. Garner, *Ethical Communications for Lawyers*, 104 (2009).

解释说明

如果你按照合理的程序来写诉状，你会给自己留出足够的时间进行编辑，其中一个重要的方面是事实核查。理想的情况是，请作者之外的其他人逐字逐页地检查每一个参考文献，包括引文和案例引证。作为作者，甚至是一个非常仔细的研究者，你也会不可避免地被可能出现的大量纠错而吓倒。你需要别人来完成这项工作,一个既熟悉引证格式又具备严谨思维的人。

对于一份完整的诉状来说,这个过程很可能需要一整天的时间,而且前提是你已经提供了所有的引证。否则,将需要更长的时间;同时,没有提供所有引证的你也犯了一个大错:一份拿得出手的初稿应该填上了所有的引证,除了极少数的补充以外;而到了事实核查阶段,手上应该至少是一份相对完善的三稿了。

你说上述描述没有反映出你的正常工作程序?是的,我理解;这本书是一个教学工具,它追求务必实用。养成好习惯,有则改之无则加勉。

如果你真的很勤奋,可以在你同事进行事实核查的时候,确认这些案例的历史背景和当前效力。每个案例引证大约需要 15 秒,以确保其名称是正确的,缩写无误(见技巧 79),以及卷号和页码都是准确的,包括与之相关的后续发展。

值得庆幸的是:直到 20 世纪 90 年代初,这一过程需要通过大部头的"案例索引"来完成,每个案件可能需要长达 15 分钟的时间;而现在通过网上电脑检索,这项工作只需 15 秒就能完成。因此,即便是在当初,跳过这项繁重耗时的任务,都被认为是律师的"弥天大罪";在今天,这样的疏忽更加无法容忍。

顺便说一句,不要以为任何为你工作的新鲜出炉的法学博士都知道如何引证案例或者检索案例。你得去教会他们,因为他们很有可能并不知道该怎么做。比如,我就需要手把手教会那几十名曾经给我担任研究助手的三年级优秀法学生。

下面的例子是一份据经办律师事务所确认,经过事实核查,可以提交的诉状的一页。事实完全不是这样。这里面必须予以纠正的地方之多,令人对诉讼律师的责任心提出疑问。

一个例子：事实查核页面

Most courts applying Texas law have refused to recognize any formal fiduciary duty in the LLC context that runs to individual members:

- *Entertainment Merchandising Technologies, L.L.C. v. Houchin*, 700 F. Supp. 2d 792 (2010) (rejecting argument that defendant, who held himself out as managing member, owed fiduciary duties as a matter of law and noting that "No Texas court has held that fiduciary duties exist between members of a limited liability company as a matter of law");
- *Suntech Processing Systems, LLC v. Sun Communications, Inc.*, 2000 WL 1780226 (Tex. App.-Dallas 2000, pet. denied) (holding, based on analogy to corporate law, that there is no fiduciary duty owed as a matter of law by majority member of an LLC to another member); and
- *Federal Ins. Co. v. Rodman*, No. 3:10-CV-20420-B, 2011 WL 5921529 (N.D. Tex. Nov. 28, 2011) ("There is no formal fiduciary relationship created as matter of Texas law between members of a limited liability company").

Because Rutherford owed no formal fiduciary duty to Notting, the trial court erred by rendering judgment based on a formal fiduciary-duty theory.

D. The finding of an informal fiduciary duty also is untenable.

Texas law has long policed plaintiffs' efforts to turn normal business relationships into fiduciary relationships. A typical example is *Meyer v. Cathey*, 167 S.W.3d 372 (Tex. 2005). There, the parties had been close for years and had done business. *Cathey v. Meyer*, 115 S.W.3d 644 (Tex. App.—Waco 2003), *rev'd*, 167 S.W.3d 327 (Tex. 2005). The plaintiff "relied on and trusted" the defendant. *Id.* The plaintiff had even co-signed for a loan to finance their project. *Id.* But that was not enough.

Here, the charge required Notting to prove he (1) justifiably (2) placed trust and confidence in Rutherford (3) to act in Notting's best interest. CR 531 [Question 7]. The charge also limited the evidence that could be considered. First, the fiduciary relationship

18

技巧9的要点总结

- 在你的草稿中，尽可能多地为观点提供引证。只有在无法确定某个引证源时，才留下空白供以后填写。
- 你要明白，一般而言，需要留出一整天的时间来进行事实核查。
- 假设你是案例研究者和诉状撰写者，尽量让没有经手本案的人来核对文献；新鲜的眼睛往往更可能发现引证错误。
- 鼓励你的事实核查人以仔细甚至怀疑的眼光进行审查。

10

修改，校阅，请他人校阅，学会使用标准编辑符号

名言警句

修改

“没有人能够指望一稿写出完整的篇章，除了新手和赶稿的记者，也没有人去那样尝试。虽然学生们从学习写作起就被告知反复修改的好处，但他们仍然嫌麻烦，不愿意那么去做。其结果是：句子不连贯，动词的人称和时态都写错了，文风生硬，顺序错乱，常常连文义都丧失了。整理手稿的唯一方法是重新阅读（如果可能的话，大声朗读），纠正、修改，然后重写。”

——Sherman Kent, *Writing History*, 69 (1941).

校阅

“我认为，就诉状而言，校对不存在太频繁或太仔细。”

——Hon. Raymond S. Wilkins, “The Argument of an Appeal” (1947), in *Classic Essays on Legal Advocacy*, 277, 281 (George Rossman ed., 2010).

“没有哪位律师会如此忙碌或如此成功，以至于他可以口述一份无须进行加工的诉状。优秀的法律秘书是法律行业最宝贵的资产之一，但律师本人仍必须对最终结果的仔细审查负责。通常，业外人士会混淆‘错误的自由裁量权’和‘自由裁量权的滥用’，将‘偶然关联’误认为‘因果关系’，或者只是在案例引证中漏掉了一两个数字。法庭往往会协助纠正错误，但最好还是提交一份充满说服力，且没有疏忽错漏的诉状。”

——Hon. Clyde E. Smith, *Appellate Procedure and Method of Review of Causes in the Supreme Court of Texas*, 1 S. Tex. L. J., 121, 125 (1954).

“很多时候，律师会将部分口述、部分手写的诉状发行付印，然后在没有经过校对

和修订的情况下提交给法庭。如果我们律师对其客户的权利如此漠不关心，那就根本没有权利批评那些把海绵留在患者肚子里的医生。"

——Jean Appleman, *The Written Argument on Appeal*, 41 Notre Dame L. Rev., 40 41 (1965).

"文书错误是指参与撰写诉状的任何人可能的无意过失。速记员、打字员、印刷员和律师都会犯这种错误。但是，无论错误是谁造成的，如果在诉状提交前没有发现和纠正，那么律师就要承担责任。"

——Robert L. Stern, *Appellate Practice in the United States*, 349, (1981).

解释说明

在修改草稿时，你可以在很多层面上阅读。不过，就本质而言，你是在发现问题并加以解决。你的出发点是假设草稿一定有问题；你必须弄清楚这些问题是什么。有的可能是形式上的问题，有的可能是实质性问题，也有的可能是文风上的问题（表达松散，措辞乏味，或句子不流畅）。

一开始，先关注实质性的问题。它可能简单（但也很难被发现），如事实或论证的内部不一致。令人惊讶的是，诉状中经常会有直接的矛盾。例如，在一个重磅的遗嘱纠纷中，诉状写道："她结过四次婚，最后一次婚姻［与弗雷德里克·鲍尔斯（Frederic Bowers）结婚七年］是最长的一次。"两页之后却出现了这样一句话，"她与雷金纳德·里维斯（Reginald Leavis）的第二次婚姻持续了二十二年"。那么到底哪句是对的呢？尽管这点未必对案情有什么实质性的影响，但如果撰写诉状的人在这一基本事实上都会出错，那么法官会在多大程度上相信该律师陈述的其他内容呢？

因此，你可以看到，为什么光进行文字编辑是不够的：你不可能仅仅通过纠正语法错误和精简文字来解决思维问题。当你写完初稿后，你必须进行重写，而不只是整理版面或文字编辑。编辑是写作过程的最后一个阶段；首先，通篇阅读，并考虑它将如何进入法官的耳朵。向自己提出以下的问题：

- 诉状中是否清晰地显现出中心观点？
- 你的逻辑线是否明晰：前提、论证和结论？该逻辑是否合理？
- 是否有被忽略的有力反面观点？
- 你的论点是否连贯一致？它们的安排是否合理，以使每个论点都能自然地从前面的论点中衍生出来？

- 有哪些观点可以通过打比方或举例子的方式进行表述？
- 你能否在这个论点上更大胆一些？或者你是否应该缩小或裁剪你期望法庭采纳的准则范围？
- 总的来说，你是否使用了正确的语调？

这可能看起来是一项艰巨的任务，但一旦你达到这个阶段，你就可以稍微放松一下，因为已经有文字落在了纸上。你可能会发现，纸上的内容并不完全反映你想表达的东西。不要担心：现在是你作为一个作者的高光时刻：通过处理漏洞、不一致、不连贯和其他问题；尽管你可能感到挣扎，但一定会挤出最好的想法，这些想法将使诉状更紧凑、更清晰。

注意在这个时候，写作过程中各阶段之间的划分可以流动起来：你可能需要把“狂人”或“建筑师”叫回来修正一个有缺陷的论点或澄清一个困难的概念；但务必要阻止“法官”在你确定以自己的方式表达了自己想说的东西之前，开始编辑流程。过早的文字编辑往往会僵化那些潜在的不完美论证。通过关注机制和细节，你在向大脑发出信号：正在编辑的句子或段落在逻辑上是合理的，正在进行微调，但也许该论证并没有任何价值或者需要进行重新返工。换句话说，把注意力先放在文义上，再放到文字上。

一旦确信已经表达了自己想说的东西，你就可以把最后的努力转向校阅和微调，只关注于修订错误。为了让上述努力的效用最大化，最后的编辑工作可以参考以下指引：

- 在操作电子版的诉状时，要意识到一点：虽然你可以在电脑屏幕上轻易进行全局修改，但必须将文件打印出来，并在打印件上进行编辑。那样你会发现细微的错误，如文字和标点符号方面的错误。大部分的文字编辑应该在纸上进行。
- 分多次进行编辑，每次集中在一两个相关的事情上。第一次，通读一遍，看是否流畅；第二次，看标题是否一致；第三次，专门看字词；第四次，看标点符号；最后一次，关注错误修订和格式一致。
- 反复检查交叉引用：确认你所说的附件都在，而且内容和位置无误；确认页码是正确的。同样，也要核实案件引证的格式和准确性。
- 核实专有名词（人名、地名、公司名称等）的拼写和准确性，特别是当事人和法官的名字。拼写错误的名字会让你看起来很傻，而且很可能会冒犯其所有者。

- 大声朗读你的诉状至少一次。你可能会发现被忽略的拼写错误和尴尬措辞。
- 试着倒过来浏览一遍文件，从最后开始，专注于拼写的一致性；你会惊讶于有多少不一致的地方跃出纸面。
- 了解自己的弱点，如常见的拼写错误、格式方面的怪癖、文风问题等，并分别检查这些地方。使用文字处理器的搜索功能来帮助你，这也是验证格式一致性的简单方法：每个句号后面是否只有一个空格？破折号周围的间距是否一致？所有的省略号之间是否有空格？等等。
- 别忘记进行拼写检查，而且需要不止一次，因为文件经过反复修改。但也不要过分依赖拼写检查，之后仍需要仔细阅读以注意拼写检查会漏掉的那些容易出错的词，比如，of 和 or，field 和 filed，trail 和 trial，等等。

像许多其他重要的事情一样，校阅工作可能非常枯燥，尤其在你已经校阅过诉状的早期版本。这就是为什么每个作者都能受益于不同的视角。如果你已经多次看过同一页面，很可能会认为事情就像你所期望的那样，而忽视其实际的样子。所以要寻求帮助，向其他员工、律师助理，或者其他律师。

这样，你同时可以建立一种组织文化，其中每个人都希望把事情做好。这不仅会改进你的文书准备工作，还有利于你参与的许多其他任务。

如果大家都熟悉那套编辑符号，你将在这个过程中节省时间。比如，法律秘书不仅需要知道破折号是什么，而且手写的编辑符号[ㅗ]表示要插入破折号（见技巧 58）。而且，对于如何标记要删除的文字、要插入的文字等，需要有相似的标准。

因为律师是职业作者，他们及其员工应该对编辑记号运用自如。一份经过良好编辑的页面应该有一个令人熟悉的样子。掌握这一技术的另一个原因是，如果你不在电脑旁，还可以用移动设备轻松地拍下编辑过的页面，然后将照片发送给办公室的同事。这是种无可比拟的高效策略。

编辑符号

编辑符号	编辑符号在文本中的应用	符号含义
	question as to whether it applies	删除
Write here	However Illinois courts do not	删除+替代
	They have fully complieśd with	删除+去空格
(tr.)	Rasch's record is unblemished (tr.)	换位
#	venue in thedistrict court	插入空格
(ital.)	In DePaul v. Navi, the court (ital.)	改为斜体
(rom.)	*In DePaul v. Navi*, the court (rom.)	恢复正体（去斜体）
(bf)	A. The Delivery (bf)	改为粗体
/ (lc)	To merit Summary Judgment, (lc)	改为小写
(cap.)	The Village of niles claimed (cap.)	改为大写
(sc)	at 4:30 p.m. the next day (sc)	改为小型大写
(write here)	did not violate state law (federal or)	插入文字
¶	factually supported. A more detailed	拆分段落
(No ¶) Text Text	links his layoff to the tax issue. (No ¶) The evidence is uncontroverted	合并段落

续表

编辑符号	编辑符号在文本中的应用	符号含义
	C. 2011 Taxes	左移凸出
	D. 2011 Taxes	右移缩入
	can only be held liable if	移动文字
	her administrative remedies The	插入句号
	In February 2012 at the time of	插入逗号
	was not there rather, she was	插入分号
	no such claim Burton really said	插入冒号
	The company then in 2011 issued a	插入括号
	He said, We quit.	插入引号
	entitled to attorneys fees	插入撇号
	on a public right of way	插入连字号
	his initial claim namely, that	插入断句符（长杠）
	can be found on pages 35 42	插入范围符（短杠）
	The court declined the proposal	忽略编辑

一份得体的诉状编辑页

这一页对你来说不会陌生。假设你有基本的编辑知识，会发现页面上的标识是非常明确易懂的。

Bf.—upper & lower case larg

ARGUMENT

Rinker's / ask the State to acknowledge

~~Defendants'~~ requests for admission ~~do not seek "expert discovery," but~~ ~~rather acknowledgment by the State of~~ certain information that it either knows or, with reasonable inquiry, is capable of knowing. ~~Thus, the State should be~~ ~~ordered to provide responses to defendants'~~ requests.

Because these requests are perfectly proper — and do not call for "expert discovery" — this Court should order the State to respond to Rinker's

Flush left, w/ hanging indent. Lowercase bf.

I. ~~DEFENDANTS'~~ Rinker's REQUESTS PROPERLY SEEK ADMISSIONS BY THE STATE, NOT by ITS TRIAL OR CONSULTING EXPERTS.

Although / objected to Rinker's / claiming

The State has ~~interposed only a single objection to defendants'~~ requests for admission, they seek expert discovery. According to the State, ~~defendants'~~ Rinker's requests would force the State "to make a judgment and to provide the defendants with expert opinions."* ~~Plaintiff is being asked to admit statements which are typically posed to experts on direct and cross-examination. Plaintiff's Response to Defendants' First Requests for Admission to Plaintiff at 2.~~ Thus, the State contends, "defendants are attempting to do by way of Rule 36 requests for admission what they are permitted to do only through Rule 33 interrogatories." Id. at 1. But ~~This~~ this objection ~~, however, is completely without~~ has no merit because ....

the objection is grossly overbroad.

~~Even the briefest examination of defendants' requests for admissions shows that the State's blanket objection is hopelessly overbroad. It is difficult to understand, for example, how the State could plausibly assert that the following requests for admission require "expert testimony":~~

*State's Response at 2.

Capsulize the reason here: What is it?

技巧10的要点总结

- 熟悉标准编辑记号及其使用方法。
- 在通读你的初稿时进行修改和编辑。
- 再次仔细阅读草稿,仔细校对,并进行更多的编辑。
- 寻求他人帮助来编辑和校对你的草稿。不要让骄傲蒙蔽你的双眼;尽可能客观地、感恩地评价他们的编辑意见。
- 根据别人给出的好建议,重写和修改你的草稿。

第三部分

表意大处着眼

11

90 秒测试:开篇以独立句子表述议题

名言警句

开宗明义的重要性

“关于法律问题的最佳论证方式是把问题说清楚。”

——Rufus Choate (1799—1859) (as quoted by Hon Harley N. Crosby in“Mistakes Commonly Made in the Presentation of Appeals,”in 3 Sydney C. Schweitzer, *Trial Guide* 1543,1546 (1943)).

“训练有素的律师在法庭上本能地渴望了解问题,因为在那里蕴含着作战计划、竞争要点和行动区域……作为律师,对法律和事实的回答难道不是一种本能吗?”

——Hon. John J. Sullivan,“Some Hints from the Bench”(1926), in Asher L. Cornelius, *Trial Tactics* 543,546 (1932).

“在法律上,正确的答案通常取决于提出正确的问题。”

——*Estate of Rogers v. Commissioner*, 320 U.S. 410,413 (1943) (per Frankfurter, J.).

“聪明的人知道问题是什么……提出问题并诚实地尝试找到答案的替代方法是明确的,但是不光彩。我们不问任何问题,要么是出于愚蠢,要么是傲慢的表现。我们可以问一些有误导性的、模糊的或毫无意义的问题,让江湖骗子、迷惑懵懂和天真烂漫的人去回答。或者,我们可以提出问题,然后拒绝承认它们,表现出一种恐惧、自以为是或不负责任的姿态。”

——Wendell Johnson, *Verbal Man: The Enchantment of Words* 36,41 (1956; repr. 1965).

“任何案件中提出的问题都可以被清晰有力地陈述;反之为含糊虚弱地表述。”

——Frederick B. Wiener, *Briefing and Arguing Federal Appeals* 77 (rev. ed. 1967).

"法院不应被迫猜测它被要求决定的问题是什么？哪怕只是片刻。"

——Hon. Edward D. Re,

Brief Writing and Oral Argument 117 (4th ed. 1974).

"任何事情对任何人来说都是重要的，主要原因是问题的存在，而作者激发读者兴趣的最好方法是定义和陈述他的问题。"

——Ernst Jacobi,

Writing at Work: Dos, Don'ts, and How Tos 39 (1976).

"问题是律师给上诉法庭的最重要的信息。法庭决定问题，而决定的问题是什么，则是作出任何决定的必要条件。这是一个重要的，不言而喻的道理。"

——Thomas B. Marvell,

Appellate Courts and Lawyers 119 (1978).

90 秒直奔主题

"这些问题应简单明了地陈述，使法官能够立即了解。在案情摘要中，最重要的是清晰明了。因为法官通常会先审阅问题双方的陈述，逐一阅读并进行比较。所以在这里，案情摘要会给法官留下宝贵的第一印象。"

——Girvan Peck, *Writing Persuasive Briefs* 103-04 (1984).

"效率并不是指文章的长度要最短；而是指读者可以花最短的时间来理解文章。"

——Michael Alley, *The Craft of Scientific Writing* 15 (1987).

"不幸的是，法官并不闲暇，没时间进行悠闲的冥想。你最好尽快兜售最出彩的东西。"

——Hon. Ruggero J. Aldisert, *Winning on Appeal: Better Briefs and Oral Argument* 142 (1992).

"从第一句话开始说清楚问题，把它放在前面。尽早开始，而不是埋没在烦冗的词语中。"

——Hon. Nathan L. Hecht (as quoted in Bryan A. Garner, *Judges on Effective Writing: The Importance of Plain Language*, 73 Mich. B. J. 326, 326 (1994)).

"读者不耐烦地想得到货品。他们不喜欢为获得这些东西而付出任何努力。"

——John R. Trimble, *Editing Your Own Prose* (forthcoming).

解释说明

每份法律文书都应在90秒内提出其主要观点。但可能只有1%的法律文书做到了这点。那样的文书都是很成功的：在第一页，法官就能看到你对基本问题的立场，你对这个问题的回答，以及这个回答的理由。这些法律文书是快速读本。

法律文书作者如何做到这一点？通过培养一种诀窍，即善于构思问题。要设计好一个有说服力的问题，你必须：

- 把它放在最前面；
- 按照前提—假设—问题的形式，把它分成独立的句子；
- 融入足够的事实，使读者能够真正理解问题；
- 按照只有一个可能答案的思路进行写作。

为了做好这些事情，你可能不得不忘记你在法学院学到的关于构建法律问题的框架。忘掉必须以“是否……”为句式的开头；忘掉你应该把观点装进一个句子里（以确保不按时间顺序表达）；忘掉把问题变得尽可能抽象。

下面是一个好的说服性问题的例子：

根据联邦法律，美国公司不能为往返古巴的行程提供“付款、货物或服务”。立波航空（LibreAir）是一家加拿大航空公司，与东方航空（Eastern Airways）保持互惠的航空里程计划；据此，客户可以在不同航空公司之间互换积分。一些乘坐立波航空从加拿大蒙特利尔（Montreal）飞往古巴哈瓦那（Havana）的加拿大公民现在希望在东方航空兑换这些里程。东方航空向加拿大公民兑换这些里程是否合法？［74个字[1]］

一些法律文书至少需要10页才能提供这些信息。你甚至可能看完10页也找不到这样简洁的说明。相反，你会发现其中的零星信息散落在整个前10页的其他事实中。为了搞清这个问题，法官必须慢慢地阅读并集中精力。这对忙碌的法官来说是一个相当高的要求；然而，往往有法律文书作者提出这样的要求。

这个问题的很大一部分来自恐惧：担心如果法官对问题的看法与诉讼方不一样，那么诉讼方就会受到不利影响。有的诉讼方会这么考虑，“我怎

〔1〕此处的字为英文语态下的单词，后文不再赘述。——编者注

么知道法官会看上什么呢？我不应以单一的方式陈述问题，而应通过谈论案情和当事人，让法官对本案有几种处理方式。但我不会自我绑定某个单一的问题”。这可以理解为恐惧的结果；不幸的是，诉讼方没有明确的关于案件问题的理论架构。

然而，这让法官很沮丧。法官只关心一件事：到底要解决什么问题。法官想的是，“如果我能够弄清楚，我就可以准备好裁决这个案子了。但是，在我弄清楚那是什么之前，我只能摸索”。

在一开始就确定深层问题的框架，是抓住司法想象力的一种方式。在特定案件中，哪一方能做到这一点，就有可能获胜。

我不太倾向于模式化，但如果有一个好的公式可以用，我认为应该是这样的：“在决定这个动议时，法院只需要处理以下几个（两个、三个或任何数量的）问题：……”冒号后面的内容将是最具挑战性的内容，而其避无可避，即深层问题。

确切地说，什么是深层问题？我现在已经三次使用这个词了，但并没有给它下定义。从本质上讲，深层问题是一个终极的、具体的问题，法院需要回答该问题，以判定你的观点。深层指的是案件的深层结构，而不是深层思考。深层问题是指当你不能再有效地提出后续问题时，之前所提出的最后一个问题。它的最佳形式是三段论（见技巧14）；它通常是一个多句子的问题陈述，在第75个字时达到问题的顶点（见技巧13），同时将法律和事实交织在一起。

下面的第一个例子典型地说明了许多法律文书的枯燥、缓慢、不适当的烦冗风格。试着阅读它90秒，看看你能收集到什么信息。当然，你会从中看到某个主题，但你可能不会理解这个问题。令人惊奇的是，尽管文书作者表述并不清晰，但这个“一边倒”的案子还是赢了，毕竟官司的输赢是最终标准。

然后翻到本书第89页，看看这个法律文书还可能如何开头。在那里，这个问题只需30秒的阅读就可以被完全理解。这个例子说明了开宗明义的意义。

一个典型的反例

印第安纳州最高法院

来自州上诉法院的上诉

第三上诉区

印第安纳州马里昂(Marion)县

Plebinol 公司

原告应诉方及上诉反诉方

诉

Tull 集团

和

Tull 航天公司

被告上诉方

被告上诉方

Tull 集团和 Tull 航天公司

之诉状

案情陈述

本诉讼涉及 1985 年 8 月在印第安纳州马里昂县民事庭发起的保证违约和欺诈诉讼。原告寻求因被告承认的保证违约而获得货币赔偿。原告要求陪审团作出对其有利的裁决，索赔金额为 1,076,347.64 美元。1981 年 12 月 9 日的裁决，第 19 页。

这个数字，即 1,076,347.64 美元，包括以下具体列举的损失：

(1)265,598.41 美元——原告为解决与有缺陷的乙烯基薄膜有关的索赔而向第三方支付的金额；(2)3474.98 美元——租用色度计的意外费用；(3)9015.00 美元——雇用 Ernst & Whinney 会计师事务所的或有费用；(4)5794.00美元——附带附加工资费用；(5)2596.43 美元——其他基于小时费率的或有费用；(6)306,998.00 美元——声称因保证违约而造成的连带损失；(7)185,096.82 美元——原告发生的利息支出；(8)178,268.00 美元——原告索赔的利润损失；(9)119,506.00 美元——原告在卷轴货物上发生的损失。1981 年 12 月 9 日的裁决，第 20～28 页。

看看你能否找到减少损失的依据。假设你是一个忙碌的、没有耐心的法官；而你需要的东西就在接下来的 9 页里。

陪审团最终作出了854,500.00美元的未经过质询被告的一般认定。被告被允许用信用抵充15,500.00美元，最终判决原告胜诉，获赔金额为839,000.00美元。

在上诉中，第三上诉区法院一致认定，总额为262,532.84美元的赔偿款项被审判庭错误地提交给了陪审团。由于没有数学方法来确定总数为262,532.84美元的款项是否被包括在陪审团的认定中，上诉法院下令重新审判。上诉法院在其1981年12月9日的裁决中指出：

> 根据陪审团的一般认定，我们不能猜测构成这一差异的损害因素是什么。因此，我们必须推翻判决，将案件发回重审。1981年12月9日的裁决，第34页。

然后，在一个突然的转折中，同一个上诉法院对原告应诉方（上诉反诉方）提出的重新审议动议作出裁决，不顾贝尔（Bell）法官的反对，确认了下级法院金额为813,814.80美元的判决。在1981年12月9日的第一次裁决中无法确定陪审团的认定中包含了多少被错误提交的损害赔偿款项，法院随后在1981年12月23日的判决和法庭日志中“确定”被错误提交的损害赔偿款（262,532.84美元）中只有40,685.20美元不在裁决（854,500.00美元）中，而是在原告要求的索赔金额中（1,076,347.64美元）。法院据此确认了有利于原告的818,840.00美元的判决，同时命令减免40,685.20美元。

最后，上诉法院在其第三项决定和法庭日志中，意识到它没有计入被告信用抵充的15,500.00美元，遂于1982年2月2日作出了798,314.80美元的最终判决。

论　述

法律议题一

如果不能确定判决中的偏见错误的程度，则需要重新审判，或全额退还可能的超额赔偿。

上诉法院在1981年12月9日决定准许重新审判时明确拒绝诉诸猜测，因为我们无法确定错误提交的总计262,532.84美元的损害赔偿项目在陪审团裁决中的反映程度。

一旦确定了审判法庭向陪审团提交了总额为262,532.84美元的损害赔偿款项，就会对被告造成损害，上诉法院的选择是：（1）推翻下级法院的判决并下令重新审判,(2)批准从判决中减免 262,532.84 美元,当然,原告可以选择拒绝。不幸的是,上诉法院没有认识到其选择是如此有限。

减免赔偿款项是为了纠正损害性错误,从而消除重新审判所涉及的时间和费用。然而,如果错误的金额被确定为判决的 30%(262532.84 美元/839000 美元),就像在本案中一样,如果法院只裁定减少判决的 4%(40685.20 美元/839000 美元),那么错误如何被“纠正”? 当减免赔款未能达到其基本目的时,就不能被认为是有效的。相反,一个新的不公正已经发生了。

如果陪审团的裁决受到了程度不明的损害性错误的影响,*Powell v. Montgomery* 案,27 Ind. 2d 112 (Ct. App. Allen County,1971),就必须批准新的审判。*Powell* 案涉及一起人身伤害诉讼,在该案中,原告获得了 6500 美元的一般性裁决。被告提出上诉,理由之一是法院错误地承认陪审团关于未来医疗费用、未来疼痛和痛苦以及收入能力损失的认定。上诉法院认定,没有证据证明有这样的指示,并同意上诉人的观点,即这构成了偏见性错误。

原告应诉方(上诉反诉方)在否认存在错误的同时,敦促上诉法院通过批准减免赔款来纠正这一错误。上诉法院拒绝了这一提议,并认为只有重新审判才能纠正向陪审团提交错误的损害赔偿项目(未来医疗费用、未来疼痛和痛苦、未来收入损失和收入能力损失)所造成的损失,因为陪审团已经作出了没有经过质询被告的一般性裁决。

本案的判决是一般性的,错误在于指控而不是接受证据。我们不知道,也没有办法确定,如果有的话,陪审团允许的未来损害赔偿金额。毫无疑问,如果我们认为判决过重,法院可以下令重审。但我们不准备这样做。如果没有这个错误,我们会维持原判。

双方都有权在适当的指导下获得陪审团的裁决。我们认为,在此适用的一般规则是,如果减免金额只能通过猜测和用法院的判断代替陪审团的判断,那么确定减免金额就是不恰当的。5 Am. 5 Am. Jur. 2d 356, Appeal and Error, Section 939, et seq. , 4 Ind Jur. 2d 358, Appellate Review, Section 1036.

在 *Tuttle v. Furi*,22 C. C. (N. S.) 388 案中,大纲的第六段写道:

当法院错误地允许陪审团在其裁决中认定某些损害赔偿项目时,如果没有任何证据表明所减免的金额是因陪审团认定这些项目,则该错误不能通过减免来纠正。

本法院发现有错误介入，已经对下面的被上诉人造成了损害，判决就必须被推翻，并将案件发回原审法院。*Powell*，*supra*，p. 124.

鲍威尔的标准是正确的法律规则，这似乎应被广泛适用。其他司法管辖区的法院也认为，如果无法确定偏见性错误对判决的影响程度，那么只有重新审判才能纠正错误。印第安纳州最高法院认为，在审判法庭接受了关于土地价值的不适当的证词的情况下，减免是一种不适当的补救措施，该法院指出：

……因此，我们不明白为什么上诉法院确定陪审团裁决中的 28,662 美元是由适当接受的证据引起的，而其中只有 16,338 美元是由不适当接受的证据引起的，而从所有记录来看，整个裁决可能都是基于不适当接受的证据。*State v. Church of Nazarene of Logansport*，377 N. E. 2d 607（Ind. 1978）.

密苏里州最高法院也得出了同样的结论，原告在医疗事故案件中错误地引入了惩罚性赔偿的因素。

在本案中，本法院没有办法知道裁决中有多少是陪审团对原告要求惩罚性金额的上诉的回应。可能有人会说，这假设了陪审团在其裁决中包含了惩罚性的金额。答案是，我们确实假设陪审团做了原告的论证所要求的事情，并在其裁决中包括了金钱款项，以阻止其他人的类似行为，但正如上文所述，我们不知道裁决中有多少是惩罚性赔偿，因此，减免赔款方案不能用来纠正错误。*Smith v. Courter*，531 S. W. 2d 743，748（Mo. 1976）.

在 *Vick v. Tisdale*，324 So. 2d 279（Ala. Ct. App. 1975）案中，减免也被认为是一种不适当的补救措施。在该案中，上诉法院裁决已经获得 5090 美元的原告无权通过法定罚金的方式获得任何损害赔偿。因为原告只要求了 2500 美元的补偿性赔偿，所以裁决中至少有 2590 美元可用于法定处罚。上诉法院随后面临的问题是，减免能否纠正审判阶段的错误。原告要求法院确认 2500 美元的判决——在他们同意 2590 美元的减免后。然而，上诉法院拒绝了这一提议，因为它不清楚裁决中究竟有多少可归因于惩罚性赔偿金，而不是补偿性赔偿金：

艾博（Able）律师请求本法庭下令维持原判，条件是对超过 2500 美元的损失进行减免，因为有足够的证据支持陪审团的结论，即被上诉人起诉书中要求的被砍伐木材的公平市场价值是 2500 美元。虽然我们并非不同情律师，但基于司法经济和当事人费用的考虑，我们仍不能作出这样的指令。正如我们最初的意见所指出的,在实际砍伐的树木数量和它们的公平市场价值方面,证据是相互矛盾的。因此,无法通过一般性裁决在补偿性赔偿金和法定罚金之间分配 5000 美元。因此,律师所要求的改判是推测性的,不能批准。*Vick*, *supra*, pp. 283 – 84.

在 *Grand Trunk Western R. Co. v. H. W. Nelson Co.* 案中,118 F. 2d 252(第六巡回法院,1941 年),原告要求的合同损失为1,294,307.79美元。陪审团裁定 871,000.00 美元。然而,431,870.39 美元的利息索赔是应原告应诉方(上诉反诉方)的要求不适当地提交的。当拒绝采取减免的补救措施并命令重新审判时,法院表示:

[3,4]被上诉人敦促我们说,除利息问题外,所有其他争议事项都在我们的原始意见中得到了有利的解决,现在它提出减免对它有利的利息部分的要求。在撰写原始意见时,我们认真考虑了是否可以通过允许被上诉人减免部分损害赔偿金来弥补利息方面的错误,并据此确认了判决。我们认识到结束诉讼和减少重审费用的可取性,而减免赔款可以做到这一点。但在采用这种可取的程序之前,必须在案卷中找到计算依据,以便计算出或至少近似计算出减免的数额,否则就只是一种猜测。*New York, C. & St. L. R. R. Company v. Niebel*, 6th Cir., 214 F. 952. 本案卷中没有这样的依据,因此被上诉人的提议必须被拒绝。Id., p. 254.

其他州宣布了相同规则,见 *Williams v. Safeway Stores, Inc.*, 515 P. 2d 223 (S. Ct. Okla., 1973), *Montgomery v. Tufford*, 437 F. 2d 36(S. Ct Colo., 1968), *Rubner v. Kennedy*, 417 S. W. 2d 860 (Tex. App. 1967) and *Chesbrough v. Woodworth*, 195 F. 875(6th Cir. 1912)。

在本案中,马里昂县上诉法院在 1981 年 12 月 23 日的第二项裁决中,不顾贝尔法官的反对,引用了 *Chester Park Co. v. Schulte*, 120 Ind. 273(1929)案和 *Larrissey v. Norwalk Truck Lines, Inc.*, 155 Ind. 207(1951)案,作为批准 406,845.20 美元减免的法律依据。但这些案例并没有为法院作出只赔偿 1/6 的损害性错误的指令提供法律依据。

在 *Chester Park* 案和 *Larrissey* 案中,最高法院都考虑了在裁决过重的情况下减免的作用。在每个案件中,都确定不存在影响裁决的损害性错误(与本案的情况不同),而且判决没有受到激情或偏见的影响。在这些有限的情况下,最高法院决定,法院可以适当地适用减免,将裁决金额减少到证据支持的数额。

3. 如果初审法院认为未清偿损害赔偿诉讼中的裁决过高，且似乎没有受到激情或偏见的影响，法院可在原告同意的情况下，通过减免将裁决金额减少到证据所证明的任何数额。

* * * * *

5. 上诉法院对裁决和判决具有与初审法院相同的无限权力和控制权，可以对证据进行权衡，并对过度损害的问题进行独立判断，在没有明显的激情或偏见的情况下，经胜诉方同意，可以通过作出减免来修改和确认判决。*Chester Park Co.*，*supra*，paragraph 3 and 5 of syllabus.

在解释 *Chester Park* 案时，本法院在 *Larrissey* 案中陈述如下：

然而，印第安纳州长期以来的规则，也是全国的多数规则，如果未清偿损害赔偿诉讼的裁决过高，且似乎没有受到激情或偏见的影响，法院可在原告同意的情况下，通过减免将裁决金额减少到证据所证明的任何数额。*Larrissey*，*supra*，p. 219.

原告应诉方（上诉反诉方）提出，*Chester Park Co.*，*supra* 和 *Larrissey*，*supra* 是上诉法院在本案中作出指令的权威来源，也是其有权获得“最高赔偿”的主张的权威来源。这两个案件（*Chester Park Co.* 和 *Larrissey*）都不涉及在出现偏见性错误的情况下适当适用减免的问题，所以这两个案件对现在提交给本法院的争议没有意义。此外，这些案件甚至不支持原告有权获得证据所允许的“最高赔偿”的主张。在每一个案件中，最高法院都承认法院批准减免是以其判断取代陪审团的判断，并指出：

……法院可在原告同意的情况下，通过减免将裁决金额减少到证据所证明的任何数额。*Larrissey*，*supra*，p. 219.

与原告应诉方（上诉反诉方）所敦促的相反，本法院在 *Chester Park* 案或 *Larrissey* 案中都没有为本州的下级法院提供关于适用减免的完整指导；最具体的是，它没有为那些存在偏见性错误和对裁决的全部影响尚不确定的案件提供指导。

联邦法院，就像许多处理这些问题的州法院一样，在判决被认为仅仅是过度的情况下和在有偏见的错误介入的情况下，对减免的适用有不同的处理方式。在没有错误但被认为判决过高的情况下，一些巡回法院适用所谓的

"最高赔偿"规则。

另一方面,有人认为,减免的金额应将裁决只减少到审判法庭认为不过分的最大限度,显然是基于这样的理论:陪审团打算判给原告最大的法律损害赔偿,除了将裁决的金额减少到这一点,法院不应侵入陪审团的领域。6A Moore's Federal Practice, Par. 59. 05[03], pp. 59 – 56 – 59 – 58(2d ed. 1982).

然而,这个"最高赔偿"规则并不适用于有偏见的错误介入的情况。事实上,联邦法院在发现有错误介入的情况下适用所谓的"最大效果"规则:

减免不仅被审判法院适用,也被上诉法院用于两个通用领域:一个特别适用于上诉法院的职能,另一个与地区法院的适用非常相似。在第一个领域,如果在之后的程序中发现了可逆转的错误,例如,错误地接受证据或错误地作出指示,并且错误的影响合理地接近于判决金额明确的部分,上诉法院可以以原告明显可追溯的错误的判决金额减免为条件,确认判决。即使错误的影响不能被分配到判决的某一部分,如果可以确定错误的最大影响,仍然可以适用减免。这样一来,被告就不能抱怨了,因为错误的最大影响被避免了;而原告可以选择减免或重新审判。6A Moore's Federal Practice, Par. 59. 05[03], pp. 59 – 64 – 59 – 66(2d ed. 1982).

因此,在有偏见的错误介入的情况下,如果减免的方式能使错误的"最大效果"从判决中清除,那么减免仍可能是一种适当的补救措施。将"最大效果"规则应用于本案,上诉法院如果认为减免是适当的,可以向原告应诉方(上诉反诉方)提供接受262,532.84美元减免的机会。相反,上诉法院采纳了原告应诉方(上诉反诉方)关于其有权获得"最高赔偿"的说法,并向原告提供了接受40,685.20美元减免的机会。当然,最终的结果是,损害性错误的"最大效果"并没有从判决中清除,且原告在将错误引入案件后,现在可以从该错误中获得经济利益,但这样的结果是不可容忍的。减免的目的是通过消除错误来保证双方的公平审判,同时避免重新审理案件所需的费用和时间。

来自其他司法管辖区的州法院在处理我们的问题时,一致要求在允许受错误影响的判决成立之前,必须纠正偏见性错误的"最大效果"。正如得克萨斯州最高法院在 *Texas Employers' Insurance Ass'n v. Lightfoot*, 139 Tex. 304, 162 S. W. 2d 929 (1942)案中指出:

法律规定，如果陪审团的裁决中有缺陷或不当得出的部分，能够明确和准确地确定，而且陪审团的行为没有偏见和激情，那么，对有缺陷或不当得出的部分进行改判，将纠正错误，而不受不当行为影响的裁决部分和正确得出的裁决部分将被允许成立。Id. 162 S. W. 2d at 931.

而在 *Reserve Life Insurance Company v. Gay*，213 Ga. 904，102 S. E. 2d 494（1958）案中，佐治亚州最高法院在推翻上诉法院不适当地适用减免的补救措施，且未能纠正损害性错误的"最大效果"时，指出如下内容：

如果非法部分可以确定并且可以与其他部分分开，则可以通过注销非法部分来纠正错误的判决。Id. 102 S. E. 2d at 493.

根据本案的事实，需要推翻的不是判决的过渡性质，而是向陪审团提出了不适当的损害赔偿项目。这一错误需要撤销和重新审判，或者从判决中减去262，532.84美元，即偏见性错误的金额。判给原告798，314.80美元的最终判决，其中221，847.64美元很可能是原告在法律上无权获得的损害赔偿，这对被告来说是极其不公平的，原告造成了错误，但却被奖励了数十万美元。

如果上诉法院下令从陪审团的裁决中全额减免262，532.84美元，原告可能会提出申诉，因原告有权拒绝接受减免的款项。同样地，如果本法院下令减免262，532.84美元，原告仍然可以选择接受这样的减免，或者拒绝减免并进行重新审判。然而，被告没有任何选择；他们只是被指定了40，685.20美元的减免，而事实上，判决书中很可能包含了更大数额的不正当损害赔偿。因此，被告受到了两次伤害：一次是原告在审判中的偏见性证据；另一次是上诉法院承认了第一次错误，但没有作出适当的补救措施。

法律议题二

如果陪审团作为事实的审判者，没有裁定原告所要求的最高金额，那么通过减免将裁决金额减少到陪审团可以裁定的最高金额是错误的。

由于不明原因，上诉法院选择不是从判决金额（854，500.00美元），而是从索赔金额（1，076，347.64美元）中减去错误提交的损害赔偿项目的总额。

上诉法院在适用减免时采用的程序是错误的，不仅因为它未能纠正总的错误（262，532.84美元），而且还因为它假定——与陪审团的裁决所表明的相反——原告有权获得最高的赔偿，并且所有的损害问题都得到了有利于原告的解决结果，而显然它们不是。如果陪审团将赔偿金额确定在最高水平

(854,500 美元),那么法院在批准减免时,假设原告有权获得超过陪审团确定的最高金额,就是错误的。

上诉法院没有认识到这一原则,导致了当前的争议。因为如果上诉法院从陪审团 854,500 美元的裁决中减去 262,532.84 美元,而不是从 1,076,347.64 美元的索赔损失中减去,那么适用减免是合适的。

根据本案的事实,上诉法院绝对没有办法了解陪审团对损害赔偿的审议情况。然而,通过批准 40,685.20 美元的减免,上诉法院实质上篡夺了陪审团的职能,并且根据法律规定,原告有权在陪审团面前获得所有有争议的损害赔偿。

仔细考虑这个问题的案例是 *Hollwedel v. Duffy - Mott Co. , Inc.* ,263 N. Y. 95,188 N. E. 266(1933)。在该案中,纽约上诉法院有机会考虑上诉庭在违反雇佣合同的诉讼中是否恰当地适用了减免的补救措施。

原审法院确定的 118,762.53 美元的判决金额过高,之后被减少到 113,484.75美元。被告就该判决的金额向上诉庭提出上诉。中级法院确定,一个工资损失项目(106,900 美元)应该被折算成现在的价值。然而,中级法院提出,如果原告同意接受减免,即未来付款减去现值后的差额仅 5800 美元,则确认有利于原告的判决。纽约的最高法院,即上诉法院认为,在这种情况下批准减免是错误的:

> 上诉庭认为,未来的付款应折算成违约时的价值。在这一价值中,他们只扣除了原告承认所得的金额,并且在原告同意接受赔尝的条件下,他们确认了修改后的判决。在这一点上,他们是错误的。上诉庭说,这样获得的赔偿金是"根据证据可以获得的最大赔偿金额"。238 App. 238 App. Div 468, 471,264 N. Y. S. 745,748. 因此,他们取消了陪审团可能发现的 35,000 美元的津贴,而且根据证据,似乎确实发现了,这代表了原告在审判时获得了尚未到期的那部分期限的可能收入。上诉法院可以纠正错误的裁决,但它不能僭越陪审团的权限,也不能在原告同意的情况下将判决减少到原告根据证据可以获得的"最高"数额,除非陪审团的裁决已经确定了这样的数额。*Hollwedel*, *supra*, p. 270.

在本案中,上诉法院没有认识到陪审团确定的赔偿金额 854,500 美元——而不是 1,076,347.64 美元——是原告根据审判中提供的证据有权获得的最大赔偿。通过从原告的总索赔额(1,076,347.64 美元)中扣除错误提交的损害赔偿项目的总和,上诉法院没有将陪审团解决的有利于被告的金额适当地记入被告名下。这对被告造成了221,847.64美元的损害,构成了上诉法院对陪审团职能的公然篡夺,并损害了被告的利益。上诉法院没有通过批准重新审判来补救这一错误,而是先发现了一个对被告不利的错误,然后选择了一个未能纠正错误的“补救措施”,从而加剧了不公正现象。

结　论

在*Chester Park*案的裁决中,本法院关注的是为下级法院提供关于允许适用减免的指导:

> 同样非常希望本法院制定一些非常明确的规则,以指导初审法院和上诉法院,以及本州的律师协会,以便在初审法院和上诉法院的行动中保持统一。*Chester Park Co.*,*supra*,p. 286.

然而,*Chester Park*案的具体事实并不要求法院在处理因偏见错误产生的裁决时自行适用减免。恭敬地提出,本案现在为法院提供了一个机会,以完成其对允许适用减免的分析,并提供“非常明确的规则……为审判法庭和上诉法院提供指导”。

公平和正义要求,如果错误介入对判决所针对的一方造成了损害,而且对判决可能产生的最大影响是可以确定的,那么法院应该命令重新审判或者如果原告同意接受一个减去代表错误“最大效果”的金额的裁决,则确认下级法院的裁决。那么,在本案中,本法院应该做上诉法院没有做的事情:(1)批准被告——上诉方重新审判,(2)如果原告同意接受576,467.16美元(839000美元-262532.84美元)的裁决,则确认该裁决。以这种方式进行是为了确保公平的裁决,并消除错误对裁决的任何不利影响。如果原告不同意减免,则应重新审理此事。如果不这样做,就等于剥夺了被告上诉方在没有偏见错误的情况下接受审判的权利,并认可了可能由超过25万美元的赔偿金组成的裁决,而这些赔偿金是不适当地提交给陪审团的。

敬呈

诉状可以这样开头

印第安纳州最高法院

来自州上诉法院的上诉
第三上诉区
印第安纳州马里昂县

Plebinol 公司
原告应诉方及上诉反诉方

诉

Tull 集团
和
Tull 航天公司
被告上诉方

被告上诉方
Tull 集团和 Tull 航天公司
之诉状

呈递议题

Plebinol 向陪审团请求近 110 万美元的赔偿。但在陪审团认定 839,000 美元后，中级法院一致决定，110 万美元的赔偿要求中有近 263,000 美元是以不正当方式提出的。然而，法院没有将这一数额与陪审团认定金额相抵消，而是将其从原告夸大的诉请金额中扣除；就像认为陪审团知道要拒绝不当的诉求部分。难道不应该从陪审团认定赔偿金额中，扣除不当提交的诉请金额吗？

这是一个单一问题的上诉，而这里的提法非常明智。

技巧 11 的要点总结

- 要养成使用深层问题的习惯：用 75 个或更少的字写出多句子的问题陈述，并以问号结束。
- 尽量确保深刻的问题是你的读者首先看到的东西。
- 让读者在接触到法律文书的 90 秒内就能掌握要领。
- 在 75 个字的限制内，尽可能地具体。
- 不要夸大前提或使用任何煽动性或结论性的词语；在语气上，要冷静而确定。
- 要作出封闭式问题，即问题的措辞要引起一个明确的“是”或“不是”的答案。只要问题具有指向性，即使答案为“不是”，也不用担心。
- 确保你的问题只有一个可能的答案。

12

避免单独句式议题，勿用疑问句式开头

名言警句

“对于一个复杂问题的双向（是或否）陈述，一个非常有用的方法是做一个介绍性声明，为问题本身奠定基础。”

——Stanley L. Payne, *The Art of Asking Questions* 71 (1951).

“下面的例子说明了如何对一个问题进行有吸引力的表述……

• • •

1

附息票债券的所有者是否应将他在到期前几个月分拆并送给他儿子的息票金额计入其总收入？

2

纳税人拥有附息票债券。在利息券到期的几个月前，他把利息券分拆下来给了他的儿子，并保留了债券本身。他是否被免除了与这些息票有关的所得税？

这两个问题都是精心设计的。第二个问题可能要好一些，因为它强调了纳税人保留了债券，然后又问他是否可以减免税收。还请注意所提出的问题形式的变化，从一句话的‘是否’形式到事实陈述加问题的形式，都是为了增加吸引力。”

——Frederick B. Wiener, *Briefing and Arguing Federal Appeals* 74–75 (rev. ed. 1967).

“通常情况下，无论你如何构思问题，重要的‘条款和情况’都过于复杂，无法在一句话的问题中涵盖。因此，适当的技巧是在问题之前有一个简短的介绍性段落，对将赋予意义的事实或情况进行说明。”

——Robert L. Stern, *Appellate Practice in the United States* 265 (1981).

“这样的表述（多句式的问题陈述）具有可读性的优势。它与一句话格式一样简明，且更清晰。”

——Girvan Peck, *Writing Persuasive Briefs* 103 (1984).

"即使是在一个简单的案件中，这种两句话或三句话的方法也有其优势。单句式问题陈述通常只是一种习惯，它很少是强制性的。遵循惯例可以避免你的法律文书一开始就出现一些大块文字，而这些文字块可能更适合在《芬尼根的守灵夜》(*Finnegans Wake*)〔1〕中出现。"

——Jordan B. Cherrick, "Issues, Facts, and Appellate Strategy", in *Appellate Practice Manual* 73, 78 (Priscilla A. Schwab ed., 1992).

"使用多个句子是为了帮助读者。一个 75 字左右的单句问题是很难理解的，特别是以问句开始，而结尾只是一连串的时间从句时，例如：

当 Fiver 的保险单要求其'立即'向 Barndt 保险公司发出索赔通知时，Barndt 保险公司能否以延迟通知为由拒绝承保，而在 1994 年 5 月，Fiver 的一间办公室被另一租户的火灾烟雾损坏，10 个月后，Fiver 发出通知，而 Barndt 保险公司在拒绝承保前对索赔进行了 6 个月的调查，直到索赔提出 18 个月后才提出延迟通知的辩护？[81 个字]

那是一种糊涂的做法。读者在到达问号的时候，已经忘记了问题。部分原因是时间脱节：我们从现在的问题开始，然后回溯至事情发生时，然后通过问号，跳回现在。

更好的策略是按照或多或少的时间顺序，讲述一个微型的故事；然后，尖锐的问题——它不可避免地从故事中出现——出现在最后：

Fiver 的保险单要求它'立即'向 Barndt 保险公司发出索赔通知。1994 年 5 月，Fiver 的一间办公室被另一个租户的火灾烟雾所损坏。10 个月后，Fiver 发出通知。Barndt 保险公司在拒绝承保前对索赔进行了 6 个月的调查，直到索赔提出 18 个月后才提出延迟通知的辩护。Barndt 保险公司现在可以因为延迟通知而拒绝承保吗？[73 个字]

我们没有一个 81 字的长句，而是有五个平均长度为 15 字的句子，而且信息是以读者容易理解的方式呈现的。"

——*Garner's Dictionary of Legal Usage* 486 (3d ed. 2011).

解释说明

一句话版本的问题似乎并没有被严格要求，但这是一个被广泛遵循的惯例。而它的常规形式是可怕的，因为它导致了理应被忽视的干扰阅读的问题。这些问题要么是表面问题，要么是曲里拐弯、不符合时间顺序的陈述，稍加细品就无法理解。此外，常见的"whether"（是否）版本根本就不是一个句子，更不是一个问题（因此用问号很奇怪）。

即使是一些法学院教授的"under-does-when"（何时何地做了什么）构

〔1〕 小说作品。——译者注

问方法也是不方便且不可取的。学生们很难掌握，而且它不可避免地扰乱了时间线。最重要的是，读者很难处理“under-does-when”下的问题，就像他们处理“whether”引入的问题一样。

尽管维纳尔（Weiner）早在1967年就认识到，多句表述有一种“增加吸引力”的方式，但他似乎没有认识到，法律问题要问得好，唯一的办法就是使用多句表述模式。

看看我自己在“名言警句”中举的例子……大多数法律文书作者会如何表述这个问题？一个明智的作者不会想要81个字的版本，而是可能写出这样的文字：

Barndt保险公司是否能以逾期通知为由拒绝承保？［12个字］

这当然是可读的，但它是没有信息量的。读者需要翻阅整份法律文本才能放心地回答这个问题。这是一个典型的表面问题。

但是，如果在这一句话的版本和上面引用的81个字的版本之间进行选择，大多数人可能会选择这个更合理的12个字的句子。

然而，任何作出这种选择的人都忽视了真正的问题：我们只是从一个糟糕的前提开始的——一个问题必须用一句话来表达。我们是从哪里得到这个前提的？它似乎来自一个善意的尝试，即让问题的撰写简洁明了。这个想法是，“迫使他们用一句话说清楚”。

有更好的方法来强调简洁性（见技巧13），我们就不应该选择一种削弱清晰传达信息的方法；即你将不可避免地分解问题的句子。

联邦检察长办公室编写的法律文书可能是最棒的，其中经常使用多句表述的方法，但不够持续。当检察长或其他诉讼律师将问题归结为一句话时，事实和法律往往会被不合逻辑地搅作一团；而且主语和动词经常被分隔。例如，这是检察长在2001年12月向美国最高法院提交的一份问题陈述，主语和动词之间距离了65个字：

国家劳工关系委员会的一项命令，指示上诉人向因违反《国家劳工关系法》（法案）第8(a)(3)节(29 U.S.C.)的规定组织工会活动而被歧视性解雇的雇员补发工资，但补发工资的时间必须是上诉人发现该雇员是未获准在美国就业的无证外国人之日，此为委员会对上诉人违反该法第8(a)(3)节的行为进行补救的适当权力。

“命令”是主语；“此为”是动词。由于分隔太大，即使是最顽强的读者也很难在动词出现时记住主语是什么（见技巧40），这就是单句格式造成的麻烦。但请注意，当同样的信息用两个较短的句子呈现时，一切都展开得更自然：

> 国家劳工关系委员会命令上诉人向一名因组织工会活动而被歧视性解雇的雇员支付补偿金，但只支付到上诉人发现该雇员是未获准在美国工作的无证外国人之日。这一命令是不是委员会为补救上诉人的违法行为而适当行使的权力？

这个问题措辞客观，它只包括一个事实前提和一个问题，没有法律前提（见技巧 16）。许多人认为这是向最高法院提出问题的最恰当方式，即不暗示答案。然而，这个例子的重点是要说明，同样的信息通过多句表述，会有多大的吸引力和简洁性。

你会发现，很多情况下，单句格式会导致问题陈述的退化。尝试用一句话写出以下任何一个问题；你会对结果很不满意，除非你满足于信息量较小、可读性较差的提问。

一些不寻常的好例子

程序法

- 俄亥俄州的上诉法院只能对最终判令进行审理和裁决。准许取消抵押品赎回权的简易判决命令不被视为最终判令。威尔逊（Wilson）对初审法院批准 First Bank 取消抵押品赎回权的简易判决提出上诉。该上诉在本法院是否合适？［43 个字］

环境法

- 马里兰州法律禁止被许可人排放添加了氯或含氯产品的污水。Zeno 公司作为许可证持有者，正在排放未经过滤的城市自来水，其中含有城市添加的氯。根据马里兰州的法律，这种排放行为是否合法？［44 个字］

劳工法

- 根据明尼苏达州的法律，因预期被裁员而辞职的人将被取消失业福利的资格。玛丽·简（Mary Jane）承认，她在得知自己很可能遭解雇后，在 12 月 15 日辞职。玛丽·简是否应该被取消福利资格？［48 个字］

家庭法

- 根据密苏里州的法律，如果丈夫没有孩子，就不需要支付子女抚养费。在史密斯（Smith）夫妇的婚姻中虽然有三个孩子，但史密斯太太曾声称所有的孩子都是“纯洁受孕”（像圣母那样是处女怀胎）。史密斯先生现在辩称，这些说法免除了他支付子女抚养费的义务。他说得对吗？［52 个字］

劳工法

- 得克萨斯州法律禁止私人雇主以雇员履行陪审团义务为由终止雇员的工作。戴维·帕特森(David Patterson)声称他被 Garrison 园林公司解雇是因为他被要求在特拉维斯县履行两周的陪审员义务。但法庭记录显示，帕特森从未担任过陪审员。帕特森对 Garrison 园林公司提出的不当解雇的要求是否应该被驳回？[58 个字]

刑法

- 在密苏里州，被逮捕的听障人士有权获得有执照的认证口译员。听障人士乔·皮尔森(Joe Pearson)因酒后驾车被捕。警方聘请了一名没有执照、没有认证的口译员与皮尔森沟通，她将皮尔森的话解读为拒绝呼吸测试。本法院是否可以基于无证译员的无证翻译，而撤销皮尔森的驾照？[58 个字]

刑法

- 为了使刑事犯罪量刑加重符合宪法，该量刑加重必须由陪审团认定或由被告人接受。在对史密斯的判决中，政府承认史密斯的三级组织者的量刑加重既没有被陪审团认定，也没有被史密斯接受，但法院还是对其进行了加重判决。史密斯是否有权免于加重刑期？[59 个字]

税法

- 华盛顿州的商业和职业税法规定，该税种"不应被解释为对消费者的税收"，而应被认为企业的间接费用。Holiday Motors 公司在所有消费者的汽车、零件和服务发票上逐项列出了商业和职业税，从而将税款转嫁给了消费者。Holiday Motors 公司的做法是否违反了商业和职业税法的规定？[60 个字]

专利法

- 《专利审查程序手册》要求在专利申请中披露所有"印刷出版物"，联邦巡回法院将其定义为公众可以接触到的文件。一位中国发明家在一个学术网站上发表了一篇讨论其发明的文章，但没有披露。他是否需要在其专利申请中披露他在互联网上发表的文章？[60 个字]

宪法

- 美国宪法的"充分信任和尊重条款"规定，各州应尊重其他州的现行法律。虽然加利福尼亚州法律允许医生为患者开具处方医用大麻，但得克萨斯州没有这样的法律。一名合法在加利福尼

亚州获得处方医用大麻的人，是否有权在得克萨斯州旅行期间持有该物质？［60 个字］

劳工法

- 马里兰州法律规定，工人的赔偿包括在工作范围和过程中发生的伤害，包括在与工作有关的短暂偶然离开工作场所。卡车司机米勒（Miller）在给他的卡车加油时，进入加油站的便利店买咖啡，在店内潮湿的地板上滑倒。他的伤害是否在工伤赔偿范围内？［61 个字］

住宅法

- 《公平住房法》要求住房提供者在残疾人需要服务性动物的帮助时，在相关宠物政策中作出合理的调整。玛丽·安德森（Mary Anderson）是一位智力残疾的房客，她有一只医学上规定的情感支持犬。房东威胁要赶走玛丽，因为她的狗超过了他规定的宠物高度和重量限制。他是否违反了该法？［61 个字］

刑法

- 密歇根州卫生法要求疗养院管理人员向卫生部门报告任何虐待或忽视患者的情况。伊芙琳·格雷（Evelyn Gray）是 Elysian 养老院的一名患者，在 24 小时内无人照看，她从床上爬了起来，摔倒了，并摔断了腿。Elysian 养老院的管理人员詹妮斯·班克斯（Janice Banks）知道这一事件，但并没有报告。班克斯是否犯了罪？［62 个字］

地产法

- 根据明尼苏达州的法律，对不动产装修造成的损害的诉讼必须在损害被发现或应该被发现后的两年内开始。约翰逊夫妇的房子在 2001 年建成，他们在 2001 年 7 月 1 日首次发现家中有霉菌生长，并于 2004 年 7 月 3 日提起本诉讼。约翰逊夫妇的索赔是否受到诉讼时效的限制？［63 个字］

证据法

- 根据新泽西州的法律，毁弃证据可以视作证据对责任方不利。在被起诉后，Oscar 废物处理公司将含石棉的土壤倾倒在从 Valley Fair 游乐园移出的疑似含石棉的土壤之上，阻止了对与诉讼有关的疑似土壤的准确测试。Valley Fair 游乐园是否可以认为可疑土壤不含石棉？［64 个字］

- 专利法

为使专利有效，专利必须令本行业的普通技术人员能够制造、使用或实施该发明。专利权人的专家（一位博士）证明他是其所知唯一了解该发明的人，而在相关行业中，有成千上万受教育程度较低的人在工作。该专利是否应因未满足可操作性要求而被认定为无效？［65 个字］

- 家庭法

在加利福尼亚州，父母可以通过证明孩子赚了钱且孩子因此降低了抚养费需求，来减少孩子的抚养费用。罗纳德·博登（Ronald Borden）证明了他的女儿在放学后靠送报纸挣钱，但他没有证明这减少了他女儿对抚养费的需求。博登是否有权减少他对女儿的抚养费用？［66 个字］

- 卫生法

密苏里州的法律禁止向父母披露未成年人的医疗记录，除非该未成年人同意。当 16 岁的朱丽·内斯偿（Julie Nessbaum）因宫外孕相关的并发症在 St. Elizabeth 医院接受治疗时，她要求不要将她的治疗情况告知其父母。在收到医院的账单后，朱丽的母亲要求得到女儿的医疗记录。医院是否必须向朱丽的母亲披露这些记录？［66 个字］

- 版权法

根据美国版权法，如果侵权者不知道或没有理由知道版权受到保护，那么侵权行为就不是故意的。当 Acme Fabrics 公司从 Shanghai Silk 公司（一家与 Acme Fabrics 公司有 25 年合作关系的信誉良好的工厂）购买带有菊花设计的织物时，Acme Fabrics 公司得到了合同保证，该设计不受美国版权保护。Acme Fabrics 公司是否为故意侵权者？［67 个字］

- 刑法

《爱达荷州法典》的快速审判条款要求所有被指控犯有轻罪的人在没有"充分理由"的情况下于六个月内受到审判。为了适应一个证人的时间安排，检方提出了两次独立的延期要求，导致马修·史密斯（Matthew Smith）在被捕八个月后才被送上法庭。史密斯是否被剥夺了获得快速审判的权利？［67 个字］

- 税法

根据路易斯安那州的法律，公司必须将所有债务纳入公司税基。路易斯安那州最高法院一直认为，如果借款人没有义务偿还，那么预付款就不是债务。Bayou Boats 基于其公司拥有的人寿保单收到预付款，但他没有义务偿还。Bayou Boats 是否必须将这

些预付款作为债务列入公司税基？［67个字］

- 合同法

如果一个协议的重要条款过于模糊，那么该协议是不可被执行的。Anaconda公司起诉Python公司未能执行鸡尾酒会餐巾纸上手写的一句话协议："Anaconda公司将以零售价的50%购买Python公司1/3到1/2的鞋子"——既没有指定交货时间，也没有指定价格范围。Anaconda公司和Python公司的管理人员都在餐巾纸协议上签了字。Anaconda公司是否有权要求履约？［67个字］

- 专利法

美国专利法只保护"新颖"的发明，并明确禁止保护任何在发明人申请专利前一年以外有销售要约的发明。史蒂文·菲利普斯（Stephen Phillips）开发了一个激光测距仪的原型，并向Largent公司发出了销售要约。大约16个月后，菲利普斯为该测距仪申请了美国专利。菲利普斯是否应被禁止获得该专利？［67个字］

- 公司法

根据得克萨斯州的法律，不遵守公司形式会使官员和董事面临个人责任；只要官员和董事在其官方职责范围内行事，就可以免于承担责任。Mill－Tex公司的总裁拉塞尔·弗劳尔斯（Russell Flowers）用公司资金购买了家庭景观，为女儿交了私立学校的学费，并躲过了一场个人官司。本法院是否应刺破公司的面纱[2]？［68个字］

- 刑法

儿童保护法允许将十岁以下儿童的传闻陈述作为证据，前提是该等传闻陈述既可靠又能得到证实。比利·琼斯（Billy Jones）是个九岁的孩子，有七个证人听他说过其母亲用烟头烫他作为惩罚；医疗记录表明，孩子有多个香烟烫伤，处于不同的愈合阶段。比利的传闻陈述是否应被采纳为证据？［70个字］

- 宪法

宪法第十一修正案规定，各州及其"等同实体"可免于联邦诉讼。最高法院将"等同实体"定义为那些因被州政府控制，所以赔偿责任由州财政承担的实体。在这里，Transport公司的授权法规禁止州财政支付针对它的判决，而且州政府对Transport公司的控制也很有限。Transport公司是否享有第十一修正案规定的诉讼豁免权？［70个字］

［2］ 让公司高管担责。——译者注

宪法

- 公立学校可以对学校主办的非公共论坛上的言论进行合理限制。Acme 高中的学生简·道（Jane Doe）向校报提交了一篇倡导青少年性行为的文章，以回应另一篇由学生撰写的支持禁欲的文章。Acme 高中的校长史密斯拒绝发表简·道的文章，因为他认为这篇文章对高中生来说是不合适的。史密斯校长是否侵犯了简·道的言论自由权？［70 个字］

劳工法

- 根据加利福尼亚州和联邦法律，如果是原告引发的，那么在工作场所的含有性意味的对话就不属于性骚扰。哈娜·弗格森（Hannah Ferguson）承认，她经常向 12 名同事中唯一的男性卡尔文·哈斯考（Calvin Haskall）倾诉，谈论她的性生活。出于对哈斯考就其中一个故事的反应感到不满，弗格森以工作环境有性骚扰氛围为由起诉公司。公司是否因哈斯考的言语而应承担责任？［71 个字］

地产法

- 根据缅因州的法律，如果在住宅房产销售后的三个月内，买方得知卖方没有披露该房产上曾发现有害污染物的事实，则买方可以撤销交易。芭芭拉·丹厄姆（Barbara Denham）在 2013 年 3 月购买了一栋房产，在 2013 年 5 月发现以前的租户曾用该房屋经营一个冰毒实验室。丹厄姆是否可以撤销该宗房产交易？［71 个字］

地产法

- 现有土地法认为，沙子和砾石与所有普通物质一样，只有在具有商业价值时才是"矿物"。如果在土地转让中保留了矿物，那么价值就在转让时确定。当美国政府在 1959 年转让上诉人的土地时，保留了矿产，上诉人土地上的沙子和砾石没有商业价值。美国政府现在能否根据矿物保留要求对沙子和砾石获得所有权？［72 个字］

证据法

- 根据伊利诺伊州的法律，当律师——客户特权的持有者将受保护的沟通置于争议之中时，他或她就放弃了这一特权。琼斯（Jones）女士在对争议问题的回答中称，她的前律师史密斯先生无权代表她签订和解协议。那么，琼斯女士是否放弃了与史密斯先生就其签订和解协议进行沟通的权利——当事人特权？［73 个字］

刑法

- 预审时，刑事被告人有权要求法院对潜在陪审员进行询问时其要在场。在这起谋杀案的预审过程中，法官在法庭上询问了一名潜在陪审员，威廉姆斯（Williams）当时在场，他的位置是可以听到对话的。他要求在该潜在陪审员接受询问时靠近法官席，但法院拒绝了这一要求。这一拒绝是否侵犯了威廉姆斯的在场权？［74 个字］

地产法

- 密歇根州的每份租约都内在要求业主遵循安静享用契约。Easy Rentals 公司对詹姆士·尤斯特（James Yost）拥有的一栋建筑有十年的租约。根据租约中的征用条款，如果建筑物被政府征用，业主无须对承租人负责。尤斯特想在该地重建，并要求市政府征用现有建筑。尤斯特向市政府提出的要求是否违反了安静享用契约？［74 个字］

商法

- 根据纽约法律，合同一方不得就协议中未履行的未来履约承诺提出欺诈索赔。Forsythe 公司和 Stern 公司签订了一份收购协议。Forsythe 公司声称，Stern 公司的代表在谈判期间和协议中承诺，Stern 公司在收购完成后会向 Forsythe 公司推荐业务，从而存在欺诈行为。除了违约赔偿，Forsythe 公司是否可以就该所谓欺诈行为进行索赔？［75 个字］

宪法

- 如果政府行为具有认可宗教的效果或与宗教产生过度的纠葛，则违反了第一修正案的政教分离条款。该州的内政部以低于公平市价 90% 的价格将州物业出售给一个教会团体，以便在那里建立一个教堂；作为交换，该教会承诺为一所州立大学提供系列讲座、图书馆和筹款活动。该交易是否违反了政教分离条款？［75 个字］

消保法

- 《华盛顿州消费者保护法》禁止商人对无用的工作收费，或不告诉客户有损工作目的的事实。当国会大厦的业主聘请 Lighthouse 水暖公司安装管道系统来排放马桶溢出物时，Lighthouse 水暖公司在大厦业主不知情的情况下，将排水管安装在倾斜不均的浴室地板的高处。大厦业主是否可以根据《华盛顿州消费者保护法》追回损失？［75 个字］

技巧 12 的要点总结

- 避免用疑问句式开始你的议题，特别避免“whether”。
- 同样，要避免某些法学院教授的“under-does-when”（何时何地做了什么）的句式。
- 要写出完整的、符合语法的句子来简明扼要地陈述问题。
- 放弃任何版本的单句式提问；将你的前提和问题放在不同的句子中。
- 要有信息量：按顺序告诉法院相关的法律和事实。
- 遵循自然的事实时序，从头至尾，不要来回跳转。

13

每个议题陈述不超 75 个字

名言警句

“有的法律文书，光是要点编列就占了三四页纸。尽管我自认是一个相当聪明的人，但不得不坦率地承认，当读到文章末尾时，我往往很难记住开头的那些观点。”

——Hon. John T. Wigginton, *General Aspects of Appellate Practice*, 33 Fla. B. J. 421, 425 (1959).

“一个议题的陈述方式可以产生决定命运的后果。法官的注意力——由醒目的书面或口头短语所激发——必须保持在关键问题上。专注和清晰的表达很可能起决定性作用。”

——Hon. Francis Bergan, *Opinions and Briefs—Lessons from Loughran* 6 (1970).

“法院并未与你的案件相处数年；你要在一个非常有限的空间内传达大量的信息。至关重要的是组织和重新组织所提出的议题，直到你对案件所涉及的问题提供一个有利的、准确的和简洁的描述。”

——Edward R. Leahy, “The 10 Commandments of Certiorari” (1985), in *The Supreme Court and Its Justices* 246, 248 (Jesse H. Choper ed., 1987).

“可能需要一些额外的时间和努力在 75 个字内达成有效的表述，但当事人的论证和法院的判决过程都可能因此受益。”

——Chad M. Oldfather, *Remedying Judicial Inactivism*, 58 Fla. L. Rev. 743, 799 (2006) (citing the second edition of this book).

“事实上，不能用 75 个字来阐述议题的情况实属罕见，我至今还没有遇到过。75 个字的限制是实验和非正式测试的结果：一旦一个议题的陈述超过这个长度，它就可能是漫无边际的。一旦失去了集中陈述的严谨性，就可能会失去读者。”

——*Garner's Dictionary of Legal Usage* 486–87 (3d ed. 2011).

解释说明

简单来说,如果你不能用75个字来表述你的议题,你就可能并不明白问题究竟是什么。但75个字限制的真正原因是,它反映了大多数被要求阅读议题陈述的读者的容忍度。20世纪90年代初,我在数百名律师和法官身上测试了各种长度的议题陈述,衡量他们的理解能力和阅读意愿。面对超过75个字的议题陈述,读者开始退缩:许多人说他们没有时间或精力去关注该议题;但面对75个或更少的字,他们至少会尝试。一个不超过75个字、措辞得当的议题陈述,不可避免地引起他们的兴趣。

要把一个法律问题提炼成75个字,需要付出艰苦的努力。我见过有人花了一天时间来构思一个议题陈述,但这是非常值得的。为什么呢?你更有可能发现自己的逻辑问题;更有可能吸引法官的注意力;更重要的是,你将满足几乎每个法官都有的渴望——以点滴细致的形式解释法律问题。

你经常会认为,案件所涉及的问题太复杂了,不能用75个字来概括。不要自欺欺人。即使是知识产权案件也可以这样处理。看看BN.com在联邦巡回法院针对Amazon.com的上诉案件。2000年,法庭需要决定BN.com是否对Amazon.com关于一键式购买系统的侵权索赔有很好的抗辩。以下是纽约的史蒂文·I.瓦拉克(Steven I. Wallach)与他的同事威廉姆斯·G.派考(William G. Pecau),强纳森·马歇尔(Jonathan Marshall),麦克·N.罗森(Michael N. Rosen)和马克·J.舒格曼(Mark J. Sugarman)如何用深层议题技巧来提出这四个议题的。

1. 结构的一致性。Amazon.com的专利要求一键式购买,即通过鼠标点击等"单一行为"在互联网上订购物品的能力。在分析侵权行为时,地区法院对"单一行为"的解释既包含对该行为的描述,也包含对相应商品的描述。但在分析有效性时,法院对权利要求给出不同的解释,仅要求披露"单一行为",而忽略了对商品描述的披露要求。这是一个法律错误吗?

> 这种带有权利要求的专利术语是该领域的标准术语。

2. 现有技术披露。地区法院批准了一项禁令,认为BN.com的无效性抗辩缺乏实质性的理由。但是,除了一键式购买,所有的权利要求要素都被公认是陈旧的。而对于现有技术的在线订购系统应作出如下披露:

- 一个"即时购买"按钮;
- "一键订购";
- 一个写着"图表($.50)"的按钮,用于一键订购;以及

> 联邦巡回法院审理的著名的BN.com"一键式购买"案中的四个致胜的议题陈述。

- 用于一键订购的网页链接。

关于专利无效的专家证词没有受到反驳。法院是否犯了错误？

3. 无侵权抗辩。 地区法院还得出结论，BN. com 的无侵权抗辩缺乏实质性的理由。但在其侵权行为分析中，法院认为：

- 对“单一行为”的解释违反了权利要求差别化原则、具体说明原则和诉讼历史原则；以及
- 在解释“购物车”和“履行”时，不允许依赖外部证据。

根据对这些权利要求的正确解释，不存在侵权。法院是否犯了错误？

4. 基本的错误。 地区法院对初步禁令动议中必须权衡的其他因素，包括无法弥补的困难、困难的平衡和公共利益，都是基于 411 号专利有效并被侵权的假设。鉴于法院对案情分析的法律错误，法院对上述因素的分析本身是否包含法律错误？

请注意每一个后续的议题是如何建立在前面的议题之上的。第三个议题可能是最困难的，比其他议题需要更多的专利法背景。当然，作者必须考虑一般读者可能已经知道的东西，并避免重复。因此，我们提到了权利要求差别化原则，但没有对其进行解释，因为任何从事知识产权法的人，当然包括在联邦巡回法院任职的法官，都知道这一原则；即便不知道，正文中也会对此原则进行充分解释。就作者而言，重要的是在 75 个字的范围内尽可能多地进行议题陈述。本案的辩护律师在这个热点案件中做到了这点，所以他们赢了。[1]

一些诉讼律师会犯这样的错误：把每一个引文和缩略语都塞在议题陈述中。这样做通常会使议题陈述变得杂乱无章。请看这个例子，它来自联邦检察长办公室于 2001 年 12 月提交给美国最高法院的一份法律文书：

引文阻塞了议题陈述。

1997 年《食品和药品管理现代化法》（FDAMA），21 U. S. C. 353a（Supp. V 1999），为药剂师配制的药品提供了有限的豁免，使其无须履行《联邦食品、药品和化妆品法》（FDCA），21 U. S. C. 301 et seq. 的新药批准（和某些其他）要求。现在的问题是，FDCA 将该豁免限制在不为特定的复方药物做推销或打广告的药剂师身上，21 U. S. C. 353a(a) 和 (c)（Supp. V 1999），这是否符合第一修正案的规定。[2]

1 See *Amazon. com, Inc. v. Barnesandnoble. com, Inc.*, 239 F. 3d 1343 (Fed. Cir. 2001).

2 See *Thompson v. Western States Med. Ctr.*, 535 U. S. 357 (2002) (the government lost).

法律文书必须提供引文，只是不应该在议题陈述中出现。尽管整个议题陈述只有 85 个字，但思绪往往会被引文中的数字所掩盖；而且一团文字因此看起来非常的乏味，你根本不想阅读下去。如果拿掉所有引用的卷号和节号，并对一些观点重新排序以提高可读性，议题陈述就会干净得多：

> 《食品和药品管理现代化法》（FDAMA）规定，由药剂师配制的药品免于履行《联邦食品、药品和化妆品法》的某些要求 如新药审批要求。但是，FDAMA 将这一豁免限制在不为特定的复方药物做推销或打广告的药剂师身上。这样的限制是否符合宪法第一修正案的规定？

这一修订满足了深度议题的要求。

虽然修订后的议题陈述只有 56 个字，但一个深度议题通常就是 60 个至 75 个字。

但你很可能会问，复杂的税务案件怎么办？真的有可能在 75 个字的限制内完成一个议题陈述吗？正如检察长在 2000 年 8 月的一份法律文书中所展示的那样，要超过 75 个字的限制当然是很容易的；当试图攀登这 142 个字的方尖碑时，谁的眼睛都会瞪作铜铃：

> 请愿人是一家 Subchapter S 破产公司的股东。1991 年，该公司获得了某些债务的解除。该解除债务的行为本应被视为“解除债务的收入”，26 U. S. C. 61（a）（12），但由于该解除债务行为发生在公司破产期间，根据 26 U. S. C. 108（a）（12），该项目被明确地“排除在总收入中”。根据 26 U. S. C. 108（a）（1）（B），该项目“不列入总收入”。本案中提出的问题是，根据《美国法典》第 26 篇第 1366（a）（1）（A）条的规定，被明确排除在“收入”之外的金额是否仍应被视为“收入”项目，并流向作为破产公司股东的请愿人，从而根据《美国法典》第 26 篇第 1367（a）（1）（A）条的规定，增加他们在公司股票的基准数，并允许他们扣除以前因为耗尽基准数而无法扣除的损失。[3]

这种“庞然大物”的议题陈述让人望而却步。

它从一个事实开始，接着增加另一个事实；然后它陈述了一个法律标准，接着是该标准的一个例外；再接着它开始问一个关于这个例外的问题，但却把这个问题说成是与已经提到的例外有关；再然后是一个新的事实，接着是另一个新的事实。即使表述得更紧凑，这个议题的组织也是毫无逻辑的。扔掉不必要的细节，把它放到逻辑顺序中，你就有了一个值得阅读的 71 个字的议题陈述：

---

3 See *Gitlitz v. Commissioner*, 531 U. S. 206（2001）（the government lost）.

修订后的议题通过 71 个字，使表述更明确。

根据《国内税收法》的规定，如果一个 Subchapter S 破产公司无力偿还债务，那么该公司的债务免除不包括在总收入中。1991 年，PDW& A，一家资不抵债的 Subchapter S 破产公司，获得了债务免除。它的股东声称，免除的债务应该被算作收入，这样他们的股票税基就会增加，从而他们得以扣除本来无法扣除的损失。他们是对的吗？

你看，即使是复杂的税收问题，也可以说得很明白。

75 个字的限制是如此严格，以至你不能浪费一个字。例如，你应该避免最高法院诉讼律师的常见习惯，即在议题陈述的最后一句话中以"The question in this case is whether…"（本案的问题在于）开头；这种方式浪费了 7 个宝贵的字空间。请直截了当进入议题问句。

一些不寻常的好例子

行政法

- 根据怀俄明州的法律，行政机构只拥有法规规定的权力。没有任何法规赋予怀俄明州自然资源委员会对滥用证据的行为进行制裁的权力。如果该委员会发现申请人没有对取证要求作出回应，是否可以驳回许可申请？［49 个字］

刑法

- 《政府法典》第 305 条规定，游说者签订应急费用游说合同属于犯罪行为。史密斯同意代表 Guernsey 公司为水务立法进行游说；如果立法通过，Guernsey 公司将支付史密斯 100 万美元。史密斯是否犯罪？［50 个字］

程序法

- 美国最高法院认为，1964 年《民权法》第六章并没有赋予该法或其施行条例下的私人诉讼权。本案的原告是加利福尼亚州的一群学童，他们指控教育部违反了第六章及其施行条例。这些原告能否起诉教育部违反了该法或条例？［64 个字］

程序法

- 美国最高法院规定，下级法院不得在诉状中"将表述为事实指控的法律结论认定为真实的"。Pantheon 公司以商标侵权为由起诉 Olympus 公司，但在其诉状中没有提出法院可以据此确定所主张的商标的所有权的事实。本法院是否应以未提出可给予救济的申诉为由驳回 Pantheon 公司的起诉？［66 个字］

地产法

- 30多年来，得克萨斯州的法院认为，“单户住宅”一词是对使用的限制，除非该词出现在专门限制住宅建筑形式的契约中。Beautiful Valley的契约中包含了“单户住宅”这一术语，它同时包含了使用和建筑限制。这些限制性契约是否限制了约翰逊(Johnson)在他的住宅中经营寄宿家庭？[69个字]

家庭法

- 为了裁决父母一方修改子女抚养义务的请求，弗吉尼亚州法律要求审判法庭考虑父母双方的收入。史密斯先生要求减少他的子女抚养义务。初审法官拒绝听取史密斯女士关于其收入的证词，并减少了史密斯先生的义务。本院应否撤销该命令，并发回重审，让审判庭在确定金额前考虑史密斯女士的收入？[70个字]

证据法

- 相关的证据可以确定一个事实后果的可能性。在*Gilkerson*案的量刑阶段，州政府提供了关于吉尔克森以前的刑期证据。吉尔克森反对说，过去的刑期与他目前的被认定的罪责无关。州政府认为，证据表明，另一个短的刑期不会阻止吉尔克森今后的犯罪。该证据是否相关？[70个字]

侵权法

- 根据犹他州的法律，要获得欺诈行为的赔偿，原告必须证明其对故意的虚假陈述的损害性依赖。据称在与珀金斯(Perkins)的会面中，戴德曼(Dedman)虚报了他的货物价格，称货物的价格具有竞争力，但实际上并非如此。珀金斯以欺诈罪提起诉讼。然而，在他的证词中，珀金斯作证说，他没有根据那次会议上说的任何话作出决定。珀金斯能否以欺诈罪向戴德曼追偿？[70个字]

海关法

- 沙漠风暴之后，美国对伊拉克实施制裁。实施这些制裁条例禁止进口对伊拉克政府有当前、未来或尚不确定有益的货物。伊拉克政府对Paladin石油贸易公司向其购买石油的兴趣，在Paladin石油贸易公司试图进口石油的两年前就已经结束了。根据制裁条例，美国海关总署扣押了Paladin石油贸易公司的石油。该扣押行为是否合法？[70个字]

卫生法

- 1981 年，美国国会指示卫生与公众服务部用预期支付方法取代了以成本为基础的追溯性肾透析医保支付方法。1983 年，卫生与公众服务部通过了包括对坏账部分的追溯性成本限制的规定，但没有提供任何有效的理由来说明这种背离使用预期支付方法的法定要求。卫生与公众服务部是否有权以这种方式背离法定要求？［74 个字］

技巧 13 的要点总结

- 用 75 个或更少的字来陈述议题，字再多就会产生视觉障碍。
- 在 75 个字的限制内，要尽可能地具体化和事实化；也就是说，你通常需要至少 60 个字，以避免过于抽象。
- 在每个议题中，按照逻辑顺序陈述法律和事实：先是法律，然后是事实。
- 选择强有力的、平实的词语；使用简洁的句子。
- 尽可能地使用业内人士知道的词汇；具体化的扩展，留待以后。
- 省略引文、缩略语的解释，以及其他杂乱无章的东西，包括不必要的细节。
- 将后续议题建立在前述议题的基础上。

14

三段论措辞平正但结论明确，多个议题各用精简中立标题

名言警句

“在每一个刑事案件中，法官都应该按逻辑推理。主要内容应该是一般法律；次要内容是行为的合规性，或与法律的对抗性；结论是自由或惩罚。”

——Cesare Beccaria，*An Essay on Crimes and Punishments* 24 (1764；anon. trans.，new ed. 1793).

“我们发现，在几乎所有情况下，结论是从两个相关的陈述中得出的，一个是涵盖许多情况的一般陈述，我们可以称之为大前提，另一个是对事实的专门陈述，我们可以称之为小前提。”

——Samuel S. Seward，*Rhetoric in Practice* 67 (1906).

“当然，第一，议题的框定，如果你的框定被接受，案件就会以你的方式展开。明白了吗？第二，你必须抓住议题，因为你的对手会以非常不同的方式来框定一个议题。第三，你必须建立一种表述议题的技巧，这不仅会抓住法庭，而且会把你的议题塞进法官的脑子里，令他们无法忘记。”

——Karl Llewellyn，*A Lecture on Appellate Advocacy*，29 U. Chi. L. Rev. 627，630 (1962).

“对所涉及的议题的良好陈述应是相当完整的。它应根据案件的具体事实提出一个法律问题；它应是包罗万象的，有助于对论点的理解。”

——Hon. Mario Pittoni，*Brief Writing and Argumentation* 51 (1967).

“演绎逻辑在法律程序中发挥了很大的作用，既被律师用来提出论点，也被法官用来支持判决。”

——Lord Radcliffe，*Not in Feather Beds* 72 (1968).

“要论证的议题必须以一种方式提出，以建立一个论点，作者可以从这个论点引导他的读者得出他想敦促的结论。也就是说，导言是必须以某种方式引出论证的一个步

骤，作者希望通过这个步骤来确保读者对其论点的认同。"

——William J. Brandt et al., *The Craft of Writing* 48 (1969).

"形式逻辑的规则对法院来说是非常宝贵的，论证的谬误有时可以通过三段论的形式来最有效地揭露。"

——George W. Paton, *A Textbook of Jurisprudence* 200 (G. W. Paton & David P. Derham eds., 4th ed. 1972).

"议题应该尽可能地被设计成能迫使人们作出理想的反应，或者至少能避免不理想的反应。"

——William A. Rusher, *How to Win Arguments* 118 (1981).

"每个议题的陈述都应以简单、明了和准确的方式纳入具体的事实和法律原则。文书撰写者必须努力使议题有说服力，但不能因言辞激烈或言过其实而失去可信度。"

——Jordan B. Cherrick, "Issues, Facts, and Appellate Strategy," in *Appellate Practice Manual* 73, 76 (Priscilla A. Schwab ed., 1992).

"当有了正确构架的大前提和小前提，人类的思维似乎无须任何额外的提示就能得出结论。此外，人的头脑认识到结论具有如此强大的力量，以至结论根本无法被否认。三段论论证的力量导致了法律论证的唯一重要规则：每一个好的法律论证都以三段论的形式出现。"

——James A. Gardner, *Legal Argument* 6, 8 (1993).

解释说明

一个好的议题陈述通常反映了一个三段论所有逻辑思维的基础。你有一个陈述法律的大前提，一个提出与大前提直接相关的事实的小前提，以及一个结论。但当作为议题陈述的一部分时，结论就变成了一个问题。

是的，最好的议题以问号结束。为什么？

因为一个真正的议题看起来和听起来都很客观，即使它微微有所倾斜。你不是在推销你的答案，而是把问题放在桌面上。你也在挑战你的对手，让他解释答案怎么可能不是你所建议的那样。你在抓住议题；而且，作为一项规则，成功做到这一点的一方将会获胜（见名言警句中 Karl Llewellyn 的引文）。

在任何情况下，法官在弄清议题之前，不会接受任何答案。如果你在开场时（就像许多诉讼律师所做的那样）以诉请的方式（比如，"本法庭应下令……"），法官就不可能像你那样看待这个议题。法官的工作是回答问题，如果你不明确地提出问题，法官的表述很可能与你希望的不同。

记住：议题的提出是不可避免的，因为法官通常希望从他们要解决的问题开始。法官是专业的问题回答者。

基本上有两种类型的议题陈述：分析性和说服性。分析性议题是客观陈述的，它并不暗示答案；它适合于研究备忘录或意见书，或者适合于高等法院的诉状；涉及一个在现行法律中没有明确解决方案的问题（换句话说，主要前提尚未确立）。一个有说服力的议题巧妙地倾向于一个答案，这是由大前提强烈暗示的。它通常用于摘要（审判或上诉）。

每种类型都有一个可预测的形式，最好是通过考虑绝对论证的要素进行分析：

所有人都不免一死。［大前提］
苏格拉底是个人。［小前提］
所以，苏格拉底会死。［结论］

这些要素应以这种方式安排在法律议题上：

分析性议题	说服性议题
小前提	大前提
结论？	小前提
	结论？

简短答案

大前提

大前提是有约束力的法律观点。小前提是与该法律观点相关联的事实性观点。而结论则以问题的形式表达。

顺便说一下，对于说服性议题，不要在意你是否希望得到一个肯定的或否定的答案。两种类型都可以。这取决于你的议题是需要一个否定的还是一个肯定的论证：

肯定式三段论	否定式三段论
所有 S 都是 P。	只有 S 才是 P。
这个是 S。	这个不是 S。
那这个是 P 吗？（肯定）	那这个是 P 吗？（否定）

两种类型的答案有时都需要。所以不要理会那些试图坚持每个议题都需要一个肯定答案的人。有时“不”的答案会更有说服力。

请看这个例子，如何将一份做得很好的法律备忘录中的摘要变成一个肯定式三段论，以纳入驳回动议中：

	分析性议题	说服性议题	
小前提 问题	特拉华州的“青天法”保护投资者免受证券欺诈。特拉华州居民埃尔斯米尔（Ellsmere）与Balancio Securities进行了证券交易。直到2001年4月，这些交易发生在特拉华州以外；从2001年5月开始，大部分交易发生在特拉华州。“青天法”是否适用于这些交易？	特拉华州的法院一直认为，特拉华州的“青天法”不适用于在州外进行的证券交易。2001年5月之前Balancio Securities和埃尔斯米尔之间的所有交易都发生在特拉华州之外的堪萨斯州、内布拉斯加州和南达科他州。本法院是否应该驳回埃尔斯米尔根据“青天法”对2001年5月前完成的交易的索赔？	大前 小前 问题式的论
	简短答案		
大前提	特拉华州法院一直认为特拉华州的“青天法”不适用于在州外进行的证券交易。所以到2001年4月发生的交易不受“青天法”的约束，埃尔斯米尔不能在特拉华州法院为这些交易提起诉讼。 但2001年5月开始的交易受“青天法”的约束，特拉华州法院将对Balancio Securities在特拉华州发生的交易中违反这些法律的指控具有管辖权。		

对一个头脑清晰的思考者来说，分析性议题优先于说服性议题。这个例子说明了如何把一份好的研究备忘录变成一份摘要：把简短的答案，变成一个大前提（说服性议题的第一句话），根据需要修剪小前提，使所有内容都在75个字的范围内，然后把逻辑结论作为一个问题提出来。

你可能想知道这些元素是否必须按照这个顺序出现。答案是肯定的，尽管可能会有一些罕见的变化。例如，把小前提放在前面，接着是大前提，

然后是结论,但这并不具有说服力。把答案紧贴着放在问题之前时,看起来分量太轻,就像这里:

> 2001 年 5 月之前 Balancio Securities 和埃尔斯米尔之间的所有交易都发生在特拉华州之外的堪萨斯州、内布拉斯加州和南达科他州。特拉华州的法院一直认为特拉华州的"青天法"不适用于在州外进行的证券交易。本法院是否应该驳回埃尔斯米尔根据"青天法"对 2001 年 5 月前完成的交易提出的索赔?

不建议将大前提和小前提颠倒过来。

此外,当议题以这种方式阅读时,第一句话没有上下文。在三段论形式中,法律前提为更具体的事实前提提供了背景。

你可能还想知道小前提是否需要如此具体。答案再次是肯定的:在 75 个字的限制内,你需要在合理的范围内使小前提尽可能具体(见技巧 15)。这样做可以提高你的可信度。如果你陈述一个结论性的小前提,读者就不可能相信你所说的。考虑以下变化:

> 特拉华州的"青天法"并不适用于在州外进行的证券交易。所有的相关交易都发生在特拉华州之外。本法院是否应该驳回索赔?

不建议措辞含糊的小前提。

作者要求的是信心的飞跃。写作的中间部分保留了太多的内容;相反,作者在这里可以做得更好,提供更大程度的具体化。

顺便说一下,一句话的"是否"格式议题的几个缺点之一是,它导致了事实的更大模糊性,也导致了不同步的表述。考虑一下"青天法"议题的另一个变化:

> 当有争议的交易发生在州外,且特拉华州法院已经认定"青天法"不适用于州外发生的证券交易时,本法院是否应驳回埃尔斯米尔基于特拉华州"青天法"的索赔?

不建议糟糕的一句话"是否"议题。

这并不可怕,但远非伟大,尤其是在初读时。它从现在开始(如果本法院驳回),转到交易(几年前),然后转到先例(更久远)。这种长长的句子片段更难让你想明白。

每一个法律论证都有可能被设定为一个三段论的框架?不仅如此,每一个法律论证都应该以三段论的方式进行构思。

在这里的所有例子中,都表达了完整的三段论。也就是说,从规则到事实再到结论的展开。请注意,每一个例子在阅读时都是完全可以理解的。如果你是法官,你会清楚地知道在诉状的其余部分应该注意什么。

至于多个议题的中立性标题，你会在第 117～118 页找到两组例子：一个是商业案件，另一个是刑事案件。例子一的两个深层议题是 *Dana Corp. v. Celotex Asbestos Settlement Trust* 案中的主要问题[1]，这项判决使 Dana 公司免于承担 30 亿美元的潜在责任。该案的律师是理查德・S. 瓦林斯基（Richard S. Walinski）和约翰・DeQ. 布里格斯（John DeQ. Briggs），他们的胜利主要归功于议题陈述。劳普鲁斯作为文书编辑顾问参与了该案，并对进行了模拟法庭（见技巧 99）。

一些好例子

劳工法	• 联邦法律规定，某些每周工作超过 40 小时的雇员必须获得加班工资。Warren－Yost 殡仪馆雇用学生在晚上 6 点至早上 6 点免费住在殡仪馆，他们每周必须有 6 天时间接听电话。Warren－Yost 殡仪馆是否需要向这些雇员支付超过 40 小时的加班工资？［63 个字］
州县事务	• 根据华盛顿州的法律，县委员任命公务员的任期不得长于委员自己的选举任期。斯库拉利亚（Skulalia）县的委员任期为三年，他们任命巴特莱比（Bartleby）为县主管。在紧张的劳动力市场中，巴特莱比通过谈判达成一份为期五年的雇佣合同。委员接受并签署了该合同。巴特莱比的合同是否有效？［63 个字］
取证规则	• 本法院的地方规则规定，寻求证据的一方必须给对手至少五个工作日的时间来回应取证要求。2 月 6 日，在取证结束前三天，Comet 公司向 Intellicorp 送达了 Intellicorp 总裁鲍勃・史密斯（Bob Smith）的取证通知。法院是否应该允许 Comet 公司在取证结束后对史密斯进行取证？［65 个字］
专利法	• 如果其声称的主题在申请专利前已经连续使用或销售超过一年，则专利无效。Alec 公司自 2006 年起生产和销售使用碳酸氢钠作为绝缘体的飞行记录器。桑普森（Sampson）于 2009 年首次申请了一项专利，声称使用碳酸氢钠作为绝缘体的飞行记录器。桑普森的专利是否有效？［65 个字］

1 251 F. 3d 1107（6th Cir. 2001）.

取证规则

- 根据密西西比州的取证规则，计算机存储的信息与有形的书面材料一样可以接受取证。尽管被告的第二份请求书要求提供计算机存储的信息，但州政府拒绝在其计算机上搜索相关信息。鉴于搜索这些计算机存储的信息不会比搜索有形的书面材料花费更多的精力，本法院是否应该强制州政府出示这些信息？[68 个字]

劳工法

- 《美国残疾人法》保护那些在公司作出合理的安排后能够履行工作基本职能的残疾员工。身为残疾人的盖尔·杜弗（Gail Duval）被 Wyman 公司解雇，并根据《美国残疾人法》提起诉讼。在她的证词中，她说在其被解雇时，即使公司提供了便利，她的残疾情况也已经令其无法完成工作。杜弗是否受到《美国残疾人法》的保护？[68 个字]

取证规则

- 当公司高管与内部律师沟通时，律师/客户特权只保护那些为获得或提供法律咨询而进行的沟通。Widget 公司的副总裁艾伦·琼斯（Allan Jones）与 Widget 公司的内部法律顾问杰妮·米肯（Jeannine Meecham）进行了一次谈话，琼斯在谈话中寻求商业和法律建议。该谈话中与商业建议有关的部分是否受律师/客户特权的保护？[71 个字]

选举法

- 《选举权利法》第 2 条要求得克萨斯州各城市在进行选举时，应以英语和西班牙语公布所有与选举有关的信息。欧文市以英语和西班牙语发布所有与选举有关的官方材料，但它也出版了一份社区通信，但只包含英语的选举相关信息。该市没有以西班牙语发布社区通信，是否违反了《选举权利法》？[71 个字]

程序法

- 《联邦民事诉讼规则》第 8 条要求申诉书给出一个“短小精悍”的陈述，让被告知道原告将提出哪些议题。埃里克森（Erickson）对经纪公司的欺诈行为提出了长达 203 页的申诉。诉状主要由引用了长达数页的经纪公司研究报告组成，然后是对该报告具有欺诈性的一般性陈述。埃里克森的申诉是否应以不符合第 8 条规定而被驳回？[72 个字]

- 劳工法

  根据密苏里州的法律，只有当工人不能在公开的劳动力市场上重新就业的情况下，才能在工人赔偿案件中获得永久完全的残疾福利。约翰·谢珀维奇(John Shepelwich)在工作中受伤并申请了永久完全的残疾福利。对他进行治疗或评估的医生和专家都报告说，他可以从事轻度或坐着的工作。谢珀维奇是否应该获得永久完全的残疾福利？[72 个字]

- 破产法

  根据加利福尼亚州普通法，只有当债务人打算授予债权人对某特定财产的留置权时，债权人才能获得对债务人财产的衡平留置权。帕特·琼斯(Pat Jones)是该破产财产的债权人，他根据一份托管协议要求对托管资金享有衡平留置权，该协议没有明确或隐含地表明琼斯对这些财产享有留置权。琼斯对该财产是否有留置权？[72 个字]

- 移民法

  如果他或她能证明其被驱逐出境会给身为美国公民的直系亲属造成困难，《移民法》允许司法部长将永久居留权授予在美国连续居住了至少十年的非法滞留外国人。鲍特(Pautt)自 1980 年以来一直居住在得克萨斯州，有一个 3 岁的美国出生的女儿靠他抚养。司法部长是否可以给予鲍特永久居留权？[74 个字]

- 证据法

  佛罗里达州的规则允许在审判中使用庭外证言，但前提是在善意地试图送达传票后无法找到证人，或者证人距离法院超过 100 英里。汉德(Hand)法官在 *Miami* 案中禁止使用奥兰多居民杰克·斯洛克莫顿(Jack Throckmorton)的证词，因为提供证词的一方没有表明其曾善意地试图送达传票。汉德法官的决定是错误的吗？[74 个字]

- 宪法

  第一修正案规定，只有当学生的言论对学校的运作造成实质性的破坏时，学校才可以对其进行管理。上舞蹈课时，鲍比·麦克雷(Bobby McRae)嘲笑了一位同学，Eclipse 中学利用其文明礼貌政策对他进行了惩罚。事件发生在学校场地上。虽然被嘲笑的学生没有投诉，但学校的一名辅导员听到了那句话。学校是否可以通过声称欺凌行为总是对学校运作造成实质性的破坏，来证明其惩罚的合理性？[75 个字]

几个中立性标题的例子

例子一

议题陈述

1. **赔偿金。**1969 年，达纳（Dana）将 S&K 的股票卖给了凯瑞（Carey），以赔偿凯瑞作为股东可能因 S&K 的“义务或责任”而遭受的损失。S&K 仍然对自己的债务负全部责任。1972 年，凯瑞的继任者派纳康（Panacon）解散了 S&K 并承担了 S&K 的债务。派纳康与赛罗德克斯（Celotex）合并，后者承担了派纳康的 S&K 责任。赛罗德克斯后来面临侵权责任，但只是作为 S&K 的继承人，而不是作为 S&K 的股东（凯瑞）的继承人。达纳必须赔偿赛罗德克斯吗？［75 个字］
2. **自愿承担的责任。**根据俄亥俄州的法律，如果被赔偿人实质性地增加了赔偿人的风险或损害了其权利，则无权获得赔偿。在自愿承担 S&K 的责任之前，由于股东豁免权，凯瑞的继任者派纳康被免除了对 S&K 承担法律责任。派纳康对责任的承担使其面临 S&K 的债务。当赛罗德克斯与派纳康合并后，它开始对 S&K 的债务负责。假设达纳对 S&K 的债务负有赔偿责任，那么派纳康难道没有损害达纳的权利吗？［75 个字］

在 *Dana v. Celotex* 案中胜方的议题陈述（见第 114 页）。

例子二

议题陈述

1. **正当程序。**顺序指示要求陪审团考虑较大的罪行，并在考虑较小的罪行之前认定被告于较大罪行“无罪”。过失杀人罪的要素与二级谋杀罪的要素相同，另外还有一个独特的额外要素，即挑衅。但是，如果陪审团判定被告犯有谋杀罪，就不能考虑证据是否支持对过失杀人罪的定罪。该程序是否剥夺了被告的公平审判权？［70 个字］
2. **罪行的要素重叠。**谋杀和过失杀人都需要证明一个人“故意”杀害他人。过失杀人罪还要求证明该人对（会导致一个有理性的人作出非理性行为的挑衅）作出反应。大量的证据显示，彼得·郝伯特（Peter Hulbert）刚刚得知他的妻子再次给自己戴绿帽，并向她的情人发送了淫秽照片。然而，审判法院在给陪审团指示中不允许陪审团考虑这种挑衅。法院是否犯了错误？［73 个字］
3. **传闻证据。**当审判法院接受以前不良行为的传闻证据时，法院必须在这些行为和重要议题之间至少有一个推断的联系。在这里，法院接受了彼

谋杀案件中的三个深度议题。

得·郝伯特以往间歇性的不良行为的证据，但没有将这一高度偏见性的证据与本案重要议题联系起来。法院是否不适当地接受了这些证据？［61个字］

技巧14的要点总结

- 以三段论的形式使用演绎逻辑来阐述你的每个议题，这是最具说服力的证明形式。
- 首先弄清楚分析性议题及其答案；然后将这些材料转化为说服性议题。
- 陈述具有约束力的法律（大前提），然后是将法律置于背景中的事实（小前提），最后是结论（以问题形式表述）。
- 不要害怕把你的结论写成一个议题，这样做会使议题显得更加客观，并提高法官看到议题的可能性，以及提高法官以你的眼光看待议题的可能性。
- 在议题陈述中，在字数限制内，使你的事实叙述（小前提）尽可能具体，你必须要有充分的技巧（见技巧15）。
- 引导你的读者只找到一个可能的答案，但不要有任何倾斜偏见的字眼；保持语气的逻辑性和客观性。
- 当你有一个以上的议题时，给每个议题一个简明的、听起来中性的标题。

15

在75个字之内，全力夯实小前提

名言警句

“一个从未担任过司法职务的律师并没有充分认识到，从一开始就将主要事实和当事人之间的主要争议牢牢地固定在法官的头脑中有多重要。当他做到了这一点，工作就完成了一半。”

——Hon. Alfred C. Coxe, “Is Brief – Making a Lost Art?” (1908), in *Classic Essays on Legal Advocacy* 338, 341 (George Rossman ed., 2010).

“法律文书作者的主要困难不是证明某些法律命题，而是证明某些法律命题适用于手头的具体事实并对其有管辖力。”

——William M. Lile et al., *Brief Making and the Use of Law Books* 375 (3d ed. 1914).

“你的句子应该充满石头、金属、椅子、桌子、动物、男人和女人。抽象的风格总是不好的。”

——Emil Chartier (1868 – 1951) (as quoted in André Maurois, *Alain Took the Longest Way*, Reader's Dig., Feb. 1940, at 95, 96).

“过于抽象的写作是文学中最糟糕和最普遍的错误之一。它听起来很有学问；它使作者不必使用他的眼睛和耳朵；它使懒散的思维成为可能，因为它不要求明确性。”

——David Lambuth et al., *The Golden Book on Writing* 32 (1964).

“大多数情况下——不是在所有情况下的话——议题只能通过陈述事实和法律来描述。”

——George W. Paton, *A Textbook of Jurisprudence* 214 (G. W. Paton & David P. Derham eds., 4th ed. 1972).

“仅仅陈述法律议题而不提及问题产生的事实环境是不够的（例如，‘被告是否有权获得推翻陪审团认定的判决’或‘审判庭的陪审团指令是否错误和有偏见’）。”

——Girvan Peck, *Writing Persuasive Briefs* 101 (1984).

“对一个议题的最有帮助的陈述是在事实方面,而不是在抽象的法律问题上。该陈述应表明实体法的要点及其对当前事实的适用性。因此,‘原告是否犯有共同过失’模糊地陈述了一个普通问题;但对法院理解问题更有帮助的是:‘被告在没有发出任何信号的情况下紧急停车,原告的汽车撞上了被告驾驶车辆的尾部。原告承认他不可能紧急刹车而不撞上前方车辆,那么他是否应被认定有共同过失,从而无法索赔?’”

——Hon. Albert Tate Jr.,“The Art of Brief Writing:What a Judge Wants to Read,” in *Appellate Practice Manual* 197,202 (Priscilla A. Schwab ed.,1992).

“我花了很多时间来避免概念性的讨论,或者在可能的情况下,将它们翻译成普通人的语言。你会惊讶地发现,抽象的概念往往掩盖了未能抓住案件中的确切问题或事实。”

——Hon. Patricia M. Wald, *How I Write*,4 Scribes J. Legal Writing 55,59 (1993).

“你的论点越是抽象,你就越应该用我所说的‘文字图片’——插图、类比、生动的引文、隐喻、比喻——来装饰它。这些不仅有助于读者的理解,还能帮助他们记忆。”

——John R. Trimble, *Writing with Style* 69 (3d ed. 2011).

解释说明

一些法院的法律文书规则是起反作用的,它阻碍而不是帮助想要作出合理议题陈述的诉讼方。例如,一些法院的规则要求诉讼方写“一份不超过两页的简明陈述,说明所涉及的议题;不含姓名、日期、金额或细节;每个议题都有编号,单独列出,并附以上诉法院的答复(若有)”。[1]

如果你被这样一条不幸的规则所约束——这似乎是对过度具体化的含糊不清的警告(见技巧82)——那就服从它吧。你仍然可以利用这里给出的关于议题框架的大部分建议,只是会做得更抽象一些。

更好的方法通常是将具体的事实编入你的议题陈述中,这样你就可以用所有真实的东西来讲述一个微型故事。但请记住,你只需要重要的细节,就是那些能帮助读者理解议题的细节。

---

1 N. Y. C. P. L. R. 5528(a) (McKinney 1996),参照宾夕法尼亚州的废除条文,R. App. P. 2116(a)(“对所涉及的议题的陈述必须以最简短和最笼统的措辞予以说明,不含名称、日期、金额或任何形式的细节。议题的陈述,一个或多个,通常不应超过15行,且不得超过一页纸,这是一条强制性的规定”)(令人欣慰的是,2008年7月进行了修订,因此现在只要求简明地陈述“没有不必要的细节”),参见Robert L. Stern, *Appellate Practice in the United States* 261 n. 70 (1981)(对现已失效的宾夕法尼亚规则的评论,“这样一个专断的规则不可避免地总是伤害聪明的律师提出的靠谱的议题”)。

事实上，当法律文书作者试图用技巧14中三段论格式来构建他们的议题时，他们通常会在中间部分跌倒。也就是说，他们的事实过于抽象或结论化，或者时间顺序混乱。在你的75个字的限制内，尽量做到具体。在提出一个简短、有力的议题之前，尽可能地保持故事线；尽量不要在议题中提出新的事实：比如，在议题中塞进一个时间从句。避免说："Putnam公司是否在……时承担责任？"；而是说发生了什么，然后以"Putnam公司是否有责任？"结束。

对于那些受"细节回避"规则约束的人来说，也许值得举出几个在州最高法院获胜的案例。宾夕法尼亚州维恩市（Wayne）的威廉姆·J. 康罗伊（William J. Conroy）和罗伯特·托兰德（Robert Toland Ⅱ），以及匹兹堡的约瑟夫·A. 卡塔林契奇（Joseph A. Katarincic）于2002年在宾夕法尼亚州最高法院成功地使用了多句式方法。事实上，他们成功地仅凭法律文书就令法院推翻了判决，这在该州是罕见的。以下是他们在"细节回避"规则限制下写出的致胜议题：

1. 放弃权利。第227（b）条规定，对陪审团指令的反对意见可以在陪审团退庭前的任何时候提出。本案中，被告在陪审团退庭之前的指控会议上提出了反对意见。然而，高级法院认定，被告已经放弃了他们的反对意见，因为他们没有动议驳回起诉或非陪审团审判。这个判决是否背离了第227（b）条规定和既定的判例法，创造了一个没有法律依据的新的"弃权规则"？

2. 耐撞性。本案各方都是依据防撞理论来进行诉讼的。然而，审判庭拒绝向陪审团说明本法院和高级法院认为必须确认的防撞责任要素；相反，陪审团的指令反映了大相径庭的一般严格责任标准。法院拒绝指令陪审团考量耐撞性要素是否有误？

这些问题很好地展示了三段论推理的作用。它们通过了最终的测试：赢得了推翻原判的结果。[2]

注意小前提，通常从第二句开始，不需要是一个单一的句子。如上述的议题1，以及下面列举的大多数例子，小前提可能用两个或更多的句子来讲述一个简短的故事，即只有用足够的事实才能表述要解决的问题。

---

2 See *Colville v. Crown Equip. Corp.*，791 A. 2d 1168（Pa. 2002）（per curiam）.

一些好例子

宪法

- 最高法院认为，如果警察看到某人在公共场所犯下交通轻罪后，进行拘押逮捕，并不违反宪法第四修正案。一名警察看到约翰·费尔默（John Phillmore）在天黑后没有开车头大灯就在梅恩大街上行驶——这是一种轻罪。该警官逮捕了费尔默。这次逮捕是否侵犯了费尔默的第四修正案权利？［61个字］

家庭法

- 根据州律师协会的利益冲突规则，如果律师曾在一项事务中代表过夫妻双方，则不得在离婚诉讼中代表任何一方。詹妮·威尔逊（Janie Wilson）和她的丈夫鲍勃在购买一些房产时聘请了本·贝雷（Ben Bailey）律师。两年后，詹妮聘请贝雷代理她与鲍勃的离婚事务。贝雷是否不得代理詹妮？［63个字］

家庭法

- 纽约家庭法规定，如果抚养费协议是在胁迫下达成的，或者显失公平，那么该协议就没有约束力。只有九年级学历且没有财务经验的莎莉在她18年的家暴婚姻结束时，接受了低到她无法负担孩子食物开销的抚养费协议。本法院应否宣布莎莉的抚养费协议无效？［65个字］

消保法

- 在俄勒冈州，一个人如果知道自己购买的是二手货，就不能提出违反潜在保证的索赔。桑德拉·奥基夫（Sandra O'Keefe）在她的证词中承认，她购买2001年的Acura时，里程表记录超过11,000英里。奥基夫对违反潜在保证的索赔是否应该被驳回，因为她买的是二手车？［67个字］

劳工法

- 根据Printeen公司的集体谈判协议，公司可以以正当理由解雇员工。Printeen公司的雇员简·史密斯（Jane Smith）被她的直属上司临时指派到一个她不愿意担任的职位。然后，她未经授权就离开了工厂，结果公司不得不连夜关闭部分生产线。该公司是否有充分的理由解雇史密斯？［70个字］

国际法

- 根据《外国人侵权法》，联邦管辖权要求原告指称违反国际法的行为，如政府官员在国家权力的名义下实施酷刑。Mueller公司是一家国防承包商。帕尔默（Palmer）声称，Mueller公司的雇员（他们都是自然人公民）骚扰、攻击并试图绑架他。帕尔默指控的酷刑行为是否属于违反国际法的行为？［71个字］

- 刑事程序法

新罕布什尔州的刑事程序禁止被告在被判刑后撤回认罪。1999年,麦克奈尔(McNair)同意对轻微入室盗窃罪认罪,以获得缓刑。现在他被指控违反了缓刑条款,并面临被判处监禁的可能性。麦克奈尔辩称,由于判决仍可能改变,他保留了撤回认罪的权利。他说得对吗?[71个字]

- 公司法

根据佐治亚州的成文法和判例法,对有限责任公司管理成员的通知被推定是对有限责任公司的通知。唐·泰勒(Don Tyler)在宣誓后承认,当他是Back Acres乡村俱乐部有限责任公司的管理成员时,Brady咨询公司多次通知他,Back Acres乡村俱乐部有限责任公司的高尔夫球场开发计划需要湿地许可。Brady咨询公司是否对Back Acres乡村俱乐部有限责任公司就开发高尔夫球场之前应该获得湿地许可一事,专门进行了通知?[71个字]

- 公司法

爱达荷州的法律禁止公司董事利用公司常规运营的商业机会。琳达·史密斯(Linda Smith)是Franklin公司的董事会成员,该公司是一家木材经纪商。史密斯在一次私人木材销售中购买了100,000英尺[1]的木材,然后在没有向Franklin公司提供商业机会的情况下将其转售,获得了可观的利润。史密斯是否违反了其公司董事的职责?[72个字]

- 合同法

伊利诺伊州的法律规定,当租户在租期结束前放弃公寓时,房东要作出合理的努力来减轻损失。在琼斯女士搬出她的公寓后,史密斯先生没有营销出租该公寓,没有雇用代理人来租赁该公寓,也没有接受琼斯女士推荐的愿意支付90%租金的新租客。史密斯先生的行为是否会降低他的违约索赔?[72个字]

- 律师法

根据得克萨斯州的法律,"犯有道德败坏的罪行"的律师可以被暂停法律执业资格。菲利斯·洛克(Phyllis Locke)是得克萨斯州的一名律师,因持有非法毒品而被捕。在她的案件被调查期间,但在她被起诉(更不用说被定罪)之前,得克萨斯州律师协会暂停了她的律师执照。在没有对道德败坏的罪行进

[1] 1英尺=0.3048米,后文不再赘述。——编者注

行定罪的情况下被捕,是否足以成为吊销执照的理由? [73 个字]

- 刑法

在佐治亚州,如果庭外谈话能解释一个人的行为或心理状态,则可作为证据接受。4 月 2 日,马歇尔(Marshall)在拜访约翰逊夫妇时,看到(1)约翰逊先生指责他的妻子与他最好的朋友通奸,(2)她承认了,(3)他打了她一巴掌。在马歇尔离开两小时后,约翰逊太太被谋杀了。在指控约翰逊先生的谋杀审判中,马歇尔关于这次谈话的证词是否可以被接受? [74 个字]

- 搜查与扣押法

根据第四巡回法院的判例法,警犬对个人财产的警觉,并不构成财产主人身藏违禁品的合理根据。在弗吉尼亚州里士满市一次无搜捕令的学校扫毒行动中,一只嗅觉灵敏的警犬对学生卡特琳娜·史密斯(Katrina Smith)的钱包发出警报。当警官琼斯的搜查没有发现违禁品时,她对史密斯进行了身体搜查。琼斯对史密斯的身体搜查是否有正当理由? [74 个字]

- 侵权法

关岛公共卫生局的条例规定,如果酒店的游泳池张贴了警告标志,就不需要配备救生员。李(Lee)先生的家人从中国来关岛旅游,住在 Best 酒店。无救生员的警告被显著地展示,但只用了英语和查莫罗语。李先生被发现淹死在酒店的游泳池里,游泳池只有 5 英尺深。根据规定,该酒店是否有责任? [75 个字]

- 移民法

已经在第三国“稳定定居”的外国公民没有资格在美国申请庇护。在进入美国之前,波黑公民玛拉·西蒙尼克(Marla Simonich)在荷兰的一个难民营度过了 15 个月。在营地里,她被强行禁闭,没有机会接受教育或就业,也没有资格申请在荷兰居住。玛拉是否能稳定地在荷兰定居? [75 个字]

- 移民法

根据纽约的法律,善意的有偿购买者不能获得被盗财产的有效所有权。1939 年,纳粹军队从波兰的布隆斯基(Bronsky)家偷走了《女人的肖像》这幅画。1956 年,简·麦考内尔(Jane McConnell)从一家著名的纽约画廊购买了这幅画。麦考内尔于 2002 年去世,将这幅画留给了她的女儿梅芙(Maeve)。现在对这幅画拥有有效的所有权的是否应该是梅芙·麦考内尔(Maeve McConnell),而不是布隆斯基家族的继承人? [75 个字]

技巧15的要点总结

- 请记住,通过议题陈述,你在讲述一个微型的故事。
- 使用具体的事实,而不是抽象的或结论化的事实;尽可能多地讲述故事,但只包括那些能说明议题的事实。
- 保持时间顺序:不要在议题后面加上“when(何时)”或“if(如果)”的补充。
- 用多个句子来清晰地展示小前提。
- 以一个简短、有力的问题结束,最好是一个不添加任何新内容的问题。
- 如果当地法院的规则阻止陈述细节,那就坚持使用三段论格式;并在允许的范围内尽可能具体化抽象陈述;然后进行游说,以改变不合理的地方规则。

16

若大前提为法官熟知，采用简略三段论，将议题表述为事实前提

名言警句

“虽然大前提不需要明确说明，但它必须通过暗示在小前提的语言中显示出来，以至明确无误。”

——Jesse Franklin Brumbaugh, *Legal Reasoning and Briefing* 11 (1917).

“每当我们以这种方式连接思想时，简略三段论就会出现在我们的话语中：

点子 1　　因为　　点子 2

或者：

点子 1　　所以　　点子 2

在第一种情况下，点子 1 是结论。在第二种情况下，点子 2 是结论。当构建简略三段论时，它们所暗示的比它们明说得更多，因为理由以某种方式构成推理背后的假设的既定条件。因此可以说，简略三段论源自听众已经接受的信念。”

——John T. Gage, *The Shape of Reason* 100 (2d ed. 1991).

“简略三段论是一种修辞学上的论证，它依靠听众的现有信念来支持结论。简略三段论并不是劣质的论证；它们的不完整性有助于说服听众。帮助完成论证的听众关于简略三段论的兴趣，将更有助于他们接受结论。”

——Katherine J. Mayberry, *For Argument's Sake: A Guide to Writing Effective Arguments* 56 (3d ed. 1999).

“简略三段论允许节约用词，显示对他人智慧的尊重，并在思维速度快于三段论的构建时避免产生无聊感。简略三段论不仅相当常见，而且也是分类推理的首选方式。然而，重要的是，在确定一个简略三段论的有效性时，必须考虑所涉及的命题。”

——Douglas Lind, *Logic and Legal Reasoning* 136, 138 (2001).

“一个或更多的前提可能实际上没有被说明。这样的论证，由于其组成部分只是被含蓄地提出，所以称为简略三段论。前提之所以被省略，是因为论证者假设听众已

经知道并接受相关前提。”

——Michael Head & Scott Mann, *Law in Perspective* 27 (2003).

解释说明

尽管你通常希望有一个阐述法律的大前提，但只有在需要提醒法官注意法律问题的情况下才是如此。你不需要一个大前提说：“美国宪法第一修正案保护言论自由。”每个人都知道这一点，你不应该把你宝贵的 75 个字浪费在这么基本的东西上。

这样一个有隐含的大前提的对立统一体，被称为简略三段论[看一下亚里士多德(Aristotole)的《修辞学》(*enthymeme*)，其中通彻讨论了简略三段论]。考虑一下三个隐含的深层议题，每个议题后面的大前提都放在括号里：

> 因为主要前提是显而易见的，而且众所周知它被省略了。由此产生的问题声明被称为推理。

去年春天一个早晨的 7 点 30 分，在去杂货店为自己买食物的路上，罗马天主教神父麦克·普莱恩(Michael Prynne)的车与格里姆利(Ed Grimley)的皮卡相撞。普莱恩神父的汽车不在天主教会的名下，教会也没有要求其购买杂货作为牧师职能的一部分。在事故发生时，普莱恩神父是否作为教会的代理人行事？[72 个字]

[**未表达的大前提：**雇主不对代理人在其工作范围和过程之外的行为负责。]

小莱昂纳德·思洛康姆(Leonard Slocum Jr.)是一名智力迟钝的未成年人，因遭父亲虐待，他已经成为国家的受监护人，并开始接受适应性训练，这对他的帮助是显而易见的。他的父亲思洛康姆申请成为小莱昂纳德·思洛康姆的监护人，但法院认为他父亲不合适，因为他父亲有施虐史，且与受其监护的一名 25 岁的智障人士妇女生了四个私生子。法院是否滥用了其自由裁量权？[73 个字]

[**未表达的大前提：**地区法院不能滥用自由裁量权。]

科罗拉多州水务局将樱桃溪(Cherry Creek)的最低水流量从每秒 12 立方英尺降至 7 立方英尺。水务局的决定是经过四次相关的公开听证会后作出的，其依据是科罗拉多州野生动物部门和三位独立的水生生物学家的建议——他们都认为每秒 7 立方英尺是樱桃溪的最佳最低水流量。根据《行政程序法》的规定，水务局的决定是否专断、随意？[74 个字]

[**未表达的大前提：**行政机构不能专断随意行事。]

在上述每个议题上，阐述那些稍微受过法律培训的人都已经知道的规则，属于浪费文字。议题中的内容都是例外，而不是规则。对于大多数法律问题，前提需要一个明确的陈述，因为读者需要被告知或被提醒。

议题陈述中的词语是很宝贵的；它们是你在大多数法律文书中可以使用的最有价值的词语：你只有75个字（见技巧13）。因此，如果你发现自己说的东西太明显，以至帮助不大，就不要说了。写下的东西要有用。

在法律和事实之间，法官更有可能对事实知之甚少或一无所知。作为专业人士，法官了解大量的法律，尽管他们头脑中的法律知识只是通过以往的判例学习积累的一小部分，他们必须在处理案件的过程中加深对法律知识的理解。但是，对于法律，他们有优势；相比之下，对于事实，他们通常需要从一无所知开始了解。

在阅读下面这些简略三段论的议题陈述时，看看你是否能提供并识别没有言明的大前提。只有在做到这一点的情况下，这个议题才能以简略三段论的形式正确表述。关于简略三段论的要点标题的一个好例子，见第504～506页。

一些好例子

刑法

- 在审判中，首席检察官在结案时提道，杰弗里斯（Jeffries）已决定在审判中自我代理；杰弗里斯当时或在其重新审判的动议中没有反对这一说法。但在上诉中，杰弗里斯首次提出了反对意见。他是否适当地保留了这一诉由以供上诉审查？［54个字］

移民法

- 戴维·杰克森（David Jackson）很可能在下周的审判中被判定犯有谋杀罪并被判处死刑，除非他能提出关于其智力迟钝的证据。而证明杰克森智力迟钝的专家证人必须接受紧急手术，以切除其刚被发现的一种癌症。法院是否应该批准杰克森的延期动议，让他有时间找到新的专家证人？［62个字］

建筑法

- 承包商Pavemasters公司同意为Lincoln医院安装一个砖石路面。工程开始前，医院反复询问工程的排水系统，但公司没有答复。直到安装工作顺利开展后，公司才确认该项目不包括排水系统。后来，由于雨水没有正常排出，医院遭受了水灾。Pavemasters公司是否要对修复水渍和安装排水系统的费用负责？［74个字］

移民法

- 乔治·拉特利夫（George Ratliff）要求本院宣布2003年《竞选捐款限制法》的某些条款不符合宪法或对他不适用。该法在2004年1月1日才开始生效。有权执行该法的选举财务登记处并没有对拉特利夫违反该法的行为采取任何行动或威胁采取任何行动。拉特利夫是否提出了一个真实存在的争议，从而令宣告性救济具有适当性？［75个字］

技巧16的要点总结

- 不要浪费宝贵的文字来论述明显的法律前提；让议题陈述构成一个简略三段论。
- 在构建简略三段论时，在75个字内尽可能详细地包括所有有用的事实。
- 在议题陈述中阐明适用的法律。

17

若非以议题陈述开篇，须在导言中小结

名言警句

“在这个国家，几乎所有的阅读都有一个错误的开始。这不是夸张，而是我要证明的事实陈述。

让我首先定义我的词语。什么是错误的开始？它是一个没有做到开头应该做的事情的开始。心理学家告诉我们，一篇有效的文章应该以指向其主要主题的文字开始。换句话说，你必须让你的读者处于正确的心态；你必须让他对接下来的内容产生兴趣。

看看你的周围，你会发现大多数的阅读材料并不是这样开始的。它通常是以常规的方式开始，以陈旧、乏味的方式开场；除吊起你对主菜的胃口外，什么都没有。”

——Rudolf Flesch, *The Art of Readable Writing* 61 (1949; repr. 1967).

“当其学生交出论文时，某位苏格兰教授经常对他们说的第一句话是：‘难道你们从来没有想过撕掉第一页吗？’‘不用看，他也能猜到这是不好的，因为开头是最难成功处理的事情，’契诃夫说，‘我们的大部分谎言堆积在那里。’在我们适当地热身之前，要冒着可能变得平淡和迂腐的风险。”

——André Maurois, *The Art of Writing* 21 –22 (Gerard Hopkins trans., 1962).

“法官们渴望即时掌控全局。在法律文书的开头，他们对听取案件的细节不感兴趣；他们想知道这是一个什么样的案件，法律文书涉及哪些议题。”

——Hon. Ruggero J. Aldisert, *Winning on Appeal: Better Briefs and Oral Argument* 182 (1992).

“一个让读者对作者的意思产生怀疑的论述，永远不会改变读者对某个问题的看法。例如，‘联邦政府的农业政策必须保证对农民的经济援助能够达到理想的效果’；这样的议题很难改变人们对农业补贴的看法，因为它太模糊了，以至于很少有人会反对它。而像‘联邦政府必须补贴小农户，以防止家庭农场消失’，这样的议题则清晰明了、措辞准确、令人难忘。"

——David I. Daniels & Barbara J. Daniels, *Persuasive Writing* 171 (1993).

"你通常可以把一篇糟糕的文章归咎于一个糟糕的开头。如果你的文章分崩离析，它可能没有主要的想法，没有论证来支撑它。'什么是大想法?'我们经常问。这句话会提醒你，在你开始塑造你的最终文章之前，你必须找到几个小想法和点子并思考草稿背后的'大想法'。因此，你的议题是文章的生命和精神。如果它足够坚实，可以立即指导你如何组织辅助材料。但是，如果你没有找到合适的议题，你的文章将是一次乱七八糟的摸索，到处是横七竖八的脚手架—'我们刚刚看到这个，现在让我们转向那个'——搭成一篇没有中心思想的文章。"

——Sheridan Baker, *The Practical Stylist* 17 - 18 (8th ed. 1998).

"一个好的开场白通常包括一个好的议题——大胆、新鲜、重点明确。而一个好的议题往往会自行论证，因为它有一个内在的前进动力。"

——John R. Trimble, *Writing with Style* 24 (3d ed. 2011).

解释说明

议题非常重要，你不应该只是依靠规则要求就把它们放在开头。诚然，较好的规则会要求将议题放在前面，就像美国最高法院的规则 14 那样。但许多规则——特别是审判法庭的规则——根本不要求这样。甚至各州上诉法院的规则也只是要求写明"所依据的论点"或"错误的观点"。

即便如此，以导言（有时称为"初步声明"）开场，列出深层次的议题是明智的。你的大部分读者，或许是所有读者都会欣然接受。

几年前，纽约的约翰·莫里斯（John Morris）反对原告在一起多方证券案件中提出的强制执行动议。原告的动议一开始就引用了第 26 条规则，然后滔滔不绝地写了四页，列出了针对每个被告的所有咨询编号、取证要求和自认要求——这些信息用图表来表达效果会更好（见技巧 69）。尽管莫里斯反对这项动议，但他指出开场白其实可以这样写："自原告送达他们的第一个证据请求以来，过去一年间，15 名被告中没有一人提交过一份文件。"

并非所有的律师都会错过优秀开场白。芝加哥的菲利普·S. 贝克（Philip S. Beck）在 *Amalgamated Sugar v. NL Industries* 案中，为初步禁令辩护状写了一段精彩的开场白，他的客户哈罗德·西蒙斯（Harold Simmons）在该案中成功去除了 NL Industries 公司的"毒丸"并接管了该公司。那份法律文书的开头是这样的："NL Industries 公司是由其股东拥有的，董事会为股东工作。股东们想把他们的股票卖给哈罗德·西蒙斯，但董事会不允许他们这样做。"

善于写法律文书的人通常都会提供一个具体的概述，虽然并非总是那么简洁。

例子一和例子二是芝加哥的史蒂文·M. 夏皮洛（Stephen M. Shapiro）的作品，他是《最高法院业务》（*Supreme Court Practice*）一书的合著者。虽然这两个开场白都来自美国最高法院的诉状，但同样适用于任何级别的法院文书。请注意夏皮洛是如何从大背景开始，然后迅速转移到重点法律议题的。

例子三，由南卡罗来纳州芒特普莱森特的文斯·帕莱特（Vince Parrett）所写，这是他为反对联邦德国一份极具争议的驳回动议所作的法律备忘录的导言。帕莱特开篇的深层议题并没有以通常的方式进行悬空缩进。这是一个富有辩证力的开篇，效果极佳。帕莱特的反对意见提出后仅一个月，法官塞西莉亚·M. 奥托纳加（Cecilia M. Altonaga）就作出了对其有利的判决。

例子四是旧金山的史蒂文·A. 赫许（Steven A. Hirsch）写的，他以一个惊人的格言开始，然后投入措辞得当的论点总结中。他的开场白比例子一和例子二更为宽泛，它出于提交加利福尼亚州上诉法院的一份法律文书。在一个戏剧性的开端之后，文书小心翼翼地展开了正文中有待深入阐述的观点。

例子五同样是赫许（Hirsch）的作品。这是他在 *United States v. Kaczynski* * 案中，提交给第九巡回法院的辩护状的开篇。在该案中，他代表四名"Unabomber"（炸弹客，即 Kaczynski）的受害者参加了拍卖 Unabomber 财产（包括其著作）的诉讼，以获取 Unabomber 应支付他们的 1500 万美元的赔偿金。Unabomber（Kaczynski）最后自己向第九巡回法院提交了关于其第一修正案权利的法律文书，因为他已经解雇了法院指定的关于第一修正案的辩护律师（那些律师拒绝就第一修正案为其辩护）。例子五中有七段文字，比赫许在例子四中的开场白要短。只有堪比《纽约客》或《经济学人》记者的文笔，才能完成如此长的开场白，赫许以坚定的信心和文学修养做到了这一点。

---

* 551 F. 3d 1120 (9th Cir. 2009).

一些不寻常的好例子

例子一

导　言

像所有其他州一样，宾夕法尼亚州需要资金来资助其道路、桥梁和隧道的建设、维护和修理。也和其他州一样，宾夕法尼亚州主要通过对其公路使用者征收的税费来筹集资金。这些税收中的很大一部分是由州际汽车运输公司支付的。上诉人美国卡车协会作为他们的代表提起诉讼，并不是因为反对通过提高公路使用收费来提高收入，也不是因为反对宾夕法尼亚州试图提高收入水平，而仅仅是因为宾夕法尼亚州所采用的两种公路使用税具有歧视性——标记费及其后续的车轴税——有利于地方利益而牺牲了州际商业利益。

这些都是很好的讨论性开场白；不是以深层议题的形式，而是以阐释性的段落。

例子二

导　言

在从装配线到经销商展厅的过程中，汽车偶尔会出现一些小的损坏，需要进行修理或重新装饰。那么问题自然就来了，是否或在什么情况下，应该向经销商或汽车的零售购买者披露维修或翻新的事实。至 1983 年，几个州已经通过法规或条例回答了这个问题。BMW 评估了这些法规，并采用了最严格的披露门槛——制造商建议零售价（MSRP）的 3% 作为其全国性政策。从那时起，许多其他州也采用了披露门槛。绝大多数州，包括亚拉巴马州（该州在本案审理后颁布了相关法规），只要求在任何维修或整修费用超过建议零售价的 3%（或更高的百分比）时进行披露。例如，在亚拉巴马州，未就费用低于建议零售价 3% 的维修或整修进行通知，并非不公平的贸易行为（“不构成重大的虚假陈述或事实遗漏”），Ala. Code § 8 – 19 – 5(22) 亚拉巴马州法典 § 8 – 19 – 5(22)。

在本案中，陪审团发现，根据亚拉巴马州的判例法，BMW 的建议零售价 3% 披露政策构成了欺诈。然后，陪审团将 400 万美元的惩罚性赔偿金（后来被亚拉巴马州最高法院减为 200 万美元）判给原告伊拉·戈尔（Ira Gore）博士。这不仅是因为 BMW 对他适用了该政策，还因为 BMW 对在亚拉巴马州以外地区销售的数百辆汽车均适用了该政策，尽管没有任何证据表明那些销售是非法的。

当大前提是像 *Weltover* 案的判决那样不可动摇时，放在开篇。

例子三

导　言

最高法院在 *Argentina v. Weltover* 案中认为，《外国主权豁免法》的商业活动例外规定了其对在美国发行的外国债券的违约案件有标的管辖权。[1] 本案中，World Holdings 对德国提起违约诉讼，后者发行了在美国支付的债券但违约。在考虑德国的驳回动议时，法院面临一个简单的问题：尽管该法有明确的规定，且 *Weltover* 案的判决通过商业活动例外给予本法院管辖权，但德国是否享有管辖权豁免？

在此，德国未能证明它有管辖权豁免。德国承认该法的商业活动例外条款，即《美国法典》第 28 篇第 1605(a)(2)条，赋予了本法院对 World Holdings 的索赔有标的管辖权，但接下来却翻脸不认账，辩称根据德国最初提出的第 12(b)(6)条动议，"当法院此后未能执行 1953 年条约的条款并驳回本案时，就失去了标的管辖权"。[2] 然而，德国没有提供支持其理论的判例法，即美国法院失去了根据第 1605(a)(2)条明确拥有的管辖权。

在其第 12(b)(6)条动议中，德国认为 1953 年条约中包含验证债券的行政程序作为付款的先决条件。[3] 本法院根据最高法院在 *Jones v. Bock* 案中的先例，认为用尽行政补救措施是一项有效的抗辩，而不是原告必须指控的索赔要素。[4] 因此，该抗辩的举证责任在被告方。现在，德国试图将其抗辩提升为管辖权要求，因为它未能将其作为原告索赔的一个要素。德国的论点站不住脚，因为最高法院在 *Weltover* 案中认为，根据《美国法典》第 28 篇第 1605(a)(2)条的规定，针对在美国发行并违约的外国债券案件，本法院具有标的管辖权。标的管辖权是一个确定法院是否有审理索赔的权力的有限查证，而不是对索赔请求的最终判决，尤其当被告对于其抗辩应承担举证责任时。

法院在该法下的管辖权并不取决于任何关于在付款前验证无记名债券的"先决条件"。1953 年条约从来没有说过，如果债券未经行政委员会验证生效，那么美国法院对违反债券合同的索赔就没有标的管辖权。1953

---

1 *Republic of Argentina v. Weltover, Inc.*, 504 U. S. 607, 609, 614 – 20 (1993) ("*Weltover*").

2 D. E. 101 at 4 & 4 n. 3.

3 D. E. 46 (Germany's Rule 12(b)(6) motion) at 2, 5, 14 – 16; *accord*, D. E. 101 at 2, 4.

4 *Jones v. Bock*, 549 U. S. 199, 215 – 16 (2007); *accord*, D. E. 86 at 11 – 12, Order *denying* Rule 12(b)(6) motion.

年条约的验证条款与本法院在该法第1605(a)(2)条下的标的管辖权没有关系，因此无法排除该管辖权。

德国援引《美国法典》第28篇第1604条中“既有条约”的提法，以表明其论点，即1953年条约下的验证条款创造了该法中没有明示的管辖权要求。这一论点不仅忽视了标的管辖权的基本性质，而且还忽视了一致认同的先例，即第1604条的文本和立法历史保留了该法通过时既有条约中的豁免例外。第1604条的例外条款的意义在于成为一个保留条款——保留美国法院的标的管辖权，而不是排除它。相反，德国的“丧失”管辖权理论则要求本法院将第1604条翻转过来，放弃第1605(a)(2)条赋予本法院的被公认的管辖权。

即便假设验证是支付保证金的先决条件，第十一巡回法院最近在*Guevara*案(根据该法对秘鲁的违约案的适用)中驳回了该案被告关于“支付的先决条件使违约索赔不属于该法的商业活动例外，从而使法院失去了标的管辖权”的主张[5]。

例子四

导　言

好心没好报。

> 这一出色的论述是你所希望的长篇开头。

Cellular One发现自己正在为这起诉讼中的严厉指控进行辩护，原因是在1995年，它在海湾地区的手机供应商中独树一帜，自愿为有记录的残疾客户削减手机费。如果Cellular One没有启动其开创性的促联计划(Enable - Link)，它现在就不会被指控故意阻止残疾客户获得费率折扣。

在这起诉讼中，原告声称Cellular One没有充分告知其一些残疾客户他们可能有资格享受促联计划费率折扣。他们还声称，Cellular One错误地阻止了原告乔治·艾克特(George Eckert)和其他人申请促联计划，并要求他们提供医生的证明，该证明歪曲了促联计划的资格要求。他们还指出，在该计划的广告手册中也有类似的所谓错误陈述。

投诉中没有提到的是，这起诉讼代表了一种雄心勃勃但又漏洞百出的尝试，试图将《商业和职业法典》第17200条带到它以前从未去过的地方。其他案件认为，第17200条“借用”了其他法律的实质性条款；有些案件甚

5　*Guevara v. Republic of Peru*, 468 F.3d 1289, 1299 - 1302 (11th Cir. 2006).

至认为，第17200条可以将私人诉讼权添加到一个没有特色的法规中。但从来没有一个案例认为，第17200条允许法院介入监管机构的工作，并颁布该机构拒绝自行发布的法规。

任何案件都不应该持有这种观点，因为这将违反宪法规定的权力分立，并将法院推入它们没有能力处理的政策制定角色。本案说明了原因。原告赖以为其索赔提供法律标准的法规，即《公共事业法》第2896（a）条，赋予了公共事业委员会对电话服务供应商施加披露要求的权力。原告声称，上级法院应该绕过委员会，自己做这项工作。换句话说，原告希望上级法院颁布一项法规，告诉Cellular One必须向其客户披露有关残疾人特殊费率的确切内容，以及必须进行披露的确切方式。此外，这一法院制定的法规将只适用于Cellular One，从而造成一种不正常的情况，即Cellular One将是该州唯一受第2896（a）条调整的供应商。因此，该诉讼招致上级法院同时篡夺立法权［通过以违背立法意图的方式重写第2896（a）条］和行政权（通过颁布委员会专属管辖范围内的法规）。

到目前为止，上级法院已经拒绝了这一请求。它接受了两份抗辩书，并且不允许原告修改诉状，其中第二份抗辩书驳斥了所有剩余的诉讼理由。这次上诉试图恢复第二次修改后的申诉中提出的两项要求：（1）根据《商业和职业法典》第17200条及以下条款提出的非法和不公平商业行为的指控，（2）违反合同的指控（被称为“费用执行诉讼”）。

我们会证明，初审法院是正确的，其驳回该诉讼的判决应该得到确认，因为以下四个独立的理由：

第一，大量的判例法认为，如果针对受监管的公用事业公司的任何民事诉讼要求法院作出事实认定或给予救济，从而与委员会的命令、政策或正在进行的调查相冲突，则上级法院对该诉讼缺乏管辖权。这正是这里会发生的事情。在1962年和1996年发布的命令中，委员会占据了客户服务通知的领域，明确说明了电话公司必须进行哪些披露以及如何进行披露。1996年，委员会启动了一项持续的调查，研究是否应该根据技术和市场的变化来修订这些命令。这里所寻求的事实认定和救济将与委员会的这些行动相冲突。因此，上级法院没有任何管辖权来考虑原告的要求。

第二，原告的第17200条索赔声称，Cellular One违反了不存在的责任。他们的理论是，Cellular One没有满足据称包含在《公共事业法》第2896（a）条中的披露要求。但该法规只规定了委员会的职责，它没有对Cellular One施加任何责任，当然也就没有原告所称的Cellular One违反的责任。

此外，立法历史还表明，如果第2896(a)条旨在向消费者授予直接可执行的权利，那么它就不可能成为法律，因为州长会否决该法。立法者明白这一点，并起草了一个只能由委员会执行的法；事实上，除委员会之外，任何人都无法执行。

第三，原告的第17200条要求实际上是绕过了州宪法的分权条款，该条款禁止法院命令机构颁布具体法规。在这里，原告寻求的救济将不可避免地要求上级法院明确加利福尼亚州手机服务提供商的客户服务披露义务。批准该命令将违反州宪法，并将上级法院推入一个它根本没有能力履行的准监管角色。

第四，也是最后一点，原告的违约索赔在法律上是不成立的，因为艾克特承认他从未申请过促联计划；因此，他从未与Cellular One签订过任何可以让他享受计划福利的合同。在这里，原告指控的是对不存在的责任的违约。

基于所有这些原因，本法院应维持原判。

例子五

导　言

这个曾经通过装满弹片的炸弹向世界说话的人，现在用公民自由的语言向本法院说话；但他对受害者命运的冷漠态度仍然没有改变。尽管针对他的1500万美元的赔偿令已达十年之久，但他没有作出任何个人努力来支付受害者，哪怕是他可能通过监狱工作获得的微薄金额，[6] 而且他还想保持这种状态。在这个法庭上，他再次动用他强大的才能，对政府在2005年法院发回重审后与受害者密切合作制订的拍卖计划提出各种可以想象的法律挑战。与此同时，受害者继续带着他们的伤痛生活——情感的、经济的，以及在某些情况下身体的。他们中一些人的孩子已接近大学年龄或正在读研究生，他们的经济需求继续增长。

> 插话有效地利用开篇的文字抓住了读者的注意力，这里指的是 *Unabomber* 案。

卡辛斯基(Kaczynski)对自己的权利受到侵犯一直很敏感，他现在第一次声称，“在本案中，18 U. S. C(联邦留置权执行法规)第3613条使政府能

6 “卡辛斯基已经支付了650美元的特别税征，政府通过出售卡辛斯基在蒙大拿州土地上的权益获得了7025美元的赔偿，但卡辛斯基1500万美元的债务几乎全部未偿。” *United States v. Kaczynski*, 416 F. 3d 971, 973 n. 2(9th Cir. 2005). 土地收益仍然存放在法院。根据拍卖计划，受害者将使用这些资金支付拍卖费用。*United States v. Kaczynski*, 446 F. Supp. 2d 1146, 1150 (E. D. Cal. 2006).

够剥夺他传播其论文内容的所有备选渠道”。[7] 他还声称，法院批准的拍卖计划通过“剥夺他传播信息所必需的表达材料”而“阻止了表达”。[8] 他声称，出售被扣押的文件将使与他通信的人士失去匿名权，从而使言论受到影响。[9] 而且，也许最值得注意的是，他声称受害者与政府勾结，压制他的著作中所揭示的“真相”。[10]

实际上，拍卖计划并没有进一步削弱卡辛斯基作为“超级监狱”——美国安全级别最高的联邦监狱的终身监禁囚犯所享有的任何第一修正案权利或隐私权，见下文Ⅲ.D.1部分。该计划没有限制卡辛斯基说什么或写什么，也没有限制他可以与谁交流。它也没有“剥夺他的表达材料”；事实上，它授予卡辛斯基（或他的指定人）权利，以获得他尚未拥有的每份可读形式的文件副本——这对政府来说是一项繁重的任务。拍卖也不可能扼杀卡辛斯基的言论，因为那只影响他获得被捕前文件的实物原件，对他现在或将来的文章或信件没有任何影响。至于“匿名”，与卡辛斯基通信的任何人士都应该知道，他的每一封邮件都会被执法机关仔细检查，并可能被审查或扣留。超级监狱不是一个允许隐私和匿名的地方。

卡辛斯基的反对意见同样没有什么道理，他认为，如果政府对他的文件的原件进行编辑，以掩盖所有受害者的名字及其伤情描述，以及预期受害者的名字，这将违反第一修正案。受害者债权人（作为卡辛斯基的债权人的受害者）长期以来一直对这一问题表示担忧；当非债权人受害者（非作为卡辛斯基的债权人的受害者）戴维·盖伦特（David Gelernter）博士向地区法院提交一封极度痛苦的信件时，他的担忧得到了证实，如果他的伤情描述被拍卖给最高出价者，他将遭受额外的创伤。尽管拍卖计划要求对将被拍卖的实物原件中的这种描述进行编辑，但该计划也保证了卡辛斯基有一份未经编辑的文件副本。因此，他对政府编辑原件的宪法反对必须建立在这样一个隐含的论点上：他的著作的实物原件，完全不同于其中的文字和这些文字所表达的思想，享有独立的第一修正案保护。这个新的论点没有任何法律渊源的支撑，见下文Ⅲ.D.2部分。

由于拍卖计划如此明显地通过了宪法审查，卡辛斯基在这些漫长的诉讼程序中第一次对《美国法典》第18卷第3613条进行了表面攻击，该法条

---

7 Kaczynski's Reply Brief on appeal (“Reply”) at 26.

8 Reply 16.

9 Kaczynski's Opening Brief on appeal (“KBr.”) at 50.

10 KBr. 74 – 76.

提供了拍卖计划的部分法律基础。但正如他以前的法庭指定律师所承认的那样，卡辛斯基并没有满足该诉求的基本要求。第3613条并不规范任何非政府行为，更不用说言论，见下文Ⅲ.C.2部分。第3613条也没有单独挑出卡辛斯基所说的“第一修正案资产”来进行区别对待；相反，它适用于罪犯的“所有财产”，因此在宪法上完全站得住，参考 *Simon & Schuster, Inc. v. N. Y. Crime Victims Bd. Members*, 502 U. S. 105 (1991)（宣布“Son of Sam Law”无效，因为它将书籍和电影的收益等作为受害者赔偿的依据），见下文Ⅲ.C.2.c部分。

在下面的第四部分中，受害者表达了他们对拍卖计划和拍卖过程的看法。尽管他们的感受在某些方面有所不同，但他们一致希望他们现在已经走到了获得赔偿的漫长道路的尽头，这样他们就可以最终与卡辛斯基和他们所认为的卡辛斯基对法律制度的令人愤怒的操纵做个了断（这包括，最近卡辛斯基成功地将这次上诉拖延了一年，他先是坚持任命合格的第一修正案专家代表他上诉，然后又因拒绝提出他的诉讼要求而解雇了这些专家）。他们以极大的耐心和毅力，不顾各自不同的利益，与政府合作，完成了看似不可能的任务；既满足了本法院制订商业上合理的拍卖方案，使受害者得到最大的补偿，又解决了他们自己对出售著作获利的疑虑，在这些著作中，人类被视为武器测试项目中可支配的实验室动物。地区法院在一份详尽的意见和命令中批准了拍卖计划，应对了卡辛斯基提出的所有论点。

因此，受害者请求并深切希望，本法院确认地区法院的全部庭令，允许拍卖最终按计划进行。

技巧17的要点总结

- 如果你的协理律师对开篇提出的议题毫不在意，请参考技巧17。
- 起草一个开篇导言，明确提出议题和案件故事；确保能引起读者的兴趣。
- 不要满足于一个模糊或公式化的议题陈述。
- 向法院简短有力地概述案情及其要点；把详细的事实和论据留到后面。
- 避免用引文、标签解释和其他催眠性的东西令开篇导言杂乱无章。

18

着重点出支撑自己结论的理由

名言警句

“对于法律作者来说，‘because’（因为）从句很可能是整个议题陈述中最困难的部分。如果议题是好的，就作者而言，它本身就是主题的最终陈述。为了给议题找到一个‘因为’从句，他必须超越最终陈述。但这一步必须迈出去：他必须找到能将他与听众联系起来的理由，使他们有可能接受议题本身。因为从句并不是为了增加写作难度而生造的不合理要求，它是一种基本的联系，令交流具有说服力。”

——William J. Brandt et al.，*The Craft of Writing* 20（1969）.

“当你断言某事时，说说你为什么这么认为。给出结论的依据可以大大增加结论的可信度。有些人，相比于他人，对得到的信息更具疑心。他们很快就会觉得对方不知道他在说什么，或者怀疑他有不可告人的目的。但是，即使是那些最无疑心的人，若你能给出证据，会让他们更放心。”

——Jesse S. Nirenberg，*How to Sell Your Ideas* 9（1984）.

“只有支持它的理由有说服力，论点才令人信服。无论你认为自己多么‘正确’，你都必须让读者同意。而在读者改变主意之前，他们需要知道原因；他们希望你能完成以下陈述：

我的立场是____________________因为____________________。

你的理由应紧跟在‘因为’之后。”

——John M. Lannon，*The Writing Process* 310－11（1989）.

解释说明

如果你遵循前面的建议，那么结论——你希望法院做怎样的陈述——应该是直截了当的：它将回答你的议题所提出的问题。

但是，当你省略了结论的原因时，就会显得你似乎在隐藏什么。另外，当你给出一个好的理由时，就更有可能显得既周到又明智。简言之，更有说服力。

这个技巧对开场白和结束语都很关键:简洁地告诉法院为什么应该按你的建议去做。

你最好遵循上面引用的 Lannon 公式,而不要将之反转过来:"因为________,我的立场是________。"这样做,你将使法律文书在清晰度和说服力方面达到最高水平。

为什么?因为在这个国家,大量的法律文书没有清楚地说明法院为什么应该按照文书作者的建议去做。想想你见过的那些文书,都可以归结为以下形式:"(主张 1)(引注)(主张 2)(引注)(主张 3)(引注)。基于上述理由,应作出有利于原告的判决"。或者,如果法律文书确实提到了理由,它往往被埋没在一个长长的、杂乱的段落中间的某个地方。

请注意下面的例子是如何有效地突出所陈述结论的原因。例子四是我对一项撤销动议的修改。

例子

例子一

一个缓慢的开场。接下来是"诉讼程序历史"的标题,然后是两页基本不相关案情的回顾。

反例:支持原告的强制取证动议的备忘录

原告 MTM 燃料管理公司和 Swanson Pipe Line 公司谨此提交本备忘录,支持原告的强制取证动议。

范例:支持原告的强制取证动议的备忘录

这个新的开场白,只有在对原动议进行了长时间的专研,才能写出来。

MTM 和 Swanson 提出这个动议有两个原因。首先,Greenbrier 公司单方面宣布免于披露,因为它认为一旦法院适用外部证据规则,可披露的信息最终会被认定不可接受。其次,Greenbrier 公司宣称它可以拒绝回复取证要求,因为它认为该诉讼属于滥诉,并计划提出根据诉状进行判决的动议。

由于 Greenbrier 公司的立场在法律上和事实上都站不住脚,法院应强制要求进行披露,并考虑作出其他适当的指令。

例子二

这个开场白绵软无力。

反例:

导　言

Home Loan 公司对 Mortgage Insurance 提起诉讼,要求追索由 Mortgage Insurance 签发给 Mortgage Guarantee 的贷款经纪人保证金。然而,Mortgage Insurance 并没有签发或执行附在 Home Loan 修订起诉书上的保

证金。此外,Mortgage Insurance 并不是一家担保公司,也从来没有说过它是一家担保公司;它是个保险经纪公司。修订起诉书所附的担保书明显是 Mortgage Guarantee 在申请贷款经纪执照时提交给印第安纳州州务卿的一份欺诈性文件。

此外,据称 Mortgage Guarantee 从事的欺诈性贷款交易是其在没有获得印第安纳州贷款经纪执照前进行的。在印第安纳州,贷款经纪人的债券仅在其执照期限内有效。由于 Mortgage Guarantee 在修订起诉书中主张的时期内没有执照,所以不可能存在任何贷款经纪人保证金。当 Mortgage Guarantee 为 Home Loan 诉及的贷款提供中介服务时,没有有效的债券。

最后,Home Loan 根据修订起诉书所附的所谓保证金提起的诉讼过了诉讼时限,因为它没有在指称的欺诈行为发生后两年内提出。由于所有这些原因,Mortgage Insurance 有权因案情仅涉及法律问题而获得简易判决。

范例:

导　言

这次修改使开场白变得灵动且理由充分。

Home Loan 公司起诉 Mortgage Insurance,要求就其发给 Mortgage Guarantee 的贷款经纪人保证金进行赔偿。Mortgage Insurance 有权根据三个理由获得简易判决。首先,Mortgage Insurance 是一个保险经纪公司,而不是一个担保公司,它没有签发或执行任何保证金。其次,在所谓的欺诈性贷款交易发生时,没有有效的担保书,因为当时 Mortgage Guarantee 并不持有在印第安纳州从事贷款经纪业务所需的执照。最后,Home Loan 公司未能及时提起诉讼,因为它没有在指称的欺诈行为发生后两年内起诉。

例子三

反例:

导　言

模糊断言是不可信的。

法院被要求排除原告的石油工程专家弗兰肯(Franken)提出的支持原告地下井喷立场的两个专家意见,因为它们不符合《联邦证据规则》第702条和道博特(Daubert)及相关判例确立的规则。这两个意见是:

下划线展现业余性。

<u>区与区之间的流动</u>:Viking 一号井存在地下区与区之间的流动,因为在2008年8月3日该井被"踢"之后,各种液体(如石油、天然气、水)从10,272英尺处(井踢区)流入该井,然后在9400英尺处(流失区)过度加压并突破地层后流出该井(123,1-12)。

<u>充量</u>:有证据表明,在相距75英尺到100英尺的原井和侧井之间的地层存在"Charging"(充量)现象,这支持了区间流动的理论(77,2-11)。

范例：

导 言

> 这里提供了具体的理由，而且说服力更强。

根据《联邦证据规则》第 702 条和道博特判例所规定的专家意见的可靠性标准，专家证词必须以充分的事实或数据为基础，并且必须对这些事实或数据采用可靠的原则和方法。但 Green Operating 公司的石油工程专家弗兰肯的意见是基于假设而不是数据。他并没有进行能够产生数据的测试；其意见与四份基于确凿数据的独立报告（Rock Island 保险公司自己的专家报告）相矛盾。弗兰肯没有给出忽视这些数据的理由，也没有解释他用什么方法来给出他的意见。因为弗兰肯的意见不符合第 702 条或道博特判例确立的规则，法院应该排除他的意见。

例子四：卓越例子

Corinth 关于撤销传唤 Duces Tecum 的动议

> 在一些法院，动议与备忘录是分开的。请注意，这不是形式上的正式动议。

本法院应撤销范·海尔顿（Van Helden）的传票，原因有三：

- 该请求要求提供 Corinth 销售和市场经理的人事档案；这些信息是高度机密的，且与范·海尔顿的索赔无关。
- 取证的期限早已过了，而范·海尔顿从未在取证中要求提供这些材料。
- 即使 Corinth 遵守了这些不恰当的取证要求，范·海尔顿也无法在审判中使用这些材料，因为它们没有被列入本法院关于证物的预审庭令。

因此，Corinth 请求本法院下令撤销范·海尔顿的传票。

敬呈

[相关的备忘录将在另一份文件中单独列出]

技巧 18 的要点总结

- 尽量不要在没有给出合理理由的情况下提出要求。
- 保持理由简明扼要：总结，避开细节，使逻辑进展令人信服。
- 抵制"重申立场却不提供理由"的诱惑。
- 在你的诉请中，简要回顾一下支持你对议题答复的理由。
- 避免毫无意义、僵硬机械、公式化的结论。

19

观点表述简明扼要，但要注意过犹不及

名言警句

“当一个想法太弱，无法简单表达时，就应该放弃它。”

——Luc de Clapiers，Marquis de Vauvenargues，*Refléxions et Maximes* no. 3 (1746).

“条理和简洁是迈向掌握一个主题的第一步。”

——1 Thomas Mann，*The Magic Mountain* 312 (1924；H. T. Lowe－Porter trans.，1938).

“简单化的欲望是人类思维的一个经年累月的弱点，法官也不例外。”

——Sir Wilfrid Greene M. R.，*The Judicial Office* 12 (1938).

“如果你知道某件事情，你就可以清楚地陈述它。如果你没有掌握这种思维过程，你就没有能力把它传达给别人。”

——George J. Miller，*On Legal Style*，43 Ky. L. J. 235，241 (1955).

“简单、清晰、和谐的文风来之不易，是精神上的汗水和对自己努力进行批判的产物。”

——Sumner Ives，*A New Handbook for Writers* 275 (1960).

“伊萨克·阿诺德(Issac Arnold)认为亚伯拉罕·林肯(Abraham Lincoln)是他知道的最能说明问题的人。无论问题多么复杂，林肯都能将其分解，并以所有人都能理解的方式指出关键点。”

——John P. Frank，*Lincoln as a Lawyer* 24 (1961).

“我宁愿冒着过度简化的风险，也不愿意看到不必要的复杂。”

——Hon. John C. Godbold，*Twenty Pages and Twenty Minutes—Effective Advocacy on Appeal*，30 Sw. L. J. 801，801 (1976).

“如果法官不得不努力思考，或多次重读一个段落，以确定文字的含义，那么法律文书就没有达到其目的——通过使案件在初次呈现时的简单易懂来说服一个中立的读者。”

——Robert L. Stern，*Appellate Practice in the United States* 234 (1981).

“我们大多数人在学校得到的写作指导与我们工作中所需要的正好相反。我们学校的英语教育不是教我们如何尽可能清楚地交流，而是教我们如何把事情弄得一团糟。它甚至植入了一种恐惧，那就是如果我们的文章不够复杂，我们会被认为没有教养。”

——John L. Beckley, *The Power of Little Words* 8 (1984).

“简单的论证就是致胜的论证；曲折的论证则是纸上的‘安眠药’。”

——Hon. Alex Kozinski, *How You Too...Can Lose Your Appeal*, 23 Montana Law. 5, 6 (Oct. 1997).

“晦涩的文风不会给有经验的读者留下深刻印象，反而会让他们产生疑问。”

——Peter Richardson, *Style: A Pragmatic Approach* 3 (1998).

解释说明

这个技巧本身是对一句名言的转述，艾尔伯特·爱因斯坦（Albert Einstein）的一句话：“一切都应该呈现得尽量简单，但又不应该过分简单。”[1]

你很快就会看到，通过运用本书中的许多其他技巧，可以实现简单化：使用深层议题技巧，努力缩短句子，倾向于主动语态，用标题分割文本，使用标题编列等。也许实现简洁的更重要的方法是充分思考问题。当你能用语言向普通人解释你的观点时，你就已经掌握了这些观点。

当然，同样的解释也不应该过度简化。你可以在一个理性的同事身上进行测试，通常你也应该这样做。但请记住，任何一个老迈的平庸头脑都可能使事情变得复杂，而你追求的是简单。

必须是这种类型的简单：只有在成功地掌控了案件的难点之后才能实现的简单，而不是一个没有考虑这些困难的简单立场。可以称之为“复杂的简单”，就如 $E = mc^2$。

写作的一个巨大悖论是，作家害怕简单，即便是复杂的简单，因为他们害怕被认为头脑简单；然而，没有比实现简单化更好的方法能给读者留下真正智慧的印象。

一个前后对照的例子

反例：原告及时提交的重新审判动议中的最后一点攻击，只是认为巴克利（Barkley）出席审判会对他的辩护不利，特别是对另一个投保人 Four Star 公司的

1 *The New International Dictionary of Quotations* 394 (Margaret Miner & Hugh Rawson eds., 2d ed. 1994).

对重新审判动议的回应的最后一节：冗长的句子增加了复杂性。

辩护不利。原告还提出了巴克利和Four Star公司之间有利益冲突，作为支持证据，需要为巴克利单独聘请律师。原告提到了巴克利的癫痫病证据，这些证据是在相关审判之后提交的，而这些证据并没有以任何形式出现在法庭上。原告的解释是癫痫病的证据会让巴克利对自己的辩护不利，且会增加Four Star公司对过失委托的抗辩难度。这些片面的猜测都与本法庭需要裁判的议题无关。原告没有提供任何证据来支持这种猜测。本案的辩护律师可以提出类似的不相关的论点，即如果巴克利在场并解释了他的癫痫病，那么关于"不可避免事故"的抗辩就会成立，而本案的陪审团也就不会忽视该抗辩。或者，巴克利的律师可以把巴克利的医生作为第三方被告，那样或许可以规避己方的责任。或有事件，以及或许能行的策略，远远超出了本法庭考量简易判决重审动议的范围。[249个字]

精简后的表述，不到一半的长度，却更具说服力。

范例：最后，哈金斯(Hutchins)认为，巴克利出席审判会对他和Four Star公司的辩护造成影响。哈金斯推测，他们的抗辩会变得更加困难，因为巴克利与Four Star公司有利益冲突，需要其他律师代理。哈金斯进一步推测，没有记录在案的巴克利的癫痫病史不仅会伤害巴克利，也会使Four Star公司更难推翻过失委托的指控。

被告同样可以倾向性地猜测巴克利在场的影响，但这种片面的、没有依据的猜测对本案的议题没有影响。或有事件不应影响本法庭决定拒绝哈金斯的重审请求。[123个字]

技巧19的要点总结

- 尽量争取做到实话实说。
- 如果可以的话，从一个普通人那里得到反馈，了解你是否清楚地表达了自己的观点。
- 你会感到自己的主题复杂得难以捉摸，而自己似乎不可能找到合适的直述方法；要理解，挫折感是写作过程中自然而然的部分，展现出顽强，这种感觉就会过去。
- 如果你不能简单地说明你的观点，请进一步思考，直到你能将它做到。
- 抵制任何以无关内容支撑论点而导致其复杂化的冲动。
- 拒绝那些无法简单表达的想法；也许这些想法本身不够强。
- 争取写出一份让正常心智的高中生能看懂的法律文书。

第四部分

段落自然展开

20

以主题句开始段落，但别用下一段的主题句结尾

名言警句

“习惯上，通过主题句来表明段落的统一性，以及它所包含的思想的特殊性质。虽然它可以在段落中占据任何位置，而且有时会被完全省略，但在大多数段落中，主题句被放在开头，因为这通常是符合逻辑的位置。”

——Norman Foerster & J. M. Steadman Jr., *Writing and Thinking* 43 (James B. McMillan ed., 5th ed. 1952).

“主题句几乎无一例外地出现在开头。在相关的写作中，主题句在指定段落的明确程度有很大不同。有时它非常明确；有时它仅仅是一个标志，指出新段落将要采取转折；有时它是该段中最短的句子；有时它甚至不是一个语法上完整的句子；有时它是一个问句。在我看来，这些差异是无关紧要的，只要读者得到信号，而作者记得他所发出的信号。”

——Francis Christensen, “A Generative Rhetoric of the Paragraph” (1965), in *Contemporary Rhetoric* 233, 237 (W. Ross Winterowd ed., 1975).

“主题句让读者以简单直接的语言了解段落的重点。因为段落的划分通常预示着重点的转移，所以读者希望在段落开头的句子能有某种重新定位。他们需要知道新的段落是要介绍主题的另一个方面，还是要发展已经介绍的一个方面。当读者处于快速有效的阅读压力下时，这种需求尤其强烈。”

——Rise B. Axelrod & Charles R. Cooper, *The St. Martin's Guide to Writing* 354 (1985).

“当你觉得你的段落有问题时，要特别注意每一个段落的第一句。看看它提到的东西是否在第二句中被提到，再看看第三句是否提到了第一句或第二句中出现的东西。”

——Richard Marius, *A Writer's Companion* 54 (1985).

“因为主题句及其控制的思想是实现段落统一的有效指南，你应该把它放在最前

面。然后,当你写作时,要清楚地记住它。让它来控制你所要包含和排除的内容。主题句是你的文字框架;其控制的思想是你强调的重点。"

——John Ostrom & William Cook, *Paragraph Writing Simplified* 9 (1993).

"段落是写作非小说作品时一个微妙但重要的元素。它是一个路线图,会不断地告诉读者你是如何组织想法的。学习优秀的非小说作家,看看他们是如何做到这一点的。你会发现,他们几乎都是以段落为单位进行思考,而不是以句子为单位。每个段落都有自己的内容和结构的完整性。"

——William Zinsser, *On Writing Well* 80 (7th ed. 2006).

"每个段落都要用一个主题句开始。这很重要,但很少有人这样做;你要做到这一点。如果你不知道什么是主题句,就去查一查。现在就去。"

——Mark Herrmann, *The Curmudgeon's Guide to Practicing Law* 2 (2006).

解释说明

一个好的主题句是段落的中心,通常是该段的第一个句子。它宣布了段落的内容,而其他句子则起辅助作用。

但奇怪的是,法律作者经常以本应是下一段的主题句来结束上一段。你可以在例子一中看到这个问题。

例子二说明了一个不同的问题。第二段的第一句话实际上应该是前一段的最后一句话。为什么呢?因为它并没有真正宣布它引领的那个段落所要阐述的观点。它暗示了一个由四部分组成的陈述,但它所开启的段落却只阐述了其中之一。另外,第四段["尼斯贝(Nisbet)和莫杰托(Morgenthau)先生……"]缺少一个主题句。

一些前后对照的例子

例子一

反例: 根据《加利福尼亚州证据法》第954条的规定,律师—客户特权保护客户和律师之间的保密通信。一般来说,与第三方(客户和律师以外的人)的通信是没有特权的,见《加利福尼亚州证据法》第952条;*Ver Bryck v. Luby*, 67 Cal. App. 2d 842, 844 (1945)。然而,《加利福尼亚州证据法》第952条("客户和律师之间的保密通信"的定义)规定了上述一般规则的三种例外情况，见 California Evid. Code § 952。

第一种例外情况是第三方“为促进客户的法律咨询利益而在场”，见 California Evid. Code § 952。第二种例外情况适用于第三方的“披露是因合理的需要”。Id. 第三种例外情况适用于律师必须向第三方披露信息以达到“为客户提供法律咨询服务的目的”。Id.

这一段没有主题句：它由三个不同的例外情况组成。

范例： 根据《加利福尼亚州证据法》第 954 条的规定，律师—客户特权保护客户和律师之间的保密通信。一般来说，与第三方（客户和律师以外的人）的通信是没有特权的。见 California Evid. Code § 952；*Ver Bryck v. Luby*，67 Cal. App. 2d 842，844（1945）。

但《加利福尼亚州证据法》规定了上述一般规则的三种例外情况，每一种都规定了第三方通信在什么情况下享有特权，见 California Evid. Code § 952。第一种例外情况是第三方“为促进客户的法律咨询利益而在场”，见 California Evid. Code § 952。第二种例外情况适用于第三方的“披露是因合理的需要”。Id. 第三种例外情况适用于律师必须向第三方披露信息以达到“为客户提供法律咨询服务的目的”。Id.

所有这三种例外情况都在主题句中提到。

例子二

反例： 为了保证可靠性，科学证言必须以科学方法为基础，而不仅仅是由主观信念或无根据的猜测构成，*Daubert*，509 U. S. at 589－90。影响可靠性的因素包括：（1）该理论是否可以通过测试被验证；（2）该理论是否经过了同行评审并已出版；（3）已知或潜在的错误率；以及（4）在某种程度上，该理论在相关领域的普遍接受度。Id. at 593.

伯杰斯（Burgess）关于 Moore 的意见证言符合受理标准。第一，尼斯贝先生和莫杰托先生都具备合格的资质：他们都有工程硕士学位，是注册职业工程师，有检查房屋地基的经验（SF 808－10；1007－10）。Moore 也认同他们是合格的工程师（SF 741－46）。

结论性的开场白，但段落中只提到了第一点。

第二，他们的意见是基于可靠的研究。具体而言，他们依靠田纳西大学工程系的研究，对许多房屋地基的实际测试和观察作出了报告（SF 836－37）。Moore 的一位工程师弗雷德·海登（Fred Hayden）认可田纳西州的报告（SF 509－10）。Moore 的另一位工程师作证说田纳西州的工作人员在这个问题上做了大量的工作（SF 941）。即使田纳西州的研究报告出于某种原因不被法院接受，伯杰斯也有权依赖它，因为记录显示，该报告属于该领域专家可以合理依赖的那种（SF 509－10）。

第二点。

这是第三点吗？

尼斯贝先生和莫杰托先生的意见还建立在他们对 Moore 房屋的检查。而且与 Moore 的说法相反，他们确实检查了后续发现的信息，包括有关泄露的大小和位置以及土壤钻孔的含水量的数据（SF 764，816－17，1015－16）。他们甚至写了补充报告，对其额外调查工作进行说明（PX 25；DX 14）。此外，像任何专家一样，他们依靠的是在该领域的一般专业知识和经验；在形成他们的总体意见之前，伯杰斯甚至还向学术界的其他工程师进行了咨询（SF 813，833）。

到底有几点？

伯杰斯的意见也符合最后一个标准，即该意见与本案有关。伯杰斯的意见关乎一个决定性的问题：Moore 是否因房屋管道系统意外泄漏而遭受地基损害。

由于符合所有标准，伯杰斯的意见可以被法庭接受……

这被称为"启动句"，因为它启动了一系列段落。

范例：为了保证可靠性，科学证言必须以科学方法为基础，而不仅仅是由主观信念或无根据的猜测构成，*Daubert*，509 U. S. at 589－90。影响可靠性的因素包括该理论是否可以通过测试被验证，该理论是否经过了同行评审并已出版，已知或潜在的错误率，以及该理论在相关领域的普遍接受度。Id. at 593. 以下四点证明了伯杰斯的两位专家的证词符合可靠性的标准。

第一个观点。

第一，尼斯贝先生和莫杰托先生都有合格的资质。他们都有工程硕士学位，是注册的职业工程师，有检查房屋地基的经验（SF 808－10；1007－10）。Moore 也认同他们是合格的工程师（SF 741－46）。

第二个观点。

第二，他们的意见是基于可靠的研究。具体而言，他们依靠田纳西大学工程系的研究，对许多房屋地基的实际测试和观察作出了报告（SF 836－37）。Moore 的一位工程师弗雷德·海登认可田纳西州的报告（SF 509－10）。Moore 的另一位工程师作证说田纳西州的工作人员在这个问题上做了大量的工作（SF 941）。即使田纳西州的研究报告出于某种原因不被法院接受，伯杰斯也有权依赖它，因为记录显示，该报告属于该领域专家可以合理依赖的那种（SF 509－10）。

第三个观点。

第三，尼斯贝先生和莫杰托先生以两种方式对他们的工作进行了双重检查：（1）他们在检查完场地后继续检查数据，而且（2）他们在学术界寻求第二种意见。关于其中的第一点，他们不仅依靠自己对 Moore 房屋的检查，而且还考虑了后来发现的信息；例如，他们研究了有关泄露的大小和位置以及土壤钻孔的含水量的数据（SF 764，816－17，1015－16）。他们甚至写了关于额外调查工作的补充报告（PX 25；DX 14）。关于第二点，他们不仅仅依靠自己在该领域的一般专业知识和经验；在形成总体意见之前，伯杰斯还向学术界的其他工程师进行了咨询（SF 813，833）。

第四个观点。

第四，尼斯贝先生和莫杰托先生的意见充分满足了最后一个标准，即专家意见与本案相关。他们的意见关乎一个决定性的问题：Moore 是否因房屋管道系统意外泄露而遭受地基损害。

由于符合所有标准，伯杰斯的意见可以被法庭接受……

技巧 20 的要点总结

- 每一段的开头都要有一句话，说明该段的主要内容。
- 一个章节的开头段要与标题编列呼应，但不要强行重复；这里要有艺术性。
- 同时，不要在紧随其后的句子中明确提到标题中的观点，比如："这一点是关于……"；你的段落必须自成一体，无须提及标题中的观点。
- 用段落中的其他句子来支持主题句；在写作时要牢记主题句，让它成为段落的框架并引领段落的展开。
- 段落中，只包括主题句涵盖的观点和信息；如果一个句子与主题句不直接相关，就把它删掉，移到其他段落，或重新修改主题句以扩大其范围。
- 不要在段落的最后改变主题；要在下一个段落的主题句中这样做。
- 使用一个"启动句"来设置一系列的观点，在后面的段落群中详细说明。
- 仔细阅读你的主题句，确保它们能引导读者了解你的论点。

21

桥接各段落

名言警句

“一般来说,可以通过对连接词的恰当使用来辨识一个严密的推理者和一个好的作家。”

——2 Samuel Taylor Coleridge, *Specimens of the Table Talk of the Late Samuel Taylor Coleridge* 96 (1835).

“正如句子应该保持和谐的顺序一样,段落也必须像火车车厢的自动联轴器一样相互配合。”

——Winston Churchill, *My Early Life: A Roving Commission* 211 –12 (1930).

“主题句通过将已经说过的内容与将要说的内容结合起来,使段落之间的关系更加顺畅。它将之前的一系列想法与接下来的想法挂钩,从而推动文章前进。”

——Sherman Kent, *Writing History* 61 (1941).

“如果你找不到某种方式将段落中提出的观点与后面一段中提出的观点联系起来,那么你很可能遗漏了论证的某些部分。”

——Paula Samuelson, *Good Legal Writing: Of Orwell and Window Panes*, 46 U. Pitt. L. Rev. 149, 159 (1984).

“段落不仅应该在内部保持一致,还应该允许段落之间顺利交接。为了确保这种顺畅的流动,请注意你段落中的过渡。过渡的字词或短语,向后,将段落与之前的内容联系起来;向前,将段落的第一句话与其后的内容联系起来。”

——Richard Marius, *A Writer's Companion* 60 (1985).

“每个主题句都必须以某种方式与前面的段落挂钩,必须有一些字词或短语来引领读者的思路过渡。在你的主题句中,也就是开场白中,一个简短的过渡语通常就足够了。”

——Sheridan Baker, *The Practical Stylist* 42 (8th ed. 1998).

解释说明

虽然一个段落通常应该有一个主题句，但更重要的而又鲜为人知的一点是它应该包含一个衔接词或短语，以保持与之前的内容的直接联系。理想情况下，每个段落都应该明确地与紧接着的段落相连接。流畅的文章，其中的观点是紧密相连的；这就是你如何在法律文书中从一个观点过渡到另一个观点。

在创建桥梁以达到这种效果时，你有三种选择：

- 指向性词语（如这个，那个），因为它们指向紧接在前的东西。
- 呼应连接，是指在总结性语言中重复同一个想法的词语，或以其他方式对刚才的内容产生回应。
- 明确的连接词：比较而言、最终、进而、总之、类似等都是明显的过渡性词语。

杰出的作家运用这三种手段来建立段落之间的连续性。

研究一下一流的非小说作品中过渡词的使用，如《大西洋》（*Atlantic*）、《哈珀》（*Harper's*）、《纽约客》（the *New Yorker*）或《经济学人》（the *Economist*）。你会发现，这些出版物中的作者在处理段落与段落之间的衔接时，流畅且毫不费力。但这种看似毫不费力的做法实际上需要大量的艺术技巧，从而才能从一个点过渡到另一个点。用上面列出的词汇（指向性词语、呼应连接和明确的连接词）来标记过渡。除非是由时间因素驱动的事实性叙事，否则你会发现这些手段有助于文章的连续性。让自己熟悉它们，习惯它们，并使用它们。

在下面的例子中，纽约的戴维·费尔南德斯（David Fernandez）很好地利用了段落之间的衔接，甚至结合标题一起工作；其结果是撰写出了一份异常紧凑和易读易懂的法律文书。

一个难得的好例子

论　点

1. 这项动议应该被拒绝，因为 PUC 不是埃塞克斯（Essex）郡诉讼的一方，这两个事项涉及完全不同的事实，PUC 从未在本诉讼中将投标缺陷作为抗辩，而且，无论如何，在发回重审时 PUC 已经放弃了提出该抗辩的权利。

由于各种原因，司法禁止反言并不使 PUC 有权获得简易判决，这些原因都植根于明确的判例法和简单的常识中。第一，PUC 没有参与埃塞克斯郡的诉讼，因此没有资格在此主张司法禁止反言。第二，Roberts 不能基于其在埃塞克斯郡诉讼中所采取的立场而被禁止，因为该事项是由完全不同的事实引起的。第三，Roberts 从未就《地方公开招标法》是否适用于 Roberts 与 PUC 的合同发表过任何意见，因此在这个问题上没有采取不一致的立场。第四，PUC 早就放弃了在本诉讼中主张这一抗辩的权利。基于所有这些原因，法院应拒绝该动议。

注意这个例子中的桥接是如何一直持续下去的。

A. 法院应拒绝该动议，因为 PUC 不是埃塞克斯郡诉讼案的一方，也没有与该案中的一方发生关系。

司法禁止反言阻止当事人"在同一或连续的一系列的诉讼中对同一事项采取不一致或相互矛盾的立场"，*Scarano v. Central R. R.*，203 F. 2d 510，513 (3d Cir. 1953)。与涉及当事人之间关系的公平禁止反言不同，"司法禁止反言着眼于诉讼当事人与司法系统之间的联系"，*Oneida Motor Freight*，*Inc. v. United Jersey Bank*，848 F. 2d 414，419 (3d Cir. 1988)。司法禁止反言的核心目的是"通过防止当事方不把法院当回事"来维护司法系统的完整性，*Fleck v. KDI Sylvan Pools*，*Inc.*，981 F. 2d 107，121 (3d Cir. 1992)。

至少有一个重要的界限决定性地框定了这一理论。简言之，如果一个当事人没有参与先前的诉讼，他就不能主张司法禁止反言。第三巡回法院认为，只有在"涉及相同当事人的情况下"，司法禁止反言才是合适的，*Gleason v. United States*，458 F. 2d 171，175(3d Cir. 1972)。这一限制来自第三巡回法院关于司法禁止反言的最早和最有意义的案例；例如，在开创性的 *Scarano* 案中，第三巡回法院将这一重要限制纳入基本规则本身：在一个案件中成功主张了自己立场的原告不得自相矛盾地"提出针对同一对手的另一个与其先前论点不一致的主张"，203 F. 2d at 513。

宾夕法尼亚州西区法院的法官 D. 布鲁克斯·瓦伦蒂诺(D. Brooks Valentino)在 *Mellon Bank*，*N. A. v. Makoroff*，153 B. R. 155 (W. D. Pa. 1993)案中重申了这种限制。在该破产案中，债务人在针对其商业伙伴的对抗性程序中争辩说，一个架构为雇佣合同的协议实际上是为了出售资产，使他有权获得全部售价。债务人在该诉讼中获得了 124，000 美元的赔偿，但他很快发现自己需要抗辩 Mellon 银行根据他的商业收益担保协议追索那笔资金的诉请。Mellon 银行认为，鉴于债务人在先前对商业伙伴的诉讼中的立场，债务人不能否认那笔资金是用于出售资产的。

在破产法院的上诉中，法官瓦伦蒂诺认为债务人完全可以任何方式对银行的追索进行抗辩，因为司法禁止反言并不适用。当作出这一决定时，法官瓦伦蒂诺认为，司法禁止反言并不授权诉讼方要求对手必须遵守先前的立场，除非该诉讼方在先前的诉讼中发挥了某种作用：

本巡回法院认同对司法禁止反言的限制性方法，即只允许先前程序的一方或与该方有契约关系的人援引司法禁止反言。因此，尽管 C &J T ravel(先前诉讼的当事方)在适当的情况下可以援引司法禁止反言，但 Mellon 银行不能[同上，第 158－159 页(引文省略)]。

如果司法禁止反言受到法官瓦伦蒂诺在 *Mellon Bank* 案中的限制，那么 PUC 的结局就很清楚了：它不能强迫 Roberts 主张其在埃塞克斯郡诉讼中的立场。PUC 在埃塞克斯郡的诉讼中没有发挥任何作用；它不是该案的当事方，它与该案的任何一方都不存在契约关系，它在该案中没有出面。事实上，PUC 与埃塞克斯郡诉讼的唯一联系是，它跟埃塞克斯郡电力局聘用了相同的律师。这种情况当然可以解释这一动议的起源，但并没有创造出足够的联系来主张司法禁反言。简言之，由于 PUC 既不是埃塞克斯郡诉讼的当事人，与该案当事方也没有契约关系，它不能援引司法禁止反言。

B. 该动议应被拒绝，因为这两个诉讼事项涉及完全不相关的事实。

PUC 的立场有一个更大、更严重的问题，那就是它将从根本上扩大司法禁止反言的适用，远远超出其公认的范围。PUC 试图利用 Roberts 在埃塞克斯郡诉讼中采取的立场，以限制 Roberts 在本案中可能阐述的立场。暂且不说 Roberts 在诉讼中从未就公开招标问题采取任何立场这一明显的事实，PUC 论点的核心弱点是这两起诉讼是由完全不同的事实引起的。本诉讼涉及 Roberts 的索赔，即 PUC 违反了 Roberts 与其在 1987 年签订的长期合同。而埃塞克斯郡的诉讼则涉及埃塞克斯郡电力局和 Waste Management 公司于 1994 年签订的合同。因此，两个诉讼涉及不同的合同，由不同的政府机构，在不同的时间，与不同的实体签署。简言之，这两个案件之间没有事实上的重合。

然而，PUC 主张，即使这些诉讼在事实上没有关联，司法禁止反言仍然适用。为此，PUC 断章取义地引用了 *Oneida* 案。在该案中，法院宽泛地阐述了一个规则：司法禁止反言"适用于排除一方在法律程序中采取与先前主张不一致的立场"，848 F. 2d at 419(PUC's Br. , p. 12)。当然，PUC 并没有注意到，*Oneida* 案涉及的是由相同事实引起的两起诉讼中的立场。PUC 将 *Oneida*

案规则的个案表述泛化到司法禁止反言适用于完全不相关的诉讼中的主张令人震惊，PUC Br. at 14 – 16。

这种司法禁止反言的理论是完全错误的。PUC 没有提供任何权威资料来证明诉讼当事人受制于其在事实不相关的过往案件中所主张的立场。恰恰相反，这一规则只是防止诉讼当事人在同一诉讼中或在由同一核心事实引起的关联案件中主张不一致的立场，见 *Himel v. Continental Ill. Nat'l Bank & Trust Co.*，596 F. 2d 205，210（7th Cir. 1979），拒绝司法禁止反言的论点，理由是"这里的事实与第一次诉讼中的事实不同"，（引文省略）。正如某法院指出的那样，诉讼当事人主张司法禁止反言的基础是"两个案件中的争议事实应该是相同的"，*Levinson v. United States*，969 F. 2d 260，264（7th Cir. 1992）。

PUC 在自己的辩护状中证明了这一点。PUC 不仅没有提供一个案例，认为司法禁止反言适用于事实不相关的诉讼，而且它所依赖的每一个案例都涉及由相同事实引起的关联诉讼。在其中一些案件中，诉讼人主张司法禁止反言，以防止对手在同一事实情况下引起的两个诉求中采取截然相反的立场。例如，在 *Lewandowski v. Nat'l R. R. Passenger Corp.*（*Amtrak*）案中，法院禁止一名前铁路雇员在复职诉讼中声称自己身体健康，因为在之前对铁路公司的诉讼中，其作为原告声称自己受到伤害，导致无法工作，882 F. 2d 815，819（3d Cir. 1989）。

在其他案件中，正如 PUC 指出的，法院也使用司法禁止反言来禁止相互矛盾的立场，PUC Br. at 13。但这些案件均涉及在同一诉讼或在由相同事实引起的关联诉讼中提出的立场。一个典型的例子是 *Levin v. Robinson*，*Wayne & LaSala* 案，该案中，一名律师在其离婚诉讼中声称他与律所的合伙协议使他有权获得一定的分红金额，但他在后续与其律所的诉讼中却根据相同的协议主张自己有权获得更高金额的分红，246 N. J. Super. 167（Law Div. 1990）。法院认定，司法禁止反言禁止原告对相同的协议提出截然相反的解读。

PUC 提出的司法禁止反言理论过于宽泛，不仅与既定的判例法矛盾，而且缺乏常识。PUC 认为，因为 Roberts 在基于完全不同的事实的诉讼中曾主张过不同立场，所以不能起诉 PUC 违约。试想一下，要求当事人必须坚持以往无关诉讼中主张的立场，会是怎么样的后果。根据 PUC 的逻辑，当事人将永远囿于其以往任何诉讼中曾经主张的立场。当事人的主张或辩护不但要取决于当前诉讼的一致性，还要取决于其在所有其他诉讼中的一致性。事实上，如果 PUC 是正确的，那么 Roberts 有权通过 PUC 自己的诉讼历史，列出

PUC 曾经主张的所有立场,并要求 PUC 在当前诉讼中坚持那些立场。当然,PUC 不认为它在其他无关的诉讼中主张的立场会妨碍它在本案中主张立场的能力。

判例法不支持司法禁止反言规则的这种根本性转变。本巡回法院一直对司法禁止反言坚持限制性的运用;当事人需知晓,该规则的适用基础是相同或关联诉讼中主张的矛盾立场"威胁到法庭的公正办案",*Mellon Bank*,153 B. R. at 158;*Sim Kar Lighting Fixture Co. v. Genlyte, Inc.*,906 F. Supp. 967, 975 (D. N. J. 1995)。鉴于,没有任何判例提及在不相关的诉讼中主张不一致的立场会"威胁到法庭的公正办案",法院应该拒绝这项动议。

C. 在本案中,Roberts 没有就《地方公开招标法》是否适用于 Roberts 与 PUC 的合同采取任何立场。

法院应拒绝 PUC 的动议,还有一个重要原因。为了适用司法禁止反言,两个冲突的立场必须真正"截然相反",*UNUM Corp. v. United States*,886 F. Supp. 150,159(D. Me. 1995),引用 *United States v. Levasseur*,846 F. 2d 786,794(1st Cir. 1988)。如果有任何方法可以调和这两种立场,司法禁止反言就不能成为简易判决的理由,见 *Levinson*,969 F. 2d at 264(为了适用司法禁止反言规则,"后来的立场必须与先前的立场明显不一致")。

在此,PUC 指称 Roberts 在新泽西州的法律关于长期处置合同是否必须公开招标的问题上采取了相互矛盾的立场。但在搜索了诉状等法律文书,甚至本案的整个记录时,无论是 Roberts 还是 PUC,都没有提及这个问题。Roberts 从来没有提出过这个问题,因为 PUC 从来没有把它作为一个抗辩理由。PUC 不愿提出这个问题可以理解:毕竟,PUC 在将近六年的时间里,充分利用了与 Roberts 的合同;然后,在其方便的时候,PUC 用更有利可图的与 Empire 的合同取代了与 Roberts 的合同;PUC 与 Empire 的合同同样没有公开招标。因此,攻击 Roberts 合同的订立瑕疵会产生尴尬的结果,等同于指称 Empire 合同一样"因非法而无效"。换言之,PUC 不能主张这种抗辩,因为这样做意味着它在公开法庭上明确承认,PUC 将来必须对所有这类合同进行公开招标。显然,这不是 PUC 在这样的场合希望发布的声明。

无论 PUC 不安的原因是什么,无法回避的事实是,PUC 从未主张过 Roberts 合同应该公开招标。因此,Roberts 从未在这个问题上主张过任何立场。鉴于 PUC 根本无法指出 Roberts 对合同招标主张了两个立场,遑论所谓的立场“截然相反”，所以司法禁止反言规则并不适用，*UNUM Corp.*，886 F. Supp. at 159。

PUC 对此采取了一种不稳定的，甚至是不真诚的态度。虽然 PUC 不能把合同的非法性作为抗辩理由，但它认为 Roberts“不能否认它在此寻求执行的合同因其非法性而无效”，PUC Br. at 1。尽管这个说法已是极尽能事，但它引出了一个问题，即一方如何能攻击另一方从未主张过的抗辩。即使 Roberts 无法“否认”其与 PUC 的合同“因非法而无效”，PUC 难道不该在 Roberts 反对其抗辩前，先证明该合同的非法性？

更重要的是，即使 PUC 试图主张这一抗辩，Roberts 也可以用任何方式予以反对，而不必担心与其在埃塞克斯郡诉讼中主张的立场有矛盾。如果 PUC 现在提出这个抗辩，Roberts 的立场就会很简单：由于到目前为止都没有对其与 Roberts 的合同提出哪怕一次抱怨，PUC 要么放弃了这个抗辩，要么该主张被司法禁止，见下文 I. D. 部分。这个论点与 Roberts 在埃塞克斯郡诉讼中所说的任何事情都不是“截然相反”的。因为在埃塞克斯郡诉讼中，Roberts 对公开招标的问题主张了案情相关的立场；但在这里，Roberts 主张的立场是法院能够在不涉及案情的情况下考量 PUC 的抗辩。如此一来，法院在本案中的结论与埃塞克斯郡诉讼案的结论就不存在任何冲突。

简言之，允许 Roberts 继续进行本案的诉讼并不会威胁法院的公正办案。因此，司法禁止反言规则并不妨碍 Roberts 提出违约索赔，见 *Linan – Faye Constr. Co. v. Housing Auth. of Camden*，49 F. 3d 915，933（3d Cir. 1995）。

技巧 21 的要点总结

- 将一个段落的结束与下一个段落的开始连接起来，以保持叙述的流畅性；具体而言，就是在每个主题句中嵌入一个过渡词。
- 掌握使用指向性词语、呼应连接和明确的连接词，在段落之间建立起连续性。
- 通过在一个段落的最后一句话中强化主旨，为下一个段落的主题句打下基础，以突出两者之间的联系，为衔接打下基础。
- 阅读上下段落的最后一句和第一句，看它们是否顺利连接；如果不是，考虑是否遗漏了论点的某些部分。

22

句子平滑连接，避免行文颠簸

名言警句

"我们的风格应该像一束丝线，被人拿着，被人找到，而不是被人蹂躏，令人迷惑；那样的话，一切都是一个结，一个堆。"

——Ben Johnson, *Timber, or Discoveries* (1641), in *Classics in Composition* 43, 55 (Donald E. Hayden ed., 1969).

"文章组织的一个方面似乎是所有的研究生都没有想到的，那就是过渡的问题。即使是那些学习过如何把珠子排成一排的人，也没有被教过如何串珠子。从一个句子、段落或章节到下一个句子、段落或章节，并将它们融合成一个统一的整体，这种能力在很大程度上取决于对一个句子到下一个句子的逻辑理解……"

——Wendell Johnson, "You Can't Write Writing", In *20th Century English* 229, 235 – 36 (William S. Knickerbocker ed., 1946).

"初稿就像一条正在修建的道路。读者就像开车的人，必须慢点走，注意障碍物。一个作家，就像一个铺路人，必须把颠簸的地方磨平，把洞填好。"

——Sumner Ives, *A New Handbook for Writers* 275 (1960).

"每一个想法，每一个句子，都应该与下一个想法连接，使读者能够顺利地前进，而不必因困惑而停止，也不必焦躁不安、回过头来，或犹豫不决。"

——F. Trowbridge Vom Baur, *The Art of Brief Writing*, The Scrivener, No. 3, 1975 – 1976, at 1.4.

"没有经验的作家和成熟作家之间的区别之一是，成熟作家知道如何在想法之间建立联系。没有经验的作家有很多想法，但他们把它们作为独立的单元记下来；有时是单句，就像晚间新闻中的报道，与前后内容没有什么关系。事实上，没有经验的作家有时候会在一个句子中提出观点，然后在下一个句子中论述矛盾的内容。"

——James C. Raymond, *Writing (Is an Unnatural Act)* 112 (1980).

"过渡是把句子拉在一起的技巧，把它们连接起来，使它们重合。这样读者从一个句子到下一个句子的旅程就不是一连串的颠簸和冲撞，而是平稳的旅程。”

——Thomas Whissen，*A Way with Words* 111（1982）.

“好的作家都坚持连贯性。他们不会让自己写出一个与紧随其后的句子没有明确联系的内容。他们希望自己的文章能够流畅，这是实现美好效果的唯一途径。”

——John R. Trimble，*Writing with Style* 40（3d ed. 2011）.

解释说明

如果说在段落层面上应该存在联系，那么在句子层面上也同样如此：每个句子都应该与它前后的句子直接相关。例如，在后续句子中，你可以放大、限定、修改或证明前面的句子。

但是，如果你发现自己在一个新的方向上飞奔，你就会在叙事线中产生一个“颠簸”，或者说是没有预兆的转变，除非你加入一个连接词，如：“但是”、“即使如此”或“然而”。

作为一名编辑，每当你开始阅读一个新的句子时，你会注意到颠簸，而且几乎马上就能看到它与前面的句子有什么关系。作者有一些想法，但那是什么？你要弄清楚，并以某种方式趟平这道坎。做到这一点需要聪明才智。在页面空白处标明“颠簸”，用箭头标明位置。同时，尽你最大的努力来解决这个问题；这是你作为一个编辑的工作。理想的情况是，你办公室里的每个人都会采用这个方法，而且能理解颠簸对读者的体验有多大的干扰。

下面的例子说明了段落中最常见的不连贯性类型。例子一中，从第三句开始，作者一直在回想两句之前出现的一个想法；从心理上讲，这是一个艰难的旅程，就像一辆变速箱齿轮打滑的汽车。在例子二中，读者总是不确定每一个新句子和前一个句子之间的关系：阅读它需要太大的工作量。任何时候，只要一个新句子以一个未介绍的引文开始，你就会碰到一个颠簸。尤其是“背靠背”的引文，这跟放在段落开头的引文同样糟糕。修订版显示了几个安置妥帖的过渡词，加上冒号，就能使一段话更有说服力。

两个前后对照的例子

例子一

反例：

导　言

斯拜尔斯（Spelce）提出了一项动议，要求治疗自己脊椎的拜克斯特

（Baxter）医生于1992年5月11日代表她出庭，即在原审日期代表她出庭并作证。在她的强制动议中，斯拜尔斯抨击了《爱达荷州法典》的合宪性，§ 101－24。【颠簸】拜克斯特医生出庭的目的很有限，他提出了一个动议，要求撤销他出庭作证的传票。【颠簸】根据斯拜尔斯的强制动议，拜克斯特博士已经同意代表斯拜尔斯进行视频取证。【颠簸】斯拜尔斯要求法院拒绝《爱达荷州法典》第101－24条中的“法定豁免权”，而“行使法院的自由裁量权”。【颠簸】爱达荷州则出庭为该法规的合宪性进行辩护。

范例：

导　言

斯拜尔斯提出了一项动议，要求治疗自己脊椎的拜克斯特医生代表她出庭，并在审判中作证。拜克斯特医生已经同意提供视频证词，但他不希望出庭，并提请撤销要求他出庭作证的传票。在她的动议中，斯拜尔斯抨击《爱达荷州法典》第101－24条是违宪的；该法规允许执业脊椎医生免受审判传票。因此，斯拜尔斯现在要求本院扩大其自由裁量权，无视法定豁免权，强迫拜克斯特医生出庭。

为了捍卫该法典的合宪性，爱达荷州要求法院拒绝斯拜尔斯的动议。

例子二

反例：得克萨斯州的法院还没有正式确定关于“举报诉讼的奖金是否属于共同财产”的问题。【颠簸】在 *Biddle v. Biddle* 案中，在同样承认夫妻共同财产的加利福尼亚州，上诉法院准确地处理了这个问题。在处理举报人的奖金是共同财产还是单独财产的问题上，法院重点关注的是，该举报诉讼可能产生什么利益或收入。【颠簸】“无论案件是由政府发起还是由原告自己发起，胜诉的举报诉讼中的原告都能得到奖金”。【颠簸】“诉讼本身可能不是严格意义上的‘财产’，因为它可以不受限制地由举报者（原告）拥有，但由诉讼产生的、最终落入原告手中的金钱显然是财产。”法院将举报奖金比作制片人拍的一部电影，在结婚存续时开机、离婚后杀青，后来票房大卖（在 *Biddle* 案中，法院还将举报诉讼类比为彩票，彩票本身就是财产，因为它代表了彩票所有者可能拥有的或有赢利）。【颠簸】“成功的偶然性导致了可分割的共同财产。”在 *Biddle* 案中，法院认定无可争议的是，比德尔先生在发现和调查所举报的计费行为时尚未离婚。

范例：虽然得克萨斯州的法院还没有明确处理过有关“举报诉讼的奖金”是否属于共同财产的问题，但加利福尼亚州的一家法院已经解决了这个问题。

在 *Biddle v. Biddle* 案中，第四区上诉法院关注的是原告在成功举报的诉讼中获得的奖金。法院认为，诉讼本身不是财产，但像彩票一样，它代表了或有收入。“从举报原告自由支配的角度出发，诉讼本身可能不是严格意义上的‘财产’，但由诉讼产生的、最终落入举报原告手中的金钱显然是财产。”根据 *In re Marriage of Zaentz* 案，法院认为，正如一个离婚的制片人从他离婚前开始但在离婚后完成的一部热门电影中可以获得的收入一样，“成功的偶然性导致了可分割的共同财产”。以此类推，由于比德尔夫妇在比德尔发起举报诉讼时尚未离婚，法院确定该举报诉讼奖金是共同财产。

技巧 22 的要点总结

- 在写作时，要使想法之间有联系，且有节奏。
- 在编辑时，要注意段落的连续性；每个句子都应与相邻的句子明确联系起来。
- 当句子发生转折时，要发出明确的信号；但不要改变或重新引导基本主题。
- 阅读草稿时，要注意越平句子之间的叙事颠簸。
- 永远不要引用未作适当介绍的语句。
- 永远不要使用未作介绍的引文来开始句子或段落。
- 永远不要“背靠背”地使用引文。

23

为读者设置路标

名言警句

“把一篇文章想象成从一个明确的起点到一个明确的目的地的旅行。在一开始我们就寻找一个指路的路标，命名我们要去的地方。在每一个岔路口，我们都需要清晰易懂的方向。我们不时地回头看一下已经走过的路，以明确自己的位置和方向。最后我们想知道，已经到达了目的地。这种提醒在写作中跟路标一样必要。”

——David Lambuth et al., *The Golden Book on Writing* 6－7 (1964).

“强调合理性的一个好方法是以微妙的方式提醒你的读者，你是一个头脑清晰的思想家，你的论点展开具有逻辑性。你必须仔细考虑赋予读者的指向性信号和不同程度的力量。”

——Steward La Casce & Terry Belanger, *The Art of Persuasion: How to Write Effectively About Almost Anything* 72 (1972).

“每一步都要为你的论点做标记。如果你有三个重要的证据来支持一个特定的论点，告诉你的读者，这样她就能准确地理解你的方向。例如：‘有三个例子可以证明这一点。首先，1923 年的原始条约……’”

——John R. Trimble, *Writing with Style* 42 (3d ed. 2011).

“除基本的写作外，你还需要文字上的标示。如果你要讨论三个问题，就在第一页明确说明。如果你建议的行动方案有四个优点，那么在介绍列举清单时就要这样说。而且要具体；不要说有‘几个’优点；如果有四个，就说‘四个’。这表明你已经对这个问题考虑通透。”

——Bryan A. Garner, *Legal Writing in Plain English* § 27, at 89 (2d ed. 2013).

解释说明

想象一下，你是一名搭车的乘客，要去某个地方，但不知道去哪里，因为司机不会告诉你。像大多数人一样，即使你认识司机，也可能会感到不安；如果你不认识司机，则更会感到不安。你可能想知道你要去的地方以及如何到达那里；从这个角度看，书面论证类似于汽车旅行。

当然，这意味着有效的作家必须在一开始就为读者指明方向，并在分析展开的过程中沿途设置路标。即便是小弯道，知道它们即将到来也是很有帮助的。当然，标题是整个法律文书的主要路标（见技巧5、技巧63和技巧94）。

在例子一的修订版中，注意两个额外的字和三个数字带来了多大的差别。在例子二中，注意当增加了一个简单的句子——“由于两个原因，该指控不成立”——之后，理解论证会容易很多。

两个前后对照的例子

> 这里的说法显然不明确。

例子一

> 增加两个字和三个数字就能带来巨大的转变。

反例：由于法院要根据周围的情况来确定“合理的保证”，因此必须审查PSI与Park Central谈判的进展和状态，Park Central对以前与PSI的合同的满意度，以及Park Central是否在寻求PSI之外的替代方案。

范例：由于法院要根据周围的情况来确定“合理的保证”，法院应该审查三件事：（1）PSI与Park Central谈判的进展和状态；（2）Park Central对双方以前合同的满意度；以及（3）Park Central是否在寻求PSI之外的替代方案。

> 令人折磨。

例子二

反例：被告的逾期论点是基于这样的指控：伯尔兰德（Boorland）的行为不公平，允许被告多年来积累大量的损害赔偿，但这一论点必须被驳回，因为伯尔兰德在2009年2月23日之前不能也没有为被告销售的绝大多数塑料封装产品追回金钱上的损失，当时《工艺专利修正法》增加了35 U. S. C. § 271（g） S. C. § 271（g），使被告可以得到从国外进口的通过侵权工艺制造的产品赔偿，而且在收到侵权通知后，被告没有减轻他们的损失，事实上，他们增加了侵权产品的销售。

范例：泰勒（Tyalor）关于拖延的唯一指控是，伯尔兰德允许泰勒多年来积累大量的损害赔偿，这是不公平的。但这一指控不成立，原因有二。第一，在2009年2月23日之前，伯尔兰德无法为泰勒销售的绝大多数塑料封装产品追回金钱损失，当时《工艺专利修正法》首次规定泰勒从外国进口的通过侵权工艺制造的产品可以获得金钱赔偿。第二，在收到侵权通知后，泰勒没有减轻其损失；事实上，它反而增加了侵权产品的销售。

技巧23的要点总结

- 使用微妙但明确无误的方法，让读者跟你在一起；请开始注意你欣赏的作家（尤其是非法律文书作家）是如何使用这项技能的。
- 用第一段及其主题句向读者展示你论点的起点（见技巧20）。
- 使用言语标记，引导你的读者了解思路的发展。
- 在列举之前，明确地介绍要点清单——有多少项，它们如何关联（见技巧83）。
- 理解读者为什么欣赏列表，它们是对相关要点的直截了当的介绍，组织得清晰而简单；读者也喜欢事先知道有几个要点以及它们之间的关系，所以在你的列表介绍中给出这些信息。

24

正文引述法律权威、引证置于脚注,但忌烦冗

名言警句

脚注中的引证

“语言流动中的任何中断都是困难的来源,也是对读者的刺激。”

——Adams Sherman Hill, *Our English* 56 (1888).

“我不知道将如何处理这些公文,但在我看来,这些长篇大论的引证是一件令人厌烦的事情。”

——Hon. Almet F. Jenks [presiding justice of the Appellate Division of the N. Y. Supreme Court], 4 *Lectures on Legal Topics, 1922–1923* 241, 256 (1928).

“如果撰写法律文书时希望提出的论点既有趣又有指导意义,则可利用脚注来纳入必要的参考材料,将其纳入文本会打断原本流畅的论证链。”

——Frank E. Cooper, *Writing in Law Practice* 266 (2d ed. 1963).

“用于引用参考文献的系统应尽量减少对读者阅读文章进度的干扰,应该让他们集中精力于主要信息。”

——Christopher Turk & John Kirkman, *Effective Writing: Improving Scientific, Technical, and Business Communication* 69–70 (2d ed. 1989).

“许多文书作者都有文学上的‘慢性打嗝症’,他们尽可能频繁地插入引证,在一个简单的陈述句中插入三或四个引证,而不顾这些引证如何干扰文章的流畅性、陈述的节奏或论证的顺序。”

——Hon. Ruggero J. Aldisert, *Winning on Appeal: Better Briefs and Oral Argument* 202 (1992).

“作为律师,我们经常忘记,即使是对一个习惯于阅读引证的律师来说,引证仍然会破坏叙述的流畅性。你的读者不会吸收引证,而是会跳过它们;一旦他们开始跳跃,

就很难让他们停下来,以免错过后面的文字。"

——Steven D. Stark, *Writing to Win* 232 –33 (2000).

"把所有引证放在脚注里。否则,你会妨碍你的实质性论证的连贯性,并破坏叙述的流畅性。把引证从文本中拿出来,可以极大地提高可读性和便利理解。"

——Andrew Goodman, *Influencing the Judicial Mind—Effective Written Advocacy in Practice* 43 (2006).

"至于引证,它们属于脚注。在段落中间放上笨重的字母和数字会破坏可读性。我们不得不在打字机上这么做,就像我们不得不使用下划线一样,因为打字机没有斜体字。现在不需要了。"

——*M & M Metals Int'l, Inc. v. Continental Cas. Co.*, 870 N. E. 2d 167, 167 (Ohio Ct. App. 2006).

"只有最苛刻的作家才会承认这个困难的事实:在许多类型的法律写作(如文书和备忘录)中,引证的唯一合理位置是脚注。把它们放在正文中,会使文本变得杂乱无章,减缓读者的阅读速度,并妨碍作者构建一个连贯的段落。很少有写作革新会比采用以下规则更有利于法律界:(1)将所有引证放在脚注中;(2)禁止将脚注用于提供引证以外的所有目的。"

——*Garner's Dictionary of Legal Usage* 358 (3d ed. 2011).

脚注不宜烦冗

"也许在所有庞大的学术工具中,没有一种工具像脚注这样在法律中被彻底滥用。在学术界的各个领域,也许有一些理由来展示这种学识和能力,即在脚注的峡谷中蜿蜒细流,但这种技术在法律中是相当失败的:它使作者的思想更难被理解,因而更不可能说服司法读者。"

——Frederick B. Wiener, *Briefing and Arguing Federal Appeals* 245 (rev. ed. 1967).

"避免使用脚注。它们是论证领域中的麻烦。它们妨碍了可读性和理解,并且破坏了论证的连续性。的确,有时它们是不可避免的。但一般来说,如果'珍珠'不能被纳入文书的主要部分,它要么不重要,要么是思维混乱的一部分;而注释则是用来掩盖思维混乱的。"

——Hon. Mario Pittoni, *Brief Writing and Argumentation* 39 (1967).

"如果你的观点很重要,它就应该出现在正文中;如果它不重要,它就不应该出现在诉状中。像所有的规则一样,这个规则可能有例外,偶尔一个特定的案例可能需要使用脚注;但是,作为一个经验法则,工作中要假定不使用脚注。你不是在写一篇学术性的法律评论文章,那才会有很多冗长的、曲折的脚注。"

——Harvey C. Couch, *Writing the Appellate Brief*, 17 Prac. Law. 27, 30 (1971).

"如果脚注是一种理性的交流形式，达尔文的选择会导致眼睛垂直设置，而不是在一个低效的水平面上。"

——Hon. Abner J. Mikva, *Goodbye to Footnotes*, 56 U. Colo. L. Rev. 647, 648 (1985).

"脚注通常表明作者没有仔细考虑他或她想说什么，或者对每条信息的重视程度。"

——Christopher Turk & John Kirkman, *Effective Writing: Improving Scientific, Technical, and Business Communication* 71 (2d ed. 1989).

解释说明

引证置于脚注

在本书的所有技巧中，这一条是最有争议的。它被纳入第一版后，引起了一场小小的骚动，我被称为"Rasputin"，误导律师和法官破坏先例理论。[1] 2001 年，《纽约时报》(*The New York Times*)在头版刊登了一篇关于这场争论的文章，[2]理查德 · A. 波斯纳(Richard A. Posner)法官就这一点与我进行了辩论，这场争论应该得到更多关注。[3] 加利福尼亚州的罗德尼 · 戴维斯(Rodney Davis)大法官也参与其中，站在我这一边。[4]

2008 年，安东宁 · 斯卡利亚(Antonin Scalia)大法官和我共同撰写了我们的书《成功诉讼：说服法官的艺术》(*Making Your Case: The Art of Persuading Judges*)，我们两个人无法就如何处理这个问题达成一致。因此，我们只是就这一点进行了辩论，[5]就像我们对其他三个人一样。在我和他后来一起教授的许多律师进修课程中，我们进行了现场辩论，然后由参与的律师投票，最引人注目的是，2008 年 7 月在肯尼迪中心大量观众的投票。每一次，投票结果都非常接近。

1 See William Glaberson, *Legal Citations on Trial in Innovation v. Tradition*, N. Y. Times, 8 July 2001, at 1, 16.

2 Id.

3 See Bryan A. Garner, *Clearing the Cobwebs from Judicial Opinions*, 38 Court Rev. 4 (Summer 2001); Richard A. Posner, *Against Footnotes*, 38 Court Rev. 24 (Summer 2001); Bryan A. Garner, *Afterword*, 38 Court Rev. 28 (Summer 2001).

4 Rodney Davis, *No Longer Speaking in Code*, 38 Court Rev. 26 (Summer 2001).

5 See Antonin Scalia & Bryan A. Garner, *Making Your Case: The Art of Persuading Judges* 132 – 35 (2008).

尽管偶尔会有喧闹的反对意见，以及波斯纳法官和斯卡利亚大法官提出的比较平静的反对意见，但该技巧的力量仍然没有减弱，它继续在行业中取得进展。这一趋势是缓慢而稳定的。

基本上，优点和缺点都在这里了。

脚注引证（不含烦冗脚注）	
优点	缺点
1. 缩短了平均句长。 2. 使段落更加连贯和有力。 3. 让读者专注于论点，而不是数字。 4. 消除了字符串引证的问题。 5. 暴露了文本中写作和构思的不足，从而促进更清晰的写作和思考。 6. 促成对主导判例的更充分讨论。 7. 使表达想法的效率大大增加。 8. 使更多的人能够接触法律写作。	1. 法律读者已经学会了一个系统：文本引证。 ［是的。但事实上，法律工作者无法掌握这一系统（见下面例子一至例子三）。此外，除了法律文书，读者在其他地方看到都是没有引证的文章。］ 2. 引证常包含关于判例的重要信息。 （无论如何，所有这些重要的东西都应该植入文本。否则，习惯于跳过脚注的读者就有可能错过你在下面引述的法律渊源。） 3. 读者应无须扫视页面底部。 （对：阅读法律文书的人不应该必须阅读脚注。下面只有卷号和页码，以及选择性的括号。） 4. 作者可以更容易地篡改法律渊源的说法。 （这个观点不智：现在法律文书正文中的这类篡改已经太多。） 5. 这种做法导致了文学体裁的混乱：学术研究相对于实用写作。 （但是只要没有烦冗的脚注，即能表明文章并不是学术研究。） 6. 无法训练自己无视上标进行阅读。 （你如果可以训练自己跳过两行引文数字继续阅读，就可以无视微小的上标。） 7. 它需要更多的努力：你不能简单地将引文和引证粘贴到你的文书中。 （如果这能使所有的读者更容易接触引文内容，那肯定是值得努力的。）

优点是难以辩驳的，而缺点大部分容易反驳。

你可能会问，为什么诉状总是在正文中夹杂引证？法学评论和论文从来都是如此，但一定有一个很好的理由来解释法律文书的不同，对吗？错了。原因很简单：准备诉状的传统方法涉及抄写员和打字机（1880年之后）。要在脚注中获得引证，并使线条在页面上排列整齐，这几乎是不可能的。这就是为什么在1900年，引证在文本中以括号形式出现，这也是为什么在 20 世纪末它们仍然存在的原因。

今天，情况变得更糟。随着计算机研究和判例法的扩散，比以往任何时候都更容易找到一连串的案例来支持诉状中的几乎每一句话。因此，随着时间的推移，法律文书的页面变得越来越杂乱：有的几乎无法阅读；另一些尚可阅读，但只有意志坚强、能够在灌木丛中跋涉的读者才能胜任。

同时，在 20 世纪 80 年代末，我们有了文字处理器，使我们具有了摆脱引证的能力。计算机自动决定在哪里分页，如何放置脚注，甚至跟踪不断变化的脚注号码。

当然，对于作者来说，这并不是那么简单。你必须以一种提示读者你的法律权威是什么的方式来重写。只是你要把它写成文章，写进你的段落中，同时把文本中的卷号和页码去掉，从而使阅读诉状的法官的工作更轻松。

引证不仅给读者，也给写作者带来了很大的问题。许多律师已经养成了在句子之间加上一两个引证的习惯，这削弱了连续句子之间的联系。他们不相信读者会产生关联，就在后面的句子中重复前一句的相关部分。句子变得越来越长，越来越重复。所有这一切都与好的写作风格格格不入。

所以你看，即使读者认为他们可以处理文本中的引证，事实是大多数法律作者不行。

尽管作者不断尝试各种可能的解决方案，如将引证放在较小的字体中或用彩色墨水，这两种方法都会违反《联邦上诉程序规则》。但明智的解决方案是使用参考注释；也就是说，把引证（而且只能是引证）放在脚注里。而且，要能做到让读者永远不必看你的脚注。怎么写？把你所引用的法院名称、判决的年份以及（如有必要）案件的名称留在正文中，只把数字摘出来就可以了。

“为什么不是尾注？”你可能会问。因为尾注根本不方便。对于真正想看引证的读者来说，要翻回去找相关的注释是很麻烦的。你可能已经尝试过以这种方式阅读那些让你厌烦的文章或书籍。

如果你认为脚注引证是一个非主流的想法，那么问问你自己，为什么你从来没有见过这样写的传记：

> 汉德的假设是，如果法官参与决定社会的基本问题，他们很可能会强加他们的阶级偏好，“Mr. Justice Holmes at Eight – Five”，*N. Y. World*，Mar. 8，1926［转载于伦纳德·汉德，*The Spirit*

of Liberty 24(Irving Dillard ed. ,1952)(以下简称 *Spirit of Liberty*)(指出"法官通常是从律师界中挑选的,他们大多在行动领域表现突出",并补充说:"他们很可能是具有坚强意志、固定信念和传统理想的人。")],这似乎更多的是猜测,而汉德本人也坚持认为有些人是没有这种偏见的,例如,伦纳德·汉德(Learned Hand),"The Speech of Justice",29 *Harv. L. Rev.* 617,619 (1916)(注意到美国法官的一些成员"可以毫无顾虑或约束地说出正义");参见凯瑟琳·格里菲斯(Kathryn Griffith),*Judge Learned Hand and the Role of the Federal Judiciary* 93 (1973)(关于接受和执行正义的类似观点)。他不太关心法官的经济或物质利益,*Southern Transp. Co. v. Dauntless Towing Line*,140 F. 2d 215(2d Cir. 1944)(在涉及驳船碰撞的案件中表现出特有的无私),他也不关心法官对构成美好生活的基本理解,参见伦纳德·汉德,"How Far Is a Judge Free in Rendering a Decision?"(CBS 全国广播)(转载于伦纳德·汉德,*Spirit of Liberty* at 103)。汉德认为,大多数法官没有利用他们的权力谋取私利,但他们往往很难对挑战其基本信仰和最深刻的假设的想法保持开放的心态,参见伦纳德·汉德,"The Commodities Clause of the Fifth Amendment",22 *Harv. L. Rev.* 250,252 (1909);伦纳德·汉德,"Due Process of Law and the Eight – Hour Day",21 *Harv. L. Rev.* 495,497 (1908);但是,参见杰罗姆·弗兰克(Jerome Frank),"Some Reflections on Judge Learned Hand",24 *Chi. L. Rev.* 666,668 (1957)(通过暗示,对汉德关于基本信仰和深刻假设的观点提出怀疑)[引用 *United States v. Kirschenblatt*,16 F. 2d 202,203 (2d Cir. 1926)]。他认为,这些基本的倾向性几乎无一例外地会成为法官寻求解释模糊和不明确的公共意愿声明的决定的一部分,参见伦纳德·汉德,"Is There a Common Will?" in *Spirit of Liberty* at 47,50。他并没有主张法官可以或应该剥离自己的基本信仰,或将自己的信仰作为社会基本价值的标准,See id. 根据汉德对美国制度的理解,例如,*United States v. Coplon*,185 F. 2d 629,631 (2d Cir. 1950)(说明相同的情况);*United States v. Cotter*,60 F. 2d 689,690 (2d Cir. 1932)same 法院不是物质或意识形态意义上的基本"利益"对抗的适当论坛,参见伦纳德·汉德,"Mr. Justice Holmes at Eighty –

Five", *N. Y. World*, Mar. 8, 1926 (repr. in Learned Hand, *Spirit of Liberty* at 24, 26)(注意到法院不是意识形态和物质利益对抗的合适场所)；另参见菲利克斯·法兰克福特(Felix Frankfurter),"伦纳德·汉德",in *Of Law and Life & Other Things That Matter* 224, 229 (Philip B. Kurland ed., 1965)("法官的个人贡献被匿名的珊瑚礁所吸收，而司法程序正是通过这种珊瑚礁来践行法律")。

历史学家以这种方式毁掉一个好故事是疯狂的，但是文书作者却经常做这样的事情。

除提高可读性之外，将引证放在脚注中，还可以使你的论点脱胎换骨，集中在你真正要说的内容上。例如，在例子一中，如果把引证去掉，而不改动不恰当的文字，你会发现缺乏连贯性。这种不连贯性是很常见的，而文本引证有助于掩盖它。

请注意，在例子二和例子三中，一些埋藏在括号中的观点被纳入了修改后的文本，从而使强调的内容(观点)和不强调的内容(卷号和页码)得到了更好的平衡。在例子二的原文中，作者把所有关于法律权威的讨论都放在括号里。当这一段的串联引证被删除后，剩下的只是主题句的空洞论断。相比之下，修改后的文章阐明了所引用的权威文献是如何支持这一最初的论断的，从而使论证更容易理解，因而更有说服力。

其他三点。

首先，仅仅对赤裸裸的法律命题进行脚注往往是不够的。相反，应该说"新泽西州法院认为……"或"《遗嘱法》第28.007条要求……"这样读者就能理解你的引述的来源，而不必在页面下方扫视。

其次，一些作者认为，即使在脚注中引用案例，如果记录参考文献统一为短篇，就应该将其放在正文中。这就是技巧81中例子一、例子二、例子四所展示的方法。我自己非常倾向于把记录参考文献也放在脚注里。如果不被小括号打断，文章就会获得连续性。

最后，了解你的听众。有些法官说他们不喜欢脚注中的引证。我碰巧相信，他们还没有完全想清楚这一点，也没有看到好的例子。为什么我这样认为？因为每次我在司法写作研讨会上讲课时，绝大多数法官都会最终得出结论，认为脚注引证是有意义的。然而，还有少数人不这么认为。如果你知道法官是怎么想的，那就服从法官的偏好。但是，不要让你的暂时迁就成为你的常规习惯。

禁用烦冗引文

实质性脚注与仅限于引用的脚注不同，作者在此论证或解释与文本中的观点有关的内容。虽然有些法官为实质性脚注辩护，[6]但更安全的做法是不要那么做，因为你的司法读者会对它们嗤之以鼻。为什么呢？因为许多诉状撰写者滥用脚注：有时作者希望看起来更有学术性；有时是为了在诉状中挤出更多的字。

在学术研究中，作者对实质性脚注肯定有很多讲究。但在纯粹的说服性写作中，你会发现没有这些脚注是很容易做到的。我的经验法则是，在一年繁忙的文书写作中，允许有一到两个实质性脚注。

采取一个向上或向外的政策：如果它的重要性不足以在文本中说出来，那么就把它完全从文书中删除。

例子六展示了实质性脚注的弊病：作者似乎忘记了预期的读者，搞了一出班门弄斧。

结论

全国各地的文书作者已经开始采纳建议，毫无例外地把引证放在脚注里，效果很好。达拉斯的比弗利·雷·伯林盖姆（Beverly Ray Burlingame）所写的例子七，是众多范例之一。

一些前后对照的例子

例子一

反例：正当程序的要求也未被满足。“正当程序要求被告与法庭所在州有足够的联系，以便在行使长臂管辖权时不会违反‘公平竞争和实质正义的传统概念’。这样，被告应该合理地预期会被带到那个法庭。” *Tidgewell*，820 F. Supp. at 632 [quoting *International Shoe Co. v. Washington*，326 U. S. 310，320，66 S. Ct. 154，160，90 L. Ed. 95（1945）and *World－Wide Volkswagen Corp. v. Woodson*，444 U. S. 286，297，100 S. Ct. 559，567，62 L. Ed. 2d 490（1980）]。“法院已经确定了五个相关标准。（1）被告的出庭责任，（2）法庭所在州在裁决争端中的利益，（3）原告在获得方便和有效的

你认为这是一个真正的段落吗？

6 See Edward J. Becker，*In Praise of Footnotes*，74 Wash. U. L. Q. 1（1996）.

救济方面的利益，（4）司法系统在获得最有效的争议解决中的利益，（5）所有主权国家在促进实质性社会政策中的共同利益。”*United Elec. United Elec. Radio &Mach. Workers*，960 F. 2d at 1088［citing *Burger King v. Rudzewicz*，471 U. S. 462，477，105 S. Ct. 2174，2184，85 L. Ed. 2d 528（1985）］。

多大的差别。

范例：正当程序的要求也未被满足。“一个被告必须与法庭所在州有足够的联系，以便在行使长臂管辖权时不会违反‘公平竞争和实质正义的传统概念’，‘并且被告应该合理地预期会被带到那个法庭’。”[7]在衡量这一标准时，最高法院提出了五个相关标准：

- 被告的出庭责任；
- 法庭所在州在裁决该争端中的利益；
- 原告在获得方便和有效的救济方面的利益；
- 就获得最有效的争议解决，司法系统方面的利益；以及
- 所有主权国家在促进实质性社会政策方面的共同利益。[8]

例子二

这算是一个段落吗？

反例：法院可以把“习惯”和“惯例”当作技术术语的字典，See *In re Envirodyne Indus.*，*Inc.*，29 F. 3d 301（7th Cir. 1994）［在破产法院的上诉中，上诉法院发现字典、论文、贸易惯例（换句话说是“专业字典”）和其他第三方出版物对合同条款的定义是有用的，并允许使用］；*Hurst v. Lake & Co.*，16 P. 2 d 627（Or. 1932）（俄勒冈州最高法院推翻了这一判决，因为法院应该允许提供马肉行业的习惯和惯例的证据，在该行业中，当事人的意思是49.5%的蛋白质相当于50%的蛋白质）；*Fox Film Corp. v. Springer*，8 N. E. 2d 23（N. Y. 1937）（批准重新审判，以便法院能够听取行业中习惯和惯例的证据，使自己处于当事人的位置，并使用他们的语言来找出当事人的意图）。

现在这是一个真正的段落，作者的懒惰已被克服。

范例：法院通常会参考特定行业的习惯和惯例来定义技术术语。例如，在*Envirodyne Indus.*，*Inc.*案中，[9]第七巡回法院发现，贸易惯例与专业字典一起，

7　*Tidgewell*，820 F. Supp. at 632（quoting *International Shoe Co. v. Washington*，326 U. S. 310，320（1945）and *World – Wide Volkswagen Corp. v. Woodson*，444 U. S. 286，297（1980））.

8　*United Elec. Radio &Mach. Workers*，960 F. 2d at 1088（citing *Burger King v. Rudzewicz*，471 U. S. 462，477（1985））.

9　29 F. 3d 301（7th Cir. 1994）.

可以有效地帮助确定合同的含义。同样，俄勒冈州最高法院推翻了下级法院的裁决，因为在解释合同条款时没有允许习惯和惯例的证据。[10] 而在 *Fox Film Corp. v. Springer* 案中，[11]纽约州上诉法院批准重新审判，以便下级法院可以听取行业习惯和惯例的证据来确定双方的意图。

例子三

反例：为了使系列商标得到保护，共同特征必须形成第二含义，*Spraying Sys. Co. v. Delavan, Inc.*, 975 F. 2d 387, 393 (7th Cir 1992); See aslo *TrafFix Devices, Inc. v. Marketing Displays, Inc.*, 532 U. S. 23, 27–29, 121 S. Ct. 1255, 1259, 149 L. Ed. 2d 164 (2001)（"产品的设计或包装可以获得一种独特性，用于识别产品的制造商或来源；获得这种二级意义的设计或包装，就是商业外观；不得以可能导致对商品的来源、赞助或批准产生混淆的方式使用"）。换句话说，系列商标特征必须能够让消费者知道产品的来源，而不仅仅是其性质，*Ft. Howard Paper Co. v. Nike – Pak Prods., Inc.*, 127 U. S. P. Q. 431 (T. T. A. B. 1960)（"NAP"后缀告诉公众产品与餐巾纸有关，而不是说它们来自同一来源），以便促使看到一件商品的消费者说，"这就是我想要的东西，因为我知道它的来源"，而不是"谁制造这东西"？ *Ferrari S. P. A. v. Roberts*, 944 F. 2d 1235, 1239 (6th Cir. 1991) [citing *West Point Mfg. Co. v. Detroit Stamping Co.*, 222 F. 2d 581, 595 (6th Cir. 1955)]。系列商标是否存在是一个事实问题，基于共同的形成成分的显著性、系列商标的使用、广告、促销以及当事人的其他商标，*McDonald's Corp. v. McBagel's, Inc.*, 649 F. Supp. 1268, 1271 (S. D. N. Y. 1986)。声称拥有系列商标的一方是否以旨在创造共同来源的方式使用联合广告和促销，可能是相关的，*Champion Int'l Corp. v. Plexowood, Inc.*, 191 U. S. P. Q. 160 (T. T. A. B. 1976)。

> 两行间隔使情况变得更糟。如今，已经司空见惯。

范例：要使系列商标受到联邦法律的保护，其共同特征必须具有第二含义：一种用于识别产品及其来源的独特性。[12] 这一特征必须是消费者将其与商品或服务的来源联系起来的东西，而不仅仅是其性质。[13] 但是，一旦消费者

> 这是为了方便阅读，而不是略读。

---

10 *Hurst v. Lake & Co.*, 16 P. 2d 627 (Or. 1932).

11 8 N. E. 2d 23 (N. Y. 1937).

12 *Spraying Sys. Co. v. Delavan, Inc.*, 975 F. 2d 387, 393 (7th Cir. 1992); see also *TrafFix Devices, Inc. v. Marketing Displays, Inc.*, 532 U. S. 23, 27–29 (2001).

13 *Ft. Howard Paper Co. v. Nice – Pak Prods., Inc.*, 127 U. S. P. Q. 431 (T. T. A. B. 1960).

依赖这种关联，竞争者和其他人就不能以造成来源混淆的方式使用相同的特征。[14] 正如第六巡回法院所解释的，显著特征必须促使看到它的消费者说，“这就是我想要的物品，因为我知道它的来源”，而不是“谁制造了这个物品”？[15] 一个系列商标是否存在是一个事实问题，它不仅基于共同成分的显著性，还基于该系列商标的使用、广告、促销和当事人的其他商标。[16] 使用联合广告和促销来创造一个共同来源的关联也可能是相关的。[17]

例子四

引证招致跳跃式阅读，对仔细阅读造成困难。

反例：保险公司接下来辩称，总检察长提出的罚款诉求并没有触发抗辩责任，因为“这些罚款并非通常理解的‘损害’”。（Resp. Br. at 23）与我方在诉状中引用的伊利诺伊州所确立的判例法正好相反（Pet. Br. at 27），保险公司对“通常理解”的奇特解读若非过于傲慢便是故意蒙蔽。例如，*U. S. Fid. & Guar. Co. v. Specialty Coatings Co.*，180 Ill. App. 3d 378，392，535 N. E. 2d 1071，1080－81（1989）（“民事罚款”属于保单涵盖的“损害”）。我方再次声明（见 Pet. Br. at 28），伊利诺伊州最高法院定义的“损害”的普通含义比保险公司认知的更为广泛。*Outboard Marine Corp. v. Liberty Mut. Ins. Co.*，154 Ill. 2d 90，115，607 N. E. 2d 1204，1215－16（1992）（“就大众而言，普通人所说的‘损害’意味着一个人必须花费金钱来弥补其所造成的伤害，无论这种花费是通过经济补偿方式由法院判处赔偿金，还是通过衡平法方式由法院施以强制执行。”）。如果像应诉方所说的那样，这个判例法“在现行法律权威框架下没有说服力”（Resp. Br. at 24），我方期待对方给出何有此言的任何解释。

首先，了解论点。然后检验引证。

范例：保险公司接下来辩称，总检察长提出的罚款诉求并没有触发抗辩责任，因为“这些罚款并非通常理解的‘损害’”。[18] 与我方在诉状中引用的伊利诺伊州所确立的判例法正好相反，[19]保险公司对“通常理解”的理解是错误的。例如，在 *United States Fidelity & Guarantee Co. v. Specialty Coatings*

---

14 *TrafFix*，532 U. S. at 27－29.

15 *Ferrari S. P. A. v. Roberts*，944 F. 2d 1235，1239（6th Cir. 1991）.

16 *McDonald's Corp. v. McBagel's, Inc.*，649 F. Supp. 1268，1271（S. D. N. Y. 1986）.

17 *Champion Int'l Corp. v. Plexowood, Inc.*，191 U. S. P. Q. 160（T. T. A. B. 1976）.

18 Resp. Br. at 23.

19 Pet. Br. at 27.

Co. 案中，上诉法院将"民事罚款"视为保单涵盖的"损害"。[20] 正如我方在诉状中所说，[21] 伊利诺伊州最高法院定义的"损害"的普通含义比保险公司认知的更为广泛。法院认为，在通常使用中，"损害"是指一个人用以弥补其所造成的伤害所必须支付的金钱。[22] 因此，这个人是自愿支付还是被法院强制支付，并没有什么区别。[23] 如果像应诉方所说的那样，这个判例法"在现行法律权威框架下没有说服力"，[24] 我方期待对方给出何有此言的任何解释。

例子五

反例：一般来说，联邦法院会在国际交易中执行法庭选择条款，*Foster Wheeler Energy Corp. v. An Ning Jiang MV, Etc.*，383 F. 3d 349，357（5th Cir. 2004）；see aslo *Haynsworth v. The Corporation et al.*，121 F. 3d 956，962（5th Cir. 1997）。应该注意的是，法庭对法庭选择条款的可执行性的分析将与第五巡回法院对法律选择条款的可执行性的分析相同，例如，See *Foster Wheeler Energy Corp.*，383 F. 3d at 357；*Mitsui & Co.*（*USA*）*v. Mira M/V*，111 F. 3d 33，34（5th Cir. 1997）。法庭选择条款创造了一个"强有力的推定，有利于在议定的法庭进行审判"，*Neo Sack, Ltd. v. Vinmar Impex, Inc.*，810 F. Supp 829，833（S. D. Tex. 1993）（认为即使是一个"允许的"法庭选择条款，仅说明当事人应"服从"外国当事人的本土管辖，"清楚地表明了当事人的期望，并有权在法庭不适格的分析中被考虑"）；*Tjontveit v. Den Norske Bank ASA*，997 F. Supp. 799（S. D. Tex. 1998）（注意到近年来法庭很少对当事人选择不同法庭的案件行使管辖权）。

范例：根据第五巡回法院的法律，法庭对法庭选择条款的可执行性的分析与法院对法律选择条款的分析相同。[25] 基本上，法庭将执行国际交易中的法庭

---

20 *U. S. Fid. & Guar. Co. v. Specialty Coatings Co.*，535 N. E. 2d 1071，1080－81（Ill. Ct. App. 1989）.

21 Pet. Br. at 28.

22 *Outboard Marine Corp. v. Liberty Mut. Ins. Co.*，607 N. E. 2d 1204，1215－16（1992）.

23 Id.

24 Resp. Br. at 24.

25 See，e. g.，*Foster Wheeler Energy Corp. v. An Ning Jiang MV*，383 F. 3d 349，357（5th Cir. 2004）；*Mitsui & Co.*（*USA*）*v. Mira M/V*，111 F. 3d 33，34（5th Cir. 1997）.

选择条款,[26]因为该条款表明了各方对管辖权和地点的期望。[27] 法庭将“强有力的推定倾向于在议定的法庭进行审判”,即使它仍然受制于法庭不适格的分析。[28] 同时,除当事人在协议中选择的地点外,其他地点的法庭都不愿意接受案件转让。[29]

例子六:烦冗脚注的一个恶劣例子

第十巡回法院的摘要说明了什么不应该做:胡言乱语。

参诉申诉人可能造成民事赔偿刑事案件〔1〕的当事方受到损害,因为联邦法律指控的团伙犯罪活动包括干扰州法庭的判决。[30] 能够通过优势证据来证明,[31]与刑事案件的“明确和令人信服”的标准不同;后者是州法庭程序中

---

26 See *Foster Wheeler Energy Corp.*,383 F. 3d at 357; see *also Haynsworth v. The Corporation*,121 F. 3d 956,962 (5th Cir. 1997).

27 See *Neo Sack, Ltd. v. Vinmar Impex, Inc.*,810 F. Supp. 829,833 (S. D. Tex. 1993).

28 Id.

29 See *Tjontveit v. Den Norske Bank ASA*,997 F. Supp. 799 (S. D. Tex. 1998).

〔1〕 相当于我国刑法中的自诉才受理的案件。——编者注

30 对悬而未决的撤销申请的司法审查在很大程度上取决于对 CJ－49－87－96 号民事诉讼案(Okla. Co. Okla. 1986)中提出和处理的问题的正确分析以及对这些问题的性质和效果的解释。根据其本身的条款,12 Okla. Stat. § 1031 仅适用于“判决”或“命令”。因此,俄克拉何马州的法规与它的联邦对应规则 60(b)相比,Fed. R. Civ. Proc.,后者仅适用于法院的“最终”判决或命令。“最终”的问题对于审查请愿书的程序性和实质性分析的基础至关重要。在对第 1031 条申请的裁决中,法院推断出明显的规定判决为最终判决是不是错误的。从记录上看,规定的索赔妥协和解决以及“判决”并不取决于任何形式的司法程序。如果是这样的话,“判决”就不是最终判决了。“终局性”的既定测试是“判决”在事实上和法律上是否可以上诉的标准。达成妥协与和解协议似乎使该事项的处理变成认同判决。虽然认同判决可以成为法院的最终判决,但在人们通常理解的这个法律术语的意义上,它不是“可上诉”的。因此,就第 1031 条的分析而言,认同判决与诉讼判决是没有区别的,*Zimmerman v. Quinn*,744 F. 2d 81,82 (10th Cir. 1984)。一旦达成,和解的约束力、决定性和最终性就像它被纳入判决一样。以这种不可避免的有效方式来理解,该协议和判决确实是最终的。

31 “最高法院强烈建议,RICO 诉讼中行为的适当举证责任是通过优势证据来完成的,*Sedima*,105 S. Ct. at 3282－83 (没有迹象表明国会试图偏离优势标准);*Armco Indus. Credit Corp. v. SLT Warehouse Co.*,782 F. 2d 475,481 (5th Cir. 1986) (注意到最高法院‘强烈建议’适用优势标准)。*Sedima* 案后的上诉裁决认为,RICO 民事诉讼中的原告要承担‘优势证据标准’的证明,例如,*Cullen v. Margiotta*,811 F. 2d 698,731 (2d Cir. 1987);*United States v. Local* 560,*Int'l Bhd. of Teamsters*,780 F. 2d 267,279－80 n. 12 (3rd Cir. 1985),cert. denied,476 U. S. 1140,106 S. Ct. 2247,90 L. Ed. 2d 693 (1986)。我们没有发现任何民事 RICO 案件对行为适用明确和令人信服的证明标准。相反,地区法院一致适用优势标准[引文省略](‘第三巡回法院和最高法院的结论是,证明行为的适当标准是通过优势证据来完成的’)。我们的结论是,优势证据标准适用于证明 RICO 民事诉讼中的行为”,*Wilcox v. First Interstate Bank of Oregon, N. A.*,815 F. 2d 522,531(9th Cir. 1987)。

撤销[32]和证明任何潜在的州法律问题的必要标准，而这些问题在实质上演变成普通法欺诈。

损害理论的关键部分是对目前正在审理的第1031条（第4款）审查是否实际转移了《完全信任和信用法》[28 U. S. C. § 1738 (1982)]规定的联邦法律问题排除的判断分析。这种转移不仅会发生在普通法欺诈的纯州法律问题上，也会发生在以前的纯联邦法律问题上。学术审查发现损害不仅仅是猜想的。因此，法庭有责任仔细检查案卷，以发现这一事实的实例和证据。解决联邦实体法律问题与第1031条（第4款）的分析实质上是一致的。

例子七：脚注引文的一个范例

像国内许多法律文书高手一样，达拉斯的比弗利·雷·伯杯盖姆撰写的文书具有显著的可读性，并擅长脚注引证。下面是一份呈递联邦法院的证据听证会文书。请注意，与大多数法律文书相比，下面的页面看起来非常干净。

32 在判决后的撤销阶段，无可争议的是，动议人有责任通过"清晰、有力和令人信服"的证据来克服附着在审判法庭的判决和程序上的正确性推定。因此，在判决前阶段，受托人和信托受益人（或任何数量的信托受益人）之间的"保密关系"所产生的表面欺诈的推定（fn. 13，infra）在第1031条的举证责任下并没有继续。"管辖动议人对判决后撤销救济的举证责任的原则与适用于判决前阶段的举证责任和申辩责任分配的原则有很大的不同"，*Davidson v. Gregory et al.*，No. 65，146（Okla. S. Ct. May 31，1989）Vol. 60 Okla. B. J. 1464，1467 at note 19。每一个没有被记录否定的事实都必须被审查法院推定为支持审判法院的判决或命令。审判法院根据俄克拉何马州60号法令的授权进行干预。60 Okla Stat. § CJ－86－5861号民事案件中的第175.23（A）条获得衡平法的认定。就第1031条分析而言，认同判决与诉讼判决没有区别。"虽然上诉法院可以并将要审查和权衡证据，但除非发现明显违背证据的重要性，否则不能改变初审法院的结论和判决。只要有可能，上诉法院必须作出或促使作出它认为审判法院应该作出的判决。如果结果是正确的，那么判决就不容易被推翻，因为错误的原因被归结为判决的依据，或者因为审判法院考虑了一个不重要的问题或对事实的错误认定。我们既不受初审法院推理的约束也不受其结论的约束。只要法律和事实证明了这一点，且衡平法的判决在任何合理的理论上都是可持续的，加上下级法院得出的最终结论在法律上是正确的，那么就可以确认该判决。一旦在适当的程序中被援引，衡平法将对证据所形成的所有问题提供完整的救济，而不管诉状是否具体提出要解决这些问题。"*Matter of Estate of Bartlett*，680 P. 2d 369，374（Okla. 1984）. 根据第1031条的分析，对撤销申请的解决取决于两个裁决标准的应用：（1）与确定的证据相反，和（2）明显滥用自由裁量权，*Brown v. Batt*，631 P. 2d 1346，1348（Okla. App. 1981）。对于同意的规定判决，需要强有力的证据。

美国联邦地区法院
得克萨斯州北部地区
达拉斯法庭

Johnson 电子产品公司，	§	
原告，	§	
	§	
诉	§	民事程序，第 97CV126 号
	§	
SemPro 集团公司，	§	
被告，	§	

约翰逊关于在权利主张的构建中使用外部证据的文书

本文书涉及 SemPro 对约翰逊打算在即将举行的马克曼(Markman)听证会上提供的证据的反对意见。[33] 这些反对意见显然是基于 SemPro 的两个错误：(1)它曲解了几个证据的目的；(2)它忽视了联邦巡回法院最近的法律，包括 *Markman* 案本身，解释了外部证据在解释专利权利要求方面的适当作用。

请注意，这些页面看起来多干净。

论　　点

一、只要外部证据不改变权利主张的明确含义，就可以在主张解释中适当使用

正如联邦巡回法院在 *Vitronics* 案中所指出的，“在确定权利要求的适当解释时，法院有许多可以适当利用的指导来源”。[34] 当法院不熟悉技术术语或专利的基本技术时，“可以接受证人关于这些主题的证词，也可以采用任何其他信息手段”。[35]

33 See Letter from John Reynolds, dated April 24, 1998 (“Reynolds Letter”), attached to this brief as Exhibit A.

34 *Vitronics Corp. v. Conceptronic, Inc.*, 90 F. 3d 1576, 1582 (Fed. Cir. 1996).

35 *Markman v. Westview Instruments, Inc.*, 517 U. S. 370, 388 (1996) (quoting 2 W. Robinson, *Law of Patents* § 732, at 481 – 83 (1890)).

在解释一项权利要求时，地区法院应首先考虑记录在案的内在证据，包括权利要求、说明书，以及有证据的申请经过诉讼。[36] 如果这些公开记录"毫不含糊地描述了专利发明的范围"，那么对外部证据的依赖是不恰当的。[37] 但是，如果不能从公开记录中确定有争议的权利要求的含义，那么外部证据可能是有帮助的，特别是如果发明的一个关键技术方面既没有在说明书中讨论，也没有在专利申请期间被评论。[38]

在这种情况下，外部证据（包括专家证词、发明人证词、字典、技术论文和文章）可能对法院达成对专利和权利要求语言的正确理解有帮助。[39] 对使用此类证据的唯一相关限制是，法院不应依靠它来改变或反驳不明确的权利要求语言[40]。

二、SemPro 对约翰逊可能提供的外部证据无法提出有效的异议

A. 有关现有技术的证据（包括引用的和未引用的）在解释所声称的权利要求时是相关的。

正如 SemPro 明显认识到的那样，约翰逊的一些证据与之前的专利起诉历史中没有引用的产品和专利有关。[41] 从这一事实出发，SemPro 得出了错误的结论，即这些证据将在马克曼听证会上被提供，以证明所主张的一些权利要求是无效的。[42] 尽管对于某些权利要求，约翰逊已经根据现有技术提出了无效性的抗辩，但无效性的问题不是本诉讼的主题。事实上，约翰逊打算在马克曼听证会上提供现有技术，以表明在任何权利要求可能被发现有歧义的情况下，必须对其进行狭义解释以维护其有效性。

根据公认的法律，专利权利要求"通常被解释为尽可能地维持其有效性"[43]。正如约翰逊之前提交的文书所表明的，约翰逊提供了相关的现有技

36 *Markman v. Westview Instruments, Inc.*, 52 F. 3d 967, 984 – 85 (Fed. Cir. 1995) (en banc), *aff'd*, 517 U. S. 370 (1996).

37 *Vitronics*, 90 F. 3d at 1583.

38 *Fromson v. Anitec Printing Plates, Inc.*, 132 F. 3d 1437, 1444 (Fed. Cir. 1997) (批准使用"来自专家证词、示范性证据和科学测试的外部证据").

39 See *Vitronics*, 90 F. 3d at 1584; *Markman*, 52 F. 3d at 979 – 81.

40 *Vitronics*, 90 F. 3d at 1584 – 85 (外部证据不能被用来"改变或反驳权利要求的明显含义")

41 See Reynolds Letter at 1.

42 See id.

43 *Whittaker Corp. v. UNR Indus., Inc.*, 911 F. 2d 709, 712 (Fed. Cir. 1990); see *Modine Mfg. Co. v. U. S. Int'l Trade Comm'n*, 75 F. 3d 1545, 1557 (Fed. Cir. 1996) (在"合理可能的情况下"，应"对索赔进行解释，以保持其有效性"); *ACS Hosp. Sys., Inc. v. Montefiore Hosp.*, 732 F. 2d 1572, 1577 (Fed. Cir. 1984).

当引证出现在脚注中时，适度使用括号可以很有效。见技巧 26。

但也要注意整个文本是如何讨论判例法的。

术（包括引用的和未引用的）以便对权利要求进行适当的、狭义的解释，避免其因现有技术而失效。[44]

在 *Amhil Enterprises* 案中，联邦巡回法院解释了一项权利要求，以维持其在几项现有技术中的有效性。[45] 在该案中，法院讨论了"基本垂直"在描述杯盖的表面和侧边时的正确含义。法院首先考虑了现有技术中的扎布纳（Zabner）和戴维斯（Davis）专利，审查员在最初根据第 103 条拒绝该权利要求时引用了这些专利。[46] 正如法院所解释的，专利权人将其发明与所引用的现有技术区分开来，"部分是基于凸出面的坡度"[47]。因此，术语"基本垂直"被解释为"垂直"，或"不包括像 Zabner'645 那样的倾斜面的盖子"[48]。

正如联邦巡回法院所解释的，必须对权利要求进行狭义的解释，以避免现有技术：

在没有数字污染的情况下，你可以阅读文本中的每一个字。

> 最后，从我们对现有技术的审查中可以看出，244 号专利所要求的一般结构的盖子在行业中很常见。一些现有技术的盖子描绘了向外延伸的凸起，其外侧有不同的倾斜度，这可以从附件中转载的一些现有技术盖子专利的数字中看出。为了使 244 号专利的权利要求 1 能够"避免"这些现有技术的盖子，"基本垂直"必须被解释为与"垂直"相同或非常接近……对权利要求 1 的任何其他解释都会使其无效。[49]

对于本案中所主张的一些权利要求，也需要进行完全相同的分析。这些权利要求必须被解释为避免现有技术。否则，就像在 *Amhil Enterprises* 案中一样，这些权利要求将被宣布为无效。

SemPro 建议，虽然在起诉历史中实际引用的现有技术可能是相关的，但法院应该忽略任何未被引用的现有技术。[50] 但在 *Vitronics* 案中，联邦巡回法院明确授权在解释专利权利要求时也要考虑引用和未引用的现有技术。"法院可以酌情接受并依赖一方提供的现有技术，无论是否在说明书或档案

---

44 See Johnson's Pre - *Markman* - Hearing Brief on Claim Construction at 5,10,42 - 45,55 - 59.

45 *Amhil Enters. Ltd. v. Wawa, Inc.*, 81 F. 3d 1554, 1559 - 62 (Fed. Cir. 1996).

46 Id. at 1560 - 61.

47 Id. at 1561.

48 Id.

49 Id. at 1562; see id. at 1565.

50 See Reynolds Letter at 1.

历史中被引用。”[51]

与这一规则相一致，在 *Renishaw* 案件中，密歇根州联邦法院在解释一项权利要求时使用了外部的现有技术，以支持其有效性。[52] 正如地区法院所解释的，“楚多夫（Chudov）将现有技术参考文献作为外部证据，即专利和起诉历史之外的证据，证明了发明时的技术状况”[53]。法院引用 *Markman* 案说，这种外在的现有技术“有助于”显示当时什么是旧的，区分什么是新的，并帮助法院解释专利。[54]

Renishaw 法庭随后解释了该权利要求，以支持其在未引用的现有技术楚多夫参考文献上的有效性。“使用（原告）提出的解释，这些限制以及权利要求 51 的其余部分，从字面上看是基于楚多夫参考文献。为了避免使权利要求 51 无效，必须对这些限制进行解释，以排除楚多夫参考文献。”[55]同样，本案中的一些权利要求应被解释为避免根据约翰逊将在马克曼听证会上提出的外部现有技术而使其无效。

尽管 SemPro 反对，但法院在解释所主张的权利要求时可以适当考虑引用和未引用的现有技术。这些证据显然有助于“显示当时的旧东西，区分新东西，并帮助法院解释专利”[56]。

B. 外在证据不需要局限于专利申请日之前的证据。

SemPro 对约翰逊的外部证据的第二个反对意见是，一些证据的日期是在“与这些证据有关的各项诉讼专利的申请之后”。[57] 在没有引用任何权威规定的情况下，SemPro 声称这些证据是不相关的，对权利要求的解释“不可能有任何影响”。[58] 但联邦巡回法院最近的判例法否定了这种说法。

在 *Vitronics* 案中，唯一的问题是权利要求的解释，原告于 1991 年 11 月起诉专利侵权。[59] 地区法院考虑了大量的外部证据，包括专家证词、原告的

---

51 *Vitronics*, 90 F. 3d at 1584 (emphasis added).

52 See *Renishaw v. Marposs Societa' Per Azioni*, 974 F. Supp. 1056, 1088 – 89 (E. D. Mich. 1997).

53 Id. (citing *Markman*, 52 F. 3d at 980).

54 Id. at 1089 (quoting *Markman*, 52 F. 3d at 980, and *Brown v. Piper*, 91 U. S. 37 (1875)).

55 Id.

56 *Markman*, 52 F. 3d at 980 (quoting *Brown*, 91 U. S. 37 (1875)).

57 Reynolds Letter at 1.

58 Id.

59 See *Vitronics*, 90 F. 3d at 1579 (suit brought in 1991); *id.* at 1582 (权利要求的解释是上诉的唯一问题).

一位工程师的现场证词、庭外证词、技术文章和原告的一位雇员的论文。[60] 这篇雇员的论文写于1994年，这显然是在专利申请日之后的几年。[61] 而法院考虑的所有证词，包括宣誓证词，显然都是在该申请日期之后取得的。

在 *Vitronics* 案中，联邦巡回法院最终得出结论，由于权利要求中使用的“回流焊温度”这一短语没有歧义，地区法院不应该依靠外部证据来“改变或反驳权利要求的明显含义”。[62] 更具体地说，*Vitronics* 法庭认为，只有在“考虑了所有内在证据后，权利要求中存在真正的模糊性”时，地区法院才应该在权利要求的解释中使用外部证据。[63]

但联邦巡回法院明确批准审判法庭在解释权利要求之前听取所有可能的证据：“即使法官在解释权利要求之前允许听取所有可能的证据，但与说明书和文件历史不一致的专家证词，也不应该得到任何重视。”[64] 正如法院所指出的，如果地区法院转而使用“专家证词和其他外部证据来帮助它理解基础技术，我们不能说地区法院是错误的”。[65]

同样，*Markman* 法庭的结论是，地区法院可以适当地接受外部证据，然后在这些证据与公共记录所要求的解释相矛盾的情况下拒绝这些证据：“我们的结论是：(1)原审法院在接受马克曼的证词和马克曼的‘专利专家’的证词时，在权利要求的解释问题上没有滥用其自由裁量权，并且(2)原审法院在该证据与法院根据说明书和起诉历史对权利要求的解释相矛盾的情况下，适当地拒绝了该外部证据。[66]”正如宾夕法尼亚州的一家联邦法院最近在适用 *Markman* 案判决时承认的那样，地区法院可以适当地“考虑有帮助的外部证据，如专家证词、学术论文，甚至是销售说明书”。[67]

---

60 Id. at 1581.

61 Id.

62 Id. at 1585.

63 Id. at 1584.

64 Id. ; see *Tanabe Seiyaku Co. v. United States Int'l Trade Comm'n*, 109 F. 3d 726, 732 (Fed. Cir. 1997)（在“作为权利要求解释过程的固有部分，并作为达成权利要求的适当解释的辅助手段”时，可以考虑外部证据）.

65 *Vitronics*, 90 F. 3d at 1585.

66 *Markman*, 52 F. 3d at 981.

67 *Applied Telematics, Inc. v. Sprint Commc'ns Co.*, No. 94 – CV – 4603, 1996 WL 421920, at *5 (E. D. Pa. July 23, 1996) (citing *Markman*, 52 F. 3d at 979, 980).

同样重要的是，*Vitronics* 法庭承认，在某些情况下，地区法院可以不局限于仅仅考虑这些证据。在解释模棱两可的权利要求时，法庭可以适当地依赖 *Vitronics* 案讨论的那些类型的外部证据，包括专利权人的雇员在专利发布几年后写的论文：

在这里，主审法官不仅考虑了说明书，还考虑了专家证词和其他外在证据，如 Vitronics 前雇员所写的论文。毫无疑问，在某些情况下，内在证据不足以使法院确定所主张的权利要求的含义，在这些情况下，外部证据，如地区法院所依赖的证据，也可以适当地被用来理解技术和解释权利要求。[68]

因此，联邦巡回法院 1996 年的这一意见直接反驳了 SemPro 的论点，即在专利申请日之后创建的文件"永远不会对权利要求的解释产生任何影响"[69]。

就其性质而言，大多数外部证据（包括所有专家证词）都是在专利申请后产生的。与 SemPro 的观点相反，这一连串的事件没有提供排除此类证据的理由。

总　　结

Vitronics 案授权本法庭在解释有争议的权利要求之前，听取所有可能的证据，包括外部证据。这种方法促进了效率，因为它允许法庭听取所有可能有用和相关的证据，而不是：(1) 只听取内在证据；(2) 决定每项权利要求是否含糊；以及 (3) 然后可能不得不听取额外的证据来解决权利要求中的任何含糊之处。

因此，约翰逊恳请本法院驳回 SemPro 对约翰逊的外部证据的反对意见，并给予约翰逊所有它应得的救济。

恭敬地提交，

____

68 *Vitronics*, 90 F. 3d at 1584 (emphasis added) (citing *Markman*, 52 F. 3d at 979).

69 Reynolds Letter at 1.

技巧 24 的要点总结

- 让自己对文本引用所产生的刺耳的干扰有敏感认识。
- 通过给所有书目材料加脚注，改善杂乱无章的情况，并减少流程。
- 在剔除所有的引证和括号后，重新阅读你的文章，它可能会不顺畅、生硬和重复；编辑时要注意流畅性和清晰性。
- 虽然说明法院名称或案件名称通常足以在文本中确定法律权威，但如果你需要更多内容，请将引用的细节保持在最低限度。
- 不要冒着被司法机关蔑视的风险：将实质性脚注（包括括号内的材料）融入正文中，免得令读者头疼。
- 如果你不能很容易地将一个脚注陈述整合到正文中，请重新评估其重要性，或你呈现材料的方式。

25

如果必须在正文中引证，让引文别太碍眼

名言警句

“避免引用带来的痛苦。”

——Ben W. Palmer, *Courtroom Strategies* 188 (1959)

“无论从哪个角度看，律师们在将法律渊源介绍限制在法官认为有用的方面做得很差。这是法官们对于法律文书提出的主要意见之一。相当多的人要求律师将讨论限制在更相关的法律渊源上。尤其让法官感到苦涩的是，为支持一个主张而引用一长串的案例，而不是数个贴切的案例。”

——Thomas B. Marvell, *Appellate Courts and Lawyers* 133 (1978).

“仅在必要的范围内谨慎地使用法律渊源，以支持你对于案件深思熟虑的理论。”

——Hon. Nathan S. Heffernan [as quoted in Hon. Ruggero J. Aldisert, *Winning on Appeal: Better Briefs and Oral Argument* 198 (1992)].

“关于引文。律师应特别注意尽可能少地引用，关注那些主导的或较新的案例。”

——Hon. Albert Tate Jr., “The Art of Brief Writing: What a Judge Wants to Read,” in *Appellate Practice Manual* 197, 205 (Priscilla A. Schwab ed., 1992).

“摆放引文的位置，令其有帮助但不碍事。始终将引文置于其支持的陈述之下。不要用引文开始一个句子，尤其当你的读者发现第二行又是一个没有多少帮助的引文时，他们会认为你的文章不值得认真阅读。”

——Bryan A. Garner, *The Elements of Legal Style* 90 (2d ed. 2002).

解释说明

如果你对遵循技巧24的建议感到紧张，或者如果法院规则禁止你这样做，那么，在法律文书中引用时，要避免四种不好的惯例。

第一，不要用引文来开始一个句子。没有人会对阅读这样一个句子感到兴奋："1965 年的《投票权法》，Pub. L. No. 89 – 110，79 Stat. 445 [修订于 42 U. S. C. § § 1971，1973 to 1973bb – 1（1988）]，规定……"

第二，不要把引文放在句子中间。即使你在句子中提到这个案例，也要把引文安排在句末。下面是一个例子，说明什么是应该避免的：

> 虽然指定原告缺乏诉讼资格，使他们无法满足 Fed. R. Civ. P. 23（a）对集体认证的"典型性"要求，See *LaMar v. H & B Novelty & Loan Co.*，489 F. 2d 461，465 – 66（9th Cir. 1973）（"简言之，当指定原告的诉讼理由针对的对象与集体诉讼所针对的被告无关时，就缺乏典型性……我们主张，对被告没有诉由的原告不能'公平和充分地保护'那些有诉由者的利益。"），资格是一个门槛要求，在根据规则 23 对集体代表权进行查询之前必须满足，See *Weiner v. Bank of King of Prussia*，358 F. Supp. at 694（"必须指出的是，原告诉讼资格与规则 23 的集体代表权是完全独立和不同的……诉讼资格是一个重要的门槛，在根据规则 23 确定集体代表权之前，必须跨越这个门槛"）。

在句子中间插入引文是可笑的。

这是一个 187 个字的长句吗？还是一个夹杂着引文的 41 个字的句子？

在法律文书中，没那么惊悚的例子比比皆是。这里有一个典型：

> 在 *Fitzpatrick v. Illinois Human Rights Comm'n*，267 Ill. App. 3d 386，642 N. E. 2d 486（4th Dist. 1994）中，原告指称，雇主未能照顾被诊断患有睡眠障碍的原告，只是把她从白班调到夜班；这构成了基于身体障碍的歧视，Id. at 387，642 N. E. 2d at 487。法院认为……

即使假设这是首次引用该案例的段落，你也可以这样处理引文：

> 在 *Fitzpatrick v. Illinois Human Rights Comm'n* 案中，原告指称，雇主未能照顾被诊断患有睡眠障碍的原告，只是把她从白班调到夜班；这构成了基于身体障碍的歧视，642 N. E. 2d 486，487（Ill. App. Ct. 1994）。法院认为……

当然，你最好遵循技巧 24 的建议。

第三，不要把整段引文之后的引证左对齐。例子一显示了在整段引文的结尾处，将引证左对齐会有多大的误导性。引文后面的句子就完全消失了。不管《蓝皮书》怎么说，更好的做法是将括号内的引证塞到文字下面。

第四，不要使用字符串引证。这个警告已经成为陈词滥调，但各地的律师仍继续我行我素。就像法律写作中的许多其他坏习惯一样，字符串往往暴露了自信心的缺乏。

技巧24解决了这个问题。但是，如果你通过一个案例就能支持自己的主张，那就引用这一个案例，没有必要引用每个相关的案例。只需从案件司法管辖区的终审法院中挑选一个最新的案例；一般而言，该案例将成为充分的法律渊源。

然而，如果你确信有必要强调一系列的案例，例如，当法律的演化对理解你所提出的论点很重要时，那么就把它们放在一个列表中，最好是在整段引文之前先列出判决引证。引文的最大麻烦是一个强调和从属的问题。与引文的权威性最相关的是管辖法院、判决内容和判定日期，所有这些信息都出现在末尾的引证中，而判决内容则进一步埋在括号里；最不重要的是案件的名称、卷号和页码。然而，传统的引文格式强调了最不重要的东西，而把最重要的东西放在了次要位置，就像这样：

> 纽约法院认为，有几类行为是被告在该州进行商业活动的证据，*W. Lowenthal Co. v. Colonial Woolen Mills, Inc.*, 38 A. D. 2d 775, 776, 327 N. Y. S. 2d 899, 901 (3d Dep't 1972)（认为在纽约设有办事处就是进行商业活动）；*Dunn v. Southern Charters, Inc.*, 506 F. Supp. 564, 567 (E. D. N. Y. 1981)（认为在纽约招揽生意就是进行商业活动），*Masonite Corp. v. Hellenic Lines, Ltd.*, 412 F. Supp. 434, 438 (S. D. N. Y. 1976)（认为拥有纽约银行账户就是进行商业活动）；*Kazlow & Kazlow v. A. Goodman & Co.*, 92 Misc. 2d 1084, 1086, 402 N. Y. S. 2d 98, 99 (1st Dep't 1977)（认为利用纽约法院就是进行商业活动）。

引文污染了整段文字，以至于很难将注意力集中在观点上。

很难设计出一种更低效的方式来传递这段文字中包含的信息。但是考虑一下，若引文中的原来括号里的内容通过清单突出显示其余部分内容，效果如何？

> 纽约法院认为，以下类型的活动是被告在该州进行商业活动的证据：

思路放大了；引证信息缩小了。

- 在纽约设有办事处[*W. Lowenthal Co. v. Colonial Woolen Mills, Inc.*, 327 N. Y. S. 2d 899, 901(3d Dep't 1972)]；
- 在纽约招揽生意[*Dunn v. Southern Charters, Inc.*, 506 F. Supp. 564, 567(E. D. N. Y. 1981)]；
- 拥有纽约银行账户[*Masonite Corp. v. Hellenic Lines, Ltd.*, 412 F. Supp. 434, 438(S. D. N. Y. 1976)]；
- 利用纽约法院[*Kazlow & Kazlow v. A. Goodman & Co.*, 402 N. Y. S. 2d 98, 99(1st Dep't 1977)]。

例子二展示了这一技巧的一种变化：案例名称放在前面，然后才是实质性的引文，以显示20世纪的法律演化。无论是上述的串引方式，还是例子二的方式，都比只用括号进行串引强得多。

例子

例子一：引证左对齐的问题

反例： 至少有两名Navpro公司的现任或前任雇员在他们的证词中证实，莱利(Riley)先生没有参与Maplewood One的开发。理查德·谢普曼(Richard Shipman)在Navpro公司工作时是Navpro公司纽约办事处的物业管理副总裁，他确认Navpro公司与Maplewood One没有任何关系：

> 提问：你是否知道，在你为Maplewood One的纽约办事处工作时，麦克·莱利(Michael Riley)的职责是什么？
>
> 康耶斯(Conyers)先生：反对。
>
> 证人：麦克·莱利负责开发新的房地产。因此，他不负责Maplewood One。
>
> . . .
>
> 提问：你是否记得，莱利先生参与了从Maplewood One清除石棉的决定或从Maplewood One实际清除石棉的工作？
>
> 康耶斯先生：反对。
>
> 证人：绝对没有。
>
> 提问：莱利先生是否对Maplewood One大楼有任何管理责任？
>
> 康耶斯先生：反对。
>
> 证人：绝对没有。

（见理查德·谢普曼在1995年12月14日的证词记录，在作为律师证明的附件A的83:18,84:14）。莱利在纽约办事处工作时，马修·布鲁克斯（Matthew Brooks）是Maplewood One的资产经理，他也证实了这个事实（见马修·布鲁克斯在1995年12月20日的证词记录，在作为律师证明的附件B的76:20－23）。

注意，两行引文无效地还原了文本，将附带信息置于高度强调的位置。

范例：至少有两名Navpro公司的现任或前任雇员在他们的证词中证实，莱利先生没有参与Maplewood One的开发。理查德·谢普曼在Navpro公司工作时是Navpro纽约办事处的物业管理副总裁，他确认莱利与Maplewood One没有任何关系：

> 提问：你是否知道，在你为Maplewood One的纽约办事处工作时，麦克·莱利的职责是什么？
>
> 康耶斯先生：反对。
>
> 证人：麦克·莱利负责开发新的房地产。因此，他不负责Maplewood One。
>
> . . .
>
> 提问：你是否记得，莱利先生参与了从Maplewood One清除石棉的决定或从Maplewood One实际清除石棉的工作？
>
> 康耶斯先生：反对。
>
> 证人：绝对没有。
>
> 提问：莱利先生是否对Maplewood One大楼有任何管理责任？
>
> 康耶斯先生：反对。
>
> 证人：绝对没有。
>
> [Shipman dep.,83:18,84:14,Ex. A to Counsel Cert.]

引证被塞进了方括号，右对齐的。

莱利在纽约办事处工作时，马修·布鲁克斯是Maplewood One的资产经理，他也证实了这个事实。（见Brooks dep.,76:20－23,Ex. B to Counsel Cert.）

关键论点。

例子二：列举式引文

然而，本案并不独特。得克萨斯州的一长串案件规定，如果保险人在没有权利保留的情况下无条件地进行辩护，就会被禁止对不利的判决免责。这些案件始于本法院在*Automobile Underwriters' Ins. Co. Murrah*案中持有的观点，法院认定"当保险人在充分了解针对被保险人阿黛尔（Adair）

首要案件。

的诉讼中要审理的问题的情况下，其可以排他性地控制和管理阿黛尔在该诉讼中的辩护，向法庭提出关于该辩护的所有证据，提交所有代表阿黛尔的法律文书，审查和盘问所有证人；从而放弃保险单中的辩护条款，承认接受有利于阿黛尔的无条件债务”，40 S. W. 2d 233，234（Tex. Civ. App. – Dallas 1931）。这一系列的权威案例中更新的案例都遵循了 *Murrah* 案的思路：

不间断的判例链。

- *Pacific Indem. Co. v. Acel Delivery Serv.*, *Inc.*，485 F. 2d 1169，1175（5th Cir. 1973）（apply Texas law）：“即使保险人已经作出了辩护，为了使禁止反言对不承担保险责任的辩护有效，也必须证明主张禁止反言的一方遭受了损害……然而，Pacific 公司在审判前不到一个月的时间内未及时撤诉，不但不能排除，反而应该支持对其不利的判定。”
- *Western Cas. & Sur. Co. v. Newell Mfg. Co.*，566 S. W. 2d 74，77（Tex. Civ. App. – San Antonio 1978）：“保险人作出了辩护，其律师选择了陪审团，并收到了和解提议，但没有向被保险人说明已经作出了违反保单的决定，而是通知被保险人退出。那个时候通知被保险人退出辩护，是非常不公平的”。
- *Farmers Tex. Cnty. Mut. Ins. Co. v. Wilkerson*，601 S. W. 2d 520，521 – 22（Tex. Civ. App. – Austin 1980）：“如果保险人在没有获得保留权利或拿到不弃权协议的情况下代替被保险人进行辩护，并且知道不予赔付的相关事实，那么所有的保单抗辩，包括不予赔付的抗辩，均视为放弃被禁止提出。”
- *Arkwright – Boston Mfrs. Mut. Ins. Co. v. Aries Marine Corp.*，932 F. 2d 442，445（5th Cir. 1991）：“典型的禁止反言情况发生在保险人承担了被保险人对可能不在保单范围内的索赔的辩护责任，而不保留其拒绝赔付的权利。在诉讼失败后，保险人以不予赔付为由拒绝向索赔人支付，并建议索赔人向被保险人追索。禁止反言的基础是保险人的利益冲突：它极有可能在诉讼中为被保险人辩护的同时，谋划保单抗辩理由来拒绝赔付。”

瓜尔迪安（Guardian）并不能指出任何相反的法律渊源。让人颇感意外的是：瓜尔迪安仍能向本法院提交一份49页没有引用的文书，更不用说，那些法庭在其先前的意见中依赖的判决先例。

技巧25的要点总结

- 切勿以引文作为句子的开头。
- 永远不要把引文放在句子的中间。
- 将引文限制在最新的、最相关的和最权威的来源。
- 避免串引；如果真的需要，用要点编列的方式呈现。
- 当使用整段引文时，应将引证置于方括号内，放在引文下方右对齐。

26

不要把论点埋没在括号内的案例解释中

名言警句

“隶属关系提供了区分主要观点和次要观点的手段，或带来支持性的背景或细节。”

——Andrea Lunsford & Robert Connors, *The St. Martin's Handbook* 310 (1989).

“括号是为不重要的案件的事实准备的。不要把重要案件的事实放在括号里。括号向读者发出信号，里面的内容是附带的。”

——Alan L. Dworsky, *The Little Book on Legal Writing* 96 (2d ed. 1992).

“当所引用的权威的相关性对读者来说可能并不清楚时，建议使用括号信息……”

——*The Bluebook: A Uniform System of Citation* § 1.5, at 59 (19th ed. 2010).

解释说明

如果文本中的引用会造成问题(见技巧25)，那么文本中的括号会造成更大的问题。尽管引文的括号在脚注中非常好，但在正文中却非常可怕。为什么？因为它们在你的句子之间形成了一个更大的楔子。有时它们会埋没句子。

简报撰写者经常在括号中提出他们论点的主要部分。他们经常说，这些案例的解释很重要。但“重要的括号”这个短语肯定是个矛盾的说法。一个括号只是告诉读者关于所引用的案例的一些情况；无论多长，它都不能取代对案例相关性的直接解释。事实上，它掩盖了你的论点，因为读者无法清楚地看到要点——如果有的话。

这些括号起源于哪里？在法律评论中，引文是有脚注的。但是，一旦你把引文往上移，并对其中的许多甚至大多数引文进行括号式解释，几乎所有理性的读者都开始跳过和略过。事实上，该文本很难说是为了在传统意义上进行“阅读”。当你的读者开始跳过任何东西时，精读就是一种过去式。

一个解释性的括号应该是简短的。理想的情况是，它应该用几个字将读者引向能够牢固支持你的观点的特定声明。如果你必须说得更多，或者如果所引用的案例中的陈述的上下文对其意义有影响，你应该用一两句话来解释该案例在文本中的相关性，并且引用的内容应该是次要的，最好是在脚注中。

下面是它的工作原理。以一个典型的“非段落 ”为例，其中所有的有用信息都被埋在括号里：

> 同样地，同样的规则也适用于针对被许可人的宣告性判决诉讼。*A123 Sys.*, *Inc. v. Hydro – Quebec*, 626 F. 3d 1213, 1217 (Fed. Cir. 2010)（“一般来说，……被指控的侵权人也必须在声明性诉讼中同时加入独家许可人和专利人，因为专利人是必要的一方。”）; see aslo *Enzo APA & Son v. Geapag A. G.*, 134 F. 3d 1090, 1094 (Fed. Cir. 1998)（“在发现 Geapag 因为没有加入专利权人而没有资格后，法院对 *Enzo* 的声明性判决要求缺乏管辖权，根据 Fed. R. Civ. P. 19 的规定，法院对 *Enzo* 案的声明性判决要求没有管辖权。”）。

凡是在引文中加上括号的，都有可能被跳过。

大多数读者会跳过这些内容。现在让我们对其进行改造，将材料从括号中抽出，使其成为一个结构良好的段落的一部分：

> 根据联邦巡回法院的判例法，同样的规则适用于针对被许可人的声明——判决诉讼。[1] 由于专利权人是必要的一方，被指控的侵权者必须同时加入独家被许可人和专利权人。[2] 同时，为了使被告被许可人有资格，他也必须加入专利权人的诉讼；否则，法院将因其不加入而缺乏管辖权。[3]

在这里，每一个字都将被阅读。

现在你可以理解作者的想法。当这些想法被埋在括号里时，它们很可

1 *A123 Sys.*, *Inc. v. Hydro – Quebec*, 626 F. 3d 1213, 1217 (Fed. Cir. 2010).

2 Id.

3 *Enzo APA & Son v. Geapag A. G.*, 134 F. 3d 1090, 1094 (Fed. Cir. 1998); Fed. R. Civ. p. 19.

能一直没有得到处理。

因此，请记住：括号作为脚注中的一个偶尔的工具是好的，因为它们是在法律评论中发展起来的。但在文本中，它们通常是可恶的，因为它们会使读者开始略过，然后跳过，然后过早地合上简报。

下面的例子大多是不言自明的。例子一至例子三是一个懒惰的研究者的作品，他不屑于把论点写成真正的段落。由此产生的“段落”是臃肿的、不可读的。请注意，“范例”的版本与“反例”的版本（也就是由不熟练的作者实际提交给法庭的版本）几乎没有什么区别。这些修订使这些段落更加明确，更加有说服力。清晰度的显著提高涉及作者的大量努力——其目的始终是让读者不必为理解而付出任何不必要的努力。

例子四来自达拉斯的比弗利·雷·伯格盖姆——包含了对判例的讨论，是典型的合理分析。因为书目信息（引用事项）已被置于次要地位（见技巧 24），所以简报正文中唯一需要包括的是对先例的讨论，以及它们如何和为什么制约本案的结果。这一点引出了一个悖论：通过脚注引文，你把对案例的讨论放在了前面。

相比之下——这也是这里的重点，也是技巧 24 和技巧 25 的重点——你在一页上的引用越多，你就越不可能讨论或分析这些案例。

当这种类型的写作是双倍行距时，它是可怕的。读者开始跳读，或者完全停止阅读。

例子一：典型的括号使用不当

见技巧 52

反例：一、默许

默许涉及一方对另一方的默示或明示的保证，诱使后一方的信赖。Conan Props., Inc. *v.* Conan's Pizza, Inc., 752 F. 2 d 145, 153 (5th Cir. 1985)（在被告经营的 5 年期间，原告访问了被告的餐厅，祝贺他们的创业，后来还送了一张签名的照片，祝他们成功的情况下，认定为默许）；而拖延被定义为不合理地拖延提起诉讼，导致对被告的损害，但区分这两个术语可能很困难，因为不同法院经常交替提及它们。例如，University of Pittsburgh *v.* Champion Prods., Inc., 686 F. 2d 1040, 1045 (3d Cir.), cert. denied, 459 U. S. 1087 (1982)（大学延迟 40 年对 Champion 提起诉讼是一种“沉默的默许”，禁止金钱救济）；Saratoga Vichy Spring Co. *v.* Lehman, 625 F. 2d 1037, 1041 (2d Cir. 1980)（在讨论逾期抗辩时，法院认为 Saratoga Vichy Spring Co. 在 7 年时间里没有对被告的使用提出任何异议，从而默认了国家对其商标的使用）；Pflugh *v.* Eagle White Lead Co., 185 F. 769, 772 (3d Cir.)（原告通过沉默“默许”了被告的使用，因为被告拒绝了原告的两封停止令,主张了自己对该商标拥有对抗原告的权利,而原告在14年内没有采取任何法律行动),cert. denied,220 U.S.615 (1911)。

其他法院已经阐明了默许和拖延之间的明确区别。例如,Dial – A – Mattress Operating Corp. *v.* Mattress Madness, Inc.,841 F. Supp. 1339,1356 (E.D.N.Y.1994)(将默许与拖延区分开来,因为默许需要积极鼓励被告使用,而拖延的结果是长期的疏忽或不作为);Chase Fed. Sav. & Loan Ass'n *v.* Chase Manhattan Fin. Servs., Inc.,681 F. Supp. 771,783 (S.D. Fla. 1987)(将默许与拖延区分开来);Carl Zeiss Stiftung *v.* V.E.B. Carl Zeiss, Jena, 293 F. Supp. 892,917 (S.D.N.Y.1968)("与迟滞不同,默许只有在发现原告的行为相当于向被告明示或暗示保证原告不会向被告主张其商标权时,才构成拒绝救济的理由。"),经修改后确认,433 F.2d 685 (2d Cir. 1970), cert. denied,403 U.S.905 (1971)。

范例:一、默许

逾期和默许是历史上不同的概念。默许涉及一方对另一方的隐含或明确的保证——诱使后一方信赖。例如,在 *Conan Properties, Inc. v. Conan's Pizza, Inc.* 案中,第五巡回法院注意到文学作品人物"蛮王柯南"的创作者斯普拉格·迪坎普(L. Sprague deCamp)曾在奥斯汀一家名为"柯南比萨店"开业5年期间到访过,祝贺店主的创业,并寄来一张签名照片,祝他们成功。[4] 这些行为意味着斯普拉格·迪坎普默许了该餐厅的名字。[5] 相比之下,拖延是指不合理地拖延提起诉讼,导致被告受到损害。[6]

> 由于删除括号暴露了"不是这样"的散文的弱点,因此有必要对材料进行重大修改。

然而,区分默许和拖延可能是困难的,因为法院经常交替使用它们。例如,一所大学拖延了40年才对商标侵权和不正当竞争提起诉讼,这被称为"沉默的默许";[7] 一家装瓶商的拖延辩护失败,因为该装瓶商"默许"侵权者使用其商标达7年之久;[8] 一家白铅制造商"默许"他人使用类似的商标,14年来未采取任何法律行动,而被告拒绝了原告的两封停止令并主张自己对该商标拥有对抗原告的权利。[9]

一些法院对默许和拖延作出了明确的区分。例如,一家纽约法院指

4 752 F.2d 145,153 (5th Cir. 1985).

5 Id.

6 Id.

7 *University of Pittsburgh v. Champion Prods., Inc.*,686 F.2d 1040,1045 (3d Cir. 1982).

8 *Saratoga Vichy Spring Co. v. Lehman*,625 F.2d 1037,1041 (2d Cir. 1980).

9 *Pflugh v. Eagle White Lead Co.*,185 F.769,772 (3d Cir. 1911).

出，默许需要积极鼓励被告的使用，而拖延则是由于长期的疏忽或不作为。[10] 另一家纽约法院解释说，只有当法院发现商标所有人的行为明确或默示地向被告保证，商标所有人不会对被告主张其商标权时，默许才是拒绝救济的理由。[11]

例子二

在法律评论中，将括号与引文结合在一起是有意义的，因为引文是有脚注的，但在文本中的案例就不是这样了。

反例：在美国境内，“即使是可被排斥的外国人，就第五修正案而言，也是一个‘人’，因此有权享受正当程序”。Chi Thon Ngo，192 F. 3d at 396；see aslo Plyler，457 U. S. at 210（“无论他在移民法下的地位如何，外国人肯定是该术语的任何普通意义上的‘人’。外国人，甚至是非法居留在这个国家的外国人，长期以来一直被认为是第五修正案和第十四修正案保障的‘人’。”）；Rosales - Garcia，322 F. 3d at 410 n. 29（“没有一个巡回法院得出结论，第五修正案和第十四修正案的正当程序条款不适用于可被排除的外国人。”）；Haitian Ctrs. Council *v.* Sale，823 F. Supp. 1028，1042（E. D. N. Y. 1993）（“如果正当程序条款不适用于关塔那摩的被拘留者，被告人就有自由裁量权，故意让他们挨饿或挨打，剥夺他们的医疗照顾，未经正当程序将他们交给迫害者，或根据他们的肤色进行歧视。”），被批准集体诉讼和解协议的协议书撤销（1994 年 2 月 22 日）；*Amanullah v. Nelson*，811 F. 2d 1，9（1st Cir. ，1987）（“在接纳和排斥程序的范围内，可被排斥的外国人确实有正当程序权利……仅仅是一个被排除在外的外国人这一事实，就不允许警察野蛮地殴打他，也不允许法院无标准地判处其死刑，作为对犯有刑事罪的惩罚。”）。

范例：联邦法院一次又一次地承认，在美国领土内，可被排斥的外国人是一个人，并有权获得第五修正案和第十四修正案规定的适当程序保护。[12] 没有一个法院不这样认为。[13] 正如第一巡回法院所指出的那样，否认正当程序将使非公民受到令人发指但合法的虐待和歧视行为的影响。[14]

---

10 *Dial - A - Mattress Operating Corp. v. Mattress Madness, Inc.*，841 F. Supp. 1339，1356（E. D. N. Y. 1994）.

11 *Carl Zeiss Stiftung v. V. E. B. Carl Zeiss, Jena*，293 F. Supp. 892，917（S. D. N. Y. 1968）.

12 See，e. g. ，*Chi Thon Ngo*，192 F. 3d at 396；see *also Plyler*，457 U. S. at 210.

13 *Rosales - Garcia*，322 F. 3d at 410 n. 29.

14 *Haitian Ctrs. Council v. Sale*，823 F. Supp. 1028，1042（E. D. N. Y. 1993），vacated by Stipulated Order Approving Class Action Settlement Agreement（Feb. 22，1994）；*Amanullah v. Nelson*，811 F. 2d 1，9（1st Cir. 1987）.

例子三

需要阅读20页或30页这种东西的人，祝他好运。

反例：乔治亚州的法院会努力寻找交易中交换的有价值的对价。Pharr *v.* Pharr, 57 S. E. 2d 177 (Ga. 1950); Oxford *v.* Hasty, 445 S. E. 2d 276 (Ga. Ct. App. 1994)(债务人给其配偶的契约上写着"为了爱和感情以及5美元"，被认为是该契约基于有价值的对价的初步证据); Avary *v.* Avary, 41 S. E. 2d 314, 322 (Ga. 1947)(契约中提到了未来的服务，如向老人提供的服务，被认为构成了有价值的对价); 例如，Munford, 98 F. 3d at 612 (认定持续履约是不定期合同中对于未来遣散费的对价); Tidwell *v.* Calbreath, 207 B. R. 309 (Bankr. M. D. Ga. 1997) [认定债务人在资不抵债期间向妻子转让婚内财产利益不属于第18-2-22(3)条规定的欺诈行为。因为她放弃进一步的赡养费或财产分割要求构成了有价值的对价]; Stokes, 278 S. E. 2d at 395[认为法院指定的接管人未能满足第13-2-22(3)条的规定，因为有一些有价值的对价(如金钱)进行交换]; Wallace *v.* Williams, 95 S. E. 2d 369(Ga. 1956)(持有10美元现金对价的契约表面上表明它不是一个自愿的转让行为，但没有显示这笔款项实际上未被支付)。

范例：佐治亚州的法院努力寻找有价值的对价来支持一项交易，[15] 他们已经发现了许多不寻常的对价类型。例如，佐治亚州最高法院认为，一份提到未来将向老人提供服务的契约构成了有价值的对价。[16] 同样，第十一巡回法院适用佐治亚州的法律，认为一个雇员在可终止的合同下的持续表现是基于对未来遣散费的考虑。[17] 甚至对名义上的现金支付的叙述也被认为是有价值的对价。因此，一个债务人给他的配偶的契约上写着"为了爱和感情以及5美元"，这被认为是一个初步证据，证明该契约是基于有价值的考虑。[18] 同样，一份提到10美元现金对价的契约，从表面上看，它不是一个自愿的转让，因为没有显示这笔钱被实际支付。[19]

---

15 *Pharr v. Pharr*, 57 S. E. 2d 177 (Ga. 1950).

16 *Avary v. Avary*, 41 S. E. 2d 314, 322 (Ga. 1947).

17 *Munford v. Valuation Res. Corp.*, 98 F. 3d 604, 612 (11th Cir. 1996).

18 *Oxford v. Hasty*, 445 S. E. 2d 276 (Ga. Ct. App. 1994).

19 *Wallace v. Williams*, 95 S. E. 2d 369 (Ga. 1956).

例子四：当括号内的内容被放到正文中，且引文置入注脚，文书外观将如何？

请注意，偶尔的括号是相当有效的——如果引文已经在脚注中被置于次要位置。

二、最高法院对第1305条进行了广泛的解释，以排除国家法律索赔

在Morales *v.* Trans World Airlines, Inc. 案中，最高法院对第1305条的豁免范围进行了广泛的解释，得出结论认为，州政府的欺骗性广告规则不能针对航空公司执行，因为它们适用"与航空运输公司的费率、航线或服务有关"的法律。[20] 莫拉莱斯法院对与"有关"这一短语进行了广泛的解释。

> 与"有关"的普通含义是一个广泛的含义，即"与某种关系有关；有影响或关注；涉及；指；与之相关或联系"，《布莱克法律词典》1158（1979年第5版）——因此该词表达了一个广泛的先发制人目的[21]。

根据其对《雇员保护法》中类似措辞的豁免条款的解释，法院指出，这种条款具有"广泛的范围"和"扩张性"。[22]

在*Morales*案中，最高法院明确表示，即使在以下情况，州的规则或法律也可能被取代。（1）它不是专门针对航空业的；（2）它的影响只是间接的；（3）它与联邦法律不一致。[23] 正如本法院对*Morales*案规则的描述："普遍适用的法律，即使是那些与联邦法律相一致的法律，如果对费率、航线或服务有'禁止的重大影响'，也会被取代。"[24]而*Morales*案，"毫无疑问，基于普通法的侵权行为或合同的索赔与任何其他索赔一样受到第1305条的豁免，如果能证明它'涉及'航空公司的'费率、航线或服务'"。[25]

如莫拉莱斯法院所解释的那样，一些州的行动可能会影响航空公司的费率、航线或服务，"其方式过于微弱、遥远或边缘化"，从而被排除在外。[26] 但正如本院在*Hodges*案中所承认的，莫拉莱斯法院并没有确切地说明应该在哪里划线。[27] 与*Morales*案中的索赔一样，本案中的索赔并没有提出一个边

请注意，这里对判例法进行了搜索和相关的详细讨论。

20 *Morales v. Trans World Airlines, Inc.*, 504 U. S. 374, 383 (1992).

21 Id.

22 Id.

23 Id. at 386; see *Hodges*, 44 F. 3d at 336.

24 *Hodges*, 44 F. 3d at 336 (citing *Morales*, 504 U. S. at 388); see *Morales*, 504 U. S. at 386 (noting that common-law tort and contract claims may be preempted) (citing *Pilot Life Ins. Co. v. Dedeaux*, 481 U. S. 41, 47-48 (1987); *Mackey v. Lanier Collection Agency & Serv., Inc.*, 486 U. S. 825, 829 (1998)).

25 *Williams v. Express Airlines I, Inc.*, 825 F. Supp. 831, 833 (W. D. Tenn. 1993).

26 *Morales*, 504 U. S. at 390; see *Williams*, 825 F. Supp. at 833.

27 *Hodges*, 44 F. 3d at 336; see *Williams*, 825 F. Supp. at 833.

界问题。[28] 相反,执行这些国家法律索赔将对航空公司服务产生直接和深刻的影响。

三、第九巡回法院正确地认识到,与酒类服务有关的州法索赔是被优先考虑的

第九巡回法院在广泛依赖莫拉莱斯法院意见的基础上,最近承认与航空公司的酒水服务有关的州法律索赔是完全被排除的。[29] *Harris* 案,解决了与本案类似的问题,是在本院对霍奇斯和史密斯给出全院意见后作出的[30]。

在 *Harris* 案中,原告在州法院提起诉讼,声称有过失和其他诉讼理由。[31] 和本案一样,美国航空公司将此案移至联邦法院,并提出即决裁判动议,辩称州法索赔已被取代,或者说不存在真正的事实问题[32]。初审法院裁定哈里斯的州索赔没有被取代,但批准了美国航空公司关于案情的简易判决动议[33]。

在上诉中,第九巡回法院确认了豁免权的理由,拒绝处理州法律索赔的案情。[34] 第九巡回法院的结论是,由于这些索赔直接与航空公司的服务有关,因此它们被排除在外:

> 哈里斯直接抱怨的是酒精饮料的服务,她声称这使 John Doe 作出了应受谴责的行为……这些指控直接涉及航空公司提供的一项"服务":提供饮料。[35]

第九巡回法院审理的问题与本案的问题相同。"《联邦航空法》第 1305(a)(1)条……是否排除了州法律对航空公司过失的索赔。"[36] 正如法院正确的结论,所有原告的州侵权索赔,包括过失,都被完全排除,因为它们与航空公司的服务有关。[37]

通过消除文本中的"数字污染",人们可以更好地分析控制性案例。

---

28 See *Morales*, 504 U. S. at 390.

29 See *Harris v. American Airlines*, 55 F. 3d 1472, 1476 (9th Cir. 1995).

30 *Compare Harris*, 55 F. 3d at 1472 (decided June 1, 1995), *with Hodges*, 44 F. 3d at 334 (decided Feb. 15, 1995), and Smith, 44 F. 3d at 344 (decided Feb. 15, 1995).

31 *Harris*, 55 F. 3d at 1473.

32 Id.

33 Id.

34 Id.

35 Id. at 1476.

36 Id. at 1473.

37 Id. at 1476 – 77.

哈里斯法院考虑了与本案类似的事实，并得出结论，根据州法律，不能就据称在飞行期间醉酒的乘客造成的伤害起诉航空公司。[38] 哈里斯就1990年从达拉斯到波特兰的飞行中发生的事件起诉美国航空公司。[39] 哈里斯是头等舱的一名乘客，她声称在飞行过程中，美国航空公司为一名她认为已经喝醉的同伴提供了四杯饮料。[40] 这名乘客说了一些种族歧视的话语，让非裔美国人哈里斯很不高兴。[41]

第九巡回法院在 *Harris* 案中的裁决直接与此相关。米勒（Millers）夫妇特别抱怨美国航空公司没有履行其作为酒精饮料服务员的职责，没有适当控制醉酒乘客的行为。[42] 与 *Harris* 案一致，第九巡回法院几乎肯定会认为本案中的州法索赔与航空公司服务"有关"，因此完全被《航空放松管制法》第1305（a）（1）条所取代。

甚至 *Harris* 案中的反对意见也支持对米勒夫妇的州法律索赔的豁免。[43] 在得出豁免是不恰当的结论的同时，持反对意见的法官基于他的观点，认为这些索赔与酒水服务无关，而是与航空公司未能通过保护一名乘客免受另一名乘客的虐待行为而确保其安全有关。[44] 相反，米勒夫妇的索赔不能被视为与乘客的安全有关，因为米勒夫妇不是航班上的乘客。相反，这些索赔直接且完全与向巴伯（Barber）提供酒精服务有关。根据 *Harris* 案的多数意见和反对意见，米勒夫妇的州法律索赔被排除。

38 See id.
39 Id. at 1473.
40 Id.
41 Id.
42 1 R. 25 (R. E. Tab F).
43 *Harris*, 55 F. 3d at 1477 (Norris, J., dissenting).
44 Id. at 1477 – 78.

技巧 26 的要点总结

- 尽量减少文中引用括号的使用。
- 不要把重要的案例信息放在括号里而淡化它。相反，应将其编入正文中，这是属于它的地方。
- 将引文括号保留给不重要的案件的摘要，并将其限制在脚注中。
- 永远不要在括号中提出你的论点。
- 开始注意到你在酒吧的许多同事把他们的观点埋在括号里，这些括号将不可避免地被读者跳过或最多略过。

第五部分

词句生动简洁

27

放松语气：抛弃"法律术语"

名言警句

"简单的英语不是任何人的母语。它必须经过努力才能实现。"

——Jacques Barzun, *Teacher in America* 47 (1945).

"我是最后一个认为一篇关于法律的文章可以读起来像一本诱人的性爱小说或侦探故事的人，但我不明白为什么它必须像19世纪的布道书和高等数学论文的结合。"

——Fred Rodell, *Goodbye to Law Reviews—Revisited*, 48 Va. L. Rev. 279, 282 (1962).

"就行话而言，没有人做过任何事，感觉到任何事，或造成任何事；没有人提出观点。'Opinions are had'；'causes result in'；'factors affect'。一切都被简化为模糊的抽象概念。作者甚至可以不存在，因为行话听起来好像不是人写的，只是出自机器；它机械地谈论着某种模糊力量互动的结果。"

——Robert Waddell, "Formal Prose and Jargon," in *Modern Essays on Writing and Style* 84, 89 (Paul C. Wermuth ed., 1964).

"现代文章的主要错误一般是不通畅……对大多数人来说……大多数情况下，在日常严肃的说明性文章的写作中，那种不通畅的声音挡住了路。我认为，形成妨碍的原因是作者的害怕。如果这是一个焦虑的时代，我们对焦虑的反应之一就是退回到全知全能和多音节的疏离状态，没有人可以抓到我们。"

——Walker Gibson, *Tough, Sweet & Stuffy* 107 (1966).

"法律术语比抽烟更糟糕，要戒掉这个习惯是非常困难的，所以不要自欺欺人。如果你想写出平直的英语，你就必须学会如何写。你必须像学习西班牙语或法语一样学习它。这将需要大量的工作和大量的练习，直到你掌握了这项技能。"

——Rudolf Flesch, *How to Write Plain English: A Book for Lawyers and Consumers* 2 (1979).

"态度的改变不只是记住一些写作规则。律师必须相信，那些似乎不错的陈旧文法,没有任何目的或价值。这是一个很高的要求;需要情感上的,甚至是心理上的宣传,让众多律师知道,看起来像20世纪下半叶的公民并没有错。你所作文书的可读性并不会把你变成差劲的律师。"

——Christopher T. Lutz, "Why Can't Lawyers Write?" in *Appellate Practice Manual* 167,177 (Priscilla A. Schwab ed.,1992).

"和自己玩个游戏:看看你能列出多长的完全可以弃之不用的律师用语清单。从今天起检查你的语言。剔除任何听起来像律师的东西。找到一些其他的方式来进行表达。在这方面努力工作,因为这真的很重要。黄金法则很明确:除非绝对必要,不要听起来像个律师。"

——Keith Evans, *The Golden Rules of Advocacy* 17 (1993).

"如果你已经陷入了法律术语的魔咒,词语就会有系统的僵硬感。当诸如'whereby'、'thereby'、'heretofore'和'wherein'等词语悄悄进入你的词汇表时,请放下你的笔,做几次深呼吸,然后大声朗读你的作品。你的耳朵很快就会告诉你,这些短语是多么的笨拙和古板。"

——Gary Blake & Robert W. Bly, *The Elements of Technical Writing* 73 (1993).

"一百年来,优秀的律师以简单、直接的风格写作,不需要那些垃圾。"

——Hon. Lynn N. Hughes [as quoted in Bryan A. Garner, *Judges on Effective Writing: The Importance of Plain Language*,73 Mich. B. J. 326,326 (1994)].

"避免使用任何不能让人立即理解的词语。你的词语应该是透明的载体,让读者看到你的想法,而不需要费力地去理解其含义。你在法学院努力掌握的大多数概念,12岁的正常孩子都能掌握。正是词汇掌握上的训练使它成为一项苦差事。"

——James W. McElhaney, *Writing to the Ear*, ABA J.,Dec. 1995,at 74,76.

"说到平直沟通,律师是最糟糕的。他们中的大多数人在说话和写作时,就好像生活在停尸房。当写一些可怜的法官不得不读的法律文书时,他们用成堆成吨的文字砂砾——沉重的、灰色的、没有生命力的、令人厌恶的枯燥的——来进行填充。当我读到大多数法律文书时,只想嘶叫,想把文稿扔出窗外,然后跳下去。如果我能找到作者,而且有权力的话,我会让这个小人把他写的东西一页一页地吃掉,不加盐,也不加番茄酱。"

——Gerry Spence, *How to Argue and Win Every Time* 105 (1995).

解释说明

根据上述名言警句,以及其中所体现的每一个想法,法律用语—— 包括但不限于使用多余的和浮夸的双关语、三关语和四关语,以及神秘的古语、倒装语和陈旧措辞——的来源是如此古老,以至人类的记忆无法将其停止、终止,或完全摆脱。

只是个玩笑(上面的段落充斥了所谓的法律术语)。

你知道吗,在每个接受调查的州,法官们都以压倒性的优势表示,他们希望律师停止使用法律术语。你知道吗,那些法官认为使用法律术语的律师没有什么声望,不那么聪明,而且在学术排名上也比较低。[1]

任何闻起来有点行话气味的短语都应该立即引起怀疑。

这意味着你可能不得不放弃一些曾经珍惜的短语。不过,你会发现,你不仅能更有效地沟通,而且能更清楚地思考。

一些前后对照的例子

例子一

反例:给所属法院的尊敬的法官:

现在,盖伊·沃特·威廉姆斯(Guy Walt Williams)是上述案件的原告,他对被告的简易判决动议作出了回复,并希望向法庭表明以下几点。

(一个普通律师的工作——文书抄写员。)

范例:在回复 Mitsubishi 公司的简易判决动议时,威廉姆斯将表明本案仍然存在不少于七个实质性的重大事实问题。其中一个主要的事实问题是……

(一个理性思想家的作品。)

例子二

反例:根据法院 1992 年 3 月 4 日批准的许可,General Fawlk 公司在提交本信件文书的同时,用林·普瑞斯比(Lynn Presbee)1992 年 3 月 3 日的另一份宣誓书(以下简称“Presbee 宣誓书”)作为简易判决证据,补充提交给本法院。

(浪费时间的法律文书。)

范例:经法院允许,General Fawlk 公司今天用林·普瑞斯比的宣誓书补充了简易判决的证据。

(平直的语言。)

1 See, e. g., Robert W. Benson & Joan B. Kessler, *Legalese vs. Plain English: An Empirical Study of Persuasion and Credibility in Appellate Brief Writing*, 20 Loy. L. Rev. 301, 301 – 02 (1987)(认定司法读者“推断出用法律术语写作的律师比用普通英语写作的律师拥有更低的专业声望”)。

例子三

反例：在与房东就上述终止费的沟通中，租户应以书面形式提出要求。

范例：租户应以书面形式与房东沟通终止费的问题。

例子四

反例：然而，真正的时间浪费是由于阿拉帕霍（Arapaho）没有进行最起码的调查，没有真诚地履行他们的取证义务，没有在第一时间通知贝德福德（Bedford）文件不存在，但最终在其文书答复中才作出披露。

范例：阿拉帕霍本可以通过立即通知贝德福德不存在任何文件的方式，作出最起码的努力以真诚地履行其取证义务。相反，阿拉帕霍浪费了时间，直到他提交答复。

例子五

反例：尽管存在这种认识，Callahan 税务事务所表面上没有做任何努力来提供上述服务的明确解释，而只是向客户指出在哪里签字。

范例：尽管知道这一点，Callahan 税务事务所没有努力解释其服务，而只是指示客户在哪里签字。

例子六

反例：Allied Engineering 公司还要求就 Darlington Metal Works 公司的索赔问题进行广泛的取证，尽管 Allied Engineering 的诉状中没有提出反诉，起诉书中的指控也与 Allied Engineering 的几项“无减免损失”索赔没有任何关系。

范例：Allied Engineering 公司还要求对 Darlington Metal Works 公司的无减免损失诉讼请求进行广泛的调查，尽管 Allied Engineering 没有提出反诉，而且其抗辩的指控也与任何此类索赔无关。

例子七

反例：据原告称，她试图帮助制止苏西（Susie）和希杰（C. J.）之间的争斗。在争斗中，希杰据称用一个没有确切描述的尖锐物体刺伤了原告的下肢，该物体从未被发现。宾（Bing）女士来到现场，协助她终止了这场争斗。梅斯（Mays）先生也参与了劝止争斗。争斗结束后，学生们被隔离开来，所有相关人员被护送到学校进行调查。据称在争斗中使用的武器从未被发现。

范例:琼斯作证说,她试图帮助阻止苏西和希杰争斗,但希杰用东西刺伤了她的腿。宾和梅斯也帮助劝止了这场争斗。学生们被分开后,每个人都进屋接受了询问,但没有发现任何武器。

例子八

反例:因此,考虑到前因后果,被告请求就本文所述事项对原告作出最终判决,要求原告支付所有合理和必要的律师费和费用,以及按法律允许的最高利率计算的判决后的利息,以及被告可能证明自己有正当权利的其他进一步救济。

范例:因此,布莱尼(Briney)要求对兰道夫斯(Randolphs)作出最终判决,并支付律师费和相关费用,加上以最高合法利率计算的判决后利息,以及他可能有权获得的任何其他救济。

技巧27的要点总结

- 培养厌嫌法律术语的习惯,这些简单的行话没有实质性的作用。
- 要意识到,使用法律术语并不能使你听起来像更有技巧的律师;事实上,它的作用恰恰相反。
- 永远不要害怕听起来太平淡;要担心听起来太古板。
- 学习用简单词语取代枯燥的法律术语。
- 用任何普通人都能理解的平直英语写作。
- 一有机会就练习平直的写作,试着掌握简化他人胡言乱语的窍门。
- 大声朗读你的文章,以帮助消除任何听起来僵硬的或像行话的东西。

28

永远不要写一个不易说出的句子

名言警句

“在这些日子里，我们很少有人能像说话一样自然地写作。”

——L. A. Sherman, *Analytics of Literature* 274 (1893).

“一般来说，当文风变得自然，也就是口语化时，它就会变得完美。”

——A. R. Orage, *Selected Essays and Critical Writings* 23 (1935).

“标准的学说将作者与读者的关系比作演讲者与听众的关系，这一基本概念往往被我们认为理所当然，却从未被仔细思考。相反，它应当被放置在我们意识的前沿，永远不能忘记。”

——Gorham Munson, *The Written Word* 27 (rev. ed. 1949).

“严谨的人记得一个非常合理的规则，即一篇文章对听众和读者来说应该是一样的清晰。”

——Eric Partridge, *Usage and Abusage* 131 (rev. ed. 1957; repr. 1985).

“几乎已经消失的‘朗读测试’，是检验作家在诸多层面上是否有成就的最敏锐和健全的措施之一。”

——Edmund Fuller, “The Writer and the Clinic”, in *Man in Modern Fiction* 67, 67 –68 (1958).

“如果作家们养成了大声朗读他们默默书写的文字的习惯，可能就不需要写作方面的书籍了。不管你对自己的默写稿有多满意，朗读是一种纪律，会让你削减、修剪、重写。如果你现场向观众大声朗读，甚至会更有成效。你也许可以用你的声音来欺骗自己，但当你从观众那里得到直接的回应或没有回应时，这种自欺欺人就变得更加困难。”

——Ernst Jacobi, *Writing at Work: Dos, Don'ts, and How Tos* 67 (1976).

“试着在写作中使用自己说话的声音。你永远不会说，‘这台收音机从购买之日起就需要修理’；你会说，‘这台收音机自从买来就不工作了’。在谈话中，你倾向于使用短句、平实的词语、主动语态和具体细节。你不担心以‘and’或‘but’作为句子开头。

你不使用'shall'、'secondly'或'societal'这样的词。你永远不会说'我的理由如下'或'安静如是夜'。"

——Daniel McDonald, *The Language of Argument* 238 (5th ed. 1986).

"律师们从不倾听自己的声音。我的意思是'倾听'。在我看来,当一个人接受语言,无论是书面的还是其他方式的,他所作的是倾听,而不是阅读。语言不是通过眼睛进入感知者的头脑,而是通过耳朵进入的。"

——Hon. Robert Sack, *Hearing Myself Think: Some Thoughts on Legal Prose*, 4 Scribes J. Legal Writing 93, 97 (1993).

"如果你写了一段话,听起来很费劲,那就退一步,问问自己,'我怎么对朋友说这个?'然后继续写,大声说出来。之后,尽可能地写下你所说的内容。有可能的是,你说出来的大多数句子都会让你先前写出来的文字感到羞愧。"

——John R. Trimble, *Writing with Style* 75 (3d ed. 2011).

解释说明

如果我们能更好地利用思维的耳朵,我们的律师就能从许多荒谬的句子中解脱出来。这并不是说好的写作和演讲是一样的。远非如此。相反,正如杰罗姆·弗兰克法官曾经说过的那样,好的写作是"经过提高和修饰的"讲话。[1] 你的写作应该听起来自然。如果是这样,阅读它也会感觉良好,而且也可能会更简洁。请注意下面的修订版是多么的紧凑。

一些前后对照的例子

例子一

反例: 约翰逊认为,OHA 在选择候选人方面缺乏勤奋。

范例: 约翰逊认为,OHA 在选择候选人方面并不勤奋。

> 笨重的语法很难读懂。

例子二

反例: 虽然下文第二节讨论了这些索赔的案情,但值得注意的是,这些诉讼理由的两个方面影响了向联邦法院提起诉讼的程序。

范例: 在讨论索赔的案情之前,我们必须讨论在联邦法院起诉的两个依据。

> 更流畅、更自然、更平实的风格让阅读毫不费力。

1 Hon. Jerome Frank, *The Speech of Judges: A Dissenting Opinion*, 29 Va. L. Rev. 625, 629 (1943).

例子三

反例：虽然似乎没有任何关于一方知道相关事实的意识的法律渊源，但这种意识可能与必须证明这些事实以在变更地点的动议中获胜的确定性有关。

范例：虽然似乎没有法规或案例直接涉及这个问题，但一方当事人对所涉及的相关事实的了解可能与确定变更地点听证的证据标准有关。

例子四

反例：根据新泽西州的《房租保证金安全法》，N. J. S. A. § § 46:8 – 19 to 26（"法案"）。作为保证金或作为不动产预付租金而支付的资金仍然是存款人的财产，不成为接受者的资产。

范例：根据新泽西州的《房租保证金安全法》的规定，储户继续拥有作为保证金或作为不动产预付租金而支付的资金。

例子五

反例：地方和/或州政府机构在进行外国动物疾病控制紧急行动时采取某些行动的法定权力是什么？例如：(1)扣押和屠宰牲畜；(2)实施检疫和/或以其他方式控制人和动物的流动；(3)取消公共活动。

范例：如果得克萨斯州的非本地动物造成或威胁到疾病的暴发，州和地方机构可以采取紧急行动，保护公众健康。根据州法律，他们可以扣押或屠宰牲畜，实施检疫或以其他方式控制人和动物的流动，或取消公共活动。这些行动的法定权力是什么？

例子六

反例：关于布鲁尔(Brewer)的第十一项主张，由于没有对格瑞邦(Gripon)博士的证供提出反对意见，诉讼律师没能提供有效的帮助。布鲁尔无法根据 *Rhimes* 案的规定展示合理的理由，因为该主张的程序部分已在州人身保护令程序中用尽，且其实体部分在后续程序中被州法院驳回。

范例：布鲁尔声称，他的审判律师没有反对格瑞邦博士的证词，因而提供了无效的法律援助。但布鲁尔不能证明 *Rhimes* 案要求的合理理由，因为该主张已在州人身保护令程序中用尽。而且，州法院亦驳回了该主张的实体部分。

例子七

反例：在他们的反对意见中，原告现在争辩说，驳回动议应该被拒绝。因为他们有可能变成福尔鲍尔（FullPower）和另一个实体之间的未知合同的第三方受益人。原告试图通过宣称他们有可能了解到自己是第三方受益人来重塑他们的诉求，这就进入了幻想的境地。然而，一厢情愿的想法并不能取代引起索赔的真正的指控。

范例：在他们的反对意见中，福斯特（Foster）和道耶尔（Doyle）争辩说，法院不应该驳回动议。因为他们可能是福尔鲍尔和另一个实体之间的未知合同的第三方受益人。这种一厢情愿地重塑诉求的做法，不能替代产生诉求的真正指控。

例子八

反例：虽然此案的最终处理结果没有报道（由于没有进一步的案件历史，可以推断此案可能已经解决），但这是一个重要的案件，因为它确立了宾夕法尼亚州最高法院的暗示，即客户和报税员之间存在保密关系，这种推断很重要，因为它为代表客户的欺诈索赔确立了基础。

范例：虽然最终的处理结果不得而知（可能是和解），但此案很重要，因为宾夕法尼亚州最高法院暗示客户和报税员之间存在保密关系，这为客户的欺诈索赔建立了基础。

例子九

反例：根据我们的经验，从准备申请到提交给 NASD 至少需要两个月的时间，但更长的时间也不罕见，这取决于客户的时间和最初商业计划的坚定性。当申请“基本完成”时，CLM 将把它送到申请人的主要营业地所在的 NASD 地区办公室。如果申请人在美国没有营业场所，申请将被送往华盛顿特区的 NASD 总部，从那里将被分配到 NASD 选择的地区办公室。

范例：根据我们的经验，至少需要两个月的时间来准备向 NASD 的申请。但通常可能需要更长的时间，这取决于申请人的时间和业务计划。当申请基本完成后，我们将把它寄给申请人主要营业地的 NASD 地区办公室。如果申请人在美国没有营业场所，我们将把申请寄给 NASD 的全国总部，总部将把它分配给一个地区办公室。

技巧28的要点总结

- 用自然的声音写作，就像直接对你的读者说话一样。
- 不要写一个你在正常对话中不会说或不能说的句子。
- 使用短句、平实的词语、主动语态、具体而非一般的术语，使你的写作听起来更自然。
- 试着大声朗读一些章节，以确定它们听起来自然。在处理一些尴尬的段落时，在落于文字之前大声说出想法。

29

分解长句，争取平均长度不超过20个字

名言警句

“短句子和短词语更易于将你的想法从页面提升到读者头脑中，所以要下决心使用短句子。把它作为一种游戏，直到它成为一种习惯。然后你会发现，运用各种技术手段使句子推进更容易。”

——Norman G. Shidle, *Clear Writing for Easy Reading* 75 (1951)

“对于理想的句子长度，没有什么规则。一般来说，你文章中句子的平均长度不应超过20个字。如果你需要，可以用更长的句子，但要确保在长句之后有一个短句。而如果你把注意力集中在读者的需要和兴趣上，你会发现你的句子可以更短。”

——Tyler G. Hicks, *Successful Technical Writing* 126 (1959).

“随着商业和专业读者的要求越来越高，高度复杂的句子越来越难以自圆其说，即使这些读者是科学、工程和法律人士。这类句子包含一系列长长的修饰短语和从句，一个接一个地堆在一起，就像堆成沙堡的沙子。”

——David W. Ewing, *Writing for Results in Business, Government, and the Professions* 337 –38 (1974).

“一般来说，句子要保持在20个字以内。每当你有三个长句子绑在一起时，就把下一个句子写短。当你坐下来写作时，你面前不会有一个句子长度的计划：第1句=20个字；第2句=15个字。但当你重写时，就需要计算了。”

——William D. Andrews & Deborah C. Andrews, *Write for Results* 75 (1982).

“大多数长句子并不完全令人困惑。通常情况下，你可以从它们中获得一些意义。但它们确实使意义变得模糊不清，阅读起来也不那么令人愉快。”

——John L. Beckley, *The Power of Little Words* 32 (1984).

“所有的读者都觉得连续阅读长句子是一种压力。作者不断地对他们的短期记忆提出最大的要求，有时甚至是不合理的要求。渐渐地，他们会感到疲倦，注意力也会减

退。写长句子的人有可能造成读者无法专心。”

——Christopher Turk & John Kirkman, *Effective Writing: Improving Scientific, Technical, and Business Communication* 94 (2d ed. 1989).

“短句子更好。写短句子的一个最简单的方法是让每个句子只做一项工作。”

——James W. McElhaney, *Writing to the Ear*, ABA J., Dec. 1995, at 74, 76.

解释说明

律师们惧怕句号，也害怕简单化。然而，法律文书应该尽可能地简单易读。即使你的论点是技术性的或复杂的，你的句子也不应该很复杂。而保持句子简单的最好方法就是保持句子简短。在2001年对加利福尼亚州一个上诉法院的调查中，91%的受访者同意这一说法：“有时长句子会让人分心或混淆，即使它们在语法上是正确的。”[1]

阅读理解专家同意，大多数说明性文章的平均句子长度应少于20个字。在下面这个由副检察长弗兰克·伊斯特布鲁克（Frank Easterbrook）（现为第七巡回法院法官）撰写的例子中，平均句子长度只有15个字。请注意他在论点总结中的简洁性和干净利落的分析：

> 《谢尔曼法》行使了国会对州际商业拥有的所有权力。这种权力确实很广泛。它涉及种植小麦以烘烤自己的面包的农民，否则这些农民会从其他地方购买小麦。它涉及小型家庭餐馆的座位安排，他们有时会用来自州外的食物为州际旅行者服务。它还涉及房地产经纪人的活动。
>
> 经纪人招徕和服务从一个州搬到另一个州的客户。他们与州际转介服务机构进行交易。他们跨越州界分享佣金。他们交易的产品通过州际贷款市场进行融资。这些贷款是由联邦政府担保的。佣金和房地产本身价格的上涨将通过这些州际商业渠道产生反响。它将影响有多少人需要搬家，他们需要支付多少钱，谁贷款且借多少钱，以及美国政府通过其担保承担多大的风险。与之相关的商业规模是巨大的，数十亿美元的联邦担保贷款，每年数百

1 *California Appellate Practice Handbook* 237 (7th ed. 2001).

万人员在州与州之间移动，数十亿美元的资金通过州际贷款获得。

可能新奥尔良的经纪人只影响了这种州际商业的一小部分。但是，如果州际商业关系到整个行业，国会就拥有规范整个行业的商业权力。由于《谢尔曼法》规范整个州际商业的权力，它适用于新奥尔良房地产委员会的活动。

无论如何，麦克莱恩(McLain)和其他请愿者应该有机会在审判中证明他们关于州际商业的性质和范围的指控。除非原告能毫无疑问地证明被告的活动不涉及州际商业，否则不应驳回反垄断申诉，因为该申诉中的管辖权指称并非没有意义。在其他案件中，经过审判，原告已经向法官和陪审团证明，房地产经纪人之间的共谋影响了州际商业。[2]

最长的句子有 31 个字，最短的有 5 个字，句子的长度各不相同。一个功力较差的作家会使用更多的长句——之间没有任何"and"和"but"作为句子开头进行连接(见技巧 49)——而且文风会很沉重。伊斯特布鲁克的风格是令人愉悦的轻快和直接。

请注意，20 个字的目标只是一个平均值。如果你所有的句子都很短，你的文章就会显得断断续续、不流畅。像伊斯特布鲁克一样，你应该尽可能地改变你的句子长度，并给你的文章带来一些节奏。

当然，很少看到波澜起伏的法律文书。更常见的是一种可以被描述为令人窒息的风格的，而造成这种窒息效果最常见的原因是句子过长。

一些前后对照的例子

例子一

反例：原告要求赔偿精神损失费，因为他们担心自己会得癌症，而被告明知他们的饮用水被一种疑似致癌的化学物质(甲基叔丁基醚或"MTBE")污染。

42 个字；一个句子。

范例：被告 Markl 公司在知情的情况下，用一种叫作甲基叔丁基醚(MTBE)的化学物质污染了约翰逊家的饮用水。该物质被怀疑是致癌物。由于担心自己会得癌症，约翰逊夫妇要求对他们的精神损失进行赔偿。

33 个字；平均句长：17 个字。

2 Brief for the United States in *McLain v. Real Estate Bd. of New Orleans, Inc.*, 444 U.S. 232 (1980).

例子二

71 个字；一个句子。

反例：律师不是遗嘱检验诉讼的一方，这必然意味着他没有“充分和公平”的机会对过失问题进行诉讼，因此不应排除他在后来的渎职诉讼中否认过失，尽管他的过失问题可能已经作为与遗嘱检验结果不可分割的问题被裁决。

39 个字；平均句长：20 个字。

范例：因为史密斯威克（Smithweck）不是遗嘱检验的一方，他缺乏充分和公平的机会对过失问题进行诉讼。所以现在不能排除他否认过失的可能性，无论遗嘱检验法院如何判决。

例子三

67 个字；一个句子。

反例：由于 Enerco 反对被告的驳回动议，不承认任何欺诈指控，并以此说服法院认定这些指控不属于欺诈，不以任何方式牵涉《证券诉讼统一标准法》，因此被告可以向法院主张拒绝允许修改，因为修改会损害被告的利益，表明 Enerco 的不正当拖延和恶意。

54 个字；平均句长：18 个字。

范例：Enerco 反对富兰克林的驳回动议，否认了任何欺诈指控。它说服了法院，因为这些指控并不涉及欺诈，所以该法不适用。因此，富兰克林可以要求法院拒绝修改许可，因为修改会损害他的利益，并表明 Enerco 的不正当拖延和恶意。

例子四

104 个字；平均句长：34 个字。

反例：在签订离婚协议时，双方和法院的理解是，蒙哥马利（Montgomery）先生将采取一切必要的措施来解除普利迪（Priddy）女士在该房产上的抵押债务，该房产将成为他一个人的财产，即使这需要对该房产进行再融资。如果普利迪女士被迫继续承担这一抵押贷款义务，她将无法获得任何信贷，以帮助她恢复经济能力。因此，这一因素应被视为需要偏离儿童抚养费准则的额外情有可原的情况。

72 个字；平均句长：18 个字。

范例：根据离婚协议，蒙哥马利先生将采取一切必要的措施来解除普利迪女士的抵押贷款债务，包括重新融资。作为交换，该房产将成为他一个人的财产。如果普利迪女士继续承担这项抵押贷款义务，她将无法获得她所需要的信贷来重新获得经济上的独立。法院在决定是否偏离儿童抚养费准则时应考虑这一情有可原的情况。

技巧29的要点总结

- 牢记每句话的一个主要目的。
- 变化你的句子的长度，同时争取每句平均20个字。
- 认识到思想越复杂，传达思想的句子就应该越简单。
- 不要通过笨拙的剪裁和不流畅的文字来使你的句子变短；要让句子流畅。
- 在写作和修改时要考虑节奏和语气。

30

避免令人耳涩头昏的枯燥重复

名言警句

"反复重复相同的词会产生一种非常粗糙和尴尬的效果。"

——John F. Genung, *Outlines of Rhetoric* 160 (1894).

"应该通过使用其他一些在特定场合真正合适的词,来避免枯燥地重复一个名字。"

——Henry Bett, *Some Secrets of Style* 158 (1932).

"有些法律文书是由重复堆积而成的,无休止的重复。"

——Hon. John T. Wigginton, *General Aspects of Appellate Practice*, 33 Fla. B. J. 421, 425 (1959).

"当一个想法很容易的时候,重复是令人窒息的。字的重复减缓了通过阅读获得知识的速度。"

——Carlton E. Brett, *Six Keys to Better Technical Writing*, 1 J. Tech. Writing & Commc'n 45, 54 (1971).

"敏锐的编辑会发现一个不经意的重复的词。作者专注于他所要表达的内容,可能不会注意到这种重复。在编辑未被表达压力所蒙蔽的眼里,一个字在五个连续的句子中被使用了五次,就会显得很突兀。然后,编辑会找到一些方法来消除重复:也许是通过引入同义词,也许是通过重塑句子。"

——Lester S. King, *Why Not Say It Clearly* 92 (1978).

"如今,重复性被认为是演说中穷困匮乏的标志,也是叙事中心智不全的标志。"

——Robert Graves & Alan Hodge, *The Reader over Your Shoulder* 103 (2d ed. 1979).

"我的档案里有另一个引人注目的例子,说明了简短表述的重要性。那是一个比较复杂的案子,诉状超过了法庭准许的页数,因此文书在提交时被法庭拒绝。案件的当事方之一是 United States Fidelity & Guaranty Company,长期从事诉讼的律师,当然包括诉状作者,都知道其简称为 USF&G。诉状通篇提到 USF&G 超过 200 次,而每次都重复其全称'被告—上诉人 United States Fidelity & Guaranty Company,一家马里兰州的公司'。同样,诉状每次提到当庭法官时,对其描述不是'judge'、'court',甚至'he',而是'Honorable Richard R. Roe,United States District Judge for the ______ District of ______'……

在挫折感和好奇心的驱使下,我对 USF&G 和主审法官的全称所构成的冗词进行了字数统计,光是这些词语就用去了 16 页,这对作者和法院来说都是很宝贵的空间。"

——Hon. John C. Godbold,"Twenty Pages and Twenty Minutes",
in *Appellate Practice Manual* 84,91
(Priscilla A. Schwab ed.,1992).

"简明扼要。简洁地说明你的观点,而且只陈述一次。没有什么比以不同的方式反复陈述同一个问题,形成长达 45 页的冗长内容更让人恼火的。"

——Hon. Arthur L. Alarcon,"Points on Appeal,"
in *Appellate Practice Manual* 95,97
(Priscilla A. Schwab ed.,1992).

解释说明

无论是微观还是宏观层面,重复成性都会让人感到恶心。

在微观层面上,如果一个字或短语在一个又一个句子中出现,就会使本来很好的文风变成一种絮叨。法律作家似乎特别容易受到这种无意识的重复的影响。为什么呢?通常是因为他们不信任代词。他们决心不使用代词,因为它们有时含义模糊。不过,有时候,你确实需要它们。

许多法律作家并不重视文风,也许是因为没有调整好自己的行文风格。当你编辑时,试着大声朗读你的句子,一个接一个。这个练习将帮助你听到可能没有注意到的重复。你可能以前听过这个建议,如果是这样,你是否已经照做了?这是一个需要遵循执行的建议,而不仅仅是听过而已。

还有一件事:找到一个好的词库并明智地使用它。大多数电脑都有一个内置的词库。或者试试罗戴尔(Rodale)的同义词搜索器或罗盖特(Roget)词库。最后拥有一份纸质版的词库。

下面这个实际的例子来自一家大型律所的文书,结合了对代词的恐惧和对文风的无感,外加以法律术语称呼当事方(从而也违反了技巧 31):

> 投诉方没有向公司提供任何反映起诉方所谓脑部疾病或抑郁症的文件。投诉方向公司提供的唯一证明文件是两份日期分

别为2012年9月22日和11月8日的笔记(证据A),这两份笔记甚至没有提到,更不用说详细说明投诉方的医疗状况。投诉方从未向投诉方的主管、答辩人或公司提交任何补充医疗文件。应诉方甚至不知道投诉方有所谓的医疗困难,直到投诉方在2012年12月底告诉他。

> 2012年8月24日,应诉方以“未能达到合理生产效率”为由对投诉方进行了训斥(证据B)。2012年年底,应诉方在工作时间目睹起诉方在投诉方的车内躺了约20分钟后,应诉方也口头训斥了投诉方。此次事件是应诉方第三次目睹投诉方在工作时间躺在车上,应诉方确实比以前更密切地监督投诉方的工作表现。此时,应诉方对投诉方的医疗状况并不知情。2012年12月29日,应诉方再次以“过度缺勤”为由对投诉方进行训斥(证据C)。仅在12月,投诉方就缺席了7次。

这简直让人看不懂。现在考虑一下,当投诉方菲利普·韦德纳(Philip Widener)被告知他的名字,并且有时被称为他时,会发生什么。投诉方这个词的十几次反复(大写后更令人厌恶)现在没有了,你可以专注于故事:

> 菲利普·韦德纳没有向公司提供任何反映他所谓的脑部疾病或抑郁症的文件。他提供的唯一证明文件是两份笔记,日期为2012年9月22日和11月8日(证据A),其中甚至没有提到,更不用说详细说明韦德纳的医疗状况。他从未向他的主管舒恩鲍姆(Schoenbaum)或公司提交任何额外的医疗文件。舒恩鲍姆甚至不知道韦德纳有所谓的医疗困难,直到韦德纳在2012年12月底告诉他。
>
> 2012年8月24日,舒恩鲍姆训斥了韦德纳,因为“未能达到合理生产效率”(证据B)。2012年年底,舒恩鲍姆在目睹韦德纳在工作时间在车里躺了约20分钟后,也对他进行了口头训斥。在这次事件之后——舒恩鲍姆第三次目睹他在工作时间躺在车里——舒恩鲍姆比以前更密切地监督他的工作表现。舒恩鲍姆当时对韦德纳的医疗状况并不知情。2012年12月29日,舒恩鲍姆再次因“频繁旷工”而对他进行了训斥(证据C)。仅在12月,韦德纳就缺席了7次。

无意识地重复也可能发生在宏观层面上,即想法的重复。在这里,治疗方法是让自己精辟地陈述每个想法，就像把钉子砸进木板一样。然后你就会觉得有信心，你的读者不需要再听一遍。

一些作家无法摆脱通常给公共演讲者的建议："告诉观众你想要他们接受的观点，然后重复一遍，最后将上述内容再强调一次。"这个建议可能对演讲者有用，因为他们的听众几乎完全依赖他们听到的东西，而没有印刷品予以强化。

但对于作家来说，这是一个简单化的模式。而在法律界遵循这个模式的人，一定是最啰嗦的律师。事实上，很多时候我看到法律文书第 3 页和第 10 页的段落几乎一样（当然，故意地重复除外）。当在相隔 7 页纸后读到几乎一字不差的段落时，可以理解敏锐的读者感受的侮辱。

这是一个难以抽象讨论的问题，因为你一开始就提出问题，然后阐述前提，最后总结出法院应按你的要求判决的理由，这种想法肯定有道理。这很不错，甚至值得提倡。

但要避免毫无艺术地重复结论，希望它们在第五次或第六次的时候最终能沉淀下来。每次我和这样做的作家坐下来交流时，我都会听到这样的话："好吧，我依赖的是老规矩，'告诉他们你要告诉他们的东西……'"

一些前后对照的例子

例子一

> 烦冗的行文。

反例：地区法院正确地认识到，它受陪审团的调查结果的约束。

在发回重审后，哈特奈特（Hartnett）和伍德克莱斯特（Woodcrest）都要求地区法院对哈特奈特在 1964 年《民权法》第 7 章（Title Ⅶ）下的就业歧视索赔进行判决。（Record，Vol. 3，at pp. 572 –85，586 –90.）原告要求判决的依据是他声称已经证明了 Title Ⅶ歧视的表面证据。（Record，Vol. 3，at pp. 572 –85.）伍德克莱斯特提出了简易判决的动议，要求地区法院对哈特奈特作出判决，因为陪审团对哈特奈特的第 1981 条索赔没有歧视的结论，排除了对他剩余的 Title Ⅶ索赔的歧视结论。（Record，Vol. 3，at pp. 586 –90.）

2012 年 9 月 8 日，地区法院发布了一份备忘录命令，并就哈特奈特的 Title Ⅶ索赔作出了不利于哈特奈特和支持伍德克莱斯特的判决。（Record，Vol. 3，at pp. 777 –91，792；Exhibit 2 to Appellant's Record Excerpts.）在作出这一决定时，地区法院没有要求各方提供额外的证据，这是发回重审所允许的。在地区法院的备忘录命令中，地区法院认为，原告未能根据Title Ⅶ提出表面证据确凿的歧视案件，因为他没有资格担任他所申请的工作职位。（Record，Vol. 3，at p. 783.）地区法院还明确认定，伍德克莱斯特没有基于种族或民族血统对哈特奈特进行歧视。（Record，Vol. 3，at p. 784.）哈特奈特正是依据地区法院的判决以及附带的备忘录提出上诉的。［256个字］

范例：地区法院正确地认识到，它受陪审团的调查结果的约束。

即使穿插了不算理想的交叉引文，这个版本的可读性还是大大增强。

在发回重审后，哈特奈特和伍德克莱斯特都要求地区法院对哈特奈特在1964年《民权法》第7章（Title Ⅶ）下的就业歧视索赔进行判决。（3:572－85，586－90.）哈特奈特要求判决的依据是，他已经证明了歧视案件的表面证据。（3:572－85.）伍德克莱斯特提出了简易判决的动议，因为陪审团发现哈特奈特在1981年的索赔中没有歧视，这就排除了他在其余索赔中的歧视。（3:586－90.）

2012年9月8日，法院发布了一份备忘录，并就哈特奈特的歧视指控作出了不利于哈特奈特和支持伍德克莱斯特的判决。（3:777－91，792；Appellant's Ex. 2.）在判决中，法院没有要求各方提供额外的证据，这是发回重审所允许的。在其命令中，法院认为哈特奈特未能根据Title Ⅶ提出表面证据确凿的歧视案件，因为他没有资格担任他所寻求的工作职位。（3:783.）法院还明确认定伍德克莱斯特没有基于种族或民族血统对哈特奈特进行歧视。（3:784.）哈特奈特现在提出上诉。［181个字］

例子二

令人昏昏欲睡的行文。

反例： 本案原告诉称Great American违反了《得克萨斯州保险条例》第21.21条。根据该第21.21条起诉的原告必须在提起诉讼前至少30天给出适当的通知。鉴于本案原告未发送适当的通知给Great American，被告恳请法庭将所有的程序搁置，直到其获得《得克萨斯州保险法》第21.21条要求的合规通知后的30天。［70个字］

更易于阅读的行文。

范例： 沃叙本（Washburn）声称Great American违反了《得克萨斯州保险法》第21.21条。该法规要求原告在提起诉讼前至少30天发出适当的通知。由于沃叙本没有这样做，Great American恳请法院在沃叙本履行其通知义务后30天内中止本案的所有程序。［57个字］

例子三

反例：Dynasty Mutual 公司显然已经放弃其他一系列的论点，而这些论点在 Dynasty Mutual 提出简易判决动议之前一直在大大推行。这些抗辩之前一直是 Dynasty Mutual 试图逃避对 Courtland 的辩护责任的主要焦点。Dynasty Mutual 的简易判决动议涉及其中的几个问题。Dynasty Mutual 的大部分法律论点是 Dynasty Mutual 驳回动议的主题，并被鲍英特（Pointer）法官在其 2012 年 1 月 24 日的庭令中驳回。然而，鲍英特法官保留了对 Dynasty Mutual 是否有辩护责任的裁决，以允许 Dynasty Mutual 对 Dynasty Mutual 所谓的辩护进行取证。［117 个字］

范例：Dynasty Mutual 公司显然已经放弃了一系列其他的论点，而这些论点曾被其在申请简易判决前大力推行。这些抗辩，包括几个在动议中提到的，是 Dynasty Mutual 动议的主要焦点。鲍英特法官于 2012 年 1 月拒绝了该动议，但他保留对辩护责任的判决，直到双方进一步进行取证。［64 个字］

技巧 30 的要点总结

- 虽然艺术性的重复可以令人愉悦，但大多数重复并不是，它们很快就会听起来既无意义又无聊。
- 使用吸引人的充足词汇来描述所写的问题；考虑可能使用的相关词语。
- 大声朗读你的文章，以听到任何刺耳的重复，并在必要时重写整个句子以避免重复。
- 清楚而有力地一次性陈述你的想法。
- 尊重法官和你自己的智慧，避免令人作呕的重复。
- 坚信清晰、简洁的措辞所具有的说服力。
- 法律文书中唯一允许的重复出现在目录中（见技巧 63），其中议题陈述和要点编列可以逐字重复。

31

充实句子，使用实名；每方只用一个名字，省去称呼语

名言警句

实名

“没有什么比名字更能增加故事的真实性；没有什么比匿名更不现实。难以想象一个故事的主人公是没有名字的！如果你读过 Franz Kafka 关于‘K’的噩梦般的小说，你就会知道无名对一个故事有什么影响。所以要给你的人物起名字。”

——Rudolf Flesch, *The Art of Readable Writing* 80 (1949; repr. 1967).

“对我们来说，或者至少对我来说，更容易记住的是当事人的姓名；我很难记住谁是原告、被告、上诉方、关系方，等等。”

——Hon. Joe R. Greenhill, *Advocacy in the Texas Supreme Court*, Tex. B. J., June 1981, at 624, 628.

“说的是真实的人，而不是类别。原告、被告和证人都有名字，使用名字。”

——Michael Tigar, *Federal Appeals: Jurisdiction and Practice* 333 (2d ed. 1993).

“我们的想法是将人们称为‘原告’和‘被告’，或‘上诉方’和‘应诉方’，而不是使用他们的真实姓名。这样一来，我们律师就可以从案件中抽离所有的人性，而专注于纯粹的权利和义务问题。但是，这使整个故事更难被人理解，即使对那些已经从业多年的律师和法官而言。因此，尽可能地使用真实姓名。”

——James W. McElhaney, *Writing to the Ear*, ABA J., Dec. 1995, at 74, 77.

“应使用当事人的名字，而不是他们在诉讼中的地位。我们代表‘Superior Fur’，我们不代表‘被告’。这条规则可能有罕见的例外情况，比如，我们可以代表‘被告’，而不是‘萨达姆—侯赛因’。”

——Mark Herrmann, *The Curmudgeon's Guide to Practicing Law* 7 (2006).

“想象一下，在这个世界上，所有的小说家都用‘主角’和‘反派’作为他们主要人物

的名字。假设剧作家和编剧也这样做。故事会变得很乏味，不是吗？法律作家历来通过称呼人们为‘原告’和‘被告’，‘上诉人’和‘应诉人’，或‘出租人’和‘承租人’来破坏他们的故事。这是一个有害的习惯，违反了良好的写作原则。”

——Bryan A. Garner, *Legal Writing in Plain English* § 17, at 57 (2d ed. 2013).

称呼语

“只有在讣告中，在提到夫妇时，在直接引语中，以及在社论和评论中为达到效果而必须使用‘先生’、‘夫人’和‘小姐’。特别记住，只在首次提及时使用称呼语。”

——Robert A. Webb, *The Washington Post Desk-Book on Style* 33 (1978)

“不要使用‘先生’、‘小姐’、‘女士’和‘夫人’等礼节性称呼语。除非是在直接引用中，或者需要区分相同姓氏的人（如已婚夫妇或兄弟姐妹）。如果一个人的性别从名字或故事的上下文中看不清楚，可以在随后的引用中用他或她来表示性别。”

——*The Associated Press Stylebook and Briefing on Media Law* 62 (2000).

解释说明

在你的句子中加入有姓名的人，而不是一般的替代物，这会使你的法律文书更清晰，更令人难忘。即使是在两个保险公司之间的纠纷中，提及“Allstate”和“CNA”比提及“原告”和“被告”或“上诉方”和“应诉方”更好。

不要试图通过使用客户的真实姓名和对手的程序性标签来使你的客户个人化和对手非个人化。相反，使用双方的真实姓名，让你的论点来说话。如果你的目标是对你的对手投以负面的眼光，无论如何，你使用姓名会更成功：正如例子一和例子二所示，坏的事实不会像真实姓名那样粘在原告这样的中性标签上。

这有助于法官跟踪谁是谁；毕竟，《联邦上诉程序规则》第28(d)条制定以下这个原则是有原因的：

> **对当事人的称谓。**在法律文书和口头辩论中，律师应尽量减少使用“上诉方”和“应诉方”的术语。为使法律文书清晰，律师应使用当事人的实际姓名或在下级法院或机构诉讼中使用的称呼，或诸如“雇员”“受害人”“纳税人”“船舶”“装卸工人”等描述性词语。

谨遵该规则。

在审判法庭层面也是如此。

但这个建议有两个例外。第一，如果对手非常容易引发同情，你可能希望不要反复提醒法庭这个人是谁。第二，如果有多个当事人，而单一的名字不能准确概括，比如，银行、保险公司和个人同被列为被告，那么你可能不得不用“被告”，但要作为最后的手段来使用。

本技巧的第二点是选择一个名字并坚持下去。如例子四，许多法律作者不明智地将当事人的名字介绍为“William Estridge”[1]（以下简称“Estridge”[2]或“原告”或“上诉方”），然后交替使用这些称谓，导致读者的疑惑。应该始终称其为“Estridge”。如果你引用的证词或其他文件将他称为“原告”或“雇员”或其他名称，请在引文中的括号内插入他的姓名：“几位主管称赞了[Estridge]的工作，包括 Christina Mason[3]”；或者在引文中明确指出 Estridge 是被提及的人：“从 2002 年到 2013 年，对 Estridge 的评价都是一致的积极。在他 2012 年的评估中记录了，‘许多主管都称赞了该雇员的工作，包括 Christina Mason’”。但请注意，这种选择不太有吸引力，因为它听起来太正式而单调。人们更喜欢真实的姓名，即使是在括号里。

至于礼节性称呼，法律工作者似乎担心如果他们不坚持使用先生、夫人、女士或小姐，会显得不礼貌。但实际上，他们只是在实现一种更轻快、更实在的风格。记者们不使用称呼语并不是无礼，你也是如此。

但在四种情况下，称呼语是可取的。第一，如果你代表的是刑事被告，你可能想用先生或女士来庄重地称呼你的当事人。第二，在婚姻诉讼中，你可能需要用称呼语来区分当事人[如果你觉得称呼鲍勃和玛丽不合适]，例如技巧 90 中的例子二。第三，获得的学位不受礼节性称呼的约束：当你提到一个专家证人时，你应该说“Heimlitz[4]博士”，而不是“Heimlitz”（对于学术学位和专业名称，如医学博士、博士生导师和哲学博士，总是优选使用“博士”称呼）。不过，如果 Heimlitz 是你的对手的专家，并且只有可疑的证书，那么使用姓名可能更好。第四，当出现性别歧视或性骚扰等问题时，有性别区分的礼节性称呼是很有用的，技巧 89 的例子一是个很好的例子。

一些前后对照的例子

例子一

> 代表 Wheelock 的作者，因为使用抽象的标签而错过了机会。文风无用。

反例：在 2012 年 10 月之前，原告对麻醉品上瘾，多年来在公司所在地购买可卡因。同样，在 2012 年 10 月之前，原告声称公司违反协议，拒绝了他的药物滥用治疗请求。2012 年 10 月 2 日，一名共同雇员承诺与原告分享可卡因，两人计划通过鼻腔吸入可卡因，但需要原告获得并将可卡因交给该共

[1] 威廉姆·艾斯特里奇。——编者注
[2] 艾斯特里奇。——编者注
[3] 克里斯蒂娜·梅森。——编者注
[4] 海姆利兹。——编者注

同雇员。原告认为，如果他接受了被拒绝的药物滥用治疗请求，就不会按要求获得可卡因。原告于2012年10月3日被解雇，原因是他在公司场所出售麻醉品。

范例：在2012年10月之前的某个时候，肯特·史密斯（Kent Smith）对麻醉品上瘾，在Wheelock公司工作时就会购买可卡因，且他这样在工作场所干了好几年。虽然史密斯并非永久雇员，但他现在声称，Wheelock拒绝了他的药物滥用治疗请求，从而违反了"就业协议"。10月2日，一位同事建议，如果史密斯能得到一些可卡因，两人就可以吸食它。第二天，史密斯拿到了可卡因，被发现后遭解雇。史密斯现在声称，如果他参加了药物滥用项目，就不会按建议拿到可卡因，因此也就不会被解雇。

真实的姓名是如此的生动。文风优秀。

例子二

案情摘要撰写人代表阿玛里约（Amarillo）市，在1983年的民事权利诉讼中担任被告。事实的陈述来自一份上诉状，该上诉状称漏掉一项要求的指控是错误的。记录引证被省略了。与其反复提及"原告"，作者应该称对方为"Burton"[5]。"原告"是一个中性的名字，坏的事实不会像"Burton"那样粘在"原告"身上。

反例：

行为本质

这是原告根据《美国法典》第42章第1983条提起的民事诉讼，起诉对象是：（1）阿玛里约市；（2）公共安全部主任多利·L.弗斯基（Dory L. Fiske）；以及（3）三名警察。在起诉书中，原告声称他：（1）被错误逮捕；（2）被过度使用武力（戴手铐）；（3）被非法监禁；（4）被剥夺正当程序；以及（5）被剥夺了根据《美国法典》第42章第1983条赋予他的保障权利。原告还提出了基于州法律的索赔：（1）攻击和殴打；（2）恶意起诉；（3）故意造成精神痛苦；（4）诽谤；以及（5）普通法上的共谋。

将这一列举与第234页上的要点编列进行比较。

事实总结

本案的起因是原告在2006年11月18日（星期六）凌晨2时20分左右因醉酒驾驶（"DWI"）被吉布森（Gibson）警官逮捕。吉布森警官观察到原告的车辆在阿玛里约市派拉蒙（Paramount）大道的3700街区向西行驶，朝向派拉蒙大道和圣约翰大道十字路口的停车标志方向。事实上，原告确实在停车标志前停了下来，并在吉布森警官认为的相当长的一段时间内停留在那里。

整个事实描述充满警察日志的味道。

[5] 伯顿。——编者注

随后，吉布森警官观察到原告从一个街区走到下一个四向停车标志前，也在那里停留了相当长的一段时间。吉布森警官还注意到，当原告停在停车标志前时，原告打开了他的皮卡车的驾驶侧车门，并从车内探出身来。在早上的这个时候，原告的这种探身行为使吉布森警官怀疑原告可能是喝醉了，于是他跟踪了原告。吉布森警官观察到，当原告离开雷克赛德（Lakeside）路和马洛韦（Marlowe）路的第二个停车标志时，原告的车子跨线行驶，碾过了中心线或道路的中心条纹指标。吉布森警官观察到，原告会不时地回到正确的车道上，然后过了一会儿，他又倾向于摇摆不定，再次沿着中线转向。

吉布森警官还观察到，当原告开始在马路向南行驶时，在穿过斯坦顿（Stanton）大道和马洛韦路的交叉口后，原告此时在中间车道上，而中间车道上有一辆车挡在原告前面。原告在没有打转向灯的情况下将车转到右侧车道，并在该车前面穿过这条三车道单行道上的三条车道，进入左侧车道行驶。从那里，原告穿过希尔科莱斯特（Hillcrest）路，继续不时地离开他的车道。当他穿过希尔科莱斯特路后，吉布森警官决定阻止原告驾驶的卡车。吉布森警官启动了车上的频闪灯和交替闪烁的远光灯，并通过无线电表示他正试图拦截原告的车辆。原告没有立即靠边停车，而是继续行驶了 5 个街区，这时吉布森警官认为原告没有注意到启动了灯光的巡逻车，于是吉布森警官打开了警笛。警笛响起后，原告在马洛韦路和韦斯特恩（Western）路交叉口的一家医疗诊所的停车场停车。

> 本文含 554 个字。

吉布森警官徒步走到原告的车前，问他从哪里来。原告告诉他……

范例：

行为本质

在这场 1983 年的诉讼中，兰道尔·伯顿（Randall Burton）起诉了阿玛里约市；公共安全部主任多利·L. 弗斯基；以及三名警察[吉布森，派尔（Pyle）和迈克阿里斯特（McAllister）]。在他的诉状中，伯顿提出了以下诉由：

- 错误逮捕；
- 过度使用武力；
- 非法监禁；
- 剥夺正当程序；
- 违反 42 U. S. C. § 1983；
- 攻击和殴打；
- 恶意起诉；
- 故意造成精神痛苦；
- 诽谤；以及
- 普通法上的共谋。

> 列举式清单使每个项目都很突出。比较一下第 233 页的列举项目。

事实总结

本案的起因是伯顿于2006年11月18日星期六凌晨2时20分左右在阿玛里约市因醉酒驾驶而被布伦特·吉布森（Brent Gibson）警官逮捕。吉布森警官首先看到伯顿的皮卡车在派拉蒙大道上向西行驶，朝派拉蒙大道和圣约翰大道十字路口的停车标志方向。伯顿在停车标志前停下，但在那里停留了约30秒，吉布森警官认为其停车时间异常。然后，吉布森警官看到伯顿开过一个街区，来到下一个停车标志前，又停了下来，时间仍然很长（约35秒）。吉布森警官还注意到，当伯顿停车时，他打开了卡车的车门并探出身体。因为吉布森警官怀疑伯顿可能喝醉了，所以开车跟踪。

伯顿继续不正常地驾驶。在伯顿几次越过中心线后，吉布森警官打开了他的频闪灯和闪烁的远光灯，并通过无线电说他要拦住这辆卡车。但伯顿没有立即靠边停车，而是继续行驶了5个街区。然后，吉布森警官认为伯顿没有意识到巡逻车启动了灯光警告，所以他打开了警笛。当警笛响起时，伯顿将车开进了马洛韦路和韦斯特恩路交叉口的一家医疗诊所的停车场。

吉布森警官走到伯顿的卡车前，问他从哪里来。伯顿回答说……

本修订含312个字。

例子三

反例：尽管帕特森（Patterson）先生声称帕特森先生与Mutual Life之间存在“单方合同”，但帕特森先生的第二项（违约）指控不成立，因为（1）帕特森先生与Mutual Life之间不存在“单方合同”，因为Mutual Life没有提出单方合同；（2）帕特森先生与Mutual Life之间的就业协议是规范双方雇佣关系的唯一文件，而帕特森先生一直忽视并向法庭隐瞒该协议。就业协议是一份完整的文书，完全反映了双方的意图。帕特森先生没有根据就业协议提出任何违约索赔，意味着帕特森先生没有违约索赔，而且帕特森先生知道这一点。

称呼语会让人分心。

范例：尽管帕特森宣称他与Mutual Life之间存在“单方合同”，但他的第二项指控（违约）由于两个原因而失败。第一，帕特森和Mutual Life之间不存在单方合同，因为Mutual Life从未做出过任何承诺。第二，就业协议是规范双方之间雇主—雇员关系的唯一书面文件，而帕特森无视并向法院隐瞒了该协议。这份就业协议是一份完整的文书，完全反映了双方的意图。由于帕特森没有根据该协议提出任何索赔，他必然意识到他其实没有违约索赔的诉由。

例子四

反例： 在2013年5月7日被告的简易判决动议被驳回后，审判法庭指定律师在审判中协助艾斯特里奇（Estridge）先生。法院还以有限的方式重新开放了调查，并允许原告聘请一名专家，就艾斯特里奇先生在2010年5月18日晚上的医疗状况提供意见。2010年9月8日，原告提交了医学博士杰格·麦迪格（Jack Mettig）的专家报告，作为回应，被告提交了吉德法布（Goldfarb）博士的反驳报告。

注意“Mr. Estridge”和“原告”一词使用的转变。许多律师都犯了这个错误。

范例： 在拒绝了斯特恩曼（Sternman）的简易判决动议后，审判法庭指定律师在审判中协助艾斯特里奇。法院还以有限的方式重新开放了调查，并允许艾斯特里奇聘请一名专家对艾斯特里奇当晚的医疗状况提供意见。在艾斯特里奇提交了杰格·麦迪格医生的专家报告后，斯特恩曼提交了肯德里克·古德法布（Kendrick Goldfarb）医生的反驳报告。

技巧31的要点总结

- 通过使用真实姓名使你的叙述更加生动和令人难忘；程序性的通用标签，如原告、被告、上诉方和应诉方，会使你的叙述失去感性，使其更加抽象，难以理解。
- 特别是要避免使用相关的配对词，如上诉方/应诉方和要约人/受约人，这可能会混淆读者，使你的论点变得模糊。
- 忘掉那种应该使用姓名使你的客户个人化，而用法律标签使对手非个人化的歪点子。
- 选择一个名字并始终如一地使用它；使用代名词，而非标签，以作变化。
- 只有在一个名字不能涵盖多个当事人时，或者希望避免突出易被同情的对手时，才使用法律标签。
- 一般来说，不要在每次提到人时都加上先生、女士等头衔；在首次用过全名加称谓之后，只使用姓氏。
- 了解什么时候使用称谓是有利的或适当的：使某人有尊严，区分丈夫和妻子，表明获得的学位（博士）以及在性别歧视或性侵犯案件中强调性别。

32

砍掉不必要的字词

名言警句

“一个不变的格言是，对意义和清晰度没有任何增益的词语一定会削弱表达的力量。”

——George Campbell, *Philosophy of Rhetoric* 274 (1776).

“我们几乎所有的现代哲学家和反哲学家的风格中最大的恶习就是冗长。一个值得注意的例子是《自然体系》。在这本晦涩难懂的书中，有四倍的冗词；这是它如此晦涩难懂的部分原因。”

——Voltaire, “Style”, in *Theories of Style in Literature* 180, 185, (Lane Cooper ed., 1923).

“只要我们能让 25 个字完成 50 个字的工作，我们就能将松散和无序的内容减半，通过减少所需的注意力，我们就能增加思想的力量。言简意赅是最简单也是最难的写作秘诀。”

——Wilson Follett, *Modern American Usage: A Guide* 14, (Jacques Barzun ed., 1966).

“不必要的词语会浪费行文空间和读者的时间，而且会使有力的写作变得虚弱。”

——Gary Blake & Robert W. Bly, *The Elements of Technical Writing* 65 (1993).

“一旦你对多余的词语产生厌恶，你就会发现有许多浪费词语的成语可以从你的句子中删去，而不损失任何意义。”

——Richard C. Wydick, *Plain English for Lawyers* 13 (5th ed. 2005).

解释说明

当你用较少的词来表达一个想法时，你会提高你的写作速度、清晰度和影响力。相反，当你使用超过必要的字数时，你会使写作变得更慢，更不清晰，更无重点。

这就是为什么每当有人指出一个更短的表述时，你应该认真对待。你在这里和那里字斟句酌，很快你的字斟句酌就会变为相当有价值的东西。

想想美国哥伦比亚特区上诉法院的戴维·L. 贝斯隆（David L. Bazelon）法官。他理解精悍文字的价值。当他的见习书记员尤金·M. 盖伦特（Eugene M. Gelernter）（现在是纽约的诉讼律师）去找贝斯隆法官谈意见稿时，这位伟大的法官说："不错的草稿，吉恩（Gene）。现在回去再读一遍。把每一个你认为不需要的句子都去掉；然后再回去把你认为不需要的字都拿掉；当你完成后，回头重复一遍。"我们都应该有一位这样的导师。

一些前后对照的例子

例子一

22个字。

反例：这一理论与原告在其专家被被告传唤时提出的理论大相径庭。

8个字，节省了64%。

范例：这一理论与迈尔斯（Miles）早先的理论有根本的不同。

例子二（来自与例子一中段落相同的摘要）

44个字。

反例：自2012年12月2日以来，原告的某些专家提出了有关本案的新理论，而这些理论在被告确定哪些原告的专家将被传唤时或在被告传唤原告的专家时都没有被表达过。

19个字，节省了57%。

范例：迈尔斯的一些专家最近提出了一种新的理论，而这是Pantor公司解雇他们时不知道的。

例子三

22个字。

反例：然后，麦克唐奈尔（McDonnell）可能会依靠发布通知来向其他潜在的集体诉讼方传达和解的存在和一般条款。

13个字，节省了41%。

范例：然后，麦克唐奈尔可能会依靠发布通知来告知其他潜在的集体诉讼方。

例子四

29个字。

反例：舒泽林（Sutherlin）先生完全没有申辩Alger人寿保险公司知道任何所谓虚假情况，也没有申辩Alger人寿保险公司有任何欺诈的意图。

15个字，节省了48%。

范例：舒泽林并没有指称Alger人寿知道任何虚假情况或有意欺诈。

例子五

反例：在律师对前客户的保密义务与对现客户的保密义务有潜在冲突的情况下，法院确立了律师对客户保密义务的范围。在这种情况下……

36 个字。

范例：有时，律师对以前和现在的客户负有利益冲突保密责任。在这种情况下……

13 个字，节省了 64%。

例子六

反例：从推论上看，查普兰（Champlin）的判决可以被解读为支持这样的主张：如果雇员只是偶尔在某地物业上工作，那么仅仅拥有该财产并不能确立诉讼地点。

39 个字。

范例：*Champlin* 案认为，如果雇员只是偶尔在某地物业上工作，那么仅仅在该地拥有财产并不能确立诉讼地点。

21 个字，节省了 46%。

例子七

反例：在原告于 1999 年 11 月 22 日提出的撤销取证通知的动议中，他们以匿名受害人“年幼且曾有创伤”为由，解释没有让她就被虐待的事实进行作证。

42 个字。

范例：托马斯夫妇的动议以匿名受害人“年幼且曾有创伤”，作为其不就被虐待的事实进行作证的理由。

20 个字，节省了 52%。

例子八

反例：无论普通合伙人在何种情况下退出合伙企业，普通合伙人都有权从合伙企业那里获得与普通合伙人退出有关的任何雇员的偿付。这包括为合伙企业的利益而雇用的任何雇员因退出而被解雇的遣散费。

64 个字。

范例：无论普通合伙人如何离开合伙企业，他或她都有权获得任何与雇员有关的补偿，包括遣散费。

26 个字，节省了 59%。

例子九

反例：然而，假设原告和被告是原告在第二项违约诉讼理由中声称的单方面合同的当事方，并假设在这项诉讼理由中，帕特森（Patterson）先生的诉状形式在法律上是充分的，但该理由还是被排除了，且必须被驳回，因为这从根本上说是雇员雇主关系中的纠纷，只受就业协议的制约。

67 个字。

范例：但是，即使帕特森和互助会在某种程度上是单方合同的当事方，即使帕特

32个字，节省了52%。

森进行了充分的申辩，他的索赔仍然会被排除，因为只有就业协议才受辖。

例子十

72个字。

反例：对于《索赔庭统一规则》（以下简称《统一规则》）条款未涵盖的事项，索赔庭遵守《民事诉讼法和规则》中规定的规则。Ct. Cl. R. § 206.1(c). 由于《统一规则》没有讨论专家证人的披露问题，因此索赔庭关于这个问题的规则由《民事诉讼法和规则》管辖。

36个字，节省了50%。

范例：对于《索赔庭统一规则》（以下简称《统一规则》）未涉及的事项，索赔法院遵循《民事诉讼法和规则》。由于《统一规则》没有讨论专家证人的披露问题，因此以《民事诉讼法和规则》为准。

例子十一

98个字。

反例：很少有案例能指导我们到底需要哪些证据来证明实际责任的存在。讨论实际责任的案例通常指出，实际责任的标准要求受补偿人以优势证据证明原索赔人在相关诉讼中已出示了相关索赔的要素。有几个案例指出，实际上，这意味着受补偿人必须证明对相关索赔没有可行的抗辩，而且原告索赔中也没有任何重大的缺陷。

47个字，节省了52%。

范例：很少有案例涉及需要哪些证据来证明实际责任。它们一般都说，受补偿人必须证明原索赔人已证明了基本索赔；也就是说，原索赔无重大缺陷，亦无可行抗辩的内容。

例子十二

122个字。

反例：如果在这个问题上还有疑问，那么通过观察雷诺兹（Reynolds）夫妇在实际收到Edgerton公司的正式通知后的行为，这个疑问已经消除了。证据清楚地表明，他们没有及时转换到所谓的非侵权替代品上，而是继续投资于侵权模具，只是因为ITC的排除令，才迫使他们改变。从客观证据来看，无论Edgerton做什么或不做什么，雷诺兹夫妇显然都会采取同样的行为方式。因此，雷诺兹夫妇不能证明他们的行为是由于Edgerton的任何拖延而造成的损害，从而排除了在逾期抗辩中获胜所需的实质性损害的认定。

73个字，节省了39%。

范例：不过，最能说明问题的是雷诺兹夫妇在收到Edgerton的正式通知后的行为。他们没有及时改用非侵权的替代品，而是继续投资于侵权模具，只是因为 ITC 的排除令，才迫使他们改变。他们不能证明是由于 Edgerton 的任何拖延而使他们受到损害，从而排除了在逾期抗辩中获胜所必需的实质性损害的认定。

技巧 32 的要点总结

- 假设每份初稿的字数都会比它所需要的多很多。
- 批判性地权衡你的话语，认识到多余的内容。
- 通过编辑来提高清晰度，以尽可能简短的方式表达想法。
- 当涉及文字和想法的最优比例时，少即是多。
- 认识到精简风格是实现速度、清晰度和影响力的必要条件。

33

用行动动词取代系表动词

名言警句

“如果你翻阅任何一份报纸或杂志，在句子中寻找活跃的、生动的动词，你就会发现，缺乏被良好使用的动词是现代英语写作的主要问题。现在几乎所有的非小说类作品都是用一种苍白无力的被动词和不定式来写作，像白纸一样平淡无奇，毫无动力。”

——Rudolf Flesch, *The Art of Plain Talk* 67 (1946).

“系表动词是如此困扰着我们——我们愿意坐在系表动词上——以至我们不仅用被动语态取代主动语态，而且用静态动词取代主动动词。”

——Sheridan Baker, “Scholarly Style, or the Lack Thereof” (1956),
in *Perspectives on Style* 64, 68 (Frederick Candelaria ed., 1968).

“动词越强，句子越好。正如 Disraeli 提醒我们的那样，没有什么概括是完全正确的，包括这个概括，但你会发现掌握动词有很大的实际用途。你将得到百倍的回报，因为它们在脑海中闪现出画面，减少我们对形容词的渴望，并迫使我们考虑结构问题。”

——Charles W. Ferguson, *Say It with Words* 117 (1959).

“对于那些愿意为改善自己的写作作出实质性努力的人，我建议做以下练习。从任何随机的文本中选择八到十个连续的句子，数出动词的总数，将此记录为分数的分母；然后数出系表动词或被动词，并将这个数字记录为分子。如果分数超过 1/3，可以认定静态动词的数量过多。”

——Lester S. King, *Why Not Say It Clearly* 27 (1978).

“尽管系表动词的各种形式（is、am、was、were、will be、have been 等）仍然是我们语言中的核心动词，但认真的作家们已经很少使用它们。”

——Maxine Hairston, *Successful Writing* 118 (2d ed. 1986).

“动词行动；动词移动；动词作为；动词打击、抚慰、微笑、哭泣、激怒、下降、飞行、伤害、治愈。动词使写作得以推进，它们对我们的语言比任何其他文字部分都更为重要。”

——Donald Hall & Sven Birkerts, *Writing Well* 89 (9th ed. 1998).

“只有在搜肠刮肚后没有发现其他选择时，才采用系表动词。在十个句子中，有九个句子可以找到更好的动词，一旦 is、was 或 has been 被替换，整个句子的形状和结构将立即得到改善。"

——Christopher Lasch, *Plain Style* 76

(Stewart Weaver ed., 2002).

"当你有选择的时候，应使用一个动作动词，而不是系表动词加形容词。在这种情况下，我们要写：'该规则适用于此'；而不是：'该规则在此适用'。"

——Mark Herrmann, *The Curmudgeon's Guide to Practicing Law* 2 (2006).

解释说明

系表动词(be)缺乏色彩，缺乏冲击力。当你过度使用它们时，你的写作就会变得松弛，甚至没有活力。往往也花费更多的字数。

作为一项编辑练习，试着突出每一个系表动词，并将其转换为一个更有力的动词。我在这本书中就这样做了。也许我错过了替换更多系表动词的机会，但文本确实因这些变化而有所改善。

一些前后对照的例子[1]

Example A

Not this: Russell & Livingston is presently representing five creditors in the Chapter 11 case.

But this: Russell & Livingston now represents five creditors in the Chapter 11 case.

例子一

反例：Russell & Livingston 律所目前正代理着破产重组案件中的五个债权人。

范例：Russell & Livingston 律所代理破产重组案件中的五个债权人。

Example B

Not this: There is no classification in the savings clause, other than the deadline for filing cases that are excepted from the amendment. Such a deadline is reasonable. Every statute typically has a date upon which it is effective, and therefore automatically distinguishes between those it affects and those it does not. The deadline in the savings clause is analogous to an effective date

129 words; 10 *be*-verbs; 4 passive-voice constructions

[1] 因某些表达仅适用于英文语境，为方便读者理解，后文多处例子采用中英对照方式。——编者注

of a statute. Certainly it cannot be argued that such a deadline is a classification in violation of Art. 3, section 56 of the Texas Constitution. Moreover, even if the deadline can be characterized as a classification, it operates equally on all within the class. Any and all such cases throughout the state that were on file prior to May 1, 2003, were "saved" from the amendment.

But this: The saving clause contains no classification other than the deadline for filing cases to which the amendment does not apply. This deadline operates as an effective date, much like the effective date that every statute contains to distinguish between persons it affects and those it does not. Certainly the deadline does not amount to a classification that violates article 3, section 56 of the Texas Constitution. But even if the deadline did classify, the classification operates equally on all class members: by virtue of the saving clause, all cases filed before May 1, 2003, fall outside the amendment.

98 words; no *be*-verbs; no passive-voice constructions

例子二

反例：在保留条款中没有任何分类，只是规定了确定不属于修正案的案件的最后期限。这样的最后期限是合理的。每条法规通常都有一个生效日期，以区分它所影响的人和不受其影响的人。保留条款中的最后期限类似于法规的生效日期。当然，不能说这样的最后期限规定违反《得克萨斯州宪法》第3条第56款。此外，即使最后期限可以被定性为分类，它也同样适用于该类别中的所有人。在2003年5月1日之前，全州的任何和所有此类案件都被"排除"在了修正案之外。

129个字；10个系表动词，4个被动语态。

范例：该保留条款除规定了不适用该修正案的案件的提交期限外，没有其他分类。这个最后期限是一个生效日期，就像每条法规中的生效日期一样，以区分它所影响的人和不受其影响的人。当然，最后期限并不等同于违反《得克萨斯州宪法》第3条第56款的分类。但是，即使最后期限确实进行了分类，这种分类对所有的成员都是平等的：根据保留条款，所有在2003年5月1日之前提交的案件均不受辖于修正案。

98个字，无系表动词，无被动语态。

技巧33的要点总结

- 少用系表动词(尤其是 is、are、was 和 were)。
- 在写作中,系表动词和行动动词的使用比例争取不超过1/3。
- 重读你的文章,找出每一个系表动词。
- 在可能的情况下,用行动动词代替系表动词。
- 只有当你无法用其他方式表达时,才诉诸系表动词。

34

知道何为被动语态以及何时适用，并谨慎使用

名言警句

“在现代用法中，被动语态未能呈现迅速的行动或生动的印象。它是报告、研究专著和目录中的主要内容。”

——Margaret M. Bryant & Janet Rankin Aiken, *The Psychology of English* 144 (1940).

“没有经验的作家经常使用被动语态，因为他们认为它听起来令人印象深刻。但被动句式听起来几乎总是没有人情味，软弱无力。”

——Richard Marius, *A Writer's Companion* 68 (1985).

“两页的被动语态——换句话说，几乎所有的商业文件都是如此，更不用说成堆的不良小说了——让我想尖叫。它是软弱的，迂回的，也经常是曲里拐弯的。”

——Stephen King, *On Writing* 123 (2000).

“主动语态风格和被动语态风格在清晰度和活力上的区别，是一个作家生与死的区别。”

——William Zinsser, *On Writing Well* 67 (7th ed. 2006).

“虽然被动语态偶尔也有其合理的用途——通常是在行为人不重要或不为人知的情况下——但频繁使用被动语态会使一篇文章的趣味性和可读性大大降低。”

——*Garner's Dictionary of Legal Usage* 659 (3d ed. 2011).

解释说明

许多律师谈论被动语态，却不知道它到底是什么。事实上，许多人认为任何系表动词都是被动语态的信号，如：

该原则是可适用于本案的。

但这个句子根本就不是被动语态——尽管它非常需要加以修改。大多数专业编辑会把“是可适用于……的”改为“适用于”，但他们不会说这是被动语态，因为它不是。它只是一个松散的系表动词句式（见技巧33）。

关于被动语态的要点是，句子的主语并不执行动词的动作：

被动语态：期限被辩方律师错过了。

主动语态：辩方律师错过了期限。

当然，在被动语态中，也可以完全省略行为人——这是不明确的主要来源。有时，这相当于躲避责任。

被动语态：期限被错过了。

任何关注政治话语的人都知道，被动语态是政治家的主打牌。

识别被动语态的不二法门是：你必须有一个系表动词加一个过去分词。因此，像这样的结构是被动语态：

is dismissed 被驳回	been filed 被存档（被提交）
are docketed 被立案	being affirmed 被确认（维持原判）
was vacated 被撤销	be sanctioned 被制裁
were reversed 被翻案	am honored 感到荣幸

但有时，系表动词并不会出现，它只是上下文中的一个隐含词。比如：

最近我听到一个客户提出的建议，就是国家保险应该涵盖所有的法律费用。

从语法上讲，这句话在“它”（建议）后面含有隐含的系表动词，所以它是被动语态的。要使它成为主动语态，你应该这样写：

最近我听到一个客户建议说，国家保险应该涵盖所有的法律费用。

使用被动语态的真正问题是什么？有三个。第一，被动语态通常会增加一些不必要的用词。第二，即使不增加这些不必要的词，被动语态也不能清楚地说明谁做了什么；也就是说，有必要用一个“by”词组来表明行为人（The brief was filed *vs.* The brief was filed by LoriVon, Inc.）。第三，被动句式颠覆了英语句子的正常词序，从而使读者更难领会这些信息。

以上被动语态的麻烦中的每一项都体现了主动语态的好处：它省字，直接说谁做了什么，并满足读者对主谓宾语序的预期。

当然，有时你使用被动语态是合理的。并没有绝对禁止使用被动语态——任何试图遵循这种禁令的人都会毁掉所写的文章。艾德·古德（Ed Good）在他的名作《比剑更强大》（*Mightier than the Sword*）中指出了八种有时需要使用被动语态的情况：

- 当行为人不重要时；
- 当行为人不为人知时；

- 当你需要在句尾加重语气时（见技巧 43）；
- 当你想隐藏行为人的身份时；
- 当你想避免性别歧视的语言时（见技巧 55）；
- 当这段话的重点是在行为对象上时；
- 当你需要进行概述，而又不想用“某人”作为主语时；
- 当使用被动语态更为恰当时。[1]

不过专业编辑发现，这八种情况在被动语态出现的语境中占比不超过 20%（有时是 15%）。

这意味着你应该尽量不使用被动语态，除非出现上面列出的情况之一。下面的例子是许多法律文书中出现的典型例子。

一些前后对照的例子

Example A

Not this: This claim should be dismissed by this Court because it is duplicative.

But this: The Court should dismiss this claim as duplicative.

例子一

反例：这一要求应被本法院驳回，因为它是重复的。

范例：法院应驳回这一要求，因为它是重复性的。

Example B

Not this: A broker may not be used by the buyer to filter commissions to a seller.

But this: A buyer cannot use a broker to filter commissions to a seller.

例子二

反例：经纪人不得被买方用来向卖方过滤佣金。

范例：买方不能利用经纪人向卖方过滤佣金。

Example C

Not this: The quantum meruit claim that is purportedly to be amended could have been presented earlier by the Defendant.

But this: The quantum meruit claim that Bruton seeks to amend is one that he could have presented earlier.

---

1 C. Edward Good, *Mightier than the Sword* 126 – 28 (1989)（作者复述了他的观点）.

例子三

反例：据称要修改的量子化索赔，本可以由被告早点提出。

范例：布鲁顿（Bruton）试图修改的量子化索赔是他本可以早点提出的。

Example D

Not this: Commercial success is considered relevant to the question whether an invention was obvious under the rationale that competitors would have been economically motivated to make the invention sooner if it had been truly obvious.

But this: Commercial success is relevant to the question whether an invention was obvious: the economic incentive would have motivated competitors to make the invention sooner if it had truly been obvious.

例子四

反例：商业上的成功被认为与一项发明是否显而易见的问题有关，其理由是：如果该发明是真正显而易见的，竞争者会在经济上有动力更快作出该发明。

范例：商业上的成功与一项发明是否显而易见的问题有关：如果该发明真的是显而易见的，经济上的激励会促使竞争者更早地作出该发明。

Example E

Not this: To support a trespass action when the injurious acts [that are] complained of were not actually committed by the defendant himself, the person who committed the acts must be either employed, paid, or controlled by the defendant in order to hold him liable.

But this: For the defendant to be liable in a trespass action when the defendant did not personally commit the injurious acts in question, the defendant must have employed, paid, or controlled the person who committed the acts.

例子五

反例：在被投诉的伤害性行为并非由被告本人实际实施的情况下，为了支持侵害诉讼，实施这些行为的人必须是由被告雇用、支付或控制的，以便让他承担责任。

范例：当被告没有实施有关的伤害性行为时，要想让被告在侵害诉讼中承担责任，被告必须雇用、支付或控制实施这些行为的人。

Example F

Not this: Whether the Burgdorfs' gift to the Library must be returned because the Burgdorf Lecture Hall has been renamed is an entirely different matter that in no way addresses the actions [that were] taken by the Defendant prior to the time when the complaint was filed.

But this: Whether the Library must return the Burgdorfs' gift because it has renamed the Burgdorf Lecture Hall is an entirely separate matter from the University's actions before this lawsuit.

例子六

反例：博格多夫（Burgdorf）夫妇给图书馆的礼物是否必须归还与博格多夫演讲厅已经被重新命名，是完全不同的问题，绝不涉及被告在投诉之前所采取的行动。

范例：图书馆是否因为将博格多夫演讲厅重新命名而必须归还博格多夫夫妇的礼物，这与大学[1]在本诉讼前的行为完全是两回事。

Example G

Not this: Charging Party did not request permission to work at home, as is required by the office policies, but rather informed his supervisor that he would be doing so. During the period that Charging Party allegedly worked at home, no work assignments were submitted to the management team, and two deadlines that had been established for work were not met. It is understood to be the policy of the Company to permit employees to work at home, but only after a period of approximately three months has passed, during which the employee is provided adequate training and guidance to permit unsupervised work at home. Every employee is limited in the time they are permitted to work at home prior to completing this training period.

But this: The Company allows employees to work from home—but only after about three months of training. During this training period, employees may work from home for only limited periods. Lewis did not ask to work from home, as office policies require, but instead simply told his supervisor that he would be doing so. While Lewis allegedly worked from home, he submitted no work product and missed two deadlines.

例子七

反例：控方没有按照公司政策的要求申请在家工作的许可，而是告诉他的主管他将会这样做。在控方据称在家工作期间，其既没有向管理团队提交工作任务，也没有遵守两个既定的工作期限。据了解，公司的政策是允许员

〔1〕 反例中的被告。——编者注

工在家工作，但必须对员工进行大约 3 个月的培训和指导，否则不允许其在家进行无监督的工作。在完成这一培训期之前，每个员工被允许在家工作的时间是有限的。

范例：公司允许员工在家工作，但必须经过大约 3 个月的培训。在培训期间，员工只能在有限的时间内在家工作。刘易斯（Lewis）并没有像公司政策所要求的那样申请在家工作，而是简单地告诉他的主管他将会这样做。据称，刘易斯在家工作期间，他没有提交任何工作成果，并错过了两个最后期限。

技巧 34 的要点总结

- 识别被动语态：它由系表动词（或 get）加一个过去分词组成。
- 注意被动语态的动词短语，其中系表动词是隐含的。
- 用行动动词取代被动语态的动词短语。
- 仅在有充分理由的情况下，明智地使用被动语态。

35

消除“僵尸”名词——尤其是以“-tion”结尾的单词

名言警句

“枯燥乏味的英语充满了抽象的动名词；抽象名词最常见的结尾是-tion，在自己的文章中计算-ion单词；或者，最好是培养一双耳朵，随时随地侦查到这些抽象动名词，这也许是使自己的文章不那么难读的最简单和最有效的手段之一。作为一种不折不扣的抽象风格的标志，一连串的-ion单词是最令人害怕的。”

——H. W. Fowler, *A Dictionary of Modern English Usage* 640 (Ernest Gowers ed., 2d ed. 1965).

“冗长的文章不仅因动词不力，还会因笨重的动名词而绵软——尤其是带有tion、ment和ence等词尾的拉丁语系长名词。”

——Claire K. Cook, *Line by Line: How to Improve Your Own Writing* 6 (1985).

“对Michelangelo来说，每一块大理石都隐藏着一个造型；他只需凿开石头，就可以看到一个Pietà或一个Moses。动词也是如此，它隐藏在动名词形式中，并为其所压制：

negotiation

administration

documentation

utilization

transmittal

‘琼斯先生得到了公司的授权’是正确的，但‘公司授权琼斯先生’是更好的表述。‘他们作出了一个决定’是正确的，但‘他们决定了’更好。”

——Miriam Kass, “The Ba Theory of Persuasive Writing”, in *Appellate Practice Manual* 179, 180-81 (Priscilla A. Schwab ed., 1992).

“为什么要揭开被埋葬的动词（又称‘僵尸’名词）？有三个显而易见的原因：首先，你通常会在这个过程中拿掉介词；其次，你通常可以用行动动词来取代系表动词；最后，你通过表达出于隐藏的“谁做了什么”来使文本人性化。第四个原因相对不易察觉：事实上，它是前面提到的三个原因的总和：通过揭示被掩盖的动词，使自己的文章不再那么抽象——对于读者来说,想象你在说什么更容易了。"

——*Garner's Dictionary of Legal Usage* 126 (3d ed. 2011).

解释说明

"僵尸"名词,或称名词化,是指通过添加后缀,通常是-tion、-sion、-ment、-ence、-ance或-ity,从动词中产生的名词。这个新名词通常是多音节的和抽象的。当这类动名词的根动词在上下文中发挥作用时,更好的选择是用活力动词来代替"僵尸"名词。如:

"僵尸"名词	活力动词
allegation	allege
compulsion	compel
conformity	conform
enforcement	enforce
examination	examine
indemnification	indemnify
knowledge	know
litigation	litigate
obligation	obligate, oblige
opposition	oppose
performance	perform
preference	prefer
resistance	resist
settlement	settle
transportation	transport

"遵循"几乎总是优于"与……保持一致";"知道"优于"有……方面的知识";等等。

为什么律师这么喜欢"僵尸"名词?这可能与杰瑞米·本特汉姆(Jeremy Bentham)有关,他写了一个他称之为"实质性优先原则"的东西。[1] 本特汉姆认为,你应该总是选择一个名词(传统上称为"实质性")而不是动词。

但没有理由认为本特汉姆在这一点上有什么特别的分量:他可能是在描述一种古老的律师偏见。作为一个群体,律师在历史上更喜欢写静态的

1 Jeremy Bentham, "Nomography; or The Art of Inditing Laws", in 3 *The Works of Jeremy Bentham* 231, 267-68 (John Bowring ed., 1843).

东西，特别是抽象的静态的东西，而不是人们的行动。这就告诉了我们为什么有那么多沉闷的法律写作。

不过，如果你想做到新鲜、有力和令人难忘，你就必须尝试"动词优先原则"。如果在名词和动词之间可以选择，就选择动词。如果在"-ion"结尾的单词和"-ing"结尾的单词之间选择，就选择"-ing"单词。每次你这样做，你都可以免去一个介词短语，可以避免使用系表动词，并迫使自己更具体地描述人们的行动（而不是关于行动的表现）。

一些前后对照的例子

Example A

Not this: Zelman's allegation is that the Caswell Company's actions are in violation of the Americans with Disabilities Act.

But this: Zelman alleges that the Caswell Company's actions violate the Americans with Disabilities Act.

例子一

反例：泽尔曼（Zelman）的指控是，Caswell 公司的行为违反了《美国残疾人法》。

范例：泽尔曼指控 Caswell 公司的行为违反了《美国残疾人法》。

Example B

Not this: The court placed principal reliance on its findings that the existence of official signs and state and national flags on the building gave the appearance of a government stamp of approval on discriminatory conduct and that the city, through its lease, derived a financial benefit from the restaurant's discrimination.

But this: The court relied principally on its finding that signs and official flags on the restaurant made it appear that the government approved discriminatory conduct and that the city, through its lease, benefited financially from that conduct.

例子二

反例：法院的主要依据是其发现，建筑物上的官方标志以及州和国家的旗帜给人以政府批准歧视行为的印象，而且该市通过租赁从该餐馆的歧视行为中获得了经济利益。

范例：法院主要依据的发现是，餐厅上的标志和官方旗帜让人觉得政府批准了歧视性行为，而且该市通过租赁从该行为中获得了经济利益。

Example C

Not this: Plaintiff's lawsuit is predicated on her dissatisfaction with the Company's response to her complaint regarding her former supervisor, Monty Crump.

But this: Moore sued because she was dissatisfied with how the Company responded when she complained about her former supervisor, Monty Crump.

例子三

反例：原告的诉讼是基于她对公司对其前主管蒙蒂·克朗普（Monty Crump）的投诉回应的不满。

范例：莫尔（Moore）起诉是因为她对公司在她投诉其前主管蒙蒂·克朗普时的回应感到不满。

Example D

Not this: The IRS has suspended the issuance of determination letters with respect to the qualification of an ESOP under the Tax Reform Act.

But this: The IRS has stopped issuing determination letters on whether an ESOP qualifies under the Tax Reform Act.

例子四

反例：美国国税局已经暂停签发有关《税收改革法》规定的员工认股计划资格的裁定书。

范例：美国国税局已经停止就员工认股计划是否符合《税收改革法》的规定签发裁定书。

Example E

Not this: Those allegations include violations of failing to provide documentation specifically required by the Act, failing to provide proper identification showing the name of a professional solicitor during solicitation campaigns, failing to sign required documentation prior to filing same, and entering into contracts with professional solicitors without the benefit of registration.

But this: In particular, the Burber Club failed to provide documents that the Act specifically required, failed to identify the professional solicitor properly while soliciting, failed to sign required papers before filing them, and contracted with unregistered solicitors.

例子五

反例：这些指控包括未能提供该法具体要求的文件，在招标活动中未能提供显示专业招标人姓名的适当身份证明，在提交文件之前未能签署所需文件，以及在没有注册的情况下与专业招标人签订合同等违规行为。

范例：特别是，Burber 俱乐部没有提供该法具体要求的文件，在招揽生意时没有正确确定专业律师的身份，在提交文件前没有签署必要的文件，并与未注册的律师签约。

Example F

Not this: Recently, we have received information that the county intends to argue that Young paid the wrong tax amount last year.

But this: Recently, we have learned that the county intends to argue that Young paid the wrong tax amount last year.

例子六

反例：最近，我们收到的信息是，县政府打算辩称杨（Young）去年支付了错误的税额。

范例：最近，我们了解到，县政府打算争辩说，杨去年支付了错误的税额。

Example G

Not this: The plaintiff's actions included a failure to inform the court that there were discussions between the parties' counsel, a failure to inform the court that defense counsel was in the courtroom when the default was entered, an incorrect recitation of evidence, a request by the plaintiff for previously received damages, and a presentation of inadmissible evidence.

But this: Bonham failed to disclose that there were ongoing discussions between the parties' counsel, never informed the court that defense counsel was in the courtroom when the default was entered, incorrectly recited evidence, requested damages previously awarded, and presented inadmissible evidence.

例子七

反例：原告的行为包括没有告知法庭双方律师之间进行了讨论，没有告知法庭，缺席审判时，被告律师在法庭上，对证据的列举不正确，原告要求获得以前的赔偿，以及提出不可采信的证据。

范例：伯恩汉姆（Bonham）没有向法庭披露双方律师正在进行的讨论，当缺席审判时，辩护律师在法庭上，错误地列举了证据，同时其要求获得以前的赔偿，并提出了不可采信的证据。

Example H

Not this: The state with the most significant contacts was the one in which the parties had conducted the negotiation of the insurance contracts.

But this: The state with the most significant contacts was the one where the parties had negotiated the insurance contracts.

例子八

反例：具有最重要联系的国家是双方进行保险合同谈判的国家。

范例：接触最多的国家是双方谈判保险合同的国家。

Example I

Not this: The Highway Revenue Bonds, Series 2004A, of the State of Kansas are being issued by the Secretary of Transportation of the State for the purpose of defrayment of a portion of the costs of construction, reconstruction, maintenance, or improvement of the highways in the State.

But this: The Kansas Secretary of Transportation is issuing the Series 2004A bonds to help defray the costs of constructing, reconstructing, maintaining, or improving state highways.

Zombie nouns in names and titles can't be avoided.

例子九

反例：堪萨斯州的公路收入债券，2004A 系列，由该州交通部长发行，用于支付该州公路的建设、重建、维护或改善的部分费用。

范例：堪萨斯州交通部长正在发行 2004A 系列债券，以帮助支付建设、重建、维护或改善国家公路的费用。

姓名和头衔中的"僵尸"名词难以避免。

Example J

Not this: Plaintiff NetFire, a Delaware corporation, is engaged in the design and development of Internet technology. Defendant Toshio Corp., a Japanese corporation, is engaged in similar technology development and production. Although Toshio is new to the technology industry, it has substantial amounts of cash resources available. During the development of a new NetFire project, Toshio's Technical Research Director contacted NetFire's VP of Technology Development with a proposal of a joint venture. Because NetFire required cash to fund its project, NetFire and Toshio engaged in discussions regarding the venture, which involved the disclosure to Toshio of substantial amounts of NetFire's confidential information.

But this: Plaintiff NetFire, a Delaware corporation, designs and develops Internet technology. Defendant Toshio Corp., a Japanese corporation, designs and produces similar technology. Although Toshio is new to the industry, it has considerable available capital. While NetFire was developing a new project,

Toshio's Technical Research Director contacted NetFire's VP of Technology Development to propose a joint venture. Because NetFire needed funding for its project, the two companies discussed the venture. In the process, NetFire disclosed much of its confidential information to Toshio.

例子十

反例：原告 NetFire 是一家特拉华州公司，从事互联网技术的设计和开发。被告 Toshio 公司是一家日本公司，从事类似的技术研发和生产。尽管 Toshio 是技术行业的新手，但它拥有大量的现金资源。在 NetFire 一个新项目的开发过程中，Toshio 的技术研究总监联系了 NetFire 的技术开发副总裁，提出了建立合资企业的建议。由于 NetFire 需要现金来资助其项目，NetFire 和 Toshio 就该合资企业进行了讨论，其中包括向 Toshio 披露大量 NetFire 的机密信息。

范例：原告 NetFire 是一家特拉华州公司，设计和开发互联网技术。被告 Toshio 公司是一家日本公司，设计和生产类似的技术。尽管 Toshio 是该行业的新成员，但它拥有相当多的可用资金。当 NetFire 开发一个新项目时，Toshio 的技术研究总监联系了 NetFire 的技术开发副总裁，提议成立一家合资企业。由于 NetFire 的项目需要资金，两家公司讨论了该合资企业。在这个过程中，NetFire 向 Toshio 披露了许多机密信息。

技巧35的要点总结

- 优先选择动词，而不是由动词派生的名词，此之谓“僵尸”名词。
- 识别通常表示“僵尸”名词的后缀：-tion，-sion，-nce，-ment 和 -ity。
- 当不能使用行为动词时，试着把“僵尸”名词改为以“-ing”结尾的现在分词。

36

被动语态和“僵尸”名词之间，前者优先

名言警句

“语言被名词的瘟疫所淹没，其中大部分以‘ion’结尾。结果是正式的写作（报告、公开演讲、学术研究，甚至小说）变成了一串名词，被介词和‘就……而言’这类连接短语无力地捆绑在一起。这种写作，写起来容易，读起来乏味，是思想逃避批判性分析的最可靠的保护。”

——Jacques Barzun, *The House of Intellect* 233 (1959).

“尽管长期以来在有关写作的书籍中被忽视，但隐藏的动词（又称‘僵尸’名词）应该是每个严肃作家的死敌。在法律写作中，它们甚至构成了比被动语态更严重的问题——无论是在分析性写作、说服性写作，还是在起草方面。”

——*Garner's Dictionary of Legal Usage* 126 (3d ed. 2011).

解释说明

我们听到很多关于被动语态的说法。在大多数情况下，它声名不彰；但基本没有任何多少关于僵尸名词（或用英语老师的行话来说，“名词化”）的好评价。

这是一种奇怪的状态，因为每个善于观察的编辑都注意到，你时常不得不在“僵尸”名词或被动语态之间进行选择。而当你面临这种两难境地时，90% 的情况下，更好的选择是被动语态。请看下面的例子：

一些前后对照的例子

Example A

Not this: The Internal Revenue Code provides rules governing the taxation of ESOPs.

But this: The Internal Revenue Code provides rules governing how ESOPs are taxed.

例子一

反例：《国内税收法》规定了就员工认股计划征税的规则。

范例：《国内税收法》规定了如何对员工认股计划进行征税。

Example B

Not this: Abraham's transfer took place on July 18, prior to the announcement of any layoffs.

But this: Abraham's transfer took place on July 18, before any layoffs were announced.

例子二

反例：亚伯拉罕（Abraham）的调动发生在 7 月 18 日，在任何裁员的宣布之前。

范例：亚伯拉罕的调动是在 7 月 18 日进行的，当时还没有宣布任何裁员。

Example C

Not this: Prior to the promotion of Ms. Hall to the position of Laboratory Assistant Administrator, she worked as a Medical Technologist in the lab.

But this: Before Ms. Hall was promoted to laboratory assistant administrator, she worked as a medical technologist in the lab.

例子三

反例：在赫尔（Hall）女士晋升为实验室助理管理员之前，她曾在实验室担任医疗技术员。

范例：赫尔女士在被提升为实验室助理管理员之前，曾在实验室担任医疗技术员。

Example D

Not this: Horne alleges that the commissioner did not inform Horne that, six months after the completion of the audit, the General Assembly revised the revenue statutes.

But this: Horne alleges that the commissioner did not inform him that, six months after the audit was completed, the General Assembly revised the revenue statutes.

例子四

反例：霍恩（Horne）指称，专员没有就完成审计后 6 个月大会修订税收法规之事通知他。

范例：霍恩声称，专员没有通知他，审计完成后 6 个月后大会修订了税收法规。

Example E

Not this: Wholesale Silks asks the Arbitrator to issue an order requiring Brogna to serve an answer within seven days after service of the Arbitrator's ruling.

But this: Wholesale Silks asks the Arbitrator to issue an order requiring Brogna to serve an answer within seven days after being served with the Arbitrator's ruling.

例子五

反例：Wholesale Silks 要求仲裁员，就要求博格南（Borgna）在裁决送达后 7 天内作出回复，发布命令。

范例：Wholesale Silks 要求仲裁员发布命令，要求博格南在收到裁决后 7 天内作出回复。

Example F

Not this: Dunham Inc.'s citizenship determines which state's law governs issues of interpretation of insurance policies issued to Dunham Inc.

But this: Dunham Inc.'s citizenship determines which state's law governs how its insurance policies will be interpreted.

例子六

反例：Dunham 公司的国民身份决定了哪个州的法律适于管辖其保单的解释问题。

范例：Dunham 公司的国民身份决定了哪一个州的法律对其保单解释具有约束力。

Example G

Not this: This fact raises the question of whether there is the necessity of additional regulation of the insurance industry.

But this: This fact raises the question whether the insurance industry needs to be more stringently regulated.

例子七

反例：这一事实提出了是否有必要对保险业进行额外监管的问题。

范例：这一事实提出了保险业是否需要更严格的监管。

Example H

Not this: The debtor did not seek court approval prior to the commencement of the rendition of services.

But this: The debtor did not seek court approval before any services were rendered.

Or better: Before rendering services, the debtor did not ask the court to approve its doing so.

例子八

反例：债务人在开始提供服务之前并没有寻求法院的批准。

范例：债务人在提供任何服务之前没有寻求法院批准。

佳例：在提供服务之前，债务人并没有要求法院予以批准。

技巧 36 的要点总结

- 意识到“僵尸”名词比被动语态对你的文风更有害——后者至少还是动词。
- 但凡在两者之间可作选择，都应选择被动语态，而非“僵尸”名词。
- 只有在找不到更好的非被动语态表达方式时，才使用被动语态。

37

拿掉不必要的介词短语——尤其是那些以“of”开头的

名言警句

“可以肯定的是,我们的句子很容易听起来像一根棍子在栏杆上拉;如果我们的小介词群牢牢包围并把它们的名词放在一个无可争议的背景中,我们可以宽恕它们。但它们有多种含义,当不负责任地使用时,它们会导致句子越发难读懂。例如,对我来说,多年来的问题是,‘在……的情况下,是否……’这种漫无边际的说法构成了介词的真正威胁——而非其是否被用来结束一个句子。”

——Basil Cottle, *The Plight of English* 13 (1975).

“过度使用介词是一个严重的、极其普遍的错误。事实上,如果我需要提供一条提高写作质量的建议,我会毫不犹豫地说,减少介词的数量。”

——Lester S. King, *Why Not Say It Clearly* 34 (1978).

“无论看起来多么无害,‘of’这个词,如果不是酌量使用,就一定会造成松散的文风……唯一合适的防范是对其效用养成一种严厉的怀疑态度。如果它被证明有必要使用,那很好;但大多数情况下,其不堪大用。”

——*Garner's Dictionary of Legal Usage* 628 (3d ed. 2011).

解释说明

当约翰·R. 特林布尔博士——得克萨斯大学伟大的编辑大师——第一次告诉我,我们应该鼓励法律作者专注于尽可能多地拿掉“of”短语时,我嗤之以鼻:这个建议似乎过于简单。

但令人惊奇的是,在一段又一段的文字写作中,这条建议的效果相当好。1995 年我在草拟《联邦上诉程序规则》时,遇到了一个短语“上诉庭的书记员的主要办公室”(the principal office of the clerk of the court of appeals)。在 1998 年的修订版中,这个短语变成了“巡回庭书记员主要办公室”(the circuit clerk's principal office)。它从 11 个字变成了 5 个字。

你不一定能在一个短语中减少一半以上的字数，但这样的节省通常是有意义的。一旦你能识别“of”短语的信号，你就具备一种更精简的写作风格。

其他的介词肯定会帮助产生杂乱无章的东西，但“of”是主要的麻烦。仔细检查它的每一个“行踪”。

一些前后对照的例子

Example A

Not this: Defendant is contending that delays on the part of Penney have resulted in delays by Defendant. [16 words: 4 prepositions]

But this: Kosko claims that Penney's delays have caused its own. [9 words: no prepositions]

例子一

反例：被告辩称，Penney 公司方面的拖延导致了被告的拖延。［16 个字：4 个介词］

范例：Kosko 声称，Penney 公司的拖延造成了自己的延误。［9 个字：无介词］

Example B

Not this: The facts of this case indicate that the Penaté Corporation, of which Burgos was the CEO, allegedly bribed certain officials of the State Department of Taxation and Finance to resolve some tax problems of the Corporation. During the course of the investigation into the alleged illegal activity, the SEC alleged in its indictment of Burgos that he failed to disclose in the proxy statement of the corporation that he was a member of a conspiracy to bribe said officials. [79 words: 15 prepositions]

But this: The facts show that the Penaté Corporation—and Burgos, its CEO—allegedly bribed certain state officials to resolve corporate tax problems. While investigating the alleged illegal activity, the SEC indicted Burgos, alleging that he failed to disclose in the company's proxy statement that he had conspired to bribe those state officials. [51 words: 4 prepositions]

例子二

反例：本案的事实表明，由波尔格斯（Burgos）担任首席执行官的 Penaté 公司涉嫌贿赂国家税务和财政部门的某些官员，以解决该公司的一些税务问题。在对被指控的非法活动进行调查的过程中，美国证券交易委员会在对波尔格斯的起诉书中称，他没有在公司的委托声明中披露他是贿赂上述官

员的阴谋的成员。[79 个字:15 个介词]

范例: 事实表明,Penaté 公司及其首席执行官波尔格斯被指控贿赂某些州政府官员以解决公司的税务问题。在调查被指控的非法活动时,美国证券交易委员会起诉了波尔格斯,指控他没有在公司的委托声明中披露他曾密谋贿赂这些州官员。[51 个字:4 个介词]

Example C

Not this: In this case, there is a substantial risk that the current collection arrangement with Woolverton will be deemed a violation of the FDCPA. Many courts have found that the use of another party's letterhead, without actual participation by that party in the collection of the debt, is a deceptive practice in violation of Sections 1692e and 1692j, subjecting both the creditor and the flat-rater to liability. [67 words: 10 prepositions]

But this: The current collection arrangement with Woolverton may well be found to violate the Act. Many courts have found that using another party's letterhead, without that party's actually helping to collect the debt, is a deceptive practice that violates §§ 1692e and 1692j, subjecting both the creditor and the flat-rater to liability. [52 words: 5 prepositions]

例子三

反例: 在本案中,目前沃尔弗顿(Woolverton)的收款安排有很大的风险,会被认为是违反了《联邦存款保障法》。许多法院已经发现,使用另一方的信笺,而该方没有实际参与收债,是违反第 1692e 条和第 1692j 条的欺骗性做法,使债权人和该方都要承担责任。[67 个字:10 个介词]

范例: 目前沃尔弗顿的收款安排很可能被认定为违反了该法[1]。许多法院已经发现,使用另一方的信笺,而该方没有实际参与收债,是一种欺骗性的做法,违反了第 1692e 条和第 1692j 条,使债权人和该方都要承担责任。[52 个字:5 个介词]

Example D

Not this: Also prohibited are payments by an agent of the seller to the other party to the sales transaction either through paying such other party all or a portion of its fee or through accepting a reduced fee which results in a reduction in the price by the seller. [48 words: 10 prepositions]

But this: Nor may a seller's agent pay the other party to the sale all or part of its fee or accept a reduced fee to lower the price. [27 words: 3 prepositions]

---

[1] 原文为 Act,即 Fair Debt Collection Practices Act,《联邦存款保障法》。——编者注

例子四

反例：同样被禁止的还有卖方的代理人向销售交易的另一方付款，其方式是向该另一方支付其全部或部分费用，或接受减少的费用，从而导致卖方降低价格。[48 个字：10 个介词]

范例：卖方代理人也不得向销售的另一方支付其全部或部分费用，或接受减少的费用以降低价格。[27 个字：3 个介词]

Example E

Not this: These words have a great deal of significance in light of the fact that in the Gingrotts Bond market, there was no simple method to determine prices. [27 words: 5 prepositions]

But this: These words are significant in the Gingrotts Bond market: there was no simple method to determine prices. [17 words: 2 prepositions]

例子五

反例：鉴于在 Gingrotts 债券市场上，没有简单的方法来确定价格，这些词有很大的意义。[27 个字：5 个介词]

范例：这些词在 Gingrotts 债券市场上是有意义的：没有简单的方法来确定价格。[17 个字：2 个介词]

Example F

Not this: The lack of relevance of each of the categories of documents identified in the Subpoena is addressed below. [18 words: 5 prepositions]

But this: As shown below, no document category that the subpoena identifies concerns the issues here. [14 words: no prepositions]

例子六

反例：以下是对传票中确定的每一类文件缺乏相关性的论述。[18 个字：5 个介词]

范例：如下图所示，传票所确定的任何文件类别都不涉及这里的问题。[14 个字：没有介词]

Example G

Not this: Attention to the truth-seeking purpose of discovery is of the utmost importance in cases involving allegations of abuse of a child. [22 words: 6 prepositions]

But this: Discovery's truth-seeking purpose is crucial in cases involving child-abuse allegations. [12 words: 1 preposition]

例子七

反例:在涉及虐待儿童指控的案件中,关注取证之发现真相目的是最重要的。[22 个字:6 个介词]

范例:在涉及虐待儿童指控的案件中,发现真相的目的至关重要。[12 个字:1 个介词]

技巧 37 的要点总结

- 认识到过多的“of”短语是松散文风的标志。
- 仔细检查介词短语的动词性。
- 将介词短语折叠成更短的短语或单词,以精简文字。
- 用“-'s”或适当的代词替代“of”短语。
- 虽然最后你会需要一些“of”短语,但要看看每一个“of”短语是否需要改写。

38

删去诸如“there is”和“there are”的填充短语

名言警句

“用非人性化的、通常是模糊的 there is 或 there are 开始陈述的习惯，把真正重要的动词推到一个从属的位置，而不是让它有力地站在自己的位置上。”

——David Lambuth et al.，*The Golden Book on Writing* 19（1964）.

“‘There’短语与语法或任何形式的‘正确性’无关。这是一个完全恰当的词，它在最好的圈子里活动：你会发现它在最杰出的作家的作品中大量存在。但事实是，它是一个初学写作的人在形成文风时面临的最阴险的敌人之一。它是风格的敌人，因为它除了给句子带来杂乱无章的感觉外，很少增加任何东西。而没有什么能像无意义的混乱那样迅速耗尽语言的活力。”

——Lucile Vaughan Payne，*The Lively Art of Writing* 64–65（1965）.

“一般来说，尽量避免用 There is、There are、There were 和 There was 开头的句子。这些开场白可能是有用的，我们有时会使用它们；但它们往往以模糊的描述来代替行动。”

——Richard Marius，*A Writer's Companion* 76（1985）.

“There 一词本身并不坏；是它的同伴给它带来了麻烦。There 通常和其他闲杂人等一起无辜地挂在角落里：像 is、was、are、have been、had been 这样的动词，以及其他无力的系表动词。这些没有色彩的动词仅仅表明某些东西的存在，而没有说明它是如何存在的，它的行为如何，它的气味如何——没有什么能引起读者的兴趣。”

——Theodore A. Rees Cheney，*Getting the Words Right* 34–35（2d ed. 2005）.

解释说明

当你需要谈论某物的存在时，你会需要“there is”或“there are”。比如说：

尽管杰克逊声称，这个规则有一个很好的理由。

（Despite what Jackson claims, there is a good reason for this rule.）

对这个问题有几种可能的反对意见。

(There are several possible objections to this question.)

但大多数时候，当你看到这类短语时，最好把它删掉。这样做，你几乎肯定会给句子提供一个更有力的动词，而且你会拿掉一些不必要的词语。

一些前后对照的例子

Example A

Not this: There are three reasons why the Court should overrule that case.

But this: The Court should overrule that case for three reasons.

例子一

反例:有三个理由说明法院应该推翻该案。

范例:法院应推翻该案，理由有三。

Example B

Not this: There is no medical evidence to contradict Dr. Goodman's opinion that an award should be apportioned 50% to the special fund and 50% to the employer.

But this: No medical evidence refutes Dr. Goodman's opinion that the Court should divide an award evenly between the special fund and the employer.

例子二

反例:没有任何医学证据可以反驳古德曼医生的意见，即赔偿金应分摊给特别基金和雇主各50%。

范例:没有任何医学证据反驳古德曼医生的观点，即法院应在特别基金和雇主之间平均分配赔偿金。

Example C

Not this: To date, there have been no such third-party actions in the Hunt County suit.

But this: To date, no third-party actions have arisen in the Hunt County suit.

例子三

反例:迄今为止，在杭特(Hunt)县的诉讼中，还没有出现这样的第三方诉讼。

范例:到目前为止，杭特县的诉讼中没有出现第三方诉讼。

Example D

Not this: It is apparent that the parties to the agreement did not intend that Fortas Inc. could sue for its breach.

But this: The parties did not intend that Fortas Inc. could sue for breach of the agreement.

例子四

反例: 显然,协议各方并不打算让 Fortas 公司为其违约行为提出起诉。

范例: 双方并不打算让 Fortas 公司对违反协议的行为提起诉讼。

Example E

Not this: Because there are no choice-of-law provisions in the policies, the court should look to the following factors to determine applicable state law.

But this: Because the policies have no choice-of-law provisions, the court should consider the following factors to determine applicable state law.

例子五

反例: 由于保单中没有法律(there are no choice - of - law)选择条款,法院应参考以下因素来确定适用的州法律。

范例: 由于保单上没有法律(have no choice - of - law)选择条款,法院应考虑以下因素来确定适用的州法律。

Example F

Not this: There is nothing in the statute that requires National to disclose its annual financial report within 30 days.

But this: Nothing in the statute requires National to disclose its annual financial report within 30 days.

例子六

反例: 法规中并没有要求 National 在 30 天内披露其年度财务报告。

范例: 法规中没有任何内容要求 National 在 30 天内披露其年度财务报告。

技巧38的要点总结

- 不要用诸如“there is”和“there are”这样的动词来干扰你的写作。这些短语通常压制了一个强有力的动词。
- 特别是要避免用“there is”或“there are”作为句首。
- 但在提到某物的存在或不存在时,确实要使用这些短语,如“在记录中没有……的证据”。
- 向你的读者展示行为动词,而不要压制它们。

39

拿掉清嗓子的短语

名言警句

“用来作为句子开头的词在特定的语境中往往是无话可说的。如果作者马上开始表达他的思想，那么开头的词就不会被写出来。有些作家在每个句子的开头都慢慢‘上发条’，就像棒球投手在空垒时的表现；相反，他们应该假设有人已在三垒，而且可能偷垒。”

——Norman G. Shidle, *Clear Writing for Easy Reading* 65 (1951).

“‘我可能会补充，’‘应该指出，’‘值得注意的是，’——有多少句子以这些沉闷的词语开始，宣布作者接下来要做什么？如果你可以补充，就补充呗；如果应该指出，就指出来；如果它值得注意，就让它引起注意。被告知某件事情很有趣是诱使读者发现它其实很沉闷的最有效的方法……”

——William Zinsser, *On Writing Well* 16 –17 (5th ed. 1994).

“让每个字都有意义。剔除冗词并不容易；烦冗的词语往往来自快速、随意的写作。注意反复出现的短语，这些短语像清嗓子一样毫无意义；例如：

根据我的深思熟虑……

请允许我恭敬地建议……

在此，我必须指出，记住以下事实会很有帮助……

不应该忘记……

牢记以下考量因素也很重要……

应考虑词语的效率……这些毫无必要的铺垫，让读者在看到观点之前就被包裹在羊毛之中。扔掉开场白，直接说出你的意思。”

——Bryan A. Garner, *The Elements of Legal Style* 53 –54 (2d ed. 2002).

解释说明

英语中充满了各种短语，它们只是在准备说一些实质性的东西时发出点杂音。比如：

重要的是记住……

值得注意的是……

在这方面，不得不注意的是……

还必须牢记……

它们可能在演讲中占有一席之地，而演讲几乎总是比精练的好文章有更多废话；它们可以为演讲者的词句进行热身。

但在书面上，它们只是占用了宝贵的空间。而且它们就像一种文字上的卡顿；令人高兴的是，如果你能识别这种卡顿，就很容易摆脱它。

一些前后对照的例子

Example A

Not this: It is respectfully submitted that genuine issues of material fact remain such that defendant's motion for summary judgment must be denied.

But this: Because genuine issues of material fact remain, this Court should deny Taylor's motion for summary judgment.

例子一

反例：恕我直言，真正的重大事实问题仍然存在，因此必须拒绝被告的简易判决动议。

范例：由于真正的重大事实问题仍然存在，本法庭应拒绝泰勒的简易判决动议。

Example B

Not this: It should be noted that a vast majority of the value of the sale proceeds came from the Historical Society's collection of European paintings and decorative arts—the maintenance of which was contributing very little to the study of the history of New York.

But this: The sale proceeds came mostly from the Historical Society's collection of European paintings and decorative arts; maintaining these contributed little to the study of New York history.

例子二

反例：应该指出的是，销售收入的绝大部分价值来自历史学会的欧洲绘画和装饰艺术收藏——这些收藏的维护对纽约历史的研究贡献甚微。

范例：这些销售收入主要来自历史学会的欧洲绘画和装饰艺术收藏；维持这些收藏对纽约历史研究的贡献很小。

Example C

Not this: It is important to note that the exclusive-benefit and prudence rules outlined in ERISA § 404(a)(1) apply also to ESOPs.

But this: The exclusive-benefit and prudence rules outlined in ERISA § 404(a)(1) apply also to ESOPs.

例子三

反例：值得注意的是，《退休保障法》第 404（a）（1）条中概述的专属利益和审慎规则也适用于员工认股计划。

范例：《退休保障法》第 404（a）（1）条中概述的专属利益和审慎规则也适用于员工认股计划。

Example D

Not this: It is important to note at the outset that the Agreement contains a severability clause.

But this: First, the Agreement contains a severability clause.

例子四

反例：首先要指出的是，该协议包含一个可分割条款。

范例：首先，该协议包含一个可分割条款。

Example E

Not this: It has been held that a merger clause stating that the writing contains the entire contract does not prevent a showing that the contract is void due to fraud.

But this: A merger clause stating that the writing contains the entire contract does not prevent a showing that the contract is void by fraud.

例子五

反例：有人认为，说明书面文件包含整个合同的合并条款并不妨碍证明合同因欺诈而无效。

范例：说明书面文件包含整个合同的合并条款并不妨碍证明合同因欺诈而无效。

Example F

Not this: There is no doubt that the opinions in both cases do not articulate “clear and convincing” as the burden of proof standard necessary to toll the statute of limitations.

But this: The two opinions do not conclude that "clear and convincing" is the burden-of-proof standard necessary to toll the statute of limitations.

例子六

反例：毫无疑问，这两个案件中的意见并没有将"明确和令人信服"作为超过诉讼时效所需的举证责任标准来阐述。

范例：这两个意见并没有认定"明确和令人信服"是时效过期所需的举证标准。

Example G

Not this: In Maryland, it is well established that both municipal corporations and organizations are subject to the application of the doctrine of estoppel.

But this: In Maryland, both municipal corporations and organizations are subject to estoppel.

例子七

反例：在马里兰州，大家公认的是，市政公司和组织都受制于禁止反言原则。

范例：在马里兰州，市政公司和组织都受到禁止反言的约束。

Example H

Not this: It is notable that Carson fails to articulate from what "generally recognized source agreed to by the Parties" Oldman was obligated to obtain prices under Carson's reading of the contract. It is also notable that Carson is unable to cite any testimony from any witness (or any other evidence) to support his interpretation of the contract.

But this: Notably, Carson fails to articulate what "generally recognized source agreed to by the Parties" obligated Oldman to obtain prices under Carson's reading of the contract. And Carson cannot cite any testimony or other evidence to support his interpretation.

例子八

反例：值得注意的是，卡尔森（Carson）未能阐明他对合同的解读，奥德曼（Oldman）有义务从"双方商定的公认来源"来确定价格。同样值得注意的是，卡尔森无法引用任何证人的证词（或任何其他证据）来支持其对合同的解释。

范例：注意，卡尔森没有阐明他对合同的解读，"双方商定的公认来源"是奥德曼确定价格的依据。而且卡尔森也不能引用任何证词或其他证据来支持他的解释。

Example I

Not this: In this connection it may be remarked that New York courts have permitted broad discovery regarding testifying experts.

But this: New York courts have permitted broad discovery regarding testifying experts.

例子九

反例: 在这方面可以说，纽约法院允许对作证的专家进行广泛的调查。

范例: 纽约法院允许对作证的专家进行广泛的调查。

Example J

Not this: It is clear that no principle of public policy forces the court to undo Mr. Milne's carefully constructed testamentary plan.

But this: No public-policy principle forces the court to undo Milne's carefully constructed testamentary plan.

例子十

反例: 很明显，没有任何公共政策原则迫使法院撤销米尔纳（Milne）先生精心构建的遗嘱计划。

范例: 没有任何公共政策原则迫使法院撤销米尔纳精心构建的遗嘱计划。

Example K

Not this: It is notable that some of the alleged inconsistencies are based on perceived discrepancies between Mr. Stark's statements and the statements of others. Furthermore, some of the allegedly inconsistent statements are not inconsistent at all. Moreover, the exact cause of the scars on Mr. Stark's head does not go to the heart of his claim.

But this: Some of the alleged inconsistencies are based on perceived discrepancies between Stark's statements and those of others. And some of the allegedly inconsistent statements aren't inconsistent at all. The exact cause of the scars on Stark's head does not matter here.

例子十一

反例: 值得注意的是，一些所谓的不一致是基于斯塔克（Stark）先生的陈述和其他人的陈述之间的感知差异。此外，一些所谓的不一致的陈述根本没有不一致的地方。此外，斯塔克先生头上的疤痕的确切原因并不涉及他的索赔的核心问题。

范例：有些所谓的不一致是基于斯塔克的声明和其他人的声明之间的感知差异。而有些所谓的不一致的陈述根本就没有不一致的地方。斯塔克头上的疤痕的确切原因在这里并不重要。

技巧39的要点总结

- 防止出现不必要的发语词，如："必须注意到……"
- 请记住，尽管这种短语在演讲中可能有效，但在写作中，它们占用本应留给实质性材料的宝贵空间。
- 让你的文章本身变得有趣——而不只要告诉我们它很有趣。

40

尽量保持主、谓、宾的紧凑，可以用修饰语来开句

名言警句

主谓分离

“要紧凑；不要把一个句子中彼此密切相关的部分分离过大，以免给读者记忆带来压力。”

——Sir Ernest Gowers, *The Complete Plain Words* 37 (1954; repr. 1964).

“许多错误都是通过一个长的插叙短语将动词与主语分开而造成的。”

——Raymond Chapman, *A Short Way to Better English* 58 (1956).

“不要用干扰性的从属结构和修饰语来打断主语和动词。”

——Walker Gibson, *Tough, Sweet & Stuffy* 108 (1966).

“一般来说，你应该尽可能地把主语和动词放在一起。但在快速写作中经常发生这样的情况：你先把主语敲定，然后加上本应放在句首的从属元素。其结果是尴尬和错误的强调。”

——Alan H. Vrooman, *Good Writing: An Informal Manual of Style* 104 (1967).

“大多数句子的开头都把主语放在第一位。如果你不以主语开始，就用副词、短语或从句来开始句子。”

——Richard Marius, *A Writer's Companion* 4 (1985).

“每当你写一个长句时……要确保你没有把主语和动词分开，以至读者在了解发生了什么之前就忘记了谁是行为人。”

——Miriam Kass, “The Ba Theory of Persuasive Writing”, in *Appellate Practice Manual* 179, 183 (Priscilla A. Schwab ed., 1992).

动宾分离

“一个经常发生的，令人不适的错误是把本应绑在一起的词分开而造成的，如主语和动词、动词和宾语……”

——Adams Sherman Hill, *The Principles of Rhetoric* 203（rev. ed. 1896）.

“记住要让动词的宾语靠近动词；反过来说，不要破坏及物动词与其宾语的自然关系。”

——C. Edward Good, *Mightier than the Sword* 29（1989）.

“当寻求理解一个句子时，读者的大脑会搜索主语、动词和宾语。如果这三个关键要素按照这个顺序排列，紧挨着，靠近句子的前部，那么读者能很快理解。”

——Richard C. Wydick, *Plain English for Lawyers* 41（5th ed. 2005）.

解释说明

句子中的核心词是主语、动词和（如果动词是及物的）宾语。它们在意义和语法上都是相关的；而相关的词应该放在一起。如果你把它们分隔得太远，句子就会变得支离破碎。

尽管有时有必要用一个干扰性的短语来修饰主语——并通过在短语周围加上虚线来突出该短语（见技巧58）——但作者经常毫无理由地在主语和动词之间插入词语。在下面的例子中，请注意从每个主语读到相应的动词可能需要多长时间。事实上，即使是作家自己也会迷失方向，从而造成动词的变量、变格与主语不匹配。

而在读到动词后，读者自然希望看到动词的宾语紧随其后。

试着把修饰短语放在句子的开头，这样主语和动词就能保持在一起。业余作家认为此举有悖常理，但这个方法是有效的。

主谓分离

Example A

Not this: Defendant, in his motion, has represented to the Court that he has complied with all outstanding discovery requests.

But this: In his motion, Fowlkes has told the Court that he has complied with all outstanding discovery requests.

例子一

反例：被告在其动议中向法院表示，他已经遵守了所有列出的证据要求。

范例：在他的动议中，福尔克斯（Fowlkes）告诉法院，他已经遵守了所有列出的证据要求。

Example B

Not this: The cases on which Nikka Corporation relies, dealing with the narrow issue of whether state statutes of frauds can bar 10b-5 claims predicated on otherwise valid contracts, do not dictate a contrary result.

But this: Nikka Corporation relies on cases dealing with the narrow issue whether state statutes of frauds can bar 10b-5 claims predicated on otherwise valid contracts. These cases do not dictate a contrary result.

例子二

反例：Nikka 公司所依赖的案例，处理的是州欺诈法是否可以禁止基于其他有效合同的 10b－5 索赔的狭隘问题，并没有规定一个相反的结果。

范例：Nikka 公司依靠的是处理州欺诈法是否可以禁止以其他有效合同为前提的 10b－5 索赔这一狭隘问题的案例，这些案件并没有规定一个相反的结果。

Example C

Not this: In *Barber v. SMH (US), Inc.*, 9 I.E.R. Cases 244 (1993), the Michigan Court of Appeals held that the plaintiff's reliance on a statement made by defendant that "as long as [he] was profitable and doing the job for Defendant, [he] would be Defendant's exclusive representative" as establishing an oral contract for just-cause employment was misplaced.

But this: In *Barber v. SMH (US), Inc.*, the plaintiff claimed reliance on the defendant's statement that "as long as [he] was profitable and doing the job for Defendant, [he] would be Defendant's exclusive representative." According to the plaintiff, this statement established an oral contract for just-cause employment. But the Michigan Court of Appeals rejected this claim.

例子三

反例：在 *Barber v. SMH*（*US*），*Inc.*，9 I. E. R. Cases 244（1993）案中，密歇根州上诉法院认为，原告将被告的一句话“只要他为被告工作，他就是被告的独家代表”作为确立正当理由就业的口头合同的依据是错误的。

范例：在 *Barber v. SMH*（*US*），*Inc.* 案中，原告依据被告的陈述主张，“只要他为被告工作，他就是被告的独家代表”。根据原告的说法，这一声明确立了正当理由就业的口头合同，但密歇根州上诉法院驳回了这一主张。

Example D

Not this: The interests of Fizell's children, who have been hanging in temporary-care limbo since 2001, are paramount.

But this: The interests of Fizell's children are paramount. They have been hanging in temporary-care limbo since 2001.

例子四

反例：Fizell 的孩子们的利益自 2001 年以来一直处于临时看护状态，他们的利益是最重要的。

范例：Fizell 的孩子们的利益是最重要的。自 2001 年以来，他们一直处于临时看护状态。

Example E

Not this: The city, although having agreed to settle the dispute according to the agreement and consent judgments that were duly entered, contends that paragraph 15 is not binding on Larsen for years not included in the consent judgments.

But this: Although the city has agreed to settle the dispute according to the agreement and consent judgments, it contends that ¶ 15 is not binding on Larsen for the years excluded from the consent judgments.

例子五

反例：该市虽然已经同意按照协议和法庭作出的判决来解决争端，但认为其中第 15 段就未包括的年份对拉尔森（Larsen）没有约束力。

范例：虽然该市已同意根据协议和法庭判决来解决争端，但它认为其中第 15 段就判决书中排除的年份对拉尔森没有约束力。

Example F

Not this: Unilateral mistake for delivering the trucks prior to execution of the agreement by the Springfield headquarters is unavailable as well.

But this: Nor can Long Haul plead unilateral mistake for delivering the trucks before the Springfield headquarters signed on to the agreement.

例子六

反例：在 Springfield 总部执行协议之前，交付卡车的单方面错误是不存在的。

范例：Long Haul 公司不能以在 Springfield 总部签署协议前交付卡车为由，提出单方面的错误。

Example G

Not this: You, not the mediator, control the negotiations.
But this: You control the negotiations—not the mediator.
Or this: The mediator doesn't control the negotiations; you do.

例子七

反例：你，而不是调解人，控制着谈判。

范例：你控制着谈判，而不是调解人。

佳例：调解人并没有控制谈判，而是由你控制着。

动宾分离

Example A

Not this: Bradley testified in his February 8 deposition that he did not know the law had changed and that he thought the plaintiff was paying the bills correctly.
But this: In his February 8 deposition, Bradley testified that he did not know that the law had changed and that he thought the plaintiff was paying the bills correctly.

例子一

反例：布莱德利（Bradley）在 2 月 8 日的证词中说，他不知道法律已经改变，他认为原告支付的账单是正确的。

范例：在 2 月 8 日的证词中，布莱德利作证说他不知道法律已经改变，他认为原告支付的账单是正确的。

Example B

Not this: After the Supreme Court's decision, this Court granted, over the United States' vehement objection, plaintiffs' motion for leave to amend their complaint.
But this: After the Supreme Court's decision—and over the United States' vehement objection—this Court granted the Delatanos' motion for leave to amend their complaint.

例子二

反例：在最高法院作出裁决后，本法院不顾美国的强烈反对，批准了原告的动议，允许他们修改申诉。

范例：在最高法院作出裁决后，在美国的强烈反对下，本法院批准了德拉塔诺（Delatano）夫妇的动议，允许他们修改其申诉。

Example C

Not this: The proposed decision cites, as grounds for summarily denying Redell Energy's petition, a concern that the program's entire budget could be depleted on just a few large fuel-cell projects.

But this: As grounds for summarily denying Redell Energy's petition, the proposed decision cites a concern that just a few large fuel-cell projects could deplete the program's entire budget.

例子三

反例：这项拟议的决定指出，应立即拒绝 Redell 能源公司的申请，因担心该计划的全部预算可能会被几个大型燃料电池项目耗尽。

范例：作为立即拒绝 Redell 能源公司申请的理由，拟议的决定提及了一种担忧，即仅仅几个大型燃料电池项目就可能耗尽该计划的全部预算。

技巧 40 的要点总结

- 只要有可能，就把主语和动词放在一起。
- 尝试将修饰短语放在句子的开头，以避免分隔主语和动词。
- 如果一个句子被长长的修饰语过度包装，试着把它分成两个句子。
- 按照主、谓、宾的顺序排列，让读者轻松完成任务，避免不必要的干扰。

41

一个句子一个中心，
但可以组合关联句子以保持行文流畅

名言警句

“当几个短句，其本身是一个单元，在思想上紧密相连，形成一个大单元的组成部分时，就可以把它们归入一个句子。”

——Adams Sherman Hill, *The Principles of Rhetoric* 212 (rev. ed. 1896).

“有必要避免将每个想法放在一个单独的句子中。研究一下哪个是主要的思想；然后将自然一体的点子归入一个句子。”

——Helen J. Robins & Agnes F. Perkins, *An Introduction to the Study of Rhetoric* 232 (2d ed. 1921).

“嵌入[分句和短语]……是将复杂的思想单元合并到一个句子中的有效方法。这种操作允许你将整个句子或短语挤进主句的一个名词槽。”

——Gary A. Olson et al., *Style and Readability in Business Writing* 63 (1985).

“好的作家会避免因使用过多的短句、主语第一的句子而造成风格不稳……当你把短小精悍的句子组合在一起时……你将会学习到一种更流畅的风格，更富于变化和趣致。”

——John E. Warriner, *English Composition and Grammar* 386-87 (1988).

“小心一直使用基本句型（主、谓、宾）。你的读者很快就会感到厌烦，而你想表达的观点也会被他们忽略。句子的多样性能保持读者的注意力……将短小精悍的句子组合成更长、更有趣的句子。”

——Sally Foster Wallace, *Practically Painless English* 57 (2d ed. 1990).

“在我自己的编辑工作中，我遵循以下原则：‘如果一个句子携带的信息太少，不值得在语法上独立，就把它当作一个废料’。当我发现这样的废料时，我会把它转换成一个从句，并把它嵌入一个邻近的句子中。这样做，你会发现它有三个好处：节省字数，减少混乱，使你的句子更充实，为不值得单独陈述的细节找到一个归宿，并向读者表明你认为两个观点中哪个更重要。”

——John R. Trimble, *Editing Your Own Prose* (forthcoming).

解释说明

一个想法、一个句子：这是你经常听到的。但事实上，如果你坚持这个建议，就会破坏你的风格。你将不再能够利用作家们所知的最重要的手段之一：从属关系。你可以通过这种方式尽量减少不利的事实。例如，“虽然杜尔加（Dulgar）是一个供认不讳的重罪犯……”

在其他时候，你确实需要一个主要思想，但也可能有一些精心选择的次要观点。在这种情况下，可以按照特林布尔（Trimble）的建议：将一个“贫瘠句”——一个内容很少的短句——转换成一个从句，并与另一个句子合并。参见下面的例子：

一些前后对照的例子

Example A

Not this: Section 5(A)(2) prohibits an employer from discharging an employee “during a period of temporary total disability.” However, Section 5(A)(2) did not become effective until September 1, 2012.

> Note how the citation is awkwardly repeated.

But this: Although § 5(A)(2) prohibits an employer from discharging an employee “during a period of temporary total disability,” this provision did not become effective until September 1, 2012.

> This edit also illustrates the technique discussed in Tip #49.

例子一

反例：第 5(A)(2) 条禁止雇主“在暂时完全残疾期间”解雇雇员。然而，第 5(A)(2) 条直到 2012 年 9 月 1 日才开始生效。

> 注意引文是如何被尴尬地重复。

范例：虽然第 5(A)(2) 条禁止雇主“在暂时完全残疾期间”解雇雇员，但这一规定直到 2012 年 9 月 1 日才生效。

> 这个编辑也展现了技巧 49 中讨论的内容。

Example B

Not this: Third, there are no extraordinary circumstances to support setting aside the court's judgment. Consequently, there is no basis either to reconsider the Court's decision or to grant Reynolds leave to amend his complaint.

But this: Third, in the absence of extraordinary circumstances, the Court should not reconsider its decision or grant Reynolds leave to amend his complaint.

例子二

反例：第三，没有任何特殊情况可以支持撤销法院的判决。因此，既没有理由重新考虑法院的判决，也没有理由允许雷诺兹（Reynolds）修改其申诉。

范例：第三，在没有特殊情况的情况下，法院不应重新考虑其决定或允许雷诺兹修改其申诉。

Example C

Not this: During her employment, Eisenstadt never saw any writing that placed any restriction on Mox's right to terminate her employment. Further, no oral statements were ever made to Eisenstadt restricting Mox's right to terminate her employment.

But this: During her employment, Eisenstadt never received any information—written or oral—restricting Mox's right to fire her.

例子三

反例：在艾森施塔特（Eisenstadt）工作期间，她从未见过任何限制莫克斯（Mox）解雇她的权利的文字。此外，艾森施塔特也没有收到口头声明，限制莫克斯终止雇佣的权利。

范例：在她工作期间，艾森施塔特从未收到任何限制莫克斯解雇她的权利的书面或口头信息。

Example D

Not this: True, Eisenstadt was employed by Mox for more than ten years and was given certain promotions and pay increases. However, promotions and salary increases are common occurrences for an employee who remains with an employer for very long.

Once again, see also Tip #49.

But this: Although Eisenstadt worked for Mox for over ten years and received promotions and pay increases, these rewards are common occurrences for employees who remain with an employer long-term.

例子四

反例：诚然，艾森施塔特受雇于莫克斯超过 10 年，并获得了某些晋升和加薪。

然而，晋升和加薪对于一个在雇主那里待了很久的雇员来说是很常见的。

范例： 虽然艾森施塔特在莫克斯工作了10多年，并获得了晋升和加薪，但这些奖励对于长期留在雇主那里的员工来说是很常见的事情。

再一次，参见技巧49。

技巧41的要点总结

- 不必盲目遵循每个句子必须只包含一个想法的所谓规则。
- 通过重新起草一个“废句”作为从句，将两个相关的句子合并为一。
- 使用从属关系，淡化不利的或不太重要的事实。

42

尽可能使用语法上的平行结构，并确保观点本身也是平行的

名言警句

“写出干净的好句子的首要条件之一是掌握列举的艺术，也就是说，把三个或四个语法价值相同的字词或短语串起来而不出错。”

——H. W. Fowler, *A Dictionary of Modern English Usage* 142 (1926).

“每一个试图写作的人——至少，每一个没有被所谓的‘锡耳朵’（分不出好歹）折磨的人——都有一定程度的自然本能，把类似的想法放到类似的结构中。有些人有这种本能，而且非常出色……但是大多数人在这方面的本能处于低级程度，必须通过自律和思考来加强它。”

——Wilson Follett, *Modern American Usage: A Guide* 211 (Jacques Barzun ed., 1966).

“在所有主要的结构性错误中，平行性的错误是最顽强的。即使在相当复杂的文体中，在作者不再犯诸如悬垂修饰语[1]、一致性错误、引用错误和大小写错误等野蛮行为之后，它仍然存在。”

——Bertrand Evans, “Grammar and Writing”, in *A Linguistics Reader* 111, 122 (Graham Wilson ed., 1967).

“当人们阅读一个句子时，其中两个或更多的元素被比较、对比、连接、列举，或以任何方式呈现在头脑中的平行关系，如果将这些元素呈现给我们的语言形式也是平行的，那么理解就会更快、更顺畅……匹配是为了方便读者，使他们能够明智地进行预测。”

——Jacques Barzun, *Simple & Direct* 131 (1975).

---

〔1〕 悬垂修饰语是指句首的短语与后面句子的逻辑关系混乱不清。如 At the age of ten, my grandfather died。此句中，“at the age of ten”只写出 10 岁时，但没有说明“谁”10 岁时，按一般推理不可能是 my grandfather。正确的应该是：When I was ten, my grandfather died。——编者注

“如何使思路平行？在一个系列中，所有的项目都应该是一样的，无论是所有的名词、所有的动名词、所有的不定式、所有的短语或所有的分句。如果使用一系列的动词，它们都应该是相同的时态、语态和情绪。平行分句的主语应该是相同的人称和数；当两个短语介词或连接词一起使用时，两者都需要完整地出现。”

——Brian S. Brooks & James L. Pinson, *Working with Words* 73 (2d ed. 1993).

“没有平行结构，任何复杂的长句都不会站得住脚。平行结构可以非常简单：任何词都会寻找自己的同类，名词对名词，形容词对形容词，不定式对不定式。”

——Sheridan Baker, *The Practical Stylist* 101 (8th ed. 1998).

解释说明

平行结构是指在语法上与相邻的短语或子句相呼应的短语或子句。例如，在一个列表中，你把名词—名词—名词，或动词—动词—动词，或形容词—形容词—形容词放在一起。你不应该改变列表中的语法结构；语法反映了逻辑。

平行结构满足了每个读者对秩序和节奏的渴望。通过在平行的语法结构中表述平行的想法，你向读者展示了这些想法是如何相互关联的；你提供了对应关系。

当你列举项目时，平行结构尤其重要。只有马虎的思考者才会不合逻辑地打乱思路，破坏语法和常识的关系：

> 欺诈有四个要素：(1)故意歪曲或隐瞒；(2)真相或重要事实；(3)以诱使他人；(4)并对其造成伤害。

为什么是四个，而非六个？

> 欺诈有六个要素：(1)故意；(2)歪曲或隐瞒；(3)真相或重要事实；(4)诱使；(5)他人；(6)并对其造成伤害。

而如果事实上有四个要素，有序地呈现它们的方式是以平行的方式，这可能需要多写几个字，但现在形式服从内容，分解也变得更加合乎逻辑：

> 欺诈有四个要素：
> (1)歪曲或隐瞒重要事实；
> (2)行为人故意为之；
> (3)受害人对歪曲或隐瞒的依赖；
> (4)对依赖者造成伤害。

该提示的推论是这样的："不惜一切代价避免不平行的结构。"像下面这些例子中的歪曲的句子，暴露了作者在处理词语和思想方面的些许无能。它们往往是由于相关连接词构成的句子部分不匹配，如例子一和例子二；由于使用的字太多，作者失去了对结构的掌控，如例子三；由于简单地将列表中的项目混在一起，如例子四；或者由于试图在一个句子中放太多东西，如例子五。

一些前后对照的例子

Example A

Not this: The rule appears both in state and federal statutes.

But this: The rule appears in both state and federal statutes.

> The preposition *in* must appear either in both elements <both *in* state and *in* federal> or in neither. The more economical option is preferred.

例子一

反例：这条规则同时在州和联邦法规中出现。

范例：这条规则同时出现在州和联邦的法规中。

> 介词 in 必须同时出现在两个元素中 <both in state and in federal> 或不出现在两个元素中。更经济的选项是优选。

Example B

Not this: The judge was not only young but also was inexperienced.

But this: The judge was not only young but also inexperienced.

> If *was* precedes *not only*, it should not be repeated after *but also*.

例子二

反例：这名法官不仅是年轻，而且是没有经验。

范例：这名法官不仅年轻，而且没有经验。

> 如果 was 在 not only 之前，就不应该在 but also 之后重复。

Example C

Not this: With respect to collateral estoppel, Trezail argues again that (1) federal law and state law with respect to the discovery rule are substantially different, and (2) that the dismissal of a federal action for failure to state a claim under Rule 12(b)(6) is not a dismissal on the merits, and therefore collateral estoppel cannot apply.

> If *that* precedes *(1)*, it cannot follow *(2)*.

But this: As for collateral estoppel, Trezail again argues that (1) federal law differs substantially from state law on the discovery rule, and (2) a dismissal under Federal Rule 12(b)(6) is not a dismissal on the merits, so collateral estoppel cannot apply.

如果 that 在(1)之前，就不能在(2)之后。

例子三

反例：关于附带禁止反言，特雷泽尔（Trezail）再次争辩说：（1）联邦法律和州法律在发现规则方面有很大的不同，（2）根据规则第12（b）（6）条，以未能提出申诉为由驳回联邦诉讼并不是对案情的驳回，因此不能适用附带禁止反言。

范例：至于附带禁止反言，特雷泽尔再次辩称：（1）联邦法律与州法律在发现规则上有很大不同，（2）根据联邦规则第12（b）（6）条进行的驳回不是对案情的驳回，所以不能适用附带禁止反言。

Example D

Not this: Plaintiff must also establish that the City had notice of the defect. Notice may be shown in three ways: (1) actual notice; (2) notice will be conclusively presumed if Plaintiff can prove that the defect existed for more than 30 days before the incident; or (3) notice will be imputed to the City if the defect is of such a nature that the City should have discovered and repaired the defect in the exercise of reasonable diligence.

While the first element is a simple noun phrase, the second and third are full independent clauses. Listed elements must be parallel.

But this: Brewster must also establish that the City had notice of the defect. She can do this by proving that: (1) the City had actual notice of it; (2) the defect existed for more than 30 days before the incident, in which case notice is conclusively presumed; or (3) the City should have discovered and repaired this type of defect in exercising reasonable diligence, in which case notice is imputed.

The sentence has been thoroughly reworked.

例子四

第一个元素是一个简单的名词短语，而第二个和第三个则是完整的独立句。列出的元素必须是平行的。

反例：原告还必须证明，市政府已经注意到了该缺陷。通知可以通过三种方式来证明：（1）实际通知；（2）如果原告能够证明缺陷在事件发生前已经存在30天以上，则可最终推定为通知；或者（3）如果缺陷的性质决定了市政府在行使注意义务时应该发现并修复该缺陷，则可认为市政府作出了通知。

范例：布鲁斯特（Brewster）还必须证明，市政府已经注意到该缺陷。她可以通过证明以下几点来做到这一点。（1）市政府实际知道该缺陷；（2）该缺陷在事件发生前已存在超过30天，在这种情况下，可确凿地推定通知；或者（3）市政府在行使注意义务时应发现并修复这类缺陷，在这种情况下，可认定作出了通知。

这句话已经被彻底改写了。

These items don't really belong in a list.

Example E

Not this: The house was inadequately constructed, leaked badly, and construction specialists had to be called in to fix the problem.

But this: Because the house was poorly built, water continually leaked through the roof and walls. The owners had to call in construction specialists to fix the problem.

这些项目并不真正属于一个清单。

例子五

反例：房子建造得不够好，漏水严重，不得不请建筑专家来解决这个问题。

范例：由于房子建得不好，水不断地从屋顶和墙上漏下来。业主不得不请来建筑专家来解决这个问题。

Even if two or more listed elements share a common subject, as the second and third do here (*the communications*), the subject must be repeated to maintain grammatical parallelism.

Example F

Not this: New Jersey courts have held that the attorney–client privilege applies to communications between attorneys for different parties as long as the parties share a common interest, the communications are made in relation to actual or foreseeable litigation and are made in a manner that would maintain confidentiality.

But this: New Jersey courts have held that the attorney–client privilege applies to communications between attorneys for different parties as long as (1) the parties share a common interest, (2) the communications relate to actual or foreseeable litigation, and (3) the communications have been made in a manner that would maintain confidentiality.

即使两个或更多列出的元素有一个共同的主语，就像这里的第二个和第三个一样（通信），主语必须重复，以保持语法上的平行。

例子六

反例：新泽西州法院认为，只要各方有共同的利益，通信是与实际或可预见的诉讼有关的，并且是以保密的方式进行的，那么律师/当事人特权就适用于不同当事方的律师之间的通信。

范例：新泽西州法院认为，只要（1）各方有共同利益，（2）通信与实际或可预见的诉讼有关，以及（3）通信是以保密的方式进行的，律师/当事人特权就适用于不同当事方的律师之间的通信。

Because *as* applies to both halves of the correlative pair (*neither . . . nor*), it should precede the first conjunction (see Example A).

Example G

Not this: This nongovernmental entity qualifies neither as a "local agency" nor a "state agency" as these terms are statutorily defined.

But this: This nongovernmental entity qualifies as neither a "local agency" nor a "state agency" as these terms are statutorily defined.

例子七

反例：这个非政府实体既没有资格成为“地方机构”，也没有资格成为“国家机构”，因为这些术语是法定的。

范例：这个非政府实体既不符合“地方机构”也不符合“国家机构”的法定定义。

> 因为 as 适用于相对的两半（既不……也不），所以它应该在第一个连词之前（见例子一）。

Example H

Not this: The agreements likely do not exceed the scope of the patent because: (1) they do not restrain unrelated products; (2) end significant aspects of the litigation, including all claims and defenses against Hexa Corp.; (3) the surviving SilCon appeal does not restrain entry by Hexa Corp. or Madsen Co.; (4) the agreements do not create a bottleneck to entry because SilCon waived its exclusivity in favor of Hexa Corp.; and (5) there are no reverse payments.

But this: The agreements do not exceed the scope of the patent for five reasons. First, they do not restrain unrelated products. Second, they end significant aspects of the litigation, including all claims and defenses against Hexa Corp. Third, they do not create a bottleneck to entry because SilCon waived its exclusivity in favor of Hexa Corp. Fourth, there are no reverse payments. And fifth, SilCon's surviving appeal does not restrain entry by Hexa Corp. or Madsen Co.

> Elements 1, 2, and 4 share a common subject, *the agreements*, but 3 and 5 do not. It's best here to abandon the list format and enumerate the reasons in individual sentences instead.

例子八

反例：这些协议很可能没有超出专利范围，因为：（1）它们没有限制不相关的产品；（2）结束了诉讼的重要方面，包括对 Hexa 公司的所有索赔和辩护；（3）希尔康（SilCon）的上诉没有限制 Hexa 公司或 Madsen 公司的进入；（4）这些协议没有造成进入的“瓶颈”，因为希尔康放弃了对 Hexa 公司的专有权；以及（5）没有反向支付。

范例：这些协议并没有超出专利的范围，原因有五点。第一，它们没有限制不相关的产品；第二，它们结束了诉讼的重要方面，包括对 Hexa 公司的所有索赔和抗辩；第三，它们没有造成进入市场的“瓶颈”，因为希尔康公司放弃了对 Hexa 公司的独家经营权；第四，不存在反向支付；第五，希尔康的上诉并没有限制 Hexa 公司或 Madsen 公司的进入。

> 要素 1、要素 2 和要素 4 有一个共同的主体，即协议，但要素 3 和要素 5 却没有。在这里，最好放弃列表的格式，而用单独的句子来列举原因。

Example I

Not this: The advantages of mediation are often efficiency and saves time and cost-effectiveness.

But this: Mediation often saves time, effort, and money.

> The verb phrase *saves time* is not only unparallel here, but also ungrammatical.

例子九

反例：调解的优点往往是效率高，节省时间和成本效益。

范例：调解往往可以节省时间、精力和金钱。

> 动词短语 saves time 在这里不仅是不平行的，而且也是不符合语法的。

Example J

> As a prepositional phrase, *in preparation of* can't logically be a purpose. It's also wordy.

Not this: When the primary purpose of a statement is to accuse the defendant or is in preparation of litigation, prosecution, or investigation, the statement will likely be considered testimonial evidence and the defendant must be provided the right to confront the declarant.

But this: When the primary purpose of a statement is to accuse the defendant or to prepare for investigation, prosecution, or litigation, the court will likely consider the statement testimonial evidence and allow the defendant to confront the declarant.

例子十

反例：当陈述的主要目的是指控被告或为诉讼、起诉或调查做准备时，该陈述很可能被视为证词证据，必须为被告提供与陈述人对质的权利。

范例：当陈述的主要目的是指控被告或为调查、起诉或诉讼做准备时，法院可能会认为该陈述是证据，并允许被告与陈述人对质。

> 作为一个介词短语，in preparation of 在逻辑上不可能成为一个目的。它也很费字。

技巧 42 的要点总结

- 当创建一个列表时，要严格按照语法匹配相应的部分。
- 在一个系列中，保持动词处于同一时态。
- 平行结构有助于理解，因为它使你的读者能够预料到接下来会发生什么。

43

行文有力，尤在句尾；用句式，而非字体变化，进行强调

名言警句

“句子中的强调位置是结尾；开头也是强调的位置，尽管用得相对较少。”

——Margaret M. Bryant & Janet Rankin Aiken, *The Psychology of English* 172 (1940).

“一个条款或句子中最强调的地方是结尾。这是高潮；在随后的短暂停顿中，最后一个词继续在读者心中回荡。事实上，它是最后一个字。因此，人们应该三思而后行，考虑在句子的结尾放什么。”

——F. L. Lucas, *Style* 39–40 (1955).

“句子必须写得很好，以便在结尾处出现一锤定音的词语。”

——Karl Llewellyn, *A Lecture on Appellate Advocacy*, 29 U. Chi. L. Rev. 627, 628 (1962).

“一个词或短语通过被放在句子的开头或结尾而获得重要性。结尾是两者中更重要的位置，因为在一连串的修饰语中拖后腿的句子会让读者的兴致走下坡路。通过把谓语的一个重要部分留到最后，你就强调了主旨。”

——Alan H. Vrooman, *Good Writing: An Informal Manual of Style* 137 (1967).

“最强的重音自然落在开头和结尾，重要的词或想法正是在这两点上被恰当地放置。在这两个位置中，后面那个是最具强调性的。（如果我说‘最具强调性的是两个位置中的后面那个’，这个句子就不会那么有力，因为它是以一个不重要的词结束。）”

——Ellsworth Barnard, *English for Everybody* 110 (1979).

“一个希望句子有冲击力的作家会避免把松散的元素放在结尾，而更热衷于以主要重音结尾。”

——Dwight Bolinger, *Language: The Loaded Weapon* 178 (1980).

“因为句子的结尾是读者看到的最后一件事，它是一个强调的位置。不要用它来表达微小的想法或随意的信息。不要写‘如果我们相信这些报道，两位候选人都会在 7 月出现在这里’（这只有在你想强调报告的可疑性时才是正确的）；不要写‘为 John Bowler 的灵魂安息祈祷，他上周在克利夫兰去世’（你的读者会开始怀疑他在克利夫兰做什么）。”

——Daniel McDonald，*The Language of Argument* 219（5th ed. 1986）.

“让你的句子上升到一个高潮：让它们在最后透露出最重要的信息。”

——David L. Carroll，*A Manual of Writer's Tricks* 63（2d ed. 1995）.

“尽量安排好句子，使最重要的词或想法出现在最后。”

——Christopher Lasch，*Plain Style* 81（Stewart Weaver ed.，2002）.

“句子的结尾是……一个强调点，也就是说，当读者到达句子的结尾时，他们期待最后几个字有一些特殊的意义，以证明他们努力阅读到最后。事实上，基于这种期望，无论你在这个强调点上放置什么信息，他们都会将其视为重要信息，无论你是否有意为之。”

——Heather Graves & Roger Graves，*A Strategic Guide to Technical Communications* 99（2d ed. 2012）.

解释说明

每个句子都是一个高潮。很多人都不明白这一点：英语句子的主要强调位置不是在开头，而是在结尾。无论你把什么放在那里都会得到特别的关注。

这意味着，我们可以推导出以下的一般规则：

- 除非日期很关键，否则不要用日期来结束句子。
- 除非案件名称很关键，否则不要以引文结尾。
- 不要以客户的名字结尾，除非它出于一个惊喜。
- 不要以限定词组结尾，如“在许多情况下”“一般而言”等。

测试你的句子结尾是否有效的一个方法是大声朗读，夸大每句话的最后一个字。如果听上去很傻，那么这个句子可能需要重新打磨。

许多法律作者错误地用斜体、黑体、黑体斜体和带下划线的黑体斜体（最糟糕的情况）来强调字和短语。我们说的是段落中间的字和短语，而不是小标题。通常情况下，越是强调，作者就越是无能。这就是为什么拉尔夫·沃尔多·艾默生（Ralph Waldo Emerson）说，在真正的好文章中，每个字都是斜体的，这是一种夸张的说法，但也只是一种温和的说法。如果有，也要少用字体变化进行强调。

法律写作中的问题是，当你在文本中引用案例时，大量的斜体字必然以案例名称的形式侵入页面的主要部分。卷号、页码、其他书目信息和括号（见技巧24）使文本外的内容更加复杂。如果你只用斜体字，所有这些杂乱无章的内容就会冲淡你在视觉上的强调。由于失去了冲击力，你可能会想把“不”字也加粗——甚至可能为了稳妥起见，把它也加下划线。其结果不是你想要的强调的高潮，而只是一个看起来很业余的页面。

考虑一下例子十一，这是一个以三种格式制作的单页。例子十一（1）是一个可怕的，但又很常见的格式——一个似乎怀疑法官是否懂得阅读，或是否会阅读的苛责性作家。该页是可预见的丑陋，而且页面上的大多数字都在混乱的排版中消失了。例子十一（2）的情况好不了多少——它毫无艺术性地依靠斜体字和黑体字来强调。例子十一（3）在排版上已经平静下来，强调的词语现在很明显，因为它们被更有效地放在句子和段落中。

但是，假设由于某些原因，你不能完全放弃强调性的字体，你就是不能遵循艾默生的建议，永远不使用斜体字。你应该遵循什么准则？一句话中你应该用多少斜体字？仅仅斜体字就够了吗？

有四个建议。（1）永远不要在段落中用粗体字强调一个字或一个短语；（2）尽可能地用斜体字表达值得强调的最小的语义单位，这是根据你在朗读时什么字或短语会被强调得最多来进行衡量的；（3）如果斜体的案例名称出现在你需要强调的字或短语附近，那就更多地依靠句式调整来实现强调；（4）永远不要忘记，强调是通过聪明的措辞来实现的，特别是把值得强调的词语放在最后，让它给句子“押车”。

一些前后对照的例子

Example A

Not this: Significantly, Gutierrez did not identify his ex-girlfriend, her brother, or LouAnne Burger as persons with knowledge of relevant facts in his Routine Discovery submitted pursuant to Local Rule 26.

But this: Significantly, in his discovery under Local Rule 26, Gutierrez did not identify his ex-girlfriend, her brother, or LouAnne Burger as a person with knowledge of relevant facts.

例子一

反例：重要的是，古铁雷斯（Gutierrez）没有指认他的前女友、她的兄弟或罗安·博格（LouAnne Burger）是了解相关事实的人，其只是按照地方规则第 26 条提交常规的证据。

范例：重要的是，在他根据地方规则第 26 条进行披露时，古铁雷斯没有指认他的前女友、她的兄弟或罗安·博格是了解相关事实的人。

Example B

Not this: The Buick being operated by Mr. Warren was owned by Neva Chowning and was being operated with the consent and permission of Ms. Chowning.

But this: Warren was driving the Buick with the owner's permission.

例子二

反例：沃伦（Warren）先生驾驶的别克车为奈娃·邱宁（Neva Chowning）所有，并且驾驶相关的同意和许可来自邱宁女士。

范例：沃伦驾驶别克车是获得车主许可的。

Example C

Not this: It is undisputed that Deckard had no role in the decision whether to rehire Plaintiff in 2012.

But this: It's undisputed that in 2012, Deckard had no role in deciding whether to rehire Kirkland.

例子三

反例：无可争议的是，德卡兹（Deckard）在决定是否在 2012 年重新雇用原告方面没有任何作用。

范例：无可争议的是，在 2012 年德卡兹没有施加任何影响以决定是否重新雇用柯克兰（Kirkland）。

Example D

Not this: At the time when Paul's plane hit the ground, Paul's wife Betty was helping a friend with a garage sale. Shortly after the accident, Betty received a call from Billy Nugent. He came by and drove Betty to her parents' house, where she was told of the death of her husband about thirty minutes earlier.

But this: Betty, Paul's wife, was helping a friend with a garage sale when Paul's plane crashed. Shortly after the accident, Betty received a call from Billy Nugent, a family friend, who came by and drove her to her parents' house. There she learned that Paul had just died.

例子四

反例：在保罗（Paul）的飞机落地的时候，保罗的妻子贝蒂正在帮助一个朋友进行车库拍卖。事故发生后不久，贝蒂接到了比利·纽金特（Billy Nugent）的电话。他过来后，开车把贝蒂送到她父母家，在那里她被告知她丈夫在大约 30 分钟前去世。

范例：保罗的妻子贝蒂，在保罗的飞机坠毁时正在帮助一个朋友进行车库拍卖。事故发生后不久，贝蒂就接到了比利·纽金特的电话，他是家里的一个朋友，他开车接了贝蒂并送到她父母的家里，在那里她得知保罗刚刚去世。

Example E

Not this: For example, in *Steenbergen*, defendants produced numerous documents in response to plaintiffs' request for production. 814 S.W.2d at 759. Several documents were created by others or could not be verified as accurate or authentic. *Id.* The court indicated that "[p]roduction of these documents expressed nothing more than Ford's belief that they contained information on passive restraints as described in [plaintiffs'] request." *Id.* at 760. Thus, the documents were properly excluded since no authenticating testimony was given. *Id.*

But this: For example, the *Steenbergen* defendants produced many documents at the plaintiffs' request.[22] Several were either created by others or unverifiable as accurate or authentic.[23] The court said that "[p]roduction of these documents expressed nothing more than Ford's belief that they contained information on passive restraints as described in [plaintiffs'] request."[24] But since no witness could authenticate the documents, they were properly excluded.[25]

---

22 814 S.W.2d at 759.

23 *Id.*

24 *Id.* at 760.

25 *Id.*

例子五

反例：例如，在 *Steenbergen* 案中，被告应原告的要求提供了许多文件，814 S. W. 2d at 759。有几份文件是由其他人创建的，或者无法验证其准确性或真实性。Id. 法院指出，"这些文件的制作只表达了 Ford 公司认为它们包含了原告请求中描述的被动约束的信息"，Id. at 760。因此，这些文件的排除是恰当的，因为没有提供文件验证证词。Id.

范例：例如，*Steenbergen* 案的被告应原告的要求提供了许多文件。[22]有几份文件要么是由其他人制作的，要么是无法核实其准确性或真实性的。[23]法院说，"这些文件的制作只表达了 Ford 公司认为它们包含了原告请求中描述的被动约束的信息"。[24]但是，由于没有证人可以证明这些文件的真实性，因此这些文件被适当地排除。[25]

---

22 814 S. W. 2d at 759.

23 Id.

24 Id. at 760.

25 Id.

Example F

Not this: This action was filed in the state district courts of Dallas County, Texas by Data Security on May 22, 2005. In addition to seeking damages under various business-tort causes of action, Data Security sought injunctive relief against Nautica International. In the three weeks that followed, Data Security pursued discovery at breakneck speed in the course of obtaining temporary injunctive relief against Nautica International.

But this: Data Security filed this action in the state district courts of Dallas County in May 2005. Besides seeking damages under various business-tort theories, Data Security sought an injunction. And in the following three weeks, Data Security pursued discovery at breakneck speed.

例子六

反例：Data Security 公司于 2005 年 5 月 22 日在得克萨斯州达拉斯的州地区法院提起诉讼。除了根据各种商业侵权行为的原因寻求赔偿外，Data Security 还寻求对 Nautica International 的禁令救济。在随后的三个星期里，Data Security 以极快的速度进行了调查取证，以及申请对 Nautica International 进行临时禁令救济。

范例：Data Security 公司于 2005 年 5 月向达拉斯的州立地区法院提起诉讼。除了根据各种商业侵权理论要求赔偿外，Data Security 公司还要求发布禁令。在接下来的三个星期里，Data Security 公司以极快的速度进行了调查取证。

Example G

Not this: Plaintiff worked only once, in 2012, at Vapian, and he described that work on chilled-water lines as "smooth" at Vapian. Plaintiff did not work with any insulation blankets at Vapian. Plaintiff did not see any drywall work at Vapian. Plaintiff was not present during any interior finish work at Vapian. He did not see any spray-on acoustical, fireproofing, or installation materials at Vapian. He was not present during any penetration of walls, floors, or ceilings at Vapian. Plaintiff was not present during any stucco or cement work at Vapian.

But this: Only once, in 2012, did Bergeron work at Vapian, to install chilled-water lines. The work was quite limited. Bergeron never saw any drywall work there; nor interior finish work; nor spray-on acoustical, fireproofing, or installation materials; nor penetration of walls, floors, or ceilings; nor stucco or cement work.

例子七

反例：原告只在 2012 年在 Vapian 公司工作过一次，他形容在 Vapian 公司的冷水管道工作是"顺利的"。原告在 Vapian 公司没有使用任何绝缘毯工作。原告在 Vapian 公司没有看到任何干墙工程。原告在 Vapian 公司的任何室内装修工作中都不在场。他在 Vapian 公司没有看到任何喷涂隔音材料，防火材料或安装材料。在 Vapian 公司的任何墙壁、地板或天花板的渗透工程中，他都不在场。原告在 Vapian 公司的任何灰泥或水泥工程中都不在场。

范例：只有一次，即 2012 年，原告博格伦（Bergeron）在 Vapian 公司工作，负责安装冷冻水管道。这项工作是相当有限的。博格伦从未在那里看到任何干墙工程，也没有看到室内装修工程，喷涂隔音材料、防火材料或安装材料，墙壁、地板或天花板的渗透工程，灰泥或水泥工程。

Example H

Not this: Brock Properties was, and still is, in default in the matter under consideration. Brock Properties' Response to Plaintiff's Motion for Interlocutory Injunction is moot and it must be ignored by this Court.

But this: Brock Properties was and still is in default, which renders its response to this motion moot. This Court should ignore it.

例子八

反例：Brock Properties 在审议的事项中曾经并仍然处于违约状态。Brock Properties 对原告的中间禁令动议的回应是没有实际意义的，必须予以无视（被本庭）。

范例：Brock Properties 过去和现在都处于违约状态，这使它对这项动议的回应没有意义，本院应予无视。

Example I

Not this: Inspiration's motion was fully and extensively briefed and argued before the trial court below. Colophon had the opportunity to address the concerns and questions of the judge hearing the matter. Despite the loss of its motion, Colophon now seeks relitigation of the merits of its lis pendens motion without any legitimate claim of error or abuse of discretion by the trial court.

But this: At trial, Inspiration briefed and argued its motion extensively. Colophon had the opportunity to address the judge's questions and concerns then. Despite losing that motion, Colophon now seeks to relitigate its lis pendens points without any legitimate claim that the trial court erred or abused its discretion.

例子九

反例： Inspiration 公司的动议在下面的审判法庭上得到了充分和广泛的介绍和争论。Colophon 公司有机会解决审理此案的法官所关心的问题和疑问。尽管其动议被驳回，但 Colophon 公司现在寻求对其未决动议的案情进行重新诉讼，而没有对审判法庭的错误或滥用自由裁量权提出任何合理的主张。

范例： 在审判中，Inspiration 公司对其动议进行了广泛的介绍和论证。Colophon 公司当时有机会回答法官的问题和关切。尽管在该动议中败诉，但 Colophon 公司现在却试图重新提出其待决案件的观点，然而没有任何合理的主张认为审判法庭犯了错误或滥用了其自由裁量权。

Example J

Not this: **BRIEF OF KLUWER MUTUAL INSURANCE COMPANY IN OPPOSITION TO FIVEASH'S MOTION FOR SUMMARY JUDGMENT**

I. The Manifestation Rule Governs This Case.

After Kluwer briefed its Motion for Summary Judgment, a Georgia court issued a highly significant "trigger" ruling. *See Plantation Pipeline Co. v. Lumbermans Mut. Cas. Co.*, No. D-92719 (Ga. Super. Ct., Fulton Cnty., Oct. 7, 1994) (Ex. 67). *Plantation Pipeline* is the first and only Georgia authority to trigger coverage for environmental-property-damage cases. The court for Fulton County, Georgia, ruled that the manifestation rule governed an environmental-property-damage case. *Plantation Pipeline* involved petroleum contamination.

Contrary to Fiveash's assertion, the manifestation rule is hardly a "dead letter." The *Plantation Pipeline* case shows that courts continue to adopt the manifestation rule for environmental-property-damage cases. *See also New Hampshire Ball Bearings v. Aetna Cas.*, 848 F.Supp. 1082 (D.N.H. 1994) (holding that the date on which coverage is triggered is the time when the contamination of the groundwater was reasonably capable of discovery). Fiveash refers to a section of an article published by the Defense Research Institute ("DRI"), which Fiveash identifies as "Whither Manifestation?" This one-and-a-half page tract does not state that an overwhelming number of courts reject the manifestation rule. The article notes that California has already adopted manifestation as the trigger rule for first-party property-damage cases. *See Prudential-LMI Commercial Ins. Co. v. Superior Court*, 51 Cal. 3d 674 (1990). The article also cites North Carolina and South Carolina cases, a Fourth Circuit case, and others that adopt the manifestation rule.

But this: **Kluwer's Brief in Opposition to Fiveash's Motion for Summary Judgment**

1. The manifestation rule governs because Georgia courts have adopted it.

Fiveash brought its bad-faith claim in this environmental-property-damage case merely because Kluwer has relied on the manifestation rule. Although Fiveash claims that this rule is insupportable and baseless, the only Georgia case on point—*Plantation Pipeline*,[1] decided only last month—adopts this very rule. In light of this precedent, Fiveash's motion for summary judgment on the bad-faith claim should fail.

1 *Plantation Pipeline Co. v. Lumbermans Mut. Cas. Co.*, No. D-92719 (Ga. Super. Ct., Fulton Cnty., Oct. 7, 1994).

例子十

反例：Kluwer 互保公司关于反对法维什（Fiveash）的简易判决动议的法律文书

Ⅰ. 本案适用的"明示规则"。

在 Kluwer 提出其简易判决动议后，佐治亚州的一家法院作出了一项非常重要的"触发"判决。See Plantation Pipeline Co. *v*. Lumbermans Mut. Cas. Co., No. D – 92719 (Ga. Super. Ct., Fulton Cnty., Oct. 7, 1994) (Ex. 67). Plantation Pipeline 是佐治亚州第一个也是唯一一个触发环境财产损失案件保险的机构。佐治亚州富尔顿（Fulton）县的法院判定，明示规则适用于环境财产损害案件。Plantation Pipeline 涉及石油污染。

与法维什的说法相反，明示规则并不是一个"废止概念"。Plantation Pipeline 案表明，法院继续对环境财产损失案件采用明示规则。See aslo New Hampshire Ball Bearings *v*. Aetna Cas., 848 F. Supp. 1082 (D. N. H. 1994，认为触发保险的日期是地下水污染能够被合理发现的时间）。法维什提到了国防研究所发表的一篇文章，称为"枯萎的明示?"。这篇只有一页半的文章并没有说绝大多数的法院都拒绝接受明示规则；其指出，加利福尼亚州已经将明示作为一方财产损失案件的触发规则。See Prudential – LMI Commercial Ins. Co. *v*. Superior Court, 51 Cal. 3d 674 (1990). 文章还引用了北卡罗来纳州和南卡罗来纳州的案例，联邦第四巡回法院的案例，以及其他采用明示规则的案例。

范例：Kluwer 反对法维什的简易判决动议的法律文书

1. 佐治亚州的法院已经采用了明示规则，因此应适用明示规则。

法维什在这起环境财产损失案中提出恶意索赔，仅仅是因为 Kluwer 依赖明示规则。尽管法维什声称这一规则是站不住脚的，也是毫无根据的，但上个月才判决的唯一一个佐治亚州相关案例——Plantation Pipeline[1]——正是采用了这一规则。鉴于这一先例，法维什关于恶意索赔的简易判决动议应不予批准。

---

1 *Plantation Pipeline Co. v. Lumbermans Mut. Cas. Co.*, No. D – 92719 (Ga. Super. Ct., Fulton Cnty., Oct. 7, 1994).

Example K-1: The Hectoring Loudmouth with No Sense of Syntax

Heading violates Tip #66.

I. REYNOLDS'S RIGHT OF TERMINATION WAS CONDITIONED UPON MIDWEST METALLICS' FAILURE TO MEET EXPRESS CONTRACTUAL DEADLINES.

Section 6.03(a) reads in relevant part:

It's hard to read text with boldface words interspersed.

Cf. Tip #62.

> [I]f Purchaser fails to meet **any** deadline or requirement of section 6.01 or section 6.02 (or such later date as to which Seller may agree in writing), ***Seller shall have the option of terminating this agreement upon notice to Purchaser.***

Midwest Metallics acknowledges in its Amended Complaint that it **failed** to meet original and extended deadlines and other express requirements concerning the Environmental Report (§ 6.01) and the cleanup Work Plan (§ 6.02). (Amended Complaint ¶¶ 52-64; Ex. F, Art. VI.)

Reynolds's termination rights are **expressly conditioned** on Midwest Metallics' failure to meet the requirements of §§ 6.01 and 6.02, but on nothing else. Midwest Metallics cannot rewrite the Sale Agreement to add a series of implied "good faith" preconditions that Reynolds refrain from enforcing explicit deadlines.

This heading violates not only Tip #66, but Tip #65 as well.

II. SECTION 6.03(A) DOES NOT GRANT REYNOLDS THE TYPE OF DISCRETION CONTEMPLATED BY THE GOOD-FAITH DOCTRINE.

Midwest Metallics argues the extreme position that **every** termination clause in **every contract** contains an implied precondition of good faith "absent express disavowal." Ironically, Midwest Metallics accuses Magistrate Judge Bobrick of reaching to find the parties "implicitly" excluded that duty. The **short answer** is that the **duty** was **never** there in the first place.

Some legal writers ill-advisedly use boldface case names.

The doctrine of good faith does **not** apply "where a contract does not vest in a party the type of discretion contemplated by the doctrine." **Rotter v. Cambex Corp.,** 1994 WL 374234 at 5 (N.D. Ill. July 14, 1994) (citing **Resolution Trust Corp.,** 248 Ill.App.2d at 113, 618 N.E.3d at 424). (See Report and Recommendation at 11). As confirmed by the cases cited in both parties' briefs, this type of discretion does not arise unless (1) a party's right under the contract is **not contingent** upon any precondition or is "contingent upon a condition **peculiarly** within the

例子十一（1）：没有句法意识的大嘴巴

I. **Reynolds 公司的终止权基于 Midwest Metallics 公司未能满足明确的合同期限。**

标题违反了技巧 66。

第 6.03(a)条的相关条文：

> 如果买方未能满足第 6.01 条或第 6.02 条（或卖方可能书面同意的较晚日期）的**任何**期限或要求，**卖方可以选择终止本协议并通知买方**。

见技巧 62。

插入粗字体的文本很难阅读。

Midwest Metallics 公司在其修订诉状中承认，它没有满足最初延长的合同期限、有关环境报告（第 6.01 条）和清理工作计划（第 6.02 条）的其他明确要求。（修订诉状第 52 ~64 段；Ex. F, Art. VI.）

Reynolds 公司的终止权明确地以 Midwest Metallics 公司未能满足第 6.01 条和第 6.02 条的要求为条件，**而不基于其他条件**。Midwest Metallics 公司不能重写销售合同，通过增加一系列隐含的“善意”前提条件要求 Reynolds 公司无须适用明确的合同期限。

该标题不仅违反了技巧 66，还违反了技巧 65。

II. **第 6.03(a)条并未给予 Reynoleds 公司善意原则下的自由裁量权。**

Midwest Metallics 公司提出了一个极端的立场，即除非明确否认，**每份合同**中的**每一个**终止条款都包含一个默认的善意前提条件。具有讽刺意味的是，Midwest Metallics 公司指责法官鲍布里克（Bobrick）认定双方默示排除了该义务。**简短的回答**是，该**责任自始**不存在。

善意原则不适用于“合同没有赋予一方当事人该原则所设想的自由裁量权”的情况，**Rotter *v.* Cambex Corp.**，1994 WL 374234 at 5（N. D. Ill. July 14，1994）（citing **Resolution Trust Corp.**，248 Ill. App. 2d at 113，618 N. E. 3d at 424）（见报告和建议第 11 页）。正如双方陈述中所引用的案例所证实的那样，除非（1）一方当事人在合同下的权利不取决于任何先决条件，或者“取决于该当事方权力范围内的特别条件”，否则不会出现这种自由裁量。

一些法律作者不明智地使用黑体字的案例名称。

Example K-2: The Hectoring Loudmouth's Overexcited Cousin

I. **<u>Reynolds's Right of Termination Was Conditioned upon Midwest Metallics' Failure to Meet Express Contractual Deadlines.</u>**

Section 6.03(a) reads in relevant part:

> [I]f Purchaser fails to meet **any** deadline or requirement of section 6.01 or section 6.02 (or such later date as to which Seller may agree in writing), **Seller shall have the option of terminating this agreement upon notice to Purchaser**.

All this boldfacing is bootless.

The headings violate Tip #66.

Midwest Metallics acknowledges in its Amended Complaint that it failed to meet original and extended deadlines and other express requirements concerning the Environmental Report (§ 6.01) and the cleanup Work Plan (§ 6.02). (Amended Complaint ¶¶ 52-64; Ex. F, Art. VI.)

Reynolds's termination rights are expressly conditioned on Midwest Metallics' failure to meet the requirements of §§ 6.01 and 6.02, *but on nothing else*. Midwest Metallics cannot rewrite the Sale Agreement to add a series of implied "good faith" preconditions that Reynolds refrain from enforcing explicit deadlines.

The italics here aren't worth much.

II. **<u>Section 6.03(a) Does Not Grant Reynolds the Type of Discretion Contemplated by the Good-Faith Doctrine.</u>**

Midwest Metallics argues the extreme position that every termination clause in every contract contains an implied precondition of good faith "absent express disavowal." Ironically, Midwest Metallics then accuses Magistrate Bobrick of reaching to find the parties "implicitly" excluded that duty. The short answer is that the duty was never there in the first place.

The doctrine of good faith does not apply "where a contract does not vest in a party the type of discretion contemplated by the doctrine." *Rotter v. Cambex Corp.*, 1994 WL 374234 at 5 (N.D. Ill. July 14, 1994) (citing *Resolution Trust Corp.*, 248 Ill.App.2d at 113, 618 N.E.3d at 424). (*See* Report and Recommendation at 11). As confirmed by the cases cited in both parties' briefs, this type of discretion does not arise unless (1) a party's right under the contract is "contingent on a condition peculiarly within the power of that party." *Beraha v.*

例子十一（2）：没有句法意识的大嘴巴的过度兴奋的表兄弟

Ⅰ. Reynolds 公司的终止权基于 Midwest Metallics 公司未能满足明确的合同期限。

第 6.03(a)条的相关条文：

> 如果买方未能满足第 6.01 条或第 6.02 条(或卖方可能书面同意的较晚日期)的任何期限或要求，**卖方可以选择终止本协议并通知买方。**

Midwest Metallics 公司在其修订诉状中承认，它没有满足最初延长的合同期限、有关环境报告(第 6.01 条)和清理工作计划(第 6.02 条)的其他明确要求。(修订诉状第 52 ~ 64 段；Ex. F, Art. VI.)

Reynolds 公司的终止权明确地以 Midwest Metallics 公司未能满足第 6.01 条和第 6.02 条的要求为条件，*而不基于其他条件*。Midwest Metallics 公司不能重写销售合同，通过增加一系列隐含的"善意"前提条件要求 Reynolds 公司无须适用明确的合同期限。

Ⅱ. 第 6.03(a)条并未给予 Reynoleds 公司善意原则下的自由裁量权。

Midwest Metallics 公司提出了一个极端的立场，即除非明确否认，每份合同中的每一个终止条款都包含一个默认的善意前提条件。具有讽刺意味的是，Midwest Metallics 公司指责法官鲍布里克认定双方默示排除了该义务。简短的回答是，该责任自始不存在。

善意原则不适用于"合同没有赋予一方当事人该原则所设想的自由裁量权"的情况，*Rotter v. Cambex Corp.*, 1994 WL 374234 at 5 (N. D. Ill. July 14, 1994) (citing *Resolution Trust Corp.*, 248 Ill. App. 2d at 113, 618 N. E. 3d at 424)(见报告和建议第 11 页)。正如双方陈述中所引用的案例所证实的那样，除非(1)一方当事人在合同下的权利不取决于任何先决条件，或者"取决于该当事方权力范围内的特别条件"，否则不会出现这种自由裁量。

所有这些粗体字都是徒劳的。

这里的斜体字没有多少价值。

[标]题违反了[技]巧66。

Example K-3: The Voice of Reason

I. Reynolds's termination right was triggered by one condition: Midwest's failure to meet express contractual deadlines.

Section 6.03(a) of the sale agreement specifically allows Reynolds to terminate if Midwest misses a deadline:

> [I]f Purchaser fails to meet any deadline or requirement of section 6.01 or section 6.02 (or such later date as to which Seller may agree in writing), Seller shall have the option of terminating this agreement upon notice to Purchaser.

In its amended complaint, Midwest admits that it failed to meet both its original and its extended deadline—and to honor its express commitments concerning the environmental report (§ 6.01) and the cleanup work plan (§ 6.02). (Amended Complaint ¶¶ 52–64; Ex. F, Art. VI.)

Reynolds's termination rights are conditioned expressly—and solely—on Midwest's failing to meet those two commitments. Midwest cannot rewrite the agreement to import other conditions.

II. Section 6.03(a) does not grant Reynolds the discretion contemplated by the good-faith doctrine.

In arguing the extreme position that every termination clause in every contract contains an implied "precondition" of good faith, Midwest accuses Magistrate Judge Bobrick of straining to find that the parties "implicitly" excluded that duty.

But no such duty exists. The good-faith doctrine does not apply "where a contract does not vest in a party the type of discretion contemplated by the doctrine." *Rotter v. Cambex Corp.*, 1994 WL 374234 at 5 (N.D. Ill. July 14, 1994). (*See* Report and Recommendation at 11.) The cases both parties cite confirm that this type of discretion arises only when (1) a party's right under the contract is "contingent on a condition peculiarly within the power

An emphatic sentence-ender.

The headings are now readable.

Good final phrase.

Punchy short sentence.

例子十一(3)：理性之声

Ⅰ. Reynolds 公司终止权的唯一触发条件：Midwest 公司未能满足明确的合同期限。

销售协议的第 6.03(a)条特别允许 Reynolds 公司在 Midwest 公司错过最后期限的情况下终止合同：

一个强调性的句子结束语。

> 如果买方未能满足第 6.01 条或第 6.02 条（或卖方可能书面同意的较晚日期）的任何期限或要求，卖方可以选择终止本协议并通知买方。

现在
可读

Midwest Metallics 公司在其修订诉状中承认，它没有满足最初延长的合同期限、有关环境报告（第 6.01 条）和清理工作计划（第 6.02 条）的其他明确要求。（修订诉状第 52～64 段；Ex. F, Art. VI.）

Reynolds 公司的终止权明确地——而且是唯一地——以 Midwest 未能履行这两项承诺为条件。Midwest 公司不得改写协议以引入其他条件。

好的结尾词。

Ⅱ. 第 6.03(a)条并未给予 Reynoleds 公司善意原则下的自由裁量权。

当论证每个合同中的每个终止条款都有一个隐含的“善意前提条件”的极端立场时，Midwest 公司指责法官鲍布里克竭力认定双方默示排除了该义务。

但是这样的义务并不存在。善意原则不适用于“合同没有赋予一方当事人该原则所设想的自由裁量权”的情况，*Rotter v. Cambex Corp.*，1994 WL 374234 at 5（N. D. Ill. July 14，1994）（见报告和建议第 11 页）。正如双方陈述中引用的案例所证实的那样，除非(1)一方当事人在合同下的权利不取决于任何先决条件，或者“取决于该当事方权力范围内的特别条件”，否则不会出现这种自由裁量。

有力的短句。

技巧43的要点总结

- 要慎用字体变化进行强调；在可能的情况下，完全不使用。
- 请记住，一个句子中最引人注目的位置通常是在句末。
- 把最重要的信息留到最后，用你的句子和段落创造高潮。
- 要测试一个句子的力度，可以大声朗读并夸大最后一个字；如果听起来很奇怪，就重新组句，再试一次。
- 避免用日期、引文或姓名等平凡的信息来结束一个句子，除非这个细节值得强调。

第六部分

选词精准明确

44

用能激发兴趣的短语来取代平淡无奇的短语

名言警句

“几乎所有作家说的东西都不如他说的方式引人注目；因为一般来说，人们对构成交易的事情都有相同的想法。表达方式，风格，才是最重要的。”

——Voltaire，“Style”，in *Theories of Style in Literature* 180，184 (Lane Cooper ed.，1923).

“用有吸引力语言提出的观点会在司法记忆中留下痕迹。你必须在避免奇葩的同时不落俗套。”

——Rt. Hon. Lord Macmillan，“Some Observations on the Art of Advocacy” (1933)，in *Law and Other Things* 200，211 (1937).

“使你的文书清晰、简明、诚实、平衡、有支撑、有说服力和有趣；最后一点非常重要：一份沉闷的法律文书可能在法律层面很不错，但一份有趣的文书会让法官更容易意识到这一点。”

——Hon. Wiley B. Rutledge，“The Appellate Brief” (1942)，in *Classic Essays on Legal Advocacy* 429，439 (George Rossman ed.，2010).

“你只受制于对成为无聊者的有益恐惧。”

——Gorham Munson，*The Written Word* 98 (rev. ed. 1949).

“你写出的简报，不仅要让人理解，而且如果可能的话，要让人喜欢。”

——Ben W. Palmer，*Courtroom Strategies* 199 (1959).

“你需要让法官对你的文书感兴趣。当他们看到案情摘要时，你必须让他们感觉到，‘哦，宝贝；一定是火辣的’。必须让他们带着你所需要的那种有利的气氛来对待你的法律文书。”

——Karl Llewellyn，*A Lecture on Appellate Advocacy*，29 U. Chi. L. Rev. 627，630 (1962).

“如果你发现自己写的东西枯燥无味——注意！你有麻烦了。”

——F. Trowbridge Vom Baur，*The Art of Brief Writing*，The Scrivener，No. 3，1975－1976，at 1，2.

"不管你有什么额外的诱因，要做到有效；你的沟通首先必须是有趣的，重中之重。"

——Ernst Jacobi, *Writing at Work: Dos, Don'ts, and How Tos* v (1976).

"想一想，在法官的一生中，需要阅读多少沉闷的法律文书。你能做些什么来使你的工作熠熠生辉，从而使法官真正渴望阅读你所写的内容？"

——James W. McElhaney, *The Art of Persuasive Legal Writing*, ABA J., Jan. 1996, at 76, 78.

解释说明

你认为一个法官或法官助理在一天内会阅读多少份法律文书？答案正如你可能已经猜到的，是很多。和其他人一样，司法读者在阅读案情摘要时也会感到厌烦；一个下午读完四五份后，头脑就会变得有些麻木。

因此，当你编辑一份法律文书时，要寻找机会使其更加有趣，特别是通过选择稍微偏离主题的词语来准确表达你的意思。拿起笔来，遵循本书的编辑提示。不仅如此，还要调整你的措辞。争取选择独特的词——虽然法官不经常看到这些词，但这些词却在他们的词汇范围之内。这样做的结果是将创作一份能使一下午的阅读变得生动的法律文书。

一些前后对照的例子

Example A

Not this: A similar conclusion was reached by the court in *Holland v. Nelson.*

But this: A similar conclusion sprang from *Holland v. Nelson.*

例子一

反例：法庭作出的一个类似的结论是 Holland *v.* Nelson。

范例：一个类似的结论源自 Holland *v.* Nelson。

Example B

Not this: Plaintiffs' request for an injunction in this case is in reality nothing more than a restatement of their claim for money damages.

But this: The Isaacs' request for an injunction just rehashes their claim for money damages.

例子二

反例：原告在本案中提出的禁令请求，实际上是重述了他们对金钱损失的要求。

范例: 艾萨克(Isaac)夫妇的禁令请求只是重复了他们对金钱损失的要求。

Example C

Not this: Plaintiffs have repeatedly refused Defendants' requests to interview Francis Stevenson.

But this: Time and again, the Stevensons have stymied the Montgomerys' attempts to interview Francis Stevenson.

例子三

反例: 原告多次拒绝被告关于采访弗朗西斯·史蒂文森(Francis Stevenson)的要求。

范例: 史蒂文森夫妇一次又一次地阻挠了蒙哥马利(Montgomery)夫妇采访弗朗西斯·史蒂文森的企图。

Example D

Not this: Plaintiff merely takes two paragraphs out of context from the Swartz publication 2348, which is the manual dealing with career opportunities.

But this: Cottam merely plucks two isolated paragraphs from Swartz's career-opportunities manual.

例子四

反例: 原告只是断章取义地从施瓦茨(Swartz)2348号出版物中抽取了两段话,该出版物是涉及职业机会的手册。

范例: 科塔姆(Cottam)只是从施瓦茨的职业机会手册中摘取了两个孤立的段落。

Example E

Not this: Again, Defendant Johnson watched in a passive manner, failing to intervene in any manner that could provide protection to Mr. Smith from the brutal blows by fist at the hands of another inmate.

But this: Johnson watched with unconcern, refusing to intervene as another inmate pummeled Smith.

例子五

反例: 被告人约翰逊再次以被动的方式观看,没有以任何方式进行干预,以保护史密斯先生免受另一名囚犯的拳头的残酷打击。

范例: 约翰逊不以为然地看着,在另一名囚犯殴打史密斯时拒绝干预。

Example F

Not this: The trial court made a finding of fact that the abrupt manner in which Houseman made his departure from the firm and his subsequent solicitation of the firm's employees interfered with the firm's existing contracts with clients and the firm's prospective business.

But this: The trial court found that the way Houseman bolted from the firm and then raided its employees interfered with the firm's existing contracts and prospective business.

例子六

反例：初审法院对以下事实进行了认定：豪斯曼（Houseman）突然离开公司的方式以及他随后对公司雇员的招徕，干扰了公司与客户的现有合同以及公司的未来业务。

范例：初审法院认为，豪斯曼从公司离职，然后以突击招徕其雇员的方式干扰了公司现有的合同和未来的业务。

Example G

Not this: Because Dr. Rader has failed to include a discussion of the standard of care and breach of the standard with respect to the performance of surgery, plaintiff's confusing allegation that Dr. Howe was negligent in the performance of the surgery is not sufficient to meet the statutory requirements.

But this: Because Dr. Rader dodged the issue of the standard of care and how it was supposedly breached, Findlay's confusing allegation that Dr. Howe negligently performed the surgery does not pass statutory muster.

例子七

反例：由于瑞德（Rader）医生没有对执行手术方面的护理标准和违反标准进行讨论，原告关于豪伊（Howe）医生在执行手术时有疏忽的指控不足以满足法定要求。

范例：由于瑞德医生回避了护理标准以及所谓的违反护理标准的问题，故芬德莱（Findlay）关于豪伊医生在进行手术时存在疏忽的指控并没有通过法定审查。

Example H

Not this: Discussions with industry experts in the field have indicated that co-investment opportunities are important tools employed throughout the asset-management industry to attract and retain talented portfolio managers and other investment professionals.

But this: Asset-management experts tout co-investing for one of its benefits: recruiting and retaining talented portfolio managers and other investment professionals.

例子八

反例: 与该领域的行业专家的讨论表明,共同投资机会是整个资产管理行业为吸引和留住优秀的投资组合经理和其他投资专业人士而采用的重要工具。

范例: 资产管理专家吹捧共同投资的好处之一是:招募和留住优秀的投资组合经理和其他投资专业人士。

Example I

Not this: Although settlement discussions have been ongoing for months, there has been no affirmative representation that Defendant will accept Plaintiff's settlement terms. Defendant keeps delaying in an effort to postpone payment of any settlement funds to Plaintiff. Therefore, Plaintiff has continued to push forward with this Motion for Summary Judgment in protection of its interests.

But this: Although settlement discussions have dragged on for months, Lamia has persistently thwarted progress by hedging and stalling. So RaelCorp continues to pursue summary judgment to safeguard its assets.

例子九

反例: 虽然和解讨论已经进行了几个月,但被告没有肯定地表示将接受原告的和解条件。被告不断拖延,试图推迟向原告支付任何和解资金。因此,原告为了保护自己的利益,继续推进这项简易判决动议。

范例: 虽然和解讨论已经拖了几个月,但拉米亚(Lamia)一直通过对冲和拖延来阻挠进展。因此,RaelCorp 继续寻求简易判决以保护其资产。

技巧 44 的要点总结

- 用有特色的词来照亮你的写作,使读者的注意力得到刷新。
- 避免使用沉重晦涩的词语,这些词语更有可能引发读者的困惑,或引起他们的烦躁,而不是唤起他们的钦佩。
- 在正确的语境下,精心选择的日常用语可以媲美奇辞异藻。
- 坚持不懈地努力创造兴趣,使你的读者保持关注。

45

鲜活地表达;仅在确有好处时才使用陈词

名言警句

“任何值得说的东西都值得原创……令人震惊的是,我们很容易陷入陈词滥调的写作中……如果你想描述白色的东西,不要说它像雪一样白。选择一些东西,任何东西,在你自己的经历中是白色的。白如雪是古老而常见的,但它不属于你。试试‘像刚洗过的床单一样白’;或‘像一张干净的打印纸一样白’……识别并驱除老套的表达方式。”

——George Orwell,“Politics and the English Language”,in 4 *The Collected Essays*,*Journalism*,*and Letters of George Orwell* 127,134 (Sonia Orwell & Ian Angus eds.,1968).

“任何值得一提的事情都值得进行原创……令人震惊的是,写作很容易陷入陈词滥调……如果你想描述一个白色的东西,不要说它像雪一样白。根据你自己的经历,选择一些可以形容白色的东西。‘洁白如雪’既老套又俗气,还不是你的原创。试试‘白得像刚洗过的床单’,或者‘白得像一张干净的打字纸’……要识别并放弃那些蹩脚的表达方式。”

——Judy Dalton, The 29 Most Common Writing Mistakes and How to Avoid Them 25 (1985).

“收起糖碗、糖衣药丸、紫色蜡笔、陈词滥调和隐喻枪。病态的、诡辩的、充满陈词滥调的写作,加上不恰当的比喻,是没有说服力的。在积极的陈述句中排列事实的无声力量,将使论证得以进行。”

——Michael Tigar,*Federal Appeals*:*Jurisdiction and Practice* 334 (2d ed. 1993).

“不要在不知不觉中使用陈词滥调。但在两种情况下,它们可以是有效的:(1)修辞性的——‘行之有效’‘不远的将来’‘更悲伤但更明智’‘她已经习惯了这种风格’;(2)谚语性的——‘视为掌上明珠’‘侥幸过关’‘锋芒毕露’‘快如闪电’‘转眼即逝’。修辞性的表述比喻仅靠声音就能完成的;但谚语则是被大众所接受的隐喻。谚语的陈词滥调可以使沉闷的段落变得轻松。你甚至可以使它们恢复活力,因为它们经常是固定的比喻……避免使用修辞上的陈词滥调,除非你把它们变成你的优势:‘经过考验的不真实’‘更高兴和更明智’‘未来不会太遥远’。”

——Sheridan Baker,*The Practical Stylist* 243 –44 (8th ed. 1998).

"处理陈词滥调的最好方法不是完全避免它们,而是谨慎地使用它们。通常情况下,陈词滥调(将苹果和橘子相提并论)要比仅仅为了取代陈词滥调而发明的绕口令(将李子和石榴相提并论)好。但要避免使用那些随取随用、取代思想的陈词滥调。"

——Bryan A. Garner, *The Elements of Legal Style* 203 (2d ed. 2002).

解释说明

避免所有陈词滥调的建议过于简单。有时,它们只是门票,且只有在没有其他短语适合的情况下适用。尽管有这样的标准,但你会发现法律文书中的陈词滥调数不胜数。

许多陈词滥调几乎都是法律层面上的。考虑一下"这已完全确定"这个短语——许多从业者会为这个短语辩护,说它恰当地介绍了一个有很多先例支持的想法。然而事实上,这是一个蹩脚的短语,正是因为它本身的地位是如此牢靠。一个更好的措辞是根据情况而定:"在过去十年中判决的一系列七个案件中,新墨西哥州最高法院一直认为……"或者"自 1938 年以来,本巡回法院的规则一直是……"。

当你开始极力反对既定结论和开放性案件时,问问自己,你是否只是在使用一个其他法律作家都会立即想到的陈旧的表达方式。试着为这个想法找到一个新的表达方式,或者试着对这个陈词滥调进行一些改造["尽管邓汉姆(Durham)已经列举了很多理由,说明法院可能会制定一个新的规则,但还有很多理由说明它不应该这样做——其中很多理由得到了一个新的反义词"]。但要避免生搬硬套,免于无意识地使用陈词滥调。

一些应避免的陈词滥调

above and beyond (the call of duty)
acid test
across the spectrum
add insult to injury
airing dirty laundry
all that glitters is not gold
all walks of life
all work and no play
always a bridesmaid, never a bride
an accident waiting to happen
an eye for an eye, a tooth for a tooth
any port in a storm
as old as the hills
as slow as molasses
as smooth as silk
as straight as an arrow
as stubborn as a mule
as tough as nails
at death's door
at the drop of a hat/dime
avoid like the plague
back to square one
ball in his court
barking up the wrong tree
beat a hasty retreat
beating a dead horse
bed of roses
beggars can't be choosers
better late than never
better safe than sorry
between a rock and a hard place
bird in the hand is worth two in the bush

birds and bees
bite the dust
bit off more than you could chew
bitter end
blind ambition
blood from a turnip
blood is thicker than water
blue in the face
bone of contention
bottom line
cakewalk
can't see the forest for the trees
catch as catch can
chain is only as strong as its weakest link
Cheat/fool me once, shame on you.
Cheat/fool me twice, shame on me!
chip on his (or her) shoulder
clash of Titans
close the barn door after the horse gets out
come hell or high water
cried all the way to the bank
cross the Rubicon
cross to bear
cut off your nose to spite your face
damned if you do, damned if you don't
day late and a dollar short
dead in the water
dead letter
dead on arrival [used figuratively]
dead to rights
digging his (or her) own grave
dime a dozen
dodged a bullet
dollars to doughnuts
don't bite the hand that feeds you
don't count your chickens before they hatch
don't look a gift horse in the mouth
don't make a mountain out of a molehill
don't put all your eggs in one basket
don't put the cart before the horse
doubting Thomas
easy come, easy go
easy (or slim) pickin's
every dog has its day
far and wide
fast track
feast or famine
fight tooth and nail
fit to be tied
fools rush in where angels fear to tread
foxes guarding the henhouse
gain traction
game plan
gild the lily
go with the flow
greatest thing since sliced bread
green with envy
grin and bear it
grind to a halt
half-baked idea
happy camper
hard-and-fast rule
haste makes waste
hindsight is 20/20
holier than thou
hot under the collar
hour of need
if at first you don't succeed, try, try again
if it ain't broke, don't fix it
if it walks like a duck, quacks like a duck, and flies like a duck, it's probably a duck
if you can't beat 'em, join 'em
if you can't take the heat, get out of the kitchen
if you can't walk the walk, don't talk the talk
if you're not part of the solution, you're part of the problem
in for a penny, in for a pound
in one ear and out the other
in the bag
in the ballpark
in the fast lane
it ain't over till it's over
it ain't over till the fat lady sings
it's not rocket science/brain surgery
jump on the bandwagon
keep the pot boiling
kill two birds with one stone
knee-jerk reaction
law and order
lay down the law
leave no stone unturned
leg to stand on
lesser of two evils
let her hair down
let sleeping dogs lie
let the cat out of the bag
light of day
like a bat out of hell
like shooting fish in a barrel
like there's no tomorrow
make ends meet
monkey see, monkey do
more than meets the eye
more than one way to skin a cat
more than you bargained for
music to my ears
net result
never say never
no use crying over spilled milk
on a roll
once bitten, twice shy

one in a million
one man's trash is another man's treasure
on his (or her) high horse
only the strong survive
on the ropes
on top of the world
out in left field
out of sight, out of mind
out of the frying pan and into the fire
painfully obvious
pass the buck
penny-wise and pound-foolish
people who live in glass houses shouldn't throw stones
play possum
play with fire
plumb the depths
possession is nine-tenths of the law
pot calling the kettle black
pound of flesh
pull strings
pull yourself up by the bootstraps
rats abandon a sinking ship
read between the lines
read me like a book
receive his (or her) just rewards
red as a beet
richly deserved
road to Damascus
rode hard and put up wet
rose by any other name
rose is a rose is a rose
rule with an iron fist
run the gamut from A to Z
run the gantlet (less good, *gauntlet*)
second bite at the apple
sell like hotcakes
shape up or ship out
sharp as a tack
shoe is on the other foot
shoot first, ask questions later
shooting from the hip
shooting yourself in the foot
shot in the dark
sick and tired
six of one, half dozen of the other
skeletons in the closet
slept like a log
slippery slope
snail's pace
so close, yet so far away
something rotten in Denmark
sound and fury
sour grapes
spur of the moment
start from scratch
steal his (or her) thunder
still wet behind the ears
straight from the horse's mouth
straw that broke the camel's back (or last straw)
string along
strong as an ox
stuck in your craw
survival of the fittest
sweep it under the rug
take him (or her) down a peg
take the cake
that dog won't hunt
the apple doesn't fall far from the tree
the blind leading the blind
the buck stops here
the die is cast
the emperor wears no clothes
the end justifies the means
the grass is always greener on the other side of the fence
the prodigal son returns
the squeaky wheel gets the grease
the writing's on the wall
they made their bed, now they've got to lie in it
thorn in the side
throw in the towel
throw out the baby with the bathwater
throw under the bus
time is of the essence
time is ripe
to hesitate is to lose
too close for comfort
too little too late
top dollar
to the victor go the spoils
train of thought
tried and true
try it on for size
turn over a new leaf
two heads are better than one
up a creek without a paddle
up one side and down the other
wait with bated breath
walk a mile in his (or her) shoes
walking on eggshells/thin ice
wear his (or her) heart on his (or her) sleeve
what doesn't kill us makes us stronger
what goes around comes around
what goes up must come down
what's done is done
what's sauce for the goose is sauce for the gander
when hell freezes over

when in Rome, do as the Romans do
when pigs fly
when the cat's away, the mice will play
where there's smoke there's fire
whistle in the dark
whole new can of worms
word to the wise
work like a dog
work like mad
worth his (or her) salt
you can catch more flies with honey than you can with vinegar
you can lead a horse to water, but you can't make it drink
you can't judge a book by its cover
you can't make a silk purse out of a sow's ear
you can't teach an old dog new tricks
you do the math

一些被用坏了的陈词滥调：

- Thus, it is crystal clear that the fox should not be allowed to guard the henhouse.
- 因此，非常清楚的是，不应该让狐狸来看守鸡舍。
- What cannot be swept under the rug is the fact that Bortley played fast and loose with the truth.
- 不能被掩盖的是伯特莱（Bortley）把真相玩弄于股掌之间的事实。
- At first blush, one might think that the plaintiffs would be happier in blissful ignorance.
- 乍一看，人们可能会认为，原告在幸福的无知中会更快乐。
- It goes without saying that the Defendants pulled no punches.
- 不言而喻，被告人没有采取任何措施。
- But when the moment of truth came, and the trials and tribulations ceased, the wheels of justice were in perfect working order.
- 但是当真相显现、审判和磨难停止之时，正义的"车轮"在完美地运转。

技巧45的要点总结

- 在使用陈词滥调方面，要精挑细选、宁缺毋滥。
- 寻找新的方式来表达你的想法；不要倒退回死记硬背的措辞上。
- 强有力的、简单的陈述比措辞上的噱头更有说服力。

46

多用具有识别性的名词和动词；少用形容词和副词

名言警句

“对一个词的修饰几乎都会限制其本身；虽然修饰语更准确地应用了这个词，但它使该词本身发挥的作用小于它的全部力量……选择一个不需要限制的词，会给论断带来分量。”

——John F. Genung, *Outlines of Rhetoric* 119 (1894).

“省略所有的词，特别是形容词和副词，这些词对于传达预期的意思并非必不可少。形容词和副词使用得当，可以为写作增添活力；多余的形容词和副词则会造成晦涩难懂。”

——G. V. V. Nichols, *Of Writing by Lawyers*, 27 Canadian B. Rev. 1209, 1216 (1949).

“用名词和动词写作，而不是用形容词和副词。形容词并不能帮助一个弱的或不准确的名词脱离困境。”

——William Strunk Jr. & E. B White, *The Elements of Style* 71 (3d ed. 1979).

“尽量减少形容词的使用。尽量让名词——特别是准确的名词——单独工作。这将简化你的文风，使其更有意义。对文风颇有了解的 Voltaire 说过‘形容词是名词的敌人’，这并非夸大其词；Twain 也附和：‘至于形容词，有疑问时，就把它剔除。’”

——John R. Trimble, *Writing with Style* 70 (3d ed. 2011).

解释说明

强有力的名词不需要形容词。同样，强有力的动词也不需要副词。在编辑时，尽量加强名词和动词，这样你就可以使它们的修饰语变得多余，可以被删除。考虑以下的例子：

副词 + 动词	更好的动词
briskly walked	marched, strode
abruptly stated	snapped
cried loudly	bawled, wailed

quickly went	ran, rushed
read carefully	pored over
形容词 + 名词	**更好的名词**
famous people	celebrities
famous places	landmarks
big, heavy book	tome
rude person	boor

因为一份好的法律文书应该讲述一个故事，所以你要把重点放在能唤起人们心理画面的词语上。尤其是生动的动词，将使你的文风更加生动。而且，由于它们使本来可能显得枯燥的想法变得生动起来，将帮你免去许多修饰语，而这些修饰语常常使法律写作变得混乱不堪。

下面是一些具有画面感的动词，许多都是单音节的。这些词我们都认识，但在我们自己的写作中却很容易错过。用你自己的词来补充这个列表。然后，当这些动词和其他类似的动词适合时，就试着用它们来写作。

一些具有画面感的动词的例子

ambush
becloud
bleach
block
blossom
blunder
bluster
bombard
bridle
broadside
bungle
burden
burst
chant
chastise
choke
clamor
clash
clench
cling
cloak
clutch
corrupt
crack
dance
dangle
dredge
drench
drift
drone
drown
dupe
echo
eclipse
engulf
ensnare
flail
fling
flit
float
flock
flounder
flout
fluster
fumble
fuse
gallop
glimmer
hammer
harangue
heave
hurl
infect
inflame
jar
leap
linger
loiter
lunge
lurk
mar
mask
masquerade
meander
mirror
mock
mold
muddy
paint
pale
parade
pare
parry
peel
pilfer
pillage
plague
plod
plow
pluck
plunder
plunge
pulverize
purge
ramble
ratchet
raze
rend
repel
rumble
rummage
scorn
scramble
shave
shower
shroud
sling
slither
smolder
smother
snatch
spew
sprinkle
squelch

stain	swell	thwart	wobble
stampede	tackle	trudge	wrangle
stumble	teem	waffle	wreak
stymie	teeter	waver	wrestle
swagger	thrust	wither	wring

一些前后对照的例子

Example A

Not this: Despite its content-neutrality, § 533(b) fails to meet the standard of *O'Brien* and related cases.

But this: Despite its content-neutrality, § 533(b) shrivels under the standards of *O'Brien* and its progeny.

例子一

反例:尽管第533(b)条在内容上是中立的,但它没有达到奥布莱恩(O'Brien)和相关案例的标准。

范例:尽管第533(b)条在内容上是中立的,但在奥布莱恩及其系列案例的标准下,该条却有些不太适用。

Example B

Not this: Despite plaintiffs' supporting caselaw, Jackson now vehemently states that the plaintiffs' theory is incorrect in its application.

But this: Disregarding the caselaw, Jackson now proclaims that the Findlays' theory is flawed.

例子二

反例:尽管有支持原告的判例,但杰克逊现在强烈表示,原告的理论在应用上是不正确的。

范例:杰克逊无视既有判例,现在宣称芬德莱(Findlay)夫妇的理论是有缺陷的。

Example C

Not this: The problem with that methodology is that the data provide absolutely no guidance as to the actual percentage of time when the calls were uninterrupted.

But this: That approach shrouds the percentage of time when the calls went uninterrupted.

Or this: That approach skips over how often the calls succeeded.

例子三

反例：这种方法的问题是，数据完全无法得出未中断通话的实际时间百分比。

范例：这种方法掩盖了通话不受干扰的时间比例。

或者：这种方法跳过了电话呼叫成功的频率。

技巧46的要点总结

- 专注于使用合适的名词和动词，而不是试图修饰更多的一般名词。
- 努力用生动的动词讲述一个故事，使你的写作充满生机。
- 质疑你的形容词和副词，它们更有可能削弱你的文风，而非让它更生动。

47

节省音节：尽可能使用单音节词；实在不行，再用双音节词

名言警句

“有些人囤积起来，小心翼翼地展示除了丰富和罕见的措辞之外的东西——古代奖章、稀有的硬币和西班牙八元币。这些东西让人很好奇，但我自己宁愿在交易中与之无关。”

——William Hazlitt, “On Familiar Style” (1821), in *Essays Old and New* 62, 65 (Margaret M. Bryant ed., 1940).

“如果用最少的字数来表达一个概念是一种优势，那么用最少的音节来表达也必然是一种优势。”

——Herbert Spencer, “The Philosophy of Style” (1871), in *Essays on Rhetoric* 147, 149 (Dudley Bailey ed., 1965).

“美国人有一种倾向，几乎是一种本能，喜欢使用高调的词汇。因此，美国人在表达方式上喜欢避简就繁、夸夸其谈。”

——Richard Burton, *Why Do You Talk like That?* 124 (1929).

“在没有经验和无知的作家中，回避简单的词语是一种习惯，几乎等同于一种狂热。他们绞尽脑汁，耗尽字典，寻找听起来高大上的词汇和短语来表达可以用简单词汇表达的观点。”

——Edward Frank Allen, *How to Write and Speak Effective English* 57 (1938).

“如果你想学会有力而熟练地使用词语，那么首先应该尽可能多地使用短语。这将使你的言语变得简洁明了，并为你所说或所写的东西带来活力和趣味。”

——Frank Gelett Burgess, “Short Words Are Words of Might” (1939), in *Weigh the Word* 104, 105 (Charles B. Jennings et al. eds., 1957).

"那些奔向长篇大论的人主要是不熟练和乏味的人；他们把浮夸与尊严、松弛与轻松、庞大与力量混为一谈。"

——H. W. Fowler，*A Dictionary of Modern English Usage* 342 (Ernest Gowers ed.，2d ed. 1965).

"保持你词汇总量中约有 2/3 是单音节词；将三个或更多音节的词控制在 20% 以下。"

——Walker Gibson，*Tough，Sweet & Stuffy* 108 (1966).

"当交流从最小数量的词——事实上是音节——开始时，交流是完整的。"

——Jacques Barzun，*Simple and Direct* 196 (1975).

"你越是屈服于花哨的诱惑，就越是偏离你的真实感受，就越是以一种旨在炫耀而非服务读者的风格来写作。"

——John R. Trimble，*Writing with Style* 71 (3d ed. 2011).

解释说明

这是一个奇怪的观点。一方面，作为读者你想要一个巨大的词汇量[1]（你的理解水平将直线上升，你可能会在你的职业中变得更加成功——见下面引用的文章）；另一方面，作为作者你要避免过多地使用这个词汇量，事实上，你更应该开发一个小词库（如 spate，blight，stench，dross，funk 等）。

但是，如果你从事的是炼狱般的象征措辞学，就会在标注贡戈拉文体的时候被"毒液"附体，根本不存在本特瓦托式的"绝对优雅"。你将招致怒火中烧的读者唾弃你黯聩的文风，只有博学鸿儒才会克制自己不"满嘴芬芳"；谁又会责怪你的读者像"独眼巨人"般固执呢？一切自然而然地归结于你自己的节点。

写作的一个讽刺——我认识到这点有些迟——就是你需要培养你的小词库。如果你节省音节，你就能获得清晰和有力的信息。你的写作不再是为了炫耀技巧，而是为了表达思想；这才是说服力的先决条件。

寻找一切机会来节省一两个音节。

1 See Bryan A. Garner，"It Really Does Pay"，*ABA J.*，Sept. 2013，at 21 – 24.

一些前后对照的例子

Example A

Not this: Defendants' special exceptions are an inefficacious attempt to obtain the functional equivalent of a partial summary judgment in their favor on a number of causes of action.

But this: The Blodgetts' special exceptions are a ploy to win what amounts to a partial summary judgment on several claims.

例子一

反例:被告的特殊例外情况是一种无效的尝试,目的是获得对他们的一些诉请的有利部分,相当于简易判决的效果。

范例:布洛杰特斯(Blodgetts)夫妇的特殊例外情况是为了赢得相当于对几项索赔的简易判决的伎俩。

Example B

Not this: While it is true that the contract of employment between attorney and client may be implied by the conduct of the parties, it is a constituent element of the subsisting relationship that the parties explicitly or by their conduct exhibit a manifestation of an intention to create the attorney–client relationship.

But this: Though the attorney–client relationship may be implied, the parties must show that they intend to create that relationship.

例子二

反例:虽然律师和客户之间的雇佣合同确实可以通过当事人的行为来暗示,但当事人明确地或通过其行为表现出建立律师客户关系的意图,是构成现有关系的一个要素。

范例:虽然律师与客户的关系可能是默示的,但双方必须表明他们打算建立这种关系。

Example C

Not this: Plaintiff made no particularized assurances by way of parol to Defendant that this matter would not be litigated in a judicial forum if settlement could not be effectuated.

But this: Turner never told Carlisle that this matter would not go to trial if the parties failed to settle.

例子三

反例：原告并没有通过口头的方式向被告作出具体的保证：即使不能实现和解，也不会在司法机构中进行诉讼。

范例：特纳（Turner）从未告诉卡莱尔（Carlisle），即使双方未能达成和解，这件事也不会进入审判阶段。

技巧 47 的要点总结

- 积累你的词汇量；但作为一个作家，要学会使用（而不是利用）强有力的短语。
- 比起冗长花哨的文字，优先使用简洁有力的文字。
- 一般来说，使用尽可能少的单词和音节来清楚地表达自己的想法。

48

简化累赘的介词；避免烦琐的连接词

名言警句

“应避免使用长连接词。比如，‘nevertheless’‘notwithstanding’‘furthermore’‘forasmuch’。我们语言的改进使这些连接词中的大部分被其他更短的连接词所取代；由于这些词只是句子的次要部分，因此最好不要占据更多的空间，变得更加显眼，除非绝对必要。”

——Samuel Phillips Newman, *A Practical System of Rhetoric* 151 (5th ed. 1835).

“至于那些需要更加简短的词语，如连接词被削减为更短的连接词等，作者必须学会确定在哪些方面的改变会改善表达。”

——John F. Genung, *Outlines of Rhetoric* 137 (1894).

“训练你的怀疑心，每当你遇到‘as regards’‘with regard to’‘in respect of’‘in connection with’‘according as to whether’等字眼时，你就会紧张起来。它们都是躲避的行话，是回避这个或那个简单陈述的委婉说法。我认为，十次中避开它们九次，或者一百次中避开九十九次，都是不够的；你应该永远不使用它们。”

——Arthur Quiller-Couch, *On the Art of Writing* 114 (1916; repr. 1961).

“‘Consequently’只是个四音节的‘so’。”

——Rudolf Flesch, *The ABC of Style* 71 (1964).

“‘Inasmuch as’听起来很正式，很呆板。不如用‘since’。”

——Id. at 152.

“‘Notwithstanding’对于日常生活来说，还是太深奥了。不如说‘in spite of’或‘despite’。”

——Id. at 207.

“有些复合介词对英语风格的影响要比其他差得多：‘in order that’，也许是在天平的一端，而在另一端是‘in the case of’或‘as to’；但是，作为一个整体，他们几乎是现代英语中最糟糕的元素，塞满了抽象名词的堆积。”

——H. W. Fowler，*A Dictionary of Modern English Usage* 102（Ernest Gowers ed.，2d ed. 1965）.

“小心……像‘with reference to’‘on behalf of’‘regarding’等官僚主义短语。官方的、正式的写作经常使用这些本质上毫无意义的短语。我们已经习惯于看到这些短语，以至于我们的写作在没有这些短语的情况下往往显得不那么正确。一开始，仔细检查这些表达方式的含义，看看是否真的需要，可能会很乏味，但过了一段时间，剔除无用的短语将成为一种习惯——你的写作将获得率直和清晰的效果。”

——Ernst Jacobi，*Writing at Work：Dos，Don'ts，and How Tos* 85（1976）.

解释说明

如果你想让自己像个官僚，你会需要很多短语介词。但如果你想交流，并向你的读者展示你是一个直言不讳、脚踏实地的人，你就不需要它们了。事情就这么简单。

过渡对于一个干净的分析线来说是至关重要的，但大而笨重的连接词会削弱其有效性。什么是“笨重的”连接词？一个词或短语，如“consequently”、“notwithstanding”或“inasmuch as”。沉重的连接词不会顺利地引导读者在句子和段落中前进，反而会减缓读者的速度。它们造成了法律写作中常见的枯燥风格。

因此，请尝试用更快、更有对话性的连接词取代沉重的连接词，其中大多数只有一两个音节：

笨重	轻巧
accordingly	so，thus
consequently	so，thus
for the reason that	because
for this reason	so，thus
furthermore	further
inasmuch as	because，since
nevertheless	still，even so，but，however，yet
notwithstanding	despite
notwithstanding the fact that	although
subsequently	later

通过这些替换，你会给自己的句子带来动力。

一些前后对照的例子

Example A

Not this: The Health Center's motion is not clear as to whether the Health Center ("the Center") seeks a severance or a separate trial of Dixon's counterclaims.

But this: The Health Center's motion is not clear about whether the Center seeks a severance or a separate trial of Dixon's counterclaims.

例子一

反例: 健康中心的动议没有明确指出健康中心是寻求分割还是单独审判狄克逊(Dixon)的反诉。

范例: 卫生中心的动议没有明确说明是要求分割还是单独审判狄克逊的反诉。

Example B

Not this: The requirements for a stock-bonus plan are similar to those of a profit-sharing plan, except that with regard to a stock-bonus plan, benefits are distributable in the employer's stock, not in cash.

But this: The requirements for a stock-bonus plan are like those of a profit-sharing plan, except that with a stock-bonus plan, benefits are distributable in the employer's stock, not in cash.

例子二

反例: 对股票红利计划的要求与利润分享计划的要求相似(similar to),只是在股票红利计划中,利益可以用雇主的股票而不是现金来分配。

范例: 对股票红利计划的要求与利润分享计划的要求相似(are like),只是在股票红利计划中,利益可以用雇主的股票而不是现金来分配。

Example C

Not this: Subsequent to the commencement of the administrative hearings, the U.S. Supreme Court decided *Carbone v. Town of Clarkstown*, declaring unconstitutional a New York municipal waste-flow ordinance.

But this: After the administrative hearings began, the U.S. Supreme Court decided *Carbone v. Town of Clarkstown*, declaring unconstitutional a New York municipal waste-flow ordinance.

例子三

反例: 在行政听证会开始后(subsequent to),美国最高法院对 *Carbone v. Town of Clarkstown* 案作出裁决,宣布纽约市的一项废物处理条例违宪。

范例：在行政听证会开始后（after），美国最高法院对 *Carbone v. Town of Clarkstown* 案作出裁决，宣布纽约市的一项废物处理条例违宪。

Example D

Not this: The institution would probably process the request in the same manner as it would with regard to similar requests concerning other records that are currently in its possession.

But this: The institution would probably process the request just as it would similar requests for other records in its possession.

例子四

反例：该机构可能会以处理有关其目前拥有的其他记录的类似请求的方式来处理该请求。

范例：该机构可能会像处理对其拥有的其他记录的类似请求一样处理该请求。

Example E

Not this: Sometime prior to September 2012, Barnes filed a request for information regarding the nationality of each detainee.

But this: Sometime before September 2012, Barnes filed a request for each detainee's nationality.

例子五

反例：在 2012 年 9 月之前（prior to）的某个时候，巴恩斯（Barnes）提交了一项关于每个被拘留者的国籍信息的请求。

范例：在 2012 年 9 月之前（before）的某个时候，巴恩斯提交了一个关于每个被拘留者的国籍信息的请求。

Example F

Not this: With respect to the insurance contracts, the court should apply all these factors.

But this: For the insurance contracts, the court should apply all these factors.

例子六

反例：关于保险合同（with respect to），法院应适用所有这些因素。

范例：对于保险合同（for），法院应适用所有这些因素。

Example G

Not this: During the mediation process, it may be appropriate to defer a decision until such time as additional material facts can be obtained or other facts are available.

But this: During mediation, it may be appropriate to defer a decision until more facts are available.

例子七

反例: 在调解过程中,将决定推迟到可以获得更多的重要事实或其他事实的时候可能是合适的。

范例: 在调解过程中,推迟决定可能是适当的,直到获得更多的事实。

Example H

Not this: Zybel has never argued that there is a mistake in the Hybrid Contract. Therefore, Zybel should be disallowed from offering evidence that the Contract mistakenly refers to the wrong part, the wrong source-control drawing, or the wrong specifications. Accordingly, the Court should preclude Zybel from introducing evidence that Harrison had an obligation to deliver any part other than the specific part identified in the Hybrid Contract. Similarly, the Court should preclude Zybel from introducing evidence or argument that Harrison had an obligation to meet specifications that are not in Source Control Drawing CV90-3488-3.

But this: Because Zybel has never argued that the Hybrid Contract contains a mistake, Zybel should be disallowed from offering evidence that the Contract mistakenly refers to the wrong part, the wrong source-control drawing, or the wrong specifications. So the Court should exclude any evidence that Harrison was obliged to deliver any part other than the specific one identified in the Hybrid Contract. And the Court should bar Zybel from introducing evidence or argument that Harrison was obliged to meet specifications that are not in Source Control Drawing CV90-3488-3.

例子八

反例: 齐贝尔(Zybel)从来没有争论过混合合同中存在的错误。因此,齐贝尔应该被禁止提供证据,证明合同中错误地提到了错误的零件、错误的源控制图或错误的规格。因此,法院应排除齐贝尔提出证据,证明哈里森(Harrison)有义务交付除混合合同中确定的具体部件以外的任何部件。同样地,法院应阻止齐贝尔提出证据或论据,证明哈里森有义务满足 CV90 - 3488 - 3 来源控制图中所没有的规定。

范例: 因为齐贝尔从来没有争论过混合合同包含一个错误,齐贝尔应该被禁止提供证据,证明合同错误地提到了错误的零件、错误的源控制图或错误的规格。因此,法院应排除任何证据,证明哈里森有义务交付混合合同中确定的特定零件以外的任何零件。法院应禁止齐贝尔提出证据或论据,证明哈里森有义务满足不在源控制图 CV90-3488-3 中的规格。

Example I

Not this: Notwithstanding the Court's decision granting leave to amend, the United States now challenges whether the four original plaintiffs—and only those plaintiffs—have standing to participate in the suit.

But this: Despite the Court's decision granting leave to amend, the United States now challenges whether the four original plaintiffs—and only those plaintiffs—have standing to participate in the suit.

例子九

反例:尽管法院决定允许修改,但美国现在质疑四个原告——只有这些原告——是否有资格参与诉讼。

范例:尽管法院决定允许修改,但美国现在质疑四个原告——而且只有这些原告——是否有资格参与诉讼。

Example J

Not this: Defendant admits that subsequently it enrolled in a one-year service commitment with Pantego Enterprises, commencing in December of 1994. *See* Counterclaim at 8, ¶ 19. However, defendant alleges that inasmuch as Pantego Enterprises delayed in posting a promotional credit to defendant's account, defendant became dissatisfied with Pantego and terminated its service eight months early. *See* Counterclaim at 11, ¶¶ 34–35.

But this: Sequoia admits that it later enrolled in a one-year service commitment with Pantego Enterprises, beginning in December 1994. (CC ¶ 19.) Yet Sequoia alleges that because Pantego delayed in posting a promotional credit to its account, Sequoia became dissatisfied with Pantego and terminated its service eight months early. (CC ¶¶ 34–35.)

例子十

反例:被告承认,后来它在 Pantego 承诺提供 1 年的服务,从 1994 年 12 月开始,见反诉状第 8 页,第 19 段。然而,被告声称,由于 Pantego 延迟向被告的账户发放促销信贷,被告对 Pantego 感到不满,提前 8 个月终止了服务,见反诉状第 11 页,第 34 段、第 35 段。

范例:塞科亚(Sequoia)承认,它后来与 Pantego 承诺提供 1 年的服务,从 1994

年12月开始(反诉状第19段)。然而塞科亚声称,由于Pantego迟迟没有将促销积分存入其账户,塞科亚对Pantego产生了不满,提前8个月终止了服务(反诉状第34段、第35段)。

技巧48的要点总结

- 将多词组成的介词组视为可疑的冗词。
- 用简单的短语来取代那些听起来很正式的短语,以达到更宜读的文风。
- 欣赏一下inasmuch as和with regard to等烦琐的连接词是如何通过堵塞你的文风和减慢理解力来阻碍文章的沟通能力的。它们还使作者看起来像一个浮夸的风流人物。
- 避免使用多音节的连接词,如accordingly、nevertheless、consequently和notwithstanding。通过使用对话式的替代词,如but、so和despite,创造一种明快的风格。
- 不要完全拿掉过渡词,只是选择更短、更简单的词汇。

49

用 But 取代 However 来开始句子；或者把它折叠成 Although 从句

名言警句

“以 but 为代表的一组副词连接词（称为转折词）经常履行连接连续句子的职责……一整段话往往都是为了阻止或防止前面的推论，因此用 but、still、nevertheless 等来开场是很恰当的。”

——Alexander Bain, *English Composition and Rhetoric* 110（4th ed. 1877）.

“有时有人反对在句子的开头使用 but 或 and；但在这方面有很多好的用法。”

——Adams Sherman Hill, *The Principles of Rhetoric* 88（rev. ed. 1896）.

“把连词放在句子前面不是‘好的风格’，这种说法言简意赅。”

——*The Casual Essays of “The Sun”* 234,236（1905）.

“一个学生作家几乎无一例外地会把然而放在句子的第一位置……但是这个词如果在句子里，效果最好。究竟为什么那个位置最好，是一个无法解释的文体之谜。只是这样听起来更好，而声音的重要性是不容忽视的，即使是在默读中。

……

偶尔你会发现自己有一个 however，它根本就不愿意被塞进一个句子里，很不舒服。在这种情况下，不如把它改成 but，并把它放在第一位置。”

——Lucile Vaughan Payne, *The Lively Art of Writing* 85 –86（1965）.

“But（后面不加逗号）总是在其转折句的前面；Nevertheless（后面加逗号）有时候也是这样。然而，我确信，however（前后加逗号）总是能更好地埋在句子里。But 用于快速转折；however 镶嵌在句子里，为了更优雅地转圜。”

——Sheridan Baker, *The Complete Stylist* 55 –56（2d ed. 1972）.

"只要看一眼报纸或杂志就会发现,专业作家经常用连接词来开始句子。John F. Kennedy 在他简短的就职演说中使用了连词来开始 15 个句子。E. B. White,我们这个时代最杰出的散文作家之一,在他的许多句子中都使用了连接词开头。Lewis Thomas 也是如此,他是我们最好的科学作家之一。因此,在那些英语掌控最好的人中,错误的规则似乎没有什么效力。用连接词来开始一个句子,强调了两个连续句子的思想之间的联系。在一个句子的开头用连接词,你会说这样的话:'这个句子与紧接在它之前的句子中的思想密切相关。但它很重要,足以独立存在,以大写字母开头,所以你必须仔细注意它。'"

——Richard Marius, *A Writer's Companion* 112 (1985).

"But,作为一个段落的开头词,效果特别好……"

——Maxine Hairston, *Successful Writing* 97 (2d ed. 1986).

"'However...'会诱发睡眠。你的读者会错过高潮……如果你确定要使用'however',不要把它作为开胃菜,让它出现在句子的中间。"

——D. Alexander Fardon, *Writing to Persuade*, Barrister Mag., Summer 1994, at 14, 14.

"如果你想开始一个句子以对比上一句,请使用 but 而不是 however。"

——Christopher Lasch, *Plain Style* 101 (Stewart Weaver ed., 2002).

"如果你在转变方向时以 but 开头,对读者来说,会相当容易理解……不要用 however 开头,它会像一块湿抹布一样悬在那里。"

——William Zinsser, *On Writing Well* 73 (7th ed. 2006).

"当你用 and 或 but 开始一个句子时(你现在绝对应该这样做),看在上帝的份上,不要在它后面加一个逗号。你想用这些词来加快你的行文,而逗号会扼杀这个效果。"

——John R. Trimble, *Writing with Style* 73 (3d ed. 2011).

"Though 在 75% 的情况下比 however 好。它更快、更顺畅,也很少有书呆子气。而且,如果你把它放在要对比的两个句子的前面,你可以(a)把这些句子结合起来,(b)少用一两个逗号,(c)立即提示你的读者关注前面的对比。"

——John R. Trimble, *Editing Your Own Prose* (forthcoming).

解释说明

当表示对比时,However 可以——而且应该——用技巧中所列的方法之一来代替(当然,However 在"以任何方式"或"在任何程度"的意义上使用时,可以作为一个句子的开头)。如果你担心使用 But 会使对比过于强烈,可以把 however 移到句子中间——放在逗号之间,而不是作为连接词——或者用 Although 或 Though 来重新表述（见技巧 41）。

但不要害怕以 But 开头的句子。遵循优秀的法律作者长期以来的惯例：

美国宪以But的八句一。

- **U. S. Constitution**："但美国或任何州都不得承担或支付为帮助叛乱而产生的任何债务或义务……" Amend. XIV, § 4.
- **亚历山大·汉密尔顿（Alexander Hamilton）**："但是，为了争论起见，让我们承认，仅仅是恣意妄为和支配欲就足以产生这种倾向……" *The Federalist* No. 17, at 119 (Clinton Rossiter ed., 1961).
- **约翰·马歇尔，C. J.（John Marshall, C. J.）**："但美国宪法的特殊表达方式提供了更多支持其被拒绝的论据。" *Marbury v. Madison*, 5 U. S. (1 Cranch) 137, 178 (1803) (per Marshall, C. J.).
- **约瑟夫·斯托雷，J.（Joseph Story, J.）**："但显而易见的是，宪法的制定者确实考虑到美国司法管辖范围内的案件不仅可能，而且会在州法院行使其普通管辖权时出现。" *Martin v. Hunter's Lessee*, 14 U. S. (1 Wheat.) 304, 340 (1816) (per Story, J.).
- **蒂摩西·沃尔克（Timothy Walker）**："但值得注意的是，不动产法律在其扎根的土壤上有多么顽强的抓地力。" *Introduction to American Law* § 273, at 258 (1837).
- **沙蒙·P. 蔡斯，C. J.（Salmon P. Chase, C. J.）**："但是，联邦的永久性和不可分割性绝不意味着独特和单独存在的丧失，也不意味着各州自治权的丧失。" *Texas v. White*, 74 U. S. (7 Wall.) 700, 725 (1868) (per Chase, C. J.).
- **詹姆斯·肯特（James Kent）**："但正是在 1756 年的战争中，这一规则唤起了人们普遍和认真的关注。" 1 *Commentaries on American Law* 83 [95] (Charles M. Barnes ed., 13th ed. 1884).
- **约翰·亨利·威格莫（John Henry Wigmore）**："我相信民主。我宁愿移民或死亡也不愿看到美国人民被普鲁士化。但我不相信民主必须是无能的同义词。" *Problems of Law* 101 (1920).
- **奥利弗·温德尔·霍姆斯，J.（Oliver Wendell Holmes, J.）**："但对许多人来说，多余的东西是必要的，而且在我看来，政府在试图使他们的生活变得宜居时并没有超越其范围。" *Tyson & Brother v. Banton*, 273 U. S. 418, 447 (1927) (Holmes, J., dissenting).
- **路易斯·布兰德斯，J.（Louis Brandeis, J.）**："但是，即使在道德上鼓吹违法行为多么应受谴责，也不能成为剥夺言论自由的理由，因为这种鼓吹没有达到煽动的程度，而且没有任何迹象表明这种鼓吹会立即付诸行动。" *Whitney v. California*, 274 U. S. 357, 376 (1927) (Brandeis, J., concurring).

- **查尔斯·埃文斯·休斯, C. J. (Charles Evans Hughes, C. J.)**:"但即使是战争权也不能取消保障基本自由的宪法限制。" *Home Building & Loan Ass'n v. Blaisdell*, 290 U. S. 398, 426 (1934) (per Hughes, C. J.).
- **欧文·罗伯茨, J. (Owen Roberts, J.)**:"但无论是财产权还是合同权都不是绝对的……" *Nebbia v. New York*, 291 U. S. 502, 510 (1934) (per Roberts, J.).
- **本杰明·卡多佐, J. (Benjamin N. Cardozo, J.)**:"但答案并不令人怀疑。" *Helvering v. Davis*, 301 *U. S.* 619, 645 (1937) (*per Cardozo, J.*).
- **马克斯·雷丁 (Max Radin)**:"但是,如果认为最精心起草的法规可以不受解释过程的影响,那将是一个错误。" *The Law and Mr. Smith* 188 (1938).
- **罗伯特·杰克逊, J. (Robert H. Jackson, J.)**:"但这些人拒绝参加仪式并不妨碍或否认其他人参加仪式的权利。本案中也没有任何疑问,他们的行为是和平且有序的。" *West Virginia Bd. of Educ. v. Barnette*, 319 U. S. 624, 630 (1943) (per Jackson, J.).
- **雨果·布莱克, J. (Hugo Black, J.)**:"但是,如果该州的法规是在州的宪法权力范围内,即使它接近该权力的边缘,我们也不能将其取消。" *Everson v. Board of Educ. of Ewing Twp.*, 330 U. S. 1, 16 (1947) (per Black, J.).
- **厄尔·沃伦, C. J. (Earl Warren, C. J.)**:"但不言而喻的是,不能因为不同意这些宪法原则,就允许这些宪法原则的生命力屈服。" *Brown v. Board of Educ.*, 349 U. S. 294, 300 (1955) (per Warren, C. J.).
- **弗雷德·罗德尔 (Fred Rodell)**:"但在马歇尔去世时,这样的一些概念——正义、人道主义、带有小'd'的民主——已经在这片土地上盛行。" *Nine Men* 109 (1955).
- **罗斯科·庞德 (Roscoe Pound)**:"但占有……与所有权没有必然联系。"5 *Jurisprudence* 80 (1959).
- **勒恩德·汉德 (Learned Hand)**:"但是,当卡多佐的思想一旦平静下来,他就会像以前不确定的那样不灵活。" *The Spirit of Liberty* 131 (3d ed. 1960).
- **格兰维尔·威廉姆斯 (Glanville Williams)**:"但是如果法规中没有使用'默认'一词,法院似乎否认在故意不作为的违法行为发生之前必须了解法律。" *Criminal Law: The General Part* 46 (1961).
- **H. L. A. 哈特 (H. L. A. Hart)**:"但这些都是需要经验事实支持的理论,而很少有证据支持这种观点,即道德最好通过对法律惩罚的恐惧来教导。" *Law, Liberty, and Morality* 58 (1963).

- **小查尔斯·E. 怀赞斯基（Charles E. Wyzanski Jr.）**："但是，当汉德法官为他的伙伴们的缺点打分时，他也强调了他们的优点。" *Whereas—A Judge's Premises* 75（1965）.
- **弗莱明·詹姆斯（Fleming James）**："但正如我们所看到的，虽然衡平法会在这些案件中给予救济，但由于历史原因，它坚持通过发布强制形式的法令来这样做。" *Civil Procedure* 25 - 26（1965）.
- **朗·L. 富勒（Lon L. Fuller）**："当一艘在海上航行的轮船开始漏沉时，总会到一个宣布放弃的时刻。但是，我们不会在燃料泵刚开始不稳定运行时就下达弃船的命令。" *Anatomy of Law* 21（1968）.
- **威廉·O. 道格拉斯（William O. Douglas）**："如果那些可能收到食品券并将其交给当地银行换取现金的零售商受到歧视，有相关的补救措施。但那些露不了脸、发不出声的穷人却没有这样的补救措施。" *Points of Rebellion* 73 - 74（1969）.
- **格兰特·吉尔摩（Grant Gilmore）**："但是，如果不付款的当事方因低于'客观不可能'而被解除合同，那么，似乎可以推断出，付款的当事方同样应该因低于客观不可能而被解除合同。于是他们就这样了。" *The Death of Contract* 81（1974）.
- **小杰弗里·C. 哈扎德（Geoffrey C. Hazard Jr.）**："我们可以有一个不收取使用费的系统，让每个人都参与其中，既寻求法律和普通正义，又在风格上没有什么禁忌。我们也可以有一个系统，在这个系统中，审判是对真理的认真探索，或者至少是一个以庄严为基本美德的仪式。但我们可能无法同时拥有这两者。" *Ethics in the Practice of Law* 135（1978）.
- **苏珊·艾斯瑞奇（Susan Estrich）**："人们更害怕陌生人犯罪，因为他们认为——往往是错误的——他们认识的人不会使他们受害。但是一旦发生，你认识的人的背叛可能和随机的暴力一样可怕，甚至更可怕。" *Real Rape* 25（1987）.
- **威廉·H. 伦奎斯特（William H. Rehnquist）**："海（Hay）和沃特（Wirt）在杰斐逊（Jefferson）的怂恿下，坚持认为法院无权要求总统出席审判，甚至无权传唤他提交文件。但马歇尔作出了相反的裁决，认为法院确实有权要求杰斐逊出示有关文件。" *Grand Inquests* 117（1992）.
- **罗纳德·德沃金（Ronald Dworkin）**："但是，尽管胎儿没有自己的权利或利益的假设是解释范式自由主义观点的必要条件，但它并不充分，因为它不能单独解释为什么堕胎在道德上是错误的。" *Life's Dominion* 34（1993）.
- **帕特里夏·M. 瓦尔德（Patricia M. Wald）**："但更基本的是，我已经在所讨论的主题和论点中选择了优先事项，描述了将如何广泛或狭义地陈述这些原则，对作品的风格进行了编辑，并在上面打上了自己的色调标记。" *How I Write*，4 Scribes J. Legal Writing 55，60（1993）.

- **查尔斯·艾伦·莱特(Charles Alan Wright)**："但如果当事人未能提出任何管辖权问题怎么办?" *Law of Federal Courts* 28 (5th ed. 1994).
- **彼得·M. 蒂斯姆(Peter M. Tiersma)**："与简单的背诵相比，在涉足法律理论的泥潭时，这种简单的——几乎是紧缩的——风格更难保持。但这肯定是值得努力的。" *Legal Language* 218 (1999).
- **劳伦斯·M. 弗里德曼(Lawrence M. Friedman)**："杜鲁门(Truman)总统否决了这项对亚洲移民设置了荒谬的低配额的法律；这项法律在他的否决下被国会通过了。但是，该法律的种族主义扭曲正在成为一个不合时宜的现象。" *American Law in the 20th Century* 342 (2002).
- **R. E. 梅加里(R. E. Megarry)**："但当法官问原告是否能证明公鸡有打碎陶器的习惯时，他只能回答：'我没有问'；他显然不适合被起诉。" *A New Miscellany – at – Law* 296 (Bryan A. Garner ed., 2005).

几年前，一位研究人员发现，在一流作家——包括 H. L. 门肯(H. L. Mencken)、莱昂内尔·特里林(Lionel Trilling)和埃德蒙·威尔逊(Edmund Wilson)——的作品中，有 8.75% 的句子以协调连接词(例如 And 和 But)开始。[1] 在 The New York Times 和 U. S. News & World Report 中——根据我自己的非正式调查——平均水平接近 10%。对于专业的修辞学家来说，这些数据并不令人惊讶。

如果你还需要更多关于这一点的支持，请看完全语境的例子，*Garner on Language and Writing* 63 – 87 (2009)。

一些前后对照的例子

Example A

Not this: However, if one analyzes this situation, a duty may be found on behalf of Greenway Inc., the employer, to preserve the jumpseat.

But this: Here, however, Greenway Inc. must preserve the jumpseat.

例子一

反例：然而，如果对这种情况进行分析，可以发现雇主 Greenway 公司有责任保留跳槽的机会。

范例：然而，在这里，Greenway 公司必须保留跳槽的机会。

---

1 Francis Christensen, *Notes Toward a New Rhetoric*, 25 College English 9 (1963).

This sentence is grammatically incorrect: *however* wrongly balances two independent clauses, thereby creating what is known as a "comma splice."

Example B

Not this: It is true that Ms. Pinson is black, however, USW contends, without record support, that she was "well-known to dislike interracial relationships."

But this: True, Ms. Pinson is black. Yet USW's allegation that she is "well-known to dislike interracial relationships" finds no support in the record.

这个句子在语法上是不正确的：然而(however)错误地平衡了两个独立分句，从而形成了所谓的"逗号拼接"。

例子二

反例：芬森（Pinson）女士确实是黑人，然而，USW 在没有记录支持的情况下辩称，"众所周知她不喜欢跨种族关系"。

范例：的确，芬森女士是黑人。然而，USW 关于"众所周知她不喜欢跨种族关系"的指控在记录中找不到依据。

Example C

Not this: In his "Statement of Disputed Material Facts," Plaintiff lists numerous "facts" he presumably believes show a retaliatory intent. However, Plaintiff never attempts to explain how these facts show retaliatory intent.

But this: Although Kautz's "Statement of Disputed Material Facts" lists many "facts," he never tries to explain how they show any retaliatory intent.

例子三

反例：在他的"有争议的重要事实声明"中，原告列出了许多"事实"，他大概认为这些事实显示了报复的意图。然而，原告从未试图解释这些事实如何显示报复意图。

范例：虽然考茨（Kautz）的"有争议的重要事实声明"列出了许多"事实"，但他从未试图解释这些事实如何显示任何报复意图。

This sentence, like that in Example B, contains an ungrammatical comma splice.

Example D

Not this: In the instant case, the statements were made under oath, however, a very fact-specific inquiry would be needed to see if they were incriminating.

But this: Although the statements here were made under oath, a fact-specific inquiry would be necessary to determine whether they are incriminating.

这个句子和例子二中的句子一样，含有一个不符合语法的逗号拼接。

例子四

反例：在本案中，这些陈述是在宣誓后作出的，然而，需要进行非常具体的事实调查，以确定它们是否有罪。

范例：虽然这里的陈述是在宣誓后作出的，但要确定这些陈述是否有罪，还需要针对具体事实进行调查。

Example E

Not this: More information regarding the breach and how it occurred may change this analysis. However, as discussed in footnote five, courts have rejected assertions that data breaches resulted in physical injury to cardholders.

But this: Although more information about the breach and how it occurred may change this analysis, courts have rejected assertions that data breaches hurt cardholders physically.

These edits also illustrate Tip #41.

例子五

反例:更多关于数据泄露及其导致的后果可能改变这种分析。然而,正如脚注中所讨论的,法院已经拒绝了关于数据泄露导致持卡人身体伤害的说法。

范例:虽然更多关于数据泄露及其导致的后果可能改变这种分析,但法院已经拒绝了数据泄露伤害持卡人身体的断言。

这里的编辑展示了技巧41。

Example F

Not this: Courts have previously deferred to agencies specializing in law enforcement when establishing an underlying law-enforcement purpose. However, courts have limited this deference to situations where the agency has submitted uncontroverted affidavits.

But this: Although courts have previously deferred to law-enforcement agencies when establishing an underlying law-enforcement purpose, courts have limited this deference to situations where the agency has submitted uncontroverted affidavits.

These edits also illustrate Tip #41.

例子六

反例:在确定基本的执法目的时,法院以往都会遵从专门从事执法的机构的意见。然而,法院将这种尊重限制在该机构已提交无可争议的宣誓书的情况下。

范例:虽然法院以前在确定基本的执法目的时都会尊重执法机构,但法院将这种尊重限制在该机构已提交无可争辩的宣誓书的情况下。

这里的编辑展示了技巧41。

Example G

Not this: Milton contends that the statute protects only consumers and provides no cause of action to entities engaged in commercial transactions not primarily for personal, family, or household purposes. Milton, however, conveniently cites only a portion of the statute regarding its application and ignores the relevant cases.

But this: Milton contends that the statute protects only consumers and that it does not provide a claim to entities engaged in commercial transactions. But he cites only the part of the statute that establishes this right of action, and he ignores the relevant cases.

例子七

反例：弥尔顿（Milton）辩称，该法规只保护消费者，未给从事非主要为个人、家庭或家居目的的商业交易实体提供诉讼理由。然而，弥尔顿只是方便地引用了法规中关于其应用的部分内容，而忽略了相关案例。

范例：弥尔顿争辩说，该法规只保护消费者，它没有为从事商业交易的实体提供索赔。但他只引用了法规中确立这一诉讼权利的部分，而忽略了相关案例。

Example H

Not this: Plaintiff also presents no evidence that he is "disabled" under the ADA. Rather, as in his retaliation claim, Plaintiff spends several pages rambling on about the legal standards for determining disability under the ADA. (Pl. Br. at 26–28.) However, Plaintiff never applies these standards to the facts of this case.

But this: Nor does Webber present any evidence that he is "disabled" under the ADA. As in his retaliation claim, Webber merely discusses the legal standards for determining disability. (Pl. Br. at 26–28.) But he never applies these standards to the facts of this case.

例子八

反例：原告也没有提出任何证据证明他是《美国残疾人法》中规定的"残疾人"。相反，就像他的报复指控一样，原告花了好几页的时间漫谈根据《美国残疾人法》确定残疾的法律标准。（Pl. Br. at 26 – 28.）然而，原告从未将这些标准应用到本案的事实中。

范例：韦伯（Webber）也没有提出任何证据证明他是《美国残疾人法》中规定的"残疾人"。在他的报复指控中，韦伯只是讨论了确定残疾的法律标准。（Pl. Br. at 26 – 28.）但他从未将这些标准应用到本案的事实中。

Example I

Not this: Anderson argues that NedFys waived its right of removal by taking various actions in the state court prior to removal. However, the caselaw clearly mandates that NedFys's actions prior to removal do not constitute a waiver of this right. As the following decisions demonstrate, not a single one of the actions listed in Anderson's litany of NedFys's pre-removal activity has been held to constitute a waiver of the right to removal.

But this: Anderson argues that NedFys waived its right of removal by taking various actions in the state court before removal. But as the following decisions show, not one action listed in Anderson's litany of NedFys's pre-removal activity has been held to constitute a waiver of the right to removal.

例子九

反例：安德森（Anderson）认为，NedFys 公司在搬迁前在州法院采取了各种行动，从而放弃了搬迁的权利。然而，判例法明确规定，NedFys 公司在搬迁前的行动并不构成对该权利的放弃。正如以下裁决所表明的，安德森所列举的 NedFys 公司在搬迁前的行为，没有一项被认为是构成对搬迁权的放弃。

范例：安德森辩称，NedFys 公司在搬迁前在州法院采取了各种行动，表明 NedFys 放弃了搬迁的权利。但是，正如下面的判决所显示的，在安德森所列举的 NedFys 公司搬迁前的活动中，没有一项行动被认定为构成对搬迁权的放弃。

Example J

Not this: The court held that a plaintiff may recover both the property itself and additional compensation when such compensation is necessary to fully vindicate the plaintiff's contractual rights. However, since the real property was sold in a foreclosure sale, the court treated plaintiffs as the "equitable owners" and awarded them the benefit of the equity in the property by awarding them the proceeds of the sale over and above the amount of their debt.

But this: The court held that a plaintiff may recover both the property itself and whatever additional compensation is necessary to fully vindicate contractual rights. Since the property was sold in foreclosure, however, the court treated the Fosters as the equitable owners and awarded them the benefit of their equity in the property—namely, the proceeds in excess of their debt.

例子十

反例：法院认为，原告可以同时收回财产本身和额外的补偿，如果这种补偿对充分维护原告的合同权利是必要的。然而，由于该不动产是在取消抵押品赎回权的情况下出售的，法院将原告视为“公平的所有者”，并通过将出售所得的收益判给他们，使他们从该财产的权益中获益，而不是从他们的债务金额中获益。

范例：法院认为，原告既可以收回财产本身，也可以收回为充分维护合同权利所需的任何额外补偿。然而，由于该财产是在取消抵押品赎回权的情况下出售的，法院将福斯特（Foster）夫妇视为公平的所有者，并将他们在该财产中的权益——超出其债务的收益——判给他们。

技巧 49 的要点总结

- 如果用来做对比，千万不要以 However 来开始一个句子，优选 But。
- 遵循伟大作家的榜样：不要对用连接词开始句子犹豫不决。
- 以 And 或 But 开头的句子，别在这两个词后加逗号。
- 如果 But 不完全奏效，那么就把 However 移到主语之后，并用逗号框住它；但不要把 However 当作协调连接词使用。
- 当 But 或 However 均不适用时，用 Though、Although 或 Yet 重新表述。

50

从你的词汇中删除“pursuant to”

名言警句

“‘Pursuant to…’,我们已经习惯了这种表达方式,以至我们几乎没有注意到我们正在使用它。然而,对大多数非法律工作者来说,它是法律术语的标志之一。普通人会说‘under…’或‘according to…’;律师没有理由不这样做。”

——Michèle M. Asprey, *Plain Language for Lawyers* 128 (1991).

“Same, pursuant to, said 和 herein 是律师常用的词,但没有独特的法律含义……你可以用常见的词汇来代替所有这些术语。”

——Wayne Schiess, *Writing for the Legal Audience* 47–48 (2003).

“由于‘pursuant to’这个短语的含义非常多,所以它即便有时有用,但也只是很少有用。律师几乎是唯一使用该短语的人,而且他们对其的运用经常并不精确。”

——*Garner's Dictionary of Legal Usage* 737 (3d ed. 2011).

解释说明

这个短语——“pursuant to”——是危险的。你会发现它充斥在平庸的法律写作中;而在高明的法律文书中寻找它却是徒劳无功的。这可能说明了一切。

一些前后对照的例子

Example A

Not this: On February 7, 2013, Defendant Holmes was evicted from his apartment pursuant to a court order.

But this: On February 7, 2013, Holmes was evicted from his apartment by court order.

例子一

反例：2013年2月7日，根据法院的命令，被告霍姆斯(Holmes)被逐出他的公寓。

范例：2013年2月7日，霍姆斯被法院命令逐出他的公寓。

Example B

Not this: Certain batch cards were to be destroyed pursuant to the document-retention policy.

But this: Under the document-retention policy, certain batch cards were to be destroyed.

例子二

反例：根据文件保留政策，某些批次的卡片将被销毁。

范例：文件保留政策要求销毁某些批次的卡片。

Example C

Not this: The Court affirmed a dismissal of the action on defendant's motion for summary judgment, holding that the action was time-barred pursuant to Ohio Code § 1302.98.

But this: The Court affirmed a dismissal of the action on Campbell's motion for summary judgment, holding that Ohio Code § 1302.98 barred the claim as untimely.

例子三

反例：法院确认驳回了被告提出的简易判决动议，认为根据《俄亥俄州法典》第1302.98条的规定，该诉讼已经过了时效。

范例：法院确认驳回坎贝尔(Campbell)提出的简易判决动议，认定《俄亥俄州法典》第1302.98条禁止索赔，因为过了时效。

> Depending on the meaning, the best term might be *in accordance with* or *by virtue of*. But any of the three suggested phrases would be clearer than *pursuant to*.

Example D

Not this: Because defendant's services were provided pursuant to the terms of AT&T's tariff, the tariff and its provisions dictate the rights and liabilities of the parties.

But this: Because Allen's services were provided under AT&T's tariff, the tariff and its provisions dictate the parties' rights and liabilities.

例子四

反例：因为被告的服务是根据AT&T的收费标准提供的，收费标准及其规定决定了双方的权利和责任。

范例：因为艾伦（Allen）是按照 AT&T 的收费标准提供服务的，所以收费标准及其规定决定了双方的权利和责任。

根据不同的含义，最好的词汇可能是 in accordance with 或 by virtue of，而且任何一个都比 pursuant to 表达更清晰。

技巧 50 的要点总结

- 除将其作为过时的法律术语加以谴责外，没有任何好的理由使用“pursuant to”。
- 写作中，无论哪里潜伏着这种平庸的标志，都要将其根除。
- 用更简单的、不那么法律化的措辞来代替“pursuant to”，如“under”“according to”“in accordance with”“by virtue of”等。虽然有些替代词长达三个字符，但它们是正常英语——而“pursuant to”是纯粹的律师用语（见技巧 27）。

51

限定从句用 that，非限定从句用 which

名言警句

“大多数人没有意识到的是，一个 which 会导致另一个……你那顽固的 which 在最好的公司里是不受欢迎的。”

——James Thurber，“Ladies' and Gentlemen's Guide to Modern English Usage”，in *The Owl in the Attic and Other Perplexities* 97，106，109（1931）.

“过度使用关系词 which 似乎是律师中的一种流行病。相关从句在我们的写作中很常见，也许是不可避免的，但不是不可避免的，它们都应该用 which 引入。”

——G. V. V. Nichols，*Of Writing by Lawyers*，27 Canadian B. Rev. 1209，1218（1949）.

“许多作家，包括优秀作家，让自己陷入的一个更令人讨厌的习惯是用 which 来代替 that。这不仅仅是一种文体的正确性；还可能会影响你所表达的内容的含义。Which 引入了一个评论性的句子；that 是一个限制性的、定义性的句子。”

——Ernst Jacobi，*Writing at Work：Dos，Don'ts，and How Tos* 129（1976）.

“细心的作家，会注意一些小节，找到 which，去掉那些限定性 whiches，并通过这样做来改进他的作品。”

——William Strunk Jr. & E. B. White，*The Elements of Style* 59（3d ed. 1979）.

“试想一下，知道限制性从句和非限制性从句的区别的人的头脑中会发生什么。任何了解这种区别的人都处在看到简单事实和详细情节之间的区别的边缘，并且很可能开始对这种关系的逻辑作出判断。他可能会开始为基本事物和偶然事物之间的区别而烦恼，这种混乱往往会导致发现同义词。此外，任何看到限制性从句和非限制性从句之间区别的人，都有可能理解为什么修饰语应该接近它们所修饰的事物，从而开始对思想相互发展的方式产生感觉。从这一点来看，发现非连续性和未说明的前提，以及是错误的类比，都不是很遥远的事情。”

——Richard Mitchell，*Less than Words Can Say* 154（1979）.

"Which 和 that 这两个词有不同的含义。如果你熟悉这些含义，你就可以准确地传达信息；如果你不熟悉，你就有可能使你的读者感到困惑。有几种方法可以理解这两个词之间的区别：that 确定了你所谈论的对象，而 which 只是提供了关于这些对象的进一步信息……一个 that 从句在众多对象中挑出一个，而 which 从句往往暗示只有一个对象……如果我们从一个句子中删除 that 从句，就会破坏原来的意思；如果我们删除 which 从句，一般不会影响原来的意思。"

——Lyn Dupré, *Bugs in Writing: A Guide to Debugging Your Prose* 67 –68（rev. ed. 1998）.

"That 引入了必要的从句；which 引入了非必要从句（也称为非限制性从句）……一些语言评论家将这种区别归类为一种毛病，与是否拆分不定式和句末使用介词类同。他们错了。"

——Bill Walsh, *Lapsing into a Comma* 213 –14（2000）.

解释说明

比起其他任何语言习惯，对这种区别的处理已经成为对谨慎的法律作家的一个"严峻考验"。尽管有人偶尔会说，但这很重要，因为它决定文字的意义。比如：

注意两个句子意思上的区别。

所有在 2011 年立法之前裁决的案件都支持这一论点。

所有的案例都是在 2011 年立法前作出的裁决，均支持这一论点。

第一句话暗示，2011 年立法后判决的一些案件不支持这一论点。第二句话则暗示，没有一个案件是在 2011 年立法后判决的。

这是一个很大的区别。在第一句话中，"在 2011 年立法之前决定的"这个短语是必要信息。但在第二句中，逗号之间的短语，即"在 2011 年立法之前裁决的"那个短语不是必要的；删掉它并不损害整个句子的意思。

这里有一条最简单的规则：如果你看到一个没有逗号或介词的 which，90% 的时候需要的是一个 that，10% 的时候需要一个逗号。文字编辑称这种警惕性为"猎杀 which"。所以要养成重视"逗号"的习惯。

除此之外，想想 which 从句和 that 从句。如果省略从句改变了句子的基本含义，你需要的是 that 从句；如果省略该从句不会改变句子的基本含义，你需要的是 which 从句。

结构模糊的例子

Is validation inapplicable to *all* pass-through charges, or just those subject to litigation before May 1?

- The legislative validation is expressly inapplicable to pass-through charges which are the subject of any litigation before May 1, 2013.
- The company developed a new program for the northeastern divisions which had lost money for three consecutive quarters.

Did the new program include *all* northeastern divisions, or just the unprofitable ones?

- 立法确认明确不适用于 2013 年 5 月 1 日之前任何诉讼所涉及的转嫁费用。
- 公司为连续三个季度亏损的东北分部制定了一个新方案。

审定是不用于所有转嫁费用还是只适于5月1日的诉讼所及的转嫁费用?

新方案是包括所有北地区的门，还是包括不盈的部门?

一些前后对照的例子

Example A

Not this: The vessel's master was unsure of the plastic-disposal procedures and made statements which he felt would prevent Coast Guard action but later learned those statements were incorrect.

But this: The vessel's master was unsure of the plastic-disposal procedures and made statements that he felt would prevent Coast Guard action, but he later learned that those statements were incorrect.

例子一

反例：该船的船长不确定塑料处理程序，并发表了声明，他认为可以阻止海岸警卫队采取行动，但后来得知这些声明是不正确的。

范例：该船的船长不确定塑料处理程序，并发表了他认为可以阻止海岸警卫队采取行动的声明，但后来得知这些声明是不正确的。

Example B

Not this: While to date no consensus has emerged on what body of law applies to determine the validity of an antitrust assignment, the courts consider the factors which are discussed below.

But this: While to date no consensus has emerged on what body of law determines the validity of an antitrust assignment, the courts consider the factors that are discussed below.

Or this: While to date no consensus has emerged on what body of law determines the validity of an antitrust assignment, the courts consider the factors discussed below.

例子二

反例：虽然到目前为止，在确定反垄断转让的有效性时适用何种法律体系还没有达成共识，但法院会考虑一些因素（which），下面讨论。

范例：虽然到目前为止，还没有就什么法律体系决定反垄断转让的有效性达成共识，但法院会考虑下面讨论的这些因素（that）。

Example C

Not this: In the matter at hand, Rule 166b is in direct conflict with § 552 of Title 5 of the United States Code which is often referred to as the Freedom of Information Act.

But this: In the matter at hand, Rule 166b directly conflicts with 5 U.S.C. § 552, which is often referred to as the Freedom of Information Act.

Or this: In the matter at hand, Rule 166b directly conflicts with 5 U.S.C. § 552, often referred to as the Freedom of Information Act.

例子三

反例：在本案中，第 166b 条与《美国法典》第 5 章第 552 条直接冲突，后者（which）通常被称为《信息自由法》。

范例：在本案中，第 166b 条直接与《美国法典》第 5 章第 552 条相冲突，后者（，which）通常被称为《信息自由法》。

或者：在本案中，第 166b 条直接与《美国法典》第 5 章第 552 条相冲突，后者（，）通常被称为《信息自由法》。

Example D

Not this: The central facts are those which are sufficient to support an order vacating the judgment, not those which must be proven to succeed on the merits in the underlying action.

But this: The central facts are those sufficient to support an order vacating the judgment, not those necessary to succeeding on the merits in the underlying action.

例子四

反例：核心事实是那些（which）足以支持撤销判决的命令的事实，而不是那些（which）必须证明才能在基础诉讼中胜诉的事实。

范例：核心事实是那些足以支持撤销判决的命令的事实，而不是那些必须证明才能在基础诉讼胜诉的事实。

Example E

Not this: Since 2010, Speednet and its engineers worked to develop "Web Attempt," a new Internet software, which will allow computer users quick and affordable access to the Internet.

But this: Since 2010, Speednet's engineers had been developing Web Attempt, a new Internet software that will give users quicker and more affordable Internet access.

例子五

反例：自 2010 年以来，Speednet 及其工程师致力于开发 Web Attempt，这是一种新的互联网软件，它将使计算机用户能够快速和经济地访问互联网。

范例：自 2010 年以来，Speednet 的工程师一直在开发 Web Attempt，这是一个新的互联网软件，将为用户提供更快、更实惠的互联网接入。

Example F

Not this: The customer contact experience, which Charging Party gained as an Operator, was a factor in Charging Party being hired as a Repair Service Attendant.

But this: The customer-contact experience that Jones gained as an operator was a factor in his being hired as a repair-service attendant.

例子六

反例：收费方作为操作员获得的客户接触经验，是收费方被雇用为维修服务员的一个因素。

范例：琼斯作为操作员获得的与客户接触的经验，是他被雇用为维修服务员的一个因素。

技巧 51 的要点总结

- 了解限制性（定义性）和非限制性（描述性）从句之间的区别。
- 检查每一个没有逗号或介词的 which，问自己：是否该用 that?
- 通过句子删去它之后是否改变原来的含义，来识别限制性从句。
- 改写一个从句，在能使句意更紧密的情况下，去掉 that 或 which。
- 英国作家经常使用限制性的 whiches，从而损害了清晰的表达；他们的习惯不应该传染给美式英语。
- 不要受那些对 that 和 which 的区别嗤之以鼻的所谓语言学家的影响。

52

关联代词 that 或 which 应紧跟所指代的名词

名言警句

"Sherlock 主教讲道中的以下一段话是有问题的：'假装通过积累财富来武装自己，以抵御生活中的意外，这是愚蠢的，除了我们天父的美好旨意，没有什么可以保护我们。'Which 在语法上总是指紧接在前的名词，也就是这里的'财富'。这句话应该这么说：'假装通过积累财富来武装自己，这是愚蠢的，除了我们天父的好意，没有什么能保护我们抵御生活中的意外。'"

——Hugh Blair, *Lectures on Rhetoric* 53 (1783; Grenville Kleiser cond., 1911).

"关联词的位置应该能防止它们所要代表的词语出现任何歧义。因此，下面的句子令人反感：'他不值得同胞信任，作为无视造物主法律的人'。纠正为：'无视造物主法律的他不值得同胞信任'。"

——*Live and Learn: A Guide for All Who Wish to Speak and Write Correctly* 52 (1856).

"谨慎地将一个关联从句与它的先行词分开。"

——John F. Genung, *Outlines of Rhetoric* 201 (1894).

"在关联代词和它所指代的名词之间放一个或几个词使句子变得含混不清是很常见的……如果关联代词不能方便地放在它们所指代的名词旁边，最好完全删除。"

——R. G. Ralph, *Put It Plainly* 37 (1952).

解释说明

所谓分割的关联——that 或 which 没有紧跟其所修饰的名词——体现了一种草率的句法习惯。它造成歧义，比如："那人住在那条街边，就是我昨晚说的。"我昨天晚上说的是什么？那个人还是那条街？

主要的问题是 which 前面没有逗号的时候。请注意，威廉·沃尔什(William Walsh)在 1930 年出版的关于公平的一书中有个典型的例子，我们不知道 which 修饰的是哪个名词：

> 这项工作需要一个现代意义上的法庭，由少数受过教育、有能力、精通法律的法官组成，定期开庭，一般在威斯敏斯特，经常在财政厅。[1]

事实上，正如你可能已经感受到的，which 需要回溯 21 个单词——包括跳过 6 个名词——来修饰“法庭”。像这样松散的句法是不可接受的，这句话需要一分为二：

> 这项工作需要一个现代意义上的法庭，由少数受过教育、有能力、精通法律的法官组成。法院定期开庭，一般在威斯敏斯特，经常在财政厅。

这个问题在关联代词 that 的使用中不那么常见，但还是会令人丧气：

> 第 219 条包含了例外情况：即出售合伙企业不适用于这种案情事实。

这个例子特别糟糕，因为“合伙企业”和单数动词“is”之间似乎有分歧。句子一分为二可以解决这个问题：

> 第 219 条包含了一个出售合伙企业的例外情况，但该例外情况并不适用于案情事实。

或者，更好的表述：

> 虽然第 219 条包含了一个关于出售合伙企业的例外，但该例外并不适用于案情事实。

以下是一般的补救措施：无论你是使用限制性的 that 还是非限制性的 which，都要保证它紧跟其所指代的名词。

一些前后对照的例子

Example A

Not this: Defendants knowingly conspired to bring securities onto the market that could not be legally marketed.

But this: Inman and Marcus knowingly conspired to bring onto the market securities that could not be legally marketed.

---

1 William F. Walsh, *A Treatise on Equity* 3 (1930).

例子一

反例：被告故意合谋将证券推向不能合法销售的市场。

范例：英曼（Inman）和马库斯（Marcus）故意合谋将不能合法销售的证券推向市场。

Example B

Not this: There is an outstanding warrant against Mr. Erutu in Ethiopia, which on its face declares that he is to be arrested for expressing his political beliefs.

But this: There is an outstanding warrant against Mr. Erutu in Ethiopia; it declares that he is to be arrested for expressing his political beliefs.

例子二

反例：针对埃鲁图（Erutu）先生的一个尚未执行的逮捕令由埃塞俄比亚签发，其表面上宣称他将因表达其政治信仰而被逮捕。

范例：埃塞俄比亚对埃鲁图先生有一个尚未执行的逮捕令，该逮捕令宣布他将因表达政治信仰而被逮捕。

Example C

Not this: Defendant Mutual Life Insurance Company of Boston ("Mutual Life") respectfully submits this motion for partial summary judgment on all claims brought against it by plaintiff Nippondenso of San Francisco Inc. ("Nippondenso") which are barred on grounds other than statute of limitations.

But this: Defendant Mutual Life moves for partial summary judgment on all of Nippondenso's claims that are barred on grounds other than statute of limitations.

例子三

反例：被告 Boston Mutual Life 公司恭敬地提交本动议，要求对原告 San Francisco Nippondenso 公司提出的索赔进行部分简易判决，这些索赔因时效以外的原因而被禁止。

范例：被告 Boston Mutual Life 对 Nippondenso 的索赔要求提出了部分简易判决的请求，这些索赔要求因时效以外的原因而被禁止。

Example D

Not this: Recent discovery has revealed significant new facts in the case that must be investigated in order for Mockley to prepare its defense

But this: Recent discovery has revealed significant new facts that must be investigated for Mockley to prepare its defense.

例子四

反例：最近的发现揭示了本案中重要的新事实，必须对其进行调查，以便 Mockley 公司准备辩护。

范例：最近的发现揭示了重要的新事实，必须对这些事实进行调查，以便 Mockley 准备其辩护。

Example E

Not this: If Chubb wants to avoid its defense obligation, then Chubb must meet its burden of establishing facts outside the pleadings which demonstrate that the claims against Crown fall outside coverage under the Chubb policy.

But this: If Chubb wants to avoid its defense obligation, it must establish facts outside the pleadings to demonstrate that the claims against Crown fall outside the Chubb policy's coverage.

例子五

反例：如果 Chubb 想避免其辩护义务，那么 Chubb 必须履行其责任，在诉状之外证明对克朗（Crown）的索赔不属于 Chubb 保险范围。

范例：如果 Chubb 想避免其辩护义务，它必须在诉状之外确立事实，以证明对克朗的索赔不在 Chubb 保单的范围之内。

Example F

Not this: The state also seeks to recover from Concord Mfg. under a misguided application of certain indemnification provisions in the contract, which are plainly directed at third-party claims against the state and do not apply here.

But this: The state also seeks to recover from Concord Mfg. under a misguided application of certain contractual indemnities that are plainly directed at third-party claims against the state and do not apply here.

例子六

反例：该州还试图根据合同中某些赔偿条款的错误应用向 Concord 公司追偿，这些条款显然是针对第三方对该州的索赔，在此并不适用。

范例：该州还试图根据对某些合同赔偿的错误应用向 Concord 公司追偿，这些合同赔偿显然是针对第三方对该州的索赔，在此并不适用。

Example G

Not this: Finally, there was an error on the documents provided by the company which showed a distance of 50 feet from front to rear walls, when the dimension should have been 51 feet.

But this: Finally, the documents contained an error showing a distance from front to rear walls of 50 feet—one foot short.

例子七

反例: 最后,该公司提供的文件中有一个错误,显示从前墙到后墙的距离为 50 英尺,而这个尺寸应该是 51 英尺。

范例: 最后,文件中有一个错误,显示前墙到后墙的距离为 50 英尺,少了 1 英尺。

技巧 52 的要点总结

- 识别分隔关联:that 或 which 没有紧跟其修饰的名词。拙劣的文本:昨晚吠了整晚的街边的狗。(the dog down the street that barked last night.)
- 始终将关联从句直接放在它所修饰的名词之后,以防产生歧义。
- 将句子一分为二,或在必要时使用单独的分句,以维系名词与关联代词;或者重新改写句子,拿掉关联代词。

53

无须抵制“that”;但是,“动词 + ing”优先于“that + 动词”

名言警句

“关联代词的省略有时会造成混乱。在 Milton Propper 的《伟大的保险谋杀案》(一部美国惊悚片)中,我们读到‘没有任何痕迹或划痕表明锁被强行打开’‘Rankin 把她领到一张椅子上,得知她的名字是 Emily Reilly 夫人’。‘表明锁’和‘得知她的名字’可能是独立的、自成一体的语句;但随着句子里的一些零零碎碎的表达,人们发现这些句子在继续。这个毛病在美国作家中比在英国作家中要普遍得多。”

——Eric Partridge, *Usage and Abusage* 330 (1947; repr. 1963).

“回答、辩称、反驳、诉请之类的动词,以及其他仅由个人知其含义的动词,很少会容忍省略‘that’……只要有错误的动词,或者在任何层面上有一点复杂的暗示,甚至是节奏的暗示,就会感觉到对‘that’的需要……同样明显的是,当‘that’的省略给人以错误的引导时,必须加以恢复。每当名词性从句是动词的直接宾语并以符合动词意义的名词开始时,这种误导就会发生。”

——Wilson Follett, *Modern American Usage: A Guide* 321 (Jacques Barzun ed., 1966).

“省略‘that’往往是一种有力的举动,但‘that’并不总是可有可无的。以一部科幻电影开头的句子为例‘许多美国人相信,来自外太空的访客实际上已经登陆了’。没有‘that’一词,句子就有可能被误读为:‘许多美国人相信来自外太空的访客’;有了‘that’一词,就不可能产生误读:‘许多美国人相信,来自外太空的访客实际上已经登陆了’。”

——Jeffrey McQuain, *Power Language: Getting the Most Out of Your Words* 66 (1996).

“编辑保护学派的一个误导性原则是,只要有可能就删除那个词。这通常是可能的,但这并不意味着它是可取的。‘耳聪目明’的编辑们高喊着‘省略不必要词语’的口号,这产生了错落有致的荒谬,除听起来很糟糕之外,还可能给读者带来麻烦。”

——Bill Walsh, *Lapsing into a Comma* 212 – 13 (2000).

解释说明

"That"是英语中受迫害最严重的一个词。一些过分热心的作家一有机会就想把它抹掉。

有些地方他们不能这样做——这个词是相当有用的,甚至是必要的。我们需要它作为一个限定性的关联代词("需要重新上架的书"——见技巧51);我们需要它作为一个描述性形容词("那个想法很好"——见技巧54);我们需要它作为一个连接词("他说所有的文件都被清点了")。

诚然,有时你可以删除这个词以获利——特别是作为一个关联代词,如"她提供的文件",而不是"她所提供的文件"——但如果它作为一个从属连词,删除它会造成严重的错误:

- 吉布森有权知道律师事务所的代表与第三方的文件和通信。[在"communications"之后加入"that"]
- 法院指出,遗嘱执行人不能为保护某个有能力上诉的特定受赠人或受遗赠人的利益而上诉。[在"out"之后加入"that"]
- 法院决定不需要解决这个问题。[在"decided"之后加入"that"]

如果一个名词跟在"that"后面,你几乎总是需要保留它,因为这个名词本身不是前面动词的宾语,它是作为宾语的从句的一部分。所以为了避免混淆,有必要保留这个词。通过表示从句的开始,连接词 that 明确了整个从句,而不仅仅是其初始名词,是主动词的宾语。当动词为 ask、believe 和 claim 时,尤其如此——当动词和从句之间有一个词或短语介入时,如例子三;而当 that 跟随一个连接词引入第二个分句时(but that、and that 或 that),如例子十二;它也应该在第一个分句之前,以保持平衡和平行(见技巧42)。

如果"that"后面有动词,你通常可以把"that+动词"改成现在分词(例如,"that results"变成"resulting","the decision that reversed judgment"变成"the decision reversing judgment")。通过这样的编辑,你可以避免如"the statute that provides that..."这样尴尬的结构。你可以在下面的例子五、六和十一中看到这种技巧。

在下面的例子中,你会看到作家通过省略必要的"that"而造成阅读障碍。在每个例子中,句子乍一看似乎都有笔误,直到你进一步阅读,才发现是因为作者不明智地省略了"that"这个词。例子二也显示了在涉及时间因素时,保留和放置"that"的重要性。

一些前后对照的例子

How does one testify a cable?

Example A

Not this: He further testified the cable had probably been placed the previous winter.

But this: He further testified that the cable had probably been placed the previous winter.

例子一

一个人如何证实一条电缆?

反例:他进一步证实,这条电缆可能是在前一年的冬天安装的。

范例:他还作证说,这条电缆可能是在前一个冬天放置的。

Note the ambiguity here.

Example B

Not this: Defendant's counsel claimed on March 24 the brief was filed with the court.

But this: Haggarty's counsel claimed that on March 24 she filed the brief.

Or this: Haggarty's counsel claimed on March 24 that she had filed the brief.

例子二

注意这里的含糊之处。

反例:被告律师称3月24日向法院提交了该简报。

范例:哈格蒂(Haggarty)的律师声称,3月24日她提交了该简报。

或者:哈格蒂的律师在3月24日声称,她已经提交了该简报。

Very confusing

Example C

Not this: Plaintiff's counsel has informed Defendants the media, and possibly others, will attend the deposition.

But this: Hammond's counsel has informed Safeco that the media, and possibly others, will attend the deposition.

例子三

非常混乱

反例:原告的律师已经通知被告,媒体和可能的其他人将出席取证会。

范例:哈蒙德(Hammond)的律师已经通知萨菲科(Safeco),媒体以及可能的其他人将参加取证会。

Courts are jobholders?

Example D

Not this: Courts have consistently held jobs need not be identical for the work to be considered equal.

But this: Courts have consistently held that jobs need not be identical for the work to be considered equal.

例子四

法院是工作者吗?

反例:法院一直认为,工作(held jobs)不需要完全相同,就可以认为是平等的。

范例:法院一直认为,工作(held that jobs)不需要完全相同,就可以认为是平等的。

Example E

That quickly become clumsy.

Not this: The statute that provides that ESOPs are not taxable in this circumstance has now been amended.

But this: The statute providing that ESOPs are not taxable in this circumstance has now been amended.

例子五

"That"很快就变得笨拙了。

反例:规定(that provides that)员工认股计划在这种情况下不需要纳税的法规现在已经被修正。

范例:规定(providing that)员工认股计划在这种情况下不需要纳税的法规现在已经被修正。

Example F

What's an "evidence employee"? And how do you discover one?

Not this: Anderson County Hospital discovered evidence employees were conspiring to steal pharmaceutical supplies from the Pharmacy Department.

But this: Anderson County Hospital discovered evidence that employees were conspiring to steal pharmaceutical supplies from the Pharmacy Department.

例子六

什么是"证据员工"?你怎么发现他?

反例:安德森县医院发现有证据员工在密谋从药房部门盗窃药品供应。

范例:安德森县医院发现了员工密谋从药房部门盗窃药品供应的证据。

Example G

This edit applies to Tip #40 as well.

Not this: Defendant admitted, ignoring the advice of counsel, he and his girlfriend were already aware of the charges pending against his partner.

But this: Ignoring his attorney's advice, Jones admitted that he and his girlfriend.

例子七

这条示例也适用于技巧40。

反例:被告无视律师的建议,承认他和他的女友已经知道对他的伙伴的指控。

范例:琼斯无视其律师的建议,承认他和他的女友知道相关情况。

Example H

Not this: The Prison Litigation Reform Act requires all state administrative remedies be exhausted before a § 1983 lawsuit can be brought regarding prison conditions.

But this: The Prison Litigation Reform Act requires that all state administrative remedies be exhausted before a § 1983 lawsuit can be brought regarding prison conditions.

Or this: The Prison Litigation Reform Act requires all state administrative remedies to be exhausted before a § 1983 lawsuit can be brought regarding prison conditions.

例子八

反例：《监狱诉讼改革法》要求在就监狱条件提起第 1983 条款诉讼之前，必须用尽所有的国家行政补救措施。

范例：《监狱诉讼改革法》规定，在就监狱条件提起第 1983 条诉讼之前，必须用尽所有的国家行政补救措施。

或者：《监狱诉讼改革法》要求在就监狱条件提起第 1983 条款诉讼之前，必须用尽所有的国家行政补救措施。

Example I

Not this: In her response, Plaintiff contends a "Stafford Police Department Report" indicates "two Aqua-Pak employees were seen mixing white powder in a small box prior to the fire."

But this: In her response, Gilbert contends that a Stafford Police Department report says that "two Aqua-Pak employees were seen mixing white powder in a small box prior to the fire."

例子九

反例：原告在答复中称，一份"警察署报告"显示，"有人看到两名 Aqua – Pak 公司的员工在案发前在一个小盒子里混合白色粉末"。

范例：吉伯（Gilbert）在答复中辩称，斯坦福（Stafford）警察局的一份报告说，"在火灾发生前，有人看到两名 Aqua – Pak 公司的员工在一个小盒子里混合白色粉末"。

Example J

Not this: More important, Weiss has not presented any authority that holds that this Court may acquire jurisdiction over this matter by estopping the defendant from raising subject-matter jurisdiction as a defense.

But this: More important, Weiss has not presented any authority holding that this Court may acquire jurisdiction over this matter by estopping the defendant from raising subject-matter jurisdiction as a defense.

例子十

反例：更重要的是，韦斯（Weiss）没有提出任何权威意见，认为（that holds that）本院可以通过禁止被告提出主体管辖权作为辩护来获得对该事项的管辖权。

范例：更重要的是，韦斯没有提出任何权威意见，认为（holding that）本院可以通过禁止被告提出主体管辖权作为辩护来获得对该事项的管辖权。

Example K

Not this: Such claims clearly allege the congressionally mandated warnings did not adequately warn the "ordinary consumer" and that the manufacturers should have included additional or different warnings (i.e., directions or instructions for safe use).

But this: Such claims allege that the congressionally mandated warnings did not adequately warn the ordinary consumer and that the manufacturers should have included instructions for safe use.

例子十一

反例：这类索赔明确声称国会规定的警告没有充分警示普通消费者，而制造商应该有额外的或不同的警告（安全使用的指示或说明）。

范例：这类索赔指称，国会规定的警告没有充分警示普通消费者，而制造商应该有安全使用说明。

Example L

Not this: Dr. Moore disagreed these diagnoses are directly and proximately caused by the alleged industrial injury. Dr. Moore concluded Ginsburg had a permanent partial medical impairment of 3–4%, half of which is due to arousal of the preexisting dormant condition. Dr. Moore also testified Ginsburg could lift no more than ten pounds.

> This passage shows *that*-bigotry run amok.

But this: Dr. Moore disagreed that these diagnoses are directly and proximately caused by the alleged industrial injury. She concluded that Ginsburg had a permanent partial medical impairment of 3%–4%, half of which is due to the preexisting dormant condition arising. Dr. Moore also testified that Ginsburg could lift no more than ten pounds.

例子十二

反例：穆尔医生不同意这些诊断是由所谓的工伤直接和间接造成的。穆尔医生认为金斯伯里（Ginsburg）有 3% ～4% 的永久性医疗损伤，其中一半是由于之前存在的休眠状态所引发的。穆尔医生还作证说，金斯伯里能举起

> 这段话会使“that 偏执狂”发疯。

不超过 10 磅的东西。

范例：穆尔医生不同意这些诊断是由所谓的工伤直接和间接造成的。她的结论是，金斯伯里有 3% ~4% 的永久性医疗损伤，其中一半是由于之前存在的休眠状态所引发的。穆尔医生还作证说，金斯伯里能举起不超过 10 磅的东西。

技巧 53 的要点总结

- 不要省略必要的“that”，特别当其作为连接词时。否则很容易造成混乱。
- 当一个名词跟在“that”后面时，确认省略“that”是否可能导致误解；如果答案是肯定的，就保留“that”。
- 当一个动词跟在“that”后面时，尝试把动词改成现在分词（ - ing）。
- 保持从句的平行；当要用“that”跟在连接词后面引出第二个从句时，同样用它引入第一个从句。

54

避免把 such 作为代词，替代 this/that，或用来表示“因此”

名言警句

“‘Such’作为一个代词，最好在两种语境中避免使用。一种是在法律或商务英语中可以用‘same’的地方：‘对于那些喜欢这道美食的人来说，牛肚是一流的’；当以这种方式使用时，‘same’和‘such’一样不具描述性。另一种情况是‘such’的意思是类似（‘the like’）：‘聚会上吃了热狗、汉堡包之类的东西’。这两种情况都归类为偶然性，只能以半幽默的意图来使用。”

——Theodore M. Bernstein, *The Careful Writer* 432 (1965).

“这种用于代替常规代词的做法是不被谨慎的作家所接受的。它和它的破烂伙伴 said 和 same 一样，既普通又不吸引人。”

——Karen Larsen, *The Miss Grammar Guidebook* 108 (1994).

“被正确使用来表示‘这类’（such an appeal），‘such’可以用来代替‘this’或‘these’或‘the’（such appeal）。Frederick Pollock 爵士在 19 世纪试图‘掐断’这一点法律术语，但没有成功；愿我们最终能在他失败的地方取得成功。”

——Bryan A. Garner, *The Elements of Legal Style* 141 (2d ed. 2002).

解释说明

关于指示性形容词（this 或 that）的观点需要做一些放大。如果你用“such”来表示“这类”或“那类”，你属于主流英语：“我妹妹不是特别喜欢和这种人说话。”有时是自命不凡的主流英语。如果你在这样的短语中使用“such”（Where did you get such an idea?）你将再次成为主流英语的一分子。

但是，如果你的意思是“我刚刚提到的那个”，你就是在沉迷于律师用语。这不仅是糟糕的用法（富勒称其为“文盲”[1]），而且本质上也是不明确的。例如，你说的“这种财产”是指“我刚才提到的财产”还是“那种类型的财产”？

简单的解决办法是使用普通的词，如 this、that、these、those 和 the。它们同样精确，而且往往更精确。

至于“as such”，请注意它应该总是意味着“作为刚才提到的名词”。换句话说，它需要一个前置语。例如，“他是一个服务员；因此（as such），他依靠小费来提供生活费”。这种用法是正确的。在这个集合短语中，such 是一个代词，名词 waiter 是它的前置语。但你不能说，“他端盘子；因此（as such），他依靠小费来提供生活费”。小费不错，但语法不行。简言之，“as such”根本不是“因此”的同义词。[2]

一些前后对照的例子

Example A

Not this: The statute places three stringent requirements on the moving party, that there be newly discovered evidence, that such evidence be material to the outcome of the case, and such moving party establishes reasonable diligence to discover and produce the evidence at trial.

But this: The statute requires the movant to show that (1) there is newly discovered evidence, (2) the evidence is material to the outcome of the case, and (3) reasonable diligence has been used to discover and produce the evidence at trial.

例子一

反例：该法规对动议方提出了三个严格的要求，即有新发现的证据，这些证据对案件的结果有重要意义，而且动议方为在审判中发现和提供证据作出了合理的努力。

范例：该法规要求动议人证明（1）有新发现的证据，（2）该证据对案件的结果是重要的，以及（3）已使用合理的努力来发现并在审判中出示该证据。

Example B

Not this: In his motion for new trial, Plaintiff asserts that such motion is based on “newly discovered evidence.”

But this: McDuff bases his motion for new trial on “newly discovered evidence.”

---

1 H. W. Fowler, *A Dictionary of Modern English Usage* 602 (Ernest Gowers ed., 2d ed. 1965).

2 See *Garner's Modern American Usage* 71 (3d ed. 2009).

例子二

反例:原告在其重新审判的动议中宣称,这种动议是基于"新发现的证据"。

范例:麦克戴夫(McDuff)以"新发现的证据"为依据提出重新审判的动议。

Example C

Not this: The SEC has historically applied a broad test and held an adviser to have "custody" of client assets if such adviser has any direct or indirect access to them.

But this: The SEC has historically applied a broad test and held that an adviser has "custody" of client assets if the adviser has any direct or indirect access to them.

例子三

反例:美国证券交易委员会历来采用宽泛的测试方法,认为如果顾问有任何直接或间接接触客户资产的机会,该顾问就有"保管"客户资产的权利。

范例:美国证券交易委员会历来采用广泛的测试,并认为如果顾问有任何直接或间接接触客户资产的机会,那么顾问就有"保管"客户资产的权利。

Example D

Not this: Such cause of action, if any such there was, survived her death.

But this: The claim, if there was any, survived her death.

例子四

反例:如果有的话,这种诉讼理由在她死后仍然存在。

范例:如果有任何索赔的话,在她死后仍然存在。

Example E

Not this: The Court held as such despite the fact that the seller knew—as a general matter—that the tool parts he was selling were going to be resold by the buyer for a profit.

But this: The Court so held even though the seller knew, generally, that the buyer would resell the tool parts for a profit.

例子五

反例:尽管卖方知道,一般来说他所销售的工具部件将被买方转售以获取利润,但法院还是这样认为。

范例：即使卖方一般知道买方会转售工具部件以获取利润，法院仍是如此认定。

Example F

Not this: Each case thus involves a question as to the obligations of a WYO insurer with respect to the adjustment of coverage for an existing policyholder. As such, federal standards govern and Mr. Macmillan is manifestly unqualified to offer testimony.

But this: Because each case involves a question about a WYO insurer's obligations in adjusting an existing policyholder's coverage, federal standards govern. Hence Macmillan is unqualified to testify.

例子六

反例：因此，每个案件都涉及一个问题，即 WYO 保险公司在调整现有投保人的保险方面的义务。因此，联邦标准适用，麦克米兰（Macmillan）先生显然没有资格提供证词。

范例：因为每个案件都涉及 WYO 保险公司在调整现有投保人的保险时的义务问题，所以以联邦标准为准。因此，麦克米兰没有资格作证。

技巧 54 的要点总结

- 在文件中找出每一个法律用语的“such”，用 this、that、these、those 或 the 予以取代。
- 像受过教育的英语作者那样用“such”表示“那一类”（“阴谋论？我很少相信这种想法”）。
- 永远不要用“such”来表示“我刚才提到的……”。
- 避免使用“as such”这种不符合语法的词组，就好像以为这个短语可以和“因此（therefore）”互换一样；“as such”需要一个前置名词。

55

避开性别歧视的语言，但要做到不易察觉

名言警句

“随着如今发生的根本性变化，妇女在人类生活的每一个可以想象的关系中的地位不亚于一场革命。很明显，她不再像以前那样处于从属地位；因此，在男人被列为她的上级时所发明的词汇导致了我所说的笨拙和前后矛盾，比以前更令人反感；而且很可能迟早会以某种方式淡出历史。”

——Richard Burton, *Why Do You Talk like That?* 204－05（1929）.

“当你被一个带有性别歧视内涵的词所困扰时，不要自动用‘人’代替‘男人’，否则效果很可能是笨拙的、刺眼的、令人心烦的。像‘henchperson’这样的词，无论上下文多么严肃，都会让人忍俊不禁。避免变异词的一个好方法是查阅你的辞典，在那里，你会找到非性别歧视的同义词，如 gilly、goon、lackey、flunky、stooge 和 sycophant。”

——Judi Kesselman－Turkel & Franklynn Peterson, *Good Writing* 100（1981）.

“还有其他更微妙的性别歧视语言形式。一种情况是用头衔或姓氏来称呼杰出的男性，而用全名或婚后的名字来称呼杰出的女性：例如，把美国总统称为‘Reagan 总统’，而把英国首相称为‘Thatcher 夫人’；把美国男性作家称为‘Hemingway’，而把美国女性作家称为‘Eudora Welty’。另一种情况是特别提到女性的外表或婚姻状况，但不提男性。例如，在报告中提到一位女雇员是‘迷人的金发女郎’或‘离婚者’，但不指出一位男雇员是结婚还是离婚，或者他是有魅力的还是恋家的，这都属于性别歧视。”

——Maxine Hairston, *Successful Writing* 125（2d ed. 1986）.

“就像律师省略了可能偏离论证重点的不相关事实一样，他们也应该避免使用可能分散读者注意力的语言，如关于代词、性别歧视或社会阶层的有意或无意的信息。”

——Beverly Ray Burlingame, *Reaction and Distraction: The Pronoun Problem in Legal Persuasion*, 1 Scribes J. Legal Writing 87, 88（1990）.

"我相信，带有性别歧视的写作有一天会一致被认为是过时的和可笑的。我对法律文书写作的唯一建议是，对今天的许多法律文书的阅读者来说，很多法律文书已经是那样过时可笑了。"

——Hon. Judith S. Kaye, *A Brief for Gender - Neutral Brief - Writing*, N. Y. L. J., 21 Mar. 1991, at 2.

"对作品意义不重要的有偏见的语言会分散读者的注意力；在他们眼中，作品可信度会降低。"

——Bryan A. Garner, "Grammar and Usage", in *The Chicago Manual of Style* § 5.221, at 301 (16th ed. 2010).

解释说明

忘记社会问题——如果你必须这样做的话——想想你的可信度。这就是问题所在：你如何保持自己的可信度？

对于不同的或未知的读者群，在写一个没有明确性别的人时，最好的方法是以没有人会认为是性别歧视或尴尬的方式来处理。这样一来，性别歧视的问题不会浮现在读者眼前，他们可以心无旁骛地专注于文字思路本身。

以下是一些避免性别歧视语言的有用技巧：

- 用 someone、anyone、person、people、human 等取代 man 和 woman。
- 使用中性的职业称谓，如 mail carrier、police officer、flight attendant 等以取代有性别区分的称谓，如 mailman、policeman、stewardess 等。
- 使用复数结构（they，them，their）而不是单数（he，she，his，her）。
- 前置语使用复数，这样你以后就可以用复数代词 they 来代替 he。
- 尽可能不用人称代词。比如说，将"律师和他的客户之间的会议"写成"律师和客户之间的会议"或"律师—客户会议"。
- 重复名词，而不是使用代词（如：he）。
- 使用冠词（a、an、the）来代替阳性所有格代词（his）。
- 以其他方式改写该句子。
- 作为最后的手段，用"he or she"—但不是笨拙的、分散注意力的"he/she"或"s/he"—来代替传统意义上的"he"。

不过，请记住，当你写的是一个性别已知的特定人时，请视具体情况定夺。因为那根本就不是一个敏感的话题。

一些前后对照的例子

Example A

Not this: Under California law, an employee must exhaust his administrative remedies under the Fair Employment Housing Act before he sues his employer under the Act.

But this: Under California law, an employee must exhaust any administrative remedies under the Fair Employment Housing Act before suing the employer under the Act.

The traditional generic masculine pronoun—here unnecessary

例子一

反例：根据加利福尼亚州法律，雇员在根据《公平就业住房法》起诉其雇主之前，必须用尽其行政补救措施。

范例：根据加利福尼亚州法律，雇员在根据《公平就业住房法》起诉雇主之前必须用尽任何行政补救措施。

传统的通用阳性代词，这里没有必要

Example B

Not this: To permit or require a landlord to wait until she finds a new tenant willing to bind herself to the terms of the original tenancy agreement would render the duty to mitigate meaningless.

But this: To permit or require a landlord to find a new tenant willing to accept the terms of the original lease would render the duty to mitigate meaningless.

Confusing use of feminine pronouns to refer to different people

例子二

反例：如果允许或要求房东等到找到一个愿意接受原租赁协议条款的新房客，就会使减轻损失的责任失去意义。

范例：如果允许或要求房东找到愿意接受原租约条款的新租户，将使减轻损失的责任失去意义。

混乱地使用阴性代词来指代不同的人

Example C

Not this: Federal Civil Rule 54(d)(2) permits a plaintiff to recover an attorney's fee only if he establishes that he was a prevailing party.

But this: Under Rule 54(d)(2), plaintiffs can recover attorney's fees only by establishing that they were prevailing parties.

例子三

反例：《联邦民事规则》第 54（d）（2）条允许原告只有在证明自己是胜诉方的情

况下才能获得律师费。

范例：根据《联邦民事规则》第 54（d）（2）条的规定，原告只有证明自己是胜诉方，才能获得律师费。

Example D

> The ungainly *(s)he*—never recommended—is wholly unnecessary here because the passage is discussing a known person.

Not this: California statutes exempt an individual from licensing as an agent when (s)he is an employee of a life insurer, only gives technical assistance to a licensed person, and receives no commission. The GFR representative meets two of these criteria, but (s)he is not employed by a life insurer. Even though (s)he works indirectly for the insurer during all presentations, (s)he would not qualify for exemption.

But this: California statutes have an exemption from agent-licensing for anyone who (1) is an employee of a life insurer, (2) gives only technical assistance to a licensed person, and (3) receives no commission. Although the GFR representative meets the second and third criteria, she is not employed by a life insurer. And even though she works indirectly for the insurer, she is not "an employee" and would not qualify for exemption.

例子四

> 不雅观的（*s*）*he*——从不推荐——在这里完全没有必要，因为这段话讨论的是一个已知的人。

反例：加利福尼亚州的法规规定，如果一个人是人寿保险公司的雇员，只要向有执照的人提供技术援助，并且不收取佣金，就可以免于获得代理人的执照。GFR 的代表符合上述两个标准，但他不是受雇于人寿保险公司。即使他在所有演讲中间接为保险公司工作，他也没有资格获得豁免。

范例：加利福尼亚州的法规规定，凡是（1）人寿保险公司的雇员，（2）有执照的人提供技术援助，以及（3）不收取任何佣金，就可以免于获得代理人执照。虽然 GFR 的代表符合第二和第三条标准，但她并不是受雇于一家人寿保险公司。即使她间接为保险公司工作，她也不是"雇员"，没有资格获得豁免。

技巧 55 的要点总结

- 为了让读者信服，要避免使用性别歧视或浮夸的语言。
- 要注意性别歧视语言和用法的微妙形式。
- 学习并实践避免性别歧视语言的方法。例如，使用职业称谓，省略人称代词，重复名词，使用冠词等。

- 查阅辞典，寻找合适词汇替代性别歧视用语。
- 当所有其他方法都不奏效时，就重新改写句子以避免问题。
- 尽量使你的非性别歧视的用法自然到不易察觉的程度。
- 当对方的性别已知时，便不必避讳有性别区分的代词。

56

使用周知的符号和缩略语，但要避免不常见

名言警句

“只要你的读者能理解，就使用尽可能短的符号。”

——Rudolf Flesch, *How to Write, Speak, and Think More Effectively* 299 (1960).

“目前使用冗长头衔的首字母作为速记参考的做法会变得非常混乱。使用 NLRB 来表示国家劳动关系委员会没有问题。但在诉状中读到以下的句子并不罕见：

港口货运代理协会（PAFF）与码头工人和装卸工人工会（SCUWS）的西雅图分会签订了《内港装载做法协议》（ACLPIH）。

两页之后，出现了以下内容：

根据 ACLPIH，SCUWS 在采取该行动之前必须与 PAFF 协商。

如果作者不使用这些缩写，而是采用速记术语，如‘协会’、‘协议’和‘联盟’，就可以避免这个问题。用这些取代刚才摘录的胡言乱语，这段话完全可以易于理解并更为简洁：

根据该协议，工会在采取该行动之前必须与协会协商。”

——Hon. Daniel M. Friedman, “Winning on Appeal,” in *Appellate Practice Manual* 129, 134 (Priscilla A. Schwab ed., 1992).

“写法律文书时，要避免使用‘代号语言’[1]。法官们每天都会阅读许多法律文书。大多数律师对当事人、法规和机构的名称使用了按字母顺序排列的简短表格。在法官阅读了二十份或三十份法律文书后，这些按字母顺序排列的简短表格将变得毫无意义……缩略语应采用单词形式，而不是字母，例如：‘National Superior Fur Dressing & Dyeing Company’不能缩略成‘NSFDDC’，这属于胡编乱造。”

——Mark Herrmann, *The Curmudgeon's Guide to Practicing Law* 6–7 (2006).

[1] 因含有许多符号或缩略语等而难懂。——编者注

解释说明

缩略语没有错。事实上，如果你总是将 FBI、IRS 和 NAACP 这类众所周知的缩写完全拼写出来，读者会皱眉头。因此，如果一个缩写很容易理解，并能节省空间，就使用它。如果你的特定听众能够理解一些不太常见的缩写，那么也可以使用这些缩写。

符号，也可以节省空间，减少分心。其中一个例子是百分号 54% 比 54 percent（更不用说百分之五十四）节省。另外两个被证明对法律文书作者有用的符号是章节符号（§）和段落符号（¶）。不过，关于这些符号有两点要注意：首先，在符号和它所指定的数字之间一定要留出空格（如 42 U. S. C. § 1983）；其次，当提及多个章节或段落时，使用两个符号，中间不留空格（如¶¶ 5 –8）。

至于其他的缩写形式，请查阅一本好的字典，看看它是否被收录其中。如果一个缩写在字典中没有列出，请三思而后行。除非你是在与非常熟悉它的专家打交道，这一类的例子有 FEMA（联邦紧急事务管理局）和 ERISA（员工退休收入保障法）等术语。

不幸的是，在某些领域——特别是环境法——看到附有下面这样的词汇表的法律文书已经司空见惯：

GLOSSARY

ADC	Arkadelphia Development Company
ARC	Arkadelphia Research Corporation
AWQC	Ambient Water Quality Criteria
CCC	Colomber Chemical Corporation
CERCLA	Comprehensive Environmental Response, Compensation, and Liability Act
CERCLIS	Comprehensive Environmental Response, Compensation, and Liability Information System
CPI	Consolidated Preadapters, Inc.
CS	Consolidated Sources
DOI	United States Department of the Interior
HRDD	Hotspur Road Drum Dump
HRS	Hazard Ranking System
HWQF	Hazardous Waste Quantity Factor
HWQV	Hazardous Waste Quantity Value
IRC	International Recharging Corporation
NCP	National Oil and Hazardous Substance Pollution Contingency Plan
NJDEP	New Jersey Department of Environmental Protection and Energy
NPL	National Priorities List
NWI	National Wetlands Inventory
OSC	On-Scene Coordinator
POLREP	Pollution Report
PRP	Potentially Responsible Party
RI/FS	Remedial Investigation and Feasibility Study
SARA	Superfund Amendments and Reauthorization Act of 1986
SPD	Seagoville Pesticide Dump
TDL	Target Distance Limits
USEPA	United States Environmental Protection Agency

然后，接下来的文字是这样的：

据 NJDEP 称，IRC 占用了 ARC 后来开展业务的同一房产，而 USEPA 声称 ARC 的业务与 IRC 相同，但没有任何支持证据将 ARC 与 IRC 的业务联系起来。此外，在确定 ADC 和 ARC 场地的业主和租户的调查中，NJDEP 无法找到任何迹象表明 ARC 和 ADC 之间有正式联系。USEPA 也无法指出任何证据表明这些设施的所有者/经营者有关系，see ADC POLREPS [D. A. 419]；ADC OSC Rep. [D. A. 694]；HRDD POLREPS [D. A. 142]；SPD Action Memo [D. A. 1649]。

所有这些都表明，作者关心的不是读者的方便，而是作者自己的方便。或者，作者只是假设读者和作者一样熟悉这些"象形文字"。（当然，用"USEPA"代替"EPA"也很古怪——这是该段落中唯一可以使用的缩写；因为本案中没有出现会引起混淆的州政府的"EPA"）优先级别严重错位。

避免发表带有代号语言意味的文章。相反，要遵循本章"名言警句"中第二条的建议：使用由真实单词构成的缩略语。

一些前后对照的例子

Example A

"PD" is a poor initialism. Stick with the fairly concise "Power Data."

Not this: On April 30, 2013, Plaintiff, Power Data ("PD"), filed its complaint against Defendant seeking damages for breach of contract, specific performance, and damages for tortious interference with contractual relations.

But this: On April 30, 2013, Power Data filed its complaint against Penntech seeking breach-of-contract damages, specific performance, and damages for tortious interference with contractual relations.

例子一

"PD"是个差劲的缩略词，不如坚持使用原本简洁的"Power Data"。

反例：2013 年 4 月 30 日，原告 Power Data（"PD"）对被告提起诉讼，要求被告赔偿违约金、具体履约金和侵权干扰合同关系的损失。

范例：2013 年 4 月 30 日，Power Data 公司对 Penntech 公司提出申诉，要求获得违约、具体履行以及对合同关系的侵权干扰的赔偿。

Example B

Not this: Defendant served Plaintiff with an RFP, an RFA, and a request for an IME.

But this: Forty-Five Inc. served Campagna with a request for production, a request for admissions, and a request for an independent medical examination.

例子二

反例：被告向原告送达了一份 RFP、一份 RFA 和一份 IME 请求。

范例：Forty – Five 公司向坎派格纳(Campagna)送达了一份取证要求、一份自认要求，和一份独立医疗检查要求。

Example C

Not this: Soon after GRC petitioned the PCB, ABC began to seek information regarding GRC's new treatment process at the WSF. ABC offered to sell to GRC, at an uncompetitive price, materials used by GRC in its new treatment process of EAF dust.

But this: Soon after Green River petitioned the Pollution Control Board, Altex began to seek information about Green River's new treatment process at the waste-stabilization facility. Altex offered to sell to Green River, at an uncompetitive price, materials used in the new treatment process of electric-arc-furnace dust.

例子三

反例：在 GRC 向 PCB 提出申请后不久，ABC 开始寻求有关 GRC 在 WSF 的新的处理过程的信息。ABC 提出以不具竞争力的价格向 GRC 出售其在新的 EAF 粉尘处理过程中使用的材料。

范例：在 Green River 公司向污染控制委员会提出请求后不久，Altex 公司开始寻求有关 Green River 公司在废物稳定设施的新的处理过程的信息。Altex 公司提出以不具竞争力的价格向 Green River 公司出售用于电弧炉粉尘新处理工艺的材料。

Example D

Not this: Charging Party was given STD benefits on September 5, 2013, and was absent from work for two months as a result. The Health Services coordinator retroactively denied his STD leave effective November 1.

> "STD" is a particularly poor initialism, especially in this context.

But this: Stevens received short-term-disability benefits beginning September 5, 2013, and for the next two months. But on November 1, the health-services coordinator retroactively denied his leave of absence.

> "STD"是一个特别糟糕的缩略语，尤其是用在这里。

例子四

反例：控方于 2013 年 9 月 5 日获得 STD 福利，并因此缺勤了两个月。健康服务协调员追溯性地拒绝了他的 STD 假期，并于 11 月 1 日生效。

范例：史蒂文斯(Stevens)从 2013 年 9 月 5 日开始，在接下来的两个月里获得了短期残疾福利。但在11月1日，健康服务协调员追溯性地拒绝了他的福利假期。

技巧56的要点总结

- 放心使用字典中的常见缩写（如NASA、FCC和SEC）。
- 比起“象形文字”般的首字母缩写，优选单词类的缩略语（如Act，Report，Academy）。
- 别让你的读者看代号语言。
- 利用文字处理器的优势，使用众所周知的符号（%、§、¶），以节省空间和保持流畅。

第七部分

标点清晰有力

57

使用系列逗号；再教育那些不明智地省略系列逗号的人

名言警句

“如果‘和’出现在系列列举项的最后一个前，它的前面应该同样有逗号出现。”

——John F. Genung, *Outlines of Rhetoric* 190 (1894).

“省略最后一个逗号的理由有哪些？只有一个有点说服力的——节省空间。在报纸专栏的狭窄宽度中，这种节省比其他地方更重要，这就是为什么在新闻界几乎普遍存在省略逗号的现象。

. . .

这里的建议是，作者在一个系列的所有成员之间使用逗号，包括最后两个，根据常识，这样做将以微不足道的代价排除歧义和烦扰。”

——Wilson Follett, *Modern American Usage: A Guide* 398, 401 (Jacques Barzun ed., 1966).

“使你的文书清晰、简明、诚实、平衡、有支撑、有说服力和有趣；最后一点非常重要：一份沉闷的法律文书可能在法律层面很不错，但一份有趣的文书会让法官更容易意识到这一点。”

——Hon. Wiley B. Rutledge, “The Appellate Brief” (1942), in *Classic Essays on Legal Advocacy* 429, 439 (George Rossman ed., 2010).

“在形式为 a、b、c 或红、白、蓝的系列中，无论系列的项目是单词、短语还是分句，大多数出版商都喜欢在连接词前加一个逗号（有时称为系列逗号）。建议一致使用这个逗号，因为在许多句子中，这个逗号对清晰度至关重要。”

——*Words into Type* 187 (3d ed. 1974).

“一个系列中的三个或更多的元素用逗号分开。当一个系列中的最后两个元素（词、短语或句子）由连接词连接时，连接词前要有一个逗号，除非你是名（惜墨如金的）

记者。”

——Karen Elizabeth Gordon, *The New Well – Tempered Sentence* 46 (rev. ed. 1993).

“在一个系列的最后一个项目前使用逗号。这种做法现在几乎被普遍接受，至少在美国是这样，而旧的做法是当一个系列的最后两个项目由连接词连接时会省略逗号。”

——Christopher Lasch, *Plain Style* 55 (Stewart Weaver ed. ,2002).

解释说明

大多数报纸记者省略了系列逗号——表面上是为了节省空间，但更现实的是，几十年来报纸一直坚持这个传统。但几乎所有其他的写作权威人士都建议使用系列逗号，以防止潜在的歧义。这个理由对法律写作来说尤其相关，且至关重要。

考虑一下这句话，“一旦琼斯认识到他有潜在的利益冲突，他就给Standard Oil公司、Fidelity银行、汤普森和李以及贝恩斯打了电话”。琼斯是打了四个电话还是五个？可能是四个，假设在给“汤普森和李以及贝恩斯”打电话时，他没有给三个不同的人打电话。其中，两个名字可能是一起的（也许是作为一个公司的名字），但哪两个呢？是“汤普森和李和贝恩斯”，还是“汤普森以及李和贝恩斯”？没有系列逗号，你无法判断。这只是省略系列逗号可能导致歧义的几种情况之一。

许多人，包括许多律师，错误地认为系列逗号是不正确的。然而，没有任何权威机构称使用系列逗号是错误的。诚然，《美联社风格手册》说在简单的列举中不要使用它（如红、白、蓝）[1]——但请看下面的纽伦堡（Nurnberg）引文。省略系列逗号是一个风格问题，而不是一个标点符号规则；从来没有这样的规则，也不可能存在这样的规则，因为随着列举项变得越来越复杂，对系列逗号的需求也越来越强烈。

除《美联社风格手册》外，权威机构都非常坚定地支持使用系列逗号。因此，当某个同事试图告诉你，逗号不应该出现在列表最后一个列举项的“and”或“or”之前时，请向他询问有关这一问题的权威。你的同事可能无言以对；而你，则会有一系列令人印象深刻的权威来支持你的立场，以下是

1 *The Associated Press Stylebook and Briefing on Media Law* 305 (2013).

你可以依赖的一小部分:

- 埃德加·A. 奥尔沃德 & 吉恩·A. 奥尔沃德,*Punctuation Plain and Simple* 36 (1997):“在倒数第二个列举项之后最好有一个逗号。”
- 戴维·F. 比尔和唐纳德·A. 麦克默里,*A Guide to Writing as an Engineer* 15 (4th ed. 2013):“大多数编辑更喜欢在句子中列出单词或观点时,使用系列逗号,就如‘系列逗号在大多数科学,技术,和法律写作中几乎是强制性的’。”
- *The Chicago Manual of Style* § 6.18, at 312 (16th ed. 2010):“Chicago 强烈推荐这种被广泛采用的用法,它受到了 Fowler 和其他权威人士的祝福,因其可以防止歧义。”
- H. W. 福勒,*A Dictionary of Modern English Usage* 24 (1926):“唯一能避免不确定性的规则是,在每一项之后,包括最后一项,均应该使用逗号,除非由于独立的原因需要一个较重的停顿。”
- 约瑟夫·吉巴尔迪,*MLA Style Manual* § 3.4.2b, at 67 (2d ed. 1998):“用逗号来分隔系列中的单词、短语和分句。”
- 安德烈亚·伦斯福德和罗伯特·康纳斯,*The St. Martin's Handbook* § 27d, at 427 (1989):“你可能经常会看到一个系列在倒数第二项之后没有逗号,特别是在报纸新闻中,如‘The day was cold, dark and dreary’。然而,有时省略逗号会造成混乱,而加入逗号则绝对不会错的。”
- 琼·米勒和布鲁斯·泰勒,*The Punctuation Handbook* 21 (1989):“在列举项中省略最后的逗号并没有什么好处;且在某些情况下,由于误读,可能会失去清晰度。”
- 马克斯韦尔·纽伦堡,*Questions You Always Wanted to Ask About English* 181 (1972):“当我们说‘我们国家的颜色是红、白、蓝’时,在‘白’之后有一个小小的停顿,似乎在要求加一个逗号,使‘蓝’与‘红’和‘白’一样重要,而不仅是‘白’和‘蓝’的组合。”
- 帕特里夏·T. 奥康纳,*Woe Is I* 137 (1996):“我的建议是坚持使用最后的逗号。”
- R. M. 里特,*The Oxford Guide to Style* 121 (2d ed. 2002):“如果一个列举系列中的最后一个项目的重要性与前面的项目相同,它需要一个逗号来创造一个与前面的项目具有同等重要性的停顿。”
- 威廉姆·A. 萨宾,*The Gregg Reference Manual* § 163, at 44 (11th

ed. 2011)："虽然有些作家只在必要时选择使用系列逗号，以避免混淆；但在任何情况下都坚持使用系列逗号更有意义，这样可以保持风格的一致性。"

- 凯特·L. 图拉比安，*A Manual for Writers of Term Papers, Theses, and Dissertations* § 3.68, at 50 (5th ed. 1987)："一系列三个或更多的词、短语或分句，在每个元素之间和分隔最后两个元素的连接词之前都需要一个逗号。"
- *U. S. Government Printing Office Style Manual* § 8.42, at 131 (2000)："逗号用于三个或更多的单词、短语、字母或数字组成的系列中的每个成员之后，与 and、or、nor 一起使用。"
- *U. S. News & World Report Stylebook* 41 (Robert O. Grover ed., 9th ed. 2001)："系列中的项目用逗号来划分：'On his farm he grew soybeans, peanuts, and corn'。"

技巧 57 的要点总结

- 为了防止歧义，在系列中的最后一个项目之前，始终要在 and 或 or 前加一个逗号。
- 拒绝追随记者的习惯，他们省略了系列逗号，理论上是为了在狭窄的报纸版面中节省空间。
- 如果有人坚持省略系列逗号，让其反驳本章收集的众多令人印象深刻的支持使用系列逗号的权威。

58

使用破折号，而非圆括号，来强调插入语

名言警句

“就一般的插入语而言，最好的标点符号是用破折号，虽然插入语是一个‘离题的旁白’，但仍然嵌在句子格式中。”

——G. H. Vallins, *Good English: How to Write It* 109 (1951).

“破折号是一个称手的标点，既可以成对使用，也可以单独使用，用于标记主句中或附加在主句上的有些突然的插话或旁白。”

——G. V. Carey, *Mind the Stop* 73 (rev. ed. 1958).

“一般而言，括号用于数字、简短标识和插图，以及定义；破折号用于解释和限定正文中的内容。”

——Sumner Ives, *A New Handbook for Writers* 181 (1960).

“破折号作为一种标点符号被低估了。由于破折号具有紧张、随机的特点，许多作家不赞成在正式出版物中使用破折号。我认为他们错了。任何能使写作更生动的东西都不应该因为其非正式性而被压制。就像其他工具一样，破折号在过度使用时也会变得乏味，但它有合理的用途。在处理插入语时，它既可以代替冒号，也可以代替一对逗号或括号。”

——Ernst Jacobi, *Writing at Work: Dos, Don'ts, and How Tos* 127–28 (1976).

“我们确信，大多数商业作家可以比现在更频繁地使用破折号，而不至于‘过度使用’。”

——Scott R. Pancoast & Lance M. White, *The Business Grammar Handbook* 104 (1992).

“破折号通常是一个很好的选择，可以减少过多的逗号，同时强调重点。”

——Martha Kolln, *Rhetorical Grammar* 92 (3d ed. 1999).

“当破折号出错时，它是受害者，而不是罪魁祸首，没有什么可以完全取代它。事实上，在所有的标点符号中，它是照亮我们文章最不可或缺的。”

——John R. Trimble, *Writing with Style* 135 (3d ed. 2011).

解释说明

奇怪的是，许多作家对破折号有偏见。但对于注重节奏、多样性和强调性的作家来说，它们确实有用，甚至是不可或缺的。

下次你需要在一个句子中加插入语的话——比如，简短的解释，或者一个澄清的细节——请用一对破折号将其分开。长破折号，大约跟大写的M一样宽[1]。

在破折号前加一个硬空格，在破折号后加一个软空格（硬空格将确保句子不会另起一行）。你可能需要创建一个宏格式，用Alt－M激活；这样，你就有了一个快速键，可以在需要长破折号的时候随时使用。

本章的技巧可能听起来有点吹毛求疵，但如果你学会如何很好地使用破折号，且不过度使用，你就会意识到你无法离开破折号。

一些前后对照的例子

例子一

参见关于分割关联代词的技巧52。

反例： 法院应拒绝这些请求，因为无论是恩布里（Embrie）还是西格兰姆斯（Seagrams）都没有提出规则56（f）所要求的关于对相关事实的了解不在其控制范围内的证明。

范例： 法院应拒绝这些请求，因为无论是恩布里还是西格兰姆斯都没有证明——根据规则56（f）所要求——对相关事实的了解不受其控制。

例子二

反例： 现在，乌特利（Utley）先生拒绝和解，审判迫在眉睫，尽管该案只搁置了6个月，但重要的是在审判前充分提供事实，以便维护正义。

范例： 现在，乌特利已经拒绝和解，而且审判迫在眉睫——尽管该案只搁置了6个月——各方必须充分提供事实。

例子三

反例： 所有这些保护机密的努力的证据，再加上该公司成立多年来从未发生过

〔1〕 此处的破折号长度为英文语境下的表述。——编者注

盗用事件的事实，充分表明该公司为保护其商业秘密作出了合理的努力。

范例：所有这些保护机密的努力的证据——再加上该公司从未有商业秘密被盗用的事实——充分表明该公司试图保护其商业秘密。

例子四

反例：宁（Ning）声称，松斯特伦（Sunstrom，不是执行官、董事、股东或合伙人）的故意行为给宁造成了精神痛苦和其他伤害。

范例：宁声称松斯特伦——他不是执行官员、董事、股东或合伙人——故意采取的行为给宁造成了精神痛苦和其他伤害。

例子五

反例：在 McCarthy 案中，涉及签约方代理人的所谓第三方受益人地位，第一巡回法院确定了以下指标：在合同中提到这个特定的代理人；普遍提及代理人或雇员；以及通过必要的暗示将代理人包括在内的依据。

范例：在 McCarthy 案中——涉及合同方代理人的所谓第三方受益人地位——第一巡回法院确定了三个指标：（1）在合同中提到这个特定的代理人；（2）普遍提及代理人或雇员；以及（3）通过必要的暗示将代理人包括在内的一些依据。

例子六

反例：2009 年，第五巡回法院在一起有关《诚实贷款法》的案件中，根据费用转移法规关于侵犯债务人权利的债权人的赔偿金额包括“合理的律师费”的规定，驳回了债权人试图用债权人的债务来抵销律师费的判决。

范例：2009 年，第五巡回法院——在一起有关《诚实贷款法》的案件中，根据费用转移法规关于侵犯债务人权利的债权人的赔偿金额包括“合理的律师费”的规定——驳回了债权人试图用债权人的债务来抵销律师费的判决。

技巧 58 的要点总结

- 用长破折号来强调插入语，而用括号来弱化插入语的重要性。
- 确保你知道在需要时，如何在文本中快速加入破折号。
- 千万不要用连字符（单或双）来代替长破折号。

59

用连字符串起你的短语形容词

名言警句

“连字符是有用的。我们可以把名词串在一起，为几乎无法用一个词来描述的东西起一个复杂的名字，我们可以用连字符来明确关系，而单纯的并列则无法做到这一点。”

——Edward N. Teall, *Putting Words to Work* 15 (1940).

“一般来说，作家、编辑和校对人员需要更加注意因漏掉连字符而可能产生的双重含义。”

——G. V. Carey, *Mind the Stop* 119 (rev. ed. 1958).

“首要的，也是迄今为止对阅读帮助最大的是强制性连字符，它使一个名词前的两个词变成了一个形容词：eighteenth – century painting（十八世纪的绘画）/ fleet – footed Achilles（脚步轻快的阿喀琉斯）/ tumbled – down shack（倒塌的小屋）/ Morse – code noises（莫斯马的杂音）/ single – stick expert（剑道高手）。没有什么能比忽略这一标点符号更快地暴露出业余者的无能。”

——Wilson Follett, *Modern American Usage: A Guide* 428 (Jacques Barzun ed., 1966).

“遗漏连字符的现象有多普遍？出于好奇，我计算了我刚刚编辑的一篇 7600 字的关于钢铁生产的文章中丢失的连字符的数量。结果是 226 个，或者说每页纸平均漏掉 7 个连字符。我相信，至少就冶金学文献而言，这是很正常的；阅读这样的文章，头疼是难免的。”

——H. George Classen, *Better Business English* 69 (1966).

“连字符对于理解专业写作中出现的名词集群是特别必要的。一个工程师可能会提到‘polyethylene coated milk carton stock smoothness test results（聚乙烯涂层牛奶盒用料平滑度测试结果）’。那是什么意思？有了连字符，它就变得清楚了：‘polyethylene – coated milk – carton – stock smoothness – test results’。但最好还是既用连字符，又进行改写‘the results of smoothness tests conducted on polyethylene –

coated milk - carton stock'。"

——Daniel McDonald, *The Language of Argument* 226 (5th ed. 1986).

"当不确定是否使用连字符来连接两个词时,请参考以下答疑规则:当对词组含义有任何疑问时,或者当连字符能让读者阅读更轻松时,使用连字符连接两个或更多的词来形成一个复合形容词。这条规则唯一例外是:当形容词短语的第一个词是以' - ly'结尾的副词(例如,'*a completely clear conscience*')。"

——Scott R. Pancoast & Lance M. White, *The Business Grammar Handbook* 107 (1992).

"连字符最重要的用途是把修饰第三个词的两个词连在一起。如果你学会在这种复合形容词中使用连字符,你就能告诉你的读者你打算修饰什么,这就是有用的信息。如果没有连字符,复合形容词就会含混不清。"

——Lyn Dupré, *Bugs in Writing: A Guide to Debugging Your Prose* 134 (rev. ed. 1998)

"Middle class(中等收入群体)作为名词出现时应不加连字符,但作为形容词出现时应加连字符。"

——Christopher Lasch, *Plain Style* 61 (Stewart Weaver ed., 2002).

"连字符有助于快速理解,甚至在一些经常使用的复合修饰语中也是如此:high - school students(高中生)、real - estate dealers(房产商)、stock - market rally(股市反弹)、federal - funds rate(联邦基金利率)。"

——Paul R. Martin, *Wall Street Journal Guide to Business Style and Usage* 118 (2002).

"当一个短语作为形容词使用时—在21世纪的英语中,这种现象越来越频繁—该短语通常应该用连字符。似乎文学界的每个人都知道这一点,除了律师。由于一些深不可测的原因—也许是因为他们习惯于缓慢、枯燥、沉重的阅读—律师们抵制连字符。"

——*Garner's Dictionary of Legal Usage* 674 (3d ed. 2011).

解释说明

律师们常常对用连字符串起短语形容词感到畏缩,仿佛它是一种新奇或陌生的东西。但专业编辑很早就学好了这节课:你需要给你的短语形容词加上连字符。

规则是这样的:如果两个或多个连续的词只有在被理解为修饰后面的

名词的形容词时才有意义，这些词（不包括后面的名词）应该用连字符串起来。例如，你应该用连字符来表示 summary - judgment hearing（简易判决听证会），因为听证会是这个短语的一部分；如果你只是表达 summary judgment（简易判决），连字符就用错了。比如：

bench trial		bench - trial strategy
joint venture		joint - venture issues
law of the case	**but**	law - of - the - case doctrine
legal writing		legal - writing instructor
mutual mistake		mutual - mistake doctrine

但是，在以下三个例外情况中，你不应该使用连字符：

（1）当一个两个字的短语形容词包含前面一个以" - ly"结尾的副词，和后面一个形容词：wholly owned subsidiary（全资子公司）、federally recognized tribe（联邦承认的部落）、newly discovered evidence（新发现的证据）。

（2）当短语包含专有名词时：several United States officers（几个美国官员）。或者

（3）当短语借用外语词汇时：ad hoc committee（特设委员会）、bona fide purchaser（善意购买者）、de novo review（重新审查）、ex post facto law（事后立法）、habeas corpus petition（人身保护申请）、hors d'oeuvre tray（开胃菜）、nunc pro tunc order（追溯法令）、prima facie case（表面合格案件）。

请注意，像下面这样的常见短语，以上例外不适用：

high - school cheerleader（高中生啦啦队）
personal - injury lawyer（人身伤害律师）
real - estate agent（房产中介）

如果你想一想，这些短语中的每一个确实都会被误读，而误读是一种耻辱（见技巧 96）。这就是为什么报刊记者倾向于严格使用连字符——你最好也这样做。在《华尔街日报》或《纽约客》的某一页上搜索连字符，你会发现很多：几乎所有的短语形容词中都有连字符。

在撰写法律文书的过程中，我不得不与那些希望一切都成为例外的同事抗争。他们反复推敲如何表述 the no waiver of royalty clause（不放弃专

利使用费的条款)以及 the law of the case doctrine(案例法原则)。这些不用连字符的短语造成了一种混乱的风格,极易被误读;作为律师,我们应该做得更好。

毕竟,不需要太多的想象力就能看出,如果你写成:“He has been able to hit the ground running in the ground transportation chartering industry”(他已经能够在地面运输包机行业中一鸣惊人),这不是会令你的读者头大?

《纽约时报》和《华尔街日报》上的一些例子

30-second sound bites
100-share index
advance-free loan
air-conditioned tent
anti-Iraq coalition
bankruptcy-law protection
big-spending Texan
bikini-clad blondes
birds-and-bees metaphor
blue-jeans-and-T-shirt crowd
boom-to-bust story
business-related lawsuits
call-in television show
career-damaging scandal
cease-fire-agreement talks
civil-rights suit
commercial-free television
commodities-law violations
credit-card applications
credit-default switch
cut-rate prices
day-care center
Democratic-stronghold states
dirty-tricks operative
disk-drive maker
dog-eat-dog, man-eat-man, cat-eat-bird beastliness
draft-choice compensation
electoral-college strategies
equal-protection clause

failure-to-warn claim
five-day trip
flat-panel computer screens
forest-products stocks
fourth-quarter earnings
free-agent compensation
full-time officials
gay-rights groups
general-election attack
get-out-the-vote activities
guns-and-butter policy
health-care products
highest-ranking naval officers
high-frequency sounds
high-profit pharmacy
high-tech oblivion
in-stock LPs
junk-bond rating
late-afternoon buying surge
Latin-stock strategist
open-air market
pay-in-kind preferred stock
per-share earnings
price-earnings multiple
private-car perks
racial-discrimination suit
remote-control methods
satellite-TV equipment
Scarlett-is-my-life Scarletts
second-quarter operating profits
short-term debt
six-day, eight-state bus tour
small-business arena
special-interest money
sport-utility vehicles
state-enterprise boards
state-of-the-art semiconductor
state-owned public housing
stronger-than-expected second-quarter profit

lead-paint makers
limited-liability company
loan-loss provisions
long-term, job-intensive projects
low-power pocket phones
mail-order products
man-eat-man business
modern-dance festival
money-market rates
much-talked-about strategies
mutual-fund company
net-interest margins
non-capital-intensive service sector
off-the-shelf operation
one-time dissident
subchapter-S corporation
take-it-or-leave-it shot
tax-and-spend Democrat
tax-law risk
third-largest steelmaker
tit-for-tat accusations
top-line growth
turkey-calling champion
two-year sentence
U.S.-built cars
used-record stores
weaker-than-usual results
white-collar workers
wood-products segment
year-to-year rise

法律写作中的一些常用的形容词短语的例子

30-day deadline
120-hour notice requirement
305-paragraph complaint
able-bodied seaman
above-referenced statute
above-the-line deduction
absentee-ballot provisions
abuse-of-discretion standard
abuse-of-the-writ doctrine
acceptance-of-responsibility reduction
accident-reconstruction expert
accord-and-satisfaction agreement
accounting-firm arbitrators
accrual-basis taxpayer
accused-product information
alarm-system dealers
alter-ego claim
alter-ego theory
alternative-dispute-resolution clause
amount-in-controversy threshold
annuity-payment date
anticipatory-breach claim
anti-money-laundering procedures
antitrust-enforcement practices
as-applied challenge
asbestos-related claims
asset-purchase agreement
asset-rich organization
assumption-of-the-risk argument
as-yet-unaddressed problem
attorney-as-witness situation
attorney-client-relationship threshold
attorney-corporate-client privilege
attorneys'-fee award
attorney-work-product privilege
at-will employment
automatic-stay period
actual-cash-value insurance
adequate-assurances doctrine
administrative-agency determination
administrative-law context
advance-fee scheme
adverse-splits policy
affirmative-action policy
after-the-fact objections
age-discrimination claim
age-discrimination law
agreed-upon market-share level
aiding-and-abetting provision
air-courier company
air-pollution-control requirements
air-rights-restriction issues
breach-of-fiduciary-duty claim
breach-of-implied-covenant claim
breach-of-loyalty claim
breach-of-settlement-agreement counterclaim
breach-of-warranty claim
breast-implant cases
budget-depletion issue
bulk-supplier defense
burden-shifting analysis
business-combination laws
business-disparagement claims
business-income coverage
business-judgment rule
business-management consultant
business-meal policy
business-necessity defense
business-outreach program
business-records exception
campaign-finance law
capital-gains tax
carbon-treatment systems

automotive-part malfunction
automotive-repair dealer
aviation-fueling liability insurance
bad-faith case
bad-faith claim
bad-faith conduct
bad-faith enforcement
bad-faith refusal
bad-faith tactics

bar-code reader
beach-replenishment project
below-referenced case
below-the-line deduction
benefit-of-the-bargain damages
best-case scenario
big-six accounting firm
billion-dollar organization
birth-control device
board-certified pain-management specialist
bodily-injury claims
bond-funded loan
bond-funded-loan claim
bounty-hunter mentality
brain-cancer patients
breach-of-contract action
breach-of-contract claim
breach-of-contract count
breach-of-duty-of-good-faith-and-fair-dealing claim
breach-of-duty-of-loyalty claim
breach-of-employment-contract action
clear-abuse standard
clear-and-convincing standard
clearly-erroneous standard of review
close-corporation setting
code-upgrade coverage
collateral-estoppel doctrine
collateral-estoppel effect
collateral-impeachment rule
collective-bargaining agreement
collective-knowledge doctrine
commercial-arbitration rules
commercial-liability defense costs
common-fund cases
common-interest privilege
common-law-based fraud claim
common-law claims
common-law jurisprudence
common-law liability
common-law-liability promise
common-law negligence
common-legal-interest analysis
community-property presumption
compensatory-damages award
competitive-access providers
competitive-pay programs
complete-diversity rule
complete-preemption doctrine

card-network-services market
case-by-case analysis
case-management order
case-or-controversy requirement
case-specific application
cease-and-desist order
certificate-of-need application
chain-store employees
change-in-control compensation

child-abuse laws
child-care expenses
child-molestation incident
child-protective-services supervisor
child-support obligation
child-support program
child-welfare services
choice-of-forum clause
choice-of-law clause
choice-of-law principles
civil-conspiracy claims
civil-enforcement provision
civil-litigation matters
civil-rights action
civil-rights violations
claim-construction hearing
class-action complaint
class-action decision
class-action lawsuit
class-action plaintiffs
class-action settlement
class-certification discovery
class-member-initiated contacts
court-ordered schedule
credit-card-issuing banks
criminal-court jurisdiction
cruise-industry expert
customer-contact experience
customer-handling process
customer-influence test
customer-related activities
cutting-edge fuel-injector technology
danger-creation theory
dangerous-condition-of-public-property case
data-entry operator
data-quality concerns
data-security measures
dealer-only auction
death-compensation form
death-penalty sanctions
debt-collection business
debt-limitation statute
declaratory-judgment action
declaratory-relief action
declaratory-ruling petition
declining-interest-rate scenario
deliberate-indifference standard
deliberate-indifference-to-medical-needs claim

compulsory-attendance law
computer-networking products
computer-readable format
computer-repair industry
computer-science principles
computer-security measures
computer-software packages
conclusiveness-of-judgments doctrine
conflict-of-interest grounds
conflict-of-laws issue
conspiracy-law dispute
conspiracy-to-infringe claims
constructive-fraud claim
consumer-credit reporting agency
consumer-dispute verification form
consumer-fraud protection
consumer-product-safety rule
consumer-protection claim
consumer-reporting agency
continuing-breach argument
continuous-representation rule
contract-formation issues
contract-modification rule
copyright-infringement claim
corporate-opportunity doctrine
corporate-shield doctrine
cost-allocation agreement
cost-conscious management
cost-management services

denial-of-equal-protection claim
desert-tortoise habitat
design-defect case
direct-action statute
direct-mail promotion
direct-recognition program
direct-trunked transport-pricing relationships
discounted-cash-flow valuation mistrade
disparate-impact analysis
disparate-treatment case
diversity-jurisdiction statute
document-management practices
document-production process
document-request responses
document-retention policy
domain-name registration
domestic-violence case
domestic-violence counseling
drinking-water-quality regulations
drug-approval scheme
drug-tax stamp
drug-testing policy
dual-agency relationship
due-diligence issues
due-diligence review
due-process concerns
due-process rights

duty-to-cooperate cases
duty-to-develop cases
duty-to-warn claims
eight-year-old plaintiff
emotional-distress damages
employee-benefit plans
employee-conduct matter
employee-grievance remedies
employee-related liabilities
employer-relations ordinance
employment-discrimination laws
employment-discrimination suit
end-of-the-month special
energy-isolating devices
environmental-cleanup cases
environmental-exposure litigation
environmental-impact report
environmental-impairment coverage
environmental-management system
environment-contamination cases
equal-protection rights
exclusive employee-grievance remedies

first-priority security interest
first-sale doctrine
first-to-file rule
first-use date
fitness-for-duty evaluation
five-factor balancing test
five-part test
five-year effort
fixed-term deposit
fixed-term employment contract
flood-control district
floor-care equipment
follow-up care
food-concession-fixture business
food-handling practices
foreign-import competition
foreign-relations expert
forum-selection clause
four-inch-thick case file
four-step progressive-discipline process
four-year limitations period
fraud-in-the-execution claim

executive-level employees
executive-severance program
expectation-setting meetings
expense-management strategies
experimental-treatment determination
expert-affidavit requirements
expert-disclosure requirements
expert-witness designation
facilities-based competition
fact-finding conference
fact-intensive exercise
fact-sensitive, case-by-case
adjudications
fact-specific question
failure-to-procure claim
fair-use defense
fair-use doctrine
false-advertising claims
false-imprisonment claim
false-light tort
family-preservation multidisciplinary
case-planning committee
family-preservation services
favorable-termination requirement
fax-filing requirements
federal-question jurisdiction
federal-question-jurisdiction statute
fee-basis compensation
fee-shifting provisions
field-representative support
filed-tariff doctrine
final-offer settlement procedure
fine-print disclosures
firm-commitment basis
first-priority mortgage
fraud-in-the-inducement case
fraud-on-the-market claim
fraudulent-concealment claim
fraudulent-conveyance action
fraudulent-transfer claim
free-speech rights
frivolous-action statute
fruit-of-the-poisonous-tree doctrine
fuel-cell technologies
functional-availability defense
fundamental-analysis approach
garden-variety business dispute
garden-variety grievance
general-intent requirement
general-obligation municipal bond
general-verdict form
generic-parts lawsuit
geographic-market definition
gist-of-the-action doctrine
going-concern value
golden-parachute provisions
good-cause requirement
good-faith attempt
good-faith doctrine
good-faith effort
good-faith-reliance defense
good-faith requirement
good-time credit
government-contractor defense
government-contracts attorney
government-interest analysis
grant-making organization
gross-population data
ground-transportation-chartering
industry

ground-transportation vehicles
groundwater-contamination claim
group-published-information
presumption
growth-inducing effects
hair-replacement clients
harmless-error rule
hazardous-substance emergency
hazardous-waste-disposal plans
heads-we-win-tails-you-lose argument
health-benefit plan
health-insurance plan
heavy-print advertising
hedonic-damages testimony
HEPA-filtration claims
hesitation-and-surge phenomenon
highest-ranking companies
high-quality litigation-support
investment-adviser firm
investment-management company
invited-error doctrine
irregular-ballot case
issue-preclusion doctrine
job-applicant drug testing
job-vacancy announcement
joint-defense rule
joint-replacement surgery
joint-venture relationship
judicial-admission exception
judicial-estoppel argument
judicial-restraint philosophy
jury-demand requirement
jury-selection strategy
just-cause standard
key-number system
knock-and-announce rule

products
highway-bond debt-service fund
hit-and-run accident
home-of-parent order
hostile-work-environment context
hostile-work-environment sexual-harassment suit
human-rights law
human-rights organization
immigration-status violators
implied-consent statute
implied-license doctrine
inadvertent-disclosure doctrine
incentive-bonus agreement
incidental-take authorizations
income-tax withholding
independent-review process
indirect-effects analysis
indirect-purchaser action
indispensable-party inquiry
induced-infringement claim
industrial-park bonds
industrial-size warehouser
industry-tracking authority
inequitable-conduct claims
inequitable-conduct defense
information-and-belief allegations
information-seeking letter
infringement-by-inducement analysis
innocent-landowner defense
insider-trading case
insurance-coverage case
insurance-law commentator
intellectual-property law
intellectual-property rights
intentional-act exclusion
intent-to-deceive element
interest-sensitive whole-life policy
interstate-commerce provisions
known-risk defense
lack-of-consideration argument
lack-of-relevance argument
land-sale cases
large-scale projects
last-chance warning
last-minute attempt
last-straw job-performance discharge
late-fee provision
late-notice cases
latent-disease cases
law-enforcement agency
law-of-the-case doctrine
law-review article
learned-intermediary doctrine
lease-renewal option
legal-defense costs
legal-justification defense
legal-liability policy
legal-malpractice claim
legislative-veto provision
liability-avoidance measures
life-expectancy gap
life-insurance-fraud scheme
life-insurance trust
life-or-death situations
likelihood-of-confusion issues
limitation-of-damages clause
limitation-of-liability clause
limited-liability company
limited-partnership interests
limited-purpose agency
liquidated-damages clause
litigation-hold memo
long-arm statute
long-distance telecommunications
long-distance telephone service
long-term foster care
long-term growth
long-term primary-care physicians
long-term service contracts
loss-causation requirement
loss-of-consortium damages
loss-of-income claim
loss-of-rent claim
lost-profit damages
lost-wages claim
lubricating-oil-blending plant
lump-sum award
mail-fraud case
malicious-prosecution lawsuit
managed-care plan
new-car dealers
newly-discovered-evidence argument
new-product dealers
new-trial motion
nine-step walk-and-turn test
no-action clause
no-contest plea
no-further-obligation clause
non-bond-funded loan
non-interest-bearing account
non-power-related facility
non-shopping-center purposes
non-sports-related cases

mandatory learner-outcome standards
marital-status discrimination
market-behavior rules
market-efficiency information
market-manipulation case
market-performance indicator
market-share agreement
measure-of-damages rule
medical-causation opinion
medical-malpractice claim
medical-malpractice insurance
medical-monitoring claims
meet-and-confer letter
meet-and-confer process
mental-anguish damages
mental-health professional
mercury-loaded bulbs
merger-and-acquisition activity
minimum-contacts prong
misappropriation-of-trade-secret case
mitigation-of-damages instruction
money-damages claims
money-market funds
mortgage-loan funds
motion-picture-production rights
motion-to-compel hearing
motion-to-dismiss standard
motion-to-transfer factors
motor-vehicle records
multiple-employer welfare
    arrangements
multiple-fatality motor-vehicle accident
municipal-bond business
name-brand parts
national-origin discrimination
natural-gas liquids
natural-resource damage claim
necessary-party analysis
negligence-per-se theory
negligence-related damages
negligent-hiring claim
negligent-misrepresentation claim
negligent-repair charges
nerve-center test

not-for-profit corporation
notice-hearing procedure
noxious-weed problem
nude-dancing cases
officer-and-director bar
once-through cooling
one-year statute of limitations
on-the-job inquiry
open-door policy
open-end credit plan
open-market repurchase program
open-meeting requirements
operating-fund purposes
opt-out provisions
order-flow payments
out-of-context quotations
out-of-pocket expenses
out-of-state class members
overinclusive- and underinclusive-
    notice problems
over-the-counter drug
owned-property exclusion
paid-in capital
paper-production facility
paper-recycling plant
parking-space density
parol-evidence rule
partial-summary-judgment order
partial-waiver doctrine
passive-activity loss rule
past-due accounts
patent-infringement action
patent-infringement claim
patent-law expert
patent-licensing agreement
peak-demand times
performance-bond surety
performance-monitoring services
periodic-reporting obligations
per-person limits
personal-consumption expenses
personal-injury and wrongful-death
    cases
personal-injury claims

personal-injury lawyer
personal-jurisdiction analysis
piercing-the-corporate-veil caselaw
pilot-program results
place-of-activities test
plain-view doctrine
plan-confirmation statute

public-policy issues
public-record requirements
public-school system
public-sector labor law
public-works contract
punitive-damages award
punitive-damages phase

plan-document obligations
point-of-service products
police-pursuit case
political-question doctrine
pollution-coverage insurance policy
pollution-exclusion clause
possession-of-marijuana charge
post-default-judgment settlement agreement
post-issue use
post-office box
preexisting-condition exclusion
preliminary-injunction relief
prescription-drug-benefit component
present-day smokers
price-fixing agreement
price-posting statute
primary-purpose approach
primary-violator argument
prior-art references
privacy-law strictures
private-party funding source
private-securities litigation
probable-cause affidavit
probable-cause charge
procurement-planning process
product-line rule
products-liability action
professional-malpractice action
profit-sharing plans
progressive-loss case
project-cost data
project-viability analysis
promissory-estoppel defense
promissory-fraud exception
property-damage claimant
property-tax appeals
prosecution-history estoppel
prosecution-history-estoppel determination
prosecutorial-misconduct case
proximate-cause element
prudent-investor rule
prudent-operator standard
public-benefit corporation
public-document exception
public-figure status
public-health purpose
public-interest considerations
public-policy exceptions
pure-agency theory
qualified-immunity defense
quality-assurance measures
quality-control requirements
quality-related documents
question-and-answer session
race-car driver
race-discrimination case
railroad right-of-way law
ready-to-drink form
real-estate agent
real-estate development
real-estate lien
real-estate listings
real-estate loan
real-party claimants
real-party-in-interest rule
real-world experience
reasonable-person standard
record-breaking revenues
record-keeping duties
recreational-land-use statute
reduced-price meals
regular-course-of-business foundational requirement
remote-analysis technology
renewable-energy-procurement endeavors
rent-control statutes
repair-history standpoint
replacement-cost insurance
research-and-development operations
reservation-of-rights letter
reservation-record databases
residential-mortgage-backed securities
residential-mortgage service
response-action costs
restraint-of-trade provision
retaliatory-discharge case
revenue-adjustment alteration
reverse-confusion context
right-of-privacy objection
right-to-attack order
right-to-sue letter
risk-allocation provisions
risk-of-loss issue
RPS-certified facility
rule-of-reason analysis
rule-of-reason defense
rule-of-reason proceeding

safe-harbor argument
safe-harbor rules
sale-of-goods context
stand-your-ground defense
state-action immunity
state-court breach-of-contract case

sales-prize calculations
school-desegregation case
school-meals program
sea-level-rise analysis
second-degree manslaughter
second-degree robbery
securities-fraud actions
securities-fraud claim
securities-law claims
securities-law violations
security-alarm dealers
seizure-alert dog
selective-enforcement defense
self-critical-analysis privilege
self-insured employee-welfare benefit plan
separation-of-claims doctrine
separation-of-powers doctrine
separation-of-powers issue
service-of-process clause
settlement-approval hearings
settlement-class members
settlement-conference statement
severance-pay plan
sex-discrimination award
sex-reassignment surgery
sexual-abuse problems
sexual-deviancy evaluation
sexual-harassment claim
shifting-burden-of-proof analysis
short-swing profits
short-term cash
sick-pay program
single-family dwelling
single-vehicle accident
sister-state judgment
six-day period
six-month exception
slander-of-title action
slip-and-fall accident
small-business owner
social-security benefits
soft-dollar arrangements
solid-waste-management facilities
sophisticated-user defense
special-education services
special-needs students
special-purpose entity
special-relationship requirement
special-verdict form
spinal-fusion surgery
split-limit insurance policy
spoliation-of-evidence charge
standard-form fire insurance policy
state-court disciplinary action
state-court proceeding
state-imposed restraint
state-law cases
state-law claims
state-law contribution action
state-law prohibition
state-law wrongful-discharge claim
state-of-the-art defense
state-promulgated forms
state-tax immunity
statute-of-limitations defense
statute-of-limitations grounds
statute-of-limitations period
statutory-interpretation argument
stipulated-judgment case
stock-appreciation rights
stock-market-centered organization
stock-option agreement
stock-option holders
stock-option plan
stock-purchase agreement
stock-redemption transactions
stock-sale approval procedure
stop-and-frisk procedures
straight-line method
stream-of-commerce theory
street-level operations
strict-liability standard
strict-scrutiny test
subject-matter jurisdiction
substance-abuse treatment
substantial-evidence standard
successor-liability doctrine
sudden-emergency defense
suit-limitation provision
summary-judgment motion
summary-judgment standard
supervised-visitation services
supplemental-jurisdiction statute
surface-water ponds
switched-access rates
system-enhancement fees
tax-assessment statutes
tax-deficiency determination
tax-increment financing
tax-law changes
tax-liability questions
tax-paid shipments
tax-preparation services
tax-refund-anticipation loans
tax-return position
teacher-internship programs
team-building meetings

technology-oriented enterprise
ten-day filing period
tender-offer statutes
termination-of-officer severance agreement
terms-of-service agreement
thermal-energy recovery
third-degree assault
third-party action
third-party-beneficiary standing
third-party claim
third-party debt collector
third-party obligor
third-party property-damage claim
third-party witnesses
three-count indictment
three-part test
three-step analysis
three-year statute of limitations
tire-storage sites
title-insurance company
tobacco-industry defendant
tortious-interference claim
tort-law rule
total-activity test
total-diminution theory
total-disability compensation
touch-base test
toxic-exposure case
trade-adjustment assistance
trade-dress case
trade-dress protection
trademark-infringement claims
trademark-infringement suit
trade-secret analysis
trade-secret misappropriations
trade-secret protection
trade-secret status
transmission-service agreement
trial-court and court-of-appeals decisions
trial-court proceedings
truck-maintenance contracts
two-count declaratory-judgment-act claim
two-part review
two-party check
two-step test
two-year period
unborn-widow rule
unclean-hands defense
unconscionable-contract claim
undue-burden test
unemployment-insurance benefits
unfair-business-practice claim
unfair-competition claim
unjust-enrichment claim
unlawful-detainer action
unlawful-use-of-a-weapon charge
used-product dealers
value-added tax
vending-machine company
vendor-registration form
venue-hearing requirements
venue-transfer statute
victim-impact statement
Virginia-based company
void-for-vagueness doctrine
voluntary-appraisal provision
wage-and-hour laws
wait-and-see principle
waiting-period requirements
waiver-of-jury-trial provision
waiver-of-privilege issues
waste-disposal services
waste-disposal site
water-resource development
water-rights scheme
water-supply contracts
water-treatment plant
welfare-benefit plan
welfare-fraud charges
well-founded responses
well-pleaded complaint
willful-and-malicious-acts exclusion
willful-infringement allegations
witness-statement rule
workers'-compensation lien
work-product privilege
work-related injury
worst-case scenario
written-approval process
written-description requirement
wrongful-death action
wrongful-death beneficiaries
wrongful-death claim
wrongful-death statute
wrongful-discharge claims
wrongful-liquidation case
XYY-chromosome defense
year-and-a-day rule
year-to-year lease
yellow-dog contract
zero-coupon bond
zero-tolerance policy
zone-density pricing
zone-of-danger rule

技巧59的要点总结

- 如果两个或更多的连续词形成一个短语,共同作为修饰语,则要使用连字符。
- 当一个双单词短语形容词包含以“-ly”结尾的副词时,不要使用连字符(除非为了避免混淆:clearly-erroneous standard),如 federally recognized tribe(联邦承认的部落)、firmly resettled asylee(坚决重置的难民)、internationally acclaimed expert(享誉世界的专家)、widely recognized rule(广泛认可的规则)等。
- 如果该短语包含专有名词或外来语,也不要使用连字符。

60

使用连字符也要谨慎，特别是在前缀之后

名言警句

"几年来，拼写复合词的趋势已经不再是使用连字符了。似乎有这样一种趋势，即一旦人们接受了复合词，就将其视为永久性的复合词，否则就将其拼写成开放式。这是一种趋势，而不是一种规则，但它有时是有帮助的。"

——*The Chicago Manual of Style* § 6.38, at 203 (14th ed. 1993).

"撇开短语形容词不谈，英语的美国分支已经变得越来越不喜欢连字符了。今天在99%的情况下，专业作家和编辑更喜欢把前缀和它们的词根写成的复合词。也就是说，不管词根是形容词、名词、副词或是动词，都不加连字符。"

——Bryan A. Garner, *The Elements of Legal Style* 26 (2d ed. 2002).

解释说明

在美式英语中，大多数前缀是不加连字符的。它们构成复合词，如coworker、pretrial和nonstatutory。如果你写co – worker、pre – trial或non – statutory，你就违背了普遍的写作规律。

当然，也有例外；在以下情况要使用连字符：

- 不用连字符的形式可能导致读者误读音节，如anti – inflammatory（抗炎的）、co – obligor（共同债务人）、co – occurrence（同时发生）、non – insider（非内部人员）、post – sentencing（判决后的）。
- 词根是专有名词，如non – Darwinnian（非达尔文主义的）、non – United States citizen（非美国公民的）、pre – Christmas（圣诞节前的）。
- 前缀是名词短语的一部分，如non – high – school athletics（非高中运动员的）。
- 可能有任何词义上的混淆，如re – lease（再租赁）相对于release（释放）；re – sign（重签）相对于resign（辞职）；还有pre – judicial（司法

程序前的）相对于 prejudicial（带偏见的）。

但请记住：一般规则是前缀和词根之间不使用连字符。

如果你想确认下面没有列出的某个复合词是否含前缀——很可能是不含的——请查阅当前版本的 *Merriam - Webster's Collegiate Dictioinary*（韦氏字典）。只看前缀（co - ，non - ，post - 等），不看整个单词；你会发现一个非常长的含前缀的单词列表，以及它们约定俗成的拼写方式，比如下面这些例子。

一些固定前缀单词的例子

coactor
coauthor
coconspirator
cocounsel
cocreator
codefendant
codeveloper
codiscoverer
coexecutor
cofounder
coheir
coinsurance
coinvestor
cooperate
coordinate
coplaintiff
cosign
cosponsor
cotenant
cotortfeasor
coventurer

multiagency
multiauthor
multibank
multifaceted
multicampus
multiclient
multidrug
multihospital
multinational
multipart
multiparty

multipurpose
multitalented
multiyear

nonadmission
nonappealable
nonassertion
noncancelable
noncertified
nonconstitutional
noncontractual
noncriminal
nondiscriminatory
nonexempt
nonfiduciary
nonforfeiture
nonfrivolous
nongovernmental
noninfringing
noninjury
nonjury
nonjusticiable
nonlawyer
nonnegligent
nonnegotiable
nonobvious
nonpayment
nonpracticing
nonprivity
nonremunerative
nonresident
nonreversible
nonsignatory
nonstatutory
nonsubstantive
nontransferable

postcertification
postelection
postfiling
posthearing
postjudgment
postmarital
postmortem
postnuptial
postpetition

postrelease
posttrial
postverdict

prebankruptcy
precertification
predate
predeceased
prediscovery
preelection
preeminent
preemployment
preemption
preexisting
prefiling
prehearing
prejudgment
premortgage
prepetition
presentencing
prestatutory
pretax
pretrial
preverdict
prewriting

reaccept
reacquire
reactivate
readmission
reallocation
reannexation
rearrest
reassessment
rebuy
recategorize
recertify
recodify
rededicate
redraft
reelect
reexport
regrant
relend
resecure
reseller

resupply
rezone

semiannual
semiautomatic
semiautonomous
semicommercial
semiconductor
semimonthly
semiofficial
semipermanent
semiretirement

技巧60的要点总结

- 克制住在前缀后使用连字符的冲动。
- 如果你不确定一个词是否应该用连字符，可以查阅一本好词典中的前缀条目。
- 识别不用连字符规则的例外情况：(1)当读者可能误读音节时；(2)当词根为专有名词时；(3)当前缀是名词短语的一部分时；以及(4)当不加连字符可能引起词义混淆时。

61

知道如何使用括号和省略号

名言警句

“方括号……在学术性文章中主要用于括住—通常是由原作者以外的人添加的—不构成上下文本的一部分材料。”

——*The Chicago Manual of Style* § 6.97, at 338 (16th ed. 2010).

“省略号决不能用于引文的开头；也不应用于仅更改个别词的情况。”

——*The Bluebook: A Uniform System of Citation* § 5.3, at 78 (19th ed. 2010).

“如果使用得当，省略号是完全值得重视的，甚至是必要的，而且不会令人怀疑作者窜改原文。”

——Bryan A. Garner, *The Redbook: A Manual on Legal Style* § 1.45, at 36 (3d ed. 2013).

括号

在文学界，律师被要求比其他人更经常地使用括号。我们主要用它们来表示在引文中的微小删除、修改和编辑性插入。为什么？因为法律写作严格尊重原文的文化——甚至到了非律师会指责我们愚蠢迂腐的地步。问题是，我们的读者期望即使在引文的最细微的细节上也能做到一丝不苟的准确，所以无论何时我们对其进行改动，我们都有义务记录下来。

括号的使用主要有两种方式：对引用的材料进行评论或补充，或者表示引用的部分内容被省略，或者字符或词语被改变。

在引用法规的原话时，在原文的任何错误或怪异之处后面插入“[sic]”（原文）。但作为一个礼仪问题，千万不要用“[sic]”作为一种冷笑话来强调其他作者的错误；相反，只需使用方括号来纠正小错误。

使用方括号来显示大写字母的变化，以及标记单词中的省略或替换的字符——特别是为了使引文在数量、时态或性别上与句子的其他部分一致。一对空括号（与被修改的词相邻）表示词尾的一个或多个字符被省略。但是，千万不要用一组空括号来标记整个单词或更多单词的省略，这时候应该用省略号。

不要在括号内用斜体字，最重要的是不要过度使用括号；更好的方法是对需要使用大量括号的段落进行改写。太多的空括号和括号内的替代物会使引文杂乱无章，削弱其影响力。也不要在括号的引文中进一步使用括号。当然，与其他文体不同，法律写作倾向使用套娃括号："（[……]）"。关于括号使用的进一步指导，参见 The Redbook：A Manual on Legal Style §§ 1.41－44，at 33－36（3d ed. 2013）。

省略号

和括号一样，省略号也经常出现在法律写作中；因为大量使用引文，往往需要进行一些修删。了解何时使用三个点、何时使用四个点以及如何在点之前、之间和之后留出空格的规则很重要。

对于句子中间的省略，用三个省略点表示在引文中省略了若干单词。拿掉出现在被省略内容两侧的任何标点符号，除非它们因语法需要而必须出现在重组的句子中（比如，逗号有时需要保留）。

为了表明你省略了一整段或更多的内容，可以在单独的一行中用间距较大的三点省略号来代替被省略的文字，然后段落缩进并继续英文；省略号之间用五到七个空格。请注意，当前版本的《蓝皮书》建议用四点省略号，缩进为一个段落。这里的建议——用居中三点省略号——反映了学术写作中普遍采用的主流形式。

如果你要省略一个句子的结尾，在最后一个词后面加一个空格，然后加四个点：三点省略号加句号（或三点省略号加其他的标点符号，如问号），在三点前后及中间加空格。

如果最后一个单词结束了引用的句子，则不需要省略号，除非要继续引用。如果引文继续，第一个点就是句号，所以在最后一个单词和句号之间不要有空格。在句号后面加上三点省略号，各点之间用一个空格。

在法律写作中，永远不要用省略号开始引语。相反，使用带括号的大写字母来表示某些东西被省略了。如果引用的内容只是一个短语，你已经将其纳入了主句的结构中，就不要在前后使用省略号。关于省略号使用的进一步指导,参见 The Redbook:A Manual on Legal Style § § 1 45 – 50, at 36 – 39 (3d ed. 2013)。

总体目的

缩减臃肿引文的好方法是删减不相关的部分,从而增加引文被阅读的机会。但你必须注意指出你对引文所作的任何改动。用方括号来表示你的插入语;如果你省略了部分引文(无论多么少),请使用省略号,即一系列的三个点,每个点之间有一个空格:

> 任何律师……[他]不合理地和无理取闹地增加任何案件的诉讼程序,法院可要求其个人满足因这种行为而合理产生的多余费用、开支和律师费。

当引文包含一个以上的句子或你用省略号结束一个句子时,请使用第四个标点符号——句号:

> 巡回法院必须首先确定,作为一个法律问题,所谓的合同的语言是否对各方的意图有歧义……然而,如果所谓的合同条款是模糊的或可以有多种解释的,那么可以接受口头证据来确定双方的意图。如果所谓的合同的语言在当事人的意图方面是模糊的,对语言的解释是一个事实问题,巡回法院不能在驳回的动议中予以确定。

还要记住,当你在整段引文中省略了一个以上的段落时 你应该用三点省略号的一整行来表示(见例子十四)。

一些使用括号的例子

例子一:编辑标注

证人告诉陪审团,她"在午夜听到了尖叫声[而不是像她在证词中所说的'清晨'],并报了警"。

例子二:添加

巡回法院认为,"[2011]年的法律是违宪的"。

例子三:厘清

佐治亚州法典规定,"[定义部分所列举的]定义词应具有所规定的含义,除非上下文要求使用不同的含义”。

例子四：翻译

“格言 cessante ratione legis cessat et ipsa lex［当法律的原因停止时，法律本身也停止］不适用于成文法。”

例子五：替代

医生作证说，Jackson 可能患有有机脑部疾病，这种疾病导致“［一个人］在智力、社交和情感方面存在功能缺陷”。

例子六：［*sic*］（原文如此）

当时生效的城市条例要求旅馆老板“为坐轮椅的客人提供一切合理的便利［原文如此］”。

例子七：大小写

异议者说，“这些法规中的任何一项都是特别的法规”。The dissent stated that“［b］oth of these statutes are special – venue statutes”.

（原文中的大写 B 在引文中变成了小写）

例子八：单复数

这两项规定都适用于受雇于城市的“商业承包商”。Both regulations applied to“commercial contractor［s］”who were employed by the city.

（原文中的单数在引文中变成了复数）

例子九：人称与时态

她指出，她“有责任在其主持的仲裁中做到不偏不倚”。She noted that it was her“duty to be impartial in arbitrations over which［she］preside［s］”.

（原文中的人称与时态在引文中变成了第三人称与现在时）

例子十：单词后部省略的字符

地区法院正确地指出，第 904（c）条的语言可以被推断为“相关于［　　］……适用外国税收抵免的年份”。

例子十一:省略一个或多个单词

反例:所有工作[　　]应在所有合理时间接受政府的检查和测试。

（省略了“2013 年后完成”）

范例:所有工作……应在所有合理的时间接受政府的检查和测试。

一些使用省略号的例子

例子十二:句中省略

缅因州的法规将受害者定义为“因犯罪而遭受……经济损失的人”。

例子十三:保留标点符号的句中省略

注意保留的逗号。

如果我们不能“在两种不同的解释之间作出有效的选择,……我们就会面临这样的后果:一个文本根本就没有什么特别的含义”。

例子十四:段落的省略

第 3 条:美国参议院由每个州的两名参议员组成,由其立法机构选出,任期 6 年;每名参议员有一票。

. . .

美国副总统应担任参议院议长,但没有投票权,除非他们平分。

例子十五:句子尾部的省略

由于被侵犯的不是引文的最后一个词，所以它后面是一个空格，三点省略号，另一个空格，然后是句号作为第四个点。

人民的人身、住宅、文件和财产安全不应受到无理搜查和扣押的……

例子十六:最后的单词结束引文

因为引号在“平等”之后没有继续，所以句号之后没有省略号。

正如林肯(Lincoln)在葛底斯堡(Gettysburg)提醒观众的那样,我们的国家“致力于人人生而平等的主张”(“dedicated to the proposition that all men are created equal”)。

例子十七:引文在句号后继续

引文的第一句以战争结束，所以战争和句号之间没有空格。在继续引文之前，有些文字被省略了，所以句号后面有三点省略号，三个省略号之间都有空格。

林肯在纪念该墓地时说:“我们在那场战争的一个伟大战场上相遇……(While memorializing the cemetery, Lincoln said: We are met on a great battlefield of that war. . . .)在这里奋斗的勇士们,无论是活着的还是死去的,都把它献给了我们,远远超过了我们或增或减的可怜力量。”

例子十八：短语

自共和国成立以来，只有“八十七个年头”。 ← 引用的短语被纳入句子中，因此在引用的单词前后没有出现省略号。

技巧61的要点总结

- 只为插入语保留括号。
- 只有在变动词语（如将名词从复数改为单数，或改变动词的时态）的省略中，才使用括号，然后使用空括号。
- 若要改变词语或字符的大小写，请将改变的字符放在括号内。
- 括号中的引文切勿使用斜体。
- 避免滥用括号。
- 对于句子中间的省略，使用三点省略号。
- 对于略去句子结尾的省略，使用三点省略点（每个省略点前有一个空格），加上该句子结尾的适当标点符号。
- 切勿用省略号开始引文。

62

避免无谓的引号和其他古怪的版式

名言警句

“对于自己动手画招牌和写海报的人来说，引号是一个迷人的、不可抗拒的谜。这些艺术家在最轻微的，甚至没有任何挑衅的情况下就会伸手去打引号，这是无法解释的：特别的‘母亲节’晚餐；为我们的‘火灾销售’降价；‘禁止侵入’。还有为棕榈滩的小饰品店增光添彩的卡片（或者说是增光添彩）。永远欢迎眉毛呈‘Z’的人。有人想到了一些可爱的东西，但是什么呢？”

——Theodore M. Bernstein, *The Careful Writer* 372（1965）

“有时，作家用引号来否定一些词语：向读者表明作家知道这些词语是俚语，或者是非常规使用，或者是表达作家不同意的观点。读者面对这种引号的使用，很少知道为什么这个词或短语会被抛弃，而这种吸引注意力的手段通常最后都会显得很诡异。”

——Judi Kesselman-Turkel & Franklynn Peterson, *Good Writing* 128（1981）.

“作家如果发现自己经常用下划线强调，可以考虑斜体字是不是多余。因为从上下文中就可以看出重点，或者，如果重点不明显，是否可以通过重写句子更优雅地实现。同样的保留意见也适用于经常使用引号来暗示讽刺或其他特殊用法。”

——*The Chicago Manual of Style* § 6.63, at 210（14th ed. 1993）.

“一些作家通过在词语周围使用引号将它们融为一体。对我们来说，使用这些标记就成了作者向读者发出的一种‘负疚的、我知道这个词并不真正存在’的信号。”

——Gary Hoffman & Glynis Hoffman, *Adios, Strunk and White* 40（1999）.

“学术作者太容易沉迷于使用引号了，无论是为了表示讽刺和挖苦，还是为了与日常生活中的普通事实保持某种距离，还是为了暗示普通词语正以一种陌生和深奥的方式被使用，或者也可能是为了承认作者无法以直截了当的方式进行表述。”

——Christopher Lasch, *Plain Style* 66（Stewart Weaver ed., 2002）.

解释说明

如果我可以这么说，引号是英语中最“误用”的标点符号。好吧，也许更准确地说，不是“英式英语”，而是“美式英语”。

如果你知道我的意思。

在三种情况下要保留引号：(1)当你引用某人的话时；(2)当你把一个词作为一个引用词（如“that”那个词）时——尽管斜体字是首选；以及(3)当你指的是“所谓的，但不是真的”（如 If this is a “fixture,” it certainly doesn’t fit any definition in the caselaw）。

不要把引号用于短语形容词（见技巧 59），不要用它们来装可爱，也不要用它们来暗示所标记的词或短语在某种程度上是非正式的或俚俗的。如果你说的是真的，就毫不犹豫地说出来；如果不是，那就说点别的。

同样地，不要尝试使用时髦的字体或不寻常的字体。采用这种手段会让人感到绝望——虽然你只是希望让一份沉闷的法律文书变得生动起来。请注意例子五中的反例是如何通过标题的华丽字体、无衬线（sans - serif）字体和黑体的强调来分散注意力的；范例则清理了文本——通过将论点放在一个编号的列表中，使其更加清晰。

一些前后对照的例子

例子一

反例：为了做到这一点，盖特韦（Gateway）求助于石油和天然气租约中最常见的照付不议条款。

范例：为了做到这一点，盖特韦求助于石油和天然气租约中最常见的照付不议条款。

例子二

反例：伊利诺伊州的法院将最高法院规则 213 解释为“必须遵守”的“明线规则”。

范例：伊利诺伊州法院将最高法院规则 213 解释为“必须遵守的明线规则”。

例子三

反例：该法要求的关键或“重要”披露是“财务费用”和“年度百分比率”。

范例：该法要求披露的重要信息是财务费用和年度百分比率。

例子四

反例：根据“市场欺诈”理论，如果市场本身被虚假陈述“欺骗”，那么原告在购买证券时依赖市场价格的“完整性”，就第10b－5条索赔而言，可以推定为依赖。

范例：根据市场欺诈理论，如果市场本身被虚假陈述所欺骗，那么原告在购买证券时依赖市场价格的完整性，就第10b－5条索赔的目的而言，已经推定为依赖了。

例子五

反例：被告对原告审判诉状的回应（*Defendants' Response to Plaintiffs' Trial Brief*）

被告Alpha公司和Alpha Plus公司（统称为“Alpha”）恭敬地回应，以解决本案适用哪个州的法律问题。与原告的建议相反，Alpha在解释书面Alpha雇佣合同和1994年Alpha递延补偿计划的法律选择上的立场始终保持一致。**首先，纽约法律**适用于与原告的书面Alpha合同的解释、说明和可执行性有关的问题，以及根据1990年3月1日就业合同第8.7节对合同进行的任何所谓口头修正。**其次，**就原告所称的恶意索赔指的是原告的书面Alpha合同适用**纽约法律**。至于原告所称的恶意索赔是指原告的延期补偿计划适用**联邦法律**，因为《员工退休保障法》优先于所有州法律索赔。然而，除了《员工退休保障法》的优先权，纽约或俄克拉何马州的法律是否适用并不重要，因为纽约或俄克拉何马州都不承认基于默示诚信和公平交易的独立诉因。**最后，**原告在俄克拉何马州为一家总部在俄克拉何马州的公司工作，因此实质性的纽约劳动法并不适用。

> 无望的业余。见技巧43。

范例：Alpha公司对原告的审判诉状的回应（Alpha's Response to Plaintiffs' Trial Brief）

尽管原告提出了相反的建议，但Alpha公司和Alpha Plus公司（统称为“Alpha”）在本案的法律选择问题上保持了一致的立场。但为了澄清任何可能的误解，Alpha将重申它所依赖的三个主张：

1. 纽约法适用于涉及原告书面雇佣合同的解释和可执行性的问题，以及根据1990年3月的雇佣合同第8.7节对这些合同的任何口头修正。
2. 原告的恶意索赔受制于纽约法和联邦法。纽约法适用于涉及原告书面雇佣合同的索赔；联邦法（通过《员工退休保障法》的优先权）适用于涉及原告延期补偿计划的索赔。然而，除了《员工退休保障法》的优先权之外，纽约或俄克拉何马州的法律是否适用并不重要，因为这两个州都不承认独立的恶意索赔。

3. 因为原告在俄克拉何马州工作，而且是为总部在俄克拉何马州的公司工作，所以实质性的纽约劳动法并不适用。

技巧 62 的要点总结

- 只在三种情况下使用引号：(1)在引用某人的话时，(2)将一个词作为引用词时，以及(3)表示讽刺（慎用）或特殊用法时。
- 切勿仅为了强调而使用引号。
- 不要用不寻常或新奇的字体分散读者的注意力或破坏你的可信度。

第八部分

精通构思布局

63

论证部分使用完整句子的标题编列，使用单倍行距小写粗体

名言警句

“请记住，法院通常会从这些标题中获得对你的法律论证性质的基本印象，因为通常的做法是翻开索引，在索引中应逐字插入这些标题，并在阅读文书之前阅读它。”

——Hon. Raymond E. Peters, *The Preparation and Writing of Briefs on Appeal*, 22 Cal. St. B. J. 175, 179－80 (1947).

“标题应该始终是论证性的，而不是主题性的，甚至是断言性的。例如，写‘本诉讼因逾期而被禁止，因为它是在原始证书签发后25年才提起的’，而不是‘本诉讼因逾期而被禁止’。前者简明扼要地说明了论点，后者则不然——尽管第二个肯定的标题比仅仅是主题性的‘逾期问题’要有效得多。同样地，说‘上诉人已注意到缺陷，因此不是正当程序持有人’，而不是‘上诉人不是正当程序持有人’或‘上诉人的论点’。否则，就采用美国报纸的标题技巧，而不是英国的：我们的记者说‘道奇9:2战胜勇士’，而他们的记者则写‘劳兹球场的国际板球赛’。”

——Frederick B. Wiener, *Briefing and Arguing Federal Appeals* 67 (rev. ed. 1967).

“一份法律文书应该始终有一个目录，它将重复标题，从而一目了然地披露文书的信息。”

——F. Trowbridge Vom Baur *The Art of Brief Writing*, The Scrivener, No. 3, 1975－1976, at 1, 2.

“当标题穿插在论证本身中，它们应该以论证的形式进行表述，而不是仅仅作为参考标题。如果是这样的措辞，法官不仅会立即看到该部分所涉及的内容，而且会看到当事人所论证的内容。”

——Girvan Peck, *Writing Persuasive Briefs* 149 (1984).

“标题编列应该是一个清晰完整的陈述，并有力地书写。它不应该是一个抽象的

法律原则的陈述，而是应该包含将法律原则应用于案件事实后必须得出的结论。"

——Hon. Edward D. Re, *Brief Writing and Oral Argument* 147 (6th ed. 1987).

"适当的标题和副标题可以提高清晰度，它们解释了法律文书的走向，并提供了沿途的路标。标题应尽可能简短，但要足够明确地描述要点。对分论点进行编号也可能是有帮助的。这告诉读者，法律文书正在转向同一主题的不同但相关的方面。"

——Hon. Daniel M. Friedman, "Winning on Appeal", in *Appellate Practice Manual* 129, 133 (Priscilla A. Schwab ed., 1992).

解释说明

尽管在事实陈述中使用主题标题是可以的（如"2009年5月的会议"），但你应该用概括论点的要点标题来标明你的法律文书正文。一个好的标题编列对整个部分的作用就像主题句对段落的作用一样（见技巧20）。接下来的段落应该详细说明标题中的信息，而不是仅仅重复它。

正如前面威埃纳（Wiener）的引文所示，一个好的标题往往包含一个逻辑连接词，如"因为"或"因此"。这样一来，你肯定会包含一些推理，而不是仅仅陈述一个结论。

写好标题是一门艺术，很少有律师能掌握这门艺术，但这实际上并不需要什么高超的技巧。也许美国检察长办公室是标题编列知识的最大集中地，那里的方法是系统的。如果你进入美国检察长的网站（www.justice.gov/osg/index.html），你会发现自1981年雷克斯·李（Rex E. Lee）担任检察长以来，几乎美国所有的法律文书。以下是你一般会看到的从那时到现在关于法律文书的一些基本准则：

- 所有要点和次要点的标题都是完整的陈述句，长度从15个到35个字，用小写粗体字，单行距设置。
- 不鼓励使用首字母缩写，除非它们是众所周知的。
- 如果在标题中提到了某案例，那么直接使用案例名称，无须引证。
- 标题从大前提转到小前提，然后再转到反驳的观点。
- 三个以下的标题可以采用罗马数字（Ⅰ、Ⅱ、Ⅲ）；如果只有一个总体性要点，无须编号。
- 副标题用大写字母标记（A、B、C）。
- 语法上的从句往往出现在标题的末尾。
- 它们以普通的句子的版式出现（绝不是全大写，尤其绝不是首字母全大写），但它们在法律文书的正文中是粗体字（你会发现有例外情况，但不必理会）。

- 在法律文书的目录中，要点标题列出了论点的清晰轮廓。它们以层叠的左缩进方式出现，以显示观点的层次性。目录中没有粗体字。

我们可以通过一个修辞模板来描述检察长的做法——在这个例子中是现有的最佳做法。可以预见，好的观点标题是这样的：

一个标题列表的模板

Ⅰ.［完整句子结论］

A.［完整句子论证］

B.［完整句子论证］

C.［对方关于本观点的立场是错误的，因为……］

Ⅱ.［完整句子结论］

A.［完整句子论证］

B.［完整句子论证］

C.［对方关于本观点的立场是错误的，因为……］

Ⅲ.［完整句子政策结论］

在实践中，反击对手立场时，最好不要明确提到对手的名字。当然也有例外，比如，当不可避免地指名道姓提到对手的情况。但在你的观点标题中，你一般应该反驳立场，而不是具体的人，这使你的文字更有说服力。因此，与其说"尽管格兰戴尔（Grendel）认为，第514条与第一修正案是一致的"，不如直接这样写："第514条符合第一修正案，因为它满足了第一修正案审查的所有三个可能的标准。"然后，给出你的三个理由

A. 第514条是为确保实际上的和感知到的国际义务得到遵守而专门制定的。

B. 第514条是为促进政府对海外美国作者提供更多的保护而专门制定的。

C. 第514条是为促进政府公平对待外国作者而专门制定的。

由于标题编列标志着独立的论证单位——独立的要点，正如其名称所示——它们促进了紧凑、有纪律的写作。它们不鼓励松散的、重复的、漫无边际的论证。它们从来不是事后的想法，那些都不是好想法；它们是经过深思熟虑才设计出来的。

如果你遵循这个建议，你的目录将显示出完整的论点，并逐个论证。你的法律文书将变得更容易被浏览。而在忙碌的法官眼中，这意味着很多。

例子一到例子六显示了近期美国检察长法律文书中六个不同的目录。这些例子不仅提供了一个有代表性的模式变化样本，而且提供了一套精美的模板，可以用来塑造你自己的标题。

例子七的标题出现在密西西比州最高法院 2002 年判决的一个案件的法律文书中。许多律师都参与了该案，达拉斯的威廉姆·R. 凯夫（William R. Keffer），杰克森（Jackson）的鲁本·V. 安德森（Reuben V. Anderson）、路德·T. 蒙福德（Luther T. Munford）、麦克·B. 华莱士（Michael B. Wallace）、阿曼达·K. 琼斯（Amanda K. Jones）和克里斯多夫·B. 格林（Christopher B. Green），休斯敦的罗伯特·麦道斯（Robert Meadows）和 C. 卡米尔·纽尔（C. Camille Nurre），以及布鲁克黑文（Brookhaven）的罗伯特·O. 艾伦（Robert O. Allen）；劳普鲁斯担任编辑顾问。有趣的是，密西西比州最高法院在其意见中严格遵循了标题编列的组织和表达。

例子八，由休斯敦的哈里·M. 里森纳（Harry M. Reasoner）撰写，取自提交给得克萨斯州最高法院的一份关于酒精制造商是否有义务警告酒精的危险性问题的法律文书。

例子九显示了标题在更完整的背景下，与周围的文本融为一体。它来自一份反对驳回动议的法律文书。请注意，这些标题足够简短，可以吸引读者的注意力，又有足够的表现力来揭示论点的要旨。

一些不同寻常的好例子

例子一

目录

下级法院的判决 1

管辖权 1

涉及的宪法及法规条款 2

陈述 3

论点总结 10

论点

无编号的伞状标题

美国向囚犯提供关于行政没收程序的充分通知，方法是将程序的书面通知通过挂号信寄给囚犯所在的监狱。 12

A. 正当程序条款要求在当时的情况下发出合理的通知，使索赔人了解没收程序的情况。 ← 大前提 14

例子二

目录

例子三

目录

例子四

目录

对主论点二的每一个子部分进行系统分析

双重简略三段论

第一小前提

第二小前提

反驳性观点

例子五

目录

例子六

目录

Ⅱ. 环保局合理地得出结论,《清洁空气法》没有授权它监管温室气体的排放以解决对全球气候变化的担忧。 20

两个小前提，反映了第一层简略三段论

A. 该法的关键条款不能连贯地适用于温室气体排放。 23

B. 各种联邦法规反映了国会的意图,即在对温室气体排放进行任何监管之前获得额外的信息。 26

展示恶果

C. 对美国境内温室气体排放的监管将产生潜在的巨大经济和政治后果。 31

验证结论

D. 环保局对该法规文本的解释是合理的。 33

Ⅲ. 环保局合理地行使了其自由裁量权,确定即使它在这里有法定权力,它也会在当时拒绝行使该权力。 ← 结论 35

大前提

A. 联邦机构有广泛的自由裁量权,可以拒绝启动规则制定工作。 36

小前提

B. 该法第 202(a)(1)条没有规定确定新车排放是否符合法定危害标准的时间表。 39

C. 环保局拒绝本案中的规则制定申请,反映了该机构对自由裁量权的合理行使。 ← 结论 45

结论 50

例子七

目录

提出议题 1

损害赔偿的衡量标准 1

损害减轻 1

排他管辖权 1

限量减免 1

案情陈述 2

事实陈述 3

自然界中的放射性物质 3

诉讼程序 4

陪审团的结论 5

审后程序 6

例子八

目录

驳斥论点

例子九

SouthTel 公司
对 Alpine 公司的驳回动议和延期请求的
反对意见

SouthTel 公司反对 Alpine 公司的驳回动议，因为 SouthTel 费率协议规定了仲裁员对这一要求的裁决权。SouthTel 还反对 Alpine 提出的无限期推迟的请求，因为 Alpine 要求的时间表将毫无必要地拖延法律程序。SouthTel 要求仲裁员发布命令，拒绝 Alpine 的驳回动议，并要求 Alpine 在仲裁员的裁决书送达后 7 天内提交答复。

A. SouthTel 的费率协议规定了向 Alpine 提供服务的条款，包括对付款纠纷的仲裁。

大前提

Alpine 订购了电信服务，而 SouthTel 则根据 SouthTel 费率协议的条款提供了服务。法律规定，电信公共运营商的费率协议控制着运营商和客户之间的权利和责任。[1] 与单纯的合同不同，联邦费率协议是法律。[2] 那么在这里，费率协议第 B－7.13 条规定了 Alpine 和 SouthTel 对支付纠纷进行仲裁的法律权利。

更为具体的大前提 →

B. 费率协议第 B－7.13 条允许客户或 SouthTel 启动支付纠纷的仲裁。一旦开始，双方都有义务对该索赔进行仲裁。

第 B－7.13 条规定了解决支付纠纷的裁决机构选择："所有关于影响账单支付的争议可以通过有约束力的仲裁来解决。"当客户对 SouthTel 总额超过 10,000 美元的账单提出异议时，客户可以选择仲裁解决争议；同样地，当客户未能支付总额超过 10,000 美元的账单时，SouthTel 可以选择仲裁。

但如果没有相应的仲裁要求，仲裁权将是空的。"一旦 SouthTel 或客户开始对争议进行仲裁，仲裁应是强制性的。"因此，第 B－7.13 条确保了这项权利。一旦客户或 SouthTel 开始仲裁，另一方必须对发起方的索赔进行仲裁。Alpine 认为，仲裁的权利和要求在本质上是相互矛盾的（见 Alpine 动议第 2 点）；相反，该要求保证了一项权利，否则就没有意义了。Alpine 的论点站不住脚，因为它建立在一个虚假的冲突上。

更为具体的大前提 →

C. 费率协议第 B－7.13 条允许，但不要求客户在 SouthTel 启动的仲裁中提出反诉。

第 B－7.13113 条将反诉定义为"被诉方对索赔方提出的涉及或影响作为索赔通知标的账单支付的索赔"。该规则将仲裁中的反诉限制在与索赔方的索赔产生于同一交易的索赔。第 B－7.13 条规定，这种反诉"可以被提出"。因此，应诉方（如索赔方）可以选择解决其索赔的裁判机构。费率协议并不要求应诉方在仲裁中提出任何反诉，但允许应诉方提出反诉。如果该方选择仲裁反诉，那么第 B－7.13272 条要求该方将其反诉和答复一并提交。

因此，当 SouthTel 启动仲裁时，客户可以选择对其反诉进行仲裁。Al-

---

1 See *MCI Telecomms. Corp. v. Graham*, 7 F. 3d 477, 479 (6th Cir. 1993); *American Tel. & Tel. Co. v. Florida – Texas Freight, Inc.*, 357 F. Supp. 977, 979 (S. D. Fla.), *aff'd per curiam*, 485 F. 2d 1390 (5th Cir. 1973).

2 See *Western Union Tel. Co. v. Esteve Bros.*, 256 U. S. 566, 572 (1921); *Western Union Int'l v. Data Dev., Inc.*, 41 F. 3d 1494, 1496 (11th Cir. 1995); *MCI Telecomms. Corp. v. Garden State Inv. Corp.*, 981 F. 2d 385, 387 (8th Cir. 1992).

pine 声称费率协议要求客户对反诉进行仲裁，这忽视了第 B－7.13 条中的关键文字：“可以提出反诉（见 Alpine 动议第 3 点）。”只有在客户选择对其反诉进行仲裁后，反诉的仲裁才成为双方的强制性规定。

D. 对 SouthTel 的支付争议进行仲裁并不妨碍 Alpine 在另一个法庭上提出反诉的权利。 ← 结论

Alpine 抱怨说，第 B－7.13 条剥夺了 SouthTel 客户的私人诉讼权和《通信法》第 206 条和第 207 条规定的补救措施（见 Alpine 动议第 2－4 点）。这一观点建立在对费率协议的误读上，一如前文 C 部分的分析。费率协议中没有任何条款要求 Alpine 在仲裁中提出反诉；Alpine 可以在其选择的裁判机构上对 SouthTel 进行索赔。如果 Alpine 合理地认为 SouthTel 的行为违反了《通信法》，Alpine 可以向联邦通信委员会或联邦法院寻求救济。SouthTel 的索赔通知所提出的问题是，Alpine 是否应该承担 SouthTel 在账户报表中详列的资费。尽管仲裁员对这个问题的裁决将决定 Alpine 对 SouthTel 索赔的抗辩是否有效，但它并不妨碍 Alpine 在其选择的裁判机构上对 SouthTel 提出独立的索赔。第 B－7.13 条扩大了而不是限制了 Alpine 可以提出索赔的裁判机构范围。

E. 第 7.13 条赋予仲裁员裁决 SouthTel 对 Alpine 索赔的管辖权。 ← 验证结论

SouthTel 的索赔通知书所附的账户报表显示，SouthTel 没有收到 Alpine 自 1994 年 4 月 10 日以来的账单支付，这些账单的总额超过 22 万美元。根据第 B－7.13 条的规定，这一支付纠纷可以通过有约束力的仲裁来解决。由于 SouthTel 已经送达了索赔通知书，该争议需要进行仲裁。因此，仲裁员对于 SouthTel 的索赔具有管辖权。所以，Alpine 以缺乏管辖权为由提出的驳回动议必须被拒绝。

技巧63的要点总结

- 向法院提出强有力的标题编列，以推进你的立场。
- 仅在事实陈述中使用主题（非陈述性）标题。
- 重复目录中的要点标题，以便法官能迅速看到你展开论证（见技巧5）。
- 每一个观点的标题都应是一个完整的句子，不超过35个字，以句号结束。用小写粗体，单倍行距。
- 看在上帝的份上，写句子时永远不要使用首字母大写。
- 如果你有一个总括性的标题（伞状主题），无须编号（如例子1至例子3），然后副标题用A、B、C的顺序跟上。
- 如果你有几个具有同等地位的大标题，请使用Ⅰ、Ⅱ、Ⅲ的顺序，然后在每一节中使用A、B、C的顺序标识副标题。

64

标题编列格式顺序：大粗体、粗体、粗斜体、斜体；小标题缩进

名言警句

“副标题和子标题可以用不同的字号或字体来区分。”

——*Words into Type* 14 (3d ed. 1974).

“无论你选择什么样的组织形式，都要用清晰的标题来传达你的论断。这将有助于读者理解你的逻辑路径和你的观点。还可以考虑用小标题来细分大的部分；小标题给眼睛一个喘息的机会，给头脑一个地图，并能鼓励你的读者阅读文章。当你进行细分时，适度是关键。使用标题来切割，而不是组织文本。”

——Mary Barnard Ray & Barbara J. Cox, *Beyond the Basics: A Text for Advanced Legal Writing* 229 –30 (1991).

“副标题一般与下面的文字分行设置，通过不同字体来区分层次。”

——*The Chicago Manual of Style* § 1.54, at 28 (16th ed. 2010).

“州和联邦法官经常强调标题和副标题帮助他们保持注意力，让他们了解文章的组织架构，并为他们提供心理上的‘休息’。他们提到的另一个好处是，标题可以让他们专注于最感兴趣的要点。”

——Bryan A. Garner, *Legal Writing in Plain English* § 4, at 22 (2d ed. 2013).

解释说明

当打字机是写作法律文书的唯一手段时，强调文本的常用手段极为有限：全大写、首字母大写、下划线和缩进。律师和他们的秘书往往会逐步缩进标题，以至一个小标题出现在页面的中间。这种类型的标题很难阅读，而且不能很好地显示论证的结构。

更好的方法是尽量减少多层次式缩进，并使用字号、字体、正斜体的组

合来表示标题的层次。多层次缩进的问题是，它不能与双倍行距很好地融合。显示目录层次的一个很好的方法是使用分级式缩进；但在正文中，所有的小标题只需要一个层次的“悬空”缩进。

正文中的层次顺序应该是这样的：

所有级别的副标题都有一层缩进。

Ⅰ. 主标题用大号粗体

A. 副标题用普通字号粗体。请注意，这个标题和下面的标题一样，缩进是“悬空”的：第二行的文字没有从左边开始。这样可以提高清晰度。

1. 第二层级的副标题用斜体粗体。请注意，斜体字使标题变小了一点，尽管其他方面的字体规格是相同的。

(a)*第三层级的子标题用普通斜体。你很少会需要这一层，但应做好准备。*

本章技巧说的是如何写标题，但这些例子展示了它在实践中是如何运作的。首先，要看一个一直到第三级子标题的例子，见技巧 4 中的《美国残疾人法》简介（第 39 ~47 页）。关于第二级副标题的前后对照版本，见下面的例子。

有一点要注意：如果你要缩进标题，你需要把你的缩进点设置得与大多数软件的半英寸默认设置稍有不同（见技巧 67）。反例中展示了使用过大缩进点造成的不雅观。

一个前后对照的例子

反例：

这种过于普通的标题，有着过大的缩进，表明判断能力较差。

Ⅱ.　　　　作为其组织的最高层，议员们不需要接受取证。

A.　　　　*伯杰斯（Burgess）家族处于一个大型企业集团的顶端，而 Burgess Gibraltar 公司是其中的一部分。*

上诉法院认为，鉴于 Burgess Gibraltar 不是一方当事人，伯杰斯家族作为房地产投资信托基金（Burgess Gibraltar Group, Inc.）的联合主席的身份不足以触发顶层回避作证规则。但上诉法院没有提到，Burgess Gibraltar 是一个大型关联企业集团的核心，伯杰斯家族是其中许多实体的官员、董事或所有者，其中有几个被列为被告——“伯杰斯被告”。对伯杰斯被告进行分类是了解伯杰斯家族与本案诉讼关系的最佳方式。

(1) 伯杰斯家族控制着该商场过去的所有权。

首先，商场的前任业主是 Gibraltar Mall 发展有限公司。伯杰斯家族是该有限合伙公司的两个普通合伙人。另外，两个普通合伙人是 Gibraltar Mall 公司和 ILG Mall 公司。米德拉·伯杰斯(Millard Burgess)是这两家公司的主席，而杰夫斯·比尔特摩(Jeffers Biltmore)是这两家公司的总裁。伯杰斯家族还拥有 ILG Mall 的全部股票，而 Gibraltar Mall 是 Millard Burgess 联合公司的全资子公司，该公司的全部股票由伯杰斯家族单独(直接或间接)持有。从那时起，Gibraltar Mall 就被并入 Millard Burgess 联合公司。

伯杰斯家族处于涵盖该购物中心先前所有权的结构的顶点：Gibraltar Mall 发展有限公司、Gibraltar Mall 公司、ILG Mall 公司和 Millard Burgess 联合公司。而在这一结构上叠加的是众多的合伙企业和其他伯杰斯关联公司，这些公司拥有并控制着伯杰斯家族的 97 个购物中心的组合。因此，整个结构以伯杰斯家族为首构成了一个巨大的企业集团。

(2) 伯杰斯家族控制着该商场当前的所有权。

第二类伯杰斯被告人包括以下实体……

在标题下紧接一个小标题是允许的。不要觉得自己必须提供一个"填充"段落，这是一种误导。

范例：

Ⅱ.作为企业组织的最高层，伯杰斯家族可以免于作证。

A. 伯杰斯家族处于一个大型企业集团的顶端，而 Burgess Gibraltar 公司是其中的一部分。

上诉法院认为，鉴于 Burgess Gibraltar 不是一方当事人，伯杰斯家族作为房地产投资信托基金(Burgess Gibraltar Group, Inc.)的联合主席的身份不足以触发顶层回避作证规则。但上诉法院没有提到，Burgess Gibraltar 是一个大型关联企业集团的核心，伯杰斯家族是其中许多实体的高管、董事或所有者，其中有几个被列为被告——"伯杰斯被告"。对伯杰斯被告进行分类是了解伯杰斯家族与本案诉讼关系的最佳方式。

1. 伯杰斯家族控制着该商场过去的所有权。

首先，商场的前任业主是 Gibraltar Mall 发展有限公司。伯杰斯家族是该有限合伙公司的两个普通合伙人。另外两个普通合伙人是 Gibraltar Mall 公司和 ILG Mall 公司。米德拉·伯杰斯是这两家公司的主席，而杰夫斯·比尔特摩是这两家公司的总裁。伯杰斯家族还拥有 ILG Mall 的全部股票，而 Gibraltar Mall

是 Millard Burgess 联合公司的全资子公司，该公司的全部股票由伯杰斯家族单独（直接或间接）持有。从那时起，Gibraltar Mall 就被并入 Millard Burgess 联合公司。

伯杰斯家族处于涵盖该购物中心先前所有权的结构的顶点：Gibraltar Mall 发展有限公司、Gibraltar Mall 公司、ILG Mall 公司和 Millard Burgess 联合公司。而在这一结构上叠加的是众多的合伙企业和其他伯杰斯关联公司，这些公司拥有并控制着伯杰斯家族的 97 个购物中心的组合。因此，整个结构以伯杰斯家族为首构成了一个巨大的企业集团。

2. 伯杰斯家族控制着该商场当前的所有权。

第二类伯杰斯被告包括以下实体……

技巧 64 的要点总结

- 用具有识别性的左对齐标题划分文章段落；始终使用"悬空"缩进。
- 避免缩进尺寸超过第一个小标题的缩进；对不同的标题层级使用不同的排版格式（大号粗体、粗体、粗斜体、斜体）。
- 如果要缩进，请调整文字处理软件的默认标签设置以减小缩进的尺寸；避免出现"失落的标题"，即从页面 1/3 以上位置开始的标题。

65

在标题上方多一些留空

名言警句

“一个间距正确的小标题，其标题上方的空白空间要比下方多。这就向读者表明，标题和下面的文字是一个整体。”

——Philip Brady, *Using Type Right* 34 (1988).

“标题必须与它们所指引的文本明确联系起来。标题上方的空间通常应大于其下方的空间。”

——Ian Montagnes, *Editing and Publication: A Training Manual* 295 (1991).

“将标题附在文字上。在标题上方留出比下方更多的空间，这样它就不会漂浮不定。”

——Peter Frederick, *Persuasive Writing: How to Harness the Power of Words* n. p. (2012)

“在标题和副标题上方多留一行或半行空间；这个距离有助于提示读者期待主题的变化。”

——Bryan A. Garner, *The Redbook: A Manual on Legal Style* § 4.22(b), at 100 (3d ed. 2013).

解释说明

将密切相关的事物组合在一起是非常合理的。那么，为什么标题要在一段文字的结尾和下一段文字的开头之间保持等距呢？虽然这是一种常见的做法，但它完全没有道理。所有专业的排版人员更清楚：仔细观察书本、杂志、广告；通过研究专业人士如何使用版式，可以学到很多东西。

你可以在技巧 63 和技巧 64 中看到保持适当标题间隔的好例子。

技巧65的要点总结

- 向专业排版人员学习，标题上方的空间要比下方大。
- 使用垂直空行，使你的读者在视觉上为新的章节或主题做好准备。
- 要从组合相关事物的角度来考虑，标题和文本是整体单元。

66

避免全大写和首字母大写；但是，如果你确实使用了首字母大写（从不在点标题中使用），就不要将冠词、介词或连词大写

名言警句

“除非你的目的是制造视觉障碍，否则千万不要在每个词上都使用大写首字母和小写字母来设置标题。这是 19 世纪新闻行业遗留下来的一个糟糕的、过时的惯例。这样的标题极难阅读，不再有任何功能上的理由以继续使用它们；只有在文字很短的情况下才使用全大写设置；在文字成堆的情况下，全大写难以阅读……”

——Jan V. White, *Editing by Design* 91 (2d ed. 1982).

“大面积使用全大写字母的文本比使用小写字母的文本需要花费更多的时间来阅读。”

——Bill Gray, *Tips on Type* 41 (1983).

“用大写字母撰写的文本难以阅读。”

——Colin Wheildon, *Type & Layout* 127 (1995).

“这是一个多么奇怪的现象，每当律师们想引起人们对某些段落的特别注意时，如诉状中的主要问题或起草的文书中的警告，都会使这些段落在文字上变得难以辨别。使用大写字母已经够糟的了，在它们下面画线就更加糟糕。”

——*Garner's Dictionary of Legal Usage* 133 (3d ed. 2011).

解释说明

使用所有大写字母有什么问题？因为所有字符的大小都是统一的，所以字母甚至是单词都容易混在一起。文本字母没有排版师所说的“升格”和“降格”，即字母在字体上方（如 b）和下方（如 p）的部分。以全大写字母书写的文字缺乏独特的形状，它们都是箱形文字；而文字的那些独特的形

状对我们的理解力有帮助。因此，阅读全大写字母的困难在很大程度上是一个生理问题，而不仅仅是一个品位问题。

在打字机时代，我们有两个选择——都是不好的选择——来突出文字：大写和下划线。但今天，我们当然还有许多其他选择，主要是斜体、黑体和更大的字号。

如果首字母大写是合适的，如在加粗的标题中，普遍的风格是把冠词、短介词和短连接词保留小写。什么为"短"是一个风格问题，但四个字母或更少是最常见的答案。注意那些可能被用作介词或副词的短词，如 in、by 和 up。如果该词在句子中作为介词使用，则要小写（如 Merritt Was Bound by the Contract）；但如果它作为副词，在动词短语中，则大写（如 Merritt Stood By as Its Agent Breached the Contract）。最好的测试是分辨介词是否为短语动词的一部分，如 back up、blow up、break down、break in、lay off、make up、show up、stand by、stand in、take off 和 use up。虽然被视为动词短语的一部分，不定式中的"to"被认为是介词，要保留小写。

在下面的例子中，第一个版本来自一份以 Courier 字体提交的法律文书；第二个版本稍微好一点，用首字母大写，仍然是 Courier 字体；第三个版本显示了正确的版式。

例子

反例（全部字母大写）：

TABLE OF CONTENTS

请注意这个全大写的目录是多么令人讨厌。Courier 字体使事情变得更糟。

这是不呈现目录的方式。

反例(首字母大写):

TABLE OF CONTENTS

PAGE(S)

注意你的眼睛是如何不断地停下来的，因为你很难读懂一个首字母大写的句子。

范例：

Table of Contents

Notice how refreshingly readable this version is.

范例：

目录

注意这个版本的可读性是多么强。

技巧 66 的要点总结

- 避免使用全大写的文字；与其对读者“大喊大叫”，不如让他们轻松阅读。
- 首字母大写和强调用的下划线是打字机时代遗留下来的；今天有许多更好的选择，主要是斜体字。
- 当在主标题中使用首字母大写时，就不要大写冠词、介词和连词；但千万不要在副标题（完整句子标题编列，见技巧 63）中使用首字母大写，只有当标题由一个短语组成时它们才有用，如“statement of facts”。
- 对于首字母大写，请记住，介词有时会在短语动词中起到副词的作用，如 check in、put up with、roll out、punch in 和 punch out；当介词作为副词时，要大写，当介词只是介词时，不要大写。

67

借助电脑，合理设置默认格式和宏来方便写作

名言警句

“你的眼睛会很累，你的头也会很累，拿起一份法律文书，里面的东西都是实心的，没有段落，没有适当的间距或其他东西来缓解你的眼睛，这是相当令人痛苦的，比你意识到的还要痛苦……拿到一份能让你的眼睛轻松一点的法律文书是一种解脱，让它成为有吸引力的页面。”

——Harley N. Crosby，“Mistakes Commonly Made in the Presentation of Appeals”，in 3 Sydney C. Schweitzer, *Trial Guide* 1543，1549 –50（1948）.

“你以何种方式呈现文书，与文书是否会被阅读或仔细浏览有很大关系。在这方面，文书作者可以从商业广告商和报纸出版商那里吸取教训。我以《今日美国》的流行为例，文书应该包含所谓的‘心理上有吸引力的页面’，它是迫使人们阅读而不被忽视的页面。”

——William F. Causey，*The Credibility Factor in Appellate Brief Writing*，99 F. R. D. 235，240（1984）.

“人们倾向于用普通的老式打字机风格的 Courier 字体看一份商业文件，就像他们看一个夹克上有补丁的推销员一样。”

——Grant Buckler，*Color Keeps Moving into the Mainstream*，Computer Dealer News，27 July 1992，at 14.

“标记段落的最简单、最无误而又不显眼的方法是简单地缩进：一个白色的方块。缩进多少才算够？最小的正常缩进是一个埃（相当于 16 点的全角字符）。在行长和页边距充足的情况下，缩进 1.5 或 2 埃可能比 1 埃看起来更恰当，但段落缩进超过 3 埃通常会适得其反。短短的最后一行，后面是大缩进的新行，会产生一个残破的页面。”

——Robert Bringhurst，*The Elements of Typographic Style* 38（1992）.

“在过去，你不必花太多时间来设计你的文件，因为你所要做的就是使用 Courier 字体。段落缩进和边距宽度是你唯一关心的格式问题。但现在，文字处理软件正变得越来越像桌面排版软件，人们的期望也越来越高。”

——Catherine Kenny, *Ami's Got Plenty of Style*, PC World, Aug. 1993, at L37.

“在我们的律师事务所，法律界一些最神圣的真理正在被淘汰。例如，法律文件必须始终使用 10 号字、双倍行距的书信（Courier）字体这一古老的真理……你不会希望你在法庭或业界被击败，是因为你的对手提交了更适读、中心更突出的文件。”

——Gene Barrett, *The New World Order of Windows and Word Processors*, Mich. Law. Wkly., 21 Mar. 1994, at 5.

“使用你的激光打印机，以按比例排列的字体而不是传统的双倍行距的 Courier 字体来打印文件，这会给人一种干净、优雅和专业的感觉，且使你的文书以最佳形象呈现在世人面前。”

——Daniel B. Evans, *You Are What You Print*, Law Prac. Mgmt., July – Aug. 1994, at 58.

“对于大块的文字，通常最好使用有衬线（serif）字体（在大多数字母的末端有微小的笔画或突起的字体）。由于字母的笔画有粗有细，所以有衬线（serif）字体能水平地引导人们的视线，并在页面上呈现出明暗效果。有衬线（serif）字体往往看起来很权威，很古典，很正式；而无衬线（sans – serif）字体倾向于作为标题和在表格、目录和传单中更有用……”

——Martin Cutts, *The Plain English Guide* 151 (1995).

“如果设计者想让人阅读和理解，字体必须设置为有衬线（serif）字体。当使用有衬线（serif）字体而不是无衬线（sans – serif）字体时，可能会有 5 倍以上的读者能更好地阅读和理解。”

——Colin Wheildon, *Type & Layout* 48 (2005).

“我见过一些律所在技术上花费了数十万美元，但却使他们的法律文书和其他文件看起来像用 1940 年的 Underwood 打字机打出来的。永远不要使用 Courier 字体。”

——Hon. Mark P. Painter, *The Legal Writer* 35 (2002).

“如果信息的形式难以被接受，就会影响我们对该信息实质内容的判断。”

——Leonard Mlodinow, *Subliminal: How Your Unconscious Mind Rules Your Behavior* 22 (2012).

解释说明

你从软件制造商那里得到的初始设置将使你误入歧途。你的页边距会太小；你将无法制作有效的编列，因为制表符会太大；而你的字体很可能是所有字体中最令人讨厌的 Courier（顺便说一下，它的斜体看起来特别可怕）。

以下是我的建议：

页边距	左右各 1.2 英寸，上下各 1 英寸。
制表符	第一个制表符相当于 5 个小写字母；此后，每隔 0.15 英寸均匀地设置制表符。
字体	Century Schoolbook、Palatino、Garamond、Caslon、Equity、Times Roman、Times New Roman，或其他的 serif 字体。
字号	正文 14 号（脚注 12 号）。
右边际	不要对齐。
下划线	不要给任何文字加下划线。

许多律师最初质疑不要右对齐的建议，下面是两位专家对这一点的看法：

- “没有右对齐的文本更容易阅读。当每一行看起来都不一样时，读者就不太可能游离到另一行。这是因为他们可以迅速分开并识别每一行，而不必适应字母和单词之间的不同间距。”[1]
- “不对齐的字体往往会产生一种更轻松、更随意的外观。”[2]

一旦你养成了不要右对齐的习惯，你就会发现，其他律师的文书，仅仅为了证明右对齐的合理性而把字母间隔拉开，是很让人生气的。不过，雇用专业排版人员的图书出版商仍然偏爱右对齐的光洁外观，熟手可以让它发挥作用，正如你在这里看到的；而且有证据表明，在这样的人手中，它能带来更大的可读性。[3] 但是，对于大多数律师事务所的文字处理来说，拒绝右对齐是一个更好的选择。

当你尝试改进你的法律文书的设计时，你应该记住，法院规则在这些问题上正变得越来越复杂。1998 年 12 月，《联邦上诉程序规则》第 32 条在

---

1 Robert D. Eagleson, *Writing in Plain English* 78 (1990).

2 Martin Cutts, *The Plain English Guide* 154 (1995).

3 Colin Wheildon, *Type and Layout* 57 – 59 (2005). See Ronnie Lipton, *The Practical Guide to Information Design* 7 (2011).

两个重要方面进行了修订。首先，它用 14,000 个单词的限制取代了古老的 50 页的限制。其次，它规定了 14 号的字体（尽管个别地区可能允许更小的字体）。在未来的几年里，越来越多的州法院肯定会效仿这一做法。即使你适用的法院规则没有上述第 32 条那么具体，你也应该考虑遵循该规则，因为这将使你的法律文书比大多数人的更有可读性。

最后一点。直到 20 世纪 90 年代末，大多数文字处理程序都不允许你使用特殊字符，如破折号和章节符号。所以你必须创建宏，作为经常性按键的快捷方式。以下是我使用过的宏设置：

Alt - B	编列点 + 左缩进
Alt - M	长破折号 + 硬空格（见技巧 58）
Alt - N	短破折号（用于表示数字范围等）
Alt - P	关引号
Alt - Q	开引号
Alt - S	章节符号 + 硬空格

可以肯定的是，软件开发商会定期推出改进的程序。问题是，无论你使用什么软件，你都需要知道如何快速、准确地制作这些标记。

最后一件事：将你的段落缩进控制在 1/4 英寸左右。避免常见的但令人费解的双倍缩进。许多律师似乎认为，将段落缩进 2 倍是他们律所的“商标”；但是，如果有这么多人相信这一点，这种做法怎么可能是真正独特的？法律秘书又是从哪里学到这招的？如果有人能提供这个谜题的答案，我将不胜感激。

同时，如果你的秘书有在一段话的开头按两次“Tab”键的习惯，请发出“禁止令”。

如果你想知道段落缩进应该怎样安排，可以参阅任何一本来自知名出版商的书籍。

关于字体版式的最后说明：州和联邦有关字体规则的汇编——有些规则是老到的，有些则是愚蠢的——参见网页：typographyforlawyers. com/court - rules - about - typography. html。

技巧67的要点总结

- 了解法院对页数、字体类型、字体大小等的规定。
- 除非你是一个专业的排版师，否则要避免使用右对齐格式。
- 把旧的打字机风格抛在脑后，利用电脑制作一份看起来很有吸引力和专业性的文件。
- 花费必要的时间来设置默认值和创建宏——从长远来看，这将为你节省许多时间。
- 拒绝段落双缩，同你一起工作的人也要做到这一点。

68

十以内的数字拼写出来，切勿使用“文字 + 数字”格式

名言警句

“在决定是使用数字还是拼写数字时，应该考虑写作的性质，并将文学风格同技术和科学风格区分开来。一个极端是《圣经》、公告和类似著作的正式风格，其中所有的数字，甚至是年份，都被拼出来；另一个极端是统计风格，其中所有的数字都用数字表示。”

——*Words into Type* 125（3d ed. 1974）.

“当不涉及科学和数学时，最好的做法是拼出小于 11 的数字，无论是基数还是序数。”

——Bryan A. Garner, *The Elements of Legal Style* 79（2d ed. 2002）.

“大多数数字代表重要的数量或测量，应该突出强调或快速理解……拼写出 1 到 10 的数字；10 以上的数字用阿拉伯数字表示。”

——William A. Sabin, *The Gregg Reference Manual* 138（11th ed. 2005）.

解释说明

编辑们习惯于拼出 100 以内的所有数字。这是过度形式化了，也是缓慢的方式。如果你想表现得庄重和肃穆，就这样做(《蓝皮书》仍然要求这种耗费的风格，不必遵从)。如果你想快速传递信息，就只拼写 1 到 10 的单词(包括 0)。

但这个“只拼写 1 到 10”的规则有几个例外：

1. 如果一段话中有些数字低于分界线，有些高于分界线，当被计算的东西都属于同一类别或类型时，不要将单词和数字混在一起；相反，要统一

使用数字：Sirotka 要求 20 个黄色的记事本，但只用了 5 个（但是，他在 5 月的六个不同日子里要求运送 300 辆汽车。）

2. 拼出近似值：大约有一百名抗议者出现在集会上。

3. 对于百万和十亿，用数字加单词的组合来表示整数（4million 美元），用数字表示其他数字（4,637,888.84 美元）。

4. 使用数字表示百分比（并使用百分比符号）：8%，50%。

5. 拼出句子开头的数字：十五个人在大火中受伤。

还有两点。第一，除非你从事与数字相关工作，否则要避免在整数后面加上“.00”。这只是毫无意义的堆砌。第二，不要像在支票和可转让票据中那样，在文字后面重复数字。你真的害怕法官或法庭工作人员会以欺诈方式改变数字吗？防止在票据文书的欺诈行为是“文字 + 数字”格式的唯一历史依据。

一些前后对照的例子

例子一

反例：该修正案于 1975 年颁布，旨在消除陈旧的渎职诉讼。立法机构通过以下方式实现了这一目标：（1）对十（10）岁以下的未成年人的中止诉讼时效条款进行了限制；（2）将十（10）岁以上的公民的最长诉讼时效限制在四（4）年。

> “文字 + 数字”格式给数字列表造成破坏。

范例：该修正案于 1975 年颁布，旨在消除陈旧的渎职诉讼。立法机关通过以下方式实现这一目标：（1）对十岁以下的未成年人的中止诉讼时效条款进行限制，以及（2）将十岁以上的公民的最长诉讼时效限制为四年。

例子二

反例：目前的集体诉讼有三十（30）名原告成员，一旦发现还有谁购买了 Whizzer Mobiles，其集体原告规模可能会增加到大约三千（3000）名。

范例：目前，原告群体中有 30 名成员，在发现还有谁购买了 Whizzer Mobiles 之后，原告群体可能会增加到约 3000 名成员。

例子三

反例：综上所述，吉布森瞒报简宁斯（Jennings）购买价格为 25,000.00 美元，而实际上的价格是 20,500.00 美元。

范例：综上所述，吉布森瞒报简宁斯购买价格为25,000美元，而实际上的价格是20,500美元。

例子四

反例：多诺万（Donovan）的生意岌岌可危，因为黑内（Hainey）县在过去五（5）年中连续二十多次拒绝发放许可证。依赖于县政府的明确保证，多诺万在他生意上的投资超过了65,000.00美元，并雇用了十（10）名维修工。

范例：多诺万的生意岌岌可危，因为黑内县在过去五年中连续20多次拒绝发放许可证。依赖于县政府的明确保证，多诺万在他生意上的投资超过了65,000美元，并雇用了十（10）名维修工。

技巧68的要点总结

- 作为一种习惯，拼写出10及以下的数字，其他的用数字表述。
- 段落中表示类似项目的数字，统一用数字表述。
- 对于以百万或十亿为单位的整数，拼写出百万和十亿（如4 billion美元）。
- 句子开头的数字拼写出来。
- 永远不要使用“文字+数字”格式；这样做是多余、迂腐的，而且会使文章变得杂乱。

69

尽可能地使用表格、图示和其他视觉辅助工具

名言警句

“插图帮助你更好地讲述你的故事。你的读者会更快、更容易、更有效地理解。所以要仔细选择你的插图;每次都要尝试得到恰到好处的照片或图画。你的努力会有回报:一旦你选择了最好的插图,就让它们为你工作;给它们一个好的、清晰的、积极的、具体的说明文字。”

——Tyler G. Hicks, *Successful Technical Writing* 122 (1959).

“律师们对视觉辅助工具的使用太少,而不是太多。同时,视觉辅助工具的使用应限于那些能解释和简化案件的工具。”

——Owen Rall, *Effective Oral Argument on Appeal*, 48 Ill. B. J. 572, 588 (1960).

“使用图示、照片和表格,如果它们能澄清你的论点……如果一张图片对于向陪审团说明事实是必要的,那么它对向法庭说明事实也会有同样的帮助。而作为证据的图片或图表只有一份副本,如果你想让法庭的所有成员都能看到它,必须把它放在你的案情摘要中。”

——Hon. Arno H. Denecke et al., *Notes on Appellate Brief Writing*, 51 Or. L. Rev 351, 363 (1972).

“表格和图示的主要问题是要记住使用它们。我们很容易被叙述性文字的流程冲昏头脑,最终描述了一些应该用表格或图示来显示的东西。任何用数字和单位衡量的东西—例如,3 分钟、10 秒、50 马力、70 英尺—用表格表示比描述更容易;任何显示可测量变化的东西在图示上绘制会比用文字描述更容易。表格和图示对作者和读者来说都比较容易;除了最简单的情况,它们都是首选。”

——Ernst Jacobi, *Writing at Work: Dos, Don'ts, and How Tos* 145 (1976).

“文字不是呈现信息的唯一方式。有一些读者熟悉的视觉工具将帮助你避免使用冗长的描述。如果使用地图、表格、公式、照片和图画,能更清楚、更有效地为读者呈现

信息，就可以使用它们。”

——Robert D. Eagleson, *Writing in Plain English* 66 (1990).

“图表可以让法官一目了然地了解到需要通过几分钟的阅读和对文字和数字的推敲才能理解的内容。复杂的机器或地点，比如不寻常的交叉点，也可以通过图表迅速展示并被理解；而律师可能需要花几小时来表述（而法官则需要几分钟来理解）旨在传达相同信息的文字。”

——Hon. Albert Tate Jr., “The Art of Brief Writing: What a Judge Wants to Read”, in *Appellate Practice Manual* 197, 206 (Priscilla A. Schwab ed., 1992).

解释说明

有些信息最好不要通过文字，而是通过图表来传达。例子一就是一个最好的展示。有哪个读者愿意去解读那篇令人头痛的文章中解释的时间问题？相比之下，巧妙的图表取代了那难看的四段文字，几乎一下子就吸引了人们的目光；既令人信服又容易理解。

在每一种情况下，你最好考虑一下哪些想法适合用图形描述。然后，尽量使图形简单，以便观众能立即看到要点，省去不必要的智力测试。最后，寻找方法使图形与你的论点相吻合，在文本中予以提示，解释它们的意义。

一些诉讼者甚至在提交诉状的同时提交录像带。在一个著名的例子中，塔尔萨（Tulsa）的兰德尔·米勒（Randall Miller）和达拉斯的威廉姆·凯夫（William Keffer）制作并提交了一个视频，以支持一个环境污染案件中的简易判决动议；视频展示了环境破坏的程度及其原因，这是任何文字都无法做到的。

但你并不总是要走那么远。即使在传统的纸张法律文书中，也会出现创造性地使用图形的机会。例如，华盛顿的乔治·M. 西里拉（George M. Sirilla）和戴维·W. 隆（David W. Long）采取了不寻常的策略，复制了 1978 年《疯狂杂志》的封面，向联邦巡回法院提出了一个实质性的观点（见例子二）。一位专利权人声称，每次扫描任何物品上的条形码，他都应该获得该技术的使用费。西里拉和隆在辩方的非当事方意见陈述中，代表全国零售联合会，主张起诉失去时效性：原告在试图执行其专利要求方面拖延得太久了，其专利要求可以追溯到 20 世纪 50 年代中期（专利权延展至 2000 年）。在其辩护状第 2 ~ 3 页，他们展示了《疯狂杂志》的封面，说明文字是：“《疯狂杂志》希望这期杂志能让全国的每台电脑都瘫痪，（超大的条形码插图）迫使我们从现在开始用这个古怪的 UPC 符号来玷污我们的封面”。重点是，条形码在 20 世纪 70 年代末已经成为美国文化的一部分,那么到了20世纪90年代末,任何人均不得再为过期的条形码专利收取使用费。这是一个重要的案件,联邦巡回法院在该案中首次明确规定,起诉迟延是有效的抗辩。[1] 法院的判决认可被告的观点。

图形不一定非得这么有创意或雄心勃勃。我曾经在一份上诉状中使用过例子三中的图示和例子四中的表格,涉及一家保险公司内部违反道德墙的行为。辩护团队不应该与承保团队沟通,因为这会造成利益冲突。但是,保险公司的员工出了问题,而这些图表帮助澄清了一系列复杂的事实。

当事实陈述在很大程度上依赖于对事件发生地点的视觉呈现时,没有什么比地图和照片更有帮助。卡瑟琳·弗林·彼得森(Kathleen Flynn Peterson),兰德尔·提耶田(Randall Tietjen)和安·E.沃克曼(Anne E. Workman)在1999年提交给明尼苏达州最高法院的法律文书中包括了这两样东西(见例子五)。他们代理一名女孩的父母,该女孩在高中的更衣室里被陌生人袭击,而三个学校员工目击该陌生人;地图上圈出的数字指出了事实陈述中描述的事件发生的位置。该法律文书还包含四张警方照片,帮助读者更好地了解发生的事件和地点。

俄亥俄州托莱多(Toledo)市的约翰·K.内尔森(John K. Nelson)在提交给新泽西州高级法院的诉状中,绘制了温氏集合图(见例子六),以说明为什么结构的改变并不影响从母公司的一个部门转移到全资子公司的设施保险范围。温氏集合图可以很方便地显示一个群体中的个体有哪些共同特征。通常情况下,圆圈(代表各种特征,如"所有身高超过6英尺的人")重叠(如与另一个圆圈显示"所有来自Phoenix的人"),以显示同时符合上述两种描述的个人。在这里,没有重叠,但大圆圈内包含的所有元素陈述了一个完整的故事。

一张图片的价值……它可以帮你赢得一场诉讼。

例子一

反例:

专利背景

111号专利于2005年7月24日提交,并于2008年9月22日获得授权。根据《美国法典》第154(a)(2)条的规定,专利优先权从最早的国内申请的申请日期起有20年,因此111号专利的有效期限至2025年7月24日。

222号专利于2008年5月6日提交,并于2010年9月14日获得授权。根据《美国法典》第154(a)(2)条的规定,专利优先权从最早的国内申请的

[1] *Symbol Techs., Inc. v. Lemelson Med., Educ. & Research Found. Ltd.*, 277 F.3d 1361 (Fed. Cir. 2002).

申请日期起有20年，因此222号专利的有效期限至2028年5月6日。

333号专利于2010年5月19日提交，并于2012年8月23日获得授权。根据《美国法典》第154(a)(2)条的规定，专利优先权从最早的国内申请的申请日期起有20年，因此333号专利的有效期限至2030年5月19日。

444号专利于2011年6月22日提交，并于2012年12月7日获得授权。根据《美国法典》第154(a)(2)条的规定，专利优先权从最早的国内申请的申请日期起有20年，因此444号专利的有效期限至2031年6月22日。

范例：

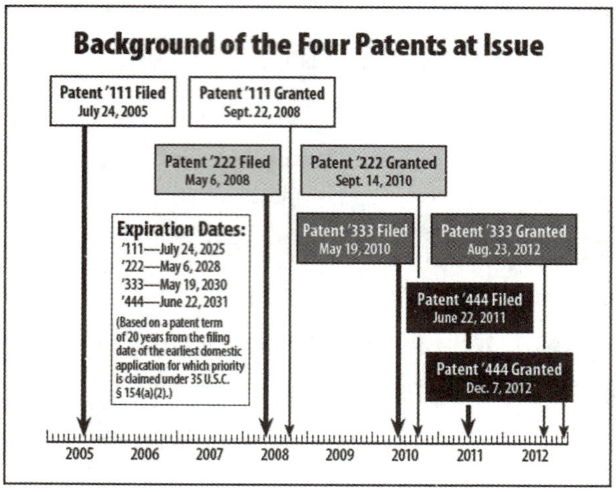

你可以说这是一个“不言自喻”的例子，见技巧89。

例子二

这本1978年4月的《疯狂杂志》的封面证实了被告方的说法，即专利权人一直等到UPC码在商业中广泛使用后才起诉侵权行为。

例子三

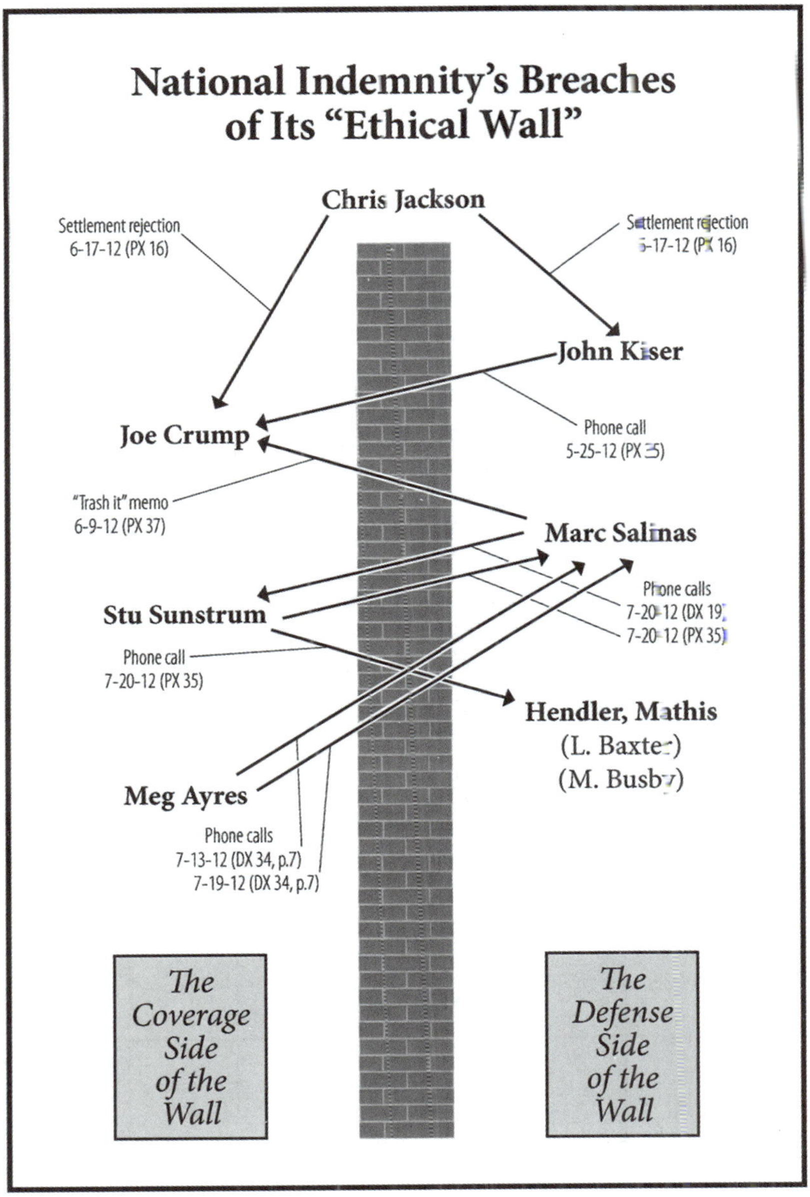

这个图表展示了保险公司的“道德墙’，与其说是一堵墙不如说是一个筛子。

例子四

Calendar of Relevant Events: *Airhart v. National Indemnity*

Dec. 2011	Jan. 2012	Feb. 2012	March 2012	April 2012	May 2012	June 2012	July 2012	Aug. 2012	Sept. 2012
12-18-11: Airhart and Cowser file suit (PX 20)			3-30-12: Airhart and Cowser offer to settle for $600,000 (DX 26)	4-10-12: Kiser directs Hendler, Mathis to withdraw (PX 31)	5-4-12: Hendler, Mathis files cross-claim against Claude's estate (PX 29, ex. 13)	6-3-12: Salinas writes to decline $600,000 settlement offer — no counter (PX 43)	*7-13-12: Meg Ayres, of the coverage team, calls Marc Salinas (DX 34, p. 7)	8-20-12: Judgment became final	9-7-12: National Indemnity sues Airhart and Cowser for declaratory judgment
				4-11-12: Kiser's memo that Hendler, Mathis has observed that Josephine is a defendant, too (PX 31)	5-17-12: Hendler, Mathis replaced by Marc Salinas (PX 29, p. 14)	*6-7-12: Joe Crump writes memo re acquiring Hendler, Mathis memo (PX 37)	*7-19-12: Meg Ayres again calls Marc Salinas (DX 34, p. 7)		9-14-12: Salinas signs covenant not to execute against Josephine's estate (DX 9)
				4-11-12: Hendler, Mathis memo to National Indemnity explaining Josephine's estate's liability (PX 14)	*5-25-12: Kiser telephones Joe Crump (PX 35)	*6-9-12: Salinas sends Crump Hendler, Mathis memos with note to "trash it" (PX 37)	*7-20-12: Salinas calls Sunstrum re $600,000 (DX 19)		9-16-12: Airhart and Cowser send DTPA letter to National Indemnity (PX 64)
				4-13-12: Hendler, Mathis requests authority to settle for $150,000 (DX 15)	[5-25-12?]: Undated Kiser memo that Joe Crump may need to write a reservation (PX 34)	6-14-12: Kiser writes Jackson recommending $600,000 agreed judgment (PX 15)	*7-20-12: Sunstrum calls Busby of Hendler, Mathis, as well as Salinas (PX 35)		
					5-26-12: Airhart and Cowser offer again to settle for $600,000 (PX 42)	6-17-12: Jackson rejects Kiser's view as not being in National Indemnity's best interests (PX 16)	7-21-12: Trial court's judgment		
						6-23-12: Kiser writes Kluwer that $600,000 is over the limits — will offer "vigorous defense" (PX 18)	7-21-12: Sunstrum calls Salinas		

*Indicates a breach of the "ethical wall."

例子五

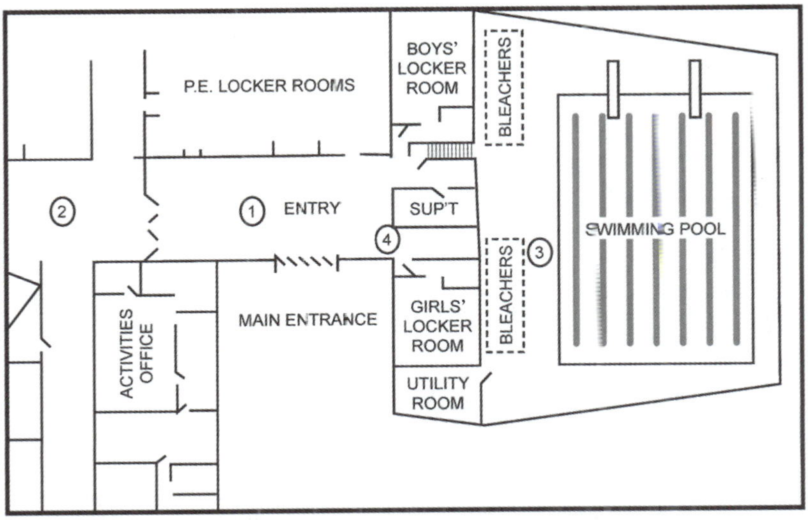
P.E. LOCKER ROOMS
BOYS' LOCKER ROOM
BLEACHERS
ENTRY
SUP'T
SWIMMING POOL
MAIN ENTRANCE
GIRLS' LOCKER ROOM
BLEACHERS
ACTIVITIES OFFICE
UTILITY ROOM

例子六

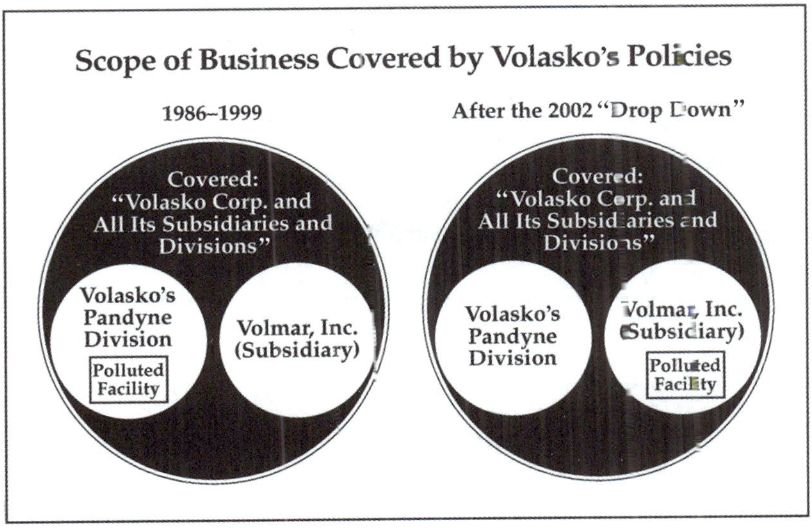
Scope of Business Covered by Volasko's Policies
1986–1999
After the 2002 "Drop Down"
Covered: "Volasko Corp. and All Its Subsidiaries and Divisions"
Volasko's Pandyne Division
Polluted Facility
Volmar, Inc. (Subsidiary)
Covered: "Volasko Corp. and All Its Subsidiaries and Divisions"
Volasko's Pandyne Division
Volmar, Inc. (Subsidiary)
Polluted Facility

例子七

在一个复杂的程序性问题上，这个图表显示了一个适用先例的应用性。

How the Intervenor Destroys Diversity

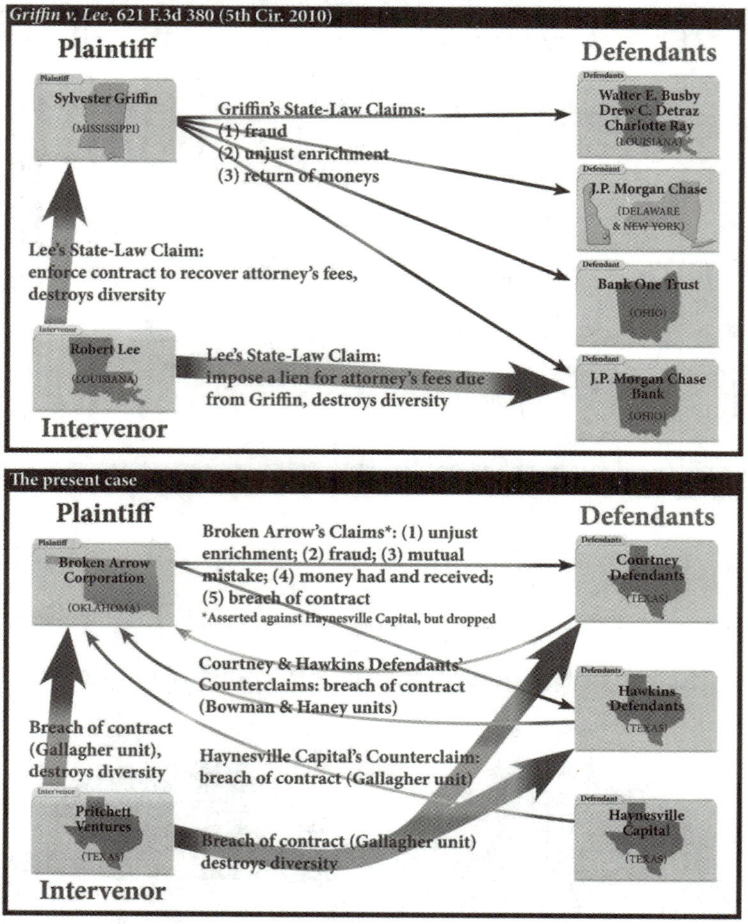

技巧69的要点总结

- 首先考虑信息是否最好用视觉工具来表达，避免使用不必要的图示来"调剂"法律文书。
- 通过使用视觉辅助工具来更有效地传达复杂的信息，使读者更容易理解你的推理，特别是当这些信息对论点至关重要时。
- 在法律文书中使用重要的图片和其他视觉证据，这样所有读者都可以在闲暇时进行查阅。

第九部分

规避常见误区

70

理性声音、平静语气，避免夸大其词和人身攻击

名言警句

“与受过训练的法官的讲话是与饱学之士的对话。”

——Hon. Van Vechten Veeder, 1 *Legal Masterpieces: Specimens of Argument and Exposition by Eminent Lawyers* xi (1903).

“从来没有律师像他的某些客户要求的那样卑鄙和可鄙，他们总是被急切的客户催促着露出更大的缺点。”

——Hon. Andrew A. Bruce, *The American Judge* 82 – 83 (Richard T. Ely ed., 1924).

“不要把诉讼变成一场口舌之争。无论你对他是否有感觉，都要以一种尊重的态度对待你的对手，使审判成为一场绅士的较量，而不是一场流氓之间的斗殴。避免以咆哮、呵斥、加重语气的方式，最重要的是避免对对手的讽刺和丑化。当律师在审判过程中互相指责对方的无知或不诚实或不当行为时，他们给公众留下了不好的印象，不仅是对他们自己，而且是对整个行业。这样做的律师就像弄脏自己巢穴的呆鸟。”

——Hon. Chester A. Fowler, “Some Practices of Lawyers Displeasing to the Court” (1929), in Asher L. Cornelius, *Trial Tactics* 501, 512 (1932).

“避免丑闻、无礼和讽刺。在指出你的对手对事实或法律的错误陈述时，要有礼貌，努力为他的不正当行为找到一个慈善的外衣。换句话说，消灭你的对手是适当的，但要做得优雅。”

——Hon. Raymond E. Peters, *The Preparation and Filing of Briefs on Appeal*, 22 Cal. St. B. J. 175, 183 (1947).

“如果双方律师在他们的法律文书中很少关注对方作为律师的缺点，那么他们的陈述会更有效。他们应该知道，这是令法官讨厌的事情。”

——*Tele – King Distrib. Co. v. Wyle*, 218 F. 2d 940, 943 (9th Cir. 1955).

"谩骂是一场没有胜者的比赛。如果你认为你的对手早就该被取消律师资格了，他在特定案件中的行为是可耻的，是完全不专业的，请向申诉委员会提出这些问题，不要在上诉的书面或口头辩论中掺入这些内容。"

——Frederick B. Wiener, *Briefing and Arguing Federal Appeals* 125,258 (rev. ed. 1967).

"律师从诽谤同行或贬低下级法院中当然得不到任何好处。上诉法庭不是宣扬个人争议的地方，因为它不仅品位低下，而且引入了不相关的考虑，没有说服力，并容易惹恼法官，因为他们通常不会宽恕对同行的轻视。"

——Hon. T. W. Wakeling, *The Oral Component of Appellate Work*, 5 Dalhousie L. J. 584,591 (1979).

"对上诉庭的法官来说，人身攻击是特别令人讨厌的。在法律文书中对律师界的同行进行攻击，很少会给你带来任何东西，但会遭到法官的谴责。所有这些坚壁清野、不留情面、针尖对麦芒的东西都不适用。尤其，永远不要攻击主审法官。"

——Hon. Roger J. Miner, *Twenty – Five" Dos" for Appellate Brief Writers*, 3 Scribes J. Legal Writing 19,24 –25 (1992).

"我欣赏，甚至可能毫无理由地偏袒一份不含任何词语或暗示来贬低对手或法官的法律文书。"

——Hon. Frank M. Coffin, *On Appeal: Courts, Lawyering, and Judging* 120 (1994).

解释说明

当你把注意力放在人身攻击上时，特别是针对对方律师的人身攻击上时，必然会出现两个问题。首先，你向经验丰富的读者，法官，暗示你在案情方面很弱，需要用抹黑和咆哮代替有理有据的论证。其次，你使论证变得令人厌恶，你自己也不讨人喜欢。法官们经常说，他们对律师之间无休止的琐碎攻击感到厌倦。

针对诉讼对手的无端嘲讽也是如此。例如，在一个刑事案件中，一位美国助理检察官在第三巡回法院的一个案件中介绍了对一个名叫卢纳（Luna）的人的起诉，其同谋者名叫赛力斯（Sayles）。起诉书中包含这样的标题："Sayles（销售）可卡因：阴谋的形成"和"Luna（cy）癫狂行为：被挫败的勒索企图"。它还诋毁对方的公设辩护调查人员康尼·阿科斯塔（Connie Acosta），攻击她"甚至无法拼写出自己的学位专业（人类学）"。

在其克制的判决书中，第三巡回法院严肃地指出，"无论是控方对阿科斯塔女士的描述，还是其文字游戏，都没有反映出本案所需的严肃性"。[1] 向匹兹堡的助理公设辩护人凯伦·西里亚尼·格拉赫（Karen Sirianni Gerlach）致敬，她成功地指出了检察官的冒犯性言论。在诉讼当事人的名字上做文章进行嘲弄是不足取的。[2]

有些辩护律师放弃了所有说服的希望，攻击他们试图说服的法庭。这种策略从来没有奏效过。在我写这篇文章的时候，我面前有一份充满谩骂的重审动议，其中律师攻击了刚刚给他作出不利裁决的法官的动机和法律能力。他说，法院"对其决定的后果视而不见"；它"有一个特定的政治目的"；法院"通过狡猾的手法达成政治上正确的、以结果为导向的决定"；等等。为什么律师会提交这样的文件，并且可能为此向客户收费，这是令人费解的；除非这是他在离开不适合自己的职业之前的歇斯底里。

厚颜无耻、好战乐斗的写作暗示着自我控制能力的丧失，这本身就表明了作者的个人缺陷，而这些缺陷只能使律师的效率降低。因此，即使律师职业准则不禁止这种类型的写作，它也会违背律师的自我利益。事实上，律师职业准则确实不允许这样做，无论是在提交的文件中还是在庭外交流中。

- "律师不应该对对方律师进行不公平或贬低性的个人评价。"[3]
- "律师的谩骂和攻击性策略干扰了司法的有序进行，这类行为在我们的法律体系中没有适当的位置。"[4]
- "无论是书面材料还是口头陈述，都不应贬低对手的诚信、智力、道德、伦理或个人行为，除非这些事项与具有管辖力的实体法直接相关。"[5]
- "律师在与对手的书面和口头交流中应避免使用敌意、贬低或羞辱性的语言。"[6]

为了你的客户和你自己，请注意上述规则。

以下是六个例子。在例子一中，几乎没有一句话不是歪曲或夸大的。

1 *United States v. Luna*, 332 F. App'x 778, 783 n.6 (3d Cir. 2009).

2 See "Cruel and Unusual English", in *Garner on Language and Writing* 499 (2009).

3 ABA Model Code EC 7-37 (1983).

4 Id.

5 Am. Coll. of Trial Lawyers Code of Pretrial Conduct § 3(b) (2002).

6 Id. at § 4(b).

例子二是对对方律师公然的人身攻击，其依据不过是猜测。例子三和例子四，与例子一和例子二的风格相似，后者是平静的改写。例子五是一份过分夸张的法律文书的骨架：一些内容被删除了，但你可以很好地了解其中喧闹的激烈程度。

在例子六中，查尔斯·艾伦·莱特展示了如何指出对手诉状中的不准确和错误陈述：坦率但冷静；尊重且具体；没有一丝讽刺或挑衅。这就是理性的声音。

两个极端的坏例子

例子一

这里的表述既是诡辩，又含贬义。

Riverside公司无视本地区的多数规则，轻率地争辩，似乎强制放弃在这里是一种可行的救济类型。Riverside公司诉状中的每一页都像咒语一样重复着这样的断言：法官为了快速处理该诉讼，“承诺”进入一个90天的取证时间表。Riverside公司明显忽视了本地区的判例规则，并错误地将其诉状的大部分内容用于处理与本动议结果无关的问题。Riverside公司在很大程度上忽略了这一判例规则，仅在一个脚注中提到了上述判决中的两个。Riverside公司试图通过以下方式含糊地区分这些案例……

例子二

这是煽动性的、业余的猜测。我们需要的是事实，而不是轻率的结论。

虽然原告的律师拒绝了和解提议，但根据费用协议的措辞，我们认为完全不称职的律师没有向原告传达该提议，因为根据费用协议的条款，她没有能力接受该提议。原告的律师没有能力胜任这场诉讼，因为他们已经通过最初的费用协议，并试图用修订的费用协议来掩盖它；这证明他们没有能力将原告的利益置于自己的利益之上。通过虚假陈述诉讼价值，原告的律师规避《破产法》的规定，以满足他们自己的需要。本案表明，原告律师完全没有遵守职业操守，允许他们的客户在宣誓后撒谎，这构成事实上的伪证。

一些前后对照的例子

例子三

反例：Cruz公司提出了毫无根据的弃权要求。例如，它声称Tarloff Systems没有披露他们败诉的法院判决。但 Cruz 公司轻率地忽略了所有涉及上诉案情的文件,在这些文件中,Tarloff Systems 公司指出了下面的错误。套用马克·吐温(Mark Twain)的话说,Cruz 公司对 Tarloff Systems 公司所谓的弃权报道被极力夸大了。例如,Cruz 公司错误地讽刺说,上诉人没有质疑判决书。Cruz 公司的说法在很多方面都是错误的,它的另一个明显的夸大其词是……由于 Cruz 公司的诉状中充满了其他大量的夸大其词的内容,在此不逐一列举,Tarloff Systems 公司附上了一个表格,列出了其他 34 个例子,供法庭参考(附录第 1 ~3 页)。

范例:科鲁兹(Cruz)声称,Tarloff Syetems 公司已经放弃了这次上诉。例如,科鲁兹声称 Tarloff Systems 公司没有对判决书提出异议,并引用 *In re Marriage of Arceneaux* 案的判例来支持该观点。*Arceneaux* 判决并不适用于本案,因为该案的原告没有反对拟定判决,也没有提出重新审判的请求。在本案中,Tarloff Systems 公司多次对拟定判决提出异议,要求重新审判,也动议作出新的不同判决。科鲁兹还声称,Tarloff Systems 公司没有披露法院的不利判决,但事实上,Tarloff Systems 已经向本庭提交了全部上诉记录。

例子四

反例: StreamTech 的反诉是对 MediaGiant 多年来欺骗行为的回应,首先是 MediaGiant 对 StreamTech 和其他流媒体视频社区的虚假陈述,即只要他们不规避 MediaGiant 的数据安全措施(尽管被许可人可以自由添加自己的措施),就可以使用 MediaGiant 的 KPTF 协议而不用担心被起诉。MediaGiant的欺骗行为最终导致了这场毫无根据的诉讼,它声称 StreamTech 对 KPTF 的使用侵犯了 MediaGiant 的专利。虽然 MediaGiant 公开和私下表示,被许可人,特别是 StreamTech,可以自由地使用 KPTF 并引入他们自己的安全协议,但 MediaGiant 同时或不久之后就酝酿了一个秘密的、无意义的计划,提出毫无根据的断言。MediaGiant 表示它不会起诉那些使用 KPTF 的人,这是 StreamTech 和流媒体行业所依赖的众所周知的虚假陈述,MediaGiant 的诉讼与它所承诺的相反,只有通过对"开放"的 KPTF 许可证进行曲折的、毫无根据的解读才能实现。MediaGiant 的行为损害了 StreamTech 及其市场,构成了欺诈和不公平竞争,并构成了垄断责任的基础。

> 到了这一步,这个论点,实际上只是一个口号,已经变得如此晦涩难懂,以至于让人无法理解。

范例: MediaGiant 通过一个开源许可证向任何人免费提供其 KPTF 视频流协议。被许可人不允许规避 MediaGiant 的数据安全措施,但他们可以自由地添

> 这种较平静的版本令人专注于内容。

加自己的措施。StreamTech 利用 KPTF 开发新的和更好的产品，包括一些在视频流社区被认为比 MediaGiant 自己的类似产品更好的产品。同时，StreamTech 与 MediaGiant 友好合作，获得了 MediaGiant 的安全功能的权利，并考虑开发互利的项目。尽管双方对 MediaGiant 的数据安全功能的安全性存在公开分歧，但 MediaGiant 从未提出 StreamTech 对 KPTF 技术的使用可能以任何方式违反了开放许可。当 MediaGiant 公司提起专利侵权诉讼时，StreamTech 才第一次注意到有这样的争议。

例子五：夸大其词、大肆渲染的文书骨架

这段话是一位气急败坏的法官发给我的。

在其第三点错误中，上诉人表明，审判法庭允许提供明显不合格的、具有高度煽动性的、有偏见的、传闻的和不当品格证词的证据，旨在煽动和不当影响陪审团。在第四点错误中，上诉人表明，审判法庭拒绝取消被上诉人的律师资格，这玷污了整个诉讼程序，使上诉人无法得到公正的审判。

被上诉人针对上诉人的第一个错误点所提出的论点是没有道理的。被上诉人没有提到审判法庭的不当拒绝。被上诉人声称上诉人可以传唤证人为被上诉人的共谋计划作证，这种说法毫无道理。被上诉人的说法也是虚伪的。被上诉人共谋的证据在表明被上诉人单独参与了不法行为方面也具有很强的证明力。

被上诉人的答复是毫无道理的，而且具有误导性。上诉人在答复中说明了为什么被上诉人的论点是没有价值的。

被上诉人的答辩观点毫无意义。被上诉人在法律和事实问题上都是不正确的。被上诉人错误地陈述了事实，并对上诉人向本法院寻求的救济进行了错误的描述。被上诉人完全没有涉及这些额外的关键文件类别。

被上诉人的论点在法律上和事实上都是站不住脚的。此外，被上诉人的说法在事实上也是虚伪的。被上诉人知道，布莱德·西蒙森（Brad Simonson）是被上诉人之一，也是 *Surrey* 案阴谋的主要负责人，他拒绝出庭，宁愿安全地待在他的洛杉矶办公室里，不受审判法庭的传唤。这只是被上诉人努力不让上诉人和陪审团知道 *Surrey* 案和其他关键信息的又一个例子。

第一，被上诉人的论点忽视了事实。第二，被上诉人不适当地、人为地试图缩小被拒请求的相关性和重要性。被上诉人明显错误陈述了纽约法律。此外，被上诉人忽视了上诉人关于个别被告也有共谋的说法。因此，

被上诉人关于上诉人没有提出接受这一证据的论点，可以说是不实的。

被上诉人完全没有回应上诉人的论点。被上诉人的主张显然与记录相矛盾。被上诉人在其第一次修正的反诉中对这一主题进行了抨击，并在整个审前调查、审判和结案陈词中继续提出。他们是完全没有诚意的。

被上诉人试图保留其不恰当的货币赔偿的做法也是失败的。他们根本无法克服一个明确的事实，即他们的证据远远低于支持损害赔偿所需的标准。

被上诉人轻易忽略了长期存在的纽约法律……被上诉人对各种文件的依赖表明"应收账款"的担保权益是完全错位的……被上诉人在他们的案情摘要中没有包括其余的语言，这显示了他们不顾一切努力支持审判法庭判决的弱点。

例子六：如何指出对手的虚假陈述

I. 路易斯安那州对事实问题的处理既不准确也不恰当。

除了一个例外，本上诉中的争议问题是关于案情事实的。因此，准确理解地区法院的事实认定和记录中的证据是很重要的。路易斯安那州的诉状在这方面有不准确的地方，密西西比州认为一开始就澄清事实很重要。本节不打算完全列出路易斯安那州诉状中的事实错误，而是列举一些主要的不准确之处。

A. 路易斯安那州错误地归结出"消失的岛屿理论"。

路易斯安那州将地区法院从未作出的结论归于地区法院。在其诉状第1页，以及第3页和第32页，路易斯安那州声称地区法院发现斯塔克（Stack）岛已经"全被冲走"或"消失"了。事实上，地区法院从未作出任何这样的结论。路易斯安那州所引用的是初审法官意见中陈述路易斯安那州立场的部分。事情的真相是，地区法院拒绝了路易斯安那州的立场，并作出了完全相反的结论：

本法院不接受路易斯安那州各方的理论。从路易斯安那州的证据本身（LA－21、27和29）可以看出，从1881年到现在，一直有一块陆地，从地图上看，可以追溯到最初的斯塔克岛。

法院通过大量的证据得出结论，现在靠着路易斯安那河岸的地块，也就是原告索赔的部分，是斯塔克岛，它是1881年最初存在的岛屿，加上增量减去侵蚀。

没有任何证词表明斯塔克岛消失了。法院只是认为，路易斯安那州的当事人认为斯塔克岛消失是因为它从原来的斯塔克岛的位置移动了，这一立场并不妥当。

(Pet. for Cert. App. 32a – 33a.)

B. 路易斯安那州错误地描述了记录证据。

在一些情况下，路易斯安那州对记录中的内容进行了错误的描述。例如，在其诉状的第18页，路易斯安那州声称J. A. 163号文件中的地图显示了"截至1881年12月的航行轨迹"。事情的真相是，该地图上反映的"航行轨道"是由路易斯安那州绘制的，并不在原始地图上。但路易斯安那州对事实问题的不当处理并不限于对记录的错误定性。在其诉状第10页和第11页，路易斯安那州还试图插入从未被列为证据的事项。预审命令中提到了这些不相干的事项，并且可以推测，这些事项可以作为证据提供，但路易斯安那州选择不这样做。路易斯安那州试图将这种不相干的东西插入上诉是不恰当的。

在一个相关的错误陈述中，路易斯安那州声称，MRC的报告"详细描述了1881年斯塔克岛的主要航道的位置是在东槽航道"(La. Br. 18.)。MRC的报告没有这样说。它的日期是1883年11月15日，涵盖了从1882年12月1日到1883年11月1日的时期(See J. A. 146,147.)。MRC的报告并没有"描述"1881年的通道位置。确定主干道的位置不是MRC报告的目的，1881年也不是报告关注的时间。正如第二节将详细讨论的那样，路易斯安那州对MRC报告的解读远远超出了合理的范围。

C. 路易斯安那州对地区法院审理的问题进行了错误的陈述。

最后，路易斯安那州的诉状对审判中所考虑和决定的内容传达了一种误导性的印象。在一些地方，诉状提到了一个"新的岛屿"或"独立的地理位置"。在第1页，路易斯安那州指控地区法院"没有讨论'新'岛"。在第2页，路易斯安那州称，"审判法庭也避免讨论有争议的两个独立地理位置的事实"。事情的真相是，"新岛"和"独立的地理位置"在本案中没有争议。

路易斯安那州在诉讼过程中第一次提出了这些想法。它们最初是在审判前几个月的审前会议上讨论的，然后在审判即将开始时再次讨论。当时，地区法院明确裁定，所有律师也明确同意，只有斯塔克岛是有争议的，"新岛"不是诉讼的主题（Tr. 21 –33）。大家一直都明白诉讼的主题。因此，通过插入"新岛"或"不同地理位置"的概念来制造混乱的企图是不恰当的，应该被拒绝。

在一个相关的问题上，路易斯安那州提到了"增积特征"，并认为密西西比州的索赔与"银行增积"有关（See La. Br. 1.2）。这和对密西西比州立场的错误陈述应该被驳回。密西西比州的索赔与增积无关，而是与斯塔克岛有关。密西西比州的一贯立场是，斯塔克岛没有增积到路易斯安那河岸。相反，将该岛与路易斯安那州分开的河道逐渐被沙子和其他冲积物堆满（See J. A. 47 –48；55 –56；61 –62；99）。

技巧70的要点总结

- 即使在揭露对手论点的缺陷时，也要对对手保持一种平等的礼节。
- 永远不要对你的对手进行人身攻击，即使是间接的。在任何情况下，都不要付诸琐碎的人身攻击或辱骂，即使对手的行为的确有问题。
- 即使在私下里，与你的客户一起，也要避免贬低对手的性格、动机或道德规范。请记住，很少有律师会觉得自己不是在最高的层面上进行诉讼。
- 避免沉溺于夸张的说法。这很乏味，而且让你看起来比对手更糟糕。
- 在指出对手的不准确或错误陈述时，要以查尔斯·艾伦·莱特为榜样：坦率但冷静，尊重且具体，不要有一丝冷嘲热讽或挑衅。

71

切勿歪曲事实或法律

名言警句

“你必须表现得公正，绝对的公正。不能对对手的情况作任何失实陈述。公正的方法是对相反主张的证据给予充分肯定。”

——Gorham Munson, *The Written Word* 112 (rev. ed. 1949).

“应该始终避免夸大事实，这与自信地陈述事实是完全不同的。很少有事情能像夸大其词那样被对方揭穿，而最糟糕的是数量上的夸大，这种夸大被揭穿后还无法掩饰。”

——Frederick A. Philbrick, *Language and the Law* 8 (1949).

“当你夸大其词的时候，读者会立刻提高警惕；你之前的一切以及随之而来的一切都会在他心中产生怀疑，因为他对你的判断或你的姿态失去信心。”

——William Strunk Jr. & E. B. White, *The Elements of Style* 72–73 (3d ed. 1979).

“轻描淡写会比夸大其词对你有利得多。如果你建立了低调的声誉，法官会仔细考虑你的论点，即使它们乍一看是错误的。”

——Harold G. Christensen, *How to Write for the Judge*, Litigation, Spring 1983, at 25, 26.

“夸大事实或法律会损害你作为法律人士的信誉；如果你在这里或那里弄虚作假，你一定会被发现。要有意识地避免任何形式的夸张，以免你不仅直接影响自己的客户事务，也破坏了自己的信誉，从而影响得到未来客户的机会。”

——Bryan A. Garner, “The Language of Appellate Advocacy”, in *Appellate Practice Manual* 188, 190 (Priscilla A. Schwab ed., 1992).

“律师不得故意向法庭作出虚假的事实或法律陈述。”

——*Model Rules of Professional Conduct* 3.3(a)(1) (2008).

解释说明

首先是道德上的考虑。当你与法院打交道时,在许多方面你被期望做的不仅仅是诚实。你必须坦诚、坦白、直截了当、光明磊落。根据《律师职业行为规则》,你不得在知情的情况下"向法庭作出虚假的事实或法律陈述";[1] 但不止于此:你不得"不纠正你以前向法庭作出的关于重要事实或法律的虚假陈述"。[2] 此外,你不能"不向法庭披露在控制性司法管辖区的法律权威,尽管它直接不利于客户的立场,而对方律师却没有披露"。[3] 你必须以充分的正直和坦率来倡导你的立场,决不能陷入狡猾或诡秘的"暗箱"操作。

其次是实际考虑因素。如果你弄虚作假或歪曲事实,你会被发现的。如果你被发现了,你就失去了一个辩护人必须失去的一切:信誉。一位法官告诉我,这些事情经常发生,以至于不容易想到具体的例子。另一位法官,第五巡回法院的托马斯·M. 里夫利说,他见过律师的各种荒唐行为:把巡回法院的判决当作最高法院的判决,而最高法院却推翻了这一判决;引用与之相反的判决作为支持;极大地夸大所引用案件的"里程碑意义"或"明显的不公正";或者,谎称在审判法庭上提出过一个观点,而记录明确显示并非如此。

但是,让我们以一位联邦地区法官的经验为例,研究一下他所遇到的几个有代表性的例子。明尼苏达州联邦地区法院的帕特里克·J. 希尔兹(Patrick J. Schiltz)法官回顾了近年来的四起此类案件。

在 *Hough v. Shakopee Public School District* 案中,被告学区的律师歪曲了事实,谎称对学生的日常搜查结果"只用于内部监管目的,没有交给警方"。[4] 这一说法被证明是非常错误的。在他的意见中,希尔兹法官解释说,有充分的证据表明情况相反。"当学区说搜查结果没有与警方共享时,它歪曲了记录。作为一个政策问题,学区的行为准则明确要求毒品或其他物品必须与警方分享。明确要求将搜查中发现的毒品或武器移交给警方"。[5] 作为一个实践问题,原告提供的证据表明,至少有两次,学校在搜查

---

1 Model R. Prof'l Conduct 3.3(a) (2008).

2 Id.

3 Id.

4 *Hough v. Shakopee Pub. Sch.*, 608 F. Supp. 2d 1087, 1103 (D. Minn. 2009) (citations omitted).

5 Id. at 1104 (lightly edited).

过程中发现的毒品或毒品用具被移交给了警察,后者作出了违法记录[6]。最糟糕的是,“该学区的证人证实,在搜查过程中发现的所有毒品和一些武器都会被移交给警方”。[7]

为了避免这样被发现,在写作时要不断问自己,你是否完全真实。

考虑一下希尔兹法官审理的另一个案件。在金属板工人国家养老基金受托人委员会诉 Markgraf 机械公司案中,原告的律师用一堆站不住脚的理由和不择手段的歪曲来支持他的论点。希尔兹法官解释说。“该基金在回应法院的展示理由的命令时,误导性地引用了一条法规,然后提出了一个与法院本身向该基金引用的法律权威直接相反的论点,甚至没有试图提供相反的法律权威。”[8]该基金使事情变得更糟,它错误地声称,“长期的法律权威”确定“当独立的诉讼在州法院提起时,可以根据一般的联邦问题移送到适当的联邦法院”,因此,“移送是适当的,因为 Markgraf 的动议挑战了在本法院作出的判决的有效性”。[9] 更糟糕的是,正如希尔兹法官所指出的,“基金提供的所谓‘权威路线’的引文来自基金未能确认的反对意见”。[10] 希尔兹法官进一步指出,“即使存在这样的‘权威路线’,它也不会支持本案的撤诉,因为 Markgraf 不是州法院独立诉讼的原告”。[11]

虽然 Markgraf 案涉及的是犯罪行为,但另一种类型,即不作为的罪过也同样具有破坏性。在 *Der v. Connelly*[12] 案中,胜诉的被告要求获得律师费,并引用了一条法规来支持他的要求。正如希尔兹法官所解释的,“为了支持他的律师费动议,康奈利(Connelly)引用了 42 U. S. C. § 1988(c),如下:‘在根据本节规定判给律师费时,法院可酌情将专家证人费作为律师费的一部分。’”[13]问题在于,正如希尔兹法官所观察到的,该引文“省略了重要的限定语言,——该法条的适用范围为‘任何执行本标题第 1981 条或第 1981a 条规定的诉讼或程序……’”[14]——且德尔(Der)不存在的情况,故第 1988(c)条完全不适用。法院随后警告该律师,任何进一步的此类诡计都

6 Id.

7 Id.

8 *Board of Trs. of Sheet Metal Workers Nat'l Pension Fund v. Markgraf Mech. ,Inc.* ,No. 09 – CV – 0754, 2009 WL 1444693, at *2 (D. Minn. May 21, 2009).

9 Id. (citations omitted).

10 Id.

11 Id.

12 No. 08 – CV – 6409, 2011 WL 31498 (D. Minn. Jan. 5, 2011) (citations omitted).

13 Id. at *6 n. 4.

14 Id.

会带来对其个人的制裁。

有些案件甚至更加令人震惊。在 *Welk v. GMAC Mortgage, LLC* 案中，原告律师巴特勒(Butler)选择了完全无视先例，面对压倒性的反对而推进他的论点。令人惊讶的是，正如希尔兹法官所解释的那样，“第八巡回法院拒绝了巴特勒的理论，但这并没有阻止巴特勒继续根据该理论提出几十项索赔。巴特勒也没有因为他的理论被每一位涉案联邦法官拒绝而退缩”。[15] 当法院要求巴特勒解释，尽管他的理论被如此响亮地拒绝，但他如何能够继续根据该理论提出索赔，“巴特勒的回答是引用了三位州法官的决定，他声称这些法官支持他的观点。但事实上，在巴特勒引用的三项判决中，有两项明确拒绝了他的理论，而第三项判决对其要求只字未提”。[16]

所有这些伎俩都是透明的：它们不会为你带来任何好处，要么是输掉官司，或者遭到藐视，甚至被法庭制裁。

即使你把撰写法律文书的工作委托给初级律师或律师助理，情况也是如此，正如一位律师在美国得克萨斯州北区地区法院的芭芭拉·M. G. 林(Barbara M. G. Lynn)法官面前所了解的那样。在一个由非裔美国医生提起的案件中，原告律师在答辩状中声称“被告之一在与原告交谈时说‘小子，我不会让你治疗我的狗’”。[17] 为了支持这一引述，他引用了原告的宣誓书(附在答辩状中)，但是宣誓书和记录中的任何其他证据都没有包括“小子”这个词。正如林法官所解释的。“这个错误的引语不是一个小错误。添加了带有种族色彩的‘小子’一词，在很大程度上改变了准确的引文”。[18] 该律师争辩说，错误的引文“是一个二年级的律师无意中犯的错误……”[19]但林法官认为，本案的首席律师“有责任确保原告辩护状中引用的事实是正确的，他没有将他的法律论点建立在错误的事实论证之上”。[20] 林法官接着说，“他有责任确保关键引文的准确性”[21]，而错误的引文“本可以通过简单的校对发现”。[22] 该合伙人所要做的是“审查当天准备的 11 页

15 *Welk v. GMAC Mortg., LLC*, 850 F. Supp. 2d 976, 985 (D. Minn. 2012).

16 Id. at 986 (footnotes omitted).

17 *Jenkins v. Methodist Hosps. of Dallas Inc.*, 2004 WL 2871006 (N. D. Tex. Dec. 14, 2004), at *1.

18 Id.

19 Id.

20 Id.

21 Id.

22 Id. at *2

宣誓书，以确定引文是否正确”。[23] 法院制裁并训斥了这位不合格的律师。这就是教训。在把你的后辈的工作作为你自己的工作提交之前，一定要审查他们的工作。你和他们一样，将承担他们的错误。

此外，对于任何将如此重大的渎职行为的责任转嫁到下级律师，可能总是会有疑问。想象一下，如果收到法院的命令，要求所有参与准备法律文书的律师准备宣誓书，说明错误陈述是如何发生的。在刚才提到的案件中，林法官正是发出了这样的命令。

林法官在得克萨斯州北区的一位同事，特里·R. 明斯（Terry R. Means）法官，发出了一个清醒的告诫：“当法官从某位律师的口头或书面表述中感受到或者捕捉到任何扭曲的东西，那么这名律师今后从该法官那里将不再会得到完全的信任。该法官将永远不会忘记这个经历。这名律师可能会恢复他在法官面前的一些信誉，但绝不会恢复全部信誉。”

三个极端的坏例子

例子一

这里充满了虚假。

没有什么明显的理由可以解释为什么审判庭无视事实，无视法律，无视租约，无视单位协议，无视汉克尔（Henkel）的承认，无视汉克尔违背的承诺和错误陈述，无视汉克尔一再改变的立场和致命的不一致的证词。也许是因为审判法庭基于一个明显的误解，决定“本案应以这种方式解决”。

例子二

非常糟糕。如果没有确凿的事实，就不应该讨论下级法庭的问题。

ALJ 故意固化他的分析，以避免其所知道的合适列表。在做了十几年的法官后，ALJ 可以审查上诉人的资料并立即认识到最合适的列表是 14.08N。这不是疏忽，而是一种目标导向的分析，他在进行第三步（只找到哮喘病的清单，而回避其他的清单）的同时，拒绝任何会导致他进入第五步的证据，即职业专家和不可避免地提供福利。因此，ALJ 在将证据折磨得死去活来时，能做的最好的事情就是让上诉人回到公共场所工作，带着与艾滋病毒有关的痴呆症，注意力明显下降，无法与主管、同事或公众相处。这就是在这个 ALJ 的法庭上被称为“实质性证据 ”的司法质量。

---

23 Id.

例子三

Tulia 银行的这一诉讼应该被驳回,并从法庭上抛出,因为 Tulia 银行在本案中从来没有地位。它从来不是 Doe 氏信托的合法受托人。约翰和简·道(Jane Doe)是受托人。约翰去世后,信托文件显示,理查德(Richard)成为他母亲的共同受托人,他母亲去世后,理查德成为唯一受托人。显示这一点的文件作为证据附在这里。在任何时候,Tulia 银行都没有在本案中拥有任何权利。他们只是篡改和窃取了这个案件,因为涉及数百万美元。发生的事情是 Tulia 银行偷了钱,很简单,他们对 Doe 氏的资产没有任何权利。

所有这些毫无根据的诡计都适得其反。

Tulia 银行提交的诉状第 6 段注 1 包含以下值得注意的陈述:“绕开信托的条款在理查德·道(Richard Doe)死后关于理查德信托的适当受益人方面的表述多少不太清楚。”“多少不太清楚”是一个巨大的轻描淡写或错误的陈述。信托文件已被展示给几位专门从事此类事务的律师,他们都说,这些信托文件是无稽之谈;“荒谬”、“可笑”和其他几个形容词被用来描述这些信托文件,一位旧金山的知名律师说,起草这份信托的律师应该因为不称职而被取消资格。

技巧 71 的要点总结

- 切勿歪曲或夸大事实或对手案件的弱点;对方律师——或者更糟糕的是,法官——肯定会发现这种操作,这将使你的信誉扫地。
- 在没有确凿证据的情况下,攻击另一个法庭的行为、动机或道德规范,只会使你所面对的法庭对你产生敌意;即使你有证据,法律文书也不是你肆意宣扬的地方。
- 在文书写作时,尽量以一种能让你的对手满意的方式陈述你的立场:只有这样,你才能有效地反击它。
- 维护你的声誉;牢记《律师职业行为规则》第 3.3(a)条,其中规定你不得故意“向法庭作出虚假的事实或法律陈述”。

72

直面对手的论点；可能的话，碾压之

名言警句

“如果对手先发言，必须先讨论对方的论点，针对它进行反驳，尤其当对方的言论相当不错时。”

——Aristotle, *Rhetoric* ch. 3. 17, at 257 (ca. 350 b. c. ; H. C. Lawson – Tancred trans. , 1991 ; repr. 2004).

“如果对手说了一些看起来很有说服力的话，你必须迅速推翻这个立场，为自己的论点腾出空间。”

——Hon. Antonin Scalia & Bryan A. Garner, *Making Your Case: The Art of Persuading Judges* 17 (2008).

“如果你的辩护状是第二次提交的，那么就从‘清除灌木丛’开始—回应你的对手看似有说服力的，而且完全绕过你主要观点的—例如，一个有说服力的弃权或缺乏管辖权的主张。”

——Id. at 71.

解释说明

在高中和大学辩论中，如果对手的论点被忽视——所谓的放弃辩论——就被判定为认输。因此，在学术辩论中，一个常见的策略是分散论点：辩手们会以最快的速度提出观点，希望对手在严格的时间内无法对所有的观点作出回应。根据精心制定的辩论会评分规则，放弃的论点可能会破坏原本出色的表现。

当然，我们都知道，学术辩论与现实生活中的诉讼不同。但是，什么时候诉讼律师可以从容避开对手的观点？什么时候这么做会有麻烦？我向几个经验丰富的律师提出了这些问题。

华盛顿特区巡回法院的哈里·T. 埃德沃兹（Harry T. Edwards）法官睿智地回答说：“我不认为你的问题有一个简单的答案。”他是对的。这是一个棘手的问题。埃德沃兹法官接着提供了更多信息。

华盛顿特区的强纳森·梅瑟（Jonathan Massey）是1985年全国辩论赛的冠军，他的法律生涯是从集中攻击对手的放弃论点开始的，但经验使他对这种策略保持警惕。“当我还是一个年轻的律师时，我经常在听证会和辩论会上尝试攻击‘放弃论点’的策略，告诉法官对方没有反驳这里的观点或那里的论点。这种方法似乎从来没有让我得到任何好处。而且，当法院主动提出比我的对手更好的论据时，我总是感到很沮丧，好像他们在帮对方做功课一样。”

对梅瑟来说，事情发生了变化。“我逐渐意识到，法律制度不是像辩论那样的竞赛，尽管提到了‘对抗制度’和关于弃权和保留反对意见的规则，但大多数法官都不愿意根据‘放弃论点’来裁决案件。我认为原因在于，让判决‘正确’具有强烈的公共利益。在英美法系中，判决有助于法律的发展，并对第三方有附带影响。如果结果导致一个错误的判例，那么法官根本没有资格根据‘放弃的论点’来决定一个案件”。

但话说回来，这在很大程度上取决于背景。法律明确规定，在某些情况下可以永远放弃争论。因此，正如达拉斯的1990年全国辩论赛冠军戴维·柯艾尔（David Coale）所指出的那样，得克萨斯州的法律对那些没有正确答辩以回应长臂管辖权指控的被告可以说是惩罚性的——“没有回答的一方‘放弃’关于送达的指控，但除非这些指控是完美的，否则没有法律效力。因此，部分情况是，‘放弃’的效果取决于有争议的实质性问题”。

有一个埃德沃兹法官指出的关键问题。谁在放弃争论？如果是负有说服责任的一方，那就是真正地放弃论证。如果是没有责任的一方，而该方没有回应，最好称之为没有回应，而并非放弃。

埃德沃兹法官是这样说的：“如果动议人负有举证责任，而且很明显动议人没有履行举证责任，非动议人可以选择少说或不说。例如，在简易判决的实践中，不承担举证责任的应诉方只需要向法院指出对方没有履行其责任；应诉方不需要提供具体的证据来反驳对方明显没有满足其举证责任的一般性论断。”

当然，最不安全的是等到提交答辩状时来讨论是否满足标准——无论是审判庭的动议还是上诉的协议。法院通常认为，在答辩状中首次提出的论点是被放弃的。[1] 这同样适用于只在脚注中提出的论点。[2]

当涉及关键性的事实时,不提供任何回应是不明智的。埃德沃兹法官再次说道:"如果甲方声称从记录中可以看出'A+6×47-D>242',这很重要,而乙方没有任何回应,法院通常会说'A+6×47-D>242'是没有争议的。我们不一定会说乙方'承认',但我们肯定可以说'没有争议'。"[3] 因为审判法庭或行政机构正在做记录,一个没有被反驳的事实指控很可能被看作一种让步,如 Fed. R. Civ. P. 56(e)(2)。因此需要特别注意,事实如果没有得到回应,会很危险。

在上诉中,取决于你是如何架构布局的(见技巧11),被放弃的论点可能会发生转变。旧金山的史蒂文·A.赫尔什(Steven A. Hirsch)有这样的建议:"如果你对问题进行了正确的构思,你可以将对方的许多或所有的论点定性为一个单一的论点,即你所架构的问题。这样一来,就没有必要针对他们论点的每一个错误的变体,因为所有的变体都有同一个致命的缺陷。这样,你就能简洁地处理所有反对的论点,而不必担心放弃,也不会陷入对最边缘的论点的反驳中。"

他补充说:"有时,你必须根据一些共同的缺陷,将反对的论点归入不同的篮子,以恰当的框架来解决这个问题;但原则保持不变。"

当然,也有不同的观点。达拉斯的布莱恩·尼尔(Brayn Neal)认为:"任何论点——无论多么薄弱——都不能被安全地忽略。"他担心繁忙的通才法官是否愿意或有能力将麦子从谷壳中分离出来。尼尔的同事史蒂文·

---

1 See, e. g., *Narducci v. Moore*, 572 F. 3d 313, 324 (7th Cir. 2009) ("[T]he district court is entitled to find that an argument raised for the first time in a reply brief is forfeited."); *Cromeens, Holloman, Sibert, Inc. v. AB Volvo*, 349 F. 3d 376, 389 (7th Cir. 2003) ("Because Volvo raised the applicability of the Maine statute in its reply brief, the district court was entitled to find that Volvo waived the issue."); *United States v. Jackson*, 50 F. 3d 1335, 1340 n. 7 (5th Cir. 1995) ("It is well settled that, generally, we will not consider issues raised for the first time in a reply brief.").

2 See Antonin Scalia & Bryan A. Garner, *Making Your Case: The Art of Persuading Judges* 129–31 (2008).

3 See, e. g., *Home Box Office, Inc. v. F. C. C.*, 567 F. 2d 9, 52 (D. C. Cir. 1977) ("It is apparently uncontested that a number of participants before the Commission sought out individual commissioners or Commission employees for the purpose of discussing ex parte and in confidence the merits of the rules under review here."); *Desmond v. Mukasey*, 530 F. 3d 944, 951 (D. C. Cir. 2008) ("It is uncontested, however, that Mr. Davis told Higginbotham that she thought Desmond could overcome his trauma and become a good agent."); *United States v. Lemire*, 720 F. 2d 1327, 1332 (D. C. Cir. 1983) ("The evidence in this case is both complex and controverted, but certain uncontested facts set the stage for analyzing the defendants' appeal.").

F. 芬克（Stephen F. Fink）也同意："我站在传统观点的一边。在不忽视实际影响司法决策的整体因素的情况下，应当假设法院希望得到帮助，以便用原则性的推理作出一个正确的判决，同时尝试解决对方提出的每一个议题。"

当我向赫尔什追问措辞宽泛地驳回对方论点的例子时，他回答说："我找了一些案例，在这些案例中，我故意不回应一个论点，理由是这个论点太傻了，或者与其他论点关系太密切，不值得单独回应。虽然我觉得自己一定在某个时候做过这种事，但我找不到一个例子。要么是我比想象得更勤奋，要么是我的搜索技术有问题。我肯定会使用之前写的'掌控问题'的方法来浓缩和整合我对反对论点的回应，但显然不是为了完全不予回应。"

我的专家们都同意的一点是，正式的辩论与法律诉讼没有什么相似之处。我想他们也同意，以某种形式作出回应，也许是高度概括性的，是最安全的方法。关于这个观点，Allen Matkins 律所的律师鲍勃·巴恩斯（Bob Barnes）自嘲地承认："我一般会做懦弱的律师：'上诉人提出了其他几个问题——A、B 和 C——所有这些都是没有价值的，没有一个值得回应。'之所以称之为懦弱，是因为并非没有真正对其作出回应。"他的做法确实比懦弱更明智。

在我自己的写作中，我有时通过"春秋笔法"来使用宽泛的措辞技巧——用《韦伯斯特字典》（第 2 版）的话说，就是"通过简短地提及，以强调被省略的内容的暗示性"。这种方法出现在我对林·特拉斯（Lynne Truss）的《吃、芽、叶》的评论中："我只在这一段中对特拉斯的愚蠢行为进行抽样展示（见 *Garner on Language and Writing* at 642 - 43——在一个段落中列举的 Truss 的 20 个错误）。"

这种技巧在法律文书中经常被很好地利用。比如说："威廉姆斯对琼斯案情摘要中的事实陈述提出怀疑，该摘要中充斥着无意的但错误的陈述。三个例子足以说明这个问题：琼斯引用威廉姆斯·史密斯（William Smith）警官的一个否定回答（琼斯案情摘要 7），而事实上那是个肯定的回答（R. 617［与琼斯使用的引文相同］）；琼斯从马尔科姆·唐赛德（Malcolm Downsad）警官的宣誓书中删除了'不'这个字（琼斯案情摘要 8；R. 1410）；琼斯将自己的证词错误地归于公司被告的代表金·凯利（Jean Kelly）（琼斯案情摘要 10；R. 814）。可以说，威廉姆斯不承认琼斯的'事实'陈述，而没有让法院承担全部纠正的负担"。

当然，辩证地组织你的论点（见技巧 7）有助于确保你可以反驳。接下来是一份简短的书信文书（有些司法管辖区仍然允许），在第一段中列出深层的议题（见技巧11至技巧16），然后是针对对手两个最重要的论点的拆解（阿里森）（Arison）。

例子：约根森（Jurgenson）的答辩状摘要

亲爱的法官林：

根据原告10月25日关于约根森驳回动议的信件，法院面前的问题可以具体化为：

（第一段中的深层议题。）→

根据纽约法律，法院不适宜原则和法院选择条款的可执行性是不同的法律问题。上诉庭拒绝了约根森的法院不适宜动议，但没有对相关的法院选择条款的可执行性作出判决。约根森现在能否以某些关键合同受排他性管辖法院选择条款为由提出驳回动议？

简单的答案是肯定的。

（拆解一。）→

阿里森和约根森之间的某些关键合同受排他性法院选择条款的制约，该条款要求任何“由协议引起的”诉讼必须在加利福尼亚州或澳大利亚进行。阿里森认为法院选择的问题已经定案，因为约根森的答辩状提到了另一个被告马塔（Mytar）的动议，该动议要求驳回阿里森的索赔，因为阿里森和马塔之间的几个关键协议包含强制性法院选择条款。这一论点不成立，因为马塔的动议是在约根森向上诉庭提交开场陈述后提出的，约根森引用该动议只是为了说明在纽约法院解决争议的潜在困难。

（拆解二。）→

阿里森认为法院选择问题没有实际意义的第二个原因是，该法院驳回了约根森以法院不适宜为由提出的撤诉动议，而上诉庭驳回了约根森的上诉。阿里森宣称，上诉庭一定考虑过法院选择条款，并认为它们无效，从而使法院选择问题成为定案。但在其上诉中，约根森明确承认，其关于法院不适宜动议的上诉“不是辩论马塔基于法院选择条款的实际案情的适当工具，因为审判法庭尚未对马塔的动议作出判决”。上诉庭的命令没有明确提到合同中的法庭选择条款，也没有隐含地提到它们。因此，该庭令不能被扩展到覆盖合同中的法庭选择条款。

约根森现在向本法院提出的问题并没有被禁止。

真诚的，

技巧72的要点总结

- 不要用令人觉得你是在让步的方式放弃论点。
- 使用清理性语言，扫除不值得大量篇幅的、无意义的观点。
- 辩证地组织你的论点，确保你已经解决了反驳的问题（见技巧7）。

73

开头段落中避免无意义的言语，如不必要的括号和标题

名言警句

“你的任务是给读者一些他还没有掌握的有价值的内容。不要把他已经知道的内容放进去而使他厌烦，也不要把与你真正的观点无关的内容放进去而使他困惑。要猛然进入，一个突然的开始比一个沉闷的开始好。”

——James Weber Linn, *The Essentials of English Composition* § 11, at 17 (1916).

“想象一下，当你读到《体育画报》的一篇文章的以下介绍时，你会感到多么惊愕：

这篇文章将告诉你关于超级杯赛的情况。它将宣布参赛球队，向你介绍他们的赛季和在季后赛中的胜利的一些背景，描述他们的教练、球员和球员的家庭，并对他们的球迷做一些评论。它将包括对第一节、第二节、第三节和第四节事件的总结，并以最后的比分以及教练和球员在比赛后的一些评论作为结束。

你知道——几乎是不自觉地知道——这种开头是乏味的，没有新意的。以这种方式开篇的作家通常忽略了他们的听众，忘记了读者希望被生动、有趣、充实的风格所吸引和娱乐。”

——Richard Marius, *A Writer's Companion* 22 (1985).

“每位教授写作艺术的教授每学期都应该用几周的时间来讨论一个话题：开场白。在写作中，一个结论性的结尾是可取的，一个发展良好的中间部分也是必不可少的，但正是这个开场白可以成就或破坏一篇文章。”

——James J. Kilpatrick, *Fine Print: Reflections on the Writing Art* 79 (1993).

“开场白的选择应该总是让听众想听更多。”

——Jeffrey McQuain, *Power Language: Getting the Most Out of Your Words* 109 (1996).

“如果在一开始，一个作家看起来很无聊，不愿意使用他的想象力，对他的读者漠不关心，而且思维不清晰，他很可能会保持这种状态。但是，如果他的开场白显示出激情、清晰、敏锐的头脑和吸引读者的天赋，那么他就有可能保持原样。”

——John R. Trimble, *Writing with Style* 24 (3d ed. 2011).

解释说明

公式化的短语很容易被采用，特别是当每个初学者都想知道法庭文件“应该”是什么样子的。一旦你发现它们看起来像什么，你就可以让它们看起来都像那样。

也许这就是法律文书作者如何养成的习惯，即用“速记括号”来宣布根本不需要解释的缩略语，从而浪费他们的开篇。这就好像他们把司法读者当成了笨蛋。文书撰写者还无意识地重复——或多或少是逐字逐句地重复标题中的字句。在一些州，他们使用“Comes now”的措辞；在另一些州，则是“Now comes”。在其他州，没有人使用这种陈旧的行话，但即使在那里，诉讼律师通常也只是重复标题。

这种做法使华盛顿的凯文·麦克唐纳德（Kevin McDonald）律师创造了一个短语，即“hence the title”。这是法官在阅读法庭文件的典型开场白后可能作出的声明。

为什么律师要重复他们的标题？好吧，一个理由是在该段中定义当事人——这样你就可以说：

> IBM 公司（“IBM”）、Symantech 工业公司（“Symantech”）和 Huron 进口商公司（“Huron”），在此统称为“被告”，提出他们的撤诉动议，并谨此声明：……

但你真的认为，在没有定义的情况下，任何读者都会对后来提到的 IBM、Symantech 或 Huron 感到困惑吗？或者提到被告也会让人困惑？这是很难想象的。

严谨的做法是，除非有必要，否则就不要下定义。如果它们真的有帮助，就在它们出现的时候简单地定义一下，但不要浪费一个段落。

换句话说，不要把法官当作笨蛋：在读完你的第一段后会说：“哦，我明白了。这就是为什么你在上面使用了那个标题！谢谢你告诉我，这不是一份虚假的法庭文件！”

假设你认为本技巧令人震惊地不符合常规，考虑一下坦帕（Tempa）市法官史蒂文·D. 迈瑞达（Steven D. Merryday）发布的以下命令。该命令发布后不久就在互联网上疯传，各地的联邦诉讼当事人都注意到，法官不喜欢无意识的废话。无论你是在阿拉斯加州（Alaska）的费尔班克斯（Fairbanks），还是在缅因州（Maine）的波特兰（Portland），你都可以信赖这一评估。

庭　令

2012年8月3日，原告提出动议（文件22），要求允许提交一份超过页数限制的动议。该动议称，“由于涉及复杂的事实和法律问题，很难满足25页的页数限制”。两小时后，未经许可，原告提交了一份29页的动议（文件23）。基于这个FLSA集体诉讼提出了非典型的复杂问题这一错误的前提，超过页数限制的动议（文件22）**被拒绝，**关于有条件的集体诉讼地位的动议（文件23）**被驳回**。

对拟议的29页动议的开始部分的审查证实，在不减少实质内容的情况下，对动议进行适度的知情编辑修改就能轻松地将其减少到25页。

比较一下：

原告~~ZACHARY BELLI、BENJAMIN PETERSON、ERIC KINSLEY和LARRY JOHNSON（以下简称“原告”），单独并代表所有其他处境相似的人（“集体成员”），通过以下律师并根据《1938年公平劳动标准法》（“FLSA”），29 U. S. C. § 216(b)，提出本动议。S. C. § 216(b)提出这项动议，~~寻求一项命令~~[动议]~~（1）[有条件地]将本案认证为集体诉讼；（2）[要求]被告~~HEDDEN ENTERPRISES, INC. d/b/a INFINITY TECHNOLOGY SOLUTIONS（以下简称“被告”）~~出示并披露所有潜在集体诉讼成员的姓名[、]和最后已知的地址[、]和电话号码，以便实施通知；以及（3）[授权]通过~~美国一等邮件通知所有[c]Lass M[m]embers。~~在过去三（3）年内，通过美国一等邮件向所有[本诉讼]受雇于被告的类似人员发出通知，~~告知他们本诉讼正在进行中，并告知他们有权选择加入本诉讼。为了支持这项动议，原告提出了以下事实，并向本法院提供了一份支持该动议的法律备忘录，并主张如下。~~

和这个：

原告请求：（1）有条件地证明集体诉讼；（2）要求被告提供每个潜在集体成员的姓名、地址和电话号码；（3）授权被告在三年内向每个处境相似的人发出本诉讼的通知。

集中精力消除重复、冗余和法言法语(见布莱恩·加纳,*The Elements of Legal Style*,2002 年第二版),原告可以在 **2012 年 8 月 15 日**或之前提交一份 25 页的动议。

2012 年 8 月 7 日在佛罗里达州坦帕市作出本庭令。

史蒂文·迈瑞达,美国联邦地区法庭

一些前后对照的例子

例子一

反例: Bradley, Fitch, Hall & Russkind 律师事务所("Bradley Fitch")于 2009 年 7 月 2 日前后被聘为上述案件中 Portnoy 医疗中心公司("Portnoy")的财产损失索赔人的代表。大约在 2009 年 7 月 28 日,Portnoy 被选为官方无担保债权人委员会的成员。莫尔顿·伊布尔(Merton Yibber)("Yibber")是 Bradley, Fitch, Hall & Russkind 律师事务所的成员,他代表 Portnoy 参加官方无担保债权人委员会的会议,并与 Nimbus 公司("债务人")和其他债权人就重组计划的条款和披露声明进行谈判。

范例: Bradley Fitch 律师事务所从 2009 年 7 月初开始代表 Portnoy 医疗中心;Merton Yibber 负责大部分工作。在该月下旬,当 Portnoy 成为无担保债权人委员会的成员时,Yibber 开始代表 Portnoy 参加委员会会议和与债务人 Nimbus 公司的谈判。

例子二

驳回动议的"程序历史"部分与驳回的原因无关,且这些日期与动议的内容没有关系。

反例:程序历史

原告罗宾·B. 绍特(Robin B. Sorter)是瓦尔特·E. 绍特(Walter E. Sorter)("Sorter")遗产的管理人,于 2012 年 6 月 22 日前后向康涅狄格州高级法院提交起诉书,开始对被告 Chudon Mutual Insurance Company("Chudon")提起诉讼。Chudon 于 2012 年 7 月 12 日前后被送达。2012 年 8 月 3 日,Chudon 向本法院提起诉讼。2012 年 9 月 24 日,Chudon 提交了答辩和肯定性抗辩,见小约翰·T. 格林(John T. Green, Jr.)的宣誓书("Green 宣誓书")第 2 段。Chudon 现在根据 Fed. R. Civ. P. 56 的规定,对 Sorter 的起诉书中的第一项进行简易判决,并根据 Fed. R. Civ. P. 的规定提出本动议("本动议")。并根据 Fed. R. Civ. P. 2(b)(6)条提出本动议,对第二项至第五项指控进行驳回,因为没有提出可以获得救济的申诉。

范例:介绍

更好的策略是从深层次的议题开始。见技巧11至技巧16。

在决定Chudon的简易判决动议时,法院面临两个问题:

1. [陈述—陈述—问题]

2. [陈述—陈述—问题]

例子三

一个常见的,可笑不可读的标题。

反例:纽约证券局(1)反对罗纳德·A. 尼德汉姆(Ronald A. Needham)关于阻止审查员禁止债务人及其律师参加取证的动议,或者(2)支持交叉动议的申请,阻止审查员禁止证券局及其律师参加取证,包括尼德汉姆的取证

请注意这里的技巧31是如何被藐视的,因为一个债务人有两个指向。

纽约证券局("该局"),通过其律师内尔(Neill),里波尔(Ripoll),阿伦林(Aronson),塞克勒(Seckler)和古斯滕(Goldstein),(1)在此反对债务人罗纳德·尼德汉姆("Needham"或"债务人")的动议,以防止审查员布莱恩·F. 布拉德沃思(Brian F. Bloodworth)("审查员")禁止尼德汉姆及其律师出席某些证人的取证;或者(2)在此反请求阻止审查员禁止该局出席某些证人的取证,包括债务人的取证。

[接下来是一个冗长的"背景"章节]

范例:局方反对尼德汉姆关于阻止审查员禁止尼德汉姆参与取证的动议;交叉动议,允许局方参与所有取证

法院现在面临两个直截了当的问题。

1. [陈述—陈述—问题]

2. [陈述—陈述—问题]

[接下来是一个简洁的"背景事实"章节]

例子四

这是一个典型的慢动作开场。

反例:

介　　绍

在本案中,Burlington Northern铁路公司("Burlington Northern"或"承运人")根据2011年联合运输联盟(UTU)协议(2011年UTU协议)第9条的规定,通知其希望提供一项业务,建立两个权利优先区。这项拟议的业务将提供本地货运服务(LFS),基本上是为客户提供服务,并涉及以艾奥瓦州克莱斯顿(Creston)和内布拉斯加州奥马哈(Omaha)(Creston - Omaha路线)为目的地或从其出发的交通。

这个稍长的开场白内容更丰富。

范例:

介　　绍

2011年年底,当Burlington Northern在艾奥瓦州克莱斯顿和内布拉斯加州奥马哈之间建立本地货运服务时，它按照 2011 年集体谈判协议的要求向工会发出了通知。该协议允许承运人建立货运或客运服务，其措辞如下："个别承运人可以在货运或客运服务中建立部门间服务。"虽然工会现在反对，因为该业务只涉及本地货运服务，没有直通货运服务，但该协议中根本没有限制承运人可以建立的货运服务类型的语言。鉴于 Burlington Northern 的行为没有超出其合同权利范围，法庭应拒绝工会试图将限制性语言读入协议。

例子五

反例：被告再次提出无证据和传统的动议，要求对原告的侵权干扰、侵占和违反信托责任的指控作出部分简易判决

被告乔治·惠特雷（George Whitley）（以 Whitley and Company 和 Whitley Restoration 之名从事商业活动，以下简称惠特雷），就原告的侵权干扰、侵占和违反信托责任的指控，提交本更新的无证据和传统的部分简易判决动议，并谨向法院展示如下：……

在这个典型的标题开头之后，是对事实的曲折陈述。

范例：被告再次提出关于侵权干扰、侵占和违反信托责任的部分简易判决的动议

马里斯（Maris）对拒绝支付惠特雷的服务费没有任何抗辩。马里斯对惠特雷提出了侵权干扰、违反信托责任和侵占等指控。侵权干扰的指控不成立，因为马里斯不能举出证据来支持四个要件中的三个。违反信托责任的指控不成立，因为马里斯不能证明它与惠特雷有信托关系。而侵占指控由于三个原因而失败：首先，没有证据表明马里斯拥有或有权拥有任何无形财产；其次，没有证据表明马里斯对任何有形财产具有所有权；最后，没有证据表明任何所谓的专有信息被合并到被惠特雷转换的文件中。

因此，惠特雷有权要求对所有三项指控进行简易判决。

例子六

反例：印第安人健康服务机构请求驳回，或在不举行听证会的情况下进行判决的动议

尊敬的平等就业机会委员会：

被告梅丽尔·普罗考夫耶夫（Meryl Prokofiev），卫生与公众服务部（以下简称 DHHS）秘书（以下简称秘书），通过印第安人健康服务局（以

下简称该局），并通过备案律师 Hill, Jenkins & Rose L. L. P. ,4600 First Capitale Center, Suite 3800, Atlanta, Georgia(30302 - 1416)，提交这份印第安人健康服务局的动议，请求驳回，或在不听证的情况下作出决定，并谨此说明如下。该机构特此请求驳回投诉人提出的诉求，因为她之前根据允许这种歧视的集体谈判协议，在工会申诉中提出了相同的诉求。而该局以缺乏管辖权为由，提出了简易判决的请求。投诉人提出的指控涉及据称由非联邦雇员采取的行动，而该局对这些行为不负责任。因此，该局恳请行政法官驳回投诉人带有偏见的全部投诉，或者作出有利于该局的决定。

范例：印第安人健康服务机构的驳回动议

前面的深层问题是无与伦比的高效。

这项动议向委员会提出了一个熟悉的问题，这个问题今年至少已经出现了六次：

> 根据联邦法律，提出歧视索赔的雇员必须在向工会申诉（如果集体谈判协议允许的话）和向平等就业机会委员会投诉之间作出选择，但不能同时提出。本案中，道先向指控歧视的工会申诉，但两天后又向平等就业机会委员会投诉。鉴于道早先选择了工会申诉，平等就业机会委员会是否应该驳回她的申诉？

在这一点上，委员会的裁决一直是令人尊重的一致，他们应该继续这样做。本机构请委员会写一份简短但尖锐的意见，以引起律师界的注意：歧视投诉人必须在两条道路中选择一条，而且在面对程序上的岔路时不能同时走两条路。

技巧73的要点总结

- 记住，法律文书的开场白是抓住读者注意力的最佳机会。
- 拒绝使用“comes now”和“hence - the - title”之类的俗套，用清晰专注的语句开篇，让读者渴望听到你后面的论证。
- 不要用显而易见的定义和声明，这不但浪费辞藻，也浪费法官的时间。

74

尽可能描述行动，而非文书；提及文书时，不要大写法院文书标题

名言警句

“为了一个清晰而连贯的叙述，作者必须牢记选择和配比的重要性。纳入不重要或不相关的细节会阻碍叙事的流畅。”

——Kendall B. Taft et al., *The Technique of Composition* 461 (1963).

“叙述的最大优点是它的生动性，戏剧性的直接性。我们可以看到正在发生的事情；我们既能感受事件，也可以将事件概念化。”

——John Halverson & Mason Cooley, *Principles of Writing* 259 (1965).

“在讲故事时，你要把注意力集中在你的观点上，消除任何不支持你的观点的细节，从而保持有效的叙述节奏。一个好的叙事不仅取决于所包含的内容，也取决于所剔除的内容。”

——Judith Nadell et al., *The Macmillan Writer* 188 (2d ed. 1994).

解释说明

为了讲述一个令人信服的故事，你必须把重点放在当事人的行动上，而不是放在他们的文件上。所以要避免使用法庭文件的标题。这些标题的首字母大写，很容易分散你想要表达的内容。

不要写“原告提出动议，要求强制回答原告的质询和出示请求”，而只需写“原告要求法院命令被告回答质询和出示请求的文件”。

还有一件事：简易判决的动议是一个名词短语，相当于一个普通名词。它不是像《飘》或《丧钟为谁而鸣》那样的专有名词为标题。它不应该被大

写，除非是在它所代表的法庭文件的标题下。如果你指的是辛沙托（Shinsato）的撤诉动议，就这样做：小写法院文件的名称。

两个前后对比的例子

例子一

反例：在 2010 年 1 月 3 日的听证会上，双方律师都出席了听证会，裁判官伊根（Eagan）批准了斯坦利（Stanley）的判决前补偿的申请。地方法官伊根还批准了斯坦利要求披露资产的申请。

范例：在 2010 年 1 月 3 日有双方律师出席的听证会后，地方法官伊根批准了斯坦利提出的诉前扣押的要求。他还命令肖（Shaw）披露他的所有资产。

例子二（反对修改申诉的动议）

反例：

背　景

七年前，辛沙托在宾夕法尼亚州联邦法院提出动议，要求驳回吉布森的联邦指控和州指控，并提交了支持该动议的备忘录。在辛沙托的备忘录的第一页，它说："本法庭对这一争端缺乏标的管辖权，因为（a）所谓的公民身份多样性不完整。"吉布森在其对辛沙托的驳回动议的答复中同意起诉书没有确立多样性。吉布森承认只有联邦问题管辖权成立，如果吉布森的联邦指控被驳回，吉布森将不得不重新起诉以确立多样性管辖权并排除非多样性当事方。吉布森随后提出了第一份修正起诉书，但没有改变管辖权指控。

范例：

背　景

七年前，辛沙托在联邦法院提出动议，要求驳回吉布森的联邦和州指控。在支持该动议的备忘录的第一页，辛沙托表示："本法庭对这一争端缺乏标的管辖权，因为（a）所谓的公民身份多样性并不完整。"作为回应，吉布森同意该申诉没有确立多样性。吉布森承认只建立了联邦问题管辖权，如果联邦指控被驳回，吉布森将不得不重新起诉以建立多样性管辖权并排除非多样性当事方。吉布森随后修改了起诉书，但没有改变其管辖权指控。

技巧 74 的要点总结

- 为了加强叙述并改善其流畅性，要无情地削减任何不支持你观点的细节。
- 请记住，故事是通过行动来推进的，所以要强调的是文件所代表的行动，而不是文件本身。
- 不要用烦琐的、分散注意力的法院文件标题来“堵塞”你的文书。如果你提到了这些文件，请将其小写。
- 如果你必须用名字来指代一个文件，不要用首字母大写：与其说 Turner's Second Amended Complaint，不如说 Turner's second amended complaint。

75

避免冗长的引文

名言警句

“案情摘要不应过度引用判决意见，无论这些意见看起来多么合理；也不应过度地引用，否则会被人们认为是为了证明案情摘要的专业，而不是为了加强论证。”

——John W. Davis，“The Argument of an Appeal”（1940），in *Classic Essays on Legal Advocacy* 212，214（George Rossman ed.，2010）.

“引文是许多法律文书的祸根，也是许多法官的苦恼。”

——Ben W. Palmer，*Courtroom Strategies* 193（1959）.

“一个好的、合理的经验法则是，只有当意见的引文增加了一些内容时，才应该包括在内，而且只要有可能，它们应该是短的而不是长的。”

——Frederick B. Wiener，*Briefing and Arguing Federal Appeals* 242（rev. ed. 1967）.

“避免从引文中再引用。引述通常是懒惰的律师的出路，它干扰了可读性和有效的论证。培养清晰和简洁的总结艺术。”

——Hon. Mario Pittoni，*Brief Writing and Argumentation* 39（1967）.

“不要用大量的引文来填满你的法律文书。有些律师似乎是通过阅读几个（希望是相关的）案例，从每个意见中抄下几段，然后把所有这些引文写进文书。律师唯一添加的是介绍引文的一句话：‘正如美国最高法院最近所说的那样。’有时，律师会尝试着来点变化，介绍性的短语可能会出现。‘在史密斯诉琼斯案中，最高法院有机会提出以下意见。’这就是一些法律文书面世的姿态：一系列的引文与这些介绍性短语联系在一起。”

——Harvey C. Couch，*Writing the Appellate Brief*，17 Prac. Law. 27，31（1971）.

"在一般情况下,引文不应很多,也不应太长。"

——Robert L. Stern, *Appellate Practice in the United States* 308 (1981).

"新手作家往往引用太多。他们过度引用有两个原因:首先,他们没有安全感,渴望得到任何支持;与其站起来,说些什么,并敢于承担,他们宁愿躺在低处,让别人说。其次,他们在英语写作课程中受到的教育是多引用。"

——Bill Stott, *Write to the Point* 113 (1991).

"使用少于50个字的引文,以避免成段的引文。如果有必要,使用49个字的引文;然后说:'法院继续道……';接着再使用一个49个字的引文。这可以忽悠法官去阅读引文。这种伎俩不仅仅是被允许的,而是这家律师事务所要求的。"

——Mark Herrmann, *The Curmudgeon's Guide to Practicing Law* 8 (2006).

解释说明

在论证过程中,引用太频繁和引用太多,是常见的问题。因为引文中的思想不是你自己的,所以引用会减弱你作为一个作者的权威。你的工作是写作;这意味着你要做的不仅仅是储存别人说过的话,即使这些人刚好是法官。你不应该把自己看作是一个单纯的引文汇编者。

如果这样做,你的写作就不会条理清晰。如果你只是把一个又一个的引文连接起来(或甚至不连接),又怎么可能有条理呢?

你引用的东西应该是明显的从属关系。即使你的引文来自美国最高法院,它们也只是支持你所说的内容。这意味着你必须有话可说,所以把自己的话说出来,然后用精心选择的、巧妙整合的引文来支持它。(关于巧妙的引子,见技巧76)

常见的错误是用长篇大论来包装一页又一页的引文,这不会为你赢得读者。即使是最友好的、最有耐心的读者最终也会跳过引文段落。忙碌的司法读者很可能会把你的法律文书扔到一边,拿起另一份很可能是你对手的文书。

对于患有这类不开化文学病的作者来说,有三种治疗方法:学会更多的转述;学会更多的总结;以及学会小段的引用。

一些前后对照的例子

例子一

反例： *Doner* 法庭支持下级法院的简易判决，并禁止“仅仅基于他担心将来可能会感染石棉沉滞症或癌症”的索赔，认为原告没有“因接触石棉而导致身体疾病”，208 A. D. 2d at 1072 – 73。值得注意的是，在 *Doner* 案中，原告的医学测试显示“没有客观迹象”表明“患石棉沉滞症或癌症的可能性增加”，他的医生也没有表明他可能会在未来出现任何“与石棉有关的损伤”。Id. *Doner* 法庭进一步指出，仅仅暴露于石棉，甚至肺部被石棉污染的证据，“并不一定表明受污染的一方最终会发展成任何与石棉有关的疾病”，并认为仅仅基于暴露于石棉纤维而提出的担心癌症的索赔必须失败，因为这种担心并不合理。Id.

范例： 法院拒绝了当纳的要求，因为他不能满足所需的测试：肺部污染的证据不足以表明投诉人事实上会发展成相关的疾病。[17]法院认定，当纳对发展成与石棉有关的损伤的担心是不合理的。[18]因为这些担心没有得到他的医学测试结果或医生证词的支持。[19]

［引证略］

> 注意误用的括号，这违反了技巧61（见第487页例子十一）。

例子二

反例： 具体来说，（1）地区法院必须“确定[ ]请愿人没有首先在州法院用尽他的诉求是有充分理由的”；（2）“如果地区法院在他未用尽的诉求明显没有价值的情况下批准他延期，属于滥用其裁量权”；（3）“地区法院应该对请愿人往返州法院的时间进行合理的限制”；（4）“如果请愿人采取滥用诉讼策略或故意拖延，地区法院根本就不应该批准他延期”。

范例： 具体而言，法院指示，地区法院必须首先确定请愿人是否有充分的理由不在州法院用尽他或她的申诉。如果法院发现有良好的理由，并且索赔有意义，法院应该对“请愿人往返州法院的时间进行合理的限制”。但是，如果没有正当理由，或者如果法院发现索赔是没有意义的，批准暂停将意味着法院滥用其自由裁量权。此外，“如果请愿人采取滥用诉讼策略或故意拖延，地区法院根本就不应该批准他延期”。

例子三

反例： 帕特南（Putnam）曾与格雷（Grey）接触（正如帕特南对所有受害者所作的

那样),诱使格雷参与一项口头协议;格雷将向帕特南提供一张支票,帕特南将用这张支票"为前往拉斯维加斯赌博的团体购买批量的机票"。Id at 281. 据帕特南说,"某些拉斯维加斯的酒店将为格雷报销机票,并向他支付佣金"。Id. 格雷会给帕特南一张支票,帕特南会给格雷"两张一个月后可兑付的支票"。Id. "一张支票的金额是格雷给出的支票金额,另一张是格雷的佣金金额"。Id. & n 2(指出"每月的回报率在4% ~7%")。"机票和与拉斯维加斯酒店的安排是虚构的"。Id. "帕特南通过使用后来受害者的支票来支付给前面受害者,使他的计划得以继续"。Id.

范例: 帕特南诱使格雷与其他受害者一样同他达成协议:让格雷给他一张支票,为拉斯维加斯旅游团购买批量机票。作为回报,帕特南会给格雷两张日后兑付的支票:一张是格雷原始支票的金额,另一张是他的回报(通常回报率是4% ~7%)。帕特南声称,某些酒店会将机票的成本加上佣金偿还给他。但是,机票和这些酒店的安排都是彻头彻尾的骗局;帕特南只是用他从其他受害者那里收到的支票来支付他所开出的支票。[37]

[引证略]

例子四

反例: 主要管辖权原则要求立法行动取代普通法的权利和补救措施,即使如此,也不总是将每个问题的专属管辖权赋予行政机构。根据密苏里州最高法院的说法:

> 如果一项索赔最初可由法院受理,而索赔的执行需要解决根据监管计划已置于行政机构特殊权限内的问题,则在将这些问题提交给行政机构征求意见之前,司法程序将暂停。根据主要管辖权原则,法院不能或不会对涉及行政法庭管辖范围内的问题的争议进行判决,在行政法庭对该问题进行判决之前,(1)该问题要求行使行政自由裁量权,需要行政法庭的特殊知识、经验和服务;(2)决定技术性和复杂的事实问题;以及(3)统一的判决对于遵守所管理的管理法规的目的至关重要。

Lamar v. Ford Motor Co., 409 S. W. 2d 100, 106 (Mo. 1966) (emphasis added) (quoting 2 Am. Jur. 2d *Administrative Law* § 788). "《工人赔偿法》完全具有替代性质,而且……如果适用的话,原告在普通法上拥有的任何权利都可能被该法所取代和替代。" *Killian v. J & J Installers, Inc.*, 802 S. W. 2d 158, 160 (Mo. 1991) [quoting *Jones v. Jay Truck Driver Training*

Ctr., *Inc.*, 709 S. W. 2d 114, 115 (Mo. 1986)]. "《工人赔偿法》赋予的权利和补救措施排除了普通法中所有其他权利和补救措施。" Mo. Rev. Stat. § 287.120.2 (1994).

范例：为了生效，主要管辖权原则需要立法行动，以取代普通法的权利和补救措施。即使如此，该原则也不总是赋予行政机构对每个问题的专属管辖权。在 *Lamar v. Ford Motor Co.* 案中，密苏里州最高法院宣布，如果一项索赔要求只能通过解决监管法规赋予行政机构"特殊权限"的问题来执行，那么在这些问题被提交给该机构时，司法程序将被暂停。[1] 法院描述了在三种情况下，一个机构根据主要管辖权原则，必须在裁决索赔之前决定一个问题：

- 当问题涉及该机构的特殊知识、经验和服务时；
- 当问题涉及技术和复杂的事实时；以及
- 当统一的判决对于遵守监管法规的目的是必要的。[2]

《工人赔偿法》正是主要管辖权理论所考虑的监管法规类型：它"完全具有替代性"，并取代了所有相关普通法的权利和补救措施。[3]

［引证略］

例子五

反例：加利福尼亚州唯一一个研究因雨水造成的土地运动损害问题的案例，解决了保险人对稳定信托财产所产生的费用负有责任的任何主张。在 *City of Laguna Beach v. Mead Reinsurance Corp.* 案中，276 Cal. Rptr. 438 (1990)，大雨造成山体滑坡，损坏了两座房屋。面对进一步的滑坡活动和更多的损害的威胁，该市雇用了工程师来稳定和重建发生滑坡的山坡。然后，该市向其责任保险公司寻求稳定和重建费用的赔偿。法院认为这些费用是"自愿产生的'预防性支出'"，不在赔偿范围内：

> 追偿"减损费用"的必要条件是存在被保险损失。在本案中，被保险损失的存在意味着城市发生的减损费用必须是用于减轻城市依法承担的责任（无论是司法还是立法）的财产损失。在这个案例中，没有减轻这种损害。没有证据表明，当城市对山坡进行加固时，山坡上已经发生了任何损害，因此，没有证据表明城市对山坡上发生的财产损失承担了法律规定的任何责任。

Id. at 833 (emphasis in original omitted; emphasis added).

范例：只有一个加利福尼亚州的案例讨论了保险人在大雨导致土地运动时为稳定财产而产生的费用的责任。在 *City of Laguna Beach v. Mead Reinsurance Corp.* 案中，[14]大雨导致山体滑坡，并对两座房屋造成财产损失。该市迅速聘请了工程师对发生滑坡的山坡进行加固和重建，以防止进一步的滑坡。当保险公司拒绝为尚未发生财产损失的地区支付稳定和重建费用时，该市提起诉讼。法院认为，保险单只承保为减轻法律规定的责任而进行的支出，而不是为防止责任产生而进行的支出。法院解释说，在尚未发生财产损失的情况下，该市没有责任可以减轻。

[引证略]

例子六

反例：加利福尼亚州的每个业主都有责任维护他或她的财产，以免对他人造成伤害，Civ. Code § 1714，"每个人不仅要对他的故意行为的结果负责，而且要对他在管理自己的财产时缺乏普通的谨慎或技能而对他人造成的伤害负责……"。这一规则的适用不考虑可能受到伤害的人之间的人为区别，*Rowland v. Christian*，69 Cal. 2d 108，118－19(1968)，或可能造成伤害的条件，*Sprecher v. Adamson Cos.*，30 Cal. 3d 358，371－72 (1981)。因此，上坡地业主有责任保护下坡地业主免受上坡地的自然条件所造成的伤害，如果因疏忽没有履行这一责任，将被追究责任。正如加利福尼亚州最高法院所描述的那样：

> "本州的基本政策是每个人都要对由于他在管理自己的财产时缺乏普通的谨慎或技巧而对他人造成的任何伤害负责……'所规定的责任是对过失的责任，在于管理其财产时，土地拥有者是否作为一个合理的人行事。原告受到伤害的可能性、可能受伤的严重性、减少或避免风险的责任、土地的位置，以及占有者对造成风险的条件的控制程度，都是评估被告行为合理性的考虑因素。

Sprecher，30 Cal. 3d at 371－72(quoting *Rowland*，69 Cal. 2d at 118－19).

本案的判决破坏了国家的这一基本政策。初审法院的判决不是确保业主谨慎行事，纠正其财产上的伤害性条件，而是鼓励他们忽视这些条件，直到他们对第三方造成实际伤害，从而使他们能够将纠正这些条件的责任转移给他们的保险公司。

范例：加利福尼亚州的业主必须作出合理的努力，以确保其财产不会对他人造成伤害。[1]加利福尼亚州最高法院指出，责任产生于因疏忽而造成的伤害。出于这个原因，必须评估被告的行为在所有情况下的合理性，并通过考虑众多因素来做到这一点，包括：

- 该房产位于何处？
- 构成风险的条件位于该财产的什么地方？
- 财产的拥有者对造成风险的条件有多大的控制力？
- 减少或避免风险的负担会有多大？
- 对原告造成伤害的可能性有多大？
- 伤害的可能严重性是什么？

初审法院的判决并没有考虑到所有这些因素。如果该判决不被推翻，业主可能会认为他或她可以忽视危险的财产状况，直到有人或物实际受到伤害；而一旦造成伤害，业主可以要求他或她的保险人弥补这一状况。

［引证略］

技巧75的要点总结

- 抵制从权威文件中通过引用拼凑出法律文书的冲动。
- 不要仅仅因为你有引文（或引证）就把它们加入文书：只使用对你的论点至关重要的那些引文。
- 使用引文时，宁短勿长。
- 在列入引文之前，考虑使用简明的摘要是否会更有效。
- 首先用自己的语言阐述你的论点；其次在适当的时候明智地加入引文来支持你的论点。
- 使用引文来补充你自己的文字，而不是相反：你的推理才是最重要的。
- 记住过度引用的三个治疗方法：总结、转述和减少你的引用字数——不要错过使用这些治疗方法的机会。

76

为成段的引文提供信息量大的、醒目的导入语

名言警句

“尽量使引文成为你自己作品的一部分;用你自己的话来介绍它;当它变得冗长时,用你自己的转述来代替;除非是相关的,否则哪怕是最好的部分也要删掉;砍掉冗余,扔掉残尸。”

——Sherman Kent, *Writing History* 66 (1941).

“一个有效的技巧可能是先转述一个观点,然后引用显示你解释的准确性的语言。这可能有助于说服那些倾向于略过大段引文的读者,当场确立你的可信度。”

——Robert L. Stern, *Appellate Practice in the United States* 308 (1981).

“如果你觉得不得不在文书中加入一个整段的引文,请假设法官不会阅读它。你必须诱使法官去了解整段引文的内容。要做到这一点,你要在紧接着的句子中总结出整段引文的内容。”

——Mark Herrmann, *The Curmudgeon's Guide to Practicing Law* 8 (2006)

“最好的做法是在导入语中说明引文的效用。用这种方法,导入语就成了主张,而引文就成了支持。读者会觉得作者好像主张了什么具体的东西,而且常常出于好奇,想要验证这个主张。”

——*Garner's Dictionary of Legal Usage* 746 (3d ed. 2011)

解释说明

这个技巧比其他大多数技巧更能帮助你的文书脱颖而出,成为不同寻常的好文章。

文书撰写者经常引用,因为我们在一个基于先例的系统中工作。而且

看起来，相当多的文书撰写者希望首先引起对判例法的注意，然后再讨论它。但其结果是，你要求法官在理解你说出为什么要引用它之前，漫无目的地看了一段引文。

如果在你的导入语中，说明引文对你有什么好处，你将完成四件事。首先，你将更有可能让引文真正被阅读，因为法官会知道你为什么要引用它；其次，一旦法官确认该引文有你所说的作用，你就会提高自己的可信度；再次，因为你会强迫自己断言你为什么要引用某些东西，你的引文几乎肯定会变得更短、更尖锐；最后，即使读者跳过你的引文，你的思路仍然很容易被识别。

不过，第二件事是最重要的：每次你这样做，你都会提高自己的可信度。

下面的例子展示了这一主题的一些变化。在例子一中，第一句话有真正的内容，然后第二句话以一个可怕的引文开始，泄露了接下来的内容，因为读者几乎忘记了前面的句子。请注意，尽管摘录的语言不到 50 个字，因此没有以整段引文的形式出现，但这个技巧还是很有效的。在例子二中，同样的事情发生了。但在例子三中，直到后续部分，引文的重点才变得清晰起来：引文后的句子需要收紧并上移。正如这些例子所显示的，关注导入语必然会带来行文的改善。例如，在例子三中，反例的版本有 269 个字；范例的版本则减少到 216 个。

一些前后对照的例子

例子一

> 这句话错误地以一个数字开头，而且越说越不顺畅。

反例：根据法规，联邦法院只有有限的权力来禁止州法院的诉讼，28 U. S. C. § 2283。所谓的《反禁令法》，规定如下："美国法院不得授予禁令以中止州法院的诉讼程序，除非国会法明确授权，或在必要时协助其管辖权，或保护或执行其判决。"一般规则认为，只有当潜在的冲突威胁到联邦法院的权威时，联邦法院才应禁止州法院的诉讼。

> 有了这种充满肯定的引子，读者更愿意从引文开始阅读。

范例：根据《反禁令法》，联邦法院只有有限的权力来禁止州法院的诉讼。"美国法院不得授予禁令以中止州法院的诉讼程序，除非国会法明确授权，或在必要时协助其管辖权，或保护或执行其判决。"一般规则认为，只有当潜在的冲突威胁到联邦法院的权威时，联邦法院才应禁止州法院的诉讼。

例子二

反例：事实上，1990年华盛顿特区巡回法院认为，美国证券交易委员会禁止证券交易所和协会上市那些取消、限制或不同程度地减少股东每股投票权的公司股票的规则超出了美国证券交易委员会的权限，侵入了国家监管的合法领域。*Business Roundtable v. SEC*，905 F. 2d 406（D. C. Cir. 1990）。法院指出：

> 美国证券交易委员会的权力主张直接侵犯了国家对公司治理和股东投票权的"牢固确立"的管辖权[引证略]。支持委员会进入国会没有考虑的领域，将规避立法程序，而立法程序实际上是对国家利益的唯一保护。

同上，第413页。

刻板的"三字经"哈欠

范例：事实上，1990年华盛顿特区巡回法院认为，美国证券交易委员会的一项规则禁止证券交易所和协会上市那些取消、限制或不同程度地减少股东每股投票权的公司的股票，这超出了美国证券交易委员会的权限。法院认为，美国证券交易委员会不允许侵入国家监管的合法领域：

> 美国证券交易委员会的权力主张直接侵犯了国家对公司治理和股东投票权的"牢固确立"的管辖权[引证略]。支持委员会进入国会没有考虑的领域，将规避立法程序，而立法程序实际上是对国家利益的唯一保护。

15个字同时提炼并澄清了引文的信息。

例子三

反例：在*Jaguar Cars, Inc. v. Royal Oaks Motor Car Co.*，46 F. 3d 258，268－69（3d Cir. 1995）案中，第三巡回法院在一定程度上放宽了个人—企业的独特性要求，它允许公司高管和雇员被列为被告，其公司被当作社团企业。但*Jaguar*案的原理，即承认公司雇员可以作为被告人，以促进与他们指导或参与的公司企业不同的目的，并不适用于当前的事实情况。在*Jaguar*案中，被指名的被告人是一家公司的个人官员，他们通过该公司即RICO企业进行敲诈勒索活动。因此，被列为被告的是个人，而不是公司。法院指出：

> 在针对通过社团企业进行敲诈勒索活动的官员的第1962(c)条诉讼中，原告可以对被告官员进行追偿，而不能仅仅通过将官员作为控制社团

一个典型的逃避式引子。

企业的人而对企业进行追偿，因为在这种情况下，社团企业不承担第1962(c)条的责任。原告可以对被告官员进行追偿，而不能仅仅通过将官员作为控制社团企业的人而对企业进行追偿，因为在这种情况下，社团企业不承担第1962(c)条的责任。相反，只有当社团企业作为另一个不同的“企业”中的“人”从事敲诈勒索活动时，才会根据第1962(c)条承担责任，因为只有“人”才会对违反第1962(c)条的行为承担责任。

Id. at 268. Jaguar公司承认个人雇员或官员在法律上和事实上都与雇用他们的公司不同，并进一步承认个人可以通过公司进行敲诈勒索活动，以促进他们自己的利益，而不是公司所分享。另外，公司不能通过其官员、代理人和雇员以外的方式行事。

范例：第三巡回法院在一定程度上放宽了个人—企业的独特性要求。在*Jaguar Cars, Inc. v. Royal Oaks Motor Car Co.*案中，法院允许将公司高管和雇员列为被告，将其公司当作社团企业。但*Jaguar*案的原理在此并不适用，因为被点名的被告是公司高管个人，他们通过公司即RICO企业进行敲诈勒索活动，该公司没有被列为被告。Jaguar公司承认，个人雇员或高管在法律上和事实上都与雇用他们的公司不同。

重新措辞的肯定性的引子，看起来就不会只是重述引文。

在针对通过社团企业进行敲诈勒索活动的官员的第1962(c)条诉讼中，原告可以对被告官员进行追偿，而不能仅仅通过将官员作为控制社团企业的人而对企业进行追偿，因为在这种情况下，社团企业不承担第1962(c)条的责任。原告可以对被告官员进行追偿，而不能仅仅通过将官员作为控制社团企业的人而对企业进行追偿，因为在这种情况下，社团企业不承担第1962(c)条的责任。相反，只有当企业作为另一个不同的“企业”中的“人”从事敲诈勒索活动时，才会根据第1962(c)条承担责任，因为只有“人”才会对违反第1962(c)条的行为承担责任。

法院进一步承认，个人可以通过公司进行敲诈勒索活动来促进自己的利益。另外，公司不能通过其官员、代理人和雇员以外的方式行事。

例子四

这种非引导性的处理将负担放在读者身上。

反例：第四巡回法院指出，虽然要求非专利品制造商使用与原产品相同的标签，但这些制造商可以改变标签，以增加或加强警告，或者删除虚假或误导性的使用说明或有效性声明。*Foster*法庭的理由是：

当非专利品制造商在没有独立调查的情况下采用名牌制造商的警告和陈述时，它这样做的风险是这些警告和陈述可能是有缺陷的。当一个产品被指控有不充分的警告时，制造商被要求具备专家的知识和技能。制造商作为专家的地位意味着，至少他必须紧跟科学知识、发现和进步，并被推定知道由此传授的知识。

范例：第四巡回法院指出，虽然要求非专利品制造商使用与原产品相同的标签，但这些制造商可以改变标签，以增加或加强警告，或者删除虚假或误导性的使用说明或有效性声明。*Foster* 法庭的理由是，当非专利品制造商在没有质疑或独立研究的情况下采用名牌制造商的警告时，他们会承担名牌产品警告不充分的风险：

> 全句式的摘要诱使读者通过阅读引文来确认其准确性。

当非专利品制造商在没有独立调查的情况下采用名牌制造商的警告和陈述时，它这样做的风险是这些警告和陈述可能是有缺陷的。当一个产品被指控有不充分的警告时，制造商被要求具备专家的知识和技能。制造商作为专家的地位意味着，至少他必须紧跟科学知识、发现和进步，并被推定知道由此传授的知识。

例子五

反例：Petrochemical Group 在用大部分时间来贬低 Wane 公司的证据和诋毁 Wane 公司的律师后，承认了这一点：

> 为何阅读这段引文的原因并不容易弄清楚。

这些事实提出的真正问题是，根据《综合环境反应、赔偿和责任法》，Petrochemical Group 是否因 Wane 公司处置来自 Wane 公司苯乙烯精加工装置（Wane 公司在该装置中提纯"回收的苯乙烯"）的焦油塔底而负有责任。双方对这个问题进行了陈述、争论，法院在下面作出了有利于 Petrochemical Group 的正确判决。这是一个法律问题，而不是一个重大事实问题。

Opp. Brief at 22 (emphasis added). Petrochemical Group 不能对 Wane 公司提供的证据提出异议，因为地区法院考虑了 Wane 公司在其撤销动议中提出的所有证据，并根据这些证据重新考虑了对简易判决的批准。然后，法庭错误地应用了《综合环境反应、赔偿和责任法》规定的"安排者"责任法，并再次错误地作出了简易判决。

范例：Petrochemical Group 在用大部分时间来贬低 Wane 公司的证据和诋毁其律师后，终于承认本上诉所依据的事实没有争议：

> 修订后的导语具有吸引力。

这些事实提出的真正问题是,根据《综合环境反应、赔偿和责任法》,Petrochemical Group是否因Wane公司处置来自Wane公司苯乙烯精加工装置(Wane公司在该装置中提纯“回收的苯乙烯”)的焦油塔底而负有责任。双方对这个问题进行了陈述、争论,法院在下面作出了有利于Petrochemical Group的正确判决。这是一个法律问题,而不是一个重大事实问题。

Petrochemical Group不能对Wane公司提供的证据提出异议,因为地区法院在Wane公司的撤销动议中考虑了所有的证据,并根据这些证据重新考虑了它对简易判决的批准。然后,法庭错误地应用了《综合环境反应、赔偿和责任法》规定的“安排者”责任法,并再次错误地作出了简易判决。

技巧76的要点总结

- 在介绍长篇引文时,首先用你自己的话说明它们的作用。
- 通过用导入语介绍引文的相关性,你会使文书更有可读性,也令自己更可信。
- 让引文支持你的论断,而不是反过来。
- 专注于在导入语中明确引文的目的;引文将因此变得更短、更有效。
- 有效的导入语可以让忙碌的法官跳过引文,而不至于失去你的论证线索。

77

如果你能改进法规、合同或案例的措辞，请转述、别引用

名言警句

“当上诉案件涉及法规时，应以适合书状的英文风格进行转述，但如有必要，可在这里和那里直接引用一个关键的短语。”

——Paxton Blair, “Appellate Briefs and Advocacy” (1949), in *Classic Essays on Legal Advocacy* 788, 796 (George Rossman ed., 2010).

“你会惊奇地发现，用你自己的话来表达想法会更加简明扼要，或者往往可以将几段话缩减为一句话的相关引文。这将使文书更具可读性，给人留下印象，即文书中经过了一些思考、工作和推理，并使文书更具说服力，因为它在逻辑上更加连贯。”

——Harvey C. Couch, *Writing the Appellate Brief*, 17 Prac. Law. 27, 32 (1971).

“一个沉闷的、难以理解的或经过深思熟虑的想法并不会因为夹在引号中而获得可信度或激发兴趣。不恰当的引文可以反映你的写作，就像不恰当的餐桌礼仪可以反映你的教养一样。例如，它们可以说你缺乏信心，无法得出自己的结论，或者说你缺乏独创性，无法铸造自己的句子，描绘自己的文风，挥洒自己的短句。”

——Judi Kesselman-Turkel & Franklynn Peterson, *Good Writing* 235 (1981).

“提炼你的副本，剔除它的杂质，让每个字都有自己的价值。当你认为你已经完成了，试着将你的文案缩短 1/3。用转述来收紧令人发困的引文，突出重点。”

——George Kennedy et al., *The Writing Book* 35 (1984).

“如果你没有把别人的知识与你的思想和你重新组合的劳动结合起来，成为你自己的知识，你就不是一个作者，而是一个编译者；你没有写文书，只是做了一个剪贴的工作。而这种逃避责任的主要缺陷是，这篇文章可能会读起来很乏味，缺乏力度和

亮点。”

——Jacques Barzun & Henry F. Graff, *The Modern Researcher* 236 (6th ed. 2004).

解释说明

试想你有多少次在法规、合同或案例中费力地阅读文字？不要让你的读者做同样的事情。为了清晰和简明，请转述。

你很少需要摘录原始材料的整个部分。相反，你可以尝试将资料浓缩为精华，用你自己的话来表达；或者在转述的同时保留一些原文，以提供理解较短片段所需的背景。如果有必要，你可以将较长的引文放进附录。

例子二显示了 20 世纪初引文的现代用法，对现代读者来说，这句话听起来有点古怪：这句话作为本案的速记出现了两次，整个引文脱离了上下文，很难理解。经过一番精简和转述，这段话变得更容易理解了。本案涉及通过作出缺席判决来制裁被告的合宪性问题。

两个前后对照的例子

例子一

这里删除了引文，以避免它们带来的额外的不明确性。这里的文风有点像景点评论。

反例：在这种情况下，不可挽回的伤害是指“非常难以确定是否可以转化为损害赔偿”的伤害。因此，为了确定不可挽回的伤害，原告必须证明“金钱赔偿不足以”补偿原告的伤害。然而，法院谨慎地指出，原告不需要证明“损害赔偿性质的判决将是完全无效的”。相反，金钱赔偿只需要“严重不足于对所受伤害的补救”。

范例：不可挽回的伤害是指无法用金钱实际衡量或补偿的伤害。原告必须证明金钱不足以补偿或防止伤害，但不需要证明金钱赔偿是完全无效的，只需要证明它是一种严重不足的补救措施。

例子二

反例：这里的冲突围绕着 *Hammond Packing Co. v. Arkansas*, 212 U. S. 322, 29 S. Ct. 370, 53 L. Ed. 530(1909)的含义。在 *Hammond* 案中，被告拒绝遵守审前调查令。作为对被告的惩罚，阿肯色州法院以缺席审判的方式撤销了被告的诉状，并作出了针对被告的判决，212 U. S. at 349, 29 S. Ct. at 379。

美国最高法院确认了该州法院的决定，从而区别了早期的 *Hovey v. Elliott* 案，167 U. S. 409，17 S. Ct. 841，42 L. Ed. 215（1897），该案认为通过作出缺席审判来惩罚藐视法庭的行为违反了正当程序。法院在 *Hammond* 案中的相关部分指出：

古老的语言使读者认为这段引文可能是不准确的。其实不然。

> 在 *Hovey v. Elliott* 案中所说明的单纯的惩罚与在此案中所行使的权力之间的区别如下。在前者中，正当法律程序因拒绝审理而被剥夺。在本案中，通过以下推定来维护正当程序：拒绝提供对正当程序有重要意义的证据，不过是承认所声称的抗辩没有意义。

Hammond Packing Co.，212 U. S. at 351，29 S. Ct. at 380.［190 个字］

范例：这里的冲突围绕着 *Hammond Packing Co. v. Arkansas* 案的含义，该案由最高法院于 1909 年判定。在该案中，初审法院因被告违反审前调查令而对其进行处罚。该制裁需要撤销被告的诉状并作出缺席审判。尽管先前在 *Hovey v. Elliott* 案中的判决不允许将缺席审判作为对藐视法庭的惩罚，但最高法院还是维持了原判。但在 *Hammond* 案中，法院区分了两类案件：（1）*Hovey* 案中是"单纯惩罚"，即通过拒绝审理原告的案件来剥夺正当程序；（2）通过推定被告拒绝提供重要证据表明"所主张的抗辩没有意义"来确保"正当程序的维护"。

这一修订明显更清晰。

技巧 77 的要点总结

- 引文使用不当会破坏它们本应赋予你的文书的权威。
- 不要强迫你的读者去处理难懂的法律文字，即使源自判例。
- 通过用清晰、简明的语言转述深奥的原始材料来强化你的文书。
- 用你自己的语言将资料还原成核心思想，必要时加入简短的引文片段。

78

知道何时大写法院，并掌握司法术语的其他细微差别

名言警句

“正确称呼法院的成员。不要把大法官称为法官，或把法官称为大法官。给首席法官或首席大法官以正确的称谓。首席大法官伦奎斯特（Rehnquist）曾经在辩论过程中纠正律师，因为他们称其为‘Rehnquist 大法官’。即使是不纠正你的法官也会注意到并牢记你的粗心。

• • •

也要注意法律术语的地区差异。你说是小事吗？不，这是一个法律素养的问题。使用错误的术语显示了对法律实践的无知，这会使你的可信度降低。”

——Hon. Antonin Scalia & Bryan A. Garner, *Making Your Case: The Art of Persuading Judges* 180 –81 (2008).

“律师，像其他专业作家一样，按惯例将一些词大写。例如，Court 既可以是指美国最高法院，也可以是任何司法管辖区的高级法院，或者是正在被提及的法院。”

——Bryan A. Garner, *The Redbook* § 21, at 61 (3d ed. 2013).

解释说明

近几十年来，律师和法官在处理与司法机构有关的词汇方面已经形成了一些常识性的惯例。法律素养要求你掌握它们。

第一，在法律文件中，仅在这四种情况下将法院大写：

- 当你指的是美国最高法院 <the Court's opinion in *Marbury v. Madison*>；
- 当你在陈述一个法院的全名时 <the United States Court of Appeals for the Fifth Circuit> <the Michigan Supreme Court>；
- 当你提到你出庭的法院时，无论它多么低级，<Allied asks this Court to grant its motion for summary judgment against Peterson>；

以及

- 当你提到你出庭的系统内的最高法院时：当你在亚利桑那州立法院，提到亚利桑那州最高法院时，大写 Court，但当你在加利福尼亚（或联邦法院），提到亚利桑那州最高法院时，不要大写 Court，而要用其全名。

当提及任何其他法院的部分名称时，或提及一般的下级法院时，不要大写法院（如 trial court，federal court，court below）。有一点需要注意的是：一定要检查当地的法院规则，因为有些州可能对法院和其他词语的大写有具体的规定。

第二，对法官使用正确的名词术语。美国最高法院的法官是大法官，而不是法官（除非他们被列入一个更大的类别，如“所有州和联邦法官”，而没有具体提及）。巡回法官是法官，绝不是大法官。如果你把这些事情弄错了，说明你对我们的司法系统的了解只是初级的，而且往往是错误的。

第三，你需要熟悉当地的变化。例如，联邦巡回法官在 court of appeals 是任职；加利福尼亚州中级上诉法官在 court of appeal 任职；伊利诺伊州中级上诉法官在 Illinois Appellate Court（而不是 court of appeals）任职。而纽约州的司法机构在外人看来尤其令人费解：supreme court 是一个审判法庭，中级法院被称为 supreme court 的上诉机构，New York Court of Appeals 是该州的最高法院，所有这些都由该最高法院的首席法官（而不是大法官）监督着。在佛罗里达州，没有简单的上诉法院，上诉法院被称为 Florida District Court of Appeals。关于各州的中级上诉法院，各州在裁判者是否被称为法官或大法官方面存在差异，要小心注意。

你看，这一切可能变得有点混乱，没有国家标准。当一名法官从州最高法院转到联邦巡回法院时，其地位的提升是真实的；但他或她的称谓将从托马斯·里弗利大法官、普利希拉·欧文（Priscilla Owen）大法官或安德鲁·D. 赫威兹（Andrew D. Hurwitz）大法官转为托马斯·里夫利法官、普利希拉·欧文法官或安德鲁·赫威兹法官。使用错误的头衔是在暗示你对司法系统的理解薄弱。

技巧78的要点总结

- 知道什么时候大写法院：当提到(1)美国最高法院，(2)任何法院的全名，(3)你目前正在审理的法院，以及(4)你所在的系统中的最高法院。
- 否则，一般情况下，法院用小写。
- 始终使用正确的法官头衔，他们会知道其中的区别，即使你不知道。
- 认识到州法院的术语不是标准化的，所以要掌握当地的标准；好比人在纽约，要像纽约人那样行事。

79

在案例名称中适当使用缩略词；了解正确引证形式的其他要素

名言警句

“新手经常通过使用‘Supra’和‘Infra’等词来引用文书中其他地方的案例。他们觉得这使他们听起来像律师。但事实并非如此。”

——Hon. Mario Pittoni, *Brief Writing and Argumentation* 42 (1967).

“没有什么比引文形式上的明显错误更能迅速暴露二流律师的身份。”

——Irwin Alterman, *Plain and Accurate Style in Court Papers* § 7.09, at 116 (1987).

“在引文中，通过缩写以下任何一个词来缩减案例名称。如果可以节省大量的空间，并且在上下文中不会产生歧义，则允许对其他八个字母或更多的单词进行缩写。除非另有说明，复数是通过添加字母‘s’形成的。”

——*The Bluebook: A Uniform System of Citation* § T6, at 430 (19th ed. 2010).

“不正确的引证会损害作者的可信度，使论证的有效性受到质疑。”

——Bryan A. Garner, *The Redbook: A Manual on Legal Style* § 8.1, at 147 (3d ed. 2013).

解释说明

在《蓝皮书》中很难找到一句可以引用的名言，这部作品并不以精辟的言辞著称。但上面的这句话对撰写法律文书的人来说特别贴切。也许最广为人知的《蓝皮书》规则是关于案件名称缩写的规则，违反该规则的行为很容易被发现。

那么谁在乎呢？不要忘了，你的文书的最初读者往往是法官秘书，而不是法官。谁是法官秘书呢？通常是曾经的法律评论编辑。法律评论编辑有什么共同点？酷好《蓝皮书》的怪癖。

你明白了吧。

但即使不是这样，适当地缩写也更经济，特别是当你在文本中引用案例时。

顺便说一下，《蓝皮书》并不是唯一的引证规则，各司法管辖区都有自己的风格手册。[1] 了解规范你文书的具体标准，并认识到《蓝皮书》可能不再是引证权威的最终版本。ALWD 引证手册，最初由达比・迪克森（Darby Dickerson）编写，获得了法律写作指导协会的支持，令人钦佩地简化了引证权威的任务。ALWD 组织良好，布局美观，使用起来非常方便（你最后一次听到有人用这些词来形容《蓝皮书》是什么时候？）。它很容易找到引证样式，给出了许多有针对性的例子，目录和索引使整个系统易于使用。请注意，ALWD 和《蓝皮书》的风格之间有一些小的差异：例如，ALWD 明智地放弃了《蓝皮书》对小写字母的偏爱，而倾向于斜体字的设置，这是个更干净的体系。如果你是一个引证专家，你会想看看这个。

不过，现在《蓝皮书》仍然是法律文书作者的宝书。下面列出了在引证中出现的案例名称中需要缩写的词，但请记住三个细微差别：

- 如果案件名称出现在文本句子中，不要缩写任何单词（除了 &、Ass'n、Bros.、Co.、Corp.、Inc.、Ltd. 和 No.），但使用广为人知的缩略语和缩写，如 FDA 和 NAACP 是可以的。
- 复数的形成通常是在缩写中加上一个 s：因此 Associates 被缩写为 Assocs.；Centers 被缩写为 Ctrs.；等等。
- 在《蓝皮书》的风格中，省略中间字母的缩写后面不加句号：协会变成 Ass'n，专员变成 Comm'r 等；但也有例外，如社区（Cmty.）和管理（Mgmt.），所以要特别注意；如有疑问，请查看清单。

在引用案例时，请保留以下清单，它可以帮助你节省空间，并整理你引证的外观。

---

1 See, e. g., Edward W. Jessen, *California Style Manual: A Handbook of Legal Style for California Courts and Lawyers* (4th ed. 2001); Law Reporting Bureau of the State of New York, *New York Law Reports: Style Manual* (2012); Texas Law Review, *The Greenbook: Texas Rules of Form* (12th ed. 2010).

案例名中使用的缩略词：

Words to Be Abbreviated in Case Names[2]

Academy	Acad.
Administrat[ive, ion]	Admin.
Administrat[or, rix]	Adm'[r, x]
Advertising	Adver.
Agricultur[e, al]	Agric.
Alternative	Alt.
America[n]	Am.
and	&
Associate	Assoc.
Association	Ass'n
Atlantic	Atl.
Authority	Auth.
Automo[bile, tive]	Auto.
Avenue	Ave.
Bankruptcy	Bankr.
Board	Bd.
Broadcast[ing]	Broad.
Brotherhood	Bhd.
Brothers	Bros.
Building	Bldg.
Business	Bus.
Casualty	Cas.
Cent[er, re]	Ctr.
Central	Cent.
Chemical	Chem.
Coalition	Coal.
College	Coll.
Commission	Comm'n
Commissioner	Comm'r
Committee	Comm.
Communication	Commc'n
Community	Cmty.
Company	Co.
Compensation	Comp.
Condominium	Condo.
Congress[ional]	Cong.
Consolidated	Consol.
Construction	Constr.
Continental	Cont'l
Cooperative	Coop.
Corporation	Corp.
Correction[s, al]	Corr.
County	Cnty.
Defense	Def.
Department	Dep't
Detention	Det.
Development	Dev.
Director	Dir.
Discount	Disc.
Distribut[or, ing]	Distrib.
District	Dist.
Division	Div.
East[ern]	E.
Econom[ic, ics, ical, y]	Econ.
Education[al]	Educ.
Electr[ic, ical, icity, onic]	Elec.
Employee	Emp.
Employ[er, ment]	Emp'[r, t]
Engineer	Eng'r
Engineering	Eng'g
Enterprise	Enter.
Entertainment	Ent'm't
Environment	Env't
Environmental	Envtl.
Equality	Equal.
Equipment	Equip.
Examiner	Exam'r
Exchange	Exch.
Executive	Exec.
Execut[or, rix]	Ex'[r, x]
Export[er, ation]	Exp.
Federal	Fed.
Federation	Fed'n
Fidelity	Fid.
Financ[e, ial, ing]	Fin.
Foundation	Found.
Gender	Gend.
General	Gen.
Government	Gov't
Group	Grp.
Guaranty	Guar.
Hospital	Hosp.
Housing	Hous.
Import[er, ation]	Imp.

2 *The Bluebook: A Uniform System of Citation* § T6, at 430–31 (19th ed. 2010)

Incorporated	Inc.
Indemnity	Indem.
Independent	Indep.
Industr[y, ies, ial]	Indus.
Information	Info.
Institut[e, ion]	Inst.
Insurance	Ins.
International	Int'l
Investment	Inv.
Laboratory	Lab.
Liability	Liab.
Limited	Ltd.
Litigation	Litig.
Machine[ry]	Mach.
Maintenance	Maint.
Management	Mgmt.
Manufacturer	Mfr.
Manufacturing	Mfg.
Maritime	Mar.
Market	Mkt.
Marketing	Mktg.
Mechanic[al]	Mech.
Medic[al, ine]	Med.
Memorial	Mem'l
Merchan[t, dise, dising]	Merch.
Metropolitan	Metro.
Mortgage	Mortg.
Municipal	Mun.
Mutual	Mut.
National	Nat'l
North[ern]	N.
Northeast[ern]	Ne.
Northwest[ern]	Nw.
Number	No.
Opinion	Op.
Organiz[ation, ing]	Org.
Pacific	Pac.
Partnership	P'ship
Person[al, nel]	Pers.
Pharmaceutic[s, al, als]	Pharm.
Preserv[e, ation]	Pres.
Probation	Prob.
Product[ion]	Prod.
Professional	Prof'l
Property	Prop.
Protection	Prot.
Public	Pub.
Publication	Publ'n
Publishing	Publ'g
Railroad	R.R.
Railway	Ry.
Refining	Ref.
Regional	Reg'l
Rehabilitation	Rehab.
Reproduct[ion, ive]	Reprod.
Resource[s]	Res.
Restaurant	Rest.
Retirement	Ret.
Road	Rd.
Savings	Sav.
School[s]	Sch.
Science	Sci.
Secretary	Sec'y
Securit[y, ies]	Sec.
Service	Serv.
Shareholder	S'holder
Social	Soc.
Society	Soc'y
South[ern]	S.
Southeast[ern]	Se.
Southwest[ern]	Sw.
Steamship[s]	S.S.
Street	St.
Subcommittee	Subcomm.
Surety	Sur.
System[s]	Sys.
Technology	Tech.
Telecommunication	Telecomm.
Tele[phone, graph]	Tel.
Temporary	Temp.
Township	Twp.
Transcontinental	Transcon.
Transport[ation]	Transp.
Trustee	Tr.
Turnpike	Tpk.
Uniform	Unif.
University	Univ.
Utility	Util.
Village	Vill.
West[ern]	W.

技巧79的要点总结

- 错误的引证会使引文的可信度受到怀疑,甚至影响它所支持的论点。
- 适当地缩写案例名称,以节省空间和减少杂乱。
- 知道什么规则制约着你的文书,并始终核实你的引证(和缩写)是否符合法院的标准。
- 缩写时请参考前文提供的清单(或适用的风格手册)。
- 没有记住这份清单的律师往往在每次引证时都会犯半打以上的错误,丝毫没有意识到他们所表现出来的业余性。

80

避免使用“清晰地”、“明显地”以及它们的兄弟姐妹

名言警句

“当我提出任何可能有争议的事情时，我从不使用肯定、无疑或任何其他给意见带来肯定性的词语。既然谈话的主要目的是告知或被告知，取悦或说服，我希望善意的、明智的人不会因为一种积极的、自以为是的方式而削弱他们妥善行事的能力。这种方式往往会让人厌恶，或制造反对意见，还会破坏我们说话的目的，即给予或接受信息或者获得快乐。”

——Benjamin Franklin, *Autobiography* (1793),
in 1 The Harvard Classics 5, 18–19 (1909).

“在一些具有讽刺意味的观察者中，似乎有一个熟悉的笑话，即当法官以一个完全确信的术语（Clearly, Undeniably, It is plain that ...）开始判决时，接下来的判决很可能是可疑的、不合理的，而且充满困难。”

——Walker Gibson, *Literary Minds and Judicial Style*,
36 N. Y. U. L. Rev. 915, 925 (1961).

“在写作中，就像在生活中一样，当我们试图增加力量时，我们往往会出卖弱点。要求你感受他肌肉的人，会让你怀疑他不相信自己的阳刚之气。”

——Sydney J. Harris, *Last Things First* 269–70 (1961).

“‘显然，’就像其他教条式的词语（明显、无疑、不可否认）一样，是‘律师在处理特别晦涩难懂的事情时倾向于使用的词语’。”

——*Garner's Dictionary of Legal Usage* 627 (3d ed. 2011)
(quoting Grant Gilmore,
The Death of Contract 116 n. 63 (1974)).

“用副词进行论证，如‘明显’和‘显然’，表明论证没有得到充分的发展。如果它是一个靠谱的上诉问题，对上诉法院来说可能并不清楚或明显。与其要求法院作出有利于你的裁决，不如解释为什么应该得出这个结论。”

——Richardson R. Lynn, *Appellate Litigation*
§ 9.7, at 186 (1985).

“声称某项法定条款涵盖了本案,并不能通过说它‘明确’、‘清楚’或‘明显’地涵盖了本案而获得力量。‘规则的目的’这句话也不会因为在‘目的’一词上插入‘明显’或‘清楚’一词而得到改善。事实上,像‘明显’或‘显然’这样的词表明,后面的内容是作者的直觉,而不是一个必要的结论。”

——Hon. Daniel M. Friedman, “Winning on Appeal”, in *Appellate Practice Manual* 129, 133–34 (Priscilla A. Schwab ed., 1992).

“真相是可以自我分类的。诸如‘明显的’、‘令人愤怒的’或‘欺骗的’这样的定性是多余的。‘明显’、‘愤慨’和‘欺骗’的存在不需要考虑定性。有时,过度的、无礼的或重复的描述表明,事实不能证明所赋予的标签。例如,如果支持的事实不多,避免证明的一个技巧就是宣布这个问题是‘明显的’。法官们反复听到这种说法,有理由产生怀疑。”

——Hon. Steven D. Merryday, “Oral Argument”, in *Florida Appellate Practice* § 17.20, at 17–33 (4th ed 1997).

解释说明

“清楚地”和“明显地”这些词表达了太多的抗议,发出了软弱的信号。这很矛盾,但却是事实。如果你还没有意识到这一点,那就开始看看有这些词之一的任何句子。去掉这些副词,句子就会变得更有力。

让法院自己决定什么是清楚的或明显的,你的论点和支持性证据应该能够独立存在。

还没有被说服吗?想想看,在加利福尼亚州上诉法院的一项调查中,73%的受访者同意这一说法:“当一份文书使用‘清楚地’和‘明显地’这样的副词来支持论点时,令我很困惑。”[1]

这些“帮助性”的副词是许多文书作者的常备工具,原因看起来很简单。当放在句子的开头时,这些词有助于与前一个句子的联系更加顺畅,也为读者准备了一个结论性的声明,作者认为这将迫使人们接受。然而,这些词被过度使用,以至于成为口若悬河者的“拐杖”。它们咄咄逼人,自取其辱。它们让人联想到一个讲笑话的人在聚会上对聚集在一起的客人说:“你们一定要听听这个笑话!这真的很有趣。”因此,它们已经成为所谓的“臭名昭著的术语”——以前的好词已经落入了这样的境地,以至于今天

---

1 *California Appellate Practice Handbook* 237 (7th ed. 2001).

谨慎的作者几乎无法再使用。

你可以把本技巧中的建议再推进一步。考虑一下凯莱·L.费迪(Kellye L. Fabian)的故事,当时她是芝加哥Kirkland Ellis律师事务所的一名初级律师。她为一位名叫罗杰·泰勒(Roger Taylor)的合伙人起草一份文书;泰勒是一位有成就的作家,后来成为诺克斯(Knox)学院的院长。在一个星期的艰苦劳动中,她对那份文书苦思冥想,并在到期前几天将成品交给了泰勒。第二天,泰勒告诉她:"文书做得不错。但我希望你能做一个调整。"回过头来,删除每一个以"-ly"结尾的副词。尽管一开始她对此感到困惑,但还是照做了。她养成了一个至今仍在使用的习惯:尽可能多地从文书中删除"-ly"结尾的副词。

两个前后对照的例子:

副词-ly使这个版本听起来比精简版弱。

例子一

反例: 沙弗(Schafer)在本案中排除适用上诉保证金要求的论点显然(clearly)应该被推翻。很明显(Obviously),由于这是一个民事藐视法庭的案件,沙弗不能对他的监禁判决提出上诉。不存在获得陪审团审判的权利,所以显然(patently)没有这种权利会因为上诉保证金的要求而受到影响。很明显(Clearly),上诉保证金应该被设定为与欠款相等,这样玛丽·苏·纽菲尔德(Mary Sue Neufeld)就可以得到该金额的补偿。

范例: 沙弗关于避免上诉保证金的请求应被拒绝。因为这是一个民事藐视法庭的案件,沙弗不能对他的监禁判决提出上诉。而且,由于不存在陪审团审判的权利,因此上诉保释金不会对这种权利造成违宪的"负担"。法院应将上诉保证金设定为与他的儿童抚养费欠款相等的金额。只有这样,玛丽·苏·纽菲尔德才能保证沙弗能够履行他被判定的赔偿。

例子二

这里的修订不仅删除了教条主义,而且加强了实质内容,因此更加有力。

反例: 总之,很明显,根据*DTPA*,有资格成为消费者的唯一要求是,必须直接或间接地获得商品或服务。显然,这里没有要求人们直接从被告那里获得商品或服务,也没有要求人们与被告有任何直接关系。

范例: 总之,根据*DTPA*,有资格成为消费者的唯一要求是,必须直接或间接地获得商品或服务。法规本身和法院都没有要求人们直接从被告那里获得商品或服务,或与被告有任何直接关系。

技巧80的要点总结

- 教条式的副词，如“清楚地”和“明显地”，被认为对薄弱论点过度补偿的信号。
- 删除所有“帮助性”词语，以明确和毫无疑问地加强你的文风和文书；它们是有害的，没有任何帮助。
- 依靠你的论点，而不是副词，来说服法院某个论断是不言而喻的；法官不太可能轻易相信你的副词。
- 你的论断应该能够独立存在，而不需要证明其有效性；如果不行，请重新评估你的论点。
- 低调是检验一个好论点的最佳方法；任何依靠夸张的论证都是失败的。

81

按时间顺序冷静地陈述事实；不要按证人顺序，也不要编辑事实陈述

名言警句

“法庭最想了解的是激发其关注的事实是什么；因为在许多情况下，当事实清晰时，法律层面就不会碰到什么大问题。”

——John W. Davis, “The Argument of an Appeal” (1940), in *Classic Essays on Legal Advocacy* 212, 217 (George Rossman ed., 2010).

“一个熟悉的公理是，案情陈述得好，论证就成功了一半。每一个事实的陈述都应仔细权衡和考虑，然后再放入文书中。”

——Floyd E. Thompson, “Success in Court,” in *Success in Court* 267, 278 (Francis L. Wellman ed., 1941).

“将事实陈述限制在绝对相关和绝对重要的范围内，论证性写作中违反这一原则就会招致灾难。”

——Gorham Munson, *The Written Word* 112 (rev. ed. 1949).

“不要让你的事实陈述退化成一系列证人的引言：‘A 证明了这个；B 证明了那个。’没有什么比这种懒惰的手段更能迅速扼杀人们对事实引述的兴趣。”

——Arthur Littleton, *Advocacy and Brief-Writing*, Prac. Law., Dec. 1964, at 41, 47.

“律师的第一个目标必须是这样来写事实陈述，使法庭在读完文书这一部分后，会想对他的案件作出有利的判决。许多律师都会犯一个相同的错误，即认为有必要按照审判时的顺序列出证词。”

——Frederick B. Wiener, *Briefing and Arguing Federal Appeals* 45-46 (rev. ed. 1967).

"按逻辑、以连贯的顺序阐述你的事实陈述。呈堂证供必须一次一个证人,但这不是你辩论案件的方式,无论是在审判还是在上诉中。应该将你的事实陈述与某一特定主题有关的证据进行分组,以便法院能够很容易地掌握整个情况。一份事实陈述如果只是重复 Jones 的证词,其次是 Smith 的证词,最后是 Thompson 的证词,那将没有任何价值。"

——Hon. Arno H. Denecke et al., *Notes on Appellate Brief Writing*, 51 Or. L. Rev. 351, 359 (1972).

"时序对于事实陈述的重要性难以低估。重现事实之间的现实关系,时间顺序提供了额外力量。按时间顺序的陈述中所固有的对应关系将传达出其他方式所不能提供的信息。"

——F. Trowbridge Vom Baur, *The Art of Brief Writing*, The Scrivener, No. 3, 1975 – 1976, at 1, 2.

"文书中最重要的部分就是事实陈述,因为无论法庭如何熟稔适用的法律原则,在律师提交文书之前,法官对案情事实一无所知。文书作者应避免仅仅按照不同证人在审判中出现的顺序对其证词进行总结。事实陈述的目的不是不加区分地重述证人证词,而是要组织好案情事实,以便将重点放在诉讼议题上。"

——Hon. Myron H. Bright, *Appellate Briefwriting: Some Golden Rules*, 17 Creighton L. Rev. 1069, 1072 (1984).

"讲述故事。每个案件,无论是谋杀还是逃税,无论是过失还是反垄断,都记录了某个人交易的独特历史。也许这是一种只有特定学科的学生才会欣赏的交易,但它仍然包含着戏剧性。无论是计划还是意外,行为人都完成了他们各自的行为,并对自己的想法或他人的行为作出回应。法律规则可能塑造了行为人的计划;他们的行动和反应将产生法律后果。当敦促适用特定的规则时,不要忘记触发这些规则的故事。"

——John E. Nelson, "Building a Brief", in *Appellate Practice Manual* 228, 230 (Priscilla A. Schwab ed., 1992).

"虽然有很多方法来写事实陈述,但一个好的事实陈述要通过两个基本测试。首先,它是独立的;任何读完事实陈述的人都应该明白这个案子是怎么回事,而不需要再看其他东西。其次,事实陈述应使读者支持你的立场;它应该是有说服力的,而不是模棱两可的。"

——James W. McElhaney, *The Art of Persuasive Legal Writing*, ABA J., Jan. 1996, at 76, 78.

解释说明

在叙述事实时，你有机会作为一个故事大王而大放异彩。要想成功，你必须创造性地处理案情时间的排列。

不过，许多文书作者似乎不满足于对事实性的陈述。这些作者根本就不讲故事。例如，在上诉文书中，他们会按照审判时的情况来叙述故事；这意味着证人对证词的逐一叙述，就像是作者自己在阅读证词记录。你会发现这种类型的叙述往往是可悲的。

对事实的陈述应该表达一个明晰的故事线。它应该从头到尾自然地、戏剧性地展开。这样才像一个故事，而不是一系列的证人访谈。

同时，不要加入点评编辑。诸如“有趣的”“有说服力的”之类的词是争论性的词，会污染事实性的叙述。同样地，剔除所有用于推理的词语，如 therefore，thus，so 以及 likewise。在文书的这一部分，你是一个全知全能的叙述者，其目的是唤起读者兴趣，而不是争论或表达情感。

下面是四个精彩的例子。例子一和例子二是由休斯敦的美国助理检察官詹姆斯 · L. 特纳（James L. Turner）所写，他对有序论述诀窍的掌握帮助他的文章主题引人入胜。例子三是休斯敦大学的法律教授戴维 · 克朗普（David Crump）写的。这是一个在极其敏感的情况下起草文件的好例子：一些不愉快的事实必须被承认，但一些反面的事实对法律问题有影响，必须以一种对令人同情的原告并不苛刻的方式来阐述这些事实。例子四是旧金山的史蒂文 · 赫许的作品。它清晰地解释了一个可能会吓跑许多文书作者的复杂的程序性历史，而且解释得很吸引人。请注意他在标题中有效地使用了现在时，使叙述有一种直接的感觉；还请注意，赫许和许多优秀的文书作者一样，甚至把记录的引文也放在脚注中（见技巧 24）。

建议：每当写一份事实陈述时，停顿 15 分钟，阅读或重读下面的一个例子。还可以考虑附录 B 和 C 中的陈述，以了解侵权案件中的优秀范例。

几个范例

例子一

> 概述标题和章节。专题标题在事实陈述中最合适，而不是在论证部分。

事实陈述

1. 序言：专家撰写的麻醉品贩运组织概要。

缉毒局（DEA）特工罗伊 · 邓莱普（Roy Dunlap）有资格作为麻醉品贩运方面的专家证人。地区法院接受了政府的提议，并允许特别探员邓莱普提供专家意见(4 R.7)。邓莱普以专家的身份说，麻醉品贩运组织“与其他企业的运作很相似”(4 R.7)，每个参与阴谋的人都有明确的角色。

在一个贩运组织中，人们通常会发现运输者，或称为“骡子”以及“经纪人”(4 R.8)。根据邓莱普的说法，“经纪人”或“监督者”是负责违禁品的人，即负责交易的人。“经纪人”的责任是确保“藏匿地点”—可卡因在交付前的存放地点—并负责策划违禁品的交付。“经纪人”负责安排交货，但不一定要参与交货(4R.8)。在许多情况下，“经纪人”或“监督者”会占据一个位置，他可以观察交易情况。“观察有哪些人参与，寻找监视，寻找该地区的警察”(4 R.8)。

在特别探员邓莱普看来，一个“监督者”尽量减少与下属的接触是很正常的：

> 监督者——这是该组织的核心。他有为他工作的人。由于这是一项犯罪活动，他想把自己与实际交易本身、实际犯罪隔离开来，避开亲手交易沾染的污垢。
>
> 因此，他从远处策划，并尽可能地使自己不在交易现场。
>
> (4 R.9).

根据他的经验，邓莱普观察到，许多犯罪组织是由家庭成员或终身朋友组成的(4 R.12)。

2. 约瑟·罗德里格斯(Jose Rodriguez)的到达。

故事以一个主题性的标题开始。

1993年4月，一名缉毒局秘密线人告诉特别探员罗伊·邓莱普，他将在休斯敦洲际机场的万豪酒店收到40千克可卡因(4 R.10)。这批违禁品将由得克萨斯州罗马市的约瑟·罗德里格斯(4 R.17；5 R.30)交付。缉毒局特工被告知，这些可卡因重达300千克，将藏匿于得克萨斯州克利夫兰和孔托之间的某处房屋(4 R.13)。

1993年4月1日，线人打电话给罗德里格斯，讨论交货事宜。他们同意在第二天，即1993年4月2日见面。罗德里格斯将在下午3点左右到达，线人和他将在机场见面。罗德里格斯要求有一辆车，缉毒局充分预计到这一要求，为他准备了一辆货车。线人和罗德里格斯确定的价格是每公斤16,500美元——总价660,000美元(4 R.14,15；5 R.33)。

1993年4月2日下午3点，当罗德里格斯乘坐大陆航空公司的航班从得克萨斯州的麦克艾伦抵达时，线人跟他打招呼(4 R.19)。在线人和罗德里格斯离开行李区之前，缉毒局特别探员戴维·普莱斯顿(David Preston)

看到罗德里格斯在行李区打了一个电话(5 R. 60,61,63)。然后,线人和罗德里格斯从航站楼出发,通过连接航站楼和万豪酒店的人行隧道,来到酒店的停车场(4 R. 19)。

在停车场,线人将面包车的钥匙给了罗德里格斯(4 R. 20)。罗德里格斯随后乘坐面包车离开机场。线人和特别探员邓莱普留在万豪酒店,在那里他们将等待罗德里格斯带着可卡因回来(4 R. 20)。

故事以另一个令人回味的标题继续。

3. 交换:一辆橙色皮卡换一辆米色货车。

从机场出来后,罗德里格斯开车前往位于休斯敦 9535 凯迪高速公路(10 号州际公路和邦克山的交叉口)的伊克诺拉奇汽车旅馆(4 R. 21;5 R. 35)。罗德里格斯被缉毒局的一个监视小组跟踪到伊克诺拉奇汽车旅馆。特别探员普莱斯顿指出,罗德里格斯在下午 4 点左右抵达伊克诺拉奇汽车旅馆(5 R. 65),并入住 265 号房间(4 R. 22;5 R. 36)。罗德里格斯在 265 号房间停留了 40 ~ 45 分钟(4 R. 22;5 R. 65)。

罗德里格斯说,交货是得克萨斯州的罗梅(Rome)安排的。罗德里格斯得到了两个电话号码:一个是传呼机的号码,另一个是住宅的号码,要么是房子,要么是公寓(5 R. 36)。他被指示在下午 5 点至 6 点在一个指定的服务站与一个驾驶橙色皮卡的人见面(5 R. 37)。罗德里格斯将通过拨打两个电话号码中的一个来表示他准备好接收可卡因。罗德里格斯从酒店打了第一个电话,他试图给传呼机打电话,但没有成功(5 R. 40 – 41)。当他显然无法给传呼机打电话时,他就打了另一个号码。

打给住所的电话是一名妇女接的,她告诉罗德里格斯,那里没有别人。罗德里格斯给了那个女人酒店的电话号码和他的房间号码,并要求那个女人给传呼机打电话(5 R. 42)。罗德里格斯大概等了 10 ~ 15 分钟;若没有人给他回电话,他就出发到指定的会面地点(4 R. 44)。

从伊克诺拉奇汽车旅馆,罗德里格斯开车到位于小约克和杰斯特交叉口的雪佛龙加油站(5 R. 45)。在那里,罗德里格斯再次试图拨打传呼机号码,但被拒绝了,因为服务站的公共电话不接来电(5 R. 45 – 46,66)。罗德里格斯给住所打电话。之前与罗德里格斯交谈过的那个女人再次接了他的电话,并告诉他,橙色皮卡已经在路上了(5 R. 46 – 47)。

5 ~ 15 分钟,一辆 1981 年的橙色福特皮卡驶入雪佛龙加油站并停在油泵旁(5 R. 48,67)。驾驶这辆皮卡的是亚瑟·马尔克斯(Arthur Marquez),罗德里格斯曾经在罗马市见过这个人(4 R. 23;5 R. 48)。罗德里格斯走到油泵旁,问司机这是不是他应该去取的皮卡。马尔克斯回答说是,但它需要加油(5 R. 49)。罗德里格斯加完油，走进加油站，并付了钱(5 R. 50)。罗德里格斯告诉马尔克斯，当自己把橙色皮卡开回来换回米色面包车的时候，会给他打电话(5 R. 50)。马尔克斯把皮卡的钥匙给了罗德里格斯，罗德里格斯把货车的钥匙给了马尔克斯，然后他们就分开了(4 R. 23;5 R. 51－52)。

到目前为止，整个交易是按照在得克萨斯州罗马市的计划进行的(5 R. 53)。罗德里格斯被告知要与一个驾驶橙色皮卡的年轻人见面，可卡因藏在皮卡的工具箱中。罗德里格斯确实遇到了一个驾驶橙色皮卡的年轻人马尔克斯(5 R. 56)。

省略号为标题增加了神秘感。

4. 罗德里格斯返回机场……

罗德里格斯离开雪佛龙加油站，回到了机场(4 R. 23)。他直接开车到机场万豪酒店的停车场，将皮卡停在离原来停面包车的地方大约两个车位。他走进酒店，与线人见面。几分钟后，罗德里格斯和线人走到皮卡前。罗德里格斯伸手打开了皮卡车厢里的工具箱。线人看了看工具箱，确认可卡因就在里面。罗德里格斯关上工具箱，然后他们开始返回酒店。罗德里格斯没有走进酒店，当他关闭工具箱时，线人向监视小组发出了预先安排的逮捕信号，罗德里格斯被逮捕(4R. 24,29;5R. 13,14,53,54,69－70)。

在这里，省略号再次唤起了神秘感和即时感。

5. ……马尔克斯回家看电视。

由缉毒局特工詹妮弗·马克塞(Jennifer Maxey)、弗兰克·史蒂文斯(Frank Stevens)、凯文·皮特曼(Kevin Pittman)和汤姆·安德森(Tom Anderson)组成的另一个监视小组跟踪马尔克斯和面包车，从雪佛龙加油站到奥克斯公寓约一个半街区(4 R. 31;5 R. 83)。他们看着马尔克斯把面包车停在那里，然后进入位于900多平方米的某处公寓。在罗德里格斯被逮捕的信息传达给监视小组后，探员们找到了公寓的管理人员，告知他们想要了解橙色皮卡的主人住在哪里。他们被告知，他住在901号公寓(5 R. 84)。

探员们去了901号公寓。当时大约是下午6点45分，安娜·圣地亚哥(Anna Santiago)和艾琳娜·马尔克斯(Elena Marquez)为探员们打开了901号公寓的门(5 R. 86)。安德森表明了自己和其他探员的身份，并向她们出示了自己的证件(5 R. 86)。他告诉她们为什么要去那里，并问她们是否知道那辆橙色皮卡是谁的(5 R. 86)。这些妇女回答说，她们是皮卡的主人，并同意特工的要求，让他们进来看看(4 R. 31,32;5 R. 88,110)。

进入公寓后，特工启动了保护性清查，直接扑向了马尔克斯，当时他正坐在其中一间卧室的床上看电视(4 R.33;5 R.88,111)。尽管马尔克斯换了衣服,特别探员皮特曼还是认出马尔克斯是那辆橙色皮卡的司机(5 R.89,91,112)。马尔克斯不承认其知道有一辆橙色皮卡,并否认驾驶过这样的车辆(5 R.90,112)。但马尔克斯被周围的物品出卖了:特工在卧室里发现了他在雪佛龙加油站戴的迷彩帽,以及当时穿的衬衫(5 R.68,90)。此外,特工们还发现了放在电视上的米色面包车的钥匙(5 R.92)。

发现钥匙后,马尔克斯被押到前阳台,在那里他接受了特工皮特曼、史蒂文斯和马克塞的询问(4 R.34;5 R.90)。根据询问,特工们将注意力转移到马尔克斯的岳父罗伯托·圣地亚哥(Roberto Santiago)身上(5 R.105,114)。

一个既能暗示又能唤起的主题标题。

6. 朋友、家人和可卡因:圣地亚哥及其纽带。

特工们对马尔克斯驾驶的橙色皮卡的登记情况进行了检查。事实证明,该皮卡的注册车主是安娜贝尔·圣地亚哥(Annabelle Santiago)(5 R.85)。特别探员安德森还发现,安娜·圣地亚哥驾照上的地址不是Arbor Oaks公寓的地址,而是得克萨斯州克利夫兰的一个邮政信箱(5 R.93)。对这种地址差异的解释是,马尔克斯的妻子艾琳娜·马尔克斯是该公寓的注册承租人(5 R.137-38)。艾琳娜的父亲圣地亚哥和他的妻子安娜也住在那里。因此,探员们了解到,马尔克斯与他的姻亲——安娜·圣地亚哥和罗伯托·圣地亚哥住在一个公寓里(5 R.138)。

探员们在奥克斯公寓901号停留了大约45分钟(5 R.93)。由于圣地亚哥已成为本案的嫌疑人,但他返回公寓的时间不确定,所以有几名特工留在公寓继续监视,其余人则将马尔克斯送往哈里斯县监狱。探员们刚走出公寓大楼,就被告知在901号公寓附近发现了圣地亚哥的四门Geo Prizm汽车(5 R.94,115,119)。圣地亚哥立即被逮捕并被送往Harris县监狱。

在监狱里,特别探员弗兰克·史蒂文斯询问圣地亚哥是否被彻底搜查过,他被告知没有,圣地亚哥没有接受过搜查(5 R.120)。史蒂文斯注意到,圣地亚哥闻起来好像喝过酒,气味特别刺鼻(5 R.120)。史蒂文斯命令圣地亚哥脱掉他的靴子。史蒂文斯敲了敲其中一只靴子的鞋跟并将其翻转过来。一个塑料袋掉了出来,里面有一种白色粉末状物质(GX 18)。经现场测试,证明是11.8克可卡因(4 R.36;5 R.121-22)。

特别探员安德森说,在圣地亚哥被捕后从他身上拿走的个人物品中,有一个传呼机。在清点圣地亚哥的个人财产时,他注意到“这个传呼机里有几个电话号码”(5 R.95)。安德森在这个传呼机上调出了3个号码:其中一个号码是467－4411,是位于凯迪高速公路上的伊克诺拉奇汽车旅馆的号码;紧跟着的是罗德里格斯的265号房间的电话号码(5 R.96);在另外两个号码中,有一个与打给罗德里格斯的传呼机的号码相符(5 R.96)。

从圣地亚哥的靴子中取出的可卡因后来被缉毒局的法医化学家分析。其中一位化学家乔治·菲利普斯(George Phillips)说,该物质确实是可卡因,而且纯度为87%(5 R.145)。菲利普斯也检查了从橙色皮卡的工具箱中发现的40公斤可卡因,该批可卡因的纯度为89.9%(5 R.148)。

一个在标题中带有微妙暗示的倒叙。读者不需要"理解"这个典故。

7. 斯塔尔(Starr)郡——交叉的朋友:回忆往事。

休斯敦警察局的保尔森(A. J. Paulsen)警官回忆了1984年与圣地亚哥的相遇(5 R.151)。据保尔森警官说,1984年1月,在对山毛榉汽车旅馆358号房间进行的32小时监视中,圣地亚哥是他看到的进出该房间的几个人之一(5 R.153,154)。1984年1月25日下午2点15分左右,保尔森警官获得了一份授权他搜查358号房间的搜查令(5 R.154)。圣地亚哥和他的兄弟是警察在358号房间遇到的人员之一。当他被逮捕时,圣地亚哥携有可卡因(5 R.155)。除了圣地亚哥和他的兄弟,在358号房间被捕的另外四个人均来自得克萨斯州的斯塔尔郡(5 R.158)。

总结:以后记的形式。

8. 尾声:专家意见和陪审团的认定。

特别探员戴维·普莱斯顿在没有异议的情况下作证说,根据他的经验,通常不会由像亚瑟·马尔克斯这样的青年来控制40千克可卡因的运送工作。普莱斯顿相信,像圣地亚哥这样的人才会被分配到这一工作(5 R.78－79)。经过适当的审议,陪审团同意特别探员普莱斯顿对交易的评估,并认定圣地亚哥犯有密谋、协助并教唆拥有可卡因并意图分销的罪行(6 R.3)。此项上诉随之而来。

例子二

事实陈述

引人注目但低调的主题标题。

1. 广告:商业炼金术。

该广告有所有炼金术的标志:

无现金投资

我们为你的信用度支付费用,承担所有责任,并保持你的信用额度开放,以便重复投资。

(政府的证据39,40。)

在一个现金短缺和信贷紧缩的时代,这里有一个将个人信用转化为真正现金的计划。但是,正如炼金术士的努力被证明与自然法则相悖一样,这个"无现金投资"计划也被证明与国家法律相悖。

罗杰·丹尼尔斯(Roger Daniels)和吉姆·阿诺德(Jim Arnold)是这个将个人信用转化为至少2000美元现金的大计划的幕后策划者(5 R. 168)。丹尼尔斯是在20世纪80年代初的某个时候认识阿诺德的。丹尼尔斯是一家健康食品店的老板,阿诺德是他的常客之一(5 R. 158)。除了健康食品,阿诺德和丹尼尔斯发现了其他共同的兴趣,包括对房地产市场的迷恋。丹尼尔斯是一个有执照的房地产经纪人,他相信阿诺德也有一个经纪人执照(5 R. 159)。在1983年或1984年,他们决定利用对房地产的共同兴趣,成立Homeview Partners。

根据丹尼尔斯的说法,Homeview最初是为了方便在得克萨斯州的斯普林购买投资房(5 R. 160)。不幸的是,事实证明,贝莱尔市场令人望而却步,Homeview Partners不得不从其他建筑商那里寻求房屋(5 R. 161)。阿诺德和丹尼尔斯提议以折扣价购买房屋。他们将借到足够的钱来满足购买价格,并创造"额外的钱","盈余"超过收购价格(5 R. 62)。他们找了许多建筑商,但事实证明Keystone Homes是最有希望的。

评估是Homeview计划的关键。Keystone的房产是经过评估的,而且评估结果是现成的(5 R. 163)。此外,Keystone的销售人员给阿诺德和丹尼尔斯留下了深刻印象,认为他们有潜力实现房产的"翻转"销售。Keystone的销售人员有一份"出局者"的名单,即那些已经签约购买房屋但没有资格获得融资的人(5 R. 165)。Homeview提议利用有财务资格的人作为"草根买家"购买打折的房屋,然后将房产"翻转"给从"出局者"名单上抽出的无资格融资者(5 R. 256,257,7 R. 606)。最终,Homeview购买了36套房屋(5 R. 166)。

Homeview议程上的第一项内容是寻找有信用的买家来进行首次购买。为此,他们在《休斯敦纪事报》上刊登了一则广告,"无现金投资"(5 R. 166;政府的证据39,40)。阿诺德和丹尼尔斯向所有回复他们广告的人介绍了他们的计划。他们解释说,"投资者"将使用他或她的信用并完成贷款申请。在投资者买下房子后,阿诺德和丹尼尔斯将买回房子,Homeview再把房子卖给想住在里面的人。投资者最多可以购买4套房子。他们不必为这些房子支付任何款项,包括首付款。作为回报,Homeview承诺为他们“购买”的每所房子支付2000美元(5 R.167,168)。

首付款和过户费用由Homeview从最初购买Keystone房屋的剩余资金中支付的。2000美元是通过一个信托基金支付的,该基金的受托人是律师麦克·林赛(Michael Lindsay)(5 R.169,173)。丹尼尔斯用这个假设来说明这个计划:Homeview将以清单价格的70%从Keystone购买房子;如果房子的价格是10万美元,Homeview将支付7万美元;投资者将申请HUD/FHA担保贷款,该贷款将涵盖原销售价格10万美元的15%,即8.5万美元。如果是“业主/住户”贷款,贷款金额可高达9.5万美元。因此,Homeview将实现1.5万~2.5万美元的利润,再扣除成交费用和2000美元的投资者费用(5 R.184)。这样,Keystone将减少其库存,投资者将实现2000美元的利润,而Homeview合伙人将被认为是在经济下滑的情况下设计了一个销售房屋的计划的“魔术师”。他们将实现20世纪的炼金术:他们将把信贷转化为现金。

2. 该广告带来了致电者。

以一个简短的事实性句子作为标题。

人们对广告的诱惑作出了反应。当他们这样做时,丹尼尔斯和阿诺德将为他们介绍贷款程序(5 R.184)。除对该计划的一般概述外,还建议投资者以业主/住户的身份申请贷款,即使他们不打算拥有或占用该建筑物(5 R.247;6 R.321)。他们还被建议表明他们有足够的钱来支付首付款。贷款文件显示,投资者毫无顾虑地遵守了这些指示。下面列出了在本案审判中作证的投资者名单以及表明他们参与Homeview计划的证明文件。

(此处列出证人的姓名和地址)

所有的投资者都表示,他们将支付成交费用,尽管这些费用实际上是由Homeview支付的。一般来说,投资者表示他们将成为业主/住户,尽管他们并不打算住在他们所谓购买的房子里。投资者的唯一动机是赚取2000美元,除了他们的信用记录外没有其他投资。正如丹尼尔斯所观察到的,没有人真正买了房子,每个投资者只是为Homeview创造了一个联邦保险的贷款(5 R.188)。

3. 无现金投资成为刑事起诉书。

另一个简短的事实性句子,巧妙地暗示了一种不同的技巧(见上文1)。

住房和城市发展部启动了对Keystone房屋的审计。审计是由一个线索引起的,即Keystone从事“稻草人购买计划”,即人们冒充购买者,允许他们的信用被用来获得FHA贷款的资格,并在没有投入任何自己的钱的情况下购买房屋(7 R.606)。审计员高登·泰勒(Gordon Taylor)注意到,在Keystone提供的名单上,“现金销售”的数量异常多(7 R.608)。这个名单让泰勒发现了 Southwest 抵押贷款公司(7 R. 609)。泰勒安排与 Southwest 抵押人中的十个面谈(7 R. 610)。这些面谈最终使他找到了 Homeview Partners 和阿诺德、丹尼尔斯。

阿诺德和丹尼尔斯完全了解审计和泰勒的调查。被泰勒叫来的第一批投资者之一山姆·拉尔森(Sam Larsen),他将泰勒即将来访的消息告诉了阿诺德和丹尼尔斯。阿诺德和丹尼尔斯在泰勒到来前不久与拉尔森会面。拉尔森安排他们在另一个房间偷听会议内容(5R. 182;6R. 326)。拉尔森向泰勒要了一份面谈记录的副本,然后把这些记录传给了 Homeview Partners。阿诺德和丹尼尔斯随后提醒他们的投资者注意泰勒的动作(6 R. 306,352,460)。阿诺德向琳达·菲尔兹(Linda Fields)提供了应对泰勒询问的答案,并给她具体指示如何回答有关首付款和所有权的问题(7 R. 480)。

魔力已经消失。一些昔日的投资者最初的疑虑屈服于对一些未指明的指控的认罪。他们被允许通过认罪以换取免予处分(布莱索,6 R. 290;沃森,6 R. 397;赛克斯,7 R. 674;克鲁尼,7 R. 684)。每个投资者从未认为他们违反了法律(6 R. 421,7 R. 460,7 R. 680)。

丹尼尔斯承认,这个计划过于完美,因此可能违法。他表示认罪,并代表政府揭露他的前合伙人阿诺德。阿诺德坚持他的无罪答辩,然而,陪审团却作出了相反的认定。此后他提出上诉。

例子三

当你继续阅读时,就会发现这是个低调的标题。

事实陈述

关系

应诉人凯·柏林(Kay Birling)和申诉人丹·郝尔(Dan Hull)在1985年5月下旬开始有了偶发的性关系,(SF 852.)。当时他们是高中生,女方19岁;男方18岁,(SF 361;970.)。柏林第一次见到郝尔是在一家餐馆,然后一个星期后,在一个聚会上见到了他,两人有不同的对象,(SF 847.)。她开始给他打电话,郝尔最终同意陪同柏林参加她的毕业舞会(SF 848.)。据郝尔和柏林说,那是他们第一次也是唯一一次传统的"约会",(SF 368;951.)。在他们第一次约会之前,她安排了一个酒店房间,目的是在舞会后与郝尔过夜。

只有在很少的情况下,才会提到证词;在这种情况下,信息的来源是至关重要的。

柏林作证说,在毕业舞会之前,她从未与任何人发生过性关系,(SF 851;847－48.)。那天晚上,郝尔和柏林在她安排的酒店房间里发生了性关系。(Id.)郝尔和柏林都作证说,当他们发生性关系时,房间里还有另外三个人在场。在接下来的夏天，柏林和郝尔发生过多次性关系，这些都是他们在不同的地方偶然遇到后发生的，他们会离开去另一个地方发生性行为，然后回到偶遇的地方，(SF 422;439－41;784－85;974－76.)。柏林作证说郝尔从未说过爱她，(SF 854.)。夏天过后，柏林去读大学，郝尔再也没有联系过她，(SF 855.)。

1985年8月10日，柏林要求郝尔陪她参加一个婚礼。郝尔拒绝了，但其在婚礼结束后去接了她，(SF 855－57.)。在接柏林之前，郝尔去了被告卡尔·布罗什(Karl Broesche)的家，布罗什是郝尔的一个朋友。郝尔安排在布罗什家与柏林发生性关系，布罗什提出了对性行为进行录像的想法，(SF 394;659;1511.)。记录并没有反映出郝尔作出了什么反应，(SF 1512.)。在郝尔离开去接柏林后，布罗什设置了一个录像机，(SF 1513.)。

由此产生的录像带(PX 1.)由三部分组成。第一部分是由被告布罗什、怀德·纳(Widner)和汤博罗(Tamborello)在郝尔不在场时制作的；在此期间，这三个男孩用粗俗的语言和笑话预测了郝尔和柏林回来后会发生什么。(PX 1.)录像带的第二部分由一张空卧室的图像组成，这意味着在柏林和郝尔到来之前，录像机是打开的。(PX 1.)录像带的第三部分记录了柏林和郝尔之间的活动。(PX 1.)录像带上记录的所有性行为都发生在一条毯子之下。郝尔说，他使用毯子是因为他有点顾虑，想遮住性行为不被录像；毯子甚至在后来制作的"加强版"录像中也有这种效果。(R.406－07.)

录像带制作完成后不久，郝尔就拥有了它。他在三个场合播放，每次都是在一个私人住宅，前后总共有十个人，郝尔在证词中点了他们的姓名。(SF 408－11;421.)

在她从一个朋友那里得知这盘录像带后，柏林与郝尔发生了冲突。(SF 873－74;919.)柏林要求拥有该录像带；郝尔最初不愿意交出录像带，提出在她面前销毁录像带。然而，她坚持要得到它，郝尔便交给了她。他告诉柏林，他很抱歉，自己并没有伤害她的意思。(SF 875－79.)

原始录像带的质量非常糟糕，以至于柏林发现有必要制作一个"加强版"。据称，增强的目的是识别录像带第一部分中的男孩。(SF 1162－63.)柏林的律师只向陪审团展示了加强版的部分内容。(SF 401－04.)即使是加强版也没有显示性行为的图像，柏林的律师只向陪审团展示了最初的、可以说是最令人反感的部分：即男孩们在郝尔不在场的情况下的交谈。陪审团从未在加强版或原始劣质录像带中看到柏林和郝尔之间的性行为。

叙述诉讼前和诉讼活动。

叙述诉讼前和诉讼活动。

柏林的损害赔偿证据

柏林的损害证据,除她自己的证词外,还包括亲戚和朋友的证词,他们说她有一个快乐的童年,很快就适应了她父母的离婚,但因本案所涉及的事件而受到情绪困扰。(SF 449 – 50;452;819 – 20;1435;1447.)她和朋友描述了当她听说其他人知道录像带时的尴尬事件。(SF 896 – 97;919 – 23;901 – 02;961.)柏林还作证说她做过噩梦、发抖、头晕和胃部不适,(SF 901 – 02;904.)尽管这些症状与录像带之间的因果关系只能被推断出来。柏林的学校记录显示,即使在这些事件之前,她也经常缺勤。她作证说工作和参加期末考试有困难。(SF 879 – 82;904.)然而,证据显示,在得知录像带后不久,她换了大学。(SF 925;932;984 – 85.)在那次转学后,她的成绩比以前更好。(SF 963;994 – 95.)她作证说,尽管她在大学期间保持了几段恋情,但很难与男人相处。(SF 925 – 26;933;961;963;996 – 99.)

柏林提供了乔治·邓普希(George Dempsey)的证词,他是她的律师介绍的一位心理学家。(SF 929.)邓普希医生的诊断是柏林患有“创伤后遗症”,与作战士兵有时患的疾病一样。邓普希医生认为,诉讼对她有“治疗价值”。(SF 502;509;511.)

作为回应,郝尔介绍了两位研究创伤后遗症的专家,切斯特·B. 斯科里纳(Chester B. Scrignar)医生和马可·马里奥托(Marco Mariotto)医生。斯科里纳医生发表了许多文章和两本关于焦虑症的书,包括创伤后遗症,并与查尔斯·菲格雷(Charles Figley)医生共同撰写过一篇文章,菲格雷医生是研究影响越战老兵创伤后遗症的卓越权威。(SF 1051 – 52;1054 – 55.)马里奥托医生在普渡大学时与菲格雷医生一起工作,也是该疾病方面的知名专家。(SF 1387.)两位专家都表示,柏林没有患创伤后遗症,因为她既没有这种疾病的前因,也没有这种疾病的症状,这种疾病不会由尴尬引起,而是因个人反复经历极端暴力引起的。(SF 1397 – 98;1056;1058 – 59;1065 – 66.)

柏林放弃了故意侵权指控

就在提交给陪审团之前,柏林放弃了所有的故意侵权指控和所有的过失理论,除了过失造成的精神痛苦和侵犯隐私。(SF 1265;Tr. 40.)柏林要求陪审团认定的唯一问题是“过失造成的精神痛苦”。郝尔反对,认为“过失”造成的精神痛苦无权受到赔偿。(SF 1268;1556.)陪审团认为,郝尔因疏忽造成了柏林的精神痛苦,并将 65% 的责任分摊给他。陪审团因此认定郝尔应赔偿 100 万美元,包括惩罚性赔偿。

柏林的保险策略

柏林撤回她对故意侵权行为的索赔所依据的策略可以从先前的事件中得到解释。1989 年 5 月 1 日，Fort Worth Lloyds，一家保险公司，参与了本案。（2d Supp. Tr. 38.）正如最初的和修正的介入请求（2d Supp. Tr. 38；56.）所表明的那样，保险公司介入的目的是获得陪审团的结论，以确定被告的任何不法行为，是故意的还是过失的。Fort Worth Lloyds 公司明确表示，只有过失行为的责任才会被保单覆盖；故意行为将被排除在保险范围之外。柏林为了避免故意行为的排除，放弃了她所提出的所有故意侵权指控，只以过失造成的精神痛苦为由索赔。

这一节险些成为争论性的内容——然而它仍然是关于事实。

例子四

事实陈述

1. 六位联邦法官一致认为，债务人参与了一个欺诈性计划，拒绝向其雇员提供养老金和医疗福利。

20 世纪 80 年代末，债务人山姆（Sam）和迪安·马丁（Diane Martin）开始了一个欺诈性的“双排扣”计划，将他们签署了工会合同的管道工程业务转为非工会状态。债务人这样做的目的是逃避他们在集体谈判协议下的义务，包括向信托基金缴纳养老金、医疗和培训费。

1987 年 5 月 8 日，信托基金在加利福尼亚州北区提起诉讼，要求收回这些捐款。[1] 在初步动议中，两名联邦法官判定，债务人以欺诈方式隐瞒了他们欺骗信托基金的计划。[2]

五年后，美国地区法官芭芭拉·A. 布朗菲尔德（Barbara A. Brownfield）在一项谴责债务人欺诈行为的判决中，作出了有利于信托基金的 450 多万美元的简易判决，其中包括 200 万美元的惩罚性赔偿金，这显然是第一次有联邦法官在简易判决中作出惩罚性赔偿。[3] 布朗菲尔德法官随后中止了判决的执行，条件是被告在上诉期间提交一张 70 万美元的认证支票，

1 Request for Judicial Notice（“RJN”），Tab 1 at 8：8.

2 See May 24，1988 opinion and order of Judge William W. Schwarzer at 11（RJN，Tab 1）；Nov. 15，1990 opinion of Judge Vaughn R. Walker at 4 – 5（RJN，Tab 2）.

3 See *U. A. Local No.* 343 *v. Nor – Wash Plumbing*，*Inc.*，797 F. Supp. 767，772（N. D. Cal. 1992）（Brownfield，J.）；*id.* at 773.

“作为超额保证金”。[4] 从那一刻起,这些资金一直处于地区法院的控制之下,债务人无法触及,直到法院将其释放给原告。1995年2月28日,本法庭确认了布朗菲尔德法官的主要结论,但将该案发回重审,以解决意图问题。[5]

2. 在本庭发回重审后,纽菲尔特(Neufeldt)法官要求在陪审团认定前,将这些资金作为赔偿担保留在地区法院的登记处。

在本法庭的判决后不久,债务人向地区法院提出释放70万美元的担保,而信托基金则寻求扣押令,这将使“被告的几乎所有商业资产在审判前置于原告占有和控制之下”。[6]

纽菲尔特法官担心,如果她批准扣押令,可能会对被告的业务造成干扰,但同时也相信,信托基金已经确定他们可能会在案情上获胜,因此应该有某种形式的判决担保,[7] 纽菲尔特法官采用了各方建议的妥协方案。为了避免扣押,[8] 马丁(Martin)夫妇同意(1)撤回他们要求解除担保的动议,(2)将资金留在地区法院的登记处,(3)继续经营他们的业务,但要遵守布朗菲尔德法官1992年4月为防止任何阻挠判决的企图而施加的限制。而信托基金则同意拒绝他们的扣押令。[9] 纽菲尔特法官的命令特别指示,“在法院进一步命令之前‘不释放’作为担保的存款”。[10]

请注意,Hirsch对记录和其他引文进行了脚注。考虑一下,如果这些材料穿插在句子之间,这段话会有多糟糕。

因此,1995年8月11日,纽菲尔特法官采纳了双方的妥协方案,登记处的资金不再作为当时结束的第九巡回法院的担保。取而代之的是,根据法院的命令,这些资金仍然留在法院的登记处,以代替扣押令,作为未来任何陪审团认定的担保,执行双方自己提出的妥协方案。

---

4 See Judge Brownfield's Order Extending Stay of Execution of Judgment Pending Appeal and Setting Conditions of Payment into Court for Supersedeas Bond, dated May 11, 1992. (1 Excerpts of Record ("ER"), 22 – 23.) As used herein, "ER" refers to Appellants' Excerpts of Record originally filed in Ninth Circuit Case No. 99 – 15413, which has since been consolidated with Case No. 99 – 15415.

5 See *U. A. Local* 343 *v. Nor – Wash Plumbing, Inc.*, 48 F. 3d 1465, 1472 (9th Cir. 1995) (Norris, Beezer, and Simonfeld, JJ.) (reversing trial court in part but finding that "[t]he appellees presented significant evidence of the Martins' anti – union animus and his intent to avoid the collective bargaining agreement with Local 343, including evidence that on numerous occasions he declared 'I'm going to close that frigging Union shop!'"); *id.* at 1474 – 75 (evidence was undisputed that Sam Martin lied to union representatives and submitted perjured affidavits to NLRB concealing his fraudulent scheme).

6 See Judge Neufeldt's Order on: Motion to Reconsider Application for Right to Attach Order, Motion to Release Security, and Request for Sanctions, dated Aug. 11, 1995 ("Aug. 11 Order"), at 27, lines 1 – 4 (1ER, 24 – 28) (emphasis added).

7 Aug. 11 Order at 26, lines 15 – 17; *id.* at 27, lines 1 – 7 (1ER 24 – 28).

8 Aug. 11 Order at 27, line 12 (1ER 24 – 28).

9 Aug. 11 Order at 27 – 28 (1ER 24 – 28).

10 Aug. 11 Order at 4 (1ER 27).

3. 陪审团确认了债务人的欺诈意图，作出了 180 万美元的判决，解决了判决担保问题。

在审判前夕，信托基金提出以 30 万美元和一份工会合同来和解此案。[11] 山姆和马丁拒绝了这一提议，并在审判中败诉，陪审团认定他、Nor-Wash 和 Northern Quay 应承担 180 万美元的赔偿和律师费。1996 年 4 月 10 日，陪审团就信托基金的另类索赔以及根据 29 U. S. C. § 185 提出的单独的欺诈索赔作出认定。[12] 此外，纽菲尔特法官表示，她将确定信托基金的律师费和费用，估计为 150 万美元，并将该金额也判给他们，因此最终赔偿的总额将超过 330 万美元，这将使债务人无力偿还。

4. 由于担心马丁夫妇会提出破产申请，纽菲尔特法官命令立即向信托基金发放剩余的赔偿担保。

审判结束后，1996 年 5 月 21 日，债务人要求纽菲尔特法官在他们的上诉结果出来之前，或者在向本法院提出中止执行申请之前，中止执行判决，而不需要任何额外的保证金。纽菲尔特法官拒绝了这一请求，指出这将给债务人提供申请破产的时间，从而"束缚"了作为担保而存放在地区法院登记处的资金。[13] 纽菲尔特法官说："我担心的原因是，如果有一个破产申请介入，会使事情变得更复杂。我认为在本法庭有机会释放资金之前，不应该发生这种情况。"[14]但纽菲尔特法官还提出，如果债务人同意在本法院对他们的中止申请作出判决之前不申请破产，就不立即释放担保。[15] 债务人拒绝了。纽菲尔特法官接着说："这样做的后果是我将签署释放赔偿担保的命令。"[16]纽菲尔特法官于是立即签署了以下命令：

> 根据陪审团的认定作出判决后，法院书记官特此指示释放本诉讼中的所有赔偿担保，并将上述资金，包括应计利息，支付给原告的律师事务所。[17]

由于当晚的听证会结束后，书记员办公室没有人可以发放资金，第二天早上，信托基金的律师小约翰·J. 普尔维斯(John J. Purvis Jr.)在纽菲尔特

---

11 See Reply of Debtors to Trust Funds' Motion to Amend Findings, etc. dated Jan. 12, 1998, at 3:18 - 20 (5ER Tab 4) (the debtors—not the Trust Funds—were the first to disclose on the record the information regarding the $300,000 settlement offer).

12 RJN Ex. 3; judgment was entered on April 18, 1996.

13 1ER 64 - 99 at 91:16 - 92:15.

14 Id. at 95:2 - 7.

15 Id. at 95:21 - 96:3.

16 Id. at 98:19 - 25.

17 1ER 100.

法官的法庭副手的陪同下,从法庭书记员那里获得了一张余额为 523,117 美元的支票(250,000 美元已在之前发放给债务人)。律师将这笔钱存入客户信托账户,直到麦盖瑞(Megarry)法官明确授权将其分配给信托基金。

但是,正如纽菲尔特法官所担心的那样,在那天晚上的听证会和第二天早上的资金发放之间,债务人已经提交了他们的破产申请。

5. 西蒙(Simon)法官无视对存在自动中止违规行为予以反驳的法律论点。

根据《美国法典》第 11 篇第 362(a)条中的《破产法》自动中止条款,提交破产申请"可作为适用于所有实体的中止",以作出对"财产"的占有或控制的行为。但是,不影响"财产"的破产后行为不违反自动中止规定。[18]

1997 年 7 月 10 日,在本案提交一年多后,债务人向破产法院提出申请,要求根据第 362(h)条(该条惩罚"故意"违反自动中止的行为),命令信托基金对藐视法庭的制裁以及补偿性和惩罚性赔偿负责。他们还寻求一项命令,迫使信托基金向债务人交出资金。[19]

债务人没有引用任何权威,只是声称赔偿担保是他们的财产,因此在他们于 1996 年 5 月 21 日提交第 11 章申请时,就已成为破产财产的一部分。在债务人看来,以下情况并没有什么区别:(1)地区法院在破产申请之前就对陪审团的认定作出了判决,(2)赔偿金额远远超过了担保金额,以及(3)法官命令书记员立即向信托基金发放资金,并特别担心债务人会通过提交破产申请来逃避这一命令。

信托基金的律师反对债务人的动议,理由是在债务人申请破产保护时,该赔偿担保不可能是财产。律师引用判例法来支持几个理论,包括两个最终被地区法院在上诉中接受的理论:

- 纽菲尔特法官在申请前发布的向律师释放赔偿担保的命令,构成了认定这些资金所有权所必需的"最后的司法行为";书记员在申请后起草支票只是一种行政行为,不涉及自由裁量权,也不可能违反自动中止规定。[20]
- 纽菲尔特法官 1995 年 8 月 11 日的命令要求将有争议的资金留在法院,作为陪审团最终认定债务人赔偿的担保。因此,当法院根据

18 *In re Duplitronics, Inc.*, 183 B. R. 1010, 1014 – 15 (Bankr. N. D. Ill. 1995).

19 Motion for Order Holding Respondents in Contempt, etc., dated July 10, 1997 (5ER Tab 3).

20 Trust Funds' Opp. at 7 (1ER Tab 2); see Jan. 19, 1999 Order at 11 – 14 (3ER Tab 28).

陪审团的认定作出判决时，债务人失去了他们可以对这些资金主张的任何剩余利益。[21]

西蒙法官没有分析就拒绝了这些论点。他在1997年10月29日至30日举行了一次听证会，仅限于第362(h)条规定的制裁问题。有违基本的正当程序，在第362(h)条规定的听证会之前或期间，西蒙法官没有告知律师，他们可能要为第362(h)条规定的制裁或蔑视法庭的制裁承担个人责任。

6. 西蒙法官认为信托基金和他们的律师有责任承担第362(h)条的损害赔偿，因为律师收到了纽菲尔特法官在破产申请发生前下令释放给他们赔偿担保。

1997年12月11日，西蒙法官发布了一项命令，要求信托基金和律师根据第362(h)条承担责任（"12月11日命令"）。该命令向债务人道歉，因为他们早些时候拒绝了债务人的建议，即诉讼程序包括藐视法庭的制裁以及第362(h)条的损害赔偿，并指出，"现在债务人可以说'我告诉过你'"。[22] 西蒙法官补充说，基于他认为信托基金和律师的不道德行为，他"现在相信第362(h)条只提供了部分补救措施，必须同时进行全面的藐视法庭诉讼"。[23]

这一命令在两个方面值得注意。

首先，西蒙法官认为，信托基金一心想要"毁掉'债务人，并且"赤裸裸地、似乎是玩世不恭地"违反了自动中止规定，但他没有引用任何权威来支持他的关键结论，即当债务人申请破产保护时，赔偿担保是其财产的一部分。[24] 与主持这一纠纷的其他法官的表述形成鲜明对比的是，西蒙法官对欺诈行为人山姆和马丁说了句好话，称他是一个"粗犷的个人主义者"和"能干的管道承包商"，"不会被试图执行集体谈判协议的劳工管理层信托基金推来推去"。

其次，西蒙法官没有讨论律师关于赔偿担保从未进入破产财产的任何论点。[25] 西蒙法官也没有考虑信托基金和他们的律师是在地区法院命令下

21 See, e. g., Opposition to Motion for Order Holding Respondents in Contempt, etc., filed July 31, 1997 ("Trust Funds' Opp."), at 6-7 (1ER Tab 2); see Jan. 19, 1999 Order at 9-11 (3ER Tab 28).

22 Dec. 11 Order at 2 (1ER Tab 7).

23 Id. at 3 (1ER Tab 7).

24 Dec. 11 Order at 2 (1ER Tab 7).

25 See id. at 15 (1ER Tab 7).

行事的;该命令明确规定立即将赔偿担保释放给债务人,这样资金就不会被困在破产程序中。相反,破产法官含蓄地表示,只要债务人对陪审团认定的上诉仍在本法庭待决,地区法院就无权对赔偿担保的所有权作出判定:

> 关于赔偿担保作为破产财产的地位,重要的事实是,如果马丁夫妇和 Northern Quay 最终在上诉中获胜,法院登记处的担保资金必须支付给马丁夫妇或 Northern Quay。这构成了《美国法典》第 11 篇第 541(a)条意义上的财产利益。[26]

然后,西蒙法官要求律师承担个人责任,尽管没有提供任何关于他们可能被追究该责任的警告。

1998 年 1 月 28 日,破产法院向信托基金及其律师小约翰·普尔维斯、保拉·肯德里克(Paula Kendrick)和 MacCormick, Johnston & Schilling 律师事务所发出了一份关于藐视法庭的命令。破产法院后来将藐视法庭的程序与第 362(h)条动议合并。[27]

7. 西蒙法官命令信托基金和他们的个人律师向欺诈者山姆和马丁提供大量高度个人化的财务信息。

1998 年 4 月 6 日,债务人加大了对信托基金及其律师的打击力度,向他们提出了 18 套独立的文件要求和针对其个人生活最细微细节的质询。债务人提出的证据要求信托基金和律师披露他们拥有的几乎每一件财产,从不动产、现金和证券,到他们最私密的财产。

几个例子足以说明债务人的证据要求的侵扰性。

- "列出你在 1997 年 1 月 1 日至你回答这些问题的日期期间拥有的所有家庭用品、家具,包括音频、视频和计算机设备,包括每件物品的购置日期和购买价格。"
- "列出你在 1997 年 1 月 1 日至你回答这些问题的日期期间拥有的所有书籍、图片和其他艺术品、古董、邮票、钱币、唱片、磁带、光盘和其他收藏品,包括每件物品的购买日期和购买价格。"
- "列出你在 1997 年 1 月 1 日和你回答这些问题的日期期间拥有的所有毛皮和珠宝,包括每件物品的购买日期和购买价格。"
- "列出你在 1997 年 1 月 1 日至你回答这些问题的日期期间向任何

---

26 Id. at 15 (1ER 39).

27 1ER 148 – 52.

一个人赠送的总价值超过500美元的任何礼物。说明受赠人的姓名、赠予日期和赠予的价值。[28]"

债务人的律师后来承认,这种调查模仿了债务人必须完成的标准问卷,以证明他没有偿债能力,因此有权得到债权人的破产保护。[29] 但在本案中,是债权人的律师不得不提供这些信息;而且是自愿提供,以免受到严重的调查制裁。

律师提出了保护令的请求,西蒙法官于1998年5月12日完全拒绝了该请求。5月12日的命令没有引用任何权威,也没有提出任何法律分析,只是暗示强迫信托基金和律师遵守披露要求将"促进"信托基金对债务人索赔的解决:

信托基金的律师声称,寻求财务信息的披露是没有必要的,因为在评估惩罚性赔偿时既不需要也没有必要考虑推定的赔偿人的净资产。简单的回答是,本法庭认为在这种特殊的情况下,这种信息是适当的,要求披露信息将有助于解决该问题。[30]

1998年6月11日,西蒙法官批准了债务人的动议,迫使债务人提交所有的证据,理由是法院需要大量与财富有关的证据来确定它计划评估的惩罚性赔偿。[31] 在关于该动议的听证会上,西蒙法官威胁律师要对其进行制裁,[32]并威胁要给予足够大的金钱惩罚,以触发根据《商业和专业法典》第6068(o)条向州律师协会报告的义务。[33]

此外,破产法官拒绝了律师提出的只向对方律师而不向山姆和马丁披露信息的建议,理由是这种限制会侵犯马丁夫妇的有效代理权。[34] 法官还延长了只针对债务人的披露截止日期,因此他们可以对信托基金和律师进

---

28 Movants' First Set of Interrogatories, Propounded to John J. Purvis, Interrogatory Nos. 5, 7, 9 and 32, respectively (5ER Tab 5).

29 May 26, 1998 Tr. at 4:6 – 17 (debtor's counsel likens discovery to "a simple bankruptcyschedule" (5ER Tab 7)); Opposition of Debtors and Debtors in Possessionto Petition for Writ of Mandamus, etc., dated July 24, 1998 (E. D. Cal. Nos. CIVS – 98 – 1175 FCD & CIV S – 98 – 0641 (FCD)), at 12:6 – 8 (5ER Tab 9).

30 Order Denying Motion for a Protective Order, filed May 12, 1998 ("May 12 Order"), at 2 (emphasis added) (5ER Tab 6).

31 Order Granting Motion to Compel Discovery and to Extend Discovery Cut – offfor Movants Only, filed June 11, 1998 ("June 11 Order" (5ER Tab 8)).

32 May 26 Tr. at 14 – 15 ("I could merely determine that for purposes of this litigationeach of them has a net worth in excess of some fairly substantial sum . . . . ") (5ER Tab 7).

33 May 26 Tr. at 15 (5ER Tab 7).

34 Id. at 14:8 – 11 (5ER Tab 7).

行更多的披露。[35]

8. 地区法院批准了中间审查，并终止了针对信托基金及其律师的所有破产程序，这些程序与推定的违反自动中止规定有关。

面对名誉受损和即将到来的藐视法庭和取证制裁的前景，并在用尽所有其他救济途径后，信托基金于1998年6月23日向地区法院申请强制令，以推翻破产法院的取证令。地区法院批准了中间上诉，以确认赔偿担保是否曾是第362条规定的破产财产。[36]

1999年1月19日，地区法院发布了一项命令，推翻了破产法院根据第362(h)条作出的责任认定，终止了对律师的所有不利程序，并撤销了破产法院的取证令。[37]

地区法院认为，没有发生违反自动中止的情况，因为判决担保从未成为破产财产。法院还驳回了债务人的论点(即使担保不是破产财产，只要债务人提出关于担保是破产财产的善意或真诚的争议，就会触发自动中止的情况)。法院认为，“在破产流程开始时，对于担保资金是不是破产财产的一部分，不存在善意或真诚的争议”。[38] 法院还判定，破产法院没有向信托基金的律师提供他们可能承担的个人责任的警告，“引起了严重的正当程序问题”，“特别是在这里，律师是按照法院的命令行事的，很可能有义务采取相关的行为”。[39]

技巧81的要点总结

- 以讲故事的方式，而不是以法庭书记员的方式来陈述事实：讲述引起纠纷的事件，而不是讲述审判流程，避免逐一叙述证人的证言。
- 根据相关事件的时序展开，这是一份良好的事实陈述所必需的准备工作；在某些类型的叙述中，你可以稍微偏离时间顺序，但时间线是你的起点。

35 Id. at 16:14 – 19, 17:20 – 22, 19:2 – 19 (5ER Tab 7); June 11 Order at 2 (5ER Tab 8).

36 Order filed Aug. 5, 1998 (E. D. Cal. Nos. CIV S – 98 – 1175 – FCD & CIV S – 98 – 0641 – FCD) (5ER Tab 10).

37 Jan. 19, 1999 Order at 14 – 15 (3ER Tab 28).

38 Id. at 14 n. 7 (emphasis added) (3ER Tab 28).

39 Id. at 14 n. 8 (3ER Tab 28).

- 使用优秀短篇小说作家的技巧，将事实编织成一个连贯的叙述；不要照本宣科地把时间线的细节（日期和时间）包括进去，只在需要时保持清晰。
- 将你叙述的范围限制在相关和重要的事实上；合理安排这些事实，让法庭了解案件的全貌。
- 即使是不利的事实，也要把它们放在适当的位置上，而不要进行编辑。
- 在任何复杂的陈述中，使用主题标题帮助叙述的进展。
- 突出案件中的人性因素，即使在公司纠纷中也是如此；但要避免采取强硬的、操纵性的方法来公开利用读者的情感。
- 千万不要用争论来玷污事实，删除所有论证和推理的词语（clearly 或是 obviously 这样的词语，甚至在论证部分都是不允许的；也不允许 thus、therefore 或者 so 这样的词语）；保持事实的趣味性和相关性，但不要给它们“加料”；一旦你完成了草稿，请通读一遍，删除所有带有论证意味的语句。
- 让事实陈述的作者以外的人对照记录核实每一个声明和引文。

82

不要过度关注细节，只提那些激发或提高兴趣的；避免成串日期

名言警句

“真正简洁的表达包括在任何地方都只说值得说的话，并避免对每个人都能自行提供的事情进行烦琐的详细说明。这包括正确区分什么是必要的和什么是多余的。”

——Arthur Schopenhauer，“On Style”(1851)，in *Theories of Style in Literature* 251，263 (Lane Cooper ed.，1923).

“关于简明扼要，对事实陈述应极为谨慎。每一个重要的事实都应该按照严格的时序清晰地列出，并准确参考记录和证据。应该非常小心地删除每一个非必要的词语、数字、日期或名字。”

——Ben W. Palmer，*Courtroom Strategies* 189 –90 (1959).

“精确并不意味着汇编细节；它意味着选择细节。”

——Michael Alley，*The Craft of Scientific Writing* 35 (1987).

“不加选择地使用日期，对作者来说是另一条 Linus 毯子，但对读者来说却是残酷的、不寻常的惩罚。我引用一份文书的内容：

> 大陪审团于 1974 年 3 月 2 日发出起诉书。被告于 1974 年 3 月 17 日被提审。他于 1974 年 8 月 7 日开始受审。陪审员于 1974 年 8 月 9 日下午开始审议，在审议了 6 个小时后，于 1974 年 8 月 10 日中午作出决定。重新审判的动议于 1974 年 8 月 18 日提出，在一次延期后于 1974 年 9 月 10 日进行了辩论，并于 1974 年 9 月 15 日发布命令予以拒绝。被告于 1974 年 9 月 20 日及时提出了上诉。

当我阅读时，我认为这些日期和事件是出于某种目的。我试图把每件事都记在心里，以便将来回忆。就像一个人在看脱衣舞一样，我以为当所有的层次都被陆续揭开时，我会看到一些东西，结果却什么也没有。在这个案子中，没有及时性或延迟性的问

题。事实上，没有日期、一个词或数字起到任何有用的作用。"

——Hon. John C. Godbold, "Twenty Pages and Twenty Minutes," in *Appellate Practice Manual* 84, 92 (Priscilla A. Schwab ed., 1992).

"律师们似乎按照以下原则行文：每个句子都应该以日期开始，或者至少在某处有一个日期；不应试图在相对时间内解释事实，如前几个月或后几天；日期很重要，即使它们与案件中的任何问题都没有关系；意识流风格通常往往有效，因为这通常是审判中举出证据的方式；请不要试图将事实概述限制在与本案问题相关的主题上，因为法院对不相关的问题的好奇心是无止境的；最重要的是，事实陈述根本不应该是令人感兴趣的……"

——Hon. Nathan L. Hecht, *Extra-Special Secrets of Appellate Brief Writing*, 3 Scribes J. Legal Writing 27, 29 (1992).

"我喜欢这样的法律文书，它显示了一个有组织和有鉴别力的头脑：没有淹没在不必要的事实中。这样的文书可以让我在准备口头辩论时快速浏览；如果我被指派撰写判决意见，可能会从中发现更多的财富。"

——Hon. Frank M. Coffin, *On Appeal: Courts, Lawyering and Judging* 120 (1994).

"作为法官，当我们看到一个日期或一系列日期，或一天的时间，或一周的某一天……我们大多数人认为这些信息预示着一些重要的事情，于是开始寻找它。但是，如果这样的详细信息纯粹是多余的和不必要的细枝末节，那么，除转移我们的注意力或预期，使我们无法找到真正应该寻找的东西外，它们没有任何作用。从本质上讲，你自己分散了文书的焦点。"

——Hon. Jacques L. Wiener Jr., *Ruminations from the Bench*, 70 Tulane L. Rev. 187, 192 (1995).

"那些在谈话伙伴身上挥霍不必要的信息的人被称为无聊者，可以通过他们对暑假的详细描述和对共同经历的冗长描述来加以识别。写作的基本挑战与谈话相似：两者的诀窍都是在不跳过任何重要内容的情况下使事情向前推进。"

——Peter Richardson, *Style: A Pragmatic Approach* 2-3 (1998).

解释说明

托马斯·吉布斯·吉（Thomas Gibbs Gee）法官，伟大的第五巡回法院法官，给这种恶习定了性。关于司法风格，他写道："不要过度具体化，这可能会使你的读者失去兴趣，因为他会尝试跟踪那些无关紧要的事情。"[1] 吉

---

1 *A Few of Wisdom's Idiosyncrasies and a Few of Ignorance's*, 1 Scribes J. Legal Writing 55, 57 (1990).

法官诊断出了困扰法律作家的最常见的文字疾病：他们谜一般地无法从不重要的事实中筛选出重要的事实。

我的标准是：如果它对理解问题没有必要，或者不能增加人们的兴趣，就不用加入。

无休止地复述日期的倾向也许是最常见的，也是最严重的过度具体化。

一些前后对照的例子

例子一

请注意日期是如何使事情变得混乱。

反例：原告于2012年2月16日在Shop-Rite超市踩到猕猴桃滑倒而受伤。2012年7月5日，医生诊断她的下背部有椎间盘突出症。从2012年7月5日到现在，她一直在接受相关治疗。2013年1月5日，原告起诉Shop-Rite，称其在维护场所方面存在疏忽和重大过失。2013年9月14日，陪审团开始审理。2013年9月15日，陪审团作出了有利于Shop-Rite的认定。2013年9月16日，审判法庭根据陪审团的认定作出了判决。2013年10月3日，原告提出了重新审判的动议，该动议于2013年10月5日被驳回。2013年10月26日，原告及时提出上诉。

没有了干扰注意力的日期，读者可以关注重要的事情。

范例：2012年2月16日，雷布（Leib）称自己在Shop-Rite超市踩到猕猴桃滑倒。5个月后，她的医生诊断出她的下背部有椎间盘突出症。雷布起诉Shop-Rite，称其在维护场所方面存在疏忽和重大过失。陪审团作出了有利于Shop-Rite的认定，审判法庭根据该认定作出了判决。在法院拒绝了雷布要求重新审判的动议后，她及时提出上诉。

例子二

日期再次堆积在一起。

反例：2012年2月28日，凯文（Calvin）与Allied公司的执行官约翰逊和安德森会面，开始谈判续租事宜。2012年5月28日，凯文在电话中告诉安德森，他将向Allied公司发送一份续租草案供其审查。2012年7月9日，Allied公司写信给凯文，要求凯文按照他在5月28日的承诺，提交5年续租的估算。2012年7月下旬，双方就续约问题再次会面。2012年8月2日，Allied给凯文写了一封信，建议以每平方英尺50美元的公平市场价值租金续租5年。2012年8月19日，凯文写信给Allied，提出了每平方英尺60美元的提议。2012年8月26日，Allied对Allied 8月19日的提议提出了

55 美元的新提议。2012 年 9 月 15 日，凯文向安德森发送了一封电子邮件，告知凯文已经接受了 Allied 在 8 月 26 日的租金提议。

范例：2012 年 2 月 28 日，凯文开始与 Allied 公司谈判续租事宜。5 月，凯文告诉 Allied 公司的执行官之一安德森，他将向 Allied 公司发送一份续租草案以供审查。但 6 个星期后，Allied 公司仍然没有收到续租草案，所以它再次要求凯文提供建议。双方在 7 月下旬会面，并在 8 月交换了租金提议。在 2012 年 9 月 15 日的电子邮件中，凯文接受了 Allied 提出的每平方英尺 55 美元的租金提议。

例子三

注意前两句没有重点。第二句和第三句之间出现了一个凸点（见技巧22）。

反例：

背　景

Advantage 银行（以下简称银行）是一家在特拉华州注册的银行，是 Advantage 公司（以下简称母公司）的一个二级子公司。母公司有另一个银行子公司，即位于犹他州的 Advantage 银行公司（以下简称 ABC），它是一个大型的信用卡发行商，作为母公司的主要业务，拥有超过 20 亿美元的资产和存款。该银行目前的总资产约为 1000 万美元，没有存款。

银行和母公司共有三名执行官员和内部董事。这些董事在 2009 年 11 月 14 日辞职之前也是 ABC 的董事。2009 年 6 月 30 日，他们以 ABC 董事的身份，与联邦储蓄保险公司（以下简称 FDIC）签订了一份停止令，同意 ABC 将资本维持在一定的水平。目前 ABC 并没有达到该要求。导致 FDIC 发布临时命令的事件始于 2009 年 5 月 11 日，当时母公司宣布 ABC 基本上关闭了其信用卡业务，2009 年 11 月 8 日，母公司提交了第 11 章破产申请。

破产申请使内部董事们面临严重的利益冲突。他们已经告知 FDIC，他们无意让母公司向 ABC 注入资金，而这些资金是 ABC 遵守 2009 年 6 月 30 日的停止令和保持足够资本所必需的，他们表示监管机构可以随时关闭 ABC。事实上，母公司已经威胁要废除一项税收分享协议，这可能导致 ABC 需要注销 6500 万美元的应收账款，并将 ABC 的资本降到很低的水平。内部董事还告知 FDIC，他们的职责是在破产程序中保护母公司的票据持有人和股东的利益，而忽略了银行子公司的利益。

因此，当母公司应该成为 ABC 所需要的支持来源时，母公司的董事们却明确表示，他们的目标是放弃 ABC，让 FDIC 的存款保险基金在 ABC 倒闭时承担任何损失的风险，而母公司则将任何可能的资金流向母公司的债权人。

这种情况是 FDIC 特别关注的,因为它将继续监管该银行,直到该银行的存款保险不再生效。另外,如果 ABC 在终止保险的最早生效日期(2010 年 6 月 30 日)之前倒闭,而 FDIC 因此遭受损失,根据法定的交叉担保条款,即《美国法典》第 12 篇第 1815(c)条,银行将对 FDIC 的损失负责。母公司和银行的董事已经明确表示,如果 ABC 破产,他们将试图利用银行的资产为母公司的票据持有人和股东谋利,而损害银行的债权人和或有索赔人的利益,包括 FDIC 的交叉担保索赔。

这里几个机构的名字是个挑战。这次修订对它们采取了明智的做法。

范例:

背　景

母公司 Advantage Corporation(以下简称 Advantage)有两家银行子公司。Advantage 银行公司(以下简称 ABC,位于犹他州),是一家大型信用卡发行商,拥有约 20 亿美元的资产和存款;以及 Advantage 银行(以下简称银行,一家在特拉华州注册的银行),是一家二级子公司,总资产约 1000 万美元,没有存款。在大部分时间里,这三个实体共享三名执行官员和董事(以下简称内部董事)。

以下事件导致 FDIC 发出临时停止令,阻止 Advantage 在预期申请破产的情况下抽走 ABC 的资产。

- 2009 年 5 月 11 日,Advantage 宣布它基本上关闭了其信用卡业务(ABC)。
- 第二个月,6 月 30 日,内部董事(以 ABC 的身份)与 FDIC 签订了一份停止令,同意 ABC 将资本维持在一定的水平(目前没有达到这个水平)。
- 11 月 8 日,Advantage 提交了第 11 章的破产申请。
- 六天后,面对严重的利益冲突,内部董事辞去了他们在 ABC 的职务,并告诉 FDIC,他们无意让 Advantage 向 ABC 注入资金,以遵守 FDIC 6 月的命令,保持足够的资本化水平。
- 银行于 2012 年 1 月 13 日提交通知,称其将终止 FDIC 的存款保险。一旦该保险结束,银行就不能再作为 ABC 的交叉担保人承担责任。

Advantage 的董事们说,FDIC 可以随时关闭 ABC。他们认为其在破产程序中的职责是保护自己的利益相关者的利益,即使这意味着忽略了银行子公司的利益。

因此,当 Advantage 应该成为 ABC 所需的支持来源时,其董事却打算放弃 ABC—如果 ABC 倒闭,FDIC 的存款保险基金将面临损失的风险—而 Advantage 则将其所能提供的任何资金输送给其债权人。

技巧 82 的要点总结

- 不要用无谓的细节来束缚你的文书和读者。
- 要认识到,多余的信息只会耗费读者的注意力,埋没你的论点;有效的支持是关于选择,而不仅仅是收集、堆砌细节。
- 学会把重要的东西和不相关的东西分开:只说值得说的东西。
- 问问自己:这个细节是否有帮助或有趣?如果你省略它,是否会影响读者的理解?
- 克制住用日期和时间来填充事实陈述的冲动。
- 只包括对理解当前问题重要的日期;像谈话一样提及时间,而不是像警察在报告中那样记录时间。
- 一旦你给出了一个带有日期的时间背景,试着用对应的词语解释时间线,描述事件之间的时间流动(如"三周后"),而不是要求读者从一系列的日期中计算出时间的推移。

83

将重要的想法以数字或符号列表的方式呈现

名言警句

列表

“列表是一种很好的方式，可以使思想或问题的集合更容易管理和展现。当这些项目在性质和重要性上相似，并且在结构上平行，那么列表的效果最好。列表是将信息综合为最有用的格式的完美方式。它们能使读者集中注意力，并为页面添加一些视觉上的兴趣。”

——Veda R. Charrow & Myra K. Erhardt, *Clear and Effective Legal Writing* 190 (1986).

“擅长组织的作者经常使用列表。列表既可以作为文本的一部分，也可以采用缩进且会更有效。”

——Edward P. Bailey Jr., *The Plain English Approach to Business Writing* 43 (1990).

符号列表

“子弹头或大圆点为列表增加了视觉上的强调，其中每一项都是同等重要的。”

——Walter Lubars & Albert J. Sullivan, *Guidelines for Effective Writing: Qualities and Formats* 148 (1978).

“我认为子弹头是一个神奇的符号，是帮助解开思路和向读者展示段落内组织的绝妙方法。”

——Edward P. Bailey Jr., *The Plain English Approach to Business Writing* 77 (1990).

“当你无意暗示列表中的一项比另一项更重要时，也就是说，当你无须暗示有一个等级顺序时，且列表也不太会被引用时，可以使用子弹头圆点。它们能立即将人们的视线吸引到突出的要点上，从而提高可读性。”

——*Garner's Dictionary of Legal Usage* 292 (3d ed. 2011).

解释说明

你可能认为我在这本书里列举得太过了。但我发现，当涉及学习时，人们渴望看到列表。

为什么？因为小口小口地消化信息更容易。列表增强了可读性和记忆性。而且，它们不仅能帮助读者，还能帮助你作为一个作者更清晰地思考。

当然，列表有好处，也就有了使用它们的相应责任（见技巧 42）。

不要忘记，你可以在你的列表中使用子弹头符号。虽然立法者似乎担心子弹头是记者的风格，但它们实际上有助于快速传递信息。这就是为什么记者会使用它们，这也是为什么你应该考虑使用它们。

你需要一些指导方针：

- 用冒号来结束你对圆点清单的介绍，它是一个“桥梁”。
- 确保你的子弹头的大小与你的字体大小相称，你不希望有过大的子弹头；最好的子弹头通常只比用墨水填入的小写字母“o”稍微小一点。
- 调整你的制表设置，使你在子弹头和文本之间有一个较小的制表位，大约是间隔 0.15 英寸；段落缩进时要使用更大的空间。
- 始终使用悬空缩进。也就是说，不要让文本在子弹头下混杂起来，相反，让子弹头向左悬空；了解在你的软件中使用怎样的设置。
- 列表文本单倍行距；如果列表文字较长，可以在它们之间放一个空行，但是，最好不要把列表搞得太长，你不想让人怀疑你在玩弄文字以规避页数限制。
- 如果列表项目以句号结束，则将每个项目中的第一个词大写；否则，小写第一个词，并在每个列项的末尾加一个分号（除了最后一项应以句号结束）。
- 保持你的列表项目在语法上平行（见技巧 42）。
- 抵制诱惑，不要用电脑生成的方框、箭头、复选标记和其他吸引眼球的东西来列表，没有其他东西能像子弹头那么有效。

这并不是说子弹头会无一例外地取代数字（数字更强烈地表明你在对项目进行排序）。在一个特定的环境中，你既可以选择使用子弹头作为视觉手段，也可以使用数字作为排序手段。关键是，你需要用子弹头作为你的列举工具之一。

一些前后对照的例子

例子一

反例： 该书面材料必须是在正常业务过程中作出的，该书面材料必须是在行为、条件或事件发生时或接近发生时作出的，保管人或其他合格的证人必须证明业务记录的身份和准备方式，信息来源必须表明其可信性。

范例： 书面材料必须是：

(1)在正常业务过程中作出的；

(2)在行为、条件或事件发生时或接近发生时作出；

(3)由保管人或其他合格的证人必须证明业务记录的身份和准备方式；以及

(4)由其他信息来源证实是可信的。

例子二

> 这个乏味列表对于一个普通人来说几乎是不可能看懂的。

反例： 原告的"有争议事实的单独声明"包含了一些关键性和广泛性的承认，以至于完全破坏了原告的案件。举例来说，原告承认以下所有内容：他对公司的记账做法一无所知（事实 17）；他不知道公司是否有不正当的漏税行为（事实 17）；邦德利亚（Bonderia）公司没有违反州或联邦税法（事实 18）；他认为他的解雇与税务问题有关纯属猜测（事实 19）；原告从未告诉被告卡博尼克斯（Carbonics）他对被告的税务做法有不满或反对意见（事实 21）；他的解雇不是基于收到或未收到工作评估（事实 26）；原告没有收到任意不公平或不诚实的绩效评估（事实 26）；原告不是因为绩效原因，而是因为经济原因被解雇（事实 27）；邦德利亚在原告被解雇后停止了他的电路板项目（事实 13）；没有人被雇用来替代他（事实 13）；原告的工具被返还给他（事实 38）；原告没有证据证明因缺乏工具而失去工作机会（事实 33）；保留原告的工具不能构成对其劳动合同的违反（事实 34）；他所谓的精神痛苦索赔是由他被解雇引起的（事实 50）。此外，原告根本没有对事实 5 作出回应，从而承认他不拥有书面雇佣合同，因此是一个没有固定雇佣合同的雇员。

> 吸引眼球的开场白。

范例： 施耐德（Snyder）对有争议的事实的陈述包含了关键性的坦白，使他的案件陷入了困境。例如，仅以下 14 项坦白就对他的主张是致命的：

- 他对公司的记账方法一无所知（见事实 17）。
- 他不知道该公司是否有不正当的漏税行为（见事实 17）。

- 邦德利亚公司没有违反州或联邦税法(见事实 18)。
- 他只是在猜测他的解雇与税务问题有关(见事实 19)。
- 他从未告诉卡博尼克斯,他对其税务做法有不满或反对意见(见事务 21)。
- 他的解雇不是基于收到或未收到工作评估(见事实 26)。
- 他没有收到任意不公平或不诚实的绩效评估(见事实 26)。
- 他不是因为绩效原因,而是因为经济原因被解雇(见事实 27)。
- 邦德利亚在施耐德被解雇后停止了他的电路板项目(见事实 13)。
- 没有人被雇用来替代他(见事实 13)。
- 他的工具被返还给他(见事实 38)。
- 他没有证据证明因为缺乏工具而失去工作机会(见事实 33)。
- 即使卡博尼克斯保留了他的工具,也不会违反他的劳动合同(见事实 34)。
- 他所谓的精神痛苦索赔是由他被解雇引起的(见事实 50)。

此外,施耐德根本没有回应事实 5,从而承认他是一个没有固定雇佣合同的雇员。

例子三

反例:被告的行为是非常恶劣的,该行为从 2006 年第一次得知博兰德(Boorland)拥有塑料封装的专利开始,一直持续到陪审团认定。关于被告的恶劣行为的详细讨论,见博兰德在 2013 年 6 月 14 日提交的支持其在陪审团认定后作出判决的动议书的第三部分和第四部分。被告不能公平行事的例子包括:(1)埋头苦干,以避免在开始经营时就了解专利的具体情况,不了解的时间持续到得知 BERN 程序及其对世界上许多最大的微芯片制造商后的应用之后;(2)在收到博兰德的正式侵权通知后没有谨慎行事;(3)在陪审团面前审判他们在 ITC 输掉的同一案件,浪费了司法资源;(4)在审判中提出与先前宣誓的证词不一致的证言。法院收到的证据和陪审团关于每个被告都是故意侵权者的结论表明,他们的手脚不干净,因此不能在一审中提出懈怠抗辩。

突出的几点,虽然有编号,但似乎被埋没了。

范例:自 2006 年史密斯菲尔德(Smithfield)首次得知博兰德拥有与塑料封装有关的专利以来,一直到陪审团作出认定,史密斯菲尔德的行为都很恶劣。(关于详细的讨论,请参见博兰德在判决后支持其判决动议的文书)史密斯菲尔德的不公平行为包括:

突出的几点现在得到了强调。

- 故意避免了解专利的具体情况,不仅是在开始运作时,甚至在得知 BERN 程序及其对世界上许多最大的微芯片制造商的应用之后;
- 在收到博兰德的正式侵权通知后没有谨慎行事;
- 要求陪审团考虑史密斯菲尔德在 ITC 听证会上使用的相同证据,浪费了司法资源;以及
- 提出与先前宣誓的证词不一致的新证词。

法院收到的证据和陪审团关于史密斯菲尔德是故意侵权者的结论表明,该公司手脚不干净。因此,它不能提出懈怠抗辩。

例子四

反例:

结　　论

一系列无休止的限定从句令人窒息。

因此,考虑前因后果,指定的原告请求给予他们部分简易判决,即储蓄条款不是违反《得克萨斯州宪法》第 3 条第 56 款的特别法律;修正案违反《得克萨斯州宪法》第 1 条第 16 款的规定,是违宪的。被告保险人无权向其被保险人收取非由州保险委员会颁布的用于工人赔偿和雇主责任以及涉及得克萨斯州风险的相关意外保险的费用或保险费率;被告无权使用非由州保险委员会批准用于工人赔偿和雇主责任以及涉及得克萨斯州风险的相关意外保险的表格,包括保险费协议。被告无权使用比州保险委员会批准的更高的保险费税收倍数来管理在得克萨斯州签发的追溯评级的意外保险的税收;被告无权使用未经州保险委员会批准的要素来确定在得克萨斯州签发的追溯评级的工人赔偿和相关意外保险的应付保险费。名义上的原告有权对被告提出的放弃、禁止反言、懈怠、不洁之手、事后批准和非法性等肯定性抗辩进行简易判决,并有权获得他们可能证明自己有资格获得的其他进一步救济。

范例:

结　　论

名义原告要求法院给予部分简易判决,以肯定以下几点:

- 储蓄条款不是违反《得克萨斯州宪法》第3条第56款的特别法律。
- 该修正案违反了《得克萨斯州宪法》第1条第16款的规定，是一种违宪行为。
- 被告保险人无权向其被保险人收取未经州保险委员会颁布的费用或保险费率，以用于工人赔偿、雇主责任以及涉及得克萨斯州风险的相关意外保险。
- 被告无权使用未经州保险委员会批准用于工人赔偿、雇主责任以及涉及得克萨斯州风险的相关意外保险的表格，包括保险费协议。
- 被告无权使用比州保险委员会批准的更高的保险费税率倍数来管理在得克萨斯州发行的追溯评级的意外保险单下的税收。
- 被告无权使用未经州保险委员会批准的要素来确定在得克萨斯州发行的追溯评级的工人赔偿和相关伤亡保险的应付保险费。

如果作为独立的项目来表述，所提出的结论就会获得力量。

名义的原告还要求法院作出简易判决，驳回被告提出的以下肯定性抗辩：(1)放弃；(2)禁止反言；(3)懈怠；(4)不洁之手；(5)事后批准；以及(6)非法性。名义原告还要求法院提供进一步救济。

技巧83的要点总结

- 清单可以更有效地向读者传达信息；同时，可以促进作者更清晰地思考。
- 用并行句法结构表述列表项目。
- 大多数由三个或更多项目组成的列表都要用悬空缩进的方式与段落区分。
- 考虑信息是否最好以列表方式呈现。
- 当有等级顺序或可能被引用时，使用数字列表；否则，使用子弹头列表。
- 当创建一个列表时，选择子弹头符号，使用悬挂式缩进，列表项目单倍行距，项目之间双倍行距；不要让人觉得是在用子弹头列表规避页数限制。

84

学习英语的使用；摆脱那些妨碍作家的常见迷信

名言警句

“The man I am talking about 要比 The man of whom I am talking 好得多，所有熟悉英语的人听了这两种表述都会明白这一点。然而，我们的年轻人在离开学校时，会在他们的头脑中牢牢地植入后面那种表达方式；可惜的是，出于他们无法理解的原因，他们会认为更优雅、更得体、更像学者的说法是 The man of whom I am talking，尽管他们本能地感知到不自然和压迫感。”

——Richard Burton，*Why Do You Talk like That?* 186－87（1929）.

“除‘用介词结束句子是不正确的’这种毫无根据的观念外，关于语言使用的许多错误观念中，最广泛的也许是‘句子用 but 或 and 开始是不正确的’，这同样是一种毫无根据的观念。就像关于介词结尾的迷信一样，没有教科书支持它，但大多数的英语教师会不遗余力地灌输这种观念来妨害学生的写作。人们不禁要问，那些误导学生的人自己是否学过英语。”

——Charles Allen Lloyd，*We Who Speak English：And Our Ignorance of Our Mother Tongue* 19（1938）.

“遗憾的是，我们中的许多人必须摆脱来自学校的训练，这些训练要求我们万万不可分割动词不定式，并教导我们永远不要用介词来结束一个句子。优秀作家从不理会这些规矩。”

——Gorham Munson，*The Written Word* 198（rev. ed. 1949）.

“难怪这么多有能力的商业和专业人员对书面交流有特殊情结。他们已经被洗脑，认为写作能力主要是语法、标点符号、句法等方面的功能。分割动词不定式扣 4 分！错位的副词扣 2 分！这真是个悲剧。全国各地的公司、机构和企业中的许多一流作家和潜在作家也许分不清分词（participle）和部分代词（partitive），分不清省略号（ellipsis）和连音（elision），也不知道随即（presently）和现在（at present）的区别。但是，他们知道如何使思想流动起来；他们可以使一个困难的论点具有说服力；他们可以对一个表述的措辞进行微调，使其听起来恰到好处。这些都是使世界运转的素质和能力。”

——David W. Ewing, *Writing for Results in Business, Government, and the Professions* 16 (1974).

“大多数法律学生和律师都不了解英语使用的基本原则。”

——Charles Alan Wright, Introduction, *Texas Law Review Manual on Usage & Style* xiii (8th ed. 1995).

“这条反对拆分动词不定式的‘规矩’是著名的臆想出来的规则，小小的文字暴君试图把它强加在英语语言上。没有任何语法上的理由反对拆分不定式，而避免拆分不定式往往会使作者陷入困境。”

——Kingsley Amis, *The King's English: A Guide to Modern Usage* 217 (1997).

“Fowler 将通过实例告诉你如何写作。学习 Fowler 的文风，也将告诉你如何在一个技术性的主题上生动地表达自己，从而使法律文书生动起来。跟着 Fowler 写作，你会赢许多案子。”

——William Pannill, “Fowler's *Modern English Usage*,” *Litigation*, Winter 2004, at 63, 64.

解释说明

令人惊讶的是，关于写作有多少错误的观念，而且这些观念又是如此普遍。从富勒兄弟的《国王英语》(*The King's English*)(1906 年)到特林布尔(Trimble)的《风格写作》(*Writing with Style*, 1975 年；2011 年第 3 版)，甚至到加纳的《Garner 法律用法词典》(*Garner's Dictionary of Legal Usage*, 2011 年第 3 版)，关于写作的书籍经常警告不要迷信风靡的观念。

当一个权威人士说，用“and”或“but”之类的句子开头是可以的，不要断定规则已经改变。专家知道，所谓的规则根本就不是规则；它是一种迷信，根本不应该流传。

这些迷信是什么？有很多种：

- 永远不要用介词来结束一个句子。
- 不要拆分动词不定式。
- 不要拆分动词短语。
- 永远不要用“and”或“but”作为句子的开头。
- 永远不要写一个单句的段落。

- 永远不要用“because”来开始一个句子。
- 永远不要用“since”来表示“because”。
- 切勿在述及两个以上的物体时使用“between”。
- 永远不要使用第一人称代词“I”和“me”。
- 永远不要用“you”来指代你的读者。

关于这些问题的讨论，几乎可以参见任何一本关于语法或用法的好书。

但让我更进一步：你应该拥有至少两本由不同作者编写的可靠的英语用法词典。本质上，它们是按字母顺序排列的语法书。你会发现作家和编辑所面临的关于重要（以及许多有趣但不太重要）问题的内容丰富的小论文。如果你想知道 criteria、data 和 none 应该作为单数还是作为复数来处理，你可以求助于一本好的用法词典；hopefully 是否已经失去了它在 20 世纪 70 年代获得的讨厌味道；impact 是否可以作为动词使用；incentivize 或 incent 是否通过了编辑的审核；reason why 是不是好的措辞，还是说要用 reason is because；你应该说 couldn't care less 还是 could care less；应该用 between you and me 还是 between you and I；等等。你不能仅仅依靠你的直觉。如果有一本最新的英语用法词典，你可以在 45 秒内得到关于这些问题的可靠指导。

那么你应该购买哪两本？建议你买一本经典指南和一本现代指南。在经典指南中，西奥多·M. 伯恩斯坦（Theodore M. Bernstein）的《细心的作者》（*The Gareful Writer*，1965 年）在美国指南中首屈一指；H. W. 富勒（H. W. Fowler）的《现代英语用法词典》（*A Dictionary of Modern English Usage*，Ernest Gowers ed.，1965 年第 2 版）在英国指南中属于头牌。你也可以考虑威尔逊·福莱特（Wilson Follett）的《现代美国用法：指南》（*Modern American Usage：A Guide*，1966 年；1998 年第 2 版）以及埃里克·帕特里奇（Eric Partridge）的《运用和滥用》（*Usage and Abusage*，1942 年；1994 年再版）。对于更现代的指南，可以看看芭芭拉·沃拉夫（Barbara Wallraff）的《文字法庭》（*World Court*，2001 年），或者我自己的《Garner 现代美国用法》（*Garner's Modern American Usage*，2009 年第 3 版）。然后还有一本专门针对法律背景的《Garner 法律用法词典》（2011 年第 3 版）。

定期浏览这些指南是磨炼你的词汇和语言的一个好方法。你会逐渐对这些知识感到更加自信。同时，你将摆脱那些误导、束缚了许多作家的迷信观点。

《现代英语用法词典》

H.W. Fowler, *A Dictionary of Modern English Usage*
(revised & edited by Sir Ernest Gowers, 2d ed. 1965)

主意：第 2 版比第 3 版要好得多。

hippopotamus 247 **hoist**

hippopotamus. Pl. *-muses* better than *-mi*. See -US.

his. **1.** *A graceful raising of* one's *hand to* his *hat*. For the question between *his* and *one's* in such positions, see ONE 7.

2. *The member for Morpeth has long been held in the highest respect by all who value sterling character and whole-hearted service in the cause of* his *fellows*. For this type of mistake see PRONOUNS.

Fowler 澄清了许多经常出现的用法要点。

historic(al). The DIFFERENTIATION between the two forms has reached the stage at which it may fairly be said that the use of one in a sense now generally expressed by the other is a definite backsliding. The ordinary adjective of *history* is *historical*; *historic* means memorable, or assured of a place in history, now in common use as an epithet for buildings worthy of preservation for their beauty or interest; *historical* should not be substituted for it in that sense. The only other function retained by *historic* is in the grammarians' technical terms *historic tenses, moods, sequence, present*, etc., in which it preserves the notion appropriate to narration of the past, especially in the expression *h. present*, a device for imparting vividness to a narrative which is not now so popular with story-tellers as it once was.

Although both adjectives are now always aspirated when not preceded by the indefinite article, the use of *an* with them lingers curiously. See A, AN.

historicity. The earliest OED example of this ugly word is dated 1880; but, being effective in imparting a learned air to statements intended to impress the unlearned, it has had a rapid success, and is now common. It has, however, a real use as a single word for the phrase *historical existence*, i.e. the having really existed or taken place in history as opposed to mere legend or literature. To this sense, in which it makes for brevity, it should be confined. *The historicity of St. Paul* should mean the fact that, or the question whether, St. Paul was a real person. The following quotation shows the word in a quite different sense, in which it would not have been worth inventing—why not *accuracy*? If it is given two or more senses liable to be confused it loses the only merit it ever had—that of expressing a definite compound notion unmistakably in a single word: *He is compelled to speak chiefly of what he considers to be exceptions to St. Paul's strict historicity and fairness; and he tells us that he is far from intending to imply that the Apostle is usually unhistorical or unfair.*

hither, described by the OED as 'now only literary', is even in literature, outside of verse, almost disused ('Now usually *here*' says the COD). It is still tolerable, perhaps, in one position, i.e. as the first word in an inverted sentence following a description of the place referred to—*Hither flocked all the* . . . Elsewhere, it produces the effect of WARDOUR STREET English, being used mainly by the unpractised writers who bring out their best English when they write to the newspapers. The same is true of *thither*; but, as often happens with stereotyped phrases, *hither and thither* retains the currency that its separate elements have lost. See SIAMESE TWINS.

还有一些晦涩神秘的东西。

hock, hough. Except in Scotland, the older spelling *hough* is now pronounced like *hock*, which 'has largely superseded' it (OED) in spelling also; it is better to abandon the old spelling.

hodge-podge. See HOTCHPOT(CH).

hoi polloi. These Greek words for the majority, ordinary people, the man in the street, the common herd, etc., meaning literally 'the many', are equally uncomfortable in English whether *the* (= *hoi*) is prefixed to them or not. The best solution is to eschew the phrase altogether, but it is unlikely to be forgotten as long as *Iolanthe* is played. '*'Twould fill with joy and madness stark the Hoi Polloi (a Greek remark)*'.

hoist was originally a variant past participle of the now obsolete verb *hoise*.

《运用和滥用》

Eric Partridge, *Usage and Abusage* (1942; Janet Whitcut ed., rev. ed. 1994)

hiccup 142

hiccup, rather than *hiccough,* is the prevalent spelling of both noun and verb. Their pronunciation is identical.

hide – hid – hidden (or, now obsolescent, **hid**). See also at **cache.**

high is, in my opinion, misused in the sentence, 'Mexico City is 7,350 feet high' (Violet O. Cressy-Marcks, *Up the Amazon and over the Andes*). For *high* I should read *up*; in formal writing 'M. C. is at an altitude of 7,350 feet.' See also **tall.**

him, of and **of his.** See **of her – of hers.**

himself. See **myself** and **oneself.**

Hindi and **Hindustani.** *Hindi,* the chief vernacular of northern India, is an Indo-Aryan language; it is divided into two groups, the Eastern Hindi dialects and the Western Hindi dialects. The most important Western Hindi dialect is Hindustani, which, containing many words adopted from Arabic and Persian, is 'current as a lingua franca over nearly all India' (*Webster's*). A literary form of Hindustani is called Hindi and is an official language of India.

hindsight is a popular and useful word, for 'wisdom after the event'. It is contrasted with *foresight.*

hire and **lease** and **let** and **rent.** Of these four verbs, only *let* (or *let out*) is univocal ('to grant the temporary possession and use of [property] to another in consideration of payments of money', i.e. of rent). The other three have opposite senses:

(1) to *let*; (2) 'to pay rent for, to take or occupy by payment of rent'. In Britain *rent,* however, is now used mostly in the second sense: it is the usual opposite of *let. Hire* is now little used of land or houses, and it is applied mostly in sense 2. *Lease* is a formal term; the one who lets is the *lessor,* the one who pays rent is the *lessee.* The Americans also use *hire* for 'employ (someone) for wages', and may *rent,* rather than *hire,* a dinner jacket for one night.

historic; historical. The latter = 'of the nature of history' (*historical novel*); the former = 'famous or important in history'. See **-ic** and **ical.**

histrionics are insincere over-dramatic behaviour, not to be confused with *hysterics.*

hoard. See **horde.**

hocus (v.) forms *hocussed, hocussing,* but *focus* (v.) forms *focused, focusing*: this is the ruling implied by *OED.*

hoi polloi means 'the masses, the riffraff'. Although it is strictly inaccurate to speak of '*the hoi polloi*' (since *hoi* is Greek for 'the') it would be quite unidiomatic to omit *the* here.

holily is obviously much more economical than *in a holy manner.* and, after all, it is not too difficult to pronounce.

holocaust is 'destruction by fire': do not synonymize it with *disaster.* With a capital *H* it means the mass murder of the Jews by the Nazis.

home is the residence of a family, a household; it should not be used (at any rate in Britain) as a synonym for *house,* as in 'Homes for Sale'.

home, be. To say that a person 'is home' for 'is at home' is, I think, both slovenly and ambiguous.

homicide. See **murder.**

homogeneous means 'of the same kind, uniform'. The technical word *homogenous* means 'similar owing to common descent'.

honeycombed has some odd uses: Sir Alan Herbert learns from one newspaper that 'Kalat City is another wilderness honeycombed with corpses' and from another that 'Stresa is honeycombed with detectives.'

honorarium (plural, *-iums*; pedantically, *-ia*) is not synonymous with *salary.* Originally (as still) it was an honorary reward; thence it came to be, and predominantly it is, a fee for services rendered, esp. ser-

一些迂腐的人继续认为“群众”和“百姓”是重复的。并非如此。

Partridge 提到一些法律术语。

《细心的作者》

Theodore M. Bernstein, *The Careful Writer* (1965)

像其他使用方法的作家一样，Bernstein对常年存在的问题进行了有益的评论。

OTHER

ORAL VS. VERBAL

Although it is true that *verbal* means in the form of words and has even taken over the specialized meaning of in the form of spoken words, it cannot be denied that much would be gained in the cause of precision if writers would use *oral* when they mean spoken words and *written* when they mean words committed to paper. *Verbal* might well be confined to those situations in which it is desired to distinguish communication by words from other forms of communication like gestures, smoke signals, and the light that shines from lovers' eyes. To speak of a *verbal agreement* may leave some doubt whether the agreement was made in a conversation or signed in a lawyer's office. Confronted with a choice between a word that can mean two things and another that can mean only one, are we not making better use of the tools of language if we select the precise word?

ORIGINATE

Takes preposition *in* or *with*.

你是怎么发这个音的？（我读/or – **thoh** – pee/）。

ORTHOËPY

This item is merely a mischievous one that has no place whatever in a book that deals with written rather than spoken language. *Orthoëpy* is the study of pronunciation. But as far as the word itself is concerned, the *ORthoëpists* say it is pronounced *ORthoëpy*, and the *orTHOëpists* contend it is pronounced *orTHOëpy*. Who shall decide, asked Pope, when doctors disagree? And about their own specialty, yet.

OTHER

Strictly speaking, *other* pertains to a thing distinct from a like thing already mentioned; for example, "one apple and the other apple" or "four boys and the other four." It is not incorrect—but not precise—to use it in the following way: "The pupil assignment bill was pictured by the Governor as providing the answer to the problem. The other four bills would. . . "

319

《现代美国用法：指南》

Wilson Follett, *Modern American Usage* (1966)

of idiom is the same as that in *expound on* (see EXPOUND). *Amplify* is wrong in *sought to amplify yesterday on that part of the X.-Y. television debate dealing with the issue.* The debate is finished and not to be amplified. What the speaker is presumably doing is amplifying his own views of the issue. What he is doing to the debate is to *supplement* it.

一个常见的迷信被破除。

and. A prejudice lingers from the days of schoolmarmish rhetoric that a sentence should not begin with *and.* The supposed rule is without foundation in grammar, logic, or art. *And* can join separate sentences and their meanings just as well as *but* can both join sentences and disjoin meanings. The false rule used to apply to *but* equally; it is now happily forgotten. What has in fact happened is that the traditionally acceptable *but* after a semicolon has been replaced by the same *but* after a period. Let us do the same thing with *and,* taking care, of course, not to write long strings of sentences each headed by *And* or by *But.*

Notice at the same time that *also* is not a linking word and should not be used as if it were. *Also* is an adverb that qualifies by suggesting similarity of form or manner. (Hence the combination *and also* is not, as some think, redundant.) *Also* can therefore begin a sentence only when it is attached to some word or phrase in the new sentence: *Also present were / Also drowned in the* Titanic *disaster.* But not: *He was graduated with high honors the following June. Also he married, to everybody's surprise.* (The last sentence should begin *And he* or *And he also.*)

See also BUT; INTRODUCTORY, p. 17.

and/or. Whether a lawyer can or cannot make out a case for the necessity of this ungraceful expression in legal documents only a lawyer is competent to say; but anyone else is entitled to the view that it has no right to intrude in ordinary prose. One such intrusion may stand for all: *A majority of the tourists come here with camping and/or fishing on their minds.* Suppose this to be written *with camping or fishing on their minds.* How will any sensible reader interpret it? He will presume that some camp without fishing, some fish without camping, and some do both, nothing being said or implied to prevent the three equal possibilities. Note, besides, that these possibilities would be the same if *and* alone had been used.

共识性的建议

We see in this example one of the usual effects of borrowing phraseology from the professions: it kills the plain sense of the words formerly deemed adequate by the layman. That plain sense in the sentence under review is that *and* can sometimes suggest *or,* and that generally *or* includes *and.* The weatherman's *Snow or sleet tomorrow* is no guarantee that we shall have only the one or the other. For generations the chairman has asked *Are there corrections or additions to the minutes?* well knowing that there may be both. The phrase EITHER . . . OR was invented for situations in which it is important to exclude one of a pair. To be sure, in casual speech

《Garner 现代美国用法》

Bryan A. Garner, *Garner's Modern American Usage* (3d ed. 2009)

词汇历史是其使用的一个重要方面。

lose 517

AmE, *lobby* came to denote (through the linguistic process known as metonymy) the people who habitually haunt the lobby of a legislative chamber to carry on business with legislators and especially to influence their votes.

As a verb, *lobby* has come to mean: (1) to frequent legislative chambers for the purpose of influencing the members' official business <the group lobbied against the proposed reforms>; or (2) to promote or oppose (a measure) by soliciting legislative votes <the organization lobbied a measure through the House>.

The agent noun is *lobbyist*, meaning "one who lobbies." The term originated during the American Civil War. See **lobbyist.**

lobbyist; *lobbyer; *lobbier. The second and third forms are NEEDLESS VARIANTS. See **lobby.**

locale; locality. Both terms are frequently used. They are generally equivalent, but only *locale* has the sense "the setting or scene of action or of a story."

loc. cit. See ***ibid.***

locution. See **elocution.**

lode. See **load.**

lodestar (= a guiding light or principle) is so spelled—not **loadstar*.

lodestone; loadstone. The term meaning "something that strongly attracts" is spelled *lodestone* in AmE and *loadstone* in BrE. Cf. **lodestar.**

lodgment; lodgement. This word (denoting [1] accommodations, shelter, lodgings; [2] the placing of something or someone into a fixed or stationary position; or [3] a place where something is positioned) is spelled *lodgment* in AmE, *lodgement* in BrE. See MUTE E.

LOGIC. See ILLOGIC.

logical fallacy. See **grammatical error.**

logically. See SENTENCE ADVERBS.

lollipop is the standard spelling. **Lollypop* is a variant.

lone; alone. *Lone* comes before the noun, *alone* after. Misusing *alone* for *lone* is an odd error: "Anything we fully do is *an alone* [read *a lone*] journey." Natalie Goldberg, *Writing Down the Bones* 169 (1986). See POSTPOSITIVE ADJECTIVES.

LANGUAGE-CHANGE INDEX
alone misused for *lone*: Stage 1

一些使用方法的作者处理发音问题。

long-lived, adj. The traditional AmE preference, both in this phrase and in *short-lived*, has been to pronounce the second syllable /lɪvd/, not /livd/. (The sense is "having a long life," and the past-participial form has been made from *life* [/lɪf/], not the ordinary verb *live* [/liv/].) But the predominant practice today—and the BrE preference—is /livd/. The AmE tendency to make it a short *-i-* is perhaps explainable on the analogy of the ordinary word *lived*; the BrE tendency may be influenced additionally by the phrase *long live the Queen*.

long-standing, adj. So spelled (with the hyphen).

longtime, adj. So spelled (without the hyphen).

***look badly.** See **badly** (A).

look over. See **overlook.**

loom large. See **bulk large.**

loose, v.t.; **loosen.** See **lose** (A).

Lord, a traditional term for the Christian God, has come under attack: "Some U.S. churches are beginning to question the title of Lord for Jesus Christ, reports the *Washington Post*, noting that the word is laden with negative meaning; some groups are replacing the title with gender-neutral terms such as Redeemer, Comforter or Friend. Rev. James Crawford of Boston's Old South Church said his United Church of Christ should be seeking 'metaphors for Ultimate Reality that do not assume a cosmos or creation where . . . some male-like figure or being is in charge.'" "Religion Watch," *Globe & Mail*, 24 Aug. 1993, at A16. Whether the term will continue to flourish or dwindle in use remains to be seen, but a long struggle seems assured. See SEXISM.

Lord Tennyson. See **Tennyson.**

***Los Angelean.** See **Angeleno.**

lose. A. And *loose*, v.t.; ***loosen***. *Lose*, v.t., = to suffer the deprivation of; to part with. *Loose* is both an adjective meaning "unfastened" and a verb meaning "to release; unfasten." *Loosen* bears a similar meaning, but whereas *loose* generally refers to a complete release <loosing criminals on the community>, *loosen* generally refers to a partial release <loosening one's belt>. Additionally, *loosen* is figurative more often than *loose* is.

Loose is sometimes misused for *lose*—e.g.: "The Imperial Irrigation District also stands to *loose* [read *lose*] about seven percent of its allotment." Dean E. Murphy, "California Water Users Miss Deadline on Pact for Sharing," *N.Y. Times*, 1 Jan. 2003, at A11.

LANGUAGE-CHANGE INDEX
lose misspelled *loose*: Stage 1

GMAU 包含一个语言变化指标来评估错误的严重程度。

B. *Lose no time*. The phrase *no time should be lost* is famously ambiguous, suggesting either that something is urgently needed or that it's so futile that it's not worth the effort. "Urgently needed" is the usual sense, but not without a potential MISCUE—e.g.: "The

LANGUAGE-CHANGE INDEX (For the full key, see p. xxxv.)
Stage 1: Rejected. **Stage 2:** Widely shunned. **Stage 3:** Widespread but . . . **Stage 4:** Ubiquitous but . . . **Stage 5:** Fully accepted.
Invariably inferior words and phrases are marked with an asterisk (*).

《Garner 法律用法词典》

Bryan A. Garner, *Garner's Dictionary of Legal Usage* (3d ed. 2011)

Supersede 的第四部分。

这里收集了最常见的迷信，并予以驳斥。

D. For *surpass*. This is a fairly unusual MALAPROPISM—e.g.: "Arguably, Russia *supersedes* [read *surpasses*] even England in the publication of Shakespeare's works and the staging of his plays." Melor Sturua, *O.J. Through Russian Eyes*, Wall St. J., 21 Sept. 1994, at A14.

supersede and displace. See DOUBLETS, TRIPLETS, AND SYNONYM-STRINGS.

supersedeas, when used elliptically as an attributive noun for *supersedeas bond* or *writ*, forms the plural in *-es*. E.g.: "It also prescribed the conditions upon which such appeals or writs of error should operate as *supersedeases*." *Holland v. Webster*, 29 So. 625, 630 (Fla. 1901) (Mabry, J., dissenting).

superseding cause. See CAUSATION (E).

***supersedure; supersession.** See **supersede** (C).

SUPERSTITIONS. In 1926, H.W. Fowler used the term "superstitions" in reference to what, in the field of writing, are merely "unintelligent applications of an unintelligent dogma" (*MEU1* 586). Experts in usage have long railed against them as arrant nonsense, yet they retain a firm grip—if not a stranglehold—on the average person's mind when it comes to how best to put words on paper. Most of them are perpetuated in the classrooms in which children and adolescents learn to write.

Most of these superstitions are treated elsewhere in this book, in the entry to which the reader is referred at the end of each subentry. For additional perspectives on these points, below are briefly collected the views of respected authorities on style, grammar, and usage.

A. Never End a Sentence with a Preposition. "The origin of the misguided rule is not hard to ascertain. To begin with, there is the meaning of the word 'preposition' itself: stand before. The meaning derives from Latin, and in the Latin language prepositions do usually stand before the words they govern. But Latin is not English. In English prepositions have been used as terminal words in a sentence since the days of Chaucer, and in that position they are completely idiomatic." Theodore M. Bernstein, *Miss Thistlebottom's Hobgoblins: The Careful Writer's Guide to the Taboos, Bugbears, and Outmoded Rules of English Usage* 177 (1971). See PREPOSITIONS (A).

B. Never Split an Infinitive. E.g.:

- "The split infinitive is in full accord with the spirit of modern English and is now widely used by our best writers." George O. Curme, *English Grammar* 148 (1947).
- "However offensive it may be to many persons, the split infinitive makes clear beyond all doubt what the adverb modifies." G.C. Thornton, *Legislative Drafting* 28 (2d ed. 1979).

See SPLIT INFINITIVES.

C. Never Split a Verb Phrase. "When an adverb is to be used with [a compound verb], its normal place is between the auxiliary (or sometimes the first auxiliary if there are two or more) and the rest. Not only is there no objection to so splitting a compound verb, but any other position for the adverb requires special justification: *I have never seen her*, not *I never have seen her*, is the ordinary idiom, though the rejected order becomes the right one if emphasis is to be put on *have* (I may have had chances of seeing her but I never have). But it is plain . . . that a prejudice has grown up against dividing compound verbs . . . . [I]t is entirely unfounded." H.W. Fowler, *A Dictionary of Modern English Usage* 464 (Ernest Gowers ed., 2d ed. 1965). See ADVERBS (A).

D. Never Begin a Sentence with *and* or *but*. "Next to the groundless notion that it is incorrect to end an English sentence with a preposition, perhaps the most wide-spread of many false beliefs about the use of our language is the equally groundless notion that it is incorrect to begin one with 'but' or 'and.' As in the case of the superstition about the prepositional ending, no textbook supports it, but apparently about half of our teachers of English go out of their way to handicap their pupils by inculcating it. One cannot help wondering whether those who teach such a monstrous doctrine ever read any English themselves." Charles Allen Lloyd, *We Who Speak English* 19 (1938). See **and** (A) & **but** (A).

E. Never Write a One-Sentence Paragraph.

- "To interpose a one-sentence paragraph at intervals—at longish intervals—is prudent. Such a device helps the eye and enables the reader (especially if 'the going is heavy') to regain his breath between one impressive or weighty or abstruse paragraph and the next." Eric Partridge, *Usage and Abusage* 224–25 (5th ed. 1957).
- "Basically, there are three situations . . . that can occasion a one-sentence paragraph: (a) when you wish to emphasize a crucial point that might otherwise be buried; (b) when you wish to dramatize a transition from one stage in your argument to the next; and (c) when instinct tells you that your reader is tiring and would appreciate a mental rest-station." John R. Trimble, *Writing with Style* 94 (1975).

F. Never Begin a Sentence with *because*. So novel and absurd is this superstition that seemingly no authority on writing has countered it in print. It appears to result from concern about fragments—e.g.: "Then the group broke for lunch. Because we were hungry." Of course, the second "sentence" is merely a fragment, not a complete sentence. But problems of that kind simply cannot give rise to a general prohibition against starting a sentence with *because*. Good writers do so frequently—e.g.:

- "*Because* of the war the situation in hospitals is, of course, serious." E.B. White, "A Weekend with the Angels," in *The Second Tree from the Corner* 3, 6 (1954).
- "*Because* the relationship between remarks is often vague in this passage, we could not rewrite it with certainty

An asterisk (*) precedes words and phrases that are invariably inferior forms.

一些典型的主谓搭配错误的例子

例子一

反例:If either of the provisions are satisfied,the foreign judgment may be enforced.

范例:If either provision is satisfied,the foreign judgment may be enforced.

例子二

反例:The letter also stated that the plaintiff's attorney's letter and enclosures (which related to discovery and the pleading stipulated on),sent by fax that day, was illegible.

范例:The letter also stated that Fuqua's faxed letter and attached documents were illegible.

例子三

反例:Any actions taken against Charging Party is a result of her failure to follow performance standards.

范例:Any actions taken against Johnson are a result of her failure to follow performance standards.

例子四

反例:The doctrine of collective knowledge is more controversial,and its scope and viability remains in dispute.

范例:The doctrine of collective knowledge is more controversial:its scope and viability remain in dispute.

例子五

反例:Neither Bergeron nor the Court have cited a case in which the opinion or conclusion of an agent has been imputed to his principal.

范例:Neither Bergeron nor the Court has cited a case in which the opinion or conclusion of an agent has been imputed to his principal.

一些主谓搭配问题的参考资料

- Theodore M. Bernstein,*The Careful Writer* 300 – 05 (1965).
- Wilson Follett,*Modern American Usage:A Guide* 230 – 36 (Jacques Barzun ed. ,1966).
- H. W. Fowler,*A Dictionary of Modern English Usage* 400 – 04 (Ernest Gowers ed. ,2d ed. 1965).

- Bryan A. Garner, *Garner's Dictionary of Legal Usage* 852 – 54 (3d ed. 2011).
- Bryan A. Garner, *Garner's Modern American Usage* 777 – 80 (3d ed. 2009).
- Eric Partridge, *Usage and Abusage* 9 – 10, 211 (1942; Janet Whitcut ed., rev. ed. 1994).

技巧 84 的要点总结

- 如果你想以最快速、最有效的方式提高你的语言知识，请购买两到三本由不同作者编写的使用指南，并每天花 5 分钟阅读其中的任何内容；值得推荐的使用指南是：
  - Theodore M. Bernstein, *The Careful Writer* (1965)
  - *The Chicago Manual of Style*, ch. 5, "Grammar and Usage" (16th ed. 2010)
  - Wilson Follett, *Modern American Usage: A Guide* (Jacques Barzun ed., 1966)
  - H. W. Fowler, *A Dictionary of Modern English Usage* (1926; Ernest Gowers ed., 2d ed. 1965)
  - Bryan A. Garner, *Garner's Dictionary of Legal Usage* (3d ed. 2011)
  - Bryan A. Garner, *Garner's Modern American Usage* (3d ed. 2009)
  - Eric Partridge, *Usage and Abusage* (1942; Janet Whitcut ed., rev. ed. 1994)
  - Barbara Wallraff, *Word Court* (2001)

  反复浏览前几页中转载的这些书籍的页面。请注意它们是如何处理许多与语言相关的问题。这些问题你以前一定碰到过，当然还有许多没碰到的。
- 符合语法的普通语句，比那些看似严肃但晦涩逼仄的所谓正式用语，要更招人喜欢。
- 放弃你的迷信，偶尔拆分一个不定式是没有问题的，用介词来结束一个句子完全没问题。如果高中英语老师要求你崇拜迷信，那根本就教错了。
- 尝试将 10% 的句子以"and"或"but"开头，这样可以改善你的文章的流畅性和可读性（见技巧 49）。

第十部分

善用说服奇谋

85

如果你是上诉人，请仔细选择你的申诉理由；如果你是应诉人，而对手没有仔细选择诉由，请改写并整合

名言警句

“避免烦琐地堆砌观点。研究一下哪些是可以省去的 而且不会影响效果。这和协调和服从的问题需要最优秀的鉴别力。”

——Brainerd Kellogg, *A Text-Book on Rhetoric* 75 (1881).

“这种无休止的归咎审判庭的错误，非但没有给上诉庭留下印象，认为初审有问题，反而使所指出的审判庭的错误失去了价值。”

——*Chicago Great W. Ry. v. McDonough*, 161 F. 657, 659 (8th Cir. 1908).

“抓住要害，其余的就不用管了。”

——Hon. Oliver Wendell Holmes, *Speeches* 77 (1934).

“当法官发现一份文书提出了 12 个到 20 个甚至 30 个问题或‘要点’或‘错误’，他只会去寻找 2 个或 3 个，也许只是 1 个相对关键的问题。有人在灌木丛中迷失了方向，法官必须把他带出来。这种文书可以被归为‘混淆视听’型。如果律师希望表现出平静、温和、冷静的理性，显然不应该使用这种类型。我强烈建议不要自觉或不自觉地使用这种类型的文书；这种错误虽然被称为过度分析，但它实际上是一种分析不足。”

——Hon. Wiley B. Rutledge, “The Appellate Brief” (1942), in *Classic Essays on Legal Advocacy* 429, 434 (George Rossman ed., 2010).

“法律争论，就像货币一样，会因为过度发行而贬值。上诉庭法官习惯性地接受下级审判庭错误的建议。但是，随着错误数量的增加，上述接受能力也会下降。重复的暗示意味着你对认定审判庭的错误缺乏信心。当然，我没有忘记律师不愿意放弃哪怕是最弱的观点，以免错过法官的注意力。但是，在法庭上的经验使我相信，反复重复审判

庭的错误会冲淡和削弱一个有利的案件,而不会挽救一个不利的案件。"

——Hon. Robert H. Jackson, *Advocacy Before the United States Supreme Court*, 37 Cornell L. Q. 1,5 (1951).

"顾虑重重的或轻率赌性的律师把观点堆砌得又高又宽,东一榔头西一棒子地碰运气。因为他们已经失去了对案情过程的理解,所以对使用简单、清晰、集中的方法缺乏信心。"

——Karl Llewellyn, *The Common Law Tradition: Deciding Appeals* 196 (1960).

"并非每项上诉都应减少到一个问题,尽管可能有 75% 的人可以而且会通过这种方式从法院获得更有利的反应。剪除微不足道的错误主张比把这个'花园'留给法庭去打理要好得多。"

——Jean Appleman, *The Written Argument on Appeal*, 41 Notre Dame L. Rev. 40,41 (1965).

"只要律师在刑事上诉中可以在弱势观点和强势观点之间作出选择,他就有义务放弃那些弱势观点,以免冲淡那些强势观点。"

——Frederick B. Wiener, *Briefing and Arguing Federal Appeals* 102 -03 (rev. ed. 1967).

"民事上诉的辩护需要律师有放弃的勇气,愿意放过那些存在于记录中的,多么诱人的理由。律师必须作出艰难的选择。他必须在放弃上诉观点方面作出精心的判断。把所有错误的,甚至所有可能遭逆转的东西一股脑都扔给法庭的努力,有可能把抗辩的力量寄托在了最薄弱的环节上。因此,选择尤为关键。"

——Hon. Milton Pollack, "The Civil Appeal," in *Counsel on Appeal* 29,39 (Arthur A. Charpentier ed. ,1968).

"一份同时处理超过三个事项的文书会有严重的风险,即变得过于分散,给人的总体印象是没有一个主张的错误足够严重。"

——*Jones v. Barnes*,463 U. S. 745,752 n. 5 (1983) [quoting Committee on Federal Courts of the Ass'n ofthe Bar of New York, *Appeals to the Second Circuit* 38 (1980)].

"自古以来,经验丰富的律师就一直强调在上诉中剔除较弱的论点,如果可能的话,将重点放在一个中心问题上,或最多放在几个关键问题上。"

——*Jones v. Barnes*,463 U. S. 745,751 -52 (1983).

"当面对一份提出的论点不超过三个的文书时,我会满意地松一口气,并得出结论,文书作者可能真的有话要说。当提出 4 个或 5 个论点时,我可能会有同样的反应,或者程度稍轻一些。一旦超过这个界限，我必须承认，一个名为'忍无可忍'的小野兽开始啃食我惯有的无私判断。即使当我们推翻一个初审判决时，也很少有一份文书能确定超过一个或两个可逆错误。当我读到一份包含 6 个论点以上的文书时，就会产生一种假设，认为其中没有任何论点站得住。我并不是说这是一个不可反驳的推定，但这是一个降低文书效率的推定。"

——Hon. Ruggero J. Aldisert, *Winning on Appeal: Better Briefs and Oral Argument* 121 (1992).

"一旦你确定了问题，就要限制它们。提出不超过 3 个或 4 个你认为最强烈的主张，即审判法庭的错误。除非文书的组织结构另有规定，否则应按其重要性的顺序陈述。"

——Jordan B. Cherrick, "Issues, Facts, and Appellate Strategy", in *Appellate Practice Manual* 73, 75 (Priscilla A. Schwab ed., 1992).

解释说明

除了死刑案件，上面的名言警句告诉我们，也许在文书中提出太多的论点对律师而言并无裨益。

特别是在民事案件中，如果上诉状提出了大量的论点，就会显得很不自信。

请看伟大的专利律师查尔斯·尼福（Charles Neave）的优秀例子。在对尼福的赞誉中，伦纳德·汉德法官赞扬了尼福在选择论点时的自信："凭着只有在合理的自信下才有的勇气，他敢于将自己的案子建立在最有力的地方，从而避免了因论据杂乱无章而出现的软弱和不确定性。很少有律师愿意这样做；这是最杰出的天赋的标志。"[1]

如果对方的诉状杂乱无章，律师很难写出好的答辩，法官也同样很难写出一份好的意见。这里有两种可能的回应方式对法庭是有帮助的。首先，你可以合并和重组问题；必须有人对案件进行清晰的思考，如果对方失败了，那还不如由自己来完成。其次，如果重新整合是没有希望的，因为对手的论点已经彻底混乱和分散了，你可以集中精力驳斥突出的论点。这是亚历山大·贝因（Alexander Bain）在 19 世纪提出的一个古老的技巧。"许多在争论中提出的学说与其说是错误的，不如说是混乱的，是由定义不明

1 Learned Hand, "In Memory of Charles Neave," in *The Spirit of Liberty* 127–28 (2d ed. 1951).

确、不连贯的概念组成的。应对一个神秘和混乱的对手的最好方法可能是选择他的论点的一个样本进行全面和细微的曝光。”[2]

在下面的例子中，纽约的小查尔斯·杜威·科尔（Charles Dewey Cole Jr.）采用了第一种方法。即使是在关于口头辩论的声明这样平凡的事情中，他也发现有可能说理之处。他令人信服地告诉联邦上诉法庭，这个不起眼的案件可以仅凭法律文书来决定（当然是以他的方式）。在这里，鉴于只是关于口头辩论，这些问题被巧妙地陈述为表面问题；在文书的其他地方，它们需要深层次地讨论（见技巧11）。

一个不同寻常的好例子（被上诉方）

关于口头辩论的声明

精彩的整合点 →

不要求口头辩论。

被告提出的七个问题，从广义上讲，可以归纳为三个较大的问题：证据是否足以支持认定（Ⅰ，Ⅲ，Ⅳ，Ⅵ），地区法院是否滥用了其自由裁量权以要求陪审团解决被告所谓的“冲突认定”（Ⅱ）和拒绝被告的重审动议（Ⅴ），以及地区法院在陪审团认定的损害赔偿中增加审前利息是否恰当（Ⅶ）。

在每一个案例中（最后一个问题可能例外，该问题由密歇根州的法律控制），审查标准和适用的法律都是明确的。记录是完整的，表明地区法院正确地拒绝了被告要求依法判决的动议，并将案件提交给陪审团；地区法院以损害赔偿金过高为由拒绝了被告的重审动议，并没有滥用其自由裁量权；地区法院在损害赔偿金上增加审前利息是正确的。

在交叉上诉中提出的唯一问题是：地区法院是否正确地批准了简易判决，并因时效问题驳回了原告的律师失职和其他索赔要求。这基于一个完整的简易判决记录。除非本法院撤销地区法院的判决，否则这个问题不会得到解决。因此，口头辩论对判决过程不会有很大帮助。

2 Alexander Bain, *English Composition and Rhetoric* 196 (4th ed. 1877).

技巧85的要点总结

- 试着将你的文书范围限制在3个或4个关键事项，最好是3个。
- 将你最有力的观点从琐碎的“垃圾”中解放出来，避免冲淡你的论点；准备放弃诱人但不重要的观点。
- 不要把你的读者埋没在堆积如山的论点中，这样做只会掩盖问题，使你看起来对案件没有信心。
- 从法庭的角度评估你的潜在理由。
- 严格按照重要性的顺序来安排你的主张（除非文书的组织结构另有要求）。
- 通过整合相关的问题并合理地组织你的答辩，来回复对方杂乱无章、问题重重的诉状。

86

如果你代表应诉人，请料敌先机起草文书

名言警句

“推荐的做法是，被告的律师在看到上诉人的诉状之前就起草其辩护状的辩论部分，然后进行必要的修改以回答上诉状中提出的论点。”

——Hon. George R. Currie, *Some Aspects of Appellate Practice Before the Wisconsin Supreme Court*, 1955 Wis. L. Rev. 554, 560.

“被上诉人的律师不应落入陷阱，让他的对手划定冲突区域，并在上诉状圈定的范围内形成答辩。被上诉人的律师不应仅仅提出对上诉状内容的逐点反驳。相反，他应该以自己的方式写出自己的论点，强调自己案件的有利特点，而不应该仅仅回应对方立场中固有的缺陷。也许被上诉人的律师在撰写答辩状时保持其独立性的最佳方式是在收到上诉状之前就开始撰写，或至少列出其答辩大纲。”

——Hon. Alfred L. Scanlan, *Effective Appellate Advocacy in the Court of Appeals for Maryland*, 29 Md. L. Rev. 126, 136 (1969).

“指定的文书撰写人应尽其所能，在文书时间表开始之前，尽早做好准备。暂定论点或立场文件可以先准备起来，甚至可以由辩方律师准备，因为他们通常可以很好地预测开庭答辩的内容，以证明准备工作的合理性。拖延是在挤压可用于写作的时间，这样做会损害答辩的有效性。”

——Girvan Peck, *Writing Persuasive Briefs* 175 (1984).

“还记得 Jackson 法官担任美国副总检察长时的故事吗? Jackson 问一位助理秘书长，在最高法院的一个重要案件中，政府的答辩状进展如何。这位助理回答说，他正在等待对方的上诉状，因为政府是答辩方。‘怎么回事?’Jackson 问，难道我们不在处理案子吗?”

——David L. Lee, *Responding to Arguments*, CBA Rec., June/July 1995, at 58, 58.

解释说明

这个技巧将对你发展你的案件和你的技能有巨大的帮助。它将使你保持清醒的头脑。仅仅回应对手并非有效的防御姿态，太多的答辩文书完全是被动的。

如果你准备了一份草案，解释为什么法院的判决是正确的，那么当你的对手的上诉状到达时，你将处于令人羡慕的地位。你将能够对草案进行修改，以回怼对手的观点。你无疑会完善你的论点，并加入一些辩证的论证（见技巧7）。

但最重要的是，当你第一次开始写作时，你不会感到被动。

如果你认为你不能遵循这个技巧，不要就这样算了。花一个小时的时间经历“狂人—建筑师”阶段（见技巧3和技巧5）。至少，设计一个简短的线性大纲（见技巧4）并解决你的深层议题（见技巧11）。然后你就能在这些论点下整合对方的观点（见技巧87）。

自从1999年本书的首版出版以来，我已经习惯于听到律师们说这个技巧是多么的不现实。但是，请思考一下我们劳普鲁斯在被聘为重大上诉案上诉人的编辑顾问时所作的工作：我们修改记录在案的上诉状，但同时我们也准备一份被上诉人的答辩，而且往往是在同一时间段（72小时）内完成。为什么？我们必须在提交上诉状前一周为攻坚小组准备好被上诉人的答辩（见技巧99）。所有这些都可以作为一个严格的日程安排来完成。

问题是，在你看到顶层文书之前，尽早起草底层文书，你将更有可能有力地提出你的肯定性观点。这就是纪律性的思考。

技巧86的要点总结

- 预测对手的论点，尽早开始起草你的答辩；当对方的诉状最终到达时，你可以更好地应对任何意外。
- 通过采取这种高效的方法来避免被压制于守势：首先构建你对下级法院判决的辩护，然后微调你的答辩状以回应对手的观点。
- 远离那种认为你的工作根本不需要如此勤奋的愚蠢想法；管理时间和你自己。

87

无论何时，务必使文书本身完全可被理解；切忌假设法官刚看过对方文书

名言警句

“文书的形式和组织应符合两条规则：首先，它应该是非常完整的，以至不需要参考外部内容来了解案件，而只是为了确认陈述的准确性。其次，陈述方式应使法官无须花费不必要的精力或时间就能掌握和理解。”

——Herman F. Selvin, “The Form and Organization of Briefs” (1956), in *Classic Essays on Legal Advocacy* 405, 405–06 (George Rossman ed., 2010).

“答复最好是一份自成一体的文件，无须参考先前的文书就能理解。为什么呢？因为许多法官和书记员已经养成了按相反顺序阅读文书的习惯：先是原告对被告答辩的答复，然后是答辩状，最后是上诉人的最初上诉状。要假定法官手中只有你的答复，不要让法官去看你对手的文书来了解案件的内容。”

——Hon. Antonin Scalia & Bryan A. Garner, *Making Your Case: The Art of Persuading Judges* 73–74 (2008).

“在答复中，你必须将法庭重新定位到你的论点和对案件的看法上，同时对被上诉人的主要论点作出充分的回应。在可能的情况下，通常最有效的做法是在案情介绍中通过确定无争议的问题来巩固收益，然后再处理被上诉人最有力的论点。”

——Mayer Brown LLP, *Federal Appellate Practice* 398 (Philip Allen Lacovara ed., 2008).

“在案情介绍中解释你的客户为什么应该获胜之后，你的答复应该重建你客户的论点并反驳对方的立场。”

——Noah A. Messing, *The Art of Advocacy* 232 (2013).

解释说明

你是否曾经因为阅读一份交叉引用过多的文件而感到沮丧？我想到

了《国内税收法》的某些部分，比如这一条：

> 就第(3)款而言，第(2)款所述的组织应被视为包括第501(c)(4)、(5)或(6)款所述的组织，如果该组织是第501(c)(3)款所述的组织，则会被列入第(2)款。[1]

问题是，为了理解它，你必须参考许多触手不及的条款。

基本上，同样的问题出现在答辩状，无论是对动议的答复还是回复。这些都可能是在错误的假设下准备的，即认定法官或书记员在接受这份答复之前刚刚读过对手的答辩状。没有两个法官的阅读方式是完全相同的，但你可以放心，很少有人会严格按照线性方式（上诉状→答辩状→答复）来阅读诉状。

相反，司法读者很可能沉浸在法律文书中，寻找最容易的切入点。一些法官说，如果政府是一方当事人，他们总是从政府的文书开始。有些法官会给申请人或上诉人以首发的机会。还有一些法官不是先看上诉状，而是倾向于从答复开始，因为这里的问题会被最清晰地列出。[2]

对于任何不是严格意义上以线性方法阅读的读者来说，你的写作方式是错误的，因为法官必须参考你的对手的文书才能理解你的意思。这完全是一种偏见。你希望法官不要在对手的文书上，而是在你自己的文书上停留。法官在哪份文书上花更多的时间，那就有可能是获胜的文书。

这里的关键是结合实际情况撰写你的文书，即使是答复，也要假设它可能最终成为法官案头唯一的文件。要让法官在手头没有其他文件的情况下，可以阅读你的文书并完全理解你所说的内容。要达到这个目的，是否会将文书变得太长？不会的，如果你有足够技巧的话；你只需确定自己的写作方向，使你的答辩状能够独立地被理解；你可以参考自己的上诉状和它所展示的内容，你也可以引用对方诉状的部分内容，但千万不要让法官为获得澄清或其他理由去研究对方的文书。

例子一是查尔斯·艾伦·莱特在 *Louisiana v. Mississippi*，516 U. S. 22 (1995)案中的答复导言。他的协理律师是麦克·莫尔（Mike Moore）、罗伯特·R. 贝里斯（Robert R. Bailess）和詹姆士·W. 麦克卡内（James W. McCartney）。莱特成功地将他的对手逼入绝境，但并没有促使法官去看对手的文书状以了解莱特所说的内容。相反，他提供了足够的背景，使他的

---

1 I. R. C. § 509(a) (2006).

2 See Antonin Scalia & Bryan A. Garner, *Making Your Case: The Art of Persuading Judges* 73 – 74 (2008) (referring to such readers as "retro – readers").

立场看起来无可辩驳，而这只是在揭露他的对手的事实错误陈述之前。在这份文书之后发表的判决意见参见 *Mississippi v. Louisiana*，506 U. S. 73（1992）。该案的最终判决意见是 516 U. S. 22（1995）。相关的法律文书，见第 500—502 页，技巧 70 的例子六。

例子二是一份简易判决答复，它大胆地将先前的简易判决动议缩减为一个问题，帮助主审法官不借助消防员方面律师的任何论点，便作出对消防员有利的判决。我写了这份文书，并与詹姆士·A. 诺克斯（James A. Knox）、凯伦·科勒·菲兹吉拉德（Karen Kohler Fitzgerald）和威廉姆·M. 冠茨（William M. Coats）一起作为合作律师。关于本案已发表的判决意见，See *FDIC v. Firemen's Insurance Company of Newark*，109 F. 3d 1084（第五巡回法院，1997）。

例子一

"航线"是指一条河的通航航道的中部，特别是用来标记一个州的边界。

密西西比州的答复

双方对法律的分歧很小。除了管辖权问题外，路易斯安那州的文书中没有任何内容对密西西比州的法律提出异议。相反，分歧集中在事实上，具体而言：（1）边界干线是流向斯塔克岛的西部还是东部；以及（2）密西西比州是否对斯塔克岛行使了主权而路易斯安那州没有这样做。在听取和权衡证据后，初审法官就这些问题作出了有利于密西西比州的明确结论。

鉴于争端的性质和态势，人们期望路易斯安那州的文书会根据第 52 条规则的明显错误标准仔细分析地区法院的调查结果。然而，路易斯安那州并没有做到。路易斯安那州几乎没有说明为什么本法院应该得出这样结论，即认为初审法官对证据的描述是不"合理的"；没有说任何话来证明初审法官对证据采取了"不允许的观点"。这是路易斯安那州必须承担的责任。See *Amadeo v. Zant*，486 U. S. 214，223（1988）；*Anderson v. City of Bessemer City*，470 U. S. 564，574（1985）.

路易斯安那州没有把重点放在地区法院根据第 52 条规则作出的结论是否恰当上，而是承诺重新开庭并重新审理该诉讼。路易斯安那州的文书提出了大量的事实论断，其中一些甚至引述了在记录中找不到的"证据"，尽管这些证据在审前命令中被提到过。在每一种情况下，路易斯安那州对证据的解释都是双方争议的问题。在任何情况下，路易斯安那州对记录证据或无关事项的解释都是无可争议的。

这种对证据的重述验证了将事实调查的职能分配给审判法庭的智慧

和重要性。第五巡回法院进行的记录分析和路易斯安那州在此重新进行的记录分析的性质只是重复了审判法官已经做的事情。第五巡回法院作出的事实结论和路易斯安那州在此重新提出的结论是事实调查者显然可以不予同意且事实上确实未予同意的内容。因此，根据第52条规则和本法院在 *Anderson* 案和 *Amadeo* 案中的判决，第五巡回法院的意见应该被推翻，判决结果应与地区法院的调查结果和判决一致。

恭敬地提交，

____

查尔斯·艾伦·莱特

例子二

美国联邦地区法院
得克萨斯州南部地区
休斯敦分部

联邦储蓄保险公司(FDIC)
原告 §
§
v. § 民事诉讼，9-7-25R7
§
新泽西州纽瓦克(Newark)市消防员 §
保险公司
被告

消防员
对FDIC的简易判决文书的
答复

初步陈述

本法院面临的问题可归结为一个简单的合同解释问题：

Firemen's Insurance Company 为 USAT 提供保险，以防止房地产文件"因任何人通过欺骗、诡计、欺诈或虚假手段获得的签名而存在缺陷"而造成的损失。考奇(Couch)以有效的文件向 USAT 出售被严重低估的抵押贷款,从事了大规模的欺诈。仅仅因为抵押贷款的价值低于 USAT 公司的预期,是否意味着销售文件因签名而存在"缺陷"?

这是一个吞噬所有子问题的首要问题。在这份答复中,Firemen 试图根据 FDIC 先前的陈述,发展这一主要问题,并尽可能简洁地处理次要问题。

可以在标题下加一个副标题。不要觉得提供填充段落是一种被误导的义务。

Ⅰ. 附加条款的语言只支持对事实中的欺诈行为进行赔偿。

A. USAT 并没有声称这些文件因以欺诈方式获得的签名而存在缺陷。

有两种类型的欺诈。事实性欺诈是指"对于一个人所签署的书面材料的性质的欺诈"[3],例如,当一个盲人被误导地告知这只是一封信时,他签署了一份遗嘱。诱导性欺诈是指所有其他类型的普通法欺诈,即"诱导人们达成协议"的欺诈,[4]例如,谎称某块土地是可耕地,而实际上是沼泽地。在提到欺诈时,附加条款提到了有缺陷的文件,即"由于任何人在上面的签名是通过欺骗、诡计、欺诈或虚伪手段获得的而有缺陷"[5]。在决定该附加条款指的是哪种类型的欺诈时,没有法院遇到过任何困难[6]。

USAT 因以欺诈方式获得的房地产贷款,基于考奇对留置权优先权的虚假陈述的贷款(诱导欺诈)而遭受损失,USAT 购买的附加条款只包括那些由于签名是以欺诈方式获得的、有缺陷的房地产贷款文件所造成的损失(事实欺诈)。FDIC 在声称附加条款涵盖了 USAT 的损失时,出于三个原因,很难认真对待 FDIC 的观点,即附加条款应该使用事实中的"欺诈"一词,以便"向投保人提供保险人希望施加的任何限制的明确通知"[7]。第一,很少有人,甚

---

3 1 David Mellinkoff, *Dictionary of American Legal Usage* 258 (1992); See *Black's Law Dictionary* 661 (6th ed. 1990).

4 Mellinkoff, *supra* note 1, at 258; See *also Black's Law Dictionary* at 661 (defining the term as "[f]raud connected with underlying transaction and not with the nature of the contract or document signed").

5 Rider at 1.

6 See *Jefferson Bank v. Progressive Cas. Ins. Co.*, No. 90 – 584, 1990 WL 180585 (E. D. Pa. Nov. 19, 1990), *aff'd*, 965 F. 2d 1274 (3d Cir. 1992) (observing that although a claimant argued that "it should collect under the Rider because the mortgage is worthless," even so "[t]he Rider clearly requires that the mortgage be defective by reason of the fraudulent signature"); *Benton State Bank v. Hartford Accident & Indem. Co.*, 338 F. Supp. 674 (E. D. Ark. 1971), *aff'd*, 452 F. 2d 5, 7 (8th Cir. 1971) (holding that the rider "deals with induced signatures"—fraud in the factum—but not with fraud in the inducement); *North Jersey Sav. & Loan Ass'n v. Fidelity & Deposit Co.*, 660 A. 2d 1287 (N. J. Super. 1993) (distinguishing, for purposes of interpreting the rider, between a fraudulent scheme and a fraudulently induced signature).

7 FDIC Brief at 11.

至很少有律师，会知道事实性欺诈是什么意思。第二，跟文书起草相关，更好的做法是“用最简单的语言，用最简单、最少、最合适的词，准确地表达它的意思”。[8] 第三，附加条款本身很好地抓住了事实中欺诈的定义，所以拉丁语更不可取。

虽然 FDIC 认为“缺陷”一词应作广义的解释，但它忽略了附加条款的大部分语言：损失必须是由有缺陷的文件造成的，而造成缺陷的原因必须是以欺诈方式获得的签名。FDIC 没有指出，也无法指出任何这样的缺陷。

B. 贷款免责条款的语言排除了大量的欺诈行为，而附加条款则恢复了对欺诈行为涉及文件本身和签名这种相对罕见的狭义保险。

如果在大标题和小标题之间需要有一个缓冲区，那就提供这个缓冲区。

该附加条款没有全盘废除免责条款，而只是为免责条款划出了一个微小的例外，一个与因以欺诈方式获得的签名而导致的文件缺陷有关的例外。

（1）表达并不相同：贷款免责条款涉及整个贷款或交易中的欺诈行为，而附加条款只涉及在文件上获得签名的欺诈。

FDIC 辩称“附加条款第 1 段中的‘诡计、欺骗或假象’与贷款免责条款中出现的短语相同”[9]。虽然这部分的措辞是相同的，但关键的一点是发生在其他词语上的变化：

这种语言的并排比较比普通的自上而下的方法有效得多。

贷款免责语言	附加条款
由于完全或部分不支付或拖欠任何贷款或信贷性质的交易而直接或间接造成的损失，无论被保险人是作为贷款人还是作为借款人，包括购买、贴现或以其他方式获得虚假或真实的账户、发票、票据、协议或债务证据，无论这种贷款或交易是出于善意还是通过欺骗、诡计、欺诈或虚假假装而获得的……[10]	被保险人在与任何贷款有关的业务过程中，出于善意接受或接收任何不动产抵押贷款、不动产信托契约或与不动产有关的类似文书或此类抵押贷款、信托契约或文书的转让，并证明因任何人在上面的签名是通过欺骗、诡计、欺诈或虚假手段获得而产生的损失……[11]

8　Bryan A. Garner, *A Dictionary of Modern Legal Usage* 663（2d ed. 1995）［quoting J. G. Mackay, *Introduction to an Essay on the Art of Legal Composition Commonly Called Drafting*, 3 Law Q. Rev. 326, 326（1887）］.

9　FDIC Brief at 14.

10　Loan Exclusion at 3.

11　Rider at 1.

FDIC认为，自塞缪尔·约翰逊（Samuel Johnson）于1755年编写《辞典》以来，一直被用来定义欺诈的措辞“诡计、伎俩”“应该被统一解释，给予它最广泛的解释，以包括所有类型的欺诈，而不仅仅是事实中的欺诈”。[12] 当然，FDIC忽略了技巧和手段的用途：诱使某人达成协议（诱导欺诈）或欺骗某人签署一份他或她认为是别的东西的文件（事实欺诈）。根据其条款，贷款免责条款包含了前者（以及更多），而附加条款则包含了后者。

Firemen恳请本院考虑该措辞的完整上下文，而不是像FDIC所敦促的那样，抓住诸如缺陷这样的字眼。[13] 该附加条款规定，“由于任何人在票据上的签名是通过欺骗、诡计、欺诈或虚假手段获得的，从而证明该票据是有缺陷的”所造成的损失。[14] 这是相对朴素的语言，具有完全朴素的含义。

(2)该附加条款明确规定，只对贷款免责条款所排除的无数情况中的一小部分提供保障。

附加条款中第2条的意思很明确，即“贷款免责条款第2(e)条不适用于本附加条款第1段所述的保险协议”[15]。就免责条款拒绝承保以欺诈方式获得的签名和所有其他类型的欺诈行为而言，这种特定类型的欺诈行为现在被明确地涵盖了。在这种最狭隘的情况下，该附加条款推翻了贷款免责条款。

在这样做的时候，该附加条款创造了一个小的例外，小到在1956年首次起草时，美国储蓄和贷款联盟的总顾问怀疑其效用：“该附加条款所提供的保障范围非常狭窄，而且该附加条款所涵盖的损失不太可能发生，因此很难理解为什么有人会为它付钱。”[16]

C. 如果本法院认为附加条款涵盖了诱导欺诈，那么附加条款就会作出难以想象的事情：涵盖与抵押贷款有关的所有可能的欺诈。

所有考虑过这个问题的法院都认为，在1956年以来的标准格式中添加的有争议的附加条款只提到事实欺诈。[17] 保险业广泛依赖这一解释。本法院应拒绝FDIC的解释，以一种与附加条款本身相悖的疯狂的方式来解释附加条款。

12 FDIC Brief at 14.

13 See FDIC Brief at 9 – 12.

14 Rider at 1.

15 Rider at 2.

16 Surety Ass'n of America File at 156 – 57.

17 See cases cited in note 4.

Ⅱ. USAT 承认,本案的事实并不支持事实中的欺诈。

FDIC 已经充分承认,本案中不存在以欺诈手段获得的签名:

- “USAT 在签署每份销售和服务协议以及与每笔掉期交易有关的整笔贷款证书时,明白并清楚地知道书面材料的性质,尽管它不知道自己在交易和以前的交易中被欺骗了。”[18]
- “第三方抵押人在他们所执行的文件的性质方面没有受到欺骗。”[19]

FDIC 的这些让步明确表示:如果没有以欺诈方式获得的签名,就不存在附加条款的覆盖范围,即损失属于贷款免责范围。

Ⅲ. 销售和服务协议不能作为 FDIC 索赔的依据。

A. 这些协议不是转让:它们与 USAT 收到的实际可记录的转让(考奇的抵押贷款权益)不同,而且实际转让上唯一的签名是考奇的签名,这不是通过欺诈获得的。

请参见第 660 页的方框。

同样,要使附加条款生效,USAT 必须因其签署的文件存在缺陷而遭受损失。FDIC 声称,有缺陷的文件是《销售和服务协议》,这应该是附加条款意义上的“转让”。[20] 但这些协议根本就不是转让,而是出售贷款的合同。这些协议也不是与不动产有关的契约式文书,它们并没有转让任何不动产。因此,这些协议不属于附加条款中的文件。

然而,这些互换交易确实涉及实际转让。USAT 收到了考奇在每笔出售的抵押贷款中的抵押权益的实际可记录的转让。然而,这些转让书中并没有 USAT 的签名(当然,也不需要签名,受让人不需要在转让书上签名[21])。只要考奇签署了这些转让书,而且考奇的签名并不是通过欺诈获得的。那么,实际的转让并不存在附加条款意义上的缺陷。

B. 即使这些协议是房地产文书的转让,它们也没有“缺陷”:反而完成了它们应该完成的任务,即转让了考奇的全部权益。

FDIC 承认,《销售和服务协议》所做的正是 USAT 所认为的目的。“销售

18 Stipulation No. 76.

19 FDIC Brief at 4.

20 Rider at 13.

21 *State Farm Fire & Cas. Co. v. Gandy*, 925 S. W. 2d 696, 719 (Tex. 1996).

和服务协议通过向 USAT 转让完整的和现有的财产权利，具有转让的效力……”，[22]它们并没有缺陷。然而，FDIC 要想在文件缺陷的主张上获胜，就必须证明《销售和服务协议》因 USAT 的签字方式而存在缺陷，并且该缺陷导致了损失。然而，在这一点上，FDIC 已经规定自己没有必要的证据了。

Ⅳ. 保险单的解释严格地针对保险人的原则在本案中并不适用。

请参见第 660 页的方框。

A. 该原则只适用于两种合理解释的情况，而这里只有一种解释。

如第 1 节所示，附加条款的文字只能以一种合理的方式来解释。

FDIC 的解释是不合理的，因为它忽略了缺陷这个词周围的语言。从全文来看，附加条款是不明确的，所以该原则并不适用。正如科宾（Corbin）所指出的：“不利于起草人的解释规则只能作为最后的手段来应用。在其他解释规则用尽之前，不应适用该规则；而且其适用的前提是，有两种可能的合理解释。”[23]

B. 即使附加条款以某种方式被确定为模棱两可，该原则也不适用，因为 USAT 不符合第五巡回法院关于“无辜外行”的标准。

第五巡回法院承认，当被保险人不是一个无辜的门外汉，而是一个“由与保险公司律师具有相同专业水平的律师代表”的大型、复杂的商业实体时，该原则就不合适。[24] 当然，USAT 在购买“一揽子”债券时并不是一个无辜的门外汉；相反，它是一个从事百万美元交易的金融机构，在选择保险时依靠其律师的建议。即使 FDIC 也不会认为 USAT 购买了它无法理解的保险债券。

C. 最后，该原则并不适用，因为“一揽子”债券是 S&L 和保险业共同努力的产物。

不仅 USAT 是一个复杂的被保险人，而且它所属的行业——储蓄和贷款行业，在 1956 年帮助其制定了原始附加条款。就在那时，储蓄和贷款行业看

---

22 FDIC Brief at 32.

23 3 Arthur L. Corbin, *Corbin on Contracts* § 559 (1960).

24 22*Eagle Leasing Corp. v. Hartford Fire Ins. Co.*, 540 F. 2d 1257, 1261 (5th Cir. 1976); See *also Insurance Co. of N. Am. v. John J. Bordlee Contractors*, 543 F. Supp. 597 (E. D. La. 1982), *aff'd sub nom. Insurance Co. of N. Am. v. Board of Comm'rs*, 733 F. 2d 1161 (5th Cir. 1984) (holding that vessel owner's breach of warranty relieved insurers from any liability under endorsement to protection – and – indemnity policy).

到了在事实欺诈的情况下，"一揽子"担保的覆盖范围存在潜在的差距。从那时起，"代表美国银行家协会和美国担保人协会的委员会经常开会修改银行家的'一揽子'债券"。[25] 事实上，由于这些共同努力，第五巡回法院已经两次，而且是最近，宣布严格解释原则不适用于 S & L"一揽子"债券[26]。简言之，在任何情况下，附加条款，即便含糊，都应该被解释为对 Firemen 不利。

V. 该附加条款不是产权保险，它当然也不违反公共政策。

当它在 1956 年被采用时，该附加条款很快就被得克萨斯州保险专员委员会批准。[27] 而且，即使该附加条款涵盖一种狭义的产权缺陷，它也不包括因产权上的留置权或抵押权而产生的损失。按照通常的理解，产权保险涉及这种更广泛的保险形式。此外，"一揽子"保证书本身涵盖了其他几个领域的产权缺陷，如伪造。[28] 然而，即使伪造的产权缺陷可能被"一揽子"债券和一些产权保险所覆盖，FDIC 也不会认为债券的伪造保险是未经授权的产权保险而违反了得克萨斯州法律。FDIC 不应该对附加条款提出同样的论点。

结　　论

因为 FDIC 作为附加条款下的索赔人，无法指出哪怕是一个以欺诈方式获得的签名所造成的文件缺陷所带来的损失，所以本法院应批准 Firemen 的简易判决动议。

谨此提交，

____

布莱恩 · 加纳

詹姆士 · 诺克斯

凯伦 · 科勒 · 菲兹杰拉德

威廉姆 · 冠茨

---

25 *Digest of Bank Insurance* ch. 7, at 130 (6th ed. 1990).

26 See *United States Fire Ins. Co. v. FDIC*, 981 F. 2d 850 (5th Cir. 1993); *Sharp v. FSLIC*, 858 F. 2d 1042 (5th Cir. 1988).

27 See Tex. Ins. Code Ann. § 2053.052.

28 Bond ¶ 7.

技巧87的要点总结

- 要意识到许多司法读者是“逆向阅读者”,他们逆着提交顺序看文书。
- 假设你的答辩状可能是法官或书记员了解案件的切入点,提供足够的背景,使其完全可以被独立理解。
- 要知道,为你所说的内容提供一些背景,更有可能使法官在你的文书上停留更长时间。
- 千万不要做任何会促使法官查阅你对手的文书的事情。

88

用以子之矛攻子之盾的开场白来反击好战的对手

名言警句

“经验丰富的律师会控制住任何情绪，以便能够集中精力处理事实、法律和公平问题。律师知道，法庭不是一个泄愤的场合，就像脾气不好的亲戚之间的争吵。”

——Girvan Peck, "Strategy of the Brief," in *Appellate Practice Manual* 214, 220 –21 (Priscilla A. Schwab ed. 1992).

“当遇到夸夸其谈的言论时，要识破它，而不要沉溺其中。不要使你的答复带有个人色彩。重点放在对方当事人的文书上，而不是对方律师，当然也不要指名道姓。因此，‘被上诉人XYZ公司指责我们公然曲解记录，但证人AB的证词在J. A. 第__页证实了这一点’，比‘被上诉人XYZ公司的律师指责我们……’要好一些。要传达的观点是，被上诉人进行了无端指责，却没有提供事实或法律内容。沦落到相互辱骂的地步是不值得的。”

——Mayer Brown LLP, *Federal Appellate Practice* 398 (Philip Allen Lacovara ed., 2008).

“在90%的情况下，一份成功的文书都会体现出礼貌、尊重、尊严和冷静，不仅是对上诉法庭，同样是对下级法院和对手当事人。律师的内在态度将毫无例外地控制庭辩的风格。”

——John Alan Appleman, "Tactics in Appellate Briefs," in *Classic Essays on Legal Advocacy* 440, 457 (George Rossman ed., 2010).

解释说明

假设你的对手正试图用毒辣的谩骂来毁掉你或你的客户。你知道你必须反击，但你如何做到不被拖入泥潭？

托马斯·吉布斯·吉(Thomas Gibbs Gee)法官指明了方向。1991年从第五巡回法院辞职后，他写了一些令人赞叹的法律文书。[1] 在其中一份中（如例子二所示），他使用了我称之为“低调开场”的方法。你只需收集你的对手最糟糕的言辞，以总结的形式陈述它们，不要过多地描述它们的特点，而是逐字逐句地引述，然后就不再理会。许多辩护律师所犯的错误是在整个文书中过度兴奋和夸张地描述。本技巧建议迅速反驳，指出对手在措辞上不负责任的主要问题，然后潇洒地回到有争议的法律观点上。

例子一是圣地亚哥的兰·麦克英泰尔（Lann McIntyre）写的，展示了一种提高可信度的策略，即冷静地收集对手不负责任的诽谤，却不去暗示作者自己感到不安甚至担心。例子二是吉法官写的，是他的经典之作。

西雅图的拉塞尔·拉夫（Russell Love）在本书的第二版写了这个例子，你可能注意到了，它是以例子一和例子二为模板的。华盛顿州高级法院的法官很喜欢这个例子，在批准特拉福勒斯（Travelers）的简易判决之前，他在法庭上向布莱姆纳（Bremner）的律师宣读了这个例子。

例子四采取了一种不同的方法，没有引用夸张的具体内容，而是采用了一个延伸的比喻：烹饪调味料。这种策略可能是有风险的，但得克萨斯州阿灵顿的丹尼尔·马蒂斯（Daniel Mathis）和凯利·科纳特（Kelly Curnutt）以低调的姿态完成了这一工作。开场白出现在对第八巡回法院的驳回动议的成功答辩中。

一些不同寻常的好例子

例子一

介　　绍

注意语气：平静但坚决，也许还带着微笑。

由于缺乏权威性，庞德采用夸张的手法来掩盖支持估值意见的事实。他用“膨胀的”“过分的”“轻率的”“惊人的”“投机的”“表面的”“弥补的”“似曾相识的”“幻想的”“回避的”“本质上不可信的”“毫无根据的”“没有根据的”“高度偏见的”“奢侈的”“夸张的”“疯狂偏执的”等贬义词诋毁霍顿（Holden）对其不利的证据。他用更多不屑一顾的形容词来贬低公司，如“陷入困境”“奄奄一息”“士气低落”“在破产边缘徘徊”“有毒的环境”“淹没在红墨水的海洋中”，等等。然而，庞德并没有提供任何在案记录来支持

1 Judge Gee died in 1994. See Bryan A. Garner, *Remembering Judge Thomas Gibbs Gee*, 15 Rev. Litig. 169 (1996).

这些幻想中的特征。不得不承认，庞德的方法富有想象力，但霍顿建议回到事实和法律中以解决本上诉提出的问题。

例子二

介 绍

普拉基亚（Plagiar）的诉状的理论是，地区法院施加的制裁与谢林（Schilling）的善意取证违规之间的严重不平衡，可以通过对谢林一方的谩骂来使天平恢复平衡。这是多大的嘲讽啊！

普拉基亚的31页诉状中包含了200多个近乎歇斯底里的表达方式，首先最主要的是"霸凌"及其变体（出现17次），其次是"欺诈"这个词的变体（14次），再次是"强迫"（13次），最后是"虚伪"（12次）。其他硬性使用的谩骂项目有："恶意"（6次），"伪造"（4次），"明目张胆"（4次），"扭曲"（3次）。在此之上，普拉基亚指责瑞雷特斯（Relators）"似乎作出了无穷无尽的变态行为"。这样的恶意诽谤在酒吧里都会很尴尬，更不用说在法庭上了。

吉的协同律师想删掉第二段。你可以看到为什么这将是一个错误。

我们承认在咆哮比赛中的失败，尽管我们从未想要参加这种比赛；相反，我们要求再次简要地转向事实，从没有争议的事实开始……

例子三

初步陈述

由于缺乏权威性和避免对问题进行认真的分析，布莱姆纳采用了大量的夸张手法来掩盖事实，堵塞其分析漏洞。这是多么夸张的岩浆奔流啊！

这种精简的开场白是以本书早期版本中的例子一和例子二为蓝本。

根据布莱姆纳的说法，特拉福勒斯"拖延调查"（出现8次）；"拖延时间"；"允许布莱姆纳的索赔从特拉福勒斯的官僚机构的缝隙中漏掉"；"不断地违反索赔处理的最后期限"（出现4次）；在拒绝布莱姆纳的投标时给出了不相关、不一致、不完整和不同的理由；多次"明显违反"第284－30条；"毫无疑问"地从事"恶意行为"（出现4次）；"未能确认通信"（出现3次）；以及"违反了拒绝承保的标准"。虽然布莱姆纳未予解释的偏见是"明显的"，但特拉福勒斯的论点是"没有价值的"，"似是而非的"，并且只有"少量的材料"支持。但同时，布莱姆纳忽略了它必须证明什么才能确立其赔偿、恶意和CPA指控。不得不承认布莱姆纳的方法富有想象力，但特拉福勒斯建议回到事实和法律中来解决交叉动议所提出的问题。

例子四

背景陈述

作为一个初步的问题，帕金斯（Perkins）总体上同意斯塔德康（StadCon）的程序历史和事实陈述（为了简洁起见，不再赘述），除了斯塔德康暗示，或者直接指出，帕金斯与此上诉有关的抗辩决定是为了滥用或规避规则而进行的。事实上，不应被误解的是，帕金斯的所有程序性决定都是出于对获得法律补救的热心努力和对法庭的最大尊重。

然而，为了分散对适用法律的注意力，斯塔德康在其动议中加入了大量描述帕金斯上诉的辛辣形容词（如"虚伪""假的""透明""调笑"）。结果是，斯塔德康下料有点重，读起来有点齁，反而让读者渴望得到一些实质性的东西。

通过本辩护状，帕金斯可以满足任何对先例的渴望，因为它只需要一个案例（一个强有力的案例）来应对斯塔德康的管辖权挑战。具体来说，本法院在2007年 *Wilkinson v. Shackelford* 案中排除了斯塔德康的论点，该案是斯塔德康的动议中明显遗漏的重要案例。[2]

对延伸的隐喻要谨慎，这可能看起来很老套。你不想再继续说咖喱。

然而，如果法庭更喜欢法律权威自助餐，帕金斯的辩护状将提供一个同样充实的反驳大杂烩，从而完成对斯塔德康的所有猛烈主张的反击。为此，综上所述，斯塔德康的论点不成立，因为：

（1）第八巡回法院明确认为，根据第41（a）条的规定，在无偏见的情况下自愿驳回一名被告，就可以立即对之前在多个被告的案件中驳回其他被告的命令提出上诉，比如本案。

（2）《联邦民事诉讼规则》和密苏里州法律都允许帕金斯拒绝被告参诉。

（3）在规则允许的情况下，通过完全不加入被告来上诉并不违反《美国法典》第28卷第1291条或任何其他适用的程序规则的政策，因为原告并没有提出拆分诉求。

（4）现在审理帕金斯的上诉并不与本法院之前关于帕金斯第一次上诉的命令相冲突，因为就地区法院而言，那宗案件因斯旺斯顿（Swanston）撤诉而终结。

2　478 F. 3d 957（8th Cir. 2007）; see *also* Appellee StadCon's Motion to Dismiss for Lack of Jurisdiction（"StadCon's Motion"）.

技巧 88 的要点总结

- 冷静地面对对手的谩骂,并反击对手的抹黑行为。
- 了解如何将好战的对手的谩骂变成你的优势。
- 永远不要让你自己的负面情绪溜进你的文书;通过关注问题,走高雅路线并保持相关性。

89

展示出来，而不只是讲述

名言警句

“评论是多余的。如果作者使场景在读者看来是可怕的，他不必在自己身上或在某个主人公的口中说：‘这很可怕！’如果画面是悲惨的，以至阅读的人必须哭泣，那么作者的感叹：‘这是很可怜的，以至流泪’，显得多余且无礼。”

——Frank Norris，“Simplicity in Art，” in *Foundations of English Style* 112，117（Paul M. Fulcher ed.，1927）.

“请记住，你想唤起的不是你自己的情感，而是读者的。你可以分享它，但不要这样说出来。例如，不要说某事令人愤怒，并希望你的读者会感受到。要描述出某件事是如何令人愤怒的，并让你的读者说出形容词。使用具体的细节或轶事，并让它们产生情感上的响应。”

——Steward La Casce & Terry Belanger，*The Art of Persuasion: How to Write Effectively About Almost Anything* 61（1972）.

“不要告诉读者应该有什么感觉。向他们展示情况，这种感觉会在他们心中觉醒。”

——Natalie Goldberg，*Writing Down the Bones* 68（1986）.

“不要告诉你的读者，而要向他们展示。许多初学写作的人犯了这个大错：他们描述自己对某一主题的想法、感受和态度，而不是让事实、行动和证据来自我展示。”

——David L. Carroll，*A Manual of Writer's Tricks* 20（2d ed. 1995）.

“事实，而不是意见，才是说服读者的东西。当你开始解释事实，对人们的言行进行定性时，你就不再是引导你的读者穿过诉讼的丛林了。相反，你已经架起了旅行销售箱，挂上了箱子前面的标牌，并缠绕上了十几个你的小玩偶，希望销售会很好。

但你不想成为街角的小贩，你想成为你的读者可以信赖的向导。因此，要谨慎对待你写的每一句话，低调而不夸张。更好的办法是，不要自己去评价，让读者帮你作出评价。"

——James W. McElhaney, *The Art of Persuasive Legal Writing*, ABA J., Jan. 1996, at 76, 78.

"如果被质疑的庭令是荒谬的，律师应描述该命令和相关的事实和法律，并允许法官得出该命令是荒谬的结论。如果对手实施欺骗或两面三刀，律师应描述事实和后果，并允许法官独立地识别这种弊端。"

——Hon. Steven D. Merryday, "Oral Argument," in *Florida Appellate Practice* § 17.20, at 17-33 (4th ed. 1997).

解释说明

对得出结论要小心。你必须首先向读者展示你的结论，从而赢得支持。尤其有害的是对你或当事人的对手予以过早的定性。如果你以针对对方的描述作为开场白，就会不可避免地产生反效果。

不要说某件事不公平；要说明为什么不公平，并让读者得出结论。

不要说某人的行为不专业；解释这个人做了什么，让读者决定。

不要说一个论点是荒谬的；要说明它为什么是荒谬的。

如果你听从这个建议，你会发现自己更加具体，更加谨慎地处理事实，更加善于唤起你的情感；你会发现自己更有说服力。

你的工作是这样的：你试图诱导法官愤慨，同时永远不要暴露你自己的愤慨；这是一个巨大的挑战。

一些前后对照的例子

例子一

反例：在恢复对考辛斯基(Koshinsky)女士的询问后，普劳特(Plaut)先生作出了非常不专业的行为，包括将证人的证词说成是伪造的，用金钱制裁的威胁来欺负证人，并谎称北加利福尼亚州西班牙裔协会的律师在辅导证人，在取证期间尖叫，"砰"地一声关上了取证室的门。(Irby Decl. ¶ 6; Horton Decl. ¶ 7.)。事实上，普劳特先生甚至称呼伊尔比(Irby)女士是北加利福尼亚州西班牙裔协会的"尖叫女律师"。

不要定性；相反，要展示。

范例：当考辛斯基女士的审查恢复后，普劳特先生做了以下行为：

- 告诉证人，她的证词"完全是捏造的，很容易被看穿"(Horton dep at 321)；

- 威胁要对证人进行金钱上的制裁，说："我们会查清你的底细，我的朋友"（Horton dep. 323）；
- 声称北加利福尼亚州西班牙裔协会的律师在指导证人（Horton dep. 325）；以及
- 匆匆离开，用力关上取证室的门，以至于楼道 15 个房间外都能听到摔门声（Symington dep. ¶2）。

就在关上门之前，普劳特先生喊道："我不能再忍受那个尖叫女律师了"（Irby decl. ¶6；Horton decl. ¶7.），尽管伊尔比女士从未提高过她的声音（Id.）。

例子二

反例：介绍

> 这段话犯了个致命的错误，就是假设读者已经同意。

琵福康（Survcon）的反对文书确认，被告哈特雷（Hartley）和西格森（Higson）应该被判定为胜诉方，并有权根据《购买协议》第 15.13 条、适用法规和控制性判例法获得律师费和费用赔偿。琵福康关于第 15.13 条明文规定的解读让人感到绝望；这些论点令人难以置信地错综复杂，完全依赖于对该语言的超技术性解读，而这既没有逻辑也没有判例法的支持。事实上，琵福康在自己的诉状中承认，《购买协议》第 15.13 条中的执行律师费条款既适用于合同索赔，也适用于非合同索赔。琵福康对控制性判例法的分析也好不到哪里去。在大多数情况下，琵福康试图区分被告哈特雷和西格森所引用的案件中存在争议的律师费条款的语言，其所用方式与解读第 15.13 条的语言基本相同。在其他情况下，琵福康忽略了法院意见中与此相关的关键部分。简言之，琵福康的论点并没有反驳被告哈特雷和西格森在本案中获得律师费和费用的权利。事实上，琵福康甚至承认，被告哈特雷和西格森是本案的胜诉方。最后，被告哈特雷和西格森有权收回琵福康在近十年内强迫他们为这场无意义的诉讼而产生的大量律师费和费用。

范例：[我写不出一个好的"范例"版本。即使在阅读了完整的文书之后，我也无法弄明白问题是什么。但我知道：这篇"介绍"的作者并没有赢得其中所述的空洞的结论。而且这些结论并不具有说服力。恰恰相反。——作者]

例子三

反例：在本案中，Supreme Systems 和 PowerGas 未能提出任何实质性证据来反对

Exton 的部分简易判决动议。相反，Supreme Systems 和 PowerGas 对 PBUOA 相关部分的含义佯装无知，并要求根据第 56(f) 条进行额外的调查。法院应拒绝他们的第 56(f) 条动议，因为 Supreme Systems 和 PowerGas 均没有提出第 56(f) 条所要求的证明，即对相关事实的了解不在其控制范围内。

鉴于 Supreme Systems 和 PowerGas 参与了 PBUOA 的起草和谈判，并参加了与 Exton 和其他利益相关者多年的相关诉讼，他们假装无知是荒谬的。鉴于 Supreme Systems 和 PowerGas 没有提供任何参与起草谈判 PBUOA 的雇员提交的反对简易判决动议的宣誓书，并要求 Exton 提供更多的证据，Supreme Systems 和 PowerGas 实际上认为他们的雇员都不知道 PBUOA 的含义，并且这些情况是在 Exton 的专属控制之下。事实上，Supreme Systems 和 PowerGas 可以接触到许多参与 PBUOA 起草谈判的现任和前任雇员。此外，他们还可以接触大量有关 PBUOA 的档案，以及在涉及双方的既往诉讼中向 Supreme Systems 和 PowerGas 提供的无数文件。

“假装”是过分的。你在指责对手没诚意。

尽管有所有这些证据来源，Supreme Systems 和 PowerGas 仍声称，如果没有更多的发现，他们完全不能提出任何宣誓书来反对 Exton 的部分简易判决动议。他们的论点是完全没有道理的。无论是 Supreme Systems 还是 PowerGas，都不能证明对相关事实的了解不在他们的控制范围内，也不能证明任何一方试图从自己的雇员或文件中获得这些事实。因此，法院必须拒绝他们的补充证据动议。

范例： 在这里，Supreme Systems 和 PowerGas 没有提出任何证据来反对 Exton 的部分简易判决动议。相反，他们声称对相关法律条款的含义一无所知，并根据第 56(f) 条的规定提出补充证据的请求。法院应拒绝该动议，因为无论是 Supreme Systems 还是 PowerGas 都没有按照第 56 条(f)款的要求，表明对相关事实的了解不在其控制范围内。

这种对该法律条文不了解的说法在两个方面是不成立的。首先，Supreme Systems 和 PowerGas 都充分参与了立法的起草和谈判，前后超过 18 个月(见 Ex. A)。其次，自该法通过以来，他们不断地参与到与 Exton 和其他利益相关者的有关诉讼中。

Supreme Systems 和 PowerGas 没有提出哪怕是一份反对简易判决动议的宣誓书，也没有要求 Exton 提供更多的证据，实际上他们认为(1)其雇员均不知道该法的含义，以及(2)这种知识是 Exton 独家控制的。但事实上，Supreme Systems 和 PowerGas 可以接触许多帮助起草谈判该法的现任和前任雇员。两者都能接触他们自己关于该法的大量档案，以及在涉及相同当事人的既往诉讼中产生的无数文件。

尽管如此，Supreme Systems 和 PowerGas 表示，如果没有额外的证据，他们无法反对 Exton 的部分简易判决动议。

因为他们没有表明，也无法表明，对相关事实的了解不在他们的控制范围内，所以本院应拒绝他们的补充证据请求。

技巧 89 的要点总结

- 不要使用诋毁的修辞，而要依靠具体、生动的事实来说明你的情况，在读者脑海中创造一个画面。
- 用具体的细节为你的结论铺平道路，让读者得出他们自己的观点；这样，当你提出自己的观点时，他们已经站在你这边。
- 把评价留给你的读者，永远不要告诉他们该怎么想或怎么感觉，这样做只会让他们质疑你的可信度。
- 只有在陈述了事实之后，才能说明你的结论，这就是为什么结论之所以被称为“结论”；否则，读者会认为你试图通过提前告诉他们该怎么想来强迫他们接受你对事实的解释。
- 在不透露自己感受的情况下，从读者那里引出所需的反应；读者会把你听起来不偏不倚的语气看作值得信赖的标志，并因此更容易为你所动。

90

结论要有力，避免生搬硬套

名言警句

“在跑百米冲刺时，你要快速起跑，进入一个均匀、稳定的节奏，在到达终点前，以最高速度跑完。在你的写作中应采用同样的系统，但要做到这一点，你必须从一开始就知道你打算在哪里结束。”

——James Weber Linn, *The Essentials of English Composition* § 13, at 19 (1916).

“结论不是论证本身应该有的独立片段，也不是概述法院职责的布道式自述，更不是发泄愤怒的正义感的法律追悼会。结论最好是对主要论点进行有值得尊重的回顾，以强调这些措辞，否则这些措辞将无法足以占据法庭注意力。”

——Jesse Franklin Brumbaugh, *Legal Reasoning and Briefing* 624 (1917).

“大多数读者（包括你）都知道你的结论段只是一堆形式上的文字；利用结论向读者展示这些文字背后有一个思考的头脑。”

——Jeanne F. Campanelli & Jonathan L. Price, *Write in Time* 113 (1991).

“文书中的结论不仅是主要的事情，而且是唯一的事情。它是唯一的游戏。文书的目的是说服法庭接受你的结论、推翻、撤销或确认下级法院的判决。在结论之前的文书内容（对管辖权、审查标准、问题、事实和法律概念的讨论）的唯一目的是为所建议的结论的逻辑前提奠定基础。”

——Hon. Ruggero J. Aldisert, *Winning on Appeal: Better Briefs and Oral Argument* 19 (1992).

解释说明

和你的开场白一样，你的结束语也很关键。你不应该使用一个公式化的结束语，就像你不应该用一句敷衍的“再见”来送走一个执行重要任务的可靠盟友。

然而，经典的“Wherefore，premises considered...”正是这类公式化的结束语，尽管具体形式在全国各地都有所差异。

一个强有力的结论是概括出两个或三个理由，告诉法庭为什么应该作出你所敦促的决定，然后就此打住。看一下“二战”后一个叛国案的长篇文书是如何结束的[1]：

> 请愿人在经过清醒、仔细和公正的审判后被认定犯有叛国罪，其依据是通过必需的两名证人清楚地证明了一些法律上确认的公开援助和安慰敌人的行为，并清楚地表明了背叛国家的意图。推翻该判决只能通过人为的细化和技术性的规定来支持，而这些规定并不存在于宪法下的叛国罪条文之中。因此，我们恭敬地提出，该判决应该得到确认。

一言以蔽之，不提“前述原因”（也很少有人会费心列出这些原因）。

数数理由，然后列出，如例子一（见技巧83），你的论点看起来会很充实。

另一个结论方式是对决定性的论点找到不同的角度。通过这种方法，你不只是总结前面的内容，而是从不同的角度来讨论它。例子二和例子三很好地展现了这种方法；前者是由沃斯堡（Fort Worth）的伊丽莎白·S.科尔（Elizabeth S. Kerr）提出的，后者是由华盛顿的尼尔·弗莱德（Neil Fried）提出的。

一些写文书的人用导言和结论之间的明确关联来构建他们的作品。当你从议题入手时，这种技巧就特别有效。在结尾处，你可以把它们进行规整，就像例子四中堪萨斯城的丹尼斯·J.C.欧文斯（Dennis J.C. Owens）在一份提交给破产上诉委员会的文书中所做的那样。请注意，他把深层次的议题（见技巧11）定得很好，然后在结尾处再次回归这些议题。

例子五是我几年前写的一个成功的重审动议中的结束语。引用罗伯特·H.杰克森（Robert H. Jackson）大法官的那段文字很有效，因为它迎合了最好的司法本能：它善意而幽默地指出，反驳并不可耻。

最后一件事。虽然你永远不会想依靠古代法律格言作为主要的权威，但你可以考虑在结论中引用一个（请查阅 *Black's Law Dictionany* 现行版本的附录B，以了解格言的详尽清单）。你会在例子六中看到这一策略的运用，令人印象深刻。

---

1 *Haupt v. United States*, 330 U.S. 631 (1947).

一些好例子

例子一

结　论

布鲁尔（Brewer）没有就关于他的 SPR 信用报告的任何关键指控提供证据以证明：

- SPR 信用报告不准确；
- SPR 信用报告含有过时的信息；
- 其中的任何不准确信息对他造成损失；以及
- SPR 信用报告没有维持合理的程序。

实实在在的结论。

在没有任何证据的情况下，SPR 有权对布鲁尔的所有索赔进行简易判决。

例子二

结　论

离婚从来不是一件令人愉快的事，当涉及第三方时就更不愉快了，而当配偶一方把钱转给第三方时就更糟糕了。但是，法律规定投诉的配偶有责任证明第三方实际知道其配偶的欺诈意图。这是有原因的，因为任何惩罚性或衡平措施应首先针对做错事的配偶。

在这里，格拉斯曼（Glassman）夫妇的共有财产足以让初审法院简单地对格拉斯曼女士作出失衡的判决，或者说是命令格拉斯曼先生向她支付 61,753 美元。

证据显示，格拉斯曼先生曾一直向奥利弗（Oliver）女士转账，以支付他的生活费用，而且在上述期间，确实有从该账户中提取的款项，总额远远超过 61,753 美元。但是，其中没有一个子儿是给格拉斯曼先生的。

而在这里，记录中没有任何证据显示帕蒂·奥利弗（Patti Oliver）是一个阴谋家，与格拉斯曼先生一起密谋骗取格拉斯曼女士的任何财产。

简言之，没有证据支持法院的事实认定，这些认定被用来剥夺奥利弗女士的财产，总金额相当于格拉斯曼先生开始往她账户中存款时，她本人的几乎所有财产。因此，原审法院的不利判决应被推翻。

或者，鉴于证据不足以支持那些结论，格拉斯曼女士对奥利弗女士的索赔应被发回重审。

例子三

结　论

ConTel 从未选择进入电话租赁业务。相反，FCC 指示 ConTel 租赁客户驻地设备（CPE）作为 FCC 开放电话设备市场竞争的举措的一部分。ConTel 完全遵守了该指令，在 FCC 的授权和报告要求下开展业务。在该制度下，本案所涉及的问题在 2000 年至 2006 年，在 ConTel 和 FCC 之间得到了解决。现在，只是为了遵守 FCC 自己的规定，让 ConTel 在州法院重新审查这些问题，并有可能承担金钱上的责任，这将是非常不公平的。州政府被禁止对这一市场实施公用事业类型的监管，但如果让 FCC 把官司继续下去，正是导致了被禁止的监管行为。

然而，除了这起诉讼会对 ConTel 造成不公正的伤害外，允许在伊利诺伊州法院提出索赔会给 CPE 市场带来混乱。在市场迫切需要确定性的时候，FCC 长期解决的问题将在全国各地的州法院重新开庭。允许 50 套州级法规事实性生效的危险先例将打破 FCC 的统一管辖权。FCC 自己放松管制的目标将被挫败，不仅是在 CPE 方面，而且是在一系列领域，如宽带部署。州法院是否最终批准了 FCC 的决定并不重要：伤害来自允许州法院审查 FCC 已预先授权的决定。

FCC 现在应该进行干预，并在声明性判决中重申其先前对原告提出的问题的决定。否则，FCC 将面临更多的资源消耗和更多对其决定的挑战，而这些问题远远难以解决。这起集体诉讼只是全国各州法院正在审理的 16 起诉讼之一。如果 FCC 现在不采取行动，保护其先发制人的权力和主要管辖权，它以后可能会发现自己将被迫参与 16 起失控的上诉。诉讼也不会就此停止：其他原告将受到鼓励，无论是在 CPE 市场还是在其他地方。

ConTel 要求 FCC 给予其声明性救济，并停止这种对其管辖权的攻击。

例子四

介　绍

上诉人厄尔（Earl）和卡洛琳·罗布（Carolyn Robb）敦促法庭拒绝驳回动议，并允许根据案情对该上诉进行判决。驳回动议向法院提出了三个简单的问题：

- **善意的购买者**。根据第363(m)条的规定，如果出售破产财产的授权在上诉中被修改，那么出售给善意购买者的有效性不受影响。USLIFE购买财产时知道罗布夫妇的租约；如果USLIFE取消抵押品赎回权，其利益将从属于租约。鉴于USLIFE知情，它是否能满足善意购买者的标准，以消除罗布夫妇的租约？
- **销售的修改**。即便假设销售是有效的，第363(m)条"诉讼无意义规则"只规定，如果对破产财产销售的授权在上诉中被推翻或修改，那么对善意购买者的销售的有效性不受影响。鉴于罗布夫妇只是寻求修改销售以说明他们的租约，而不是使销售无效，第363(m)条能否使他们的上诉失去意义？
- **反对的机会**。诉讼无意义规则假定有关各方都有机会寻求中止。在这里，罗布夫妇直到出售发生后第三天才知道出售的授权，然后他们迅速采取行动，寻求中止。鉴于他们没有机会提出反对意见(除了他们现在正在行使的机会)，诉讼无意义规则是否适用于他们的上诉？

第1项提出了三个问题。

《破产法》第363(m)条规定，在上诉中推翻或修改对销售的授权……

• • •

结　论

驳回动议所提出的三个问题应该得到直接的回答：

- USLIFE不是一个善意的购买者。因此，诉讼无意义规则不适用于这个对授权销售的命令的上诉。
- 诉讼无意义规则只适用于将销售的有效性置于审查之外。在这里，寻求的一个救济是修改。因此，该规则并不妨碍这一上诉。
- 诉讼无意义规则的推定是受害方有公平的机会寻求中止，这在本案中是无效的。罗布夫妇没有这个机会。因此，诉讼无意义规则不能公平地适用于他们的上诉。

第12页回答了第1页上提出的三个问题。

罗布夫妇要求法庭拒绝驳回动议。

例子五

总结和诉求

我们要求法庭改变主意。我们认为这不仅是可能的，而且是必要的。

这项重审动议使法院成为一个崇高传统的一部分。

正如杰克森大法官在做改变时曾经说过的那样,伟大的法官有一个悠久的传统,他们在第二次思考时考虑得更好:

> 先例并不缺乏法官可以从先前的意见中退缩的方法,该意见已被证明是站不住脚的,也许会误导他人。见首席大法官塔内(Taney),*License Cases*,5 How. 504,收回他在 *Brown v. Maryland*,12 Wheat 419 案中作为马里兰总检察长向法院施加的观点。布莱姆威尔(Bramwell)男爵说,"这件事现在在我看来并不像当时所看到的那样",让自己摆脱某种类似的尴尬,*Andrews v. Styrap*,26 L. T. R.,N. S. 704,706。而斯托里(Story)大法官在解释他与自己以前的判决意见相矛盾时,很恰当地解释了这个问题,"然而,我自己的错误并不能成为本法院采纳错误意见的理由",*United States v. Gooding*,12 Wheat. 460,478。也许约翰逊(Johnson)博士在解释他的字典中的一个错误时,真正触及了问题的核心,"无知,先生,无知。"但维斯特贝里(Westbury)勋爵采取了一种不那么自我贬低的逃避方式,据说他回绝了一位大律师对他先前的判决意见的依赖,"我只能说,我很惊讶,以我的聪明才智,竟然会发表这样的意见"。如果还有其他方式可以优雅而善意地将以前的观点予以否定,以获得更好的考虑,我将把它们都引用过来。
>
> *McGrath v. Kristensen*,340 U. S. 162,177-78 (1950)
> (Jackson,J.,concurring).

雷诺兹为哪怕是一个这样的"引用"而祈祷。

特别是雷诺兹要求法院批准这项重审动议,并提供以下救济(备选):

- 维持原审法院对 Fuller 公司的判决;或
- 推翻判决并作出较低金额的判决;或
- 撤销判决并将案件发回重审。

谨此提交,[等等]

例子六

总　结

本案所提出的问题是如此古老,而且常年重复出现,以至连罗马人都有一个规则来处理它。*Nemo commodum capere potest de injuria sua propria.*

在目前版本的 *Black Law Dictionary*（2009 年第 9 版）中翻译为，“任何人都不能从自己的错误中获得利益”（第 1849 页）。

然而，这正是昂威图酷（Onweatuku）先生想要做的事情：他的签证逾期三天，使 Delta 航空公司陷入无法将其送出美国的境地，因此令他错过了在其祖国布隆迪的一次商务会议；现在他为自己造成的问题向 Delta 索取 720 万美元的意外之财。

不应该再让本案对法院纠缠下去。

谨此提交，

____

技巧 90 的要点总结

- 避免公式化的结束语，这只会使你的文书死气沉沉，让你的读者感到厌烦。
- 要明白，文书的其余部分完全是为了建立和证明你的结论。
- 利用结论来呈现论点最简明和有力的提炼；这是你说服法庭的最后一次，也是第二个好机会，所以要好好把握。
- 以一种将你的观点串联成有凝聚力的整体的方式进行总结，让读者毫不怀疑你的结论是前面所有内容的唯一有效结果，而不需要诉诸公式化的结束语。
- 考虑用一个不同的、但互补的观点来结束你的论点，比如引用一个古老的法律格言来概括你的案例，见 *Black Law Dictionary* 的附录 B（必须用现行版本）。

91

清晰影印一两个很重要的案例，精练标注关键文字，与文书一起装订

名言警句

“很多法官都是坐在休闲椅上阅读法律文书的，因此，如果你能满足他们的好奇心，不使他们感到不舒服，且让他们不用从椅子里站起来，特别是如果他们的阅读是在不能随时进入法律图书馆的地方进行的，这将有助于你的案件。”

——Frederick B. Wiener, *Briefing and Arguing Federal Appeals* 242 (rev. ed. 1967).

“有时，但并不经常，文书是在一个隐蔽的环境中阅读的，一个安静的图书馆房间，唯一的声音是轻轻的时钟滴答声。文书通常必须与其他一些牵扯法官时间和精力的事物竞争：电话铃响了；每天收到的邮件中都有动议和请愿书吵着要立即审查；电子信箱吐出紧急信息；或是需要审查另一位法官的优先级更高的意见草案；书记员办公室发来了紧急动议的传真；快递员送来了一份隔夜快递；书记员们在对讲机里给你打电话，因为他们在一个案件中遇到了麻烦……因此，那些覆盖在你的法律文书上的蓝色或红色批注必须等待另一个时刻，另一小时，或另一天。”

——Hon. Ruggero J. Aldisert, *Winning on Appeal: Better Briefs and Oral Argument* 25 (1992).

解释说明

法官在各种情况下阅读法律文书：有时在飞机上，有时在家里，有时使用移动设备。如果你假设他们附近有一个法律图书馆，或者假设法官会有时间去翻查卷宗，几乎肯定的是你想得太多了。

如果法院规则没有禁止，可以在文书中加入一两个关键案例（一般总是可以将它们装订在动议中）。你所加入的案例，无论是附于动议还是诉状，都可能得到更多的司法关注。

不过要注意的是，你的声誉岌岌可危。如果你提交的案例关联性不

够，法官将不可避免地对你作出不利的推断，这可能影响你的案件。

技巧91的要点总结

- 法官们很少有时间去查阅你引用的案例，尽管他们的书记员很可能会报告你的准确性。
- 帮你的读者，也就是帮你自己一个忙，在你的诉状或动议中包括一两个关键的案例，法官肯定会欣赏你考虑得周全。
- 要确保你所附的任何案例都是真正的决定性案件，否则，它们会对你和你的案子产生不好的影响。

第十一部分

莫道文书致胜难，而今迈步从头越

92

努力将页数减半

名言警句

"我讨厌任何占用空间超过其价值的东西。"

——William Hazlitt, "On Familiar Style" 1821, in *Essays Old and New* 62, 64 (Margaret M. Bryant ed., 1940).

"对法庭的礼貌要求信息应尽可能以最清晰、最简洁的方式传达出来。自我利益或客户的利益,强调并加强了这方面的要求。"

——William M. Lile et al., *Brief Making and the Use of Law Books* 366 (3d ed. 1914).

"推动事物前进的是冲击力,而不是死拉硬拽。"

——Hon. Oliver Wendell Holmes (18 Dec. 1924), 1 *Holmes–Laski Letters* 684 (Mark D. Howe ed., 1953).

"赞美那些能够以清晰、简单和简洁的方式陈述一个理念,然后能立即停下来的人。"

——*Jungwirth v. Jungwirth*, 240 P. 222, 223 (Or. 1925).

"每份文书的秘密目标应该是使法官不必从事任何工作,无论是精神上的还是身体上的。"

——Mortimer Levitan, *Confidential Chat on the Craft of Briefing*, 1957 Wis. L. Rev. 59, 63.

"我们很容易忘记,法官们往往身陷无休止的法律文书堆砌的令人疲惫的荒地。一份简明扼要的文书显然是一件艺术作品,对上诉法官来说看这样的文书是一种享受。"

——Ben W. Palmer, *Courtroom Strategies* 199 (1959).

"眼睛疲劳和精神烦躁的极限往往是文书的第 50 页。"

——Hon. Patricia M. Wald (as quoted in Mark Rusk, *Mistakes to Avoid on Appeal*, ABA J., Sept. 1988, at 78, 78).

"如果我试图对读过的上诉文书的数量做一个粗略的计算,我认为这个数字大约是

12,600。这意味着我已经阅读了大约63万页的文字,其中大概有40万页是不必要的。"

——Hon. Ruggero J. Aldisert, *Winning on Appeal: Better Briefs and Oral Arguments* 198 (1992).

"让我为制作简短而中肯的法律文书补充一个激励的措施:你的文书写得越长,案件的大量分析就越有可能被交给一个刚参加完律师考试的法律助理来完成。"

——Hon. Arthur L. Alarcon, "Points on Appeal," in *Appellate Practice Manual* 95,97 (Priscilla A. Schwab ed., 1992).

"有一些复杂和困难的案件需要长时间的阐述,但大多数文书可以通过紧缩和集中来改进。文书越短,就越有效。"

——Hon. Daniel M. Friedman, "Winning on Appeal," in *Appellate Practice Manual* 129,135 (Priscilla A. Schwab ed., 1992).

"为了具有说服力,文书首先必须被阅读。它被阅读和消化的机会与它的文字长度成反比。应该对文书进行编辑和精简,以删除重复和多余的内容。"

——Hon. Jim R. Carrigan, "Some Nuts and Bolts of Appellate Advocacy," in *Appellate Practice Manual* 102,104 (Priscilla A. Schwab ed., 1992).

"我和年轻律师有一个共同的缺点,几乎可以肯定的是,我写的文书比必要的长。出现这种错误有几个原因。其中一个原因是喜欢展示作者在文书所涉及的法律要点上最新获取的知识。另一个原因是倾向性地讨论支持自己立场的法律权威,好像他们考虑的每个问题以前从未被认定过。还有一种冲动是把法庭当成白纸一张,任何法律论点都可以成功地印在上面。我确信自己给法庭带去了多余的问题和争论,尽管我试图不把重要的观点淹没在无用观点的海洋中。"

——Hon. Edith Hollan Jones, *How I Write*, 4 Scribes J. Legal Writing 25,26 (1993).

"你希望你的文书尽可能具有可读性。如果我拿起一份49页半的文书,它的可信度就会比一份在25页内简明扼要地论证其观点的文书低一点。没有什么比阅读一个真正优秀的律师所写的文书更惬意的了。"

——Hon. Jerry E. Smith (as quoted in Bryan A. Garner, *Judges on Effective Writing: The Importance of Plain Language*, 73 Mich. B. J. 326,326 (1994)).

"有效的写作是简洁的写作。不能约束自己进行简洁写作的律师不是有效的律师,他们不仅对法庭而且对他们的客户都是一种伤害。"

——*Spaziano v. Singletary*, 36 F.3d 1028,1031 n.2 (11th Cir. 1994).

解释说明

法律作者的养成是件有趣儿的事。在整个大学期间，我们被告知要受到一定的页数限制，但这几乎总是一个不得低于某页数的限制。我们挣扎着写出15页的论文来解释一首诗歌，同时感觉我们实际上并没有15页的东西可说。

我们在法学院通常也不怎么写作，而当我们写东西的时候，除了法律文书，其他都有最低页数的要求。这样做的目的是增加文字的数量。

然后我们开始写文书，我们被赋予50页的限制。许多人似乎认为，我们不应该超过限制（大学生的习惯），而应该低于限制。任何少于50页的东西都不是好作品。这就是人们的心态。

那么，任何相信这一点的人都应该明白，上述名言警句中杰瑞·E. 史密斯（Jerry E. Smith）法官的引文表达了许多法官的观点。现在的法院比以往任何时候都要忙，而不超过页数限制是表示礼貌的一种方式。越短越好；少即是多。

然而，简明扼要对律师来说并不是件自然的事。在20世纪70年代初出现页数限制之前（然后在20世纪90年代末出现字数限制），法官曾经抱怨有超过一千页的诉状。律师用打字机打出这么多的内容似乎很难让人相信，但他们确实做到了。

在某些方面，这种极端的笔若悬河仍然存在。例如，在2002年，纽约上诉法院收到了自1995年纽约恢复死刑以来的第一个死刑案件的法律文书。这种类型的案件没有页数限制。以下是法院收到的资料：一份875页的上诉状（由4名主要作者编写）；一份1175页的政府应诉状（由25名检察官编写）；一份345页的上诉答辩状；以及一份300页的法庭之友文书。这些文书共提出了28个问题，用了2795页[1]。这是一种遗憾：律师们必然降低了法官翻看这堆文书的兴趣。任何试图在50页内提炼出要点的作者肯定会找到热心的读者。

试试这个方法：只要你有页数限制或字数限制，就把它减半。试着坚持这个限制：用14号的字体和1.2英寸的页边距（见技巧67）。有时你会认为这种自我限制是不可能的，但你可能会迫使自己写得更专注，而且你可能会获得法官的好感。最后一件事：永远不要（或再也不要）向法庭提出允许提交超过页数限制的请求。

例子一是由路易斯安那州助理总检察长杰拉德·L. 佩尔曼（Jerald L. Perlman）撰写的。作为一个资深的上诉律师，佩尔曼从来没有（在这份诉

---

〔1〕 上述页数之和为2695，但原书表述为2795。——编者注

状之前）向路易斯安那州最高法院提交过一页纸的诉状。但他用这份文书做到了，并赢了案子。这是不说空话的一个很好的例子。这是一份相当有说服力的诉状，只有在反对自由裁量权的审查中才会被尝试。

例子二是一个令人难忘的凝练文书。1992 年，查尔斯・艾伦・莱特在美国最高法院提交了一份反对诉讼请求的文书。这类诉状有 40 页的限制，而他的诉状只有 6 页。这是一篇精彩的作品，值得你花时间去阅读。

例子一

LSU 健康科学中心对书面申请的答复

在她的申请中，埃利斯（Ellis）建议本法院的问题是适用于原告"在渎职索赔中取得成功"的标准。[1] 问题是埃利斯知道或应该知道什么，以使她对潜在的渎职索赔有建设性的了解。[2] 因为这是一个事实问题，审查的标准是审判法庭的认定是否有明显的错误。[3] 这一点并没有因为本案的记录是由文件和笔录构成，而非现场证词而改变。[4] 根据记录，上诉法院认为审判法庭的认定没有明显的错误。这一结论是正确的，本法庭的监督审查因此没有必要。

谨此提交，

____

Richard P. Ieyoub
理查德・埃尤布
杰拉德・佩尔曼
Assistant Attorney General
Louisiana Department of Justice
Litigation Division
330 Marshall Street, Suite 777
Shreveport, LA 71101
Attorneys for Defendant – Respondent

---

1 Writ App. at 2.

2 *Harvey v. Dixie Graphics, Inc.*, 593 So. 2d 351 (La. 1992); *Rayne State Bank & Trust Co. v. National Union Fire Ins. Co.*, 483 So. 2d 987 (La. 1986).

3 *Stobart v. State*, 617 So. 2d 880 (La. 1993).

4 *Shepherd ex rel. Shepherd v. Scheeler*, 701 So. 2d 1308 (La. 1937); *Virgil v. American Guar. & Liab. Ins. Co.*, 507 So. 2d 825 (La. 1987).

例子二

No. 92 – 75

美国最高法院

1992 年 10 月

Lubrizol 公司

申诉人

Exxon 公司，等

应诉人

要求提审美国第五巡回上诉法院判决的请求

应诉人 Exxon 公司的应诉状

拒绝提审请求的理由

尽管 Lubrizol 公司试图说服本法庭确认相反事实，但各上诉法院之间的判例并没有冲突，下级法庭的决定与本法庭在 *Salve Regina College v. Russell* 案中(499 U. S. 225，1991)的判决也没有任何冲突。

2

Lubrizol 坦率地承认，它的投诉不是说第五巡回法院的意见违反了 *Salve Regina* 的判决，而是说下面的法院忽略了该判决的"精神"(Pet. at 6.)。如下所示，第五巡回法院非常了解 *Salve Regina* 案，并且在本案中既没有违反其判决也没有违反其精神。

Salve Regina 案的观点是，"上诉法院可以重新审查地区法院关于州法律的判决"，499 U. S. at 239。"虽然地区法官深思熟虑的决定自然会得到上诉法院的尊重，但当事人有权要求对相关判决进行有意义的审查，就像他对案件中的任何其他法律问题在州法院接受审理一样，"Id. at n. 5[quoting 19 C. Wright，A. Miller，& E. Cooper，*Federal Practice and Procedure* § 4507，at 106 – 10 (1982)]。

Wright 引用了他自己在法庭上的论文——这是 Charles Alan Wright 的特权之一。当然，法庭也总是引用他的话。

第五巡回法院完全接受了该案的合理授意。在 *Salve Regina* 案判决后的16个月里，第五巡回法院至少在17个案件中宣布，它正在重新审查地区法院对州法律的决定。正如琼斯法官在 *City Public Service Board v. General Electric Co.* 案中，935 F. 2d 78，80（5th Cir. 1991），解释的那样，第五巡回法院"经常认为地区法院对其所在州的法律的解释在上诉中有权得到'特别尊重'，只有在'明显错误'的情况下才会被推翻"。她认为那些早期的判决"不再具有权威性；根据 *Salve Regina*，本法院将对地区法院对得克萨斯州法律的解释进行全面审查"，935 F. 2d at 80。毫无疑问，第五巡回法院事实上遵循了 *Salve Regina* 的判决，对更多的案件（包括本案）被重新审查，尽管它们没有提到"重新审查"这个神奇的字眼。

3

Salve Regina 案的问题与 Lubrizol 声称在此发现的问题有些不同，Lubrizol 声称在此问题上各巡回法院之间存在冲突。的确，在臭名昭著的 *Factors Etc.，Inc. v. Pro Arts，Inc.* 案中，652 F. 2d 278（2d Cir. 1981），第二巡回法院认为它受第六巡回法院关于田纳西州法律判决的约束，除非"在罕见的情况下，可以确信相关的上诉法院无视该州最高法院发出的指向不同结果的明确信号"。这一决定受到了批评："很难理解为什么一个上诉法院的决定对一个协调法院的问题具有约束力，它们之间互不构成法律权威。"C. Wright，*Federal Courts* 376（4th ed. 1983）.

> 莱特还引用自己的法学著作。亚瑟·米勒（Arthur Miller）教授曾经将他与莱特的辩论比作跟摩西争论。

但在本案中，没有丝毫迹象表明第五巡回法院以 *Salve Regina* 案要求的重新审理方法以外的任何方式审查地区法院的决定。也没有任何迹象表明，地区法院或上诉法院以任何方式感到受第二巡回法院在 *Artvale，Inc. v. Rugby Fabrics Corp.* 案中，363 F. 2d 1002（2d Cir. 1966）的判决的约束。

在纽约，一般来说，律师费是不能因违反合同而被追讨的，这是一个共识。在 *Artvale* 案中，问题是这个一般规则是否适用于违反不起诉合同的诉讼这一特殊案件。经过对法律的仔细研究，第二巡回法院得出结论，在不起诉合同的案件中，律师费能否追讨应取决于双方当事人的公平考虑，或者他们曾经就此问题进行过考量。法院认为，根据这一标准，只有在契约明确规定允许收费或"明显违反或以其他方式恶意提起诉讼"的情况下，才可以追讨费用，363 F. 2d at 1008。

4

地区法院正确地理解了这一点。它描述了 *Artvale* 案以及后来第二巡回法院恢复 *Artvale* 原则的意见，*Bellefonte Re Ins. Co. v. Argonaut Ins. Co.*，757 F. 2d 523，529（2d Cir. 1985），并说：

> 然而，纽约州法院继续认为，律师费不能因违约而得到赔偿（引用案例）。不过，纽约州法院并没有具体处理违反不起诉契约的律师费的可追偿性问题，也没有拒绝 *Artvale* 或 *Bellefonte* 的做法。

（App. 45a – 46a）第五巡回法院则承认，地区法院依赖的是 *Artvale* 案，第五巡回法院说，该案“既框定了我们面前的问题，又为解决该问题设定了标准”（App. 9a.）。在一个脚注中，第五巡回法院补充说，*Artvale* 案的规则“已被根据纽约法律判决案件的法院应用”。为了这个主张，它引用了三个案例，其中只有一个被地区法院引用过（App. 10a at n. 5）。

法院考虑并经常依赖其他法院的判决，即使这些判决本身对他们没有约束力，这是普通法的本质。地区法院和第五巡回法院并不受第二巡回法院在 *Artvale* 案中的判决的约束；但是，在没有其他案件对 *Artvale* 案是否正确且对纽约法律产生怀疑的情况下，他们有权赋予该判决以约束力。事实上，在普通法传统中，其他法院的决定在被遵循的程度上有所不同。它们‘应被赋予其本质上应获得的分量和影响力”，H. C. 布莱克（H. C. Black），*The Law of Judicial Precedents* 11（1928）。法院推理的力量以及法院和撰写判决的法官的声誉是考虑的因素。[5] *Artvale* 案的判决是由亨利 · J. 弗兰德利（Henry J. Friendly）法官作出的，他在担任法官之前是纽约的一位杰出的执业者，“被普遍认为是我们最睿智的法官之一”，*Finley v. United States*，490 U. S. 545，565（1989）（Stevens，J.，dissenting）。

---

5 Lubrizol claims that what it thinks the proper approach to appellate review" is most starkly demonstrated by *Gruver v. Midas Int'l Corp.*, 925 F. 2d 280 (9th Cir. 1991)." (Pet. at 10.) Yet in *Gruver* the Ninth Circuit did just what Lubrizol criticizes the courts below for doing in this case. Oregon law was controlling in that case. Oregon strictly adheres to the American rule barring recovery of attorney's fees in breach – of – contract actions unless the contract provides for them. The Oregon decisions do not speak to the special case of breach of a covenant not to sue, but the Ninth Circuit found in a 1990 Colorado decision what it called "[t]he most recent and comprehensive review of the cases in this area" and concluded that Oregon would reach the same result as Colorado. 925 F. 2d at 284.

5

当然，如果有证据表明他对纽约法律的评估是错误的，或者最近的判决表明纽约法律并不像他当时认为的那样，那么即使是弗兰德利法官的意见也不得不让步。所有这些都是在下面所论证的。Lubrizol 在第五巡回法院的开场陈述中用了 8 页，在其答辩陈述中用了 4 页来论证 *Artvale* 规则与纽约法律不一致。它引用了其所依赖的相同的纽约案例（Pet. At 8 – 9）来支持这一主张。Exxon 在下面的陈述中说明了为什么那些案件不适用，其分析为第五巡回法院接受。

以平静、自信的语气进行强有力的论证。

Lubrizol 无法回避的是这一简单的事实，通过计算机辅助研究可以快速、轻松地验证：尽管 *Artvale* 案已经有 26 年的历史，但纽约的任何判决都没有对其进行批评或拒绝。事实上，唯一引用过它的纽约案例是将其作为有约束力的法律规则，并遵循它：即根据没有明确提及律师费、法律费用等的赔偿协议，判定追讨律师费，*Breed*, *Abbott & Morgan v. Hulko*, 139 A. D. 2d 71 (N. Y. App. 1988), aff 'd, 74 N. Y. 2d 686 (1989)。双方在下面的陈述中都充分讨论了 *Breed* 判决。如果第五巡回法院在其意见的脚注 5 中加入了对该案件的引用，在该脚注中引用了三个根据纽约法律适用 *Artvale* 的联邦案件（App. 10a），Lubrizol 可能连提出申诉的机会都没有。当然，本法庭有更紧迫的事情要做，不会因为少一个引证而责备上诉法院。

6

结　　论

提审请求应被拒绝。

根据技巧 90 的建议，这个结论太简短了。但是，这份文书的全部内容是如此的有说服力，以至在这一点上或任何其他方面都无可指摘。

谨此提交，

____

查尔斯·艾伦·莱特

727 East 26th Street

Austin, Texas 78705

7

理查德·米勒
Miller & Frankel
3862 First City Tower
1001 Fannin Street
Houston, Texas 77002

布朗·坎贝尔
Counsel of Record
托马斯·莱特
Brown, Campbell, Harrison & Wright
4000 Two Houston Center
909 Fannin Street
Houston, Texas 77010

Counsel for Respondent
Exxon Corporation

Of Counsel:
Exxon Corporation
约翰逊
800 Bell, Room 1839
Houston, Texas 77002

技巧92的要点总结

- 摆脱那种认为页数限制代表目标或理想长度的错误观念。
- 将法院规定的页数限制减半，并争取不超过这个减半的页数规定；你的文书会因此更加清晰，法官也更有可能仔细阅读。
- 简化你的论点，通过缩减你的文字使你的文书更有效。
- 用一份简明扼要、重点突出的诉状来展示你的法律敏锐性和对自己论点的信心，而不是过多地炫耀边际知识，或过度讨论法律权威。
- 尽量减少法官为了解你的案件所要付出的努力；法官和你的客户都会感谢你。
- 注意尽可能清晰地讨论法律问题，直接指出并讨论需要法庭处理的问题。
- 切勿请求允许提交超过页数限制的诉状。

93

以精明的头脑和对细节的关注来讨论法律权威

名言警句

“律师有两个智力要素：一个是对法律的头脑，另一个是对事实的头脑。他对法律的掌握必须是对其常用规则的应用能力。他不仅必须迅速想到正确的规则，而且必须能够迅速应用它，并证明其应用的合理性。但另一个因素更为重要：它让律师知道什么样的事实构成什么样的案子。”

——John C. Reed, *Practical Suggestions for the Management of Lawsuits* 368 (1875).

“用案件类比来论证几乎总是失败，除非类比是接近的、真实的和完美的，或者所类比的案件中适用相同的法律原则或逻辑理由。因此，在使用这一程序时，必须非常小心，以免论证因重要事实的不同，案件的变更，或适用法律不同而遭破坏。”

——Henry Campbell Black, *Handbook on the Law of Judicial Precedents* 66–67 (1912).

“论证不应该是以案说法的。这在很大程度上取决于律师让案例说话的能力，因为许多律师并没有论证案情，只是引用案例，两者的差别影响深远。”

——Jesse Franklin Brumbaugh, *Legal Reasoning and Briefing* 466 (1917).

“法律文书作者的主要困难不是证明某些法律命题，而是证明某些法律命题在本案的具体事实下是适用的和有约束力的。”

——Roger W. Cooley, *Brief Making and the Use of Law Books* 445 (5th ed. 1926).

“永远、绝对不要引用任何你没有读过的案例！如果你依赖某人的陈述来判断一个案例的正确性，你就会把自己的职业前途建立在道听途说上。如果幸运的话，那只是愚蠢；如果不幸运的话，那就是毁灭。不要冒任何律师都无法承受的风险；在引用之前先阅读案例！”

——Mortimer Levitan, “Effective Brief Writing,” in *Lawyer's Encyclopedia* 995, 996 (1963).

“只有当一个案例被引用为法律的黑字规则时，仅仅引用该案例就足够了。所有其他的权威，尤其是不太知名的案例，都应该至少用一两句话来解释该案例中的事实或其推理如何适用于你的案例。如果你回想一下自己的研究，你在选择某个案例时做了笔记说明，这个说明的理由可能是事实的相似性或推理的清晰性，那些都应该在你的文书中予以强调。”

——Richardson R. Lynn, *Appellate Litigation* § 9.8, at 188 (1985).

“上诉法院很少会强烈感受到先决判例的力量，以至律师可以争辩说，‘*Smith v. Jones* 完全适用’，并期望法庭相信其有约束力。要致力解释你所依赖的主要判例为何是正确的。”

——Hon. James L. Robertson, “Reality on Appeal,” in *Appellate Practice Manual* 95, 126 (Priscilla A. Schwab ed., 1992).

“通常应解释引文的目的。一个案例可能因为它的事实、它的裁决、它的推理、它对其他法律权威的认可，或者因为它的意见是有先例的，而显得很重要。准确地告诉法院一个案例是如何被使用的至关重要。”

——Hon. E. Norman Veasey [as quoted in *Judges on Briefing* 17 (Bryan A. Garner ed., 2001)].

“不要简单地依赖一个看似有约束力的案例；要为它证明。”

——Mayer Brown LLP, *Federal Appellate Practice* 339 (Philip Allen Lacovara ed., 2008).

解释说明

古代修辞学家称为“权威论证”（*argumentum ab auctoritate*）：从权威出发的论证。你如何在论证中使用权威，如何收集那些最有助于你的案件，并区分那些不利于你的案件，告诉法官你在法律说服技巧方面有多大的成就。

有三种基本类型的支持性权威：有约束力的，有说服力的，以及类似但可区别的。你希望找到一个有约束力的判决，并将其视为权威性的判决。一个权威可能是有说服力的，但不具有约束力，因为你所依赖的声明是附带意见而不是先例判决，或者因为发布该判决的法院对你所面临的法庭没有约束力。一个类似但可区别的权威的价值最低，无论它是否由具有约束力的法院作出，因为事实或程序上的差异意味着所涉及的问题是完全不同的。

如果你是在陈述一个众所周知的或常规的法律观点，如简易判决的审查标准,那么简单地引用就足够了。否则,请在文中告诉法庭你所引用的案例为什么重要。在开始时说明该案例的重要性,令你的解释引起关注。它是否涉及法律的关键点?你是否引用了关于一个新问题的有说服力的判例?不要让你的读者处于悬念之中。

为你引用的重要案例提供足够的背景,以表明它们为什么适用于你的论点,尤其当事实很容易区分。但不要喋喋不休,要直截了当地讲故事,一到三句话可能就够了。或者你可能需要写一个段落;但不要在引文后面加括号,其内容只是重复你已经说过的话(见技巧26)。

理想情况下,你会有大量的先例表明,法庭长期以来都是按照你希望的那样进行判决的,或者法庭一直拒绝按照你的对手的要求去做。但是,你并不经常能找到如此有利的法律脉络;正如经验丰富的律师所知道的那样,你必须带着能获取的所有法律权威上法庭。因此,你必须学会利用手上的法律权威来发挥你的最大优势。

如果手头没有压倒性的先例,你需要采用一些策略来说服法官。记住,说服工作的90%在于如何表达。不要构建一个细节的迷宫:法官可能永远不会发现你的观点或作出对你有利的判决。因此,不要先和尚念经一样陈述引用案件的所有事实,然后再以同样的方式陈述本案的事实,要在法官打哈欠之前简单地结合背景,突出关键的对照点。你希望法官点头同意,而不是点头瞌睡。一旦你勾勒出了论点的脉络,那么你就可以大胆地进入必要的细节。

一个有效的方法是对双方进行类比:你的客户就像先例中的赢家;你的对手则是输家。如果执行得当,这种策略可以使类比成为现实。从基本事实开始,然后在你插入引文前解释它们是如何类比的。

今天,许多没有经验的律师犯了一个错误,即从案例中获取“有用的语言”,而不考虑这些案例实际上是如何判决的。从剪切和粘贴的引文中拼凑论点是一种粗糙而危险的做法。真正重要的是案件的结果:与你的客户最相近的诉讼方是否获胜?如果没有,就不要依赖这个案例。如果最后判决不支持你,意见中再多的支持性语言也不能帮助你。你可以预见你的对手会利用这点来破坏你的立场。

但这一点还有更重要意义:你必须反驳对手的权威。弄清楚你的对手所依赖的最有力的案例是什么,以便你能证明它们的不适用性。如果一个案例有可能严重损害你的立场,你需要用一些篇幅来解释为什么它并没有真正损害你的立场。贬低对手引用的案例;保持尊敬,只贬低其价值。

在区分对手的案件时，首先要驳斥错误的类比，然后转到使案例不适用的具体细节上。在可能的情况下，通过指出其站不住脚的共同因素，向对手的几个案例进行集体区分和攻击。这样做不仅可以使论证更加优雅，而且还可以节省宝贵的篇幅，同时让法官不必再进行乏味的、重复的阅读。

当对方试图将你的案件区分开来时，要承认任何有效的区分，同时表明你的观点并未因此被削弱。

同时，寻找机会将对手引用的案例转化为你的优势，证明它们实际上是有利于你自己的案件，而不是对手的案件。虽然这种方法通常需要依赖对手判断失误或你的聪明才智，但只要你能合理使用，它就是一种有效的技巧。

总而言之，作为律师，你的任务是既要证明你所引用的案例的适用性，又要将对手所引用的案例区分开来。在下面的例子中，你会看到这两种技巧在发挥作用。你可以参考这些合理的模板。

然后是在完全没有先例的情况下，你可能会提出的论点。无与伦比的鲁弗斯·克艾特（Rufus Choate）（1799—1859）在法院要求提供支持其立场的先例时提出了这个论点："法官大人，如果您需要的话，我将寻找并努力找到一个先例；尽管本法庭失去第一个建立如此公正的规则的机会似乎是一件令人遗憾的事。"[1]

例子一至例子三说明了引文使用不当的不同方式。仔细观察一个好的编辑是如何将反例修改为范例的，你可能会从中受益。

洛杉矶的基迪昂·凯纳（Gideon Kanner）的例子四说明了一种策略，即指出对手收集的"名副其实的雪崩式引用"都是不到位的；与此同时，支持凯纳立场的案例不断涌入。在提到这份文书时，凯纳给我解释道："事后我才知道，我的对手在看了我的诉状后口沫横飞，但在口头辩论之后，他的热情就冷却了。当他以历史悠久的套话'愿法院高兴'开始发言时，被一位大法官打断：'大状，这并不能让法院高兴'。"

例子五至例子七显示了为某一先例的适用性进行论证的技巧。在例子五中，奥斯汀的 Charles Alan Wright 以他特有的百科全书式的知识和对三个控制性先例展开了按重要性递增顺序的稳健讨论。例子六由厄文·格雷涅斯（Irving Greines）、罗姗·哈德斯顿（Roxanne Huddleston）、霍华德·L. 威兹曼（Howard L. Weitzman）、马克·A. 伍斯特（Mark A. Wooster）和

---

1 *Works of Rufus Choate* 292（Samuel G. Brown ed.，1862）.

E. 兰德·肖恩伯格(E. Randal Schoenberg)撰写,探讨了在陪审团问题中使用"和/或"的问题,认为主要案例已经对这个备受争议的短语的致命模糊性作出了充分的解释。新奥尔良的雷蒙德·P. 沃德(Raymond P. Ward)在例子七中对引文采取了一种新的方法:阐述了主要原则,对适用该原则的案例进行了编目(用子弹头列表),然后对这些案例和自己的案子进行了统计比较。

在例子八中,比弗利·雷·伯林盖姆(Beverly Ray Burlingame)有效地论证了她的对手所依赖的两个案例有本质的不同。她在一开始就用两个简短的段落总结了区别,然后用整整三页的篇幅阐述了其中的关键区别。

例子九说明了一个扩展的区分以及对潜在的误导性先例的削弱。请注意,本案有整整四页的篇幅是对一个有缺陷的判决进行分析。

例子十是一个综合的方法,即依靠法规的字句削弱唯一的案例法(正如文书作者所争论的那样,一个偏离方向的、非文本的判决),然后类比一个完全独立的权威(将未来的图书使用费与未来的销售佣金相比较)。在调解部分中,我们进行了大量的研究和思考:幸运的是,不少学术评论家支持文书作者的立场,而不存在有约束力的判例。

一些重写的例子

例子一:简单的引证就足够了(所以不用括号)

反例:这个证据提出了一个可争议的问题,即雇主所阐述的解雇原告的理由——职位的消失—是否真实,是不是歧视的借口,见Wexler v. White's Fine Furniture, Inc., 317 F. 3d 564, 576 (6th Cir. 2003)(注意到原告可以证明雇主对不利就业行为的解释是借口,因为雇主"提出的理由没有事实依据")。

> 记住:别用下划线。

> 没必要的括号。

范例:原告可以证明,雇主对不利就业行为的解释没有事实依据,因此是一种借口,见 *Wexler v. White's Fine Furniture, Inc.*, 317 F. 3d 564, 576 (6th Cir. 2003)。辛普森(Simpson)的雇主声称,它解雇辛普森的原因是他的职位被取消了。证据提出了一个关于该理由是否真实的争议问题。

> 简易三段论的推进更有说服力。

例子二:需要的不仅仅是引证

反例:"就像法律中的许多问题一样,问题的答案往往不在法律知识中,而是在现实记录中", *City of Indianapolis v. Chase Nat'l Bank*, 314 U. S. 63, 69 (1941)。印第安纳波利斯市(*City of Indianapolis*)是最高法院否定多样性

> 一种懒惰的争论方式。

管辖权的一项判决。初审法院承认该判例具有约束力。

这个案子需要进行更多的充实,就像这里。

范例:初审法院承认,*City of Indianapolis v. Chase Nat'l Bank*[8] 案控制着有关当事人排列的问题。[9]Chase 是 Indianapolis Gas 公司为担保债券发行而签署的抵押契约的受托人。[10]Indianapolis Gas 后来根据一份租约将抵押财产租给了 Capital Gas,该租约要求承租人支付抵押贷款和 Indianapolis Gas 发行的债券的利息。[11]Capital Gas 支付了多年的租金,然后将租约转让给印第安纳波利斯市政府,但市政府拒绝继续支付租金。[12]Chase 起诉 Indianapolis Gas、Capital Gas 和印第安纳波利斯市政府,寻求宣布租约有效并执行其利息支付条款。[13]Chase 和 Indianapolis Gas 都没有争辩说租约是无效的,他们都希望租约的条款能够得到执行。[14]Chase 将受益于抵押贷款利息的支付,而 Indianapolis Gas 将受益于由他人支付贷款利息和其债券的利息。[15]由于这两方都希望得到同样的救济,即执行租约,最高法院认为他们作为原告是合适的,这就破坏了第 1332 条的多样性,导致联邦地区法院没有管辖权。[16]

---

8 *City of Indianapolis v. Chase Nat'l Bank*, 314 U. S. 63 (1941).
9 Id. at 69, 70.
10 Id. at 69.
11 Id.
12 Id.
13 Id. at 71.
14 Id. at 74.
15 Id.
16 Id. at 74 – 75.

例子三:重要性和背景并不明确

在一段话的开头,突然提出一个新的案例,这通常是一个糟糕的策略。

反例:在 *Grabscheid v. E&A Indus.*, *Inc.* 案中,由于与本案一样,只要求撤销收购协议下的付款转移,而不是撤销付款所依据的协议中的义务,因此批准了简易判决。与本案一样,债务人公司收购了被告的公司。除现金外,债务人还发行了股票作为购买价格的对价。债务人还签订了一份认沽协议,根据该协议,如果其财务状况下降,债务人同意以既定价格回购其股票, *Grabscheid v. E&A Indus.*, *Inc.*, No. 01 C 8480, 2002 WL 31854967 (N. D. Ill. Dec. 18, 2002)(根据伊利诺伊州《统一反欺诈转让法》对推定和实际欺诈性转让的索赔给予简易判决)。被告后来行使了其权利,要求债务人根据认沽协议回购其股票。原告基于债务人的回购行为提出了推定欺诈性转让索赔,声称债务人在回购其股票时没有收到合理的等价物作为回报，因为在回购时股票是没有价值的。但与本案一样，法院承认该“转让”实际上是完成了一项合同责任；或者换个角度看，是关于 CGS 购买价格的一笔尾款的逾期付款。“认沽协议产生了回购股票的义务和潜在的风险，即债务人可能不可避免地最终为其股票支付一个虚高的价格。但原告并没有对认沽协议提出怀疑，正如原告没有对 APA 协议提出怀疑一样。”

Grabscheid 法庭认为，原告不能证明缺乏合理的等价物，因为先前的债务已经得到了清偿，而且产生该债务的义务也没有受到怀疑。此外，法庭认为股票在债务发生时和转让时的贬值是不相关的，与转让给其他债权人造成的任何损害也是不相关的。Id. at * 11［“因此，耐特高夫（Netgov）在 2000 年 1 月‘承担了从 E&A 回购其股票的义务’。原告并没有争辩说认沽协议是无效的。在这种情况下，股票在 2001 年 3 月转让时没有实际价值的事实并不重要。Netgov 在 2000 年 1 月购买 CGS 时就承担了可能被要求以高价购买其股票的风险。重要的是，Netgov 自己也意识到其交易已经变质，并试图逃避其合同义务。当然，认沽协议条款要求的现金转移可能会给 Netgov 的其他债权人带来问题。但这些事实并不构成推定欺诈。”］.

范例：交易达成时的价值并不会因为后来的价值下降而变得低于合理的等价物。本法院去年判决的 *Grabscheid v. E&A Industries, Inc.* [2] 案在这一点上很有启发。原告只要求废除根据收购协议支付的款项，而不是协议中规定的义务。债务人公司收购了被告的公司，以现金支付了部分收购价，并发行股票作为剩余部分的代价。该公司同时签署了一份认沽协议，约定如果其财务状况下降，将以既定价格回购其股票。当这些协议被执行时，股票有一定的价值。但当债务人回购该股票时，它却一文不值。原告根据债务人的回购行为提出推定欺诈性转让索赔，声称债务人在回购其股票时没有得到合理的等值回报。原告没有质疑双方设定债务的认沽协议。法院批准了被告的简易判决，承认回购股票的付款实际上是相关收购协议中购买价格尾款部分的支付。法院认为，原告不能证明缺乏合理的等价物，因为(1)现有的债务得到了满足，(2)产生该债务的义务没有受到质疑。此外，法院认为，股票在债务发生日和回购日之间的贬值是不

> 这里的主题句（见技巧 20）恰当地将这一重新修订的案例解释置于背景之中。

2　*Grabscheid v. E&A Indus., Inc.*, No. 01 C 8480, 2002 WL 31854967 (N. D. Ill. Dec. 18, 2002)（批准伊利诺伊州《统一反欺诈转让法》下关于事实和推定欺诈转让索赔的简易判决）。

相关的。

在这里，潘西昂（Pantheon）在支付 DN 合同时，其现有的债务已经得到了满足，而且 Armada Trust 并没有对产生该债务的资产购买协议提出怀疑。因此，潘西昂在交易中获得了合理的等价物。和 *Grabscheid* 案一样，潘西昂接受了合同的价值在它同意支付资产的日期和它实际支付资产的日期之间可能发生变化的内容。价值的下降并不意味着义务的失效。

一些有效的例子

例子四：指出对手的论点缺乏法律权威支持

在讨论该县大量的辩护词的具体内容之前，首先要强调该县立场的某些一般方面。

> 对手引用了“雪崩式”案例，但它偏离了主题。

首先，虽然该县向本法院提出了大量的案例，这些案例的结论基本上都是无可争议的，但它没有提到哪怕是一个案例，表明下级法院对德纽姆（Denume）所做的事情是可以允许的。在抨击德纽姆在自己的土地上耕种的同时，该县始终忽略了一个事实，即有争议的禁止令有更多的过分要求；它不只是禁止德纽姆耕种自己的农田，尽管这已经够糟糕了。县政府不满足于此，继续阻止德纽姆以任何方式对自己的农田进行“任何可能导致土地发生变化的操作”。县政府无法为这一离奇的政府越权行为提供任何法律支持，原因很简单：不存在这样的法律权威。相反，自从德纽姆提交其最初的诉状以来，下列判决支持其立场：

- *Askew v. Cross Key Waterways*, 372 So. 2d 913（Fla. 1979）.
- *City of Austin v. Teague*, 570 S. W. 2d 389（Tex. 1978），确认得克萨斯州民事上诉法院的确责判决，556 S. W. 2d，德纽姆在这里依赖的是该判决。
- *Gordon v. City of Warren*, 579 F. 2d 386（6th Cir. 1978）.
- *Spears v. Berle*, 407 N. Y. S. 2d 590（Sup. Ct. 1978）.

例子五：辩论案例的适用性

> 没有任何理由可以因为一个公民在另一个司法管辖区被羁押，就剥夺其所享有的“宪法所保护的最基本的权利之一”，*Klopfer v. North Carolina*, 386 U. S. 213, 223（1967）。

本法庭最近的三个判例似乎足以解决这个问题。一个是刚才提到的*Klopfer*案，在该案中，法院认为第六修正案所保障的快速审判权，根据第十四修正案对各州具有约束力。另一个是*Mathis v. United States*，391 U. S. 1（1968），其中明确指出，一个人因某项罪行而被羁押，并不因此而丧失其面对其他指控的宪法权利。

与本案最接近的是*Barber v. Page*，390 U. S. 719（1968）。在该案中，法庭认为一个被关在得克萨斯州联邦监狱的人在俄克拉何马州的审判中并非"无法出庭"，从而使既往程序中传闻证据的例外得到适用。法庭承认，有些人相信这样的理论，即如果证人不在管辖范围内，审判法庭无力强迫证人出庭，故适用传闻证据规则。法庭对这一论点回答如下：

> 无论该理论在其他某个时候是否正确，很明显，目前各州之间以及各州与联邦政府之间合作的加强，已经在很大程度上剥夺了它在刑法中的持续有效性（同上，第723页）。

上述回答可以适用于以下论点：某个州的人在其他地方犯罪，并被羁押在另一个司法管辖区，则其本州"不可能"对他进行简易审判。

法庭在*Barber*案中继续讨论，其语言完全适用本案：

> 在本案中，州当局没有努力利用上述任何一种替代手段，以确保伍兹（Woods）出席申诉人的审判。上诉法院的多数意见似乎认为，由于州政府必须要求联邦当局行使自由裁量权，因此它没有义务提出任何此类要求。然而，正如阿尔德里奇（Aldrich）法官在其反对意见中指出的那样，"拒绝的可能性并不等同于要求和接受拒绝"，381 F. 2d, at 481。简言之，就前述对质要求的例外情况而言，除非检察机关已作出真诚的努力以获得证人出席审判，否则证人不是"无法出庭"。（同上，第724～725页）。

证人被关在另一个州的监狱里，并不能成为侵犯被告在第六修正案对质条款所赋权利的理由，除非检方未能善意地争取证人参加审判。根据同样的推理，被告被关在另一个州的监狱这一事实不能成为侵犯他在第六修正案简易审判条款所赋权利的理由，除非检方未能真诚地努力争取被告参加审判。

Charles Alan Wright的文书与他写的论文一样具有权威性。

例子六：辩论案例的适用性

A. 如果像这里一样，陪审团的调查结果是难以理解地基于以“和/或”表述的事实，那么基于这种认定的判决作为一个法律问题是无法理解的，必须被推翻。

50多年来，本州的法院一致谴责在各种情况下使用“和/或”，因为该术语固有的含糊性。在 *Bell* 案中，特雷诺（Traynor）法官代表最高法院发言，坚决拒绝接受“和/或”判决。[3] 针对指控被告违反一项“和/或”另一项法令规定的投诉而进行的刑事定罪，法院宣布：

> “和/或”这一表述使以如此笼统的措辞进行定罪成为可能，受到了广泛的指责。它本身虽然简洁明了，但又模糊不清。因此，它不能被用来确定过去事件是否发生。一个所谓的结论，即两个事件中的一个或两个都发生了，仅仅是对问题的重述，而不是对哪个事件实际发生的决定。因此，本案中判决的模糊性必将招致上诉并受到攻击。[4]

在 *California Shipbuilding Corp. v. Industrial Accident Commission*（*IAC*）案中也得出了相同的结论。[5] 在该案中，IAC认定一名雇员的伤害“是由雇主和/或其管理人员的严重和故意的不当行为造成的”。[6] 上诉法院得出结论，认为该结论具有致命的不确定性，并取消了下级法院的判决，明确指出：

> 关于这个问题的唯一调查结果，说雇员的受伤是由雇主“和/或”其管理人员的严重和故意的不当行为造成的。这样的结论是不明确的、不确定的和难以理解的。从这一结论中，无法确定伤害是由（1）雇主、（2）管理人员或（3）雇主和管理人员的严重和故意

请注意加利福尼亚州法院奇特的引证格式。这是它的风格。

3 （1942）19 Cal. 2d 488.
4 Id. at 499 – 500（citations omitted）.
5 （1948）85 Cal. App. 2d 435.
6 Id. at 436（emphasis added）.

的不当行为造成的。该判决被取消。[7]

在本案中，就像在 *California Shipbuilding* 案中一样，陪审团提交"和/或"的证据，并没有解决它面前的任何约束力问题。用 *California Shipbuilding* 案中法院的话说，"没有办法确定伤害是由（1）麦迪·云德（Mighty Wind）、（2）Basinger 或（3）Mighty Wind 和贝辛格（Basinger）的违约造成的"。现在，无论是麦迪·云德（公司）还是贝辛格（个人），或者两者都面临着超过 800 万美元的责任，但我们不可能知道陪审团打算让他们中的哪一个承担责任。在这里，就像在 *California Shipbuilding* 案一样，有必要撤销判决。

例子七：辩论案例的适用性

2. 司法经济、便利和公平的利益迫使人们行使补充管辖权。

支配管辖权背后的"常识性政策"是对司法精力的保护，*Rosado v. Wyman*，397 U. S. 397，406（1970）。当联邦地区法院在驳回联邦索赔之前，已经在一个案件中投入了大量的时间、努力和精力，法院一般应保留对州法律索赔的管辖权（同上）。以下决定证明了这一原则：

- *Taylor v. First of Am. Bank – Wayne*，973 F. 2d 1284，1288（6th Cir. 1992）：法院认为，司法经济和公平的利益有利于保留管辖权。此案在地区法院的备审案件中已经存在了近两年时间，双方已经完成了调查，并汇编了大量的记录，而一项来回多次的简易判决动议已经成熟，可以由地区法院进行判决。
- *Enercomp，Inc. v. McCornill Publ'g，Inc.*，873 F. 2d 536，546（2d Cir. 1989）：在联邦索赔被驳回后，如果不继续进行州法律索赔，就会"使

注意这个策略与第 193～194 页所示的策略是多么相似。

7 Id. at 436 – 37. *In re Bell* 和 *California Shipbuilding* 案中的原则为本州和其他州的法院所接受。［E. g.，*Powers Farms v. Consolidated Irr. Dist.*（1941）19 Cal. 2d 123，128（"and/or"一般用来表示"and"或"or"）；*California Trout，Inc. v. State Water Res. Control Bd.*（1989）207 Cal. App. 3d 585，603（"and/or"不等于"and"）；*Dinkins v. American Nat'l Ins. Co.*（1979）92 Cal. App. 3d 222，232（"使用'and/or'会有多个含义，尤其容易混淆，即可以表示'两者之一'或'两者同时'"）；*Parker v. Keyser*（Tex. Civ. App. 1976）540 S. W. 2d 827，830（陪审团认定中询问是被告和/或其他被告侵占了财产。判决被撤销，判定："审判庭和本庭均无法揣测陪审团在使用'和/或'时的真正含义，所以无法据此作出判决。'和'与'或'同时使用造成不确定性"）；*Putnam v. Industrial Comm'n*（Utah 1932）14 P. 2d 973，982（在认定和判决中使用"和/或"导致不确定性）；*Russell v. Empire Storage & Ice Co.*（Mo. 1933）59 S. W. 2d 1061，1069（"'和/或'容易造成含义不确定。这个瘆人的信号成为'难以理会'的标识。"）］

司法经济陷入困境”。本案涉及11个月的经常性的、激烈的审前程序。地区法院已经发布了许多备忘录和命令。“在这种情况下，如果要求州法院投入必要的时间和精力来熟悉主审[联邦地区]法官所熟知的案件，那将是一种毫无意义的司法资源浪费。将一个原定在联邦法院几天内审理的案件转到州法院，也许要等上几个月才能审理，这对原告是不公平的。”Id.

- *Transok Pipeline Co. v. Darks*, 565 F. 2d 1150, 1155 (10th Cir. 1977)：当联邦索赔在审判前被和解时，要求该案在州法院重新提起诉讼是“令人震惊的时间和金钱浪费”。本案在联邦法院已经进行了两年多的诉讼，在此期间，地区法官听取并决定了几项动议，并任命专员来确定公正的赔偿。
- *Galella v. Onassis*, 487 F. 2d 986, 996 (2d Cir. 1973)：在针对特勤局特工的联邦索赔被驳回后，地区法院适当保留了对杰克林·欧内西斯(Jacqueline Onassis)的州法侵权索赔的附属管辖权。发回重审的动议直到审判前夕才提出，也就是对代理人的索赔被驳回后的6个月。地区法院已经就实质性索赔进行了一系列的听证会，并对一些动议作出了判决。因此，“如果命令发回重审，在覆盖必须重新进行的领域方面，已经花费了大量的司法努力”。Id.

本法院的判例法符合这一全国性的共识。例如，在 *Batiste v. Island Records, Inc.*, 179 F. 3d 217 (5th Cir. 1999)案中，本法院推翻了地区法院在驳回联邦索赔后未对州法律索赔行使补充管辖权的做法。本法院推翻的主要原因是避免在该案件上浪费大量司法精力。在 *Batiste* 案中，寻求驳回的被告辩称，州法律索赔的驳回是在审判前一个月发生的，而且是在他们花了三年时间和超过100万美元进行诉讼之后发生的。在这三年期间，双方进行了广泛的调查，包括大量的取证，向地区法院提供了数百页的法律文书和数小时的口头辩论，并广泛地讨论了州法律索赔。Id. at 226. 本案产生了超过16卷的记录，大量的取证和证据争议，以及地区法院对多项决定性动议的重要考虑。Id. at 228. 在这种情况下，本法院认为，地区法院没有保留该案，是滥用了其自由裁量权。“司法效率、便利和对各方公平的原则对[本法院]确定地区法院滥用其自由裁量权有很大影响”，因为它没有对剩余的州法律索赔行使管辖权。Id.

本法院在 *Newport Ltd. v. Sears, Roebuck & Co.*, 941 F. 2d 302 (5th Cir. 1991)案中得出了类似的结论,认为地区法院在联邦反勒索受贿组织法(RICO)索赔被驳回后,没有对州法侵权索赔行使附属管辖权,滥用了自由裁量权。如同在 *Batiste* 案中一样,该法院引用了联邦司法精力在该案中的大量投入:四年的诉讼,23 卷和数千页的记录,超过 200 页的预审令,超过 100 次的取证,以及近 20 万页的证据制作。Id. at 307. 这种在联邦法院进行诉讼的大量投资迫使本法院发现地区法院的决定存在滥用自由裁量权的情况:

> 尽管我们在拒绝审判法庭行使自由裁量权时可能会犹豫不决,但当我们考虑已经投入这场诉讼中的公共和私人资源时,我们不得不这样做,这显然与联邦索赔在诉讼初期被处理的普通案件不同。Id. at 308.

同样,在 *Doddy v. Oxy USA, Inc.*, 101 F. 3d 448 (5th Cir. 1996)案中,本法院确认了地区法院对发回重审的拒绝,在此情况下,案件被移送到地区法院是因为其与破产程序的关系。与 *Brookshire* 一样,*Doddy* 案的原告在提供"相关"管辖权的被告被驳回后寻求重审。Id. at 454. 在确认拒绝发回重审时,本法院引用了在联邦法院已经发生的大量诉讼材料:提交了 300 份诉状,准备了大量的证据披露,并提出了许多简易判决动议,等待判决。Id. at 456.

另一端是 *Parker & Parsley Petroleum Co. v. Dresser Industries*, 972 F. 2d 580 (5th Cir. 1992),在该案中,本法院推翻了地区法院在联邦 RICO 诉讼被驳回后对州法律诉讼行使管辖权的决定。在 *Parker & Parsley* 案中,缺乏在 *Batiste*、*Newport* 和 *Doddy* 案中看到的联邦司法精力的大量投入。当 RICO 诉求被驳回时,该案件在地区法院的审理时间只有九个月。Id. at 582. 在此期间,虽然地方法官进行了一些程序,但地区法官只进行了一次听证会。Id. at 586 – 87. 最重要的是:就在驳回动议之前,原告提交了一份修正的申诉,明显地修改了其索赔理论。"提交的诉状对案件的重要方面有如此大的改变,意味着案件处于比当事人和法院之前可能认为的更早的阶段,因为新的理论需要在审判前形成。"Id. at 587.

本案与 *Parker & Parsley* 案截然不同,与 *Batiste*、*Newport* 和 *Doddy* 案相吻合。考虑一下这些比较:

在联邦法院待审的时间

Brookshire（本案）：3 年 5 个月（重审动议之前）。

这种统计比较的使用是相当有效的。

Newport：4 年。[8]

Batiste：3 年。[9]

Doddy：2 年。[10]

Parker & Parsley：9 个月（团伙犯罪指控驳回前）。[11]

存档的记录

Brookshire（本案）：1323 份文件，估计 26,196 页；220 页的卷宗。

Newport：23 卷数千页；200 页的审前庭令。[12]

这些琐碎的工作使法官的工作相对容易。

Batiste：16 卷。[13]

Doddy：300 个诉请。[14]

Parker & Parsley：无记录。

提交的文件

Brookshire（本案）：超过 50 万页。

Newport：超过 20 万页。[15]

Doddy：无记录，但判决书提到“深度取证披露”。[16]

Batiste & Parker & Parsley：无记录。

做出决定的动议

Brookshire（本案）：41 项。

Batiste：“多项驳回申诉或批准简易判决的动议。”[17]

8 941 F.2d at 307.
9 179 F.3d at 227.
10 101 F.3d at 456.
11 972 F.2d at 581.
12 941 F.2d at 307.
13 179 F.3d at 228.
14 101 F.3d at 456.
15 941 F.2d at 307.
16 101 F.3d at 456.
17 179 F.3d at 228.

Newport：无记录。

Doddy：其他众多被告发起的简易判决动议待决。[18]

Parker & Parsley：地区法庭进行了一次听证。[19]

地区法庭对案件的熟悉程度

Brookshire（本案）：取证已结束；决定了 41 项动议，以及 14 项排除专家意见的 *Daubert* 动议；案子一旦发回重审，即可进行审判。

Newport 案：在"多年的艰苦取证"和耗费了法庭数百小时之后，地区法庭在审判前夕予以撤案。[20]

Batiste 案：在开庭前一个月，地区法院通过无数次的取证争议和决定性动议，已经"非常熟悉 Batistes 的索赔"，才将该案驳回。[21]

Doddy 案：此案在联邦法院已经进行了两年多的诉讼，距离审判还有不到一个月的时间。[22]

Parker & Parsley 案：除了一次案情会议，地区法官没有进行任何程序。取证仍未完成；最近第二次修正的申诉中的新理论需要在审判前形成；记录显示"没有迹象表明地区法院在提出驳回动议时对案件的实质内容非常熟悉"。[23]

在 *Newport* 案和 *Batiste* 案中，本法院认为不行使补充或附属管辖权是滥用自由裁量权的表现。综上所述，本法院在 *Doddy* 案中确认了一个地区法院保留对州法律索赔的管辖权并拒绝发回重审的自由裁量权决定，因为在该案中联邦司法时间和精力也有类似的大量投入。本案与这些案件没有什么不同，只是这里的记录要大得多，已经作出的基于案情的决定也多得多。本法院在 *Newport* 案、*Batiste* 案和 *Doddy* 案中的先例迫使本案得出结论：地区法院在发回本案时滥用了其自由裁量权。

---

18 101 F. 3d at 456.

19 972 F. 2d at 587.

20 941 F. 2d at 308.

21 179 F. 3d at 228.

22 101 F. 3d at 456.

23 972 F. 2d at 587.

例子八：区别于己不利的法律权威

Ⅱ. 这一决定与其他巡回区关于登记法规在人身管辖权分析中的影响的决定一致。

琼斯夫妇认为，本案的判决与两项判决相冲突：第三巡回法院的 *Bane v. Netlink, Inc.* [24]和第八巡回法院的 *Knowlton v. Allied Van Lines*[25]。然而，*Bane* 案和 *Knowlton* 案与 *Pearrow* 案、*Sandstrom* 案、*Siemer* 案、本案的判决属于完全不同的类别。*Bane* 案和 *Knowlton* 等案件的区别因素是，法院将州法规解释为包含对管辖权的明确同意和对正当程序挑战的放弃。

在 *Bane* 案和 *Knowlton* 案中，法院解释的州法规明显比得克萨斯州的法规和 *Pearrow* 案和 *Sandstrom* 案中考虑的法规更广泛。与得克萨斯州的法规不同，该法规具体限于"影响本州内部业务交易的事项"；[26] *Bane* 案和 *Knowlton* 案中考虑的法规没有这样的限制。因此，*Bane* 法院和 *Knowlton* 法院考虑了一个宪法问题，即在广泛的州注册法规下，公司提前同意管辖和提前放弃任何正当程序挑战是否符合宪法。

A. *Bane* 案与本案没有冲突，因为 *Bane* 法院解释了一项明确要求公司接受一般人身管辖权的州法规。

在 *Bane v. Netlink, Inc.* 案中，即第三巡回审判区的案件中，法院考虑了 Bane 先生是否可以在宾夕法尼亚州和马萨诸塞州为 Netlink 工作，并在宾夕法尼亚州起诉 Netlink 的年龄歧视规定。[27] Netlink 是一家特拉华州的公司，其主要营业地在北卡罗来纳州。[28] 基于对最低限度接触和公平性的传统正当程序分析，宾夕法尼亚州联邦地区法院认为，它对 Netlink 缺乏一般的人身管辖权。[29] 第三巡回法院不同意，指出审判法庭没有考虑 Netlink 有资格在宾夕法尼亚州做生意的影响。[30]

---

24 925 F. 2d 637 (3d Cir. 1991).

25 900 F. 2d 1196 (8th Cir. 1990).

26 Tex. Bus. Corp. Act art. 8. 02 (Vernon Supp. 1994). Petitioners incorrectly suggest that the Texas statute is not limited to intrastate activities. Petition for a Writ of Certiorari at 11 n. 8.

27 925 F. 2d 637, 638 - 39 (3d Cir. 1991).

28 Id. at 638.

29 Id. at 639 - 40.

30 Id. at 640.

在没有决定这种额外的接触在传统的正当程序分析下是否会改变审判法庭在一般人身管辖权问题上的结果的情况下，第三巡回法院得出结论，根据宾夕法尼亚州的管辖权法规，Netlink 实际上已经接受了一般人身管辖权。[31] 考虑该法规在一般人身管辖权问题上的明确语言，这一结论是合理的。

> 一个人与本州之间存在以下任何关系，应构成管辖权的充分依据，使本州的法庭能够对该人行使一般人身管辖权：
>
> (2) 公司—
>
> (i) 根据本州法律成立的外国公司或作为外国公司的资格。[32]

因此，宾夕法尼亚州的法规给了 Netlink 实际的通知，即宾夕法尼亚州的法院可以仅凭在该州做生意的资格而对其行使一般人身管辖权。根据这一法规，第三巡回法院得出结论，Netlink 实际上已经接受了在该州内提起的任何案件的一般人身管辖权，因此放弃了让法院考虑正当程序问题的任何权利。

与 *Bane* 案中的法规不同，琼斯夫妇所依赖的得克萨斯州法规没有说明一般的人身管辖权可以仅仅建立在有资格做生意或注册代理人以送达诉讼文书的行为上。与宾夕法尼亚州的法规相比，得克萨斯州的法规甚至没有提到人身管辖权。由于得克萨斯州法规的有限性，本案中法院面临的问题与 *Bane* 案中考虑的问题完全不同。

B. *Knowlton* 案与本案没有冲突，因为 *Knowlton* 法院将一项无限制的州法规解释为对公司接受管辖的广泛授予。

在第八巡回法院的 *Knowlton v. Allied Van Lines* 案中，明尼苏达州居民诺尔顿（Knowlton）在驾车经过艾奥瓦州时，Allied 公司的一辆搬家车与她的汽车相撞。[33] Allied 是一家特拉华州公司，其主要营业地在伊利诺伊州。[34] 诺尔顿在明尼苏达州起诉了 Allied。[35] 明尼苏达州联邦地区法院认为，根据明尼苏达州的长臂法规，它对 Allied 没有人身管辖权。[36]

---

31 Id.

32 Id. (quoting 42 Pa. Cons. Stat. Ann. § 5301 (1990)) (emphasis added).

33 900 F. 2d 1196, 1197 (8th Cir. 1990).

34 Id.

35 Id.

36 Id.

第八巡回法院同意，根据长臂法规不存在特定的人身管辖权，因为侵权行为不是由 Allied 在该州的任何行为引起的。[37] 但第八巡回法院的结论是，根据广泛的明尼苏达州注册法规，法院拥有一般人身管辖权，因为该公司同意接受管辖权。[38]

明尼苏达州的法规要求在该州范围内进行交易的外国公司指定一个代理人来送达诉讼文件。[39] 该法规还规定，遵守该法规的外国公司"应受本州法律的约束。"[40] *Knowlton* 法院承认，法规"可以限于州内活动所产生的索赔，有些法规就是这样限制的，但明尼苏达州的法律没有这种限制"。[41] 相反，尽管申诉人有相反的说法，[42]但《得克萨斯州商业公司法》特别限于州内业务交易所产生的事项。[43]

秉承明尼苏达州联邦法院和明尼苏达州最高法院对早期判例的法规解释，*Knowlton* 法院将明尼苏达州的无限法规解释为具体授予公司接受在该州内提起的任何案件中的人身管辖权，并放弃在特定案件中的任何正当程序挑战。*Knowlton* 法院考虑的是比得克萨斯州的法规更广泛的州法规，并得出了与第五巡回法院不同的结果。然而，这种差异并没有在一个重要的联邦问题上产生直接或不可调和的巡回法庭间的冲突。

例子九：区别于己不利的判例

C. 科鲁兹女士出庭，加上她的诉讼监护人和她的律师出庭，就不需要送达诉讼文书了。

直接送达通知并不是法院获得人身管辖权的唯一方式。个人出庭和通过律师出庭，使其在听证会上接受法院的管辖，听证会的通知可以放弃；此外，个人的能力不是一个因素。[44] 科鲁兹女士有能力通过让律师出庭代表她而放弃通知，在这里，她的律师和她的诉讼监护人在整个听证会上都在场，并充分代表了她。

---

37 Id. at 1199.

38 Id.

39 Id. at 1198 n. 1.

40 Id.

41 Id. at 1199.

42 See Petition for a Writ of Certiorari at 11 n. 8.

43 Tex. Bus. Corp. Act Ann. art. 8.02 (Vernon Supp. 1994).

44 Tex. Prob. Code § 35 (Vernon's 2009).

虽然审理 *Ortiz v. Gutierrez*[45] 案的法院认为，提议的被监护人不能通过律师出庭，但该判决不适用于本案，因为它已被立法变化所取代。1989 年生效的法规允许推定被提议的被监护人精神不健全，因此法院不允许被提议的被监护人放弃正当程序的权利。[46] *Ortiz* 法院将得克萨斯州遗嘱法解释为强制要求直接送达，并且没有提供放弃的方式。[47] 皮普尔斯（Peeples）法官的异议意见指出了这一荒谬之处：

区分 *Ortiz* 案是一个相当技术性的问题。

> 其认为《遗嘱法》第 130（c）条中提到的由被告签署的书面放弃送达的声明不可执行。因此，我不质疑多数人所依赖的 *Dyer v. Wall*，645 S. W. 2d 317（Tex. App. —Corpus Christi 1982，no writ）等缺席判决。被告可能不了解文书的法律效力，而法院作出了缺席判决。但是，当被告由律师出庭时，规则应该是不同的。本案中，被告得到了聘请的律师的积极辩护，他们回答了问题，提出了几项动议，代表她出庭，安排了听证会，向法院提交了命令，然后迟迟没有提出和提交以缺乏个人送达为由的驳回动议，从而导致了这次上诉。被告本人已经出庭，并接受了法官的询问。她的权利不可能因为直接送达而得到更好的保护。[48]

皮普尔斯的异议意见表明 *Ortiz* 案的决定是错误的……

在 *Ortiz* 案之后，立法机构在遗嘱法中增加了两节适用于临时监护程序的内容。第 875 条明确保留了被监护人的权利和权力，[49]包括与正当程序有关的权利和权力；第 874 条禁止在指定临时监护人的情况下将某人视为无行为能力者。[50] 它还增加了第 635 条，规定“在听证会上服从法院管辖的行为被视为放弃了听证会的通知”。[51] 它没有废除或改变得克萨斯州遗嘱法第 34 条，该条允许律师在诉讼程序中正式出庭，“以代替对律师当事人的送达”。所以 *Ortiz* 案的判决已经被取代了，因为它否认了被监护人基于推定无能力而放弃的权利。

但无论如何，*Ortiz* 案已经被立法机关推翻了。

45 792 S. W. 2d 118，119（Tex. App. —San Antonio 1989，writ denied）.

46 See Tex. Prob. Code §§ 112，130，415（Vernon's 1990）（repealed）. *Cf.* Tex. Prob. Code §§ 874，875（Vernon's 2009）.

47 792 S. W. 2d at 119 – 20.

48 Id. at 120（Peeples，J.，dissenting）（emphasis in original）.

49 See Tex. Prob. Code § 875（b）.

50 Tex. Prob. Code § 874.

51 Tex. Prob. Code § 635（Vernon's 2009）.

只有一种放弃的方式是不允许被监护人使用的，那就是书面放弃。第633(e)条在重述时，为使每一条款生效并具有意义，[52]其内容如下：

> 根据本节第(c)和(d)条，有权收到通知或直接送达传票的人，可以选择放弃收到通知或直接送达的传票，方法是亲自或通过诉讼律师向书记官提交书面材料。

圣安东尼奥(San Antonio)上诉法院是唯一一个对第633(e)条进行解释的法院。它忽略了两个条款，将该法规解读为[53]"尽管法院引用了第874条，但它忽略了对其不适当的推定的明确禁止，即被提议的被监护人是无能力的，因此没有能力放弃她的权利"。[54] 相反，法院依赖的是其对第633(e)条的不正确解读以及在 *Ortiz* 案中被取代的判决。[55]

除了提交书面放弃声明外，立法机构并没有在《遗嘱法》第633条和第875条中明确或暗示地禁止任何其他放弃被监护人的方式。它确实明确禁止法院将被提议的被监护人视为无能力。[56] 禁止书面放弃的唯一合理理由是保护被提议的被监护人不受利益相关方的不当影响。这种危险并不存在于律师与客户的关系中。

由于第874条禁止在指定临时监护人后仍将被监护人推定为无能力，特别是在尚未进行听证会以决定拟定被监护人的能力时，科鲁兹女士拥有她所有的适当程序权利，并有权行使或放弃这些权利。她在听证会前至少与她的律师会面了一个小时，[57]并且两人在听证会的每一天都出现在法庭上。因此，科鲁兹女士通过她的律师出现在法庭上，这是她有效地行使了放弃直接送达通知的权利。

法院的人身管辖权取决于在作出判决前的通知送达或弃权。[58]《得克萨斯州民事诉讼规则》第124条适用于初审法院的诉讼程序，禁止法院在某人被送达或放弃送达或出庭之前作出判决，除非有法律或规则明确允许。巴勃

---

52 See Tex. Gov't Code § 312.002 (Vernon's 2009) (giving ordinary dictionary meaning to words); Tex. Gov't Code § 312.012 (Vernon's 2009) (allowing rearrangement to give law meaning).

53 *In re Mask*, 198 S. W. 3d 231, 234 n. 3 (Tex. App. —San Antonio 2006, no pet.) (citing and interpreting statute in parenthetical).

54 Id. at 234 n. 3 (presuming incapacity and using term "incapacitated") and at 235 (quoting law forbidding presumption).

55 Id. at 234 n. 3 (citing *Ortiz* to support presumption of incapacity).

56 Tex. Prob. Code § 874.

57 RR1 at 12 – 13.

58 Tex. R. Civ. P. 124.

罗(Pablo)没有指出任何法律或规则使第124条不适用于监护人的诉讼,也没有解释为什么其明确的语言使其不适用。本法院已经说过,第124条符合正当程序的要求。[59] 得克萨斯州法院一致同意,在作出判决之前,需要通知或放弃通知。[60]

为了试图证明科鲁兹女士应该在听证会开始前得到通知,巴布罗只引用了一些案例,在这些案例中,拟议中的被监护人抱怨他或她从未得到通知。[61] 这些法院没有获得管辖权,但所有这些案例都很容易区分,原因是:正确的当事人提出抱怨,而通知从未发出。但被监护人科鲁兹女士并没有提出任何申诉。此外,巴勃罗没有引用任何投诉人不是被监护人的案例。在得克萨斯州,没有任何案例允许第三方,甚至是像巴勃罗这样的近亲,在被监护人没有投诉的情况下,提出提议的监护人没有收到通知的投诉。

在 *In re Mask* 案中,提议的被监护人抱怨说,她从未被通知申请或进行听证会,她也没有出席听证会。[62] 圣安东奥尼上诉法院认为,初审法院对 Mask 没有人身管辖权,因为她没有得到听证会的通知。[63] 但法院也表示,提议的被监护人可以通过"以其他方式出席诉讼"来放弃通知。[64]

在 *Ortiz v. Gutierrez* 案中,[65]来自圣安东奥尼的不存在的案件中,提议的被监护人抱怨说,她从未收到过听证会的通知,也没有在法院作出判决前亲自出庭,但她有律师代理。法院认为,仅仅通过律师出庭并不足以确立人身管辖权[66]:"直接送达是必需的,不得因律师出庭而视为放弃。"但是,*Ortiz* 案的判决已经被《得克萨斯州遗产法》第635条、第874条和第875条彻底取代了。

在 *Guardianship B. A. G.* 案中,提议的被监护人也申诉说,她没有收到通知。[67] *Corpus Christi* 上诉法院认为,由于以下原因,原审法院没有获得对科普斯·克里斯蒂(Corpus Christi)的个人管辖权:她从未收到过通知,她没有通过亲自出庭而放弃获得通知的权利,而且她没有与将在听证会上代表她的律师协商。[68]

---

59 See, e. g., *Kao Holdings, L. P. v. Young*, 261 S. W. 3d 60, 61 – 62 (Tex. 2008).

60 *Kao Holdings*, 261 S. W. 3d at 61 – 62. See *also Mask*, 198 S. W. 3d at 234.

61 *Mask*, 198 S. W. 3d at 235; *Ortiz*, 792 S. W. 2d at 119; *In re Guardianship of B. A. G.*, 794 S. W. 2d 510, 512 (Tex. App. —Corpus Christi 1990, no writ).

62 198 S. W. 3d at 233.

63 Id. at 234 – 35.

64 Id. at 235.

65 792 S. W. 2d at 119.

66 Id. at 119.

67 794 S. W. 2d at 512.

68 Id.

尽管法院没有就提议的被监护人是否或如何放弃通知达成一致意见，但他们倾向于接受通过出庭放弃的可能性。[69] 但巴勃罗没有证明科鲁兹女士事实上没有在为期四天的听证会的第一天收到通知。巴勃罗也没有表明，当提议的被监护人没有这样做时，他可以抱怨缺乏通知。而且科鲁兹女士在任何时候都有律师代表，她本人有时也会出席听证会。

例子十：有效的区别、削弱和类比

关于这份州法院文书提出的新的法律问题，见 Scalia & Garner, *Making Your Case* 46 – 48, 49 – 51(2008)。

1. 联邦《版权法》第 201(e)条规定，任何使未来的图书版税可作为共同财产分割的得克萨斯州法律都无效。

1976 年的《版权法》明确保护作者的版权不被任何州法律视为可分割的内容：

用法条的文字开头。

> 当个人作者对版权或版权下的任何专有权的所有权先前未被该作者自愿转让时，任何政府机构或其他官员或组织旨在扣押、征用、转让或行使与版权或版权下的任何专有权有关的所有权的行动均不得根据本法生效，除非有第 11 章［《破产法》］的规定。[70]

在没有有利的判例法的情况下，学术评论家提供了支持。

圣路易大学法学院的弗朗西斯·奈云斯(Francis Nevins)教授在这个问题上的著述可能比国内任何其他学者都要多，他指出："这句话是立法起草中最明确的。"[71] 他的结论是，任何州都不能允许将未来的版税作为婚姻财产进行转让。[72] 同样，著名法学经典《Nimmer 论版权》的作者戴维·尼莫(David Nimmer)教授认为，"根据第 201(e)条，在版权领域，只有通过认定作者配偶同意分享作者地位，才能存在共同财产"。[73] 还有一位法律评论家威廉姆·帕特里(William Partry)也同意这些结论。[74]

---

69 See *Mask*, 198 S. W. 3d at 235; *B. A. G.*, 794 S. W. 2d at 510.

70 17 U. S. C. § 201(e).

71 Francis M. Nevins, *To Split or Not to Split: Judicial Divisibility of the Copyright Interests of Authors and Others*, 40 Family L. Q. 499, 513 (2006) ("自从 1978 年 1 月 1 日，州法院不得在离婚诉讼中把已婚作者的版权的任何份额作为共同财产或婚姻财产。"). See Thomas M. Ward, *Intellectual Property in Commerce* § 2:77, at 22 (2006) ["第 201(e)条的明确语言和评论表明广义的理解是正确的，第 201(e)条排除了版权从作者到社区的任何非自愿转让。"].

72 Id.

73 David Nimmer, *Copyright Ownership by the Marital Community*, 36 UCLA L. Rev. 383, 414 (1988) (emphasis added).

74 William Patry, *Copyright and Community Property: The Question of Preemption*, 28 Bull. Of the Copyright Soc'y 237, 267 (1981).

但奇怪的是,大多数法院似乎都忽略了第201(e)条。唯一一个与此相关的联邦上诉案件是第五巡回法院的 *Rodrigue v. Rodrigue* 案。[75] *Rodrigue* 案适用路易斯安那州的共同财产法,认为《版权法》并没有取代路易斯安那州独特的共同财产原则。第五巡回法院区分了版权所有权(不受州法律保护)和版权产生的收入。[76]

Rodrigue 案非常不利的,必须加以区分。

但事实上,第201(e)条豁免了两类权利的州法律:(1)"与版权有关的所有权"和(2)"版权下的专属权利"。而且,它是在不同的短语中分别用逗号标示出来的。第五巡回法院错误地将第201(e)条的两部分,所有权和专有权,视为一体。它认定版权的"收入"不是由联邦法规处理的,并且在没有分析第201(e)条的情况下,应用了只在路易斯安那州有效的法律原则。

该判决受到了很多批评。除了奈云斯和尼莫教授的精辟批评之外,哥伦比亚大学法学院的助理院长埃利斯·黑莫里(Alice Haemmerli)写道:"第五巡回法院决定通过州法律的实施将这种对未来收入的享有重新分配给非作者的配偶,这干扰了联邦的立法目的,因为它不体现作者的自愿转让。即使在一个充满完美婚姻的世界里,这也与国会的意图背道而驰。"[77]新奥尔良的罗约拉大学法学院的戴恩·S.西奥利诺(Dane S. Ciolino)教授称 *Rodrigue* 案判决是"令人震惊的错误"。[78]

学术界意见对 *Rodrigue* 案的削弱:唯一的州或联邦相关案例。

法院有三个理由认为,第201(e)条在将作者的未来版税作为共同财产进行分割的范围内,优先于得克萨斯州的共同财产法。首先,尽管有 *Rodrigue* 案的判决,但该法规明确指出,如果作者没有自愿转让所有权,"任何政府机构旨在扣押、征用、转让或行使'这些权利的行为'都不应生效"。其次,尽管由于语言清晰,不需要求助于立法历史,[79]但国会自己对第201(e)

三个拒绝罗德里格的理由。

75 218 F. 3d 432 (5th Cir. 2000).

76 Id. at 436 – 37.

77 *Take It, It's Mine: Illicit Transfers of Copyright by Operation of Law*, 63 Wash. & Lee L. Rev. 1011, 1049 (2006).

78 *How Copyrights Became Community Property (Sort Of)*, 47 Loy. L. Rev. 631, 633 (2001). See *also* Ishaq Kundawala, Note, Rodrigue v. Rodrigue: *The Fifth Circuit Aligns with Worth—Accepting Copyright as Community Property*, 3 Tul. J. Tech. & Intell. Prop. 165 (2001)(批评 *Rodrigue* 法庭对未来使用费的判决).

79 *United States v. Gonzales*, 520 U. S. 1, 6 (1997)("鉴于直截了当的法定命令,没有理由求助于立法历史。"); *Ex parte Collett*, 337 U. S. 55, 61 (1949)("在法律语言明确的情况下,没有必要参考立法历史",这是一个"在我们的决定中得到一致遵守的解释原则"。); *Alex Sheshunoff Mgmt. Servs. v. Johnson*, 209 S. W. 3d 644, 652("只要有可能,我们就按书面规定解释法规,但如果颁布的语言模糊不清,我们可以谨慎地参考立法历史,以帮助推测立法意图").

条的解释支持了 *Rodrigue* 案判决是错误的结论："本条［第 201（e）条］的目的是重申一个基本原则，即美国的版权应归作者个人所有，而且不能被任何非自愿转让所剥夺。本条的意图是：政府机构或实体不得强制执行或行使本法下的任何权利。"[80]最后，即使 *Rodrigue* 案判决没有错，它也有很大的局限性，因为它植根于路易斯安那州法律对 usus、abusus 和 fructus 这些古罗马法律概念的讨论，这些都是在美国其他司法管辖区不适用的神秘的大陆法学说。

进一步证明 Rodrigue 案并没有管辖力。

无论如何，本法庭不受第五巡回法院 *Rodrigue* 案判决的约束。鉴于州法院在我们系统中的宪法地位，本法庭对这一问题的考虑应该重新开始；这点是公认的：法院不需要听从第五巡回法院的意见，而应该确定美国最高法院会如何判决。[81] 用得克萨斯州最高法院在 1993 年 *Penrod* 案中的明确说法："［下级］法院觉得应该受第五巡回法院对联邦法律问题的约束。事实并非如此。虽然得克萨斯州法院可以借鉴第五巡回法院或任何其他州法院的先例，但他们有义务只遵循得克萨斯州高级法院和美国最高法院的判例。"[82]

这一既定规则，即在联邦法律问题上，州法院不受涵盖同一地理区域的联邦法院的判决的约束，得到了广泛认可。第七巡回法院是这样确认这一原则的："在美国最高法院发言之前，不排除州法院对联邦法律问题行使自己的判断。尽管他们应该尊重联邦巡回上诉法院和地区法院的决定，但并不受其约束。"[83]因此，本法庭可以拒绝遵循错误的 *Rodrigue* 案判决。

这里被敦促作出的决定与美国最高法院在类似问题上的先例一致。在

80 H. R. Rep. No. 94 – 1476, at 123 (1976).

81 *Penrod Drilling Corp. v. Williams*, 868 S. W. 2d 294, 296 (Tex. 1993) (per curiam). See *also Turner v. P. V. Int'l Corp.*, 765 S. W. 2d 455 (Tex. App. —Dallas 1988)（拒绝遵循第五巡回法院关于联邦法律的先例）.

82 *Penrod*, 868 S. W. 2d at 296 (italics in original).

83 *United States ex rel. Lawrence v. Woods*, 432 F. 2d 1072, 1075 (7th Cir. 1970) (quoting with approval *Iowa Nat'l Bank v. Stewart*, 232 N. W. 445, 454 (Iowa 1930)). See *Hall v. Pennsylvania Bd. of Prob. & Parole*, 851 A. 2d 859, 865 (Pa. 2004)（"在我们的联邦治理体系中，只有一个司法机构有权推翻本法院就联邦法律问题作出的决定：美国最高法院"）; *Corporate Sec. Grp. v. Lind*, 753 So. 2d 151, 152 (Fla. Dist. Ct. App. 2000)（"很明显，我们并没有简单地决定遵循当地联邦上诉法院对这个问题的裁决。相反，我们采用了一种'州审联邦'的方法，我们认为有义务按照我们认为美国最高法院在考虑这个问题时的做法来决定这个问题"）. See *also* Kevin M. Clermont, *Reverse* – Erie, 82 Notre Dame L. Rev. 1, 31 (2006)（"更好的观点，主要是试图实现州法院的宪法地位，同时在短期内接受一些地方性的不统一，是州法院应该尝试确定美国最高法院会作出什么样的裁决。州法院不应认为自己实际上受到当地联邦法院裁决的约束，而不仅仅是被告知"）; Charles L. Black Jr., *Is the State of Georgia in the Fifth Circuit?*, 81 Yale L. J. 30, 31 (1971)（"被称为'佐治亚州'的政治结构在任何意义上都不包含在［当时的］第五巡回法院的上诉权之内"）.

Wissner v. Wissner 案中，[84]法院宣布州共同财产法的适用无效，因为这些法律会导致收益分配与联邦创建和资助的保险计划下的投保人的愿望相悖。[85]在 *Ridgway v. Ridgway* 案中，[86]法院同样认为，尽管他的第一任妻子和子女根据州法律提出受益，即要求一名再婚军官仍可以根据《军人团体人寿保险法》指定他的第二任妻子为保单的受益人。[87]

约翰·福斯特(John Foster)绝不会自愿将他的书的权利转让给萨利·福斯特(Sally Foster)，她是阻挠他写书工作的主力。而且他也没有向她转让任何权利。根据《版权法》第201(e)条的规定，在他自愿进行这种转让之前，这些权利是完全和最后的保障，而得克萨斯州的共同财产法不能实现这种转让。

2. 即使作者未来的版税受制于州法律，它们也仅仅是预期，因为它们取决于未来未知购买者的独立意愿行为，因此不能作为共同财产来分割。

将特许权使用费类比于销售佣金。

根据得克萨斯州的法律，取决于他人未来决定的未来收入不能作为共同财产来分割。具体而言，达拉斯上诉法院认为，只有在被保险人续保的情况下才能支付的续保销售佣金不是共同财产。[88] 沃斯堡上诉法院也作出了相同的判决[89]。

得克萨斯州的一位主要法律评论员，得克萨斯科技大学法学院的 J. 卫斯理·柯克兰(J. Wesley Cochran)教授认为，同样的原则也适用于未来的图书版税："将未来的版税定性为共同财产不符合得克萨斯州的法律。版权和专利使用费只有在第三方采取诸如购买版权作品的副本或执行使用专利发明的许可等行动后才会支付给所有者。"[90]因此，书籍产生的版税"仍然只是预期"。[91] 尽管可能存在一个确定如何支付图书版税的图书合同，"这些安排只有在购买时才会生效，就像保险代理人和保险公司之间的合同安排决定了

对这个第一印象问题的学术支持。

---

84 338 U. S. 655 (1950). *Cf. Allen v. Allen*, 363 S. W. 2d 312, 314 (Tex. Civ. App. —Houston 1962, no writ)(认为根据1937年《联邦铁路退休法》的规定，丈夫的预期铁路退休福利不属于共同财产，因为联邦优先).

85 Id. at 660 - 61.

86 454 U. S. 46 (1981).

87 Id. at 60.

88 *Cunningham v. Cunningham*, 183 S. W. 2d 985, 986 (Tex. Civ. App. —Dallas 1944, no writ)(指出保险合同的服务佣金不是离婚时的共同财产，因为合同可以因不支付保险费或其他原因而被取消).

89 *Vibrock v. Vibrock*, 549 S. W. 2d 775, 777 (Tex. Civ. App. —Fort Worth 1977), *writ denied*, 561 S. W. 2d 776 (Tex. 1977).

90 Cochran, *It Takes Two to Tango!: Problems with Community Property Ownership of Copyrights and Patents in Texas*, 58 Baylor L. Rev. 407, 460 (2006).

91 Id.

要支付的佣金数额一样。因此，未来的版税仍然是预期的，不应视为可分割的婚姻资产”。[92] 因此，即使不存在第201(e)条，得克萨斯州的法律仍然不允许将未来的版税视为共同财产，这意味着萨利·福斯特无权获得约翰未来版税的任何部分。

技巧93的要点总结

- 永远不要引用你没有读过的案例。
- 对你所引用的关键案例进行上下文分析：说说这些案例如何以及为什么适用；但如果你只是陈述一个著名的案例或一个常规的法律观点，那么简单的引证就足够了。
- 记住：(1)说明要具有约束力或说服力，(2)在没有约束力和说服力的情况下，从附带意见中缜密类推，(3)区分不利的权威。
- 请给法官一张地图，而不是一个迷宫：首先列出相关的比较或区别点，然后再强调必要的事实细节。
- 通过类比具有平行事实的有利案例来加强你的论点，并确保任何差异都无关紧要；但如果你能证明法律原则同样适用于你的案件，就不要让完全不同的事实情况阻碍你。
- 谨防不分青红皂白地剪切和粘贴：只引用那些对你有利的案例；始终核查案件的结果。
- 通过区分对手的通用谬误，一举击溃对手的一系列举证。
- 驳斥对手区分你案例的企图，即驳斥对手说明这些区别是不相关或不重要的。
- 但凡可行，用对手自己选择的错误风向标吊打对手，指出他们的案例实际上是支持你的论点的。
- 在没有强有力的法律权威的情况下，将你的案件与平行的法律原则进行类比，这些法律原则同样适用于相关领域；但要做到推理的紧密衔接，而不是轻率的断言。
- 如果现有的唯一判例对你不利，你要尽一切努力来对它进行削弱，比如，说明立法机构已经推翻了它，或者学者并不认可它。

92 Id.

94

合理安排关于法条或合同的解释：文本、结构、目的和历史

名言警句

“不可避免的是，法律解释是一种实践理性的练习，其中文本、结构、历史和目的与法律文化的背景理解相互作用。”

——Cass R. Sunstein, *After the Rights Revolution* 186 (1990).

“我们必须保留所有传统的解释工具——文本、结构、历史和目的。”

——*Arlington Cent. Sch. Dist. Bd. v. Murphy*, 548 U.S. 291, 324 (2006) (Breyer, J., dissenting).

“你的工作将是说服法院，来自法典和法律解释原则的大多数迹象都有利于你的客户的解释。”

——Hon. Antonin Scalia & Bryan A. Garner, *Making Your Case: The Art of Persuading Judges* 45 (2008).

“具有约束力的文本中的文字最重要，它们在上下文中所表达的内容就是文本的含义。”

——Hon. Antonin Scalia & Bryan A. Garner, *Reading Law: The Interpretation of Legal Texts* 56 (2012).

解释说明

每个法官在某种程度上都是一个文本主义者。[1] 所有的人都说：“我们

1 See Antonin Scalia & Bryan A. Garner, *Reading Law: The Interpretation of Legal Texts* 16 (2012).

从文本的字句开始。”[2] 律师在争论法规、条例、规则、遗嘱、合同或其他法律文件的含义时也应该如此。从有争议的条款的文字开始。然后尝试找到一种全文解读，通过这种解读，结构上加强了措辞。然后用该条款的目的或整个文件的目的来强化它。然后继续研究立法历史。但请记住，在理想的情况下，立法历史总是最后步骤，而不是第一。

由于这种论证的进展反映了美国法院的教诲，美国副检察长办公室几乎将这种方法放入了其文书撰写中。这种进展方式从特殊到一般，从最相关到最不相关，从最强到最弱。在一流的文书写作中，你会一再看到这种方法的小变化。

在美国最高法院，这种从文本到立法历史的进展的雏形始于罗伯特·杰克逊大法官的意见，[3] 他专注于文本和立法历史；威廉姆·布莱南（William Brennan）大法官采用了文字—目的—历史的分析方法[4]；几年后，刘易斯·F. 鲍威尔（Lewis F. Powell）大法官提出了文字—结构—历史的一连串观点；[5] 任奎斯特（Rehnquist）[6]、史蒂文斯[7]、金斯伯格[8]和舒特（Souter）[9]大

---

2 See *BedRoc Ltd.*, *LLC v. United States*, 541 U. S. 176, 183 (2004)（“我们的调查从法定文本开始，如果文本是明确的，也可以从这里开始”）；*Barnhart v. Sigmon Coal Co.*, 534 U. S. 438, 450 (2002)（“如同所有的法规解释案件一样，我们从法规的语言开始”）；*Eastern Airlines, Inc. v. Floyd*, 499 U. S. 530, 534 (1991)（“在解释一项条约时，我们从条约的文本和使用书面文字的背景开始”）(internal punctuation omitted)；*Huntting Elevator Co. v. Bosworth*, 179 U. S. 415, 433 (1900)（“我们来具体研究一下合同的文本”）；*Commonwealth of N. Mariana Islands v. Canadian Imperial Bank of Commerce*, 990 N. E. 2d 114, 117 (N. Y. 2013)［“在确定第5225(b)条的范围时，我们的出发点是语言本身”］(internal punctuation omitted)；*DiCampli – Mintz v. County of Santa Clara*, 289 P. 3d 884, 889 (Cal. 2012)（“在解释任何法规时，我们首先看它的文字”）；*Lexington Ins. Co. v. Strayhorn*, 209 S. W. 3d 83, 85 (Tex. 2006)（“如同在任何法律解释的情况下，我们首先要看的是法规的文字”）；*Frost Nat'l Bank of San Antonio v. Newton*, 554 S. W. 2d 149, 153 (Tex. 1977)（“如果遗嘱是不明确的，我们必须根据其中使用的明确语言来进行解释”）.

3 *United States ex rel. Marcus v. Hess*, 317 U. S. 537, 558 (1943) (Jackson, J., dissenting)（“该法规的文本或历史中没有任何内容”）；*Farmers Reservoir & Irrigation Co. v. McComb*, 337 U. S. 755, 771 (1949) (Jackson, J., dissenting)（“文字和历史”）.

4 *Retail Clerks Int'l Ass'n, Local Nos.* 128 &633 *v. Lion Dry Goods, Inc.*, 369 U. S. 17, 29 (1962) (per Brennan, J.)（“既非文字，也非目的和历史”）.

5 *Dalia v. United States*, 441 U. S. 238, 249 (1979) (per Powell, J.)（“文字，结构和历史”）.

6 *Forsham v. Harris*, 445 U. S. 169, 184 (1980) (per Rehnquist, J.)（“文本，结构和历史”）.

7 *Ralston v. Robinson*, 454 U. S. 201, 229 (1981) (Stevens, J., dissenting)（“文本，历史或结构”）；*International Org. of Masters v. Brown*, 498 U. S. 466, 475 (1991) (per Stevens, J.)（“文本，结构和目的”）.

8 *United States v. Granderson*, 511 U. S. 39, 54 (1994) (per Ginsburg, J.)（“文本，结构和历史”）；*Inyo Cnty. v. Paiute – Shoshone Indians*, 538 U. S. 701, 709 (2003) (per Ginsburg, J.)（“不存在文本，目的和历史”）.

9 *General Dynamics Land Sys. v. Cline*, 540 U. S. 581, 600 (2004) (per Souter, J.)（“文本，结构，目的和历史”）.

法官对这一主题进行了阐述；最完整和最好的版本首次出现在 Souter 大法官的意见中。[10] 关键在于，持各种观点的大法官都接受了这种分析模式，这反映了严肃的文本主义。甚至斯卡利亚（Scalia）大法官也说，律师必须论证立法历史。[11]

请注意这个范式中关于“立法历史”的重要一点：它包括法规历史（法规的颁布历史和修正历史）和立法历史（颁布前的发言和委员会报告）。在这两者中，法规历史的争议性较小，因此是两者中较强的，但至少在目前，两者都被美国法院广泛依赖。

如果你有一个合理的文本论证，你会想用精明的语言学分析来支持：也许是语法，也许是语义，也许是标点。安东宁·斯卡利亚（Antonin Scalia）和布莱恩·加纳合著的《阅读法律：法律文本的解释》（2012 年）是实现这些目的的良好资源，其中包含了对 57 个有效的法条解读准则以及如何应用这些准则的详尽讨论。

如果法条文字对你不利，该怎么做？争论结构、目的和立法历史。如果文字和结构都对你不利呢？争论目的和历史，同时祈祷碰到一个非文本主义的法庭；或者可以尝试和解。

偶尔，如果立法历史明显强于法条目的，那么可以互换顺序。在下面的例子中，你会看到副检察长是如何处理许多可能的组织变化的。它们应该为你自己安排涉及法律解释的论点提供一个合理的模板。注意每个目录都反映了技巧 7 和技巧 63 中的建议。

例子一：理想的处理（文本、结构、目的、历史）

目录

未编号的伞形标题

10 Id.

11 See Antonin Scalia & Bryan A. Garner, *Making Your Case: The Art of Persuading Judges* 48–49 (2008).

旁注	目录条目	页码
明确指出理想的命令。→	A. 第52(b)条的文本、结构、目的和历史表明，如果在没收时法律尚未确定，那么错误就不明显了	11
文本 →	1. 第52(b)条的文本表明，错误发生时必须是明显的，才有资格获得救济	12
结构 →	2. 第52(b)条赋予法院有限的权力，在涉及特别严重错误的特殊情况下纠正被没收的错误	18
目的 →	3. 要求错误在发生时是显而易见的，这有助于实现显而易见的错误理论的目的	22
历史 →	4. 普通错误审查和第52(b)条的历史证实，错误发生时必须是普通错误，才有资格获得救济	27
一系列的反驳 →	B. 请愿人及其辩护人关于错误的明晰性只应在审查时评估的论点缺乏依据	34
注意这些句子没有所有都大写，仅首字母大写。	1. 本法院在 *Johnson* 案中只在与本案不同的情况下放宽了普通错误标准，即在已确定的相反法律下，反对是没有意义的	34
	2. 追溯性原则涉及错误的存在，但不涉及该错误的明显性	39
	3. 当法律在没收时尚未确定时，各种政策考虑并不能证明只有在审查时才能衡量一个错误的明晰度	42
	结论	49

例子二：变化1（文本、结构、目的、历史）

目录

例子三：变化 2（文本、结构/上下文、历史）

目录

例子四：变化3（文本、上下文、历史）

目录

反驳

例子五：变化4（文本、结构、历史）

目录

未编号的总形标题

文本

字面含义

结构

立法历史

后续历史

反驳

例子六：变化5（文本、历史、目的）

目　　录

下级法院的判决书　1

管辖权　1

涉及法规　1

陈述　2

论点总结　15

〔未编号的伞形标题〕

论点：

《美国法典》第21卷第841（b）（1）条中的“可卡因碱”一词是指化学上被认定为可卡因碱的所有物质　18

〔文本〕

A. 法定文本提到了“可卡因碱”，而不是“快乐客”（提纯可卡因）　18

〔字面含义〕

B. 赋予“可卡因碱”普通化学含义，与该法确定受控物质的总体方法是一致的　24

C. 将“可卡因碱”解释为包括其所有化学基本形式，与法规的历史和目的一致　27

〔反驳〕

D. 申诉人的方法造成了定义上的不确定性和实际上的不正常现象　35

E. 申诉人将“可卡因碱”的定义限制为“快乐客”的其他论点缺乏说服力　41

〔反驳盈余法则〕

1. 赋予“可卡因碱”以公认的化学含义并不意味着对其他与可卡因有关物质的处罚是多余的　41

〔反驳归谬法则〕

2. 政府的解读并没有导致荒谬的结果　46

3.《量刑准则》对“可卡因碱”的定义并不控制该术语在第841（b）（1）条中的含义　47

F. 宽恕规则在本案中并不适用　49

结论　51

例子七：变化6（文本、历史、政策/目的）

目　　录

下级法院的判决书　1

管辖权　1

涉及的宪法、国际公约与法规条文　2

陈述　2

论点总结　10

论点1：

未编号的伞形标题

第514条是国会根据版权条款有效行使的权力　13

A. 版权条款的文本并不排除国会对在美国已经进入公共领域的作品给予版权保护　14

文本

B. 历史实践证实，版权条款授权国会为公有领域的作品恢复版权　17

历史

1. 第一届国会对以前不受保护的作品给予了版权保护　18

2. 随后的几届国会也恢复了对公共领域的作品和发明的版权和专利保护　23

政策和目的

C. 第514条是对国会版权条款权力的合理行使　33

论点2：

未编号的伞形标题

第514条符合第一修正案的规定　34

A. 第514条并没有引发第一修正案的高度审查　35

B. 第514条满足了任何可能适用的第一修正案审查标准　42

反驳

1. 第514条是狭义的，以确保对国际义务的实际和感知的遵守　43

2. 第514条是狭义的，是为了促进政府为海外美国作者争取更大保护的利益　49

3. 第514条是为促进政府在公平对待外国作者方面的利益而严格制定　53

结论　55

例子八：变化 7（文本/上下文、历史）

目　　录

下级法院的判决书　1

管辖权　1

陈述　1

论点总结　12

论点：（未编号的伞形标题）

第 2680（h）条的执法但书中对主权豁免权的放弃并不限于在搜查、扣押证据或逮捕过程中发生的侵权行为　15

（文本和上下文）A. 执法但书的文本和法律背景毫不含糊地放弃了对基于调查人员或执法人员在其工作范围内的作为和不作为的故意侵权索赔的豁免权　16

（立法历史）B. 立法历史证实了该但书明确的文本范围　23

（基于文本和结构的反驳）C. 第三巡回法院对执法但书的解读无法与法律文本和结构或该但书的立法历史相协调　25

D. 执法但书放弃了本案中请愿人攻击和殴打索赔的主权豁免权　29

结论　32

例子九：变化 8（文本、上下文、历史、目的）

目　　录

下级法院的判决书　1

管辖权　1

涉及的法律法规　2

陈述　2

论点总结　14

论点：（未编号的伞形标题）

《财政条例》合理地解释了《联邦保险税法》下的学生豁免不包括全职雇员　19

例子十：变化 2 的另外一个样本（文本、结构/上下文、历史）

目　　录

技巧94的要点总结

- 用“文本、结构、目的和历史”模板开始任何关于法规或合同的解读。
- 确保最后考量立法历史，而不是放在第一位考虑。
- 如果法条文字对你不利，就省略“文本”，重点放在上下文结构。
- 如果文字和结构都对你不利，那就省略它们，直接从目的和历史入手。
- 请研究美国检察长办公室的法条解释简报以提高自己的技巧。

95

上诉状里，将审查标准构筑于论证之中

名言警句

“上诉法院将根据所提出的一个或多个问题的性质，适用具体的审查标准。绝对重要的是，律师要证明这些标准如何适用于本案，以及为什么这些标准要求本案被推翻或维持原判。”

——Hon. Edward D. Re, *Brief Writing and Oral Argument* xxii (6th ed. 1987).

“重要的是，律师在他们的文书中通过确定审查的标准来帮助我们。有时会有一些问题需要不同的标准，如当法官提出了一个事实和法律混合的问题。清晰、简明、有权威支持的审查标准说明会让我有一个好的开始。”

——Hon. Frank M. Coffin, *On Appeal: Courts, Lawyering, and Judging* 114 (1994).

“我听过的最好的上诉论证之一是关于对一家大型公用事业公司有利的酌情裁决。就我们法院而言，该案件和上诉是完全不值得同情的。然而，该公用事业公司的律师不断提醒我们，如果我们是最初的决策者，我们可能不会以与地区法院相同的方式进行裁决，尽管案情记录支持下级法院的裁决。在庭辩后的会议上，我们都倾向于推翻地区法院的判决，尽管我们中没有人能够负责任地写出一份不考虑地区法院推理的意见，或者能够合法地认为地区法院的法官滥用了他的自由裁量权。公用事业公司取得了胜利，但这是由于其律师的坚韧和努力，他们抓住审查标准这一问题展开辩论，并不容我们回避这一问题。”

——Hon. Leonard I. Garth, *How to Appeal to an Appellate Judge*, 21 Litig. 20, 23 (No. 1, 1994).

解释说明

根据联邦上诉规则，上诉人的文书必须说明所提出的每个问题的适用审查标准。[1] 但即使不要求你说明审查标准,你这样做也是明智的。如果该标准恰好是一个苛刻的标准,你将通过坚持的方法提高你的可信度。

在陈述审查标准时,要避免使用那些诉状模板中用到的在前几页堆砌标准文本的做法。请注意取自应诉人诉状的例子一是如何以一种新的方式,简单、直接地陈述标准的。读完这个例子,你会感觉到上诉人的案子已经完蛋了。

例子二和例子三来自同一个刑事案件,在经过7周的陪审团审判后,审判法庭作出了有罪判决。这些陈述没有想象力,但很直截了当。例子二提到了一个案例,而不是解释审查初审法院拒绝给予被告建议的指令的标准,这让法官的工作变得更加困难。但除此之外,例子二可能比例子三更胜一筹,因为它不要求法官翻看问题的陈述,以确定哪个标准与哪个问题对应。两者都可以改进。

例子四是由新奥尔良的雷蒙德·沃德撰写的。"审查标准"部分是论证中的第一个小节。注意到主角是如何坦率地承认上诉人最薄弱的地方,并尊重审判法庭的事实认定。然后,沃德大胆地预测,上诉人将在上诉中履行其应承担责任。然后他以一种对上诉人友好的方式讨论了明显错误的审查标准。

例子一

审查标准

在这次上诉中,柯克兰将试图完成跳高任务的五个障碍。

第一个障碍是复审法院对陪审团决定的问题给予极大的尊重,纵容每一个有利于判决的合法结论。正如法院所熟知的,它不能"用自己的判断代替事实认定者的判断",*Lofton v. Texas Brine Corp.*,777 S. W. 2d 384,387(Tex. 1989)。

第二个障碍和第三个障碍阻碍了柯克兰的主要观点,即证据不足和没有证据。当审查证据不足的观点时,本法院必须权衡证据并支持判决,除非它"与压倒性的证据权重相悖,以至于明显错误和不公正",*Cain v. Bain*,709 S. W. 2d 175,176(Tex. 1986)。在搁置陪审团的事实决定之前,审查法

---

1 Fed. R. App. P. 28(a)(9)(2005).

院必须"阐明为什么原来的认定结果明显不公正，震撼良心，或明显显示出偏见"。*Sosa v. City of Balch Springs*，772 S. W. 2d 71，72（Tex. 1989）. 而当审查无证据论点时，本院只能考虑对判决有利的证据和推论，必须无视所有相反的证据和推论，*State v. $11，014. 00*，820 S. W. 2d 783，785（Tex. 1991）。

第四个障碍是这样的规则：陪审团指控中遗漏的任有证据支持的任何要素必须被视为已被审判法庭认定，Tex. R. Civ. P. 279。即使假设柯克兰已经在其投诉中合规地保留了陪审团认定的错误，审查的标准将是滥用自由裁量权，*Texas Dep't of Human Servs. v. E. B.*，802 S. W. 2d 647，649（Tex. 1990）。

第五个也是最后一个障碍涉及审判法庭在接受专家证词方面的广泛自由裁量权。在抱怨法院决定允许刘易斯和奥布莱恩的专家证人作证时，柯克兰再次面临滥用自由裁量权的审查标准，见 *First Coppell Bank v. Smith*，742 S. W. 2d 454，458（Tex. App. – Dallas 1987，no writ）。

例子二

审查标准陈述

本法院对宪法、法律和法规问题（问题 1 – 6）的审查是重新进行的，*United States v. Presley*，52 F. 3d 64，67（4th Cir. 1995）。*United States v. Lewis*，53 F. 3d 29，32（4th Cir. 1995），规定了管辖审判法庭未能提供被告建议的指令（问题 2A 和问题 5C）的标准。审判法庭关于专家证词（问题 5A 和问题 5B）的裁决要审查是否滥用了自由裁量权，*United States v. Myers*，66 F. 3d 1364，1373（4th Cir. 1995）。

例子三

审查标准陈述

问题 1 和问题 2 是法律问题，应从头审查，*United States v. Fiel*，35 F. 3d 997，1005（4th Cir. 1994）。问题 3 是证据是否充分的问题，其标准是当从对政府最有利的角度来看，证据是否能够支持任何理性的审判者在没有合理怀疑的情况下认定犯罪的基本要素，*Jackson v. Virginia*，443 U. S. 307，319（1979）。对问题 4 和问题 6 的审查是为了找出明显的错误，而对与这些问题有关的法律结论的审查是重新进行的，*United States v. Jones*，31

F. 3d 1304，1315（4th Cir. 1994）。对问题 5 的审查是对明显滥用自由裁量权的审查，*United States v. Dornhofer*，859 F. 2d 1195，1199（4th Cir. 1998）。

例子四

审查标准

上诉人承担着证明初审法院的事实认定明显错误的艰难责任。他们可以履行这一责任。上诉审查的明显错误标准并不要求上诉法院对初审法院的事实认定和可信度确定盖橡皮图章。相反，上诉法院在给予事实认定者一定尊重的基础上，有宪法义务审查事实，*Ambrose v. New Orleans Police Dep't Ambulance Serv.*，639 So. 2d 216，221（La. 1994）。对事实的上诉审查并不止于阅读案情记录，这只是揭示审判法庭的认定结果有合理事实基础。法院必须进一步确定，记录显示下级法院的认定既在结果上无明显的谬误，也在程序上没有明显的过错。Id. at 220. 审判法庭的事实认定不能仅仅因为它们似乎是基于证人的相对可信度而免于上诉审查。如果文件或客观证据与证人的故事相矛盾，或者故事本身内部不一致或表面上难以置信，以至于一个合理的事实认定者不会相信证人的故事，那么上诉法院很可能发现明显的谬误或过错，即使是出自一个据称是基于可信度确定的认定结果，*Rosell v. ESCO*，549 So. 2d 840，844 – 45（La. 1989）。

技巧 95 的要点总结

- 始终说明相关的审查标准，即使当地法院的规则没有要求你这样做；并说明它们如何与你的论点相吻合，以及为什么它们支持你寻求的判决。
- 避免累赘的审查标准陈述；相反，要努力采用一种平实而新鲜的方法。
- 不要回避困难的审查标准；正面解决这些问题，你将赢得更多的信任。

96

对潜在的误判保持警惕

名言警句

"要写得让人一看就能看出你的确切意思。"

——Charles Coppens, *A Practical Introduction to English Rhetoric* 122 (1880).

"据推测,一个年轻的作家知道很多人不会读他的文字,但没有人告诉他,很多读了他的文字的人都会错读他的意思。"

——Bernard DeVoto, *The Easy Chair*, Harper's Mag., Apr. 1948, at 313, 314.

"一个好的编辑必须包括那种怀疑性的阅读,在这种阅读中,你要想象十个读者中有一个可能会误读这个句子。"

——*Garner's Dictionary of Legal Usage* 580 (3d ed. 2011).

解释说明

到了编辑的时候,你需要以一个陌生人的方式来阅读。除了页面上的文字,没有其他东西来表达你的语气和语调。预测你的一些措辞可能引起的词语关联问题。例如,我曾经看到一份文书,描述了一个遭受严重脑损伤的人,其结果之一是使他"说出了不恰当的有关性取向的评论"(comments sexual in orientation)。我立刻想知道同性恋、双性恋或异性恋与他的言论有什么关系,因为在这种情况下通常的说法是性取向。但事实上,作者的意思只是"与性相关的评论"(sexual comments)。

在下面的例子中,你会发现一些误区,而这些误区是更多关注细节的编辑可以避免的。

一些典型的坏例子

- Ms. Connally knew Denby before she had her surgical procedure on a casual basis. [Surely the surgery wasn't casual.]

- The wrongful death beneficiary would in reasonable probability have received this sum if the decedent had lived. [This sounds macabre—as if one could be a beneficiary of a wrongful death.]
- All litigators have had the experience of trying to settle cases before trial, starting trial, and then achieving settlement during trial. [The legal reader expects to read about some type of case that litigators *try*.]
- We have conveyed that we are considering a sudden emergency defense to plaintiff's counsel. [Abruptly fortifying the office against an assault by opposing counsel seems extreme; see Tip #59.]
- The relatively small percentages of fault apportioned by the jury to product manufacturers whose products were used by the ton at Indian Point underscores the need for this effort. [A ton was using these products? Surely not.]
- She was hitting him in his most vulnerable area—his chest. [He must have been wearing an iron codpiece.]
- Mr. Hughes initially went to bed around midnight, but was aroused by Ms. Lounsbury at around 1:00 a.m. to catch a rat. [In a sentence that mentions both sexes and has to do with bedtime—but has nothing to do with sex—it's unwise to use *aroused* in the sense "awakened."]
- The Court recognized that the predeprivation notice and hearing were necessary prophylactics against a wrongful discharge. [The miscue speaks for itself.]

技巧96的要点总结

- 始终致力于用简单的、习惯性的英语表达自己。
- 重读你的作品，寻找可能被误读的任何句子或短语然后进行重写；为了最有效地完成这项任务，试着把它当作你以前从未见过的东西来读。
- 小心那些可能在读者心中产生意外联想的词语（或词语组合）。
- 在语法或用法指南中，阅读有关“错位修饰语”的内容，以熟悉它们造成的问题。在加纳的《现代美国用法》中，阅读“不合逻辑”和“错位”条目。

97

证明法律站在你这一边后，宜将剩勇追求相应的公正判决

名言警句

“俘获心灵，否则你将一无所得。”

——Lord Chesterfield, letter to his son (Nov. 24, 1749; no. 91), in 2 *Lord Chesterfield's Letters to His Son* 107 (1st Am. ed. 1813).

“就在获得律师资格后，美国律师协会前主席 S. S. Gregory，一个比一般人更了解法律现实的人，告诉我‘赢得案件的方法是让法官想作出对你有利的裁决，然后，也只有这样，才能引用能够证明这种判决的先例。你几乎总能找到很多对你有利的案例可以引用’。所有成功的律师都或多或少地意识到了这种技巧，但他们很少公开这一点。”

——Hon. Jerome Frank, *Law and the Modern Mind* 111 n.2 (1930; repr. 1963).

“真正和重要的核心工作是让法院相信，在这种情况下，理智、体面和正义需要(a)你所争论的规则；以及(b)你所争论的结果。你的整个案件，在法律和事实方面，必须有意义，必须是明显的意义，不可避免的意义，在生活和正义方面的简单意义。”

——Karl Llewellyn, *The Modern Approach to Counseling and Advocacy—Especially in Commercial Transactions*, 46 Colum. L. Rev. 167, 183 (1946).

“任何法律图书馆都会提供一些先例，这些先例可以为上诉案件中可能涉及的几乎任何法律主张的任何一方提供相当合理的论据。以法律规则作为论点的前提，既不需要聪明才智，也不需要独立的研究，而是需要有说服力地证明正义和公平的基本原则以支持你的论点。”

——Frank E. Cooper, *Writing in Law Practice* 243 (2d ed. 1963).

“仅仅援引口头上的公式是不够的。你必须证明程序性规则和你所支持的实质性规

则在特定的案件中是适当的，而且公平地适用于事实，它们决定了一个有利的结果。”

——Hon. Irving R. Kaufman, *Appellate Advocacy in the Federal Courts*, 79 F. R. D. 165, 168 (1978).

“法官的目标不仅仅是达成一个由法律规则支持的决定，而是要为当事人伸张正义。因此，他对仅仅基于先例的论证感到不舒服，除非他清楚地知道公平性的所在。”

——Girvan Peck, *Writing Persuasive Briefs* 78 (1984).

“如果可能的话，不仅要证明你的客户在适用法律下确实胜诉，而且要证明这种结果是合理的，这对你的案件很重要。你需要给法庭一个你应该获胜的理由，法官可以用一两句话向非律师的朋友解释。”

——Hon. Antonin Scalia & Bryan A. Garner, *Making Your Case: The Art of Persuading Judges* 27 -28 (2008).

解释说明

许多法官并不希望仅仅知道有判例支持你这边，他们想知道这些案例中宣布的法律规则是否有道理，你要求他们适用的规则是合理的公共政策。

一些作者认为，在过去的几年里，我们对“判决”的认识已经有了很大的松动。尽管法院可能会坚持使用约束性语言，但事实上他们的行为就像他们很少有约束一样。正因如此，在你的论证中，不仅要说明法律是什么，还要说明为什么它应该是这样。这样一来，你就不会仅仅依靠技术性问题来赢得胜利。

律师最重要的工作之一是让法院对现状感到满意或不满意。原告和上诉人希望法官感到不满意，这样他们就会改变现状。被告和被上诉人希望法官感到满意，以保持现状。

让法院对现状感到不满意

例子一

以下是休斯敦的哈里 · M. 里森纳（Harry M. Reasoner）诉状的部分摘录，是支持向得克萨斯州最高法院上诉的答辩状的最后一段。里森纳要求推翻中级法院对酒精危险警告责任的规定。

虽然原告恳求法院施加新的警告责任，但这里寻求的真正补救措施是在得克萨斯州为任何地方声称因长期或过度饮酒而受到伤害的每个消费者建立一个新的、具有追溯力的诉讼理由。本案所寻求的侵权责任的激进性扩大化，体现在它对得克萨斯州法律结构的破坏，体现在它必将激发的诉讼浪潮，体现在它将得克萨斯州的法律与美国其他地区的法律隔离开来，因此敦促本法院进行审查并推翻下级法院的判决。

例子二

这是哈里·里森纳的另一份文书的结尾部分，一个权利请求的最后一段。它总结了论点，同时使审查显得很紧迫。

下级法院的判决为一系列广泛的定价决定注入了不可接受的不确定性。它许可法院和陪审团根据不具体和不确定的主观因素，在对竞争没有任何可衡量的影响的情况下，仅仅因为涨价减少了个别竞争者的潜在利润而将其视为非法。本法院应该重申这样的要求：即使是垄断者的定价也必须阻止买方竞争对手进行有利的竞争，才能被视为违反了《反垄断法》第 2 条。

例子三

在这篇节选中，小石城（Little Rock）的南希·贝尔豪斯·梅（Nancy Bellhouse May）在一份诉讼请求中巧妙地处理了一个敏感问题：审判法官在实施制裁时的无礼行为。她不仅整理了相关的判例法，而且还在正当程序的大背景下讨论了这个问题。

[以下是案件陈述中的内容]

第八巡回法院在本案和后来的案件中对地区法院固有的制裁权力的解释，使其对恶意标准的解释与第二、第六和第九巡回法院的解释直接冲突。因此，本案为本院提供了解决巡回法院之间冲突的机会。此外，由于第八巡回法院确认了地区法院的简易制裁，它显然批准了地区法院没有给予请愿人根据第五修正案的正当程序条款有权得到的通知和听证。因此，批准该令状将使本法院有机会强调这一宪法权利的重要性。

[该申诉书的结论如下]

因此，批准诉讼请求是正当的，以便本法院能够进一步界定正当程序的界限。如果无论谁被惩罚或援引什么权力都需要公平的程序，那么第八巡回法院在本案中错误地认可了审判法庭的语义回避。如果没有得到校正，其他法院可能会得出结论，他们也可以通过在制裁时援引蔑视法庭的权力以外的东西来逃避正当程序的影响。

让法院对现状感到满意

例子一

以下是达拉斯的斯考特·P.斯托雷(Scott P. Stolley)的诉状的摘录部分,是反对被告特别出庭的辩状中介绍部分的结论。前面的介绍部分确定了欺诈和违反信托责任,以及违反《得克萨斯州证券法》的行为。

尽管违反了他们的受托责任,且有针对得克萨斯州的欺诈行为,但汉森(Hansons)夫妇仍应就他们拒绝被拉到得克萨斯州法院的行为负责,更不用说违反了《得克萨斯州证券法》。他们认为得克萨斯州无权执行《得克萨斯州证券法》,也无权保护一个受伤的得克萨斯州人,尽管他在得克萨斯州受到许多公开行为的有针对性的伤害。与这一论点相反,汉森夫妇可以合理地预见到他们的行为会使他们受到得克萨斯州的管辖。因此,本法院应拒绝汉森夫妇的特殊出庭请求。

例子二

以下是达拉斯的吉姆·哈里斯(Jim Harris)的结论,他敦促上诉法院拒绝将第三次发回原审法院的做法。请注意这段话是如何巧妙地暗示"受够了"。

环保局对这场诉讼的明显看法是要让它继续下去,直到得到环保局喜欢的结果。但当然,这一标准并不能指导本法院决定是否应该结束近十年的诉讼。如果从一开始就一直负责此事的巴克斯特(Baxter)法官不认为额外的证据会帮助他达成更好的结果,那么他是否应该被猜疑呢?西奎尔(Sequale)认为,答案是否定的,因为他在发回重审时不重新审理此案的决定是合理的。让巴克斯特法官在他的签名下将已采纳的、在记录中很清楚的分析发回重审,这一做法没有任何合法的目的。

因此,法院应维持原判。

关于重审动议的正反两方面例子

动议方

案情陈述

本案是美国最高法院根据 *BMW of North America, Inc. v. Gore*, 116 S.

Ct. 1589 (1996)案发回重审的。在法庭的第一个意见中，*Continental Trend Resources*, *Inc. v. OXY USA Inc.*, 44 F. 3d 1465 (10th Cir. 1995)，法院一致认为：“我们对大量记录的审查显示，有几个因素支持对OXY公司的惩罚性赔偿金额。”44 F. 3d at 1479－80. 法院认为，惩罚性赔偿金与实际和潜在伤害的相关比例为6比1，Id.，1476 n. 15。OXY公司的重审请求和大法官重审建议被驳回。

俄克拉何马城（Oklahoma City）的埃里克·艾森斯塔特（Eric Eissenstat）在第十巡回法院的一个小组将其客户的惩罚性赔偿金从3000万美元减少到600万美元后，主张重新审理。艾森斯塔特将在下一篇节选中得到西奥多·奥尔森（Theodore Olson）的回答。但请务必先阅读这篇。

在发回重审时，法庭同意，*BMW*案与本案在事实上是有区别的，而且*BMW*案中确定的与应受谴责的行为和大量惩罚性赔偿有关的所有迹象都存在，Slip op. at 9－11; dissent at 1。然而，法庭的多数意见还是下令汇出2400万美元，因为“本案中的伤害虽然恶劣，但完全是经济性的”，“赔偿金和对这些原告的伤害之间的比例太大，无论是实际的还是潜在的”，Slip op. at 18。

由于以下原因，法庭的多数意见是错误的。其所依据的证据没有在审判中提出，与最高法院和本巡回法院的决定相违背，并提出了异常重要的问题。应该批准重新听证；或者，如果有必要，批准案件整体重审。

论点和法律权威

Ⅰ. 法庭多数意见依靠的是在审判中没有提出的证据。

第一份意见和多数意见都批准了惩罚性赔偿与伤害的比例为6∶1。然而，面对相同的记录，多数人在发回重审时确定其对CTR潜在伤害的“最佳估计”金额为100万美元，而不是第一份意见中一致认定的500万美元的潜在伤害。因此，600万美元，而不是3000万美元，是宪法允许的最高惩罚性赔偿金。

法庭多数意见犯了错误，因为100万美元的潜在危害数字是基于审判中从未提出的证据。法庭多数意见引用了约翰·布里克希尔（John Brickhill）的宣誓书，该宣誓书只涉及有争议的140口生产油井中的79口，以支持其“最佳估计”，Slip op. at 13。这些宣誓书是在CTR对反垄断简易裁决令提出上诉时提交的，重点是罗德曼（Rodman）采集系统是否为反垄断目的的“必要设施”的问题。这些宣誓书在审判中没有成为证据，本法庭在审查判决时也没有适当考虑。

使这一错误更加复杂的是，法庭多数意见忽视了陪审团确实听到了关于实际和潜在伤害的证据……

非动议方

介 绍

> 华盛顿的西奥多·奥尔森和马克·E. 格林沃德(Mark E. Greenwold)试图向第十巡回法院保证,其减少的损失(在上述摘录中所抱怨的)是完全正确的。

在美国最高法院审查了先前确认本案中3000万美元惩罚性赔偿金的裁决后,法庭发布了其决定,批准了诉讼请求,撤销了原判决,并将本案发回本法院,指示根据 *BMW of North America, Inc. v. Gore*, 116 S. Ct. 1589 (1996)的规定重新考虑该赔偿金。最高法院发回重审,并下令重新考虑在其对 *BMW* 案作出裁决时待审的20个惩罚性赔偿案件中的6个。

法庭遵循最高法院的指示,首先"审查最高法院的 *BMW* 意见",然后"根据这些标准重新分析本案的裁决", *Continental Trend Resources, Inc. v. OXY USA Inc.*, Nos. 92-6350, 92-6384, 1996 WL 680337 (10th Cir. Nov. 26, 1996)。法庭指出, *BMW* 案为审查法院确定惩罚性赔偿金是否过高确立了三个指导原则(意见书第8页)。它承认,"*BMW* 法院还将实现国家威慑目标所需的最低刑罚水平问题纳入宪法计算"。Id. at 16. 此外,法庭提到了 *BMW* 案中的告诫,即惩罚性赔偿金"不能以有必要阻止未来的不当行为为理由,而不考虑是否有可能采取较不严厉的补救措施来实现这一目标"。

在听取了OXY和CTR的发回重审后的陈述,重新审查了本案的大量记录,并仔细应用了 *BMW* 案的三个指导原则后,法庭认为对CTR的3000万美元的惩罚性赔偿是过度的,违反了第十四修正案的正当程序条款:

> 在 *BMW* 案意见的指导下,我们得出结论,3000万美元超过了宪法规定的限额。本案中的伤害虽然恶劣,但完全是经济上的,因此不像对健康或安全的伤害那样值得惩罚。此外,赔偿金和对这些原告的伤害(包括实际的和潜在的)之间的比例太大。OXY的财富并非无关紧要,但3000万美元远远超过了确保其关注和改变其在俄克拉何马州的行为所需的数额[Slip op. at 18]。

法庭随后行使其最佳判断,认为"600万美元是本案事实所证明的宪法允许的最大惩罚性赔偿"。Id. at 20. 即使在汇款后,由此产生的600万美元的赔偿金也是任何州或联邦法院根据俄克拉何马州法律确认的最大的惩罚性赔偿金,比本法院支持的所有惩罚性赔偿金(所有这些赔偿金都涉及造成死亡或广泛的环境损害的行为）都要大，而且比补偿性赔偿金269,000美元高了21倍以上。法庭还认为，600万美元的赔偿金足以惩罚和阻止OXY今后的不当行为，且这一数额“足以引起OXY的注意”并“改变其在俄克拉何马州油气田的行为”。

技巧97的要点总结

- 通过对公平和理智方面的论证来证明支持你的法律权威。
- 说服法院作出对你有利的判决，证明这样做不仅有利于法治，也有利于司法利益。
- 不仅要论证法律原则支持你的立场，还要论证公平原则对你有利。
- 作为原告或上诉人，要让法院相信现状是不公正的，必须加以纠正；作为被告或被上诉人，要让法院相信目前的状态应该保持下去。

98

明确陈述期待获得的庭令内容

名言警句

"'那么,底线是什么?'无论他是否问你,对方总是想知道。既然你让他等待时只会刺激他,那就马上告诉他吧。"

——Jesse S. Nirenberg, *How to Sell Your Ideas* 18 (1984).

"告诉法院该如何处理此案。结论应该准确地告诉法院,诉讼当事人希望得到什么。通常情况下,被上诉人只是希望法院确认下面的结果。但上诉人可以要求不同结果:推翻、发回重审、撤销、修改、重新审判、驳回。如果上诉人直接告诉法院想要什么救济,这往往会使案件变得简单。"

——Hon. Myron H. Bright, *Appellate Briefwriting: Some Golden Rules*, 17 Creighton L. Rev. 1069, 1073 (1984).

"确切地告诉我们你认为我们应该下令提供什么救济。如果在总结中,你按照希望的方式来构思法院的任务,这将会很有帮助。"

——*Preparing Your Appeal to the Fifth Circuit*, 2 Fifth Cir. Rep. 431, 433 (1985).

"我喜欢在诉状的结尾处,准确地读到律师希望我们做什么,提供一个可能的处理方式的菜单。"

——Hon. Frank M. Coffin, *On Appeal: Courts, Lawyering, and Judging* 120 (1994).

解释说明

新手律师似乎特别担心告诉法院该怎么做。特别是当请求救济的内容是被动语态时,你会看到这种情况:"由于这些原因,应当作出有利于杰克逊的简易判决。"更好的策略是自信和直率:"因为……本法院应批准杰克逊在此寻求的简易判决。"

经验丰富的律师通常会使用这种直接的方法。他们并不专横,但确实很大胆。而且,正如上面引用的第五巡回法院的指导方针所显示的那样,法官们渴望准确地了解律师认为法院应该做什么。

顺便说一下,"should"是典型的适合于律师的情态动词。"must"是专横和自以为是的。"might"是无望的虚弱。"might consider"同样软弱无力。"should"是恰到好处的,或者你可以在你的诉请中说:"因此我们请求(ask)本法院……"

两个前后对照的例子

例子一

反例: 此外,关于合格豁免权的决定应在取证开始前作出,因为合格豁免权理论规定,政府官员有权避免取证的费用。因此,对被告人哈金森(Hutchinson)的资格豁免权的决定应在取证开始前作出。

> 这一点很难在脑海中留下印象。

范例: 此外,对合格豁免权的决定将使这些政府官员有权避免发现的费用。因此,本法院需要在开始取证之前对哈金森的合格豁免权作出裁决。

> 一种坦诚的语气,同时也有一种紧迫感。

例子二

反例: 巡回法院以原告没有提出可以获得救济的诉求为由,驳回了原告的请求,这一点应该得到肯定,因为被告 Northeastern 精神健康中心受到主权豁免原则的保护,而个别被告则受到编入 632.440 节的官方豁免原则的保护。

> 埋在中间的被动语态。

范例: 巡回法院正确地驳回了维纳伯尔(Venable)的请求,因为该中心受到主权豁免原则的保护,个别被告受到官方豁免原则的保护。因此,本法院应维持原判。

> 结尾处的动词表明了这一点。

一些不同寻常的好例子

例子一

由于本案通过《外国投资法》的商业活动例外而存在属事管辖权,本法院应确认拒绝德国规则的第 12(b)(1)条动议。

例子二

如果本法庭允许下面的判决成立,那么这个先例将成为糟糕的法律和糟糕的公共政策,原因有六个。首先,它将给财产所有者带来意外之财,他们将被允许获得相当于其土地价值 43 倍的赔偿。其次,它不能确保被污染的土地（即便是被自然形成的材料污染的土地）得到清理。再次，它将鼓励那些感到委屈的人无视行政补救措施。复次，它将侵犯法院和具有专门管辖权的行政机构之间的分权。又次，它将给法院系统带来压力，使之成为又一个诉讼的诱因。最后，它还会阻碍合理的和解。

至少，本法庭应推翻原判决并作出金额为55,000美元的判决，即凯勒（Keller）夫妇的土地价值，或给予Gulf Oil公司任何其他公正的救济，包括抵销Florabama的和解方案。或者，鉴于陪审团认为凯勒夫妇不合理地拒绝减免，本法庭应作出不予赔偿的判决。

例子三

本案不值得占用法院更多的时间，除了做必要的事情来终止无意义的申请。贝诺塔（Benolta）夫妇请求法院拒绝授权审查。此外，本法院应迅速对哈里森夫妇的其他诉讼申请（第06－322号）作出适当的命令。

贝诺塔夫妇恳请法庭根据《得克萨斯州上诉程序规则》第52.11（a）条施加适当的损害赔偿，因为哈里森夫妇的诉讼是无意义的。哈里森夫妇的无理取闹，以及他们对得克萨斯州法院的持续蔑视，将继续下去，除非本法庭坚决制止他们。本法庭应该命令哈里森夫妇向贝诺塔夫妇支付在2012年9月2日判定的120万美元的裁定赔偿，以及按每年5%的法定利率计算的相关利息。

贝诺塔夫妇不得不聘请更多的上诉律师，不得不忍受更多的诉讼，只是为了让他们89岁的母亲艾沃莎（Awatha）夫人看到她的遗产得到公平的分配，让她的子女表现得像文明的兄弟姐妹。随着这场诉讼最终结束，艾沃莎夫人可能会被允许平静而有尊严地度过她的余生，因为她知道司法系统并没有辜负她。为了制止这些正在发生的错误，本法庭应在其合法行使权力的最大范围内发布适当的命令。

技巧98的要点总结

- 在你文书的救济请求中恭敬而准确地告诉法庭你寻求的判决结果。
- 向法庭提出你希望它作出授权或一份对你有利的判决清单。
- 避免被动式的诉请结构，因为这看起来很胆小，没有经验；法官尊重并回应直率的诉请方式。
- 当你劝说法庭时，合适的词是“should”，而不是“must”。

99

专业客观地利用焦点小组和模拟法庭来评估文书草案

名言警句

“你不能与群体反应争论,这是一个难以解释的客观事实。”

——Gorham Munson, *The Written Word* 194 (rev. ed. 1949).

“在发表之前,让朋友或选定的熟人评估或批评你写的东西。选择那些跟你的成功没有既得利益的人,他们不会因为不安全感而感到痛苦,从而必须用过度的评论来掩饰。如果他们是合理的正常人和超然的人,他们可以给你带来不可估量的帮助。一些探究性的问题或睿智的建议可以让你重新回到你的工作中去,重新获得活力和辨识力。”

——Charles W. Ferguson, *Say It with Words* 152 (1959).

“你的手稿最终需要做大手术,这不是软弱或失败的标志。这是所有写作中常见的情况,在最好的作家中也是如此。”

——William Strunk Jr. & E. B. White, *The Elements of Style* 72 (3d ed. 1979).

“请其他律师审查诉状的形式和内容。特别是在诉状起草的后期阶段,请他们对写作的清晰度提出意见,并提出其他建议以改进诉状。就诉状的内容或策略寻求其他律师的意见。在寻求这种帮助时,不要只问你律所的人。在某些方面,他们可能不如外人有帮助,而且不愿意冒得罪你的风险。在另一个律所或不同类型的社交实践中的朋友会有一个新的视角。”

——Richardson R. Lynn, *Appellate Litigation* § 9.13, at 195 (1985).

“在计划和准备过程中向他人寻求帮助,并不是承认自己的弱点。如果有人说他或她不能理解你文章中的意思,这也不是对你职业能力的侮辱。当我们写作时,我们的思想会被定格在特定的思路上,我们会不自觉地忽略一些次要的问题,或者仅在头脑中提供论证的步骤。对别人来说,我们思想中的跳跃一下子就很明显。别人看到的是那些停留在我们头脑意识之外的东西。从我们的立场看来隐含的观点，在别人的参考框架下往往一点都不明显。”

——Christopher Turk & John Kirkman, *Effective Writing: Improving Scientific, Technical, and Business Communication* 38 (2d ed. 1989).

“接受批评可能不是一种自然行为，但它是一种宝贵的技能，非常值得培养。要求作者在讨论他或她的作品时保持沉默是研讨会的标准做法，是对这种发展的一个重要介绍。在研讨会上，如果作者不能保持沉默，却又不得不为讨论中的作品进行辩护和解释，对作者和试图提供有益批评的人来说，都是一种适得其反的体验。我提醒作者，他们不一定要接受提供给他们的任何批评，我建议他们不要急于决定是否采用某条批评或建议。在研讨会讨论期间和之后立即提出的看似侮辱性的建议，下周可能会成为精彩修改的关键。”

——David Huddle, “Taking What You Need, Giving What You Can: The Writer as Student and Teacher,” in *Writers on Writing* 74, 78 (Robert Pack & Jay Parini eds., 1991).

解释说明

大多数上诉律师认为，模拟口头辩论是非常有用的。尽管少数伟大的律师对此提出异议，如查尔斯·艾伦·莱特。但大多数人在得到一点练习后，似乎对自己的立场以及对解释这些立场变得更加自如。这一点是老生常谈了，除非你认为口头辩论只对一小部分案件的裁决产生影响。

鉴于绝大多数的案件都是根据法律文书来决定的，为什么不把你的精力集中在测试你的书面论证而不是口头论证上呢？这意味着要比仅仅走到大厅里问同事：“你能把这个看一遍吗？”更正式。这意味着从那些不可能有倾向性的读者那里寻求真正客观的意见。

在过去20年里，我通过开展焦点小组来进行我称为“模拟司法阅读”的工作。这是一个九步骤的过程：

1. 雇用五六个你认识的最聪明的律师，包括男性和女性且最好有不同程度的经验和不同的政治理念，作为小组成员参加模拟司法阅读。如果你有一个原告的案件，就邀请辩护律师。提出为每个小组成员将付出的两小时的时间支付丰厚的报酬。让他们进行利益冲突检查，但不要透露你在案件中代理哪一方。

2. 在焦点小组会议当天，比如，在你的诉状到期前一周的下午4点到6点，准备好两套文书：你的对手的和你自己的。如果你代表被上诉人，你的任务很简单：只要确保你的诉状看起来像一个完成的、提交的产品。如果你代表上诉人，你需要根据对手在下级法院提交的文件准备一份模拟的被上诉人诉状。同样，它应该看起来像一个最终产品。
3. 让中立的人主持焦点小组。在你完成工作之前，不要把模拟法庭成员介绍给相关律师。确保诉状撰写人在现场观看。
4. 向模拟法庭成员解释，他们正在扮演上诉法官的角色。他们应该像法官一样阅读，并应努力理解诉状中向他们介绍的案件。当主持人提及模拟法庭成员时，应提及姓氏[如"温莱因(Weinlein)法官"或"鲍威尔(Powell)法官"等]。主持人和房间里的其他人在那里不是为了回答问题，只是为了观察。模拟法庭成员的任何问题都应参考诉状内容。
5. 给模拟法庭成员提供上诉人的诉状(无论你在哪一方)。要求他们静静地读十分钟。然后停止阅读并问他们这样的问题："你对本案的第一印象是什么?""你所关注的问题是什么?""诉状是否给了你决定这个案子所需要的东西?"你会惊讶地发现，通过讨论案件，参与者会很快掌握关键问题。将讨论时间限制在10分钟或15分钟。
6. 请模拟法庭成员就上诉人的诉状再阅读10分钟。然后再讨论10分钟。
7. 接下来，给模拟法庭成员提供被上诉人的诉状。重复步骤5和步骤6。
8. 到现在，你就可以问哪个诉状更有说服力，为什么? 经过1小时45分钟的讨论后，请每个模拟法庭成员说出其在本案中会如何判决并解释原因。假设当时必须对该案作出决定，并提醒他们说你只是要求在有限的时间内作出诚实的反应，但不允许投弃权票。
9. 介绍本案的律师，以及客户(如果在场)，并允许模拟法庭成员向律师提问。这种互动一般总会有帮助。

这一程序总是让参与的每个人大开眼界。模拟法庭成员发现它能刺激智力；参与案件的律师往往对读者如此迅速地剖析一个复杂的案件感到震惊；而主要的文书撰写者通常认为这是一个令人紧张和惭愧的经历。

但在重大案件中，这是很值得花时间和投资的。花费相对较少的钱，你就可以模拟法官判决你的案件的场景。你会发现为什么有五六名模拟法庭成员，而不是只有一名同事，非常重要。因为模拟法庭成员总是会互动，并帮助彼此理解决定性的观点。

我第一次使用这个技巧是在1993年，从那时起我已经做了几十次。事实上，我现在有一个固定的模拟司法读者名单。

1994年，当我在Counsel Connect（一个律师的在线论坛）上宣传焦点小组的使用时，全国各地的律师都回应说他们从来没有想过这样的事情。据推测，这些人中有许多是使用陪审团顾问和召集退休法官小组进行模拟口头辩论的律师。

有时，当我举行焦点小组时，我不是案件中的律师。例如，一家律师事务所曾经在其客户收到针对它的数百万美元的判决后来找我。该公司正在计划上诉，而客户已经批准使用焦点小组。由于该客户是上诉人，我要求该公司根据文件准备一份模拟的被上诉人的诉状。

碰巧的是，在模拟司法阅读之前，我没有机会编辑上诉人的诉状。不过，简单的编辑并不重要。上诉人在焦点小组中以1:4的票数输了。

客户和律师在输了之后，反而欣喜若狂。他们发现了如何以一种能够消除法官担忧的方式重写诉状。他们正是那么去做的，然后全面赢得了上诉。他们抹去了一个巨大的赔款判决，而且还学到了模拟司法阅读（焦点小组）的价值。

许多读者会打着哈欠略过这一部分，请不要这样做。对于高水平的文书撰写者来说，这是本书中唯一一个最有用、最能改变命运的技巧。

技巧99的要点总结

- 绝大多数的案件都是根据法律文书而不是口头辩论来决定的。
- 认识到没有偏见的读者的新鲜观点的价值，特别是当他们能够在一个小团体的环境中努力解决这些问题时。
- 在向法院提交你的诉状之前，在一个没有偏见的焦点小组中测试它，组织四五名对案件一无所知的律师进行"模拟司法阅读"。
- 对案情不作任何解释，让模拟法庭成员从诉状中收集他们所能获取的信息；不回答任何问题，相反要提出问题，让模拟法庭成员经过规定时间的阅读后谈论他们对该案的理解。

- 匿名地向焦点小组展示你的诉状和对方的诉状(或根据他们的下级法院文件制作的模拟诉状),直到最后才透露哪个是你的诉状。
- 让他们的阅读和讨论交替进行;询问决定性的要点是什么。
- 坚定地倾听他们的反应,不要作出反馈,不要有进行驳回或为自己的诉状进行辩护的膝跳反应。
- 1 小时 45 分钟后,请每位参与者写下他或她在本案中的判决决定,并附上简要理由。只有在单独宣布了所有的判决之后,你才可以透露自己在本案中的角色。

100

牢记道德观念的重要性

名言警句

“让每个人都坚持自己独特的性格和幽默，只要它没有任何恶毒之处。我说，只要它没有什么恶毒的东西。”

——Marcus Tullius Cicero, *The Offices* 49 (Thomas Cockman trans. ,1699).

“律师的成功或失败最终归结于此。说话的人是什么样子的人？这就是 Emerson 所写的意思：‘你的为人是如此响亮，以至我听不到你说什么。’一个律师可能会遵守 Aristotle 和 Cicero 规定的每一条规则，但如果他说的不是真心话，他就不会取得说服力。”

——Lloyd Paul Stryker, *The Art of Advocacy* 147 (1954).

“最根本的东西不是技巧，尽管那可能是有用的；如果一个作家的个性令人讨厌，那么即便他避免分裂不定式，掌握‘that’和‘which’之间的区别，将 Fowler 的《现代英语用法词典》熟记于心，也是无济于事的。灵魂比语法更重要；如果你的读者不喜欢你，他们就会不喜欢你说的东西。事实上，这就是人性，除非他们喜欢你，否则他们大多会拒绝你，甚至拒绝公正。”

——F. L. Lucas, *Style* 49 (1955).

“几乎每个人都会养成一种习惯，对他有机会打交道的每个人都进行打量。他是否诚实？他聪明吗？他是否愿意为手头的事情做必要的工作？法官们在阅读每份诉状时，自觉或不自觉地形成类似的结论。”

——Robert N. Miller, “Judges and Briefs” (1955), in *Classic Essays on Legal Advocacy* 413, 419 (George Rossman ed. ,2010).

“每个作家，通过他使用语言的方式，揭示了他的精神、他的习惯、他的能力、他的偏见。没有作家能长期保持隐姓埋名。”

——William Strunk Jr. & E. B. White, *The Elements of Style* 66 – 67 (3d ed. 1979).

"正如 Aristotle 很久以前指出的那样，大多数人没有耐心或智慧来密切关注一个合乎逻辑的论证。大多数人既不会被理性也不会被情感所说服，而是被作者的精神和性格所说服。"

——James C. Raymond, *Writing (Is an Unnatural Act)* 60 (1980).

"没有什么是无中生有的。高质量的写作是由高质量的人完成的。罗伯特·波西格在《禅与摩托车维修艺术》(*Zen and the Art of Motorcycle Maintenance*)中说，质量取决于三件事：自力更生、诚信和魄力。首先，如果你能自力更生，你就不会因为你自己的文字而责怪你的老板、你的母亲或你的新闻学老师。其次，你必须喜欢你自己，喜欢你做的事情。如果你对你所写的东西感觉良好，它就会显示出来。最后，无论你赢得了多少奖项或受到多少批评，你都必须有勇气再全力努力一次。弗兰克·劳埃德·怀特在 76 岁时，有人问他设计得最好的建筑是什么，他毫不犹豫地回答：'下一个。'"

——George Kennedy et al., *The Writing Book* 133 (1984).

"如果你在一个机构工作，无论你的工作是什么，无论你的水平如何，当你写作时要做你自己。你将作为一个真正的人在'机器人'中脱颖而出。"

——William Zinsser, *On Writing Well* 177 (7th ed. 2006).

"你希望你的读者购买两样东西：你的想法和你自己。也就是说，你想让他们认为你的观点是合理和有趣的，并认为你是聪明的、有见识的、坦诚的和可信赖的。如果你不能说服他们接受你，你就很难说服他们购买你所提供的想法。人们愿意从自己喜欢和信任的人那里买东西，这是人类的天性。"

——John R. Trimble, *Writing with Style* 5 (3d ed. 2011).

解释说明

上面倒数第二个辛塞尔(Zinsser)的名言警句非常正确，除非你是一个浮躁的人，一个无赖的人，一个膨胀的人，一个自我放纵的人，或者一个不光彩的人。换句话说，如今在建议别人"做你自己"之前，最好三思而行。

教训是这样的：无论你写什么，都反映了你是谁，以及你的思想如何运作。如果你是一个没有同情心的恶霸，就会在你的写作中显示出来。

如果你是个急性子，这也会显示出来。如果你是个窝囊废，你将无法掩盖它。

不过，好消息是……好吧，我们将把这个问题留给进行自我提高的研讨会。

技巧100的要点总结

- 你的写作无一例外地揭示了你的大量情况：你的心态，你的智慧，你对他人的考虑，你的技巧，以及你对自己工作的自豪感。
- 大多数读者，出于人类本性，最终会被他们在你的文章中看到的人物形象所左右，而不为你观点的优劣所左右。
- 在你的文书中努力做到最好：诚实、可信、尊重、头脑清晰、直截了当、全面、自信和可靠。

附　录　A[1]

接下来从第761页开始的是一份以所谓“正统”风格撰写的驳回动议。它缓慢而冗长。不包含任何类型的摘要。事实上，重要的观点直到第4页才开始显现，甚至于其中一个观点（*Younger* 克制原则）直到第9页才得到解释。该动议中的两个论点很不可靠，有可能破坏其他好论点。简言之，可以说是相当典型。

在第771页，你会看到一个完全重写的富有活力的动议。它只用了4页，而不是11页。主要的议题放在了第1页，引证以从属的方式出现，而且只关注强有力的论点。重写后的动议显示了本书中提及的原则是如何融入实践的。

第03－462号

米查普·塞萨顿金（Michapo	§	
Sessatonkin）社区，	§	
联邦承认的印第安人部落，	§	
原告，	§	美国联邦地区法院
诉	§	
	§	密歇根地区
密歇根州；	§	
州长比尔·威尔逊（Bill Wilson）；	§	
以及密歇根州税务局局长，	§	第一庭
詹姆士·内尔森（James N. Nelson），	§	
被告	§	

[1] 本附件为展示完整的文书，脚注排序方式与原书保持一致。——编者注

这样动议的首页是不应该被看到的。括号令人反感且没有必要(见技巧73)。

被告提出的驳回动议
及支持该动议的法律备忘

介绍与背景

这份支持被告驳回动议的备忘录是由被告密歇根州(以下简称密歇根州)、该州州长比尔·威尔逊,以及州税务局(以下简称税务局)局长詹姆士·内尔森提交的。原告(以下称部落)就州政府对石油经销商征收的两项费用在联邦法律下的有效性提出怀疑,因为这些费用的征收对象是在部落保留地向部落供货的经销商(见诉状第6段和第7段)。以下是对被质疑的费用以及这些费用的未决诉讼的描述。

A. 被质疑的费用

第一项被质疑的费用是向"使用含有[特定的]石油产品的油罐……征收油罐排放清理费"。《密歇根州法典》第115C.08章,第3条(1996)。这笔每加仑两美分的清理费定期向燃料经销商征收,以资助州油罐排放清理基金(以下简称石油基金)。同上,第2、3、4条。[1] 从事清理和其他"纠正行为"以补救石油溢出、泄漏和排放的其他油罐所有者或经营者有资格从石油基金获得费用补偿。《密歇根州法典》第115C.021章,第1条(1996)(油罐所有者或经营者被定义为"责任人"),第115C.09章,第2条(1996)(责任人有资格从石油基金中获得补偿)。该部落作为油罐所有者,有资格从石油基金中获得补偿。见《密歇根州法典》第115C.02章,第9条(1996)("人"包括任何法人实体)。[2]

第二项被质疑的国家费用是每加仑不到一美分的"石油检查费"。它的征收对象是储存在管道、码头或炼油厂的石油产品的所有人。见《密歇根州法典》第239.101章,第3条(1996)。该费用支付给密歇根州公共服务部计量司用于石油检查、测试和监测。同上。

1 在一个保留地的交货地点(一个由部落经营的零售汽油加油站)有四个地下储油罐,总容量为40,000加仑。罗杰·菲舍尔(Roger Fisher)的宣誓证词,第4段。在其他三个保留地的交货地点还有四个地下储油罐,总容量为21,500加仑。Id.

2 自1990年以来,国家根据石油基金计划为印第安人保留地的清理工作偿还了476,630.06美元的费用。约翰·R.霍克(John R. Houck)的宣誓证词,第4d段。

B. 未决的诉讼

1. 州法院的诉讼

在启动这项诉讼之前，[3]部落在州法院提出了一项诉请，质疑州政府对向保留地输送燃料的石油分销商征收被质疑的费用的权力。在未决的州法院诉讼中，部落声称密歇根州的 B&F 分销公司(以下简称 B&F)在 1993～1995 年向保留地输送燃料，支付了被质疑的费用，寻求税务局走行政程序退款，但遭拒绝。*Michapo Sessaronkin Community v. Commissioner of Revenue*，No. 97－09022，诉状，第 3～4 段(Scott 县地区法院)；彼得 · M. 艾克伯格(Peter M. Ackerberg)的宣誓证词(以下简称 Ack. Aff.)，附件[2]A。在第一项指控中，部落声称根据联邦法律，州政府没有权力在保留地管理由被质疑的费用资助的清理和检查项目。同上，第 15～19 段。在第二项至第四项指控中，部落指称被质疑的费用违反了联邦法律。同上，第 20～29 段。部落作为 B&F 的受让人，要求退还 B&F 支付的费用，并要求法庭宣布州政府无权对交付给部落的燃料征收被质疑的费用。同上，救济请求书，第 7 页。[4]

2. 联邦法院的诉讼

部落在该诉讼中声称，被质疑的州政府收费非法侵犯了部落主权，并被联邦法律所取代。诉状，第 26～39 段。部落寻求法院宣布，州政府无权进入保留地管理由被质疑费用资助的石油清理和检查项目。同上，救济请求书，第 11 页，第 1(a)段。此外，该部落还寻求宣告性和禁止性救济，以防止州政府对向保留地输送燃料的分销商征收被质疑的费用。同上，第 11～12 页，第 1(b)段和第 2 段。

论　点

本诉讼为联邦宪法第十一修正案所禁止，因此应该被驳回。此外，即使

3　州法院的诉讼是在 1997 年 5 月 29 日开始的。见州法院起诉书最后一页所附的送达告知；彼得 · M. 艾克伯格的宣誓证词(以下简称 Ack. Aff.)，附件 A。

〔2〕 动议中附件为本动议中的内容，未在书稿中列出。——译者注

4　州法院的诉讼被命令“暂时搁置以便进行和解谈判，直到收到律师的进一步通知”。庭令(1997 年 7 月 29 日)；Ack. Aff.，附件 E。被告已经通知州法院，和解谈判没有成功。Ackerberg－Ess 的信件(1998 年 2 月 12 日)；Ack. Aff.，附件 F。

注意这个版本中的许多实质性脚注，将在修订版中消失。

本诉讼不被联邦宪法第十一修正案禁止，也应根据司法礼让原则或根据 *Younger* 克制原则予以驳回。最后，如果整个诉讼无法被驳回，则应以缺乏争议为由驳回第一项指控。

Ⅰ. 该诉讼为联邦宪法第十一修正案所禁止

联邦宪法第十一修正案禁止部落将州政府作为指定方，对其提起诉讼。此外，针对指定个人被告的诉讼实际上也是针对州政府的诉讼，同样为联邦宪法第十一修正案所禁止。

A. 针对州政府的诉讼为联邦宪法第十一修正案所禁止

联邦宪法第十一修正案规定如下：

> 美国联邦司法权不应被理解为容许他州的公民或任何外国的公民对美国任何一个州发起法律或权益诉讼。

联邦宪法第十一修正案虽然并非明文规定，但这一条款禁止在联邦法院对一个州提起任何诉讼，除非该州明确接受该诉讼或联邦国会明确废除该州的诉讼豁免权。见 *Pennhurst State School & Hospital v. Halderman*, 465 U. S. 89, 99, 104 S. Ct. 900, 907(1984)。州的第十一修正案豁免权禁止印第安部落对其提起诉讼。见 *Blatchford v. Native Village of Noatak*, 501 U. S. 775, 782, 111 S. Ct. 2578, 2583(1991)。

国会可以废除一个州的第十一修正案的豁免权，但它必须“明确表述”。*Seminole Tribe v. Florida*, 517 U. S. 44, 55, 116 S. Ct. 1114, 1123 (1996)(引证省略)。《美国联邦法典》第28章第1362条规定，授予联邦地区法院对部落民事诉讼的原始管辖权，但并没有废除州的第十一修正案豁免权。见 *Blatchford*, 501 U. S. at 788, 111 S. Ct. at 2586。因为没有一项联邦法规明确表述了国会有意图废除各州在联邦法院的诉讼豁免权，所以不能认为本案中密歇根州的豁免权已被废除。

一个州可以主动放弃第十一修正案的豁免权，但“只有在‘通过最明确的语言或压倒性的文本解读，造成没有其他任何合理解释空间’的情况下”豁免权才会被视为放弃。*Edelman v. Jordan*, 415 U. S. 651, 673, 94 S. Ct. 1347, 1361 (1974)(引证省略)。因此，“一个州在本州的法庭上放弃主权豁免权，并不意味着在联邦法庭上放弃第十一修正案的豁免权”。*Pennhurst*,

465 U. S. at 99 n. 9, 104 S. Ct. at 907 n. 9. 法院多次驳回密歇根州放弃第十一修正案诉讼豁免权的说法。见 *Manypenny v. United States*,948 F. 2d 1057,1066 (8th Cir. 1991);*Hoeffner v. University of Michigan*,948 F. Supp. 1380,1392(D. Mich. 1996);*DeGidio v. Perpich*,612 F. Supp. 1383,1389 (D. Mich. 1985)。由于密歇根州并没有通过最明确的语言或压倒性的文本解读,放弃第十一修正案的豁免权,故针对该州的诉讼应被驳回。

B. 针对州政府个别官员的诉讼为第十一修正案所禁止

针对州长威尔逊和税务局长内尔森的诉讼也受到第十一修正案的禁止。一般来说,第十一修正案并不禁止对州政府官员采取寻求救济的诉讼。见 *Ex Parte Young*,209 U. S. 123,28 S. Ct. 441(1908)。*Young* 案认为,即使州政府本身根据第十一修正案享有诉讼豁免权,联邦法院仍对向州政府官员采取寻求救济的诉讼拥有管辖权。同上。然而,当寻求的救济与确权诉讼没有多大区别时,*Young* 案并不适用。见 *Idaho v. Coeur d'Alene Tribe of Idaho*,521 U. S. 261,117 S. Ct. 2028(1997)。在这里,部落实际上是在寻求石油基金的所有权以及在其保留地上向部落交货的石油经销商应支付的检查费。因此,第十一修正案豁免权的 *Young* 案例外不适用。

在 *Idaho* 案中,一个印第安部落起诉了州政府官员,声称部落对淹没的土地和湖床拥有所有权,并向法院寻求宣告性和禁止性救济。然而,法院认为该诉讼被第十一修正案禁止。大法官们作出该认定的理由并不一致。在宣布法院判决的意见中,大法官肯尼迪(Kennedy)和首席大法官伦奎斯特呼吁"在确定 *Young* 案例外是否适用于某一案件时,要仔细平衡调和州的利益"。Id. at 1038(大法官肯尼迪). 他们指出:

> 该诉讼实际上是寻求法院认定相关土地不在州的管理权限之内。所要求的禁令救济将禁止州的主要官员对有争议的土地和水域行使州政府权力和权威。该诉讼将削弱甚至消灭州政府对长期以来被其认为是该州领土组成部分的大片土地和水域的控制。如果把这一判决视为没有侵犯爱达荷州的主权权力及其在联邦中的地位,等于忽视了部落所要求的救济的本质……那么,很明显,如果部落获胜,爱达荷州对其土地和水域的主权利益将受到影响,其程度完全不亚于对其财政部资金的追溯性征收。

Id. at 2040.

欧康纳（O'Connor）大法官、斯卡利亚（Scalia）大法官和托马斯大法官不同意判决意见中的原则，即“在原告援引第十一修正案的管辖权禁令的 *Young* 案例外情况下，即使指控明确涉及违反联邦法律并明确寻求相关救济，仍需适用个案考量的平衡方法”。Id. at 2046（欧康纳大法官，部分同意）. 尽管如此，参与赞同意见的大法官们表示：

> *Young* 案例外适用的前提是对州政府官员提出的持续违反联邦法律的诉讼，不是针对州政府的诉讼。当原告寻求剥夺州政府对水下土地的所有监管权力时——实际上是援引联邦法院的管辖权来确认对主权土地的所有权——其本质是针对州政府的诉讼。

Id. at 2047.

因此，法院的多数意见是，针对州政府官员的寻求确权令的诉讼，超出了联邦法院的管辖权。挑战规定征收失业保险专项基金的州法律的有效性的诉讼被认为类似于确权诉讼。见 *Great Lakes Dredge & Dock Co. v. Huffman*, 319 U. S. 293, 300, 63 S. Ct. 1070, 1074（1943）。没有任何依据可以支持以下结论，即本诉讼对环境清理和其他指定的州目的所需费用的有效性提出怀疑不应视为类似于确权诉讼。在 *Idaho* 案和这里，一个部落寻求一个司法声明，即州要求的某些财产——土地或潜在的石油基金收入——不属于州政府。此外，与 Idaho 的部落诉讼所带来的州政府监管权力的剥离类似，这里所要求的救济将剥离州政府所宣称的对其公民的行为征收费用的权力，这些行为被广泛认为对州政府的处境有潜在的危害。因此，在这里，就像 *Idaho* 案一样，“根本不能认为这不是针对州政府的诉讼”。见 117 S. Ct. at 2047（肯尼迪大法官）。在本案中，除了州政府本身，将个别州政府官员列为单独的被告，并不能刺破第十一修正案的州政府豁免权保护罩。

鉴于“针对州政府的诉讼的性质应根据诉讼的基本性质和效果来确定”这一原则，以上结论尤其适用。*Ford Motor Co. v. Department of Treasury*, 323 U. S. 459, 464, 65 S. Ct. 347, 350（1945）. 在 *Idaho* 案中，该州监管声称水下土地和湖床的能力受到威胁。在这里，州为保护其境内地下水的纯净度而制订的监管计划——这种资源牵涉的特殊主权利益不亚于其上方的土地——正处于危险之中。州政府是包括地下水在内的州水域的受托人。《密歇根州法典》第116.16章,第I条(受托人)和第103G.005章,第17条(地下水)(1996)。一个多世纪以来,密歇根州一直认为"地下水的污染[是]对公共财产的损害"。*Michigan Millery Co. v. Travelers Indemnity Co*,457 N. W. 2d 175,182－83(Michigan 1990).参见《美国联邦法典》第42章,第9607(f)(1)条(州代表可以代表公众作为自然资源的受托人,根据联邦《综合环境应对、赔偿和责任法》追偿损失)。[5]

地下储油罐构成了"最常见的地下水污染源……石油是最常见的污染物"。美国环境保护署(以下简称EPA)署长布朗纳(Browner)给地区环保局局长的信(1997年5月14日);Ack. Aff.,附件B。由于地下水是常见的饮用水来源,[6]"在许多情况下,地下储油罐的排放导致了公共或私人饮用水供应的污染"。同上。因此,密歇根州对保护其地下水免受污染极为关注。见《密歇根州法典》第103A.204章(1996)(在几个州机构之间分配地下水保护的责任),第103H.001章(州目标是在可行的情况下保持地下水的自然状态),第103F.461章(要求水和土壤资源委员会制订改善地下水教育活动的方案),以及第ch. 115C章(1996)(储油罐排放清理法)。

在保留地上的一个泄漏的石油罐可以污染流经其边界的地下水。因此,可能需要在污染设施的边界之外采取环境清理行动,因为"大多数形式的污染,特别是地下水污染,不遵守领土或财产的边界……" H. R. Rep. No. 1133, 98th Cong., 2d Sess. 79 (1984), reprinted in 1984 U. S. C. C. A. N. 5649, 5663(解释了编入新条款42 U. S. C. § 6924(v)的理由,以及根据《资源保护和恢复法》扩大清理行动的地理范围).另见40 C. F. R. § 280.65(a)(1997)(环保局可要求泄漏的地下储油罐的所有者和经营者调查"可能受排放影响的周边地区……"以确定地下水污染情况)。在本案中,由于保留地的地下水通常流向Muskegon河,该河是州的重要资源,因此州政府尤其关注保留地地下储油罐的泄漏对保留地以外区域的影响。见安德鲁·拉兹(Andrew Lutz)的宣誓证词,第3段(流向)和《密歇根州法典》第103F.378

5 部落和州一样,都认识到了地下水污染对其福祉的危害。最近由部落和美国环境保护署("EPA")联合通过的"行动计划"将"缺乏有关地下水质量和数量的信息,以及缺乏对水质保护和水资源开发的规划"确定为一个高度优先问题。Michapo/EPA 第5区行动计划:1998～2000年,第11页;Ack. Aff.,附件D。

6 地下水是近70%的密歇根州居民的供水来源。密歇根州污染控制机构,地下水监测和评估计划:年度报告(1995)第2页;Ack. Aff.,附件C。

章，第 1 条（1996）（州政府目标是在 2005 年之前使 Muskegon 河适合钓鱼和游泳）。因此，不能排除 Muskegon 河因部落保留地内被污染的地下水而受到污染的可能性。安德鲁·拉兹的宣誓证词，第 4 段。

如果向部落运送石油的分销商免于缴纳石油基金费用，那么州政府清理地下储油罐石油泄漏的监管计划（在其他同意该计划的部落的保留地内或在州的边界内）就无法实施。州政府在清理地下水污染方面的主权利益与 Idaho 在管理其水下土地和湖床方面的主权利益一样，都是重要的主权利益。因此，正如在 *Idaho* 案中针对州政府官员的诉讼因第十一修正案而被驳回一样，这里针对州长威尔逊和税务局局长内尔森的诉讼也应因第十一修正案而被驳回。

Ⅱ. 根据司法礼让原则和 *Younger* 克制原则，本诉讼应被驳回

即使法院不以第十一修正案为由驳回诉讼，也应根据司法礼让原则和 *Younger v. Harris*, 401 U. S. 37, 91 S. Ct. 746 (1971) 确立的克制原则驳回诉讼。

A. 本诉讼为司法礼让原则所禁止

美国最高法院一直援引司法礼让原则，即“禁止联邦法院在涉及各州税务的案件中给予禁令和宣告性救济”。*Fair Assessment In Real Estate Association v. McNary*, 454 U. S. 100, 107, 102 S. Ct. 177, 181(1981). 正如法院在另一个案件中阐述的那样：

> 这一基于衡平限制的指导原则，在像本案这样的诉讼中具有特殊的效力，即在其他最高级别的主权政体的法院中禁止提起针对本州税收的诉讼。联邦法院在任何时候都应严格考虑州政府的合法的独立性，并恰如其分地避开用禁令干预其财政运作，这就要求在个案中，一旦可以用其他方式保证联邦权力，就应避免使用禁令救济。

Matthews v. Rogers, 284 U. S. 521, 525, 52 S. Ct. 217, 219 (1932). 见 *Arkansas v. Farm Credit Serv. of Cent. Arkansas*, 117 S. Ct. 1776, 1780 (1997)（各州在其自身程序的完整性方面的利益对于各州的税收而言具有特殊意义）.

这一关于各州法律衡平限制的原则也同样适用于除税收以外的州政府

征收。[7] 因此，在 *Boise Artesian Hot & Cold Water Co., Ltd. v. Boise City* 案中，213 U.S. 276, 29 S. Ct. 426 (1909)，法院以司法礼让为由，支持下级法院驳回许可费违宪指控的决定。同上，第 287 页，29 S. Ct. 430。它指出："在本案中，公司提出的对征收许可费的所有可能的辩护都可以在爱达荷州法院的诉讼中予以实现，而且没有任何理由表明法律行动会受阻碍。"同上。同样，在 *Great Lakes Dredge & Dock Co. v. Huffman*, 319 U.S. 293, 63 S. Ct. 1070 (1943) 案中，法院确认，挑战州失业保险基金缴费合宪性的诉讼应予驳回。同上，第 302 页，63 S. Ct. 1074。法院的结论是，"应该在无须案情的情况下拒绝"给予宣告性救济，因为：

> 在本案中，如果州立法机构规定，在向适当的州官员支付任何被质疑的税款后，纳税人可以提起诉讼以收回税款，那么法院有责任不给予这种救济。在这样的诉讼中，纳税人可以主张他的联邦权利，并确保本法院进行了审查。这为纳税人提供了充分的补救措施，同时也使该州的税收管理不受干扰。

Id. at 300-01, 63 S. Ct. at 1074.

在这里，就像 *Boise City* 案和 *Huffman* 案一样，有一个未决的州级案件，申诉方可以获得所有可能有权获得的救济。密歇根州地区法院"对其各自地区内的所有民事诉讼拥有原始管辖权……"《密歇根州法典》第 484.01 章，第 1 条(1996)。没有理由认为密歇根州的法院不能正确裁决部落的联邦索赔。见 *Idaho* 案，521 U.S. at 274-75, 117 S. Ct. at 2037(肯尼迪大法官)(提到法院以往对州法院维护联邦法律的能力"表示信任")。因此，本案应以司法礼让原则为由，予以驳回。

B. 本诉讼为 *Younger* 克制原则所禁止

即使不以司法礼让为由驳回该诉讼，也应根据包含司法礼让概念的 *Younger* 克制原则予以驳回。在 *Younger* 案中，最高法院认为，当相关的诉讼程序仍在州法院进行时，联邦法院不得执行相关州刑事法规。401 U.S. at 54, 91 S. Ct. at 755. 当符合下列条件时，该原则也适用于州的民事诉讼：该诉讼(1)正在进行，(2)牵涉重要的州利益，以及(3)提供充分的机会提出

7 在 *Matthews* 案中，受到挑战的征税被法院定性为"年度许可费或'特权'税"。*Matthews*, 284 U.S. at 523, 52 S. Ct. at 218.

联邦索赔。见 *Middlesex Ethics Committee v. Garden State Bar Association*, 457 U. S. 423, 432, 102 S. Ct. 2515, 2521 (1982)。

本案符合 *Younger* 克制原则的所有三个要求。有一个正在进行的基于联邦法律的州法院诉讼，在该诉讼中，部落要求作出宣告性判决并退还其燃料供应商之一支付的清理和检查费用。见州法院诉状，第 18、23、24、27、28 段（指控违反联邦法律）和救济请求书第 7 页。此外，州法院的诉讼牵涉州政府为清理石油泄漏而提高收入这一无可争议的重要利益。最后，没有理由假定州地区法院不能为部落提供一个有效的法律渠道来裁决其联邦索赔。这里存在 *Younger* 克制原则的每一项要求，因此，法院应驳回该诉讼。见 *Quackenbush v. Allstate Insurance Co.*, 517 U. S. 706, 721, 116 S. Ct. 1712, 1723 (1996)（提到法院在拒绝行使管辖权时有权驳回衡平诉讼）。

Ⅲ. 由于缺乏争议，第一项指控应被驳回

如果法院不以第十一修正案、司法礼让原则或 *Younger* 克制原则为由驳回该诉讼，则应以缺乏争议为由驳回诉状中的第一项指控。该指控称，州政府无权进入部落的保留地，以管理石油罐排放清理和检查计划。诉状，第 27 段。该部落寻求的判决，是宣布州政府对于在保留地上监管这些项目没有管辖权。同上，救济请求书，第 11 页，第 I(a)段。然而，州政府并没有计划去管理这些项目，因此，由于不存在相关争议，第一项指控应被驳回。

《美国宪法》第 3 条要求联邦法院的原告主张“实质的争议”。*City of Los Angeles v. Lyons*, 461 U. S. 95, 101, 103 S. Ct. 1660, 1665 (1983). 这一要求迫使联邦法院的原告提出“由于受到挑战的政府行为，他‘已经遭受或立即面临遭受某种直接伤害的危险’，而且这种伤害或伤害威胁必须是‘真实和直接的’，而不是‘推测的’或‘假想的’”。同上，第 102 页，103 S. Ct. 1665（引证省略）。实质争议的要求适用于宣告式救济的诉讼。见 *Marine Equipment Management Co. v. United States*, 4 F. 3d 643, 646 (8th Cir. 1993)。然而，部落没有也不可能指责州政府在保留地进行了未经同意的石油清理或检查。州政府根本没有任何此类计划。迈克尔·吉迪恩（Michael Gideon）的宣誓证词，第 4 段；彼得·赖本（Peter Ryburn）的宣誓证词，第 3 段。“对未来监管的恐惧并不具有足够的紧迫性和现实性，因此不足以支持判决宣告性救济”。*Marine Equipment Management*, 4 F. 3d at 647. 所以，由于缺乏实质争议，第一项指控应被驳回。

结 论

基于上述所有原因，被告以第十一修正案、司法礼让原则或克制原则为由，驳回诉讼的动议应予批准。

或者，应以缺乏实质争议为由驳回诉状中的第一项指控。

日期：__________　　　　敬致，

被告律师

一句令人心碎的话。

最后一句简短的结尾昭示了它是多么缺乏说服力。

第 03－462 号

米查普·塞萨顿金社区，	§	
联邦承认的印第安人部落，	§	
原告，	§	美国联邦地区法院
	§	
诉	§	
	§	密歇根地区
密歇根州；	§	
州长比尔·威尔逊；以及	§	
密歇根州税务局局长，	§	第一庭
詹姆士·内尔森，	§	
被告	§	

被告提出的驳回动议及支持该动议的法律备忘

介 绍

在对本驳回动议进行裁决时，法院面临两个简单的问题：

- 联邦宪法第十一修正案的豁免。第十一修正案禁止在联邦法院对一个州提起任何诉讼，除非该州同意被起诉或国会废除该州诉讼豁免权。在这里，州政府没有同意，国会也没有废除诉讼豁免权，米查普部落还是在联邦法院起诉了密歇根州。法院是否应以第十一修正案为由驳回这一诉讼？

没有读者在意把长篇大论压缩成75个字的3个要点有多么困难。他们只在意自己的舒适和便利。

- *Younger* 克制原则。根据 *Younger* 克制原则，联邦法院通常在相关的州级案件符合以下条件时，避免审理案件：(1)正在进行，(2)牵涉重要的州利益，以及(3)提供充分的机会提出联邦索赔。在这里，部落已经在州法院提出了平行诉讼，这些诉讼涉及州政府的征税能力，同时部落已经提出了联邦索赔。法院是否应该避免插手该诉讼？

由于该部落试图使州政府的征收无效，而且该部落在州法院为同样的目的起诉了同样的当事人，因此该案也引发了司法礼让问题。

基本上，该部落希望法院宣布，州政府不得向为该部落保留地供货的石油分销商征收两项费用。第一项是储油罐排放清理费——每加仑2美分的定期征收的费用，以资助旨在补救石油泄漏的环境“补救行动”。第二项是每加仑不到1美分的石油检查费，这项费用的征收对象是那些储存在管道、码头或炼油厂的石油产品的所有人，用于资助密歇根公共服务部的检查和监测服务。

州政府征收这两项费用是为了让密歇根州居民受益。部落是众多潜在预期受益者之一。

论　点

Ⅰ. 第十一修正案禁止部落起诉州政府，因为本案没有满足联邦诉讼的两个必要条件——州政府没有接受诉讼，国会也没有废除州政府的主权豁免。

第十一修正案禁止这类将州政府作为指定当事方的诉讼：

> 美国联邦司法权不应被理解为容许他州的公民或任何外国的公民对美国任何一个州发起法律或权益诉讼。[1]

最高法院将这一条款解释为禁止在联邦法院对一个州提起任何诉讼，除非该州明确同意接受诉讼，或者国会明确废除了该州的诉讼豁免权。[2] 更具体地说，最高法院认为，第十一修正案的豁免权禁止印第安部落对各州提起诉讼。[3]

虽然国会可以废除一个州的第十一修正案的豁免权，但这种废除必须“明

1 U. S. Const. amend. XI.

2 *Pennhurst State Sch. & Hosp. v. Halderman*, 465 U. S. 89, 99 (1984).

3 See *Blatchford v. Native Village of Noatak*, 501 U. S. 775, 782 (1991).

确表述”。[4] 即使一个州在自己的法院上放弃了诉讼豁免权，也不会因此造成放弃第十一修正案赋予的在联邦法院的诉讼豁免权。[5] 法院曾经多次驳回了指称密歇根州已经放弃了第十一修正案诉讼豁免权的主张。[6]

部落并不能指称州政府放弃了豁免权。因为州政府根本就没有弃权。所以，本院应驳回针对州政府的诉讼。

Ⅱ. 本庭应依据 *Younger* 克制原则以及司法礼让原则，驳回本案。

在 *Younger v. Harris* 案中，[7] 最高法院认为，当州法院的执行程序正在州法院进行时，克制原则排除了联邦法院对州刑事法规的执行。[8] 法院已将这一原则扩展到州民事诉讼程序，只要这些程序(1)正在进行，(2)牵涉重要的州利益，以及(3)提供充分的机会提出联邦索赔。[9]

这三个要求在这里都得到了满足。首先，该部落已经在州法院提起诉讼，目前正在审理中；在该案中，该部落寻求宣告性救济，并要求退还其燃料供应商之一支付的清理和检查费用。[10] 其次，州法院的诉讼涉及州政府在为清理石油泄漏事件增加收入方面无可争议的重要利益。最后，州法院为裁决联邦和州的索赔提供了一个有效的法律渠道——这也是密歇根州法院经常做的事。由于本案存在 *Younger* 克制原则的各项要素，法院应尽快驳回该诉讼。

如果对本案的正确判决有任何疑问，最高法院关于司法礼让的态度可予以解决。最高法院一直援引司法礼让原则，禁止联邦法院在各州的税务案件中给予禁令和宣告性救济。[11] 在以“衡平限制”的方式处理司法礼让问题时，最高法院尊重州法院的权力和能力：

---

4 *Seminole Tribe v. Florida*, 517 U. S. 44, 55 (1996).

5 See *Pennhurst*, 465 U. S. at 99 n. 9.

6 See *Manypenny v. United States*, 948 F. 2d 1057, 1066 (6th Cir. 1991); *Hoeffner v. University of Mich.*, 948 F. Supp. 1380, 1392 (D. Mich. 1996); *DeGidio v. Perpich*, 612 F. Supp. 1383, 1389 (D. Mich. 1985).

7 401 U. S. 37 (1971).

8 See *Younger*, 401 U. S. at 54.

9 See *Middlesex Ethics Comm. v. Garden State Bar Ass'n*, 457 U. S. 423, 432 (1982).

10 See State Court Complaint ¶ ¶ 18, 23, 24, 27, 29 (alleging federal-law violations); Prayer at 7.

11 See, e. g., *Fair Assessment in Real Estate Ass'n v. McNary*, 454 U. S. 100, 107 (1981).

这一基于衡平限制的指导原则，在像本案这样的诉讼中具有特殊的效力，即在其他最高级别的主权政体的法院中禁止提起针对本州税收的诉讼。联邦法院在任何时候都应严格考虑州政府的合法的独立性，并恰如其分地避开用禁令干预其财政运作，这就要求在个案中，一旦可以用其他方式保证联邦权利，即避免使用禁令救济。[12]

这一衡平限制的原则不仅适用于税收，也适用于各州的其他征收。因此，在 *Boise Artesian Hot & Cold Water Co. v. Boise City* 案中，[13]最高法院以司法礼让为由，支持下级法院驳回许可费违宪指控的决定。[14]

结　论

这项动议的结果基于三个司法理论：

- 第十一修正案的主权豁免；
- *Younger* 克制原则；
- 联邦与州之间的司法礼让。

最高法院关于这些原则的判例法完全适用于本案，而且对被告有利。因此，法院应整体驳回该诉讼。

日期：____________　　　　敬致，

被告律师

---

12 *Matthews v. Rogers*, 284 U. S. 521, 525 (1932); *cf. Arkansas v. Farm Credit Servs.*, 520 U. S. 821, 826 (1997)（在州税收问题上，州政府对其自身程序的完整性的关注尤为重要）.

13 213 U. S. 276 (1909).

14 213 U. S. at 287; *cf. Great Lakes Dredge & Dock Co. v. Huffman*, 319 U. S. 293, 302 (1943)（支持驳回挑战州失业保险基金缴费违宪的诉讼）.

附　录　B

下面是一份以高影响力风格撰写的上诉状。请注意案情陈述中的第一句话是如何强调案件重要性的(这很关键,因为它提交给一个有自由裁量权的法院)。注意结论是如何用一系列的问题来总结要点的。

的确,深度议题直到第5页才出现,但这只是因为适用的法院规则规定了议题必须出现在那里。如果规则有明确规定,那就没问题。毕竟,编写规则的法官知道要从哪里看。在任何情况下,案情陈述的第1段都要总结出主要议题和主题(见技巧17)。

第99－1024号

得克萨斯州最高法院

联合互助Lloyds有限公司,

联合互助Lloyds公司,

联合互助火灾保险公司,

被告,

诉

贝斯·汤普森(Beth Thompson)和威廉姆·史蒂文斯(William Stevens)

原告。

---

i

贝斯·汤普森的上诉状

琼·希尔·琼斯(Joe Hill Jones)
约翰·E. 阿格纽(John E. Agnew)
Carter, Jones, Agnew & Kruka
2400 One Main Place
1201 Main Street
Dallas, Texas 75202 – 3973

布莱恩·A. 加纳(Bryan A. Garner)
14180 Dallas Parkway, Suite 280
Dallas, Texas 75254

上诉方贝斯·汤普森的律师

当事方名录

上诉方/原告	律师
贝斯·汤普森	琼·希尔·琼斯 约翰·阿格纽 Carter, Jones, Agnew & Kruka 2400 One Main Place 1201 Main Street Dallas, Texas 75202 – 3973 布莱恩·A. 加纳 14180 Dallas Parkway Suite 280 Dallas, Texas 75254
上诉方/原告	**律师**
威廉姆·史蒂文斯	[略]
应诉方	**律师**
联合互助 Lloyds 有限公司 联合互助 Lloyds 公司 联合互助火灾保险公司	[略]

ii

目 录

iii

iv

State Farm Fire & Cas. Co. v. Gandy, 925 S. W. 2d 696 (Tex. 1996)	1,6
成文法	**页数**
《得克萨斯州家庭法》第 4.031 章第 5.61 条(1993 Vernon 版)	7
《得克萨斯州政府法》第 22.001(a)(2),(6)条	1
《得克萨斯州保险法》第 21.21 条第 16 款	5
《得克萨斯州财产法》第 42.001 章各条(1984 Vernon 版)	7

这个句子使用了一种叫作“递进”的修辞技巧。随着从句不断递进,保险公司的行为就会显得越来越糟。这句话也是对议题的一种预警性的框定。

案情陈述

本案关于损害赔偿金提出了一个重要且具体的议题:在 *Stowers*[1] 案中,保险公司在没有保留赔偿额度抗辩权的情况下,允许超额赔偿,且拒绝和解,又未在上诉日期截止前通知被保险人对赔偿额度提出异议。

发起诉讼的是贝斯·汤普森和威廉姆·史蒂文斯,前者在 1987 年发起本诉讼的一次枪击事件中受伤,后者是在该枪击事件中丧生的汤普森的女儿布兰达·史蒂文斯(Brenda Stevens)的丈夫。枪手是理查德·鲍尔(Richard Bauer),联合互助的一名被保险人;另一名被保险人是理查德的妻子埃罗艾斯(Eloise)。汤普森和史蒂文斯诉请以投保人的遗产作为赔偿。经过对抗性庭审,汤普森获得了 250 万美元的赔偿判决;史蒂文斯获得了 175 万美元的赔偿判决。

在该判决最终确定后,汤普森和史蒂文斯就这两项索赔,接受了遗产保险公司联合互助的索赔转让。作为交换,他们签署了判决后不执行协议。

汤普森和史蒂文斯随后以违约、欺诈性商业行为、违反《保险法》及非合同侵权行为等诉由起诉了联合互助。他们赢得了对埃罗艾斯·鲍尔(Eloise Bauer)遗产承保问题的简易判决,该部分的案件被分割处置。[2] 在发回重审时,案件重新合并由陪审团审理,陪审团在对埃罗艾斯·鲍尔的遗产索赔上认定汤普森和史蒂文斯获胜,但在对理查德·鲍尔的遗产索赔上认定联合互助获胜。

V

1 *G. A. Stowers Furniture Co. v. American Indem. Co.*, 15 S. W. 2d 544 (Tex. Comm'n App. 1929, 维持原判).

2 See *Allied Mutual Lloyds, Inc. v. Thompson*, 791 S. W. 2d 542 (Tex. App.—Dallas 1990, 诉请被驳回) (per Enoch, J.).

洛克沃(Rockwall)县第354区法院的理查德·鲍斯沃斯(Richard Bosworth)法官认为,相关判决的赔偿金额在法律上确定了损害价值,并在此基础上作出判决。但上诉法院的意见书推翻判决并发回重审,认定损害价值没有依法确定,并认为被保险人的遗产价值与衡量损害价值有关。布莱恩·沙农(Brian Shannon)法官撰写该意见书,菲利普·戛沃德(Philip Garwood)法官持相同意见,听取了口头辩论的艾迪斯·本彻利(Edith Benchley)法官在上诉法院作出判决前离职。

管辖权陈述

根据《得克萨斯州政府法》第22.001(a)(6)条的规定,本法院有管辖权,因为上诉法院犯了一个实质性的法律错误,这对于得克萨斯州的司法体系非常重要,需要予以纠正。根据《得克萨斯州政府法》第22.001(a)(2)条的规定,本法院也有管辖权,因为上诉法院的决定与本法院在 *Gandy* 案[3]中的意见以及 *Allstate Insurance Co. v. Kelly* 案[4]中确立的重要判例相冲突。

讨论议题

幸运的是,*Gandy* 案的判决在本上诉状之前数月生效。

在 *Gandy* 案中,本法院表示,在对抗性审判后,判决的金额决定了原告在后来的 *Stowers*(斯托尔斯)之类诉讼中的索赔价值。在本案中,有一个对抗性的审判,被告的律师由联合互助方聘请。审判的结果是对被告作出了超额赔偿。该赔偿判决是否确定了原告的索赔价值?

事实陈述

1987年6月底的一个周末,洛克沃县上的理查德和埃罗艾斯·鲍尔的家人齐聚一堂。[5] 由于埃罗艾斯身患癌症,命在旦夕,她的女儿贝斯(Beth)和24岁刚成婚的孙女布兰达在周末来到洛克沃县照顾埃罗艾斯。[6] 6月20日星期六,理查德对妻子的病情感到心烦意乱,一度跪在她身边抽泣。[7]

那一天,理查德大部分时间都在买醉。[8] 到了晚上,他血液中的酒精含

贝斯·汤普森的上诉状 1/10

3 *State Farm Fire & Cas. Co. v. Gandy*, 925 S. W. 2d 696 (Tex. 1996).

4 *Allstate Ins. Co. v. Kelly*, 680 S. W. 2d 595 (Tex. App.—Tyler 1984, 诉请被驳回,无可审诉由).

5 280 - 81.

6 R 277 - 81.

7 R 286 - 87.

8 R 288.

量已经达到法定上限的两倍。[9] 11 点刚过，贝斯和她母亲躺在床上，布兰达睡在门廊上。[10] 突然，理查德走进房间，从床头柜上拿出一把手枪。[11] 当贝斯和埃罗艾斯求他把枪放下时，布兰达来到外祖母身边。[12] 布兰达拿起电话拨号求助，就在她刚接通接线员的时候，理查德向她的头部开了一枪，将其射杀。[13] 然后他向贝斯的头部开了一枪，子弹穿透了她的下巴，贝斯从房子里逃了出来，躲过一劫。[14] 理查德向自己的妻子埃罗艾斯开了三枪，但均不致命。然后他自杀了。[15] 3 周后，埃罗艾斯在家中离世，死于癌症。[16]

1987 年 12 月，贝斯 · 汤普森和威廉姆 · 史蒂文斯（布兰达的丈夫）针对理查德和埃罗艾斯 · 鲍尔的遗产诉请赔偿。[17] 针对埃罗艾斯的遗产索赔建立在她对理查德的侵权行为负有责任。[18] 联合互助曾向理查德和埃罗艾斯 · 鲍尔签发过一份连带责任的业主保单。保险公司最初承诺根据不弃权条款为理查德提供抗辩，但后来由于故意除责，仅保留了针对理查德的保额抗辩权。[19] 当理查德的遗产管理人要求无条件辩护时，联合互助拒绝了。因此，理查德的遗产管理人聘请了独立的律师。[20] 但是联合互助为埃罗艾斯的遗产提供了无条件辩护，且从未通过权利保函或不放弃条款主张任何保额抗辩。[21] 联合互助错误地声称，埃罗艾斯不该承担赔偿责任，因为她没有做错任何事。[22]

在提起诉讼和审判之间的 8 个月里，该诉讼的原告多次提出以 60 万美元就两次事件进行和解。[23] 联合互助多次拒绝，却没有将具体原因告诉埃罗艾斯 · 鲍尔的遗产管理人。[24] 联合互助的律师（Stutz & Leeds）要求得到以

贝斯 · 汤普森的上诉状 2/10

9 R 2346.
10 R 285, 289; DX 1.
11 R 290.
12 Id.
13 R 291, 292; DX 1, at 3.
14 R 291, 292 - 93; DX 1.
15 R 296; DX 1.
16 R 296.
17 PX 20.
18 Id.
19 PX 29; PX 27.
20 PX 70, 71; R 679, 681.
21 R 463 - 64.
22 PX 32, 70; R 463, 554.
23 R 359, 1045.
24 PX 43, 46, 47, 51; R 423, 429, 584.

脚注引文很少会占到一页的 25%，特别是当简报是双行距时。想象一下，将这些引文插入上述扣人心弦的叙述中，会产生怎样的“打嗝”现象。

15万美元进行和解的授权，但被联合互助拒绝，后者坚持认为埃罗艾斯没有责任。[25] 但在1988年4月11日，律师曾提醒过联合互助，埃罗艾斯的遗产管理人实际上的确负有责任。[26] 尽管埃罗艾斯的遗产管理人要求在保单限额内进行和解，但联合互助从未提出任何和解金额[27]或启动任何谈判[28]来解决此案。

联合互助也没有对埃罗艾斯的遗产管理人保留任何抗辩权，[29]尽管保留抗辩权会提醒遗产管理人自己可能需要独立律师。虽然在1988年的整个春天和夏天，联合互助都在积极努力地阻止理赔，且它从未通知埃罗艾斯·鲍尔的遗产管理人，其正在构建拒绝赔付的抗辩。[30]

尽管联合互助声称在其辩护团队和理赔团队之间建立了一堵"防火墙"，但它从1988年5月25日即开始破坏这道屏障。[31] 总体而言，在7月的审判前至少发生了7次违规行为。[32] 这些违规行为中最令人震惊的是，辩护团队的马库斯·布兰特雷（Marcus Brantley）向联合互助的理赔律师琼·斯图亚特（Joe Stewart）发送了一份Stutz & Leeds律所4月11日出具的备忘录，以为拒绝赔付提供依据。[33] 布兰特雷敦促斯图亚特"阅后即焚"——在得到他所需要的"信息"后马上将备忘录"处理"掉。[34]

在马库斯·布兰特雷手书的提示和Stutz & Leeds律所备忘录的帮助下，联合互助的另一位理赔律师史蒂文·博伊德（Steven Boyd）在1988年7月审判的前两天，着手研究埃罗艾斯遗产的保险问题。[35] 在短短的8小时内，他得出结论，只有夫妻共同财产负有责任；因此，在他看来，埃罗艾斯的遗产无须理赔。[36] 他随后起草了一封信，供琼·斯图亚特签署，主张埃罗艾斯的遗产无须理赔。[37]

贝斯·汤普森的上诉状 3/10

25 R 443 -45.
26 PX 14.
27 R 448 -49.
28 R 359, 1045; DX 15; PX 19; PX 51.
29 R 463, 554.
30 PX 34; R 496 -98, 701, 703, 934, 1690 -91.
31 See Tab G; see *esp.* PX 37.
32 See id.
33 PX 37.
34 Id.
35 R 976 -77, 993.
36 R 981 -82.
37 DX 12; R 977.

但是,即使在这最后时刻,联合互助既没有保留其对遗产的抗辩权,也没有通知遗产管理人其计划对理赔进行抗辩。[38] 相反,它在没有通知遗产管理人将就理赔进行抗辩的情况下参与了审判,使遗产“遭受”了 425 万美元的赔偿判决。[39] 赔偿责任是明确的,而且潜在的损失远远超过了保单的限额。[40] 联合互助没有上诉,导致该赔偿判决在 1988 年 8 月 20 日成为最终判决,然后其拒绝支付该赔偿判决。[41]

在该判决成为最终判决近 1 个月后,作为不执行协议的交换条件,埃罗艾斯的遗产管理人将其对联合互助的权利转让给贝斯 · 汤普森和威廉姆 · 史蒂文斯,后者提起本诉讼以执行这些权利。[42] 作为赔偿判决债权人和埃罗艾斯遗产权利的受让人,汤普森和史蒂文斯应欺诈性商业行为法和保险法的规定出具了 30 天索求函。[43]

1988 年 9 月,即审判后近 2 个月,联合互助首次通知埃罗艾斯遗产管理人其将寻求理赔抗辩,并向达拉斯地区法院提起了宣示性判决诉讼。[44] 在联合互助的起诉被驳回后,汤普森和史蒂文斯发起了本诉讼,并在简易判决中获胜。上诉法院(Enoch 首席法官)以狭隘的理由推翻简易判决并发回重审,认为如果汤普森和史蒂文斯能够在审判中证明他们或埃罗艾斯的遗产管理人被联合互助的行为所伤害,并且联合互助曾“获悉指向不予理赔的事实”,他们将满足证明禁止反言(或如其他法院所称的“弃权”)的标准。[45]

在发回重审时,初审法院重新合并了之前被分割的侵权行为索赔,因此弃权与禁止反言、斯托尔斯过失责任、欺诈性商业行为和保险法索赔将再次被一起审理。1992 年 8 月,审判法庭进行了为期两周半的审判。陪审团认为联合互助(1)从事了欺诈性商业行为,(2)在处理保险理赔时有疏忽行为,(3)放弃了对理赔的抗辩,(4)因禁止反言而不得拒绝理赔。[46] 审判记录中

贝斯 · 汤普森的上诉状 4/10

38 R 496 – 98.

39 DX 17; R 458.

40 R 458.

41 R 459.

42 DX 9; R 1097.

43 PX 35.

44 R 495 – 99.

45 791 S. W. 2d at 553.

46 R 107 – 10, 115, 116, 118.

包含了大量关于伤害的证据以及联合互助获悉指向不予理赔的事实的证据。[47]

粗略计算，425 万美元的赔偿判决，[48]加上利息，相当于 1992 年的 600 多万美元。在斯托尔斯责任认定基础上，加上欺诈性商业行为的责任认定，以及《得克萨斯州保险法》第 21.21 条第 16 款的责任认定，初审法院判定三倍罚则，使赔偿金超过 1800 万美元（不含律师费）。

上诉法院（Shannon 法官）在发现有足够的证据支持斯托尔斯责任认定以及违反保险法行为和欺诈性商业行为后，仍然推翻判决并发回重审，认为赔偿判决的金额并不能确定损害价值。[49] 法院指示原审法庭查明埃罗艾斯·鲍尔的遗产价值，以确定联合互助必须支付的损害赔偿金——尽管埃罗艾斯·鲍尔保单中有无力偿债的条款，即使她的遗产没有任何价值，保险公司也需全额理赔。

上诉法院正确阐述了本案的性质。

主张简介

根据既定的得克萨斯州法律，如果保险人（1）承认投保人的抗辩，且不保留对保险理赔的抗辩权，同时（2）既不启动和解谈判，也不同意在保险限额内进行和解，则保险人应对任何超过保险限额的赔偿判决负有全部责任。在这里，联合互助掌控了埃罗艾斯·鲍尔遗产的抗辩，在其赔偿责任明确的情况下从未启动和解谈判，拒绝了金额在保单限额内的和解提议，导致法院对被保险人作出 425 万美元的超额判决。联合互助早在 1988 年 4 月 11 日就知道埃罗艾斯·鲍尔的赔偿责任，但直到 1988 年 7 月的审判日之前，它继续掌控着投保人的抗辩（没有对保险理赔进行抗辩）。在赔偿判决于 1988 年 8 月成为最终判决 1 个月后，联合互助才姗姗来迟地提出了保险理赔抗辩。这里的事实极不寻常，但法律原则是惯常的：根据 *Gandy* 案和 *Kelly* 案，作为一个法律问题，赔偿判决的金额确定了损害价值。

贝斯·汤普森的上诉状 5/10

---

47 See *Allied Mutual Lloyds*, *Inc. v. Thompson*, 1997 WL 531027 headnotes 6 & 8 (Tex. App.—1997) (at Tab C).

48 DX 17.

49 See *Allied Mutual Lloyds* at headnotes 8 & 9.

主 张

A. 保险人如果完全掌控了被保险人的抗辩,但未能在保单限额内进行和解(尽管相关责任明显超过了保单限额),则保险人应对随后的任何判决承担全部责任。

在之前判决的 *State Farm Fire & Casualty Co. v. Gandy* 案[50]中,本院解释了当被保险人同时要求保险人进行抗辩和理赔时,保险人的选择范围:

> 我[保险人]通常有三种选择:接受原告的理赔请求并为被告提供抗辩,为被告提供抗辩但保留对保险理赔的抗辩权,或者拒绝理赔同时拒绝提供抗辩。[51]

在本案中,联合互助接受了理赔请求,至少是在赔偿判决最终生效前。然后,它试图采用"第四种"选择,该选择从未被法院所认可:"请注意,这份选择清单并不包括'为被保险人提供抗辩并道歉,然后再对保险理赔提出抗辩'这一选项……"[52] *Gandy* 案巩固了这个特定且不复杂的观点。

作为针对联合互助的索赔转让的交换条件,汤普森和史蒂文斯同意在判决后不寻求执行。这与 *Gandy* 案并不冲突。

相关的问题是损害的衡量标准,在这一点上 *Gandy* 案在三个不同的段落中提供了指导:

- "在原告对保险人的后续诉讼中,原告的损失以其对被告索赔的价值来衡量。"[53]
- "如果原告与被告在对抗性审判后达成和解,原告的索赔价值可以被认作获得的赔偿判决的金额。"[54]
- "例如,正如刚才所说,如果和解是在对抗性审判之后达成的,那么评估原告索赔价值的困难即不再存在。该价值已为赔偿判决所公平确定。"[55]

Gandy 案的引文很关键。

贝斯·汤普森的上诉状 6/10

---

50 925 S. W. 2d 696 (Tex. 1996).

51 Id. at 713.

52 *Insurance Corp. of Ireland v. Board of Trustees of S. Ill. Univ.*, 937 F. 2d 331, 337 (7th Cir. 1991).

53 925 S. W. 2d at 713.

54 Id.

55 Id. at 714.

B. 上诉法院试图将本案从主导性的判例法中区分开来的做法是错误的；更重要的是，这将伤害得克萨斯州已婚被保险人的权利。

尽管本法院有明确的判例指导，上诉法院还是决定不适用 *Gandy* 案或 *Kelly* 案。上诉法院指出，在本案中，判决书明确指出它可以针对夫妻共同财产进行执行，而在 *Gandy* 案和 *Kelly* 案中，判决书似乎并不包含这一特别情况。[56] 在上诉法院判决书包含错误的关键段落中，“金额”一词出现了三次，但在第三次出现时，它的含义发生了变化：

> 在 *Kelly* 案中，一个简单的数学计算解决了保单限额和赔偿判决金额之间的差异，因此，“作为法律问题”，在以后对保险人的诉讼中，“赔偿判决的金额”成为损害价值的评估依据。相比之下，本案中的判决书并不允许审判法庭确定被保险人的赔偿判决的“金额”。相反，它要确定某些资产是否存在，及其价值。[57]

为什么要在第三个金额上加引号？因为尽管这个词在前两次出现时都表述了其本意，但在第三次出现时，它的意思就变成了“可执行的金额”，除此之外，没有其他解读可能。

有益的指引 → 上诉法院的案件区分是错误的，原因有五个。

第一，一项判决能否执行往往与其金额大小有很大的关系。当主审法官作出判决时，无论金额大小，他们可能会想知道其判决的执行性如何。但这与他们判决的金额没有关系。

第二，赔偿判决只是反映了得克萨斯州的法律：由于埃罗艾斯·鲍尔的遗产只为她与侵权人结婚而负有责任，即她的遗产只在夫妻共同财产的范围内负有责任。[58] 事实上，在 *Kelly* 案中也是如此，针对非侵权人配偶的超额判决只能执行夫妻共同财产。[59]

第三，法定豁免条款限制了几乎所有判决的可执行性，但这从未给法院评估损害和根据这些金额作出判决带来任何困难。也就是说，法律会给予一些与住所物业、当前收入、农业工具、车辆、退休金等有关的豁免。[60] 这种豁免

贝斯·汤普森的上诉状 7/10

56 1997 WL 531027, at *9.

57 Id.

58 《得克萨斯州家庭法》第4.031章第5.61条（1993 Vernon 版）。

59 *Kelly*, 680 S. W. 2d at 601.

60 《得克萨斯州财产法》第42.001章各条（1984 Vernon 版）。

存在的事实一般不会在判决书本身中提及，一旦被提及也只是对相关法律的说明。而在本案这类案件中，得克萨斯州的判例法要求判决书中应该包括这类说明。[61]

第四，在索赔权转让给汤普森和史蒂文斯之前，本案对联合互助的索赔的唯一争议是关于埃罗艾斯·鲍尔遗产的一部分。[62] 鲍尔的夫妻共同财产受益于该保险提供的保障。若不首先评估夫妻共同财产的价值，就不可能对保险人进行 *Stowers* 责任评估，而 *Stowers* 责任的全部对象就是该夫妻共同财产价值的一部分；这是一种循环论证。将这一认定充入判例法将在得克萨斯州的保险法中造成很大的混乱，这会在被保险人配偶死亡的情况下破坏 *Stowers* 确立的责任权利。

第五，上诉法院宣布保单的无力偿债条款无效。迷失于对夫妻共同财产的价值问题，上诉法院废止了保险人在保险合同中作出的最重要的承诺之一。这一对被保险人作出的承诺在鲍尔夫妇的保单中写明如下：

> 被保险人或被保险人遗产的破产或无力偿付，不应解除公司在本协议下的任何责任义务。[63]

上诉法院通过发回重审，要求对遗产的价值进行调查，等于复辟了在 1971 年遭到本法院断然拒绝的预付规则。[64] 根据无力偿债条款，埃罗艾斯·鲍尔的夫妻共同财产的性质和范围——或者说，她的遗产独立——与本案无关。

根据上诉法院的判决，保险合同和保险金额不再是当事方讨价还价的内容。如果必须对被保险人的遗产进行检查，以确定是否存在 *Stowers* 责任造成的任何损失，那么联合互助的和解和抗辩责任就仅限于遗产价值的金额，而所谓保险分析就变成了纯粹的经济手段。例如，假设一个投保想要 50 万美元的责任保险。被保险人有豁免资产（住所物业，作为非侵权方配偶的独立财产）和非豁免资产（夫妻共同财产）。非豁免资产的价值为 5 万美元。配偶有侵权行为，引起了 100 万美元的责任。根据上诉法院的判决，保险人

贝斯·汤普森的上诉状 8/10

---

61 See *First Nat'l Bank v. Finn*, 132 S. W. 2d 151, 155 (Tex Civ. App.—Galveston 1939 诉请被驳回)［指出由于配偶的单独财产不需要为另一配偶所犯的侵权行为负责，"经合理提出适当的诉请"，判决应豁免（配偶的）单独财产］；*Seinsheimer v. Burkhart*, 122 S. W. 2d 1063, 1067 (Tex. 1939)（根据法院自发的动议决定，类似的判决应予改革，以便丈夫的单独财产不受判决的影响）.

62 See *In re Edgeworth*, 993 F. 2d 51, 55 & n. 15 (5th Cir. 1993).

63 PX 24, at 3 (under "Endorsements").

64 *Hernandez v. Great Am. Ins. Co.*, 464 S. W. 2d 91 (Tex. 1971) (per Reavley, J.).

对侵权方配偶的赔付责任永远不会超过夫妻共同财产的价值或 5 万美元，即使保险人已经同意在保单限额内对两个被保险人进行赔付。

根据上诉法院宣布的全新理论，被保险人可获得的保险金额往往与保单上的规定相去甚远；也与被保险人支付保金的对象，即被保险人的非豁免夫妻共同财产金额，相去甚远。

法院应拒绝这项新的理论。它会损害得克萨斯州每一个投保责任险的已婚人士。

如果有一个地方可以放一句话的问题陈述，请将它放在最后。

结　论

本案中的议题可以用不同的方式来表述。这是否意味着上诉法院在 *Gandy* 案中所说的损害的衡量标准不是一种而是三种？*Kelly* 案的判决仍然有效吗？*Stowers* 责任确认是否仍然是本州的有效法律？得克萨斯州的法律是否已经恢复执行侵权方配偶的夫妻共同财产？保险合同中的无力偿债条款是否只保护某些类别的指定被保险人？

对得克萨斯州人来说，这个案子对每一个涉及无辜投保配偶遭起诉的保险合同都有巨大的影响。有了这个先例，保单限额和超额判决的金额都不再重要。相反，唯一重要的因素是无辜配偶的夫妻共同财产的价值。简言之，通过不遵循 *Gandy* 案和 *Kelly* 案的规则，上诉法院实际上(1)使保单的表面金额毫无意义，(2)使保单的无力偿债条款失效，并(3)破坏了无辜投保配偶的 *Stowers* 权利。

汤普森要求法院批准其上诉申请，推翻上诉法院的判决，并恢复原审法院的判决。

敬致，
被告律师

____

布莱恩 · A. 加纳
14180 Dallas Parkway
Suite 1280
Dallas, Texas 75254

琼 · 希尔 · 琼斯
约翰 · E. 阿格纽
Carter, Jones, Agnew & Kruka
2400 One Main Place
1201 Main Street
Dallas, Texas 75202 – 3973

贝斯 · 汤普森的上诉状　9/10

文书送达

本文件的副本已于 1997 年 8 月____日亲手送达其他各当事方的律师：

____

____

____

____

布莱恩 · A. 加纳

贝斯 · 汤普森的上诉状 10/10

附　录　C

关于以下上诉状的说明

简言之，该案的情况如下。当一名墨西哥妇女来到得克萨斯州埃尔帕索的过境点，并出示了过期的过境许可证时，一名边境巡逻探员开始气恼，殴打她，然后逮捕了她。她遭受了严重的伤害，并起诉该探员侵犯了她在宪法第四和第五修正案下的权利。

该探员声称，自己的行为应获得特定的豁免权，因为与既定的先例相左，非居民外国人不应享有任何宪法权利。

尽管当事双方提出了令人愤慨的事实和极端对立的主张，但这个公益案件的诉状作者以文明的语气和有力的论点进行了回应。他们在确认既定法律时碰到点麻烦，因为法院很可能不接受他们的立场。第五巡回法院的意见书则采用了该诉状的大部分语言和论证。你可以参看 *Martinez-Agüero v. González*, 459 F. 3d 618 (2006)。

这里转载的是这份致胜诉状的封面、目录和其中的主张。诉状的主要作者是乔纳森·布里奇斯（Jonathan Bridges）和苏亚什·阿格拉沃（Suyash Agrawal），他们有意识地实施了本书所传授的方法——从议题陈述、要点标题、脚注引证和实质性的结论中均可以看出。

这份诉状有多棒？这么说吧，许多有经验的上诉律师告诉我，这是他们所见过的最好的诉状：是修辞技巧、通彻研究和人性化诉讼的完美结合。

布莱恩·A. 加纳

第05－50472号案

美国联邦上诉法院
第五司法巡回区

玛利亚·安托涅塔(Maria Antonieta) 马丁内斯－阿盖洛(Martinez-Agüero)
被告—应诉方

诉

翁伯托·冈萨雷斯(Humberto González)
原告—上诉方

美国联邦西得克萨斯地区法院埃尔帕索分庭的中间上诉
民事诉讼第EP－03－CA－0411－KC

玛利亚·安托涅塔 马丁内斯－阿盖洛的应诉状

乔纳森·布里奇斯
苏亚什·阿格拉沃
Susman Godfrey LLP
901 Main, Suite 4100
Dallas, Texas 75202

应诉方
玛利亚·安托涅塔
马丁内斯－阿盖洛
首席上诉律师

哈维尔·N.玛多纳道(Javier N. Maldonadao)
人权律师委员会
118 Broadway, Suite 502
San Antonio, Texas 78205

弗朗西斯科·X.多明戈斯(Francisco X. Dominguez)
521 Texas Ave.
El Paso, Texas 79901

应诉方
玛利亚·安托涅塔
马丁内斯－阿盖洛
联席上诉律师

尽管议题陈述在司法读者中引发了一些怀疑（如“无故被捕”和“过度使用武力”），如果后面能予以跟进，就没有关系。

目　　录

美国宪法的保护适用于所有在美国境内的人。马丁内斯－阿盖洛是墨西哥公民，她在墨西哥——美国边境的一侧出示了过境卡以进入美国。移民局探员冈萨雷斯攻击了马丁内斯－阿盖洛，且无故逮捕了她，并因过度使用暴力而令她受伤。马丁内斯－阿盖洛是否有权获得宪法第四和第五修正案的保护？

ii

讨论议题

美国宪法的保护适用于所有在美国境内的人。马丁内斯 - 阿盖洛是墨西哥公民,她在墨西哥——美国边境的一侧出示了过境卡以进入美国。移民局探员冈萨雷斯攻击了马丁内斯 - 阿盖洛,且无故逮捕了她,并因过度使用暴力而令她受伤。马丁内斯 - 阿盖洛是否有权获得宪法第四和第五修正案的保护?

> 68 个字的深度议题。

Ⅰ. 导　　言

冈萨雷斯探员要求本庭无视 100 年来的既定先例,判定美国宪法对边境游客不予保护

这是一起 *Bivens* 诉讼,墨西哥公民马丁内斯 - 阿盖洛要求一名在边境口岸残忍虐待她的边防探员承担个人责任。该联邦探员则试图逃避责任,理由是美国宪法并不适用于身处边境的马丁内斯 - 阿盖洛。

> 注意这里的“残忍虐待”一词营建了适度怀疑。

玛利亚 · 安托涅塔　马丁内斯 - 阿盖洛应诉状　1/20

100多年前，联邦最高法院确认，美国的宪法保护适用于在美国境内的所有人，无论其为哪国的公民。[1] 在这一系列判决以及此后的判例中，联邦最高法院认定：一旦外国人出现在美国的领土上，即享有美国宪法赋予的各种权利。[2]

冈萨雷斯探员并不否认，外国人一旦进入美国领土就享有美国宪法规定的权利。而且，关于马丁内斯－阿盖洛是在美国领土上遭受冈萨雷斯探员攻击的事实毫无争议。[3] 由于无法反驳这一决定性的事实，冈萨雷斯探员试图通过敦促本院适用“无视入境”原则来迂回规避。然而，这样做会使该原则超出其牢固确立的移民和驱逐出境程序的应用范围，超出移民法的范畴，并超出国会对移民事务的通用权力，而这种权力正是该“无视入境”原则的基础和依据。总之，冈萨雷斯探员含蓄地提议将“无视入境”原则适用于所有边境事务。但从未有法院以这种的方式适用该原则。

事实上，本法院判定“无视入境”原则仅仅在移民程序或者驱逐出境程序中管辖外国人的权利。在 *Lynch v. Cannatella* 案中，本法院明确解释过，该原则“并不限制在美国领土内因其他原因被拘留的外国人应享有人道待遇的权利”。[4]

同样，联邦最高法院在 *United States v. Montoya de Hernandez* 案[5]中确认，第四修正案保护在边境办理入境手续的非居民外国人免受不合理的搜查和扣押。[6]

由于冈萨雷斯探员不能援引“无视入境”原则，本案的核心是地点问题。因为马丁内斯－阿盖洛是在美国领土上遭到逮捕，据称逮捕原因是其违反美国法律的行为，而她又是在美国领土上被美国政府探员攻击、逮捕和伤害的，所以她有权得到美国宪法第四和第五修正案的保护。

玛利亚·安托涅塔　马丁内斯－阿盖洛应诉状　2/20

---

1 *Yick Wo v. Hopkins*, 118 U. S. 356, 368 –69 (1886); *Wong Wing v. United States*, 163 U. S. 228, 238 (1896).

2 See, e. g., *Demore v. Hyung Joon Kim*, 538 U. S. 510, 543 (2003); *Zadvydas v. Davis*, 533 U. S. 678, 693 (2001); *Plyler v. Doe*, 457 U. S. 202, 210 (1982); *Mathews v. Diaz*, 426 U. S. 67, 77 – 78 (1976); *Carlson v. Landon*, 342 U. S. 524, 537 (1952).

3 Appellant's Bf. at 11; R. E. tab 3, R. 232, Dist. Ct. Op. at 5 & n. 3; R. E. tab 9, R. 195, Affidavit of Maria Antonia Agüero McDaniels ¶ 6 (“McDaniels Aff.”).

4 810 F. 2d at 1373 (footnote omitted).

5 73 U. S. 531, 539 –40 (1985).

6 Id.

Ⅱ.事实与下级法院程序

A. 马丁内斯－阿盖洛经常性地合法进入美国

应诉人马丁内斯－阿盖洛是一名49岁的墨西哥公民并常年居住于墨西哥。[7] 在本上诉所涉事件发生之前,马丁内斯－阿盖洛定期访问美国,至少每月一次,以陪同她的姨妈去埃尔帕索社会保险办公室,或为其他目的。[8]

马丁内斯－阿盖洛入境美国都是合法的,使用的是美国移民局发给她的过境卡。马丁内斯－阿盖洛从报纸上得知她的过境卡很快将不再有效,所以在2001年7月3日,她和她的姨妈安东尼娅·麦克丹尼尔斯·阿盖洛(Antonia McDaniels Agüero),以及她的母亲一起去胡瓦雷斯(Juarez)的美国领馆申办新卡。[9] 在领馆,马丁内斯－阿盖洛询问在等待新卡寄运期间,她和她的家人该如何前往美国。[10] 美国领馆官员告诉马丁内斯－阿盖洛,领事官员可以在旧的过境卡上盖一个章,然后在新卡寄运之前,可以凭盖章的旧卡入境美国。[11] 因此,她要求盖这个章,一位领事官员于是在她们三人的旧过境卡上都盖了章。[12] 在接下来的3个月里,马丁内斯－阿盖洛和她的姨妈每月至少一次毫无困难地入境美国,使用的都是这些盖过章的旧过境卡。[13]

B. 像往常一样,马丁内斯－阿盖洛试图合法进入美国,但遭到冈萨雷斯探员的攻击

2001年10月4日,马丁内斯－阿盖洛和她的姨妈乘坐公共汽车前往埃尔帕索,打算像往常一样去社会保险办公室。[14] 当公共汽车在中午穿过胡瓦雷斯和埃尔帕索之间的跨国大桥时,在美国一侧被拦住,一名美国移民局

7 R. E. tab 8, R. 189, Affidavit of Maria Antonieta Martinez－Agüero ¶ 2 (“Martinez－Agüero Aff.”).

8 R. E. tab 9, R. 195, McDaniels Aff. ¶ 4; see *also* R. E. tab 3, R. 261, Dist. Ct. Op. at 24.

9 R. E. tab 8, R. 189, Martinez－Agüero Aff. ¶ 3.

10 Id. ¶ 4.

11 Id.

12 Id.

13 R. E. tab 8, R. 190, Martinez－Agüero Aff. ¶¶ 5－6.

14 R. E. tab 8, R. 190, Martinez－Agüero Aff. ¶¶ 5, 7; R. E. tab 9, R. 195 McDaniels Aff. ¶¶ 4－5.

探员命令马丁内斯－阿盖洛和她的姨妈下车。[15]

她们一下车，移民局的边境巡逻探员翁伯托·冈萨雷斯（上诉人），便要求她们出示证件。他毫不客气地告诉马丁内斯－阿盖洛，过境卡已经过期，她不能通过。冈萨雷斯探员命令马丁内斯－阿盖洛回墨西哥，他提高了声音，对她非常粗暴。[16]

冈萨雷斯探员大部分时间是在跟马丁内斯－阿盖洛对话，而不是她的姨妈。[17] 马丁内斯－阿盖洛和她的姨妈同意离开，但冈萨雷斯探员拒绝归还她们的过境卡。[18]

马丁内斯－阿盖洛要求跟负责人谈话，但冈萨雷斯探员说他就是负责人（“Yo soy la autoridad!”），而他是唯一能决定是否让人通行的人。[19] 他对马丁内斯－阿盖洛和她的姨妈用词粗鲁，咆哮道：“你们墨西哥人没有权利过境。你们应该知道，在没有适当文件的情况下，尝试过境不是个好点子。”[20]

马丁内斯－阿盖洛问冈萨雷斯探员，同为墨西哥人，他为什么不帮助她们。[21] 冈萨雷斯探员听后更加生气，开始指着制服上的标识大喊：“看着我！我不是墨西哥人！看看我的制服！”然后，他用西班牙语大声骂道：“Vete a la chingada!”[22]马丁内斯－阿盖洛的姨妈作证说，她当时感到非常紧张和害怕，因为她一生中从未受到过如此恶劣的对待。[23]

最后，冈萨雷斯探员将马丁内斯－阿盖洛和她姨妈的过境卡扔在地上，然后走开，并再次说：“Vete a la chingada。”[24]马丁内斯－阿盖洛捡起卡片，悄悄地对她的姨妈说：“好吧，姨妈，我们去看看‘la chingada’在哪里。”[25]她没想到冈萨雷斯探员会听到这些，此时冈萨雷斯探员站在大约两辆车的距离之外。[26]

玛利亚·安托涅塔　马丁内斯－阿盖洛应诉状　4/20

---

15 R. E. tab 8, R. 190, Martinez－Agüero Aff. ¶ 7; R. E. tab 8, R. 195, McDaniels Aff. ¶¶ 5－6.

16 R. E. tab 8, R. 190, Martinez－Agüero Aff. ¶¶ 9－10; R. E. tab 9, R. 196, McDaniels Aff. ¶¶ 7－8.

17 Id. ¶ 9.

18 Id. ¶ 10.

19 Id. ¶ 12; R. E. tab 8, R. 190, Martinez－Agüero Aff. ¶ 12.

20 R. E. tab 9, R. 196, McDaniels Aff. ¶ 13.

21 R. E. tab 8, R. 190, Martinez－Agüero Aff. ¶ 13; R. E. tab 9, R. 196, McDaniels Aff. ¶ 14.

22 R. E. tab 8, R. 190, Martinez－Agüero Aff. ¶ 13; R. E. tab 9, R. 196, McDaniels Aff. ¶¶ 14－15.

23 Id. ¶ 11.

24 R. E. tab 8, R. 191, Martinez－Agüero Aff. ¶ 15.

25 Id. ¶ 16.

26 Id.

马丁内斯－阿盖洛和她的姨妈转身向墨西哥方向走去。[27] 马丁内斯－阿盖洛告诉她的姨妈，她会打电话给丈夫，让他带她们从另一座桥上入境。[28] 然后，冈萨雷斯探员大声叫她们"以法律的名义停下来"。[29]

他强行抓住马丁内斯－阿盖洛，把她的胳膊扭到背后，把她推向一个混凝土路障。[30] 冈萨雷斯探员然后开始"用拳头和膝盖打她"，并反复用膝盖顶她的腰部。[31]

马丁内斯－阿盖洛没有任何挑衅行为。她没有谩骂冈萨雷斯探员，甚至没有对他提高声音。她没有抵抗，没有还手，也没有试图逃跑。[32] 冈萨雷斯探员身材过于高大，袭击发生得过快。[33] 马丁内斯－阿盖洛的姨妈请求冈萨雷斯探员停止殴打她的侄女，但他并没有住手。[34]

有许多目击者看到了这次袭击，但他们都没有来帮助马丁内斯－阿盖洛。[35] 当其他探员到达后，他们用英语对冈萨雷斯探员说了些什么，但马丁内斯－阿盖洛并不明白其内容。直到这时，冈萨雷斯探员才停止打她。[36]

接下来，马丁内斯－阿盖洛被带到一间办公室，她被铐在一张椅子上，被独自一人关着。[37] 过了不久，冈萨雷斯探员进入办公室，向马丁内斯－阿盖洛展示了他手臂上的抓痕。[38] 他威胁说，她攻击了探员，就会被关进监狱，并嘲笑她，还给她看了一张他拍的抓痕照片。[39] 但马丁内斯－阿盖洛不可能造成这些抓痕，因为她甚至没有试图抵抗。[40] 最后，冈萨雷斯探员离开了。其他探员进入房间，并允许马丁内斯－阿盖洛的姨妈进来。[41]

玛利亚·安托涅塔 马丁内斯－阿盖洛应诉状 5/20

恶劣的事实，但一笔带过。没有副词，没做编辑。

读到现在，你最初的怀疑态度可能不复存在了。

27 Id. ¶ 17; R. E. tab 9, R. 196, McDaniels Aff. ¶ 16.
28 R. E. tab 8, R. 191, Martinez – Agüero Aff. ¶ 17.
29 Id. ¶ 18.
30 R. E. tab 8, R. 191, Martinez – Agüero Aff. ¶ 19.
31 R. E. tab 3, R. 228, Dist. Ct. Op. at 1; R. E. tab 8, R. 191, Martinez – Agüero Aff. ¶ 19; R. E. tab 9, R. 196, McDaniels Aff. ¶ 16.
32 Id. ¶ ¶ 17 – 19; R. E. tab 8, R. 191, Martinez – Agüero Aff. ¶ 19.
33 R. E. tab 9, R. 196, McDaniels Aff. ¶ 19; R. E. tab 8, R. 191, Martinez – Agüero Aff. ¶ 22.
34 R. E. tab 9, R. 196, McDaniels Aff. ¶ 17.
35 Id. ¶ 18; R. E. tab 8, R. 191, Martinez – Agüero Aff. ¶ 20.
36 Id.
37 Id. ¶ 21; R. E. tab 9, R. 196 – 97, McDaniels Aff. ¶ ¶ 20 – 21.
38 R. E. tab 8, R. 191, Martinez – Agüero Aff. ¶ 23.
39 Id.
40 Id.
41 Id. ¶ 24; R. E. tab 9, R. 197, McDaniels Aff. ¶ 21

关键段落。

患有癫痫病的马丁内斯－阿盖洛在被关押期间癫痫发作。[42] 她从椅子上摔下来，头撞到桌子上，然后倒在地上抽搐，但仍被铐在椅子上。[43] 医务人员在某个时点赶到，给她输氧。[44]

最突出的事实之一，点睛之笔，是当局放走了她。它以典型的低调陈述结束了案情交代。至此，所有的怀疑态度都消失了。

最后，在她被命令下车6个多小时后，马丁内斯－阿盖洛被释放，才被允许回家。[45]

C. 针对其宪法权利被侵犯，马丁内斯－阿盖洛在联邦法院寻求救济

马丁内斯－阿盖洛在埃尔帕索的联邦地区法院发起了这项 *Bivens* 诉讼，[46]指控冈萨雷斯探员侵犯了她在美国宪法第四和第五修正案下的权利。冈萨雷斯探员提出动议，要求根据特定豁免权理论作出简易判决。[47] 他辩称自己应该免予起诉，因为马丁内斯－阿盖洛是一个外国人，所以没有任何宪法权利。

地区法院拒绝了简易判决，因为它认为冈萨雷斯探员对马丁内斯－阿盖洛的攻击发生在美国领土内，而且该攻击并不能适用“无视入境”原则的任何移民程序的一部分。[48] 冈萨雷斯探员对这一判决提出上诉。

Ⅲ. 主张简介

这个总结非常好。语气始终保持平静。试着选择了主张简介中最重要的两个句子。

联邦最高法院早就认定，特定豁免权分析有两个步骤。首先，必须确定宪法权利是否存在。其次，确定政府官员的行为在当时的情况下是否合法。

在本上诉案中，冈萨雷斯探员的全部主张完全基于第一个问题：马丁内斯－阿盖洛是否享有可能遭冈萨雷斯探员侵犯的宪法权利？冈萨雷斯探员没有就特定豁免权分析的第二个问题提出任何主张。

为了解决第一个问题，冈萨雷斯探员在没有既定判例的基础上，寻求扩大适用“无视入境”原则——该原则只涉及移民和驱逐出境程序，并不适用于在美国境内发生的对外国人的不人道待遇。冈萨雷斯探员认为，马丁内斯－阿盖洛作为一个非居民的外国人，即使身在美国领土，也没有宪法权利。

玛利亚·安托涅塔　马丁内斯－阿盖洛应诉状　6/20

42 R. E. tab 8, R. 189, 192, Martinez－Agüero Aff. ¶ ¶ 2, 24－25; R. E. tab 9, R. 197, McDaniels Aff. ¶ ¶ 21－22.

43 Id. ¶ 25; R. E. tab 8, R. 191, Martinez－Agüero Aff. ¶ 22.

44 Id. R. 192 ¶ 26; R. E. tab 9, R. 197, McDaniels Aff. ¶ 23.

45 R. E. tab 8, R. 192, Martinez－Agüero Aff. ¶ 27.

46 *Bivens v. Six Unknown Fed. Narcotics Agents*, 403 U. S. 388 (1971).

47 R. E. tab 3, R. 228, Dist. Ct. Op. at 1.

48 R. E. tab 3, R. 228, 231－32, Dist. Ct. Op. at 1, 4－5.

这种从法官的附带陈述和牵强关联的判例中拼凑起来的"新奇"法律主张，与联邦最高法院百年来的先例以及本法院的长期立场相违背。

联邦最高法院认为，第四修正案保护在美国境内的外国人不被无理扣押。[49] 本法院明确指出，非居民外国人，甚至是非法入境的外国人，"根据宪法第五和第十四修正案的正当程序条款，有权免受州或联邦官员的体罚虐待"。[50] 这正是本案的核心。

因此，本法院应维持地区法院拒绝简易判决的决定，因为第四和第五修正案保护马丁内斯－阿盖洛在进入美国领土后免受体罚虐待和不人道的待遇；同样，这也阻止了冈萨雷斯探员对其行为寻求特定豁免。

Ⅳ. 主　张

A. 本案审理的是一个全新的法律问题，因为以往的标准是：简易判决不得适用于基于特定豁免权的案子

本中间上诉拒绝冈萨雷斯探员基于特定豁免权抗辩而提出的简易判决动议。适用的审查标准是"全新法律问题"。证据和所有从证据衍生的事实均应从对反对动议方最有利的角度来解读；所有关于事实的合理怀疑也均应从有利于反对动议方的角度来适用。在基于特定豁免权的中间上诉中，如果地区法院关于简易判决的命令认定、审前记录确认了待审事件的"真实性"，本法院即无权审查该简易判决的决定。相反，本法院必须考虑地区法院在支持简易判决的决定是否存在法律错误。[51]

B. "无视入境"原则并没有剥夺非居民外国人的宪法保护，以免受政府官员非人道待遇

冈萨雷斯探员的唯一抗辩是自己应免予起诉，因为马丁内斯－阿盖洛没有宪法权利。虽然冈萨雷斯探员的主张完全建立在"无视入境"原则之上，尽管他始终没说出这个原则的名称。但该原则向来仅适用于确定接纳或拒绝移民的问题，从未涉及确定虐待外国人的法律权利和义务。

澄清了对方的一个混乱的主张。

(1)"无视入境"原则源自国会监管移民事务的通用权力

"无视入境"原则源于这样一种认知——政府的行政部门比司法部门更

本节中对法律有条不紊的解释悄悄地摧毁了冈萨雷斯的立场。

玛利亚・安托涅塔　马丁内斯－阿盖洛应诉状　7/20

49　*Almeida－Sanchez v. United States*, 413 U. S. 266, 273 (1973).

50　*Lynch v. Cannatella*, 810 F 2d 1363, 1374 (5th Cir. 1987).

51　*Wallace v. County of Comal*, 400 F. 3d 284, 288－89 (5th Cir. 2005).

适合充当国家边界的守门人。因此，“就拒绝外国人入境而言，无论国会授权怎样的程序，都是正当的”。[52]

联邦最高法院在 *Zadvydas v. Davis* 案中重申了这一原则[53]：“国会有制定移民法律的‘通用权力’……司法部门必须尊重行政部门和立法部门在该领域的决策。但这一权力受到重要的宪法限制。”[54]根据最近的关塔那摩系列案件，即使是作为敌方战斗人员的被监禁外国人，也可以根据联邦人身保护法质疑他们是否遭受“违反美国宪法或法律或国际条约的关押”。[55]

（2）该通用权力仅限于接纳和拒绝移民的程序，它并不能成为政府虐待外国人的借口

按照法院的限定，国会的通用权力仅覆盖到移民法律中的接纳和拒绝移民功能。根据联邦最高法院在 *Landon v. Plasencia* 案中的判决，[56]这是因为“初次进入美国的外国人是在寻求一种特权，其入境申请没有任何宪法权利，因为接纳或拒绝外国人的权力是一种排他性的主权”。本法院在 *Lynch* 案中也持相同观点，拒绝在移民和驱逐出境程序之外，对相关的外国人权利适用“无视入境”原则。[57] 其他的联邦巡回法院也同意这一观点。[58] 本法院因此不应认可国会在接纳和排除外国人这一领域之外行使通用权力。[59]

在 *Lynch* 案中，本法院认定，当外国人遭受政府探员虐待时，国会在移民事务上的通用权力不能成为免于宪法审查的“保护伞”。[60] 在该案中，16 名牙买加偷渡者在一艘试图通过密西西比河进入美国的船上被逮捕。[61] 这些偷渡者在 10 天后被驱逐出境，但他们聘请了美国律师，指称政府探员用消防

玛利亚·安托涅塔　马丁内斯－阿盖洛应诉状　8/20

---

52 *Shaughnessy v. United States ex rel. Mezei*, 345 U. S. 206, 212 – 13 (1953) (quoting *Knauff v. Shaughnessy*, 338 U. S. 537, 543 – 46 (1950)). See *also Lem Moon Sing v. United States*, 158 U. S. 538, 547 (1895); *FongYue Ting v. United States*, 149 U. S. 698, 713 (1893).

53 *Zadvydas v. Davis*, 533 U. S. 678, 695 (2001).

54 Id. See *also Fiallo v. Bell*, 430 U. S. 787, 793 n. 5 (1977). *Cf. Montoya de Hernandez*, 473 U. S. at 563 (Rehnquist, J., dissenting).

55 *Rasul v. Bush*, 542 U. S. 466, 483 n. 15 (2004) (quoting 28 U. S. C. § 2241 (c)(3) & citing Justice Kennedy's concurring opinion in *United States v. Verdugo – Urquidez*, 494 U. S. 259, 277 – 78 (1990)).

56 459 U. S. 21, 32 (1982).

57 810 F. 2d at 1373.

58 See, e. g., *Amanullah v. Nelson*, 811 F. 2d 1, 9 (1st Cir. 1987); *Rosales – Garcia v. Holland*, 322 F. 3d 386, 410 n. 29 (6th Cir. 2003) (en banc).

59 *Cf. Wong Wing*, 163 U. S. at 236.

60 810 F. 2d at 1373.

61 Id.

水管冲洗、威胁和殴打他们，并以各种方式虐待他们；他们根据各种法律和宪法的规定要求政府探员赔偿损失。[62] 地区法院拒绝了基于特定豁免权的简易判决动议，政府探员提出上诉。

本法院在维持原判的同时，详细分析了"无视入境"原则，认为该原则并不妨碍偷渡者——边境上的非居民外国人——主张第五修正案赋予的人道待遇权，并将虐待偷渡者的行为与关于接纳与拒绝外国人的决定区分开来。[63] *Lynch* 法庭尤其对虐待外国人任何正当理由表示诧异：

> 我们无法想象有什么国家利益可以作为在美国领土上对他人恶意施加残酷虐待的理由，即便受害者是非法入境的外国人。因此，我们认定，无论非法入境的外国人会因此身份而被剥夺何种正当程序权利，根据宪法第五和第十四修正案的正当程序条款，他们都有权免受州或联邦官员的体罚虐待。[64]

Lynch 法庭在处理特定豁免权问题时强调，外国人是有血有肉的人，同样享有权利：

> 虽然第十四修正案对不同人群的保护程度可能取决于他们的身份，但该修正案的文字明确该条款适用于"任何人"。非法入境的外国人也是人。国家官员无须法院判决也应知道，即使是非法入境的外国人也不能被剥夺免受体罚虐待的基本自由权利，除非有明确且合理的公共利益目的。如果被告，港口探员提出的主张是正确的，那么宪法就无法保护偷渡者免受酷刑，偷渡者甚至可能当场被处决。[65]

因为"无视入境"原则只适用于"与移民和驱逐出境程序相关的外国人权利"，[66]而马丁内斯－阿盖洛在所主张的宪法第四和第五修正案的权利与此类程序无关，所以"无视入境"原则并不适用。[67] 也许命令马丁内斯－阿盖洛下车与移民或驱逐出境程序有关；对她进行拘留，然后遣返墨西哥，也许跟

玛利亚·安托涅塔 马丁内斯－阿盖洛应诉状 9/20

62 Id. at 1367 – 68.

63 Id. at 1373 – 74.

64 Id.

65 Id. at 1374 – 75.

66 Id. at 1373.

67 R. E. tab 3, R. 231 – 32, Dist. Ct. Op. at 4 – 5 (citing *Lynch*, 810 F. 2d at 1373).

移民或驱逐出境程序也有些关系；但攻击她、踢打她、把她铐在椅子上——这些行为构成其诉由基础——不能视为任何移民或驱逐出境程序的一部分。[68] 根据 *Lynch* 案，问题已有答案。

在 *Shaughnessy v. United States ex rel. Mezei* 案[69]中，联邦最高法院处理了这样一个宪法诉请：梅泽依（Mezei），作为"一个因安全原因永远不得入境美国，但由于其他国家不予接纳而被困在埃利斯（Ellis）岛的外国移民"，其通过人身保护令寻求不再被拒绝入境。[70] 实际上，他寻求法院命令结束针对他的拒绝入境。本法院的结论是，无论是梅泽依在埃利斯岛的居留，还是他之前的美国居留权，都没有"将本案转化为拒绝入境程序以外的东西"，因此适用"无视入境"原则。[71]

冈萨雷斯探员试图将 *Lynch* 案与 *Mezei* 案区分开来，他主张" *Lynch* 案的案情不同于 *Mezei* 案中起决定性作用的域外宪法权利适用"。[72] 的确如此，*Lynch* 案不涉及域外宪法权利。但这只是 *Lynch* 案与 *Mezei* 案的区别，跟本案无关。冈萨雷斯探员暗示，*Lynch* 案中偷渡者被拘留的时间长短也与本案不同。但这种说法令人困惑。*Lynch* 案的偷渡者被拘留了 10 天，[73]梅泽依被拘留了 21 个月；[74]冈萨雷斯探员没有说明为什么他认为马丁内斯－阿盖洛大约 6 小时的拘留，相较于 *Lynch* 案，与 *Mezei* 案更有相同点。

而且与 *Mezei* 案不同的是，法院在 *Lynch* 案中的判决中并不涉及移民或驱逐出境程序。因此，*Lynch* 法庭正确地拒绝适用"无视入境"原则，尽管偷渡者与本案中的马丁内斯－阿盖洛一样，"虽然置身美国境内，但因移民身份和驱逐出境目的，在法律上被视为应拘留在边境"。[75] 换言之，*Lynch* 案与本案的情况不同，*Mezei* 案的核心是对国会接纳和拒绝外国人的通用权力的直接质疑。由于马丁内斯－阿盖洛在本案中没有提出这种疑问，因此应该适用 *Lynch* 案，而非 *Mezei* 案。

玛利亚·安托涅塔　马丁内斯－阿盖洛应诉状　10/20

---

68 *Cf. Mezei*, 345 U. S. at 213 (applying entry – fiction doctrine with regard to "exclusion proceedings"), *with Lynch*, 810 F. 2d at 1374 (holding entry – fiction doctrine inapplicable to "gross physical abuse").

69 345 U. S. at 207.

70 Id. at 209.

71 Id. at 213.

72 Appellant's Bf. at 12.

73 *Lynch*, 810 F. 2d at 1367.

74 *Mezei*, 345 U. S. at 209.

75 810 F. 2d at 1370.

(3)“无视入境”原则并不适用于未涉及移民程序或驱逐出境程序的情况

本案中没有对移民或驱逐出境程序提出怀疑；事实上，与 *Lynch* 案中的偷渡者一样，马丁内斯－阿盖洛被拒之门外并被送回了家。也和 *Lynch* 案中的偷渡者一样，她在这个过程中受到了体罚虐待。因此，*Lynch* 案让“无视入境”原则的不适用变得毫无疑问。

除了对 *Mezei* 案的错误依赖，冈萨雷斯探员没有引用任何其他法律权威，也没有提出任何主张以支持在搜查扣押或过度使用暴力的案件中应适用“无视入境”原则。从未有任何法院将该原则应用于此类案件。冈萨雷斯探员在美国境内毫无理由地攻击了马丁内斯－阿盖洛。“无视入境”原则没有任何理由让本法院置若罔闻。

C. 第五修正案的保护范围涵盖位于边境的非居民外国人

如果没有“无视入境”原则的襄助，冈萨雷斯探员关于第五修正案的主张是毫无作用的。他根本无法回避本法院在 *Lynch* 案中的判决，即位于边境上的非居民外国人仍享有第五修正案规定的不受非人道待遇和体罚虐待的权利。[76] *Lynch* 案还确定，“执法官员通过使用不当暴力所造成的人身伤害，可能构成未经正当法律程序而剥夺受害者自由的行为”。[77]

冈萨雷斯探员承认，在其攻击马丁内斯－阿盖洛之前，后者已经越过边界进入美国。[78] 冈萨雷斯探员将她推到混凝土路障上，对她拳打脚踢，然后把她铐在椅子上，关押了大约 6 小时，[79]马丁内斯－阿盖洛遭受了不人道的待遇和体罚虐待。冈萨雷斯探员的攻击对她造成了人身伤害，同时未经正当法律程序即剥夺了她的自由。

相较于 *Lynch* 案，冈萨雷斯探员仅仅援引了 *Mezei* 案和 *Johnson v. Eisentrager* 案。[80] 正如已经解释过的那样，*Mezei* 案从根本上说是不适用的，因为它涉及对拒绝入境程序的质疑，所以适用了国会通用权力和“无视入境”原则。[81]

玛利亚·安托涅塔　马丁内斯－阿盖洛应诉状　11/20

76 810 F. 2d at 1373 – 74.

77 Id. at 1375 (quoting *Shillingford v. Holmes*, 634 F. 2d 263, 265 (5th Cir. 1981)).

78 R. E. tab 3, R. 232, Dist. Ct. Op. at 5 & n. 3; R. E. tab 9, R. 195, McDaniels Aff. ¶ 6; Appellant's Bf. at 11.

79 R. E. tab 8, R. 191 – 92, Martinez – Agüero Aff. ¶ ¶ 19, 21, 23, 27; R. E. tab 9, R. 196 – 97, McDaniels Aff. ¶ ¶ 16, 17, 21, 22; R. E. tab 3, R. 267, Dist. Ct. Op. at 40.

80 339 U. S. 763 (1950).

81 *Mezei*, 345 U. S. at 213.

有效区别对手援引的法律权威。

Eisentrager 案从根本上说，也是不适用的。在那里，本法院处理的是“二战”德国俘虏的问题，仅仅认定第五修正案的保护不涉及作为敌方战斗人员的外国人，而且“其在任何相关时间以及被俘的任何阶段都不在美国的领土范围内”。[82] 此外，*Eisentrager* 法庭解释过，“在将宪法保护扩大到公民之外时，法院一直不厌其烦地指出，司法部门的行动权力源自外国人置身美国领土范围内”。[83]

马丁内斯－阿盖洛不是敌方战斗人员。而且在其遭攻击和被关押期间，她一直都在美国的领土范围内。*Eisentrager* 案显然也不适用，对冈萨雷斯探员的主张没有帮助。

D. 第四修正案的保护适用于在美国领土上的所有人

没有“无视入境”原则的襄助，冈萨雷斯探员的第四修正案主张，比他的第五修正案立场好不到哪里去。由于马丁内斯－阿盖洛和所有相关行为都在美国境内，根据 *Bivens* 案和第四修正案赋予的针对非法逮捕和过度使用暴力的保护，冈萨雷斯探员对马丁内斯－阿盖洛的虐待是可以被起诉的。[84] 冈萨雷斯探员的相反主张，如果被采纳，需要推翻根基深植的先例。

冈萨雷斯探员引用了 *United States v. Verdugo－Urquidez* 案[85]及其对第四修正案域外应用的规则，主张马丁内斯－阿盖洛不能援引第四修正案，因为（1）根据“无视入境”原则，法院应将已经置身美国境内的马丁内斯－阿盖洛视为仍在美国领土之外；（2）根据他对 *Verdugo* 案的解读，马丁内斯－阿盖洛与美国并没有实际的联系，尽管地区法院认定她与美国有实际的联系。[86] 这两个主张都是错误的。

（1）第四修正案的保护始终适用于美国境内的外国人

长期以来，第四修正案被公平地适用于美国本土的公民和外国人。[87] *Almeida－Sanchez v. United States* 案[88]是一个经典判例。在该案中，美国边境巡逻队在距离墨西哥边境以北 25 英里的加利福尼亚州的一条州高速路上

玛利亚·安托涅塔　马丁内斯－阿盖洛应诉状　12/20

---

82 339 U. S. at 768.

83 Id. at 771.

84 See *United States v. Brigham*, 382 F. 3d 500, 507 (5th Cir. 2004); *United States v. Brugman*, 364 F. 3d 613, 615－19 (5th Cir. 2004).

85 494 U. S. 259 (1990).

86 R. E. tab 3, R. 264, Dist. Ct. Op. at 37; Appellant's Bf. at 8.

87 See cases collected under nn. 2 & 112.

88 13 U. S. 266 (1973).

拦住了拥有有效工作许可证的墨西哥公民孔德拉多·阿尔米达·桑切斯(Condrado Almeida Sanchez),并在没有搜查令的情况下搜查了她的汽车。[89]为了证明搜查的合理性,边境巡逻队援引了《移民和国籍法》,该法当时允许在"距离美国边界的合理距离内"无须搜查令即可搜查汽车。[90] 尽管如此,法院仍然认为边境巡逻队对阿尔米达·桑切斯的车辆进行的搜查违反了宪法第四修正案:

> 像政府认为在漫长的国境线上阻止外国人非法入境是一个严重的问题,但那是不够的。执法的需要与宪法保护个人免受官方暴力之间一直存在着矛盾。正是由于这些可以预测的压力,我们应该坚定地忠于宪法赋予的保障。[91]

在得出这一结论时,联邦最高法院确认:"毫无疑问联邦政府有权力拒绝外国人进入美国。"[92]但这一权力不能凌驾于宪法第四修正案之上。

事实上,法院经常用第四修正案来审查在边境搜查和扣押入境外国人的行为。例如,在 *United States v. Montoya de Hernandez* 案[93]中,联邦最高法院坚定地重申了第四修正案权利:

> 与在边境上的国家主权利益相抗衡的是应诉方的第四修正案权利。应诉方出现在边境寻求入境,并将自己置于联邦政府的刑事执法权力之下,19 U.S.C. § 482,因此其有权免受不合理的搜查和扣押。[94]

虽然法院在权衡第四修正案之后,作出了在平衡上对蒙托亚·德·埃尔南德斯(Montoya de Hernandez)不利的判决,但同时确认了她的基本权利:"与在边境上的国家主权利益相抗衡的是应诉方的第四修正案权利。"[95]如果 *Montoya de Hernandez* 案作为在边境寻求入境的非居民外国人而不享有第四修正案的保护,那么关于第四修正案与国家主权利益的权衡是多此一举。[96]

玛利亚·安托涅塔 马丁内斯-阿盖洛应诉状 13/20

89 Id. at 267-68.

90 Id. at 268. See *also* id. at 270.

91 Id. at 273.

92 Id. at 272 (citing *Chae Chan Ping v. United States*, 130 U.S. 581, 603-04 (1889)).

93 473 U.S. 531 (1985).

94 Id. at 539-40 (citing *Carroll v. United States*, 267 U.S. 132, 154 (1925), and *Florida v. Royer*, 460 U.S. 491, 515 (1983) (Blackmun, J., dissenting)).

95 473 U.S. at 539-40.

96 See *also United States v. Flores-Montano*, 541 U.S. 149, 154-155-56 (2004).

Montoya de Hernandez 案的生命力还体现在联邦最高法院最近的一致判决中，即 *United States v. Flores Montano* 案[97]。法院援引 *Montoya de Hernandez* 案的观点以支持其判决，认为"在边境地区对隐私的期望值比在内地要小"。[98]事实上，*Flores Montano* 法庭再次确认，在边境对外国人的搜查可能违反了第四修正案："我们的结论是，政府在边境进行无端检查的权力包括移动、拆卸和重装车辆油箱。虽然有些对财产的搜查确实具有破坏性，从而会导致不同的结果，但本案并非其中之一。"[99]

（2）第四修正案保护在美国境内的外国人，因为它明确地适用于所有人，而不仅仅是美国公民或居民

这一段预示着深刻的结论。

与宪法的其他条款不同，第四修正案没有以"公民"来界定其范围。[100] 第四修正案的文字没有排除外国人。法条文本采用了"人们"一词；正如地区法院在对该修正案的全面历史分析中正确指出，该措辞不能被解读为排除外国人。[101]

冈萨雷斯探员无法推翻 *Lynch* 案的先例，转而求助于单一判例中并非由全体法官一致认可的一个附带陈述，以证明他有权获得特定豁免权。根据其所依赖的 *United States v. Verdugo Urquidez* 案[102]中的附带陈述，冈萨雷斯探员主张即便外国人踏入了美国领土，也不受第四修正案的保护，除非他们此前与美国有"实际的联系"。但是冈萨雷斯探员误解了 *Verdugo* 案的意思。本法院和其他巡回法院已经多次确认，*Verdugo* 案涉及的是宪法第四修正案的域外应用。由于与本案有关的所有人员和事件都完全在美国境内，*Verdugo* 案的域外应用分析并不适用。而且无论如何，马丁内斯－阿盖洛确实与美国有着 *Verdugo* 案所说的实际联系。

击破冈萨雷斯所持的第四修正案主张。

联邦最高法院的先例长期承认第四修正案对美国领土上的外国人的保护。[103] 为了避开这一法律权威，冈萨雷斯探员试图把所有的鸡蛋放在一个篮

玛利亚·安托涅塔　马丁内斯－阿盖洛应诉状　14/20

---

97 Id.

98 Id. at 154 (citing *Montoya de Hernandez*, 473 U. S. at 538).

99 541 U. S. at 155－56.

100 *Cf.*, e. g., id. *with* U. S. Const. art. I, § 2; art. IV, § 2, cl. 1; amend. XI; amend. XIV, § § 1, 2; amend. XV, § 1; amend. XIX; amend. XXIV, § 1; amend. XXVI, § 1.

101 See Dist. Ct. Op. at 10－32.

102 494 U. S. 259 (1990). See discussion of Justice Kennedy's crucial fifth vote in *Verdugo* on p. 14 of this brief.

103 See, e. g., *Almeida－Sanchez v. United States*, 413 U. S. 266 (1973).

子里，仅用 *Verdugo* 案来论证第四修正案的适用。但 *Verdugo* 案本身根本不适用。正如本法院在 *United States v. Cardenas* 案中所解释的那样，[104] *Verdugo* 法庭只是认为"第四修正案不适用于在境外进行的搜查或扣押，即便该搜查涉及美国政府的探员"。[105] 事实上，*Verdugo* 法庭声称该案并不涉及其他问题，仅仅是关于"第四修正案是否适用于美国探员搜查和扣押位于外国的非居民的财产"。[106]

在 *Verdugo* 案中，政府探员在贝都格·乌基德斯（Verdugo Urquidez）居住的墨西哥逮捕了他，并以与毒品有关的指控将他押送到美国。[107] 随后，美国探员与墨西哥官员安排搜查贝都格·乌基德斯在墨西哥的住所，最终在他被关押在美国圣地亚哥期间查获了针对他的犯罪证据。[108] 地区法院以第四修正案为由批准了贝都格·乌基德斯提出的排除非法证据动议，理由是缉毒局的探员在没有搜查令的情况下进行了搜查，第九巡回法院维持了支持动议的原判。[109] 但联邦最高法院推翻了这一判决，理由是美国宪法不具有域外适用性："搜查时，他是墨西哥的公民和居民，没有自愿与美国发生联系；被搜查的地方位于墨西哥。在这种情况下，第四修正案不适用。"[110]

因此，如果第四修正案相关的搜查与扣押发生在境外，而且试图援引该修正案的个人没有"自愿与美国发生联系"——或者，如该案意见书后面的措辞，与美国有"实际的联系"——则不适用第四修正案。[111] 该案的意见书暗示，与美国没有实际联系的个人不属于第四修正案文字所涵盖的"人们"。[112]

玛利亚·安托涅塔 马丁内斯 – 阿盖洛应诉状 15/20

---

104 9 F. 3d 1139 (5th Cir. 1993).

105 Id. at 1157 n. 8 (citing *Verdugo*, 494 U. S. at 274 – 75) (emphasis added). *Accord Harbury v. Deutch*, 233 F. 3d 596, 604 (D. C. Cir. 2000), *rev'd on other grounds sub nom. Christopher v. Harbury*, 536 U. S. 403 (2002); *Lamont v. Woods*, 948 F. 2d 825, 834 (2d Cir. 1991) *United States v. Davis*, 905 F. 2d 245, 251 (9th Cir. 1990).

106 494 U. S. at 261.

107 Id. at 262.

108 Id.

109 Id. at 263.

110 Id. at 274 – 75.

111 Id. at 271; *cf. National Council of Resistance of Iran v. Dep't of State*, 251 F. 3d 192, 202 (D. C. Cir. 2001) (concluding that nothing in *Verdugo* "purports to establish whether aliens who have entered the territory of the United States and developed connections with this country but not substantial ones are entitled to constitutional protections").

112 *Verdugo*, 494 U. S. at 265. See id. at 271 (citing *Plyler v. Doe*, 457 U. S. 202, 211 – 12 (1982) (extending protection of the Equal Protection Clause to illegal aliens)); *Kwong Hai Chew v. Colding*, 344 U. S. 590, 596 (1953) (recognizing that an alien is a "person" under the Fifth Amendment).

但是，对于“人们”一词的这种解释对本法院的判决完全没有必要。这一点在 *Verdugo* 案中投了关键第五票的肯尼迪大法官的赞同意见中得到了支持。[113] 尽管肯尼迪大法官同意案情不涉及违反第四修正案，但他明确拒绝了判决书中关于“人们”构成的分析：

> 我不能把第四修正案中提到的“人们”作为限制其保护的依据。恕我直言，这些词语并没有减损其效力或影响范围。鉴于我们国家对无搜查令和不合理搜查的关注历史，明确承认“人们”受第四修正案保护的权利应被理解为强调该权利的重要性，而不是限制哪些人可以主张该权利。因此，美国对其境外的外国人必须遵守的限制，取决于受到普遍理解的原则，而非囿于宪法指向的群体，或对某些所谓“人们”权利的解读。[114]

换句话说，肯尼迪大法官明确地将他对判决书的支持限制在其对境外搜查和扣押的处理上。他指出：“如果该搜查发生在美国境内的住宅中，我毫不怀疑第四修正案的保护将全面适用。”[115]总之，由于本案不存在第四修正案的域外应用问题，*Verdugo* 案并不适用。

（3）马丁内斯－阿盖洛与美国有实际的联系

尽管 *Verdugo* 案并不适用，地区法院仍然审慎地进行了“实际的联系”分析，并认定马丁内斯－阿盖洛已经“通过她的出入境规律以及她遵循联邦入境法律的努力，建立了与美国的实际联系”。[116] 尽管这并非必要，但这一认定是正确的，冈萨雷斯探员的相关怀疑毫无理由。

关于确认“实际的联系”的判例不多，但 *Verdugo* 案的判决书提到了它所考虑的几个并无特定顺序的因素或联系类型：公民身份、居住地、先前入境的自愿性和合法性、接受社会义务，以及搜查（或扣押）的地点。[117]

玛利亚·安托涅塔　马丁内斯－阿盖洛应诉状　16/20

113 The “rationale of the deciding vote is critical” for interpreting a fragmented Supreme Court decision. *N. W. Enterprises Inc. v. City of Houston*, 352 F. 3d 162, 181 & n. 18 (5th Cir. 2003) (explaining the so-called *Marks* rule from *Marks v. United States*, 430 U. S. 188, 193 (1977), in which the Supreme Court explained that when “a fragmented Court decides a case and no single rationale explaining the result enjoys the assent of five Justices, the holding of the Court may be viewed as that position taken by those Members who concurred in the judgments on the narrowest grounds”).

114 494 U. S. at 276 (Kennedy, J., concurring).

115 Id. at 278.

116 R. E. tab 3, R. 264, Dist. Ct. Op. at 37.

117 494 U. S. at 271 – 75.

这里，记录的事实和合理的推断表明，除了公民身份和居住地这两项，其他因素均有利于马丁内斯－阿盖洛：

- 她常规、自愿、合法地入境美国，最近一次是根据移民局的“临时合法豁免”。
- 她帮助她的姨妈和母亲合法申请新的激光签证，并在她们的过境卡上加盖了“临时合法豁免”的印章，还经常协助她的姨妈领取美国的社会保险福利。[118]
- 在与本上诉有关的所有行为发生期间，她是自愿在美国境内的。
- 她接受了遵守美国移民法的责任，并自愿服从于美国政府探员的管辖。
- 违宪的扣押发生在美国本土。

没有一个判例认为像这样的联系是不充分的。冈萨雷斯错误地认为，*American Immigration Lawyers Ass'n v. Reno* 案确定了：常规的家庭探访不构成法律意义上的实际联系。[119] 但该法庭只是在一个适用“无视入境”原则的案件中简单地提道：原告的常规性探访以“看望她［生病的］女儿和外孙……［并未］达到实际联系的程度”。[120]

（4）公民身份或移民身份并不影响第四修正案针对边境搜查和扣押的保护

本法院一贯将第四修正案的保护适用于边境搜查，而不考虑公民身份或移民身份。例如，在 *United States v. Mejia* 案[121]中，一位名叫哲曼·梅希亚（German Mejia）的哥伦比亚国民试图通过新奥尔良国际机场入境美国。在就政府对梅希亚的审讯和“X 光”搜查进行第四修正案分析时，法院甚至没有对他作为非居民外国人的身份进行评论。[122] 同样，在 *United States v. Oyekan* 案[123]中，第八巡回法院对搜查尼日利亚公民的被告进行了全面的第四修正案分析，而没有对移民身份进行评论。本法院在第四修正案的分析中也同

玛利亚·安托涅塔　马丁内斯－阿盖洛应诉状　17/20

虽然这一节很短，但它进一步展现了作者的苦心经营。

---

118 See p. 2 of this brief.

119 18 F. Supp. 2d 38 (D. D. C. 1998).

120 Id. at 59 – 60.

121 720 F. 2d 1378 (5th Cir. 1983).

122 Id. at 1381 – 82.

123 786 F. 2d 832 (8th Cir. 1986).

样没有对公民身份或居民身份进行评论。[124]

自 *Verdugo* 案以来，本法院及其他巡回法院一直致力于将第四修正案的保护范围扩大到非法入境的外国人，包括被控非法重新入境美国的刑事案件中的被告。在 *United States v. Aldaco* 案[125]中，被告基耶莫·阿尔达克（Guillermo Aldaco）在被驱逐出境后又非法入境。当他开车距离边境75～80英里处时，被边境巡逻队拦下。[126] 当阿尔达克摇下车窗时，官员闻到了一股大麻的气味，并在汽车的前排乘客座位上看到了大麻砖。[127] 他最终被指控持有并企图销售大麻，以及在被驱逐出境后再次非法入境。[128]

虽然阿尔达克是非法入境的外国人，但法院还是针对拦截他的行为进行了第四修正案评估。[129] 按照冈萨雷斯的主张，[130]外国人没有第四修正案的权利，但法院没有免除合理怀疑的要求。相反，法院保持了其在 *United States v. Saucedo Munoz* 案[131]和 *United States v. Encarnacion Galvez* 案[132]中的一贯做法。事实上，这与所有联邦法院的做法是一致的。[133]

因此，尽管 *Verdugo* 案要求有"实际的联系"，但那些与美国的全部联系仅仅建立非法身份和规避移民法行为的外国人仍就得到了第四修正案的保护。马丁内斯－阿盖洛当然也在保护之列，因为她持有有效的过境卡，并使用它经常地、合法地入境美国。

V. 结　　论

很好、很充实的结尾。注意该段中间的完美句子片段。→

在联邦最高法院宣布宪法保护范围涵盖进入美国领土的外国人之后的

玛利亚·安托涅塔　马丁内斯－阿盖洛应诉状　18/20

---

124 See, e.g., *United States v. Kelly*, 302 F.3d 291, 292－93 (5th Cir. 2002); *United States v. Adekunle*, 980 F.2d 985, 990 (5th Cir. 1992); *United States v. De Gutierrez*, 667 F.2d 16, 18－20 (5th Cir. 1982).

125 168 F.3d 148, 149 (5th Cir. 1999).

126 Id. at 150.

127 Id. at 149.

128 Id.

129 See id. at 150－52.

130 Appellant's Bf. at 7－11.

131 307 F.3d 344, 347, 350－51 (5th Cir. 2002).

132 964 F.2d 402, 410 (5th Cir. 1992).

133 See, e.g., *United States v. Vega－Rico*, 417 F.3d 976, 979－80 (8th Cir. 2005) (same); *United States v. Herrera Martinez*, 354 F.3d 932 (8th Cir. 2004); *United States v. Rodriguez－Suazo*, 346 F.3d 637 (6th Cir. 2003); *United States v. Ramirez－Garcia*, 269 F.3d 945 (9th Cir. 2001); *United States v. Wittgenstein*, 163 F.3d 1164 (10th Cir. 1998); *United States v. Millan*, 36 F.3d 886 (9th Cir. 1994).

一个多世纪，冈萨雷斯探员要求法院重新审查外国人事实上是否拥有宪法权利。他的要求并非针对面临驱逐出境程序的犯罪外国人，也不是针对被军事监禁的敌方战斗人员，甚至不是秘密踏上我国海岸的非法入境者。本案中没有上述情况。相反，他要求法院拒绝为一个遭受他攻击和殴打的人提供宪法保护；按照地区法院的认定，当时受害人正"合理依赖领馆官员的法律意见"试图合法入境美国。[134] 冈萨雷斯探员要求法院否认马丁内斯－阿盖洛身在美国领土，否认她是第四修正案保护的"人们"之一，并否认宪法有权力在美国边境对她予以保护。

> 诉状以四个结合了逻辑和情感诉求的点睛之词收笔（"人们""有些真理""不证自明""不人道的要求"）。第一个是诉讼的组成部分，除最后一个外，其他都来自我们的宪法。这一技巧之所以有效，是因为整个案件取决于对宪法的解读。

有些真理是不证自明的。根据先例，同时为了践行这个国家对正义的承诺，也为了响应镌刻于宪法中的原则，本法院应该拒绝这一不人道的动议要求。

敬致，

Susman Godfrey LLP

By：

____

乔纳森·布里奇斯

苏亚什·阿格拉沃

901 Main Street, Suite 4100

Dallas, Texas 75202

应诉方玛利亚·安托涅塔　马丁内斯－阿盖洛的首席律师

哈维尔·N. 玛多纳道　　弗朗西斯科·X. 多明戈斯

人权律师委员会　　521 Texas Avenue

玛利亚·安托涅塔　马丁内斯－阿盖洛应诉状　19/20

134 R. E. tab 3, R. 263, Dist. Ct. Op. at 36.

118 Broadway, Suite 502
San Antonio, Texas 78205

El Paso, Texas 79901

玛利亚·安托涅塔　马丁内斯－阿盖洛的联席律师

玛利亚·安托涅塔　马丁内斯－阿盖洛应诉状　20/20

图书在版编目(CIP)数据

致胜文书：100个有说服力的庭审诉讼写作技巧 / (美)布莱恩·A.加纳著；沈剑译. --3版. --北京：法律出版社，2024

书名原文：THE WINNING BRIEF：100 TIPS FOR PERSUASIVE BRIEFING IN TRIAL AND APPELLATE COURTS，THIRD EDITION

ISBN 978-7-5197-8832-2

Ⅰ. ①致… Ⅱ. ①布… ②沈… Ⅲ. ①法律文书-写作-美国 Ⅳ. ①D971.261

中国国家版本馆CIP数据核字(2024)第0368[illegible]4号

致胜文书

——100个有说服力的庭审诉讼写作技巧（第三版）

ZHISHENG WENSHU

— 100 GE YOU SHUOFULI DE TINGSHEN SUSONG XIEZUO JIQIAO(DI-SAN BAN)

[美]布莱恩·A.加纳 著
沈 剑 译

策划编辑 冯雨春
责任编辑 张 颖
装帧设计 李 瞻

出版发行 法律出版社
编辑统筹 法律应用出版分社
责任校对 张翼羽
责任印制 刘晓伟
经　　销 新华书店

开本 787毫米×1092毫米 1/16
印张 47.75　**字数** 1350千
版本 2024年10月第3版
印次 2024年10月第1次印刷
印刷 三河市龙大印装有限公司

地址：北京市丰台区莲花池西里7号(100073)
网址：www.lawpress.com.cn
投稿邮箱：info@lawpress.com.cn
举报盗版邮箱：jbwq@lawpress.com.cn
销售电话：010-83938349
客服电话：010-83938350
咨询电话：010-63939796

书号：ISBN 978-7-5197-8832-2
定价：208.00元

凡购买本社图书，如有印装错误，我社负责退换。电话：010-83938349